新HSK 급소공략 6급 독해

강주영, 왕러 저

다락원

저자의 말

이제 6급 따기는 쉬워졌다?
이 말은 6급을 딴 자들만이 너스레로 할 수 있는 말이다. 6급을 따기란 여전히 힘들고, 고득점을 따기란 더욱 어렵다. '듣기, 독해, 쓰기' 어느 것 하나 호락호락한 것이 없으나, 이 중 가장 많은 시간이 할애되고 가장 많은 부분을 테스트하는 것이 독해이다. 기존의 어법, 종합, 독해 영역이 한데 합쳐진 新 HSK 독해의 산을 넘어서야만 新 HSK 6급도 있다.

新 HSK 독해의 이론을 세우다.
新 HSK의 역사가 길지 않아 아직 이론을 정형화하기란 쉽지 않다. 하지만 HSK 현장에서 15년 여간 손발을 맞춰오던 두 사람이 최고의 학습서를 만들기 위해 불철주야로 노력했다. 우선 한국, 중국, 미국에서 치러진 모든 新 HSK 문제를 수집하고 유형별로 정리하여 문제 창고를 만들었다. 그런 후 舊 HSK, 중국의 대입시험, HSK 관련 전문가의 논문 등 철저한 분석과 조사를 거쳐 이론을 수립하고, 기출문제를 토대로 응용문제를 만들었다. 또, 마지막으로 전수할 비법을 차곡차곡 담아 일목요연하게 정리했다. 강의 중 피드백을 바탕으로, 본 교재에 정확한 맞춤형 수정을 가하여 완성도를 높인 것은 말할 나위도 없다.

이 책 한 권으로 독해 시험 준비는 끝난다.
'탄탄한 기초 쌓기, 효율적인 학습 방법 및 스킬 습득, 충분한 시험 준비'라는 목표 아래 만들어진 이 교재는 실제 HSK에서 접할 수 있는 모든 유형의 문제와 함정을 골고루 접할 수 있도록 했고, 최근 출제된 기출문제 등 최신 경향과 난이도를 반영했다. 또, 6급 입문자들을 위해 기초적인 문제에서 어려운 문제까지 이해하기 쉬운 말로 간단명료하게 해설을 달았다. 교재에 실린 독해 방법과 문제 풀이 스킬로 더 편하게 新 HSK를 대비하고, 가장 빠른 기간 내에 독해 수준을 최고로 향상시킬 수 있을 것이다.

6급의 쾌감을 느껴보라.
목표 없는 삶은 무의미하다. 지금 이 순간 여러분의 목표는 新 HSK 6급이다. 부동의 목표를 정한 후 뒤돌아보지 말고 매진하기 바란다. 만약 혼자 공부하기가 벅차다면 이 교재가 도움이 될 수 있을 것이다.
인생에서 기회는 몇 번 오지 않는다. 기회가 왔을 때 잡지 않으면 언제 다시 올지 누구도 알 수 없다. 매 순간 최선을 다하고 집중해서 공부해야만 시험에서 좋은 결과를 얻을 수 있다. 후회 없는 노력으로 꿈꾸고 있는 행복과 희망을 키워나가기 바란다. 노력은 결코 배반하지 않는다.

2011년 6월
강주영, 왕러

이 책의 순서

저자의 말	3
이 책의 순서	4
이 책의 구성	6
新 HSK 6급에 대하여	8
新 HSK 6급 독해 영역에 대하여	9

Ⅰ 제1부분: 오류가 있는 문장 고르기

1. 주어, 목적어가 되는 명사, 대사	12
2. 관형어, 부사어, 보어가 되는 수사, 양사	22
3. 서술어가 되는 동사, 형용사	31
4. 부사어가 되는 부사, 개사	41
5. 문법적인 관계를 정하는 조사	55
6. 문장을 이어주는 접속사, 복문	63
7. 서술어를 뒤에서 수식하는 보어	76
8. 관형어, 부사어의 어순	87
9. 특수구문	98
10. 부적절한 호응 관계	113
11. 문장성분의 부족 혹은 잉여	122
12. 혼란스러운 구조와 비논리적인 서술	129

Ⅱ 제2부분: 빈칸에 들어갈 알맞은 단어 고르기

1. 유의어 — 138
2. 성어 및 4자 결구 — 176
3. 기타 — 198

Ⅲ 제3부분: 알맞은 문장 골라 빈칸 채우기

1. 연결어법 — 208
2. 키워드법 — 216
3. 의미 추론법 — 223
4. 소거법 — 230

Ⅳ 제4부분: 지문 읽고 질문에 답하기

1. 세부 문제 — 238
2. 주제 문제 — 250
3. 인과관계 문제 — 263

Ⅴ 모의고사

1. 모의고사 1 — 276
2. 모의고사 2 — 293
3. 모의고사 3 — 310

이 책의 구성

이 책은 新 HSK 6급 독해 영역 시험에 기준하여, 제1부분, 제2부분, 제3부분, 제4부분과 모의고사의 5장으로 구성되어 있다.

본책

독해 급소공략 → 예제로 감 익히기 → 독해 내공 Tip → 실력 다지기 순서로 6급 독해 영역을 집중 분석한다.

독해 급소공략
풀이 유형별로 꼭 알아야 할 공략법을 전수한다.

예제로 감 익히기
Mission을 풀어보며 어떤 유형의 문제가 어떻게 출제되는지 감을 익히고, 그 풀이 방법과 요령을 익힌다.

독해 내공 Tip
독해 실력 향상에 꼭 필요한 핵심 어법, 어휘, 표현 및 문형을 익힌다.

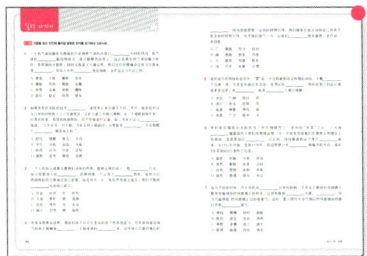

실력 다지기

풍부한 실전 문제로 실력을 다지고, 실제 시험에 대한 적응 훈련을 한다.

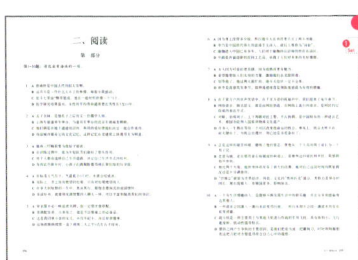

모의고사

최신 경향의 모의고사 3세트로 실전 감각을 익히고, 학습한 내용을 총복습한다.

해설서

각 장의 '실력 다지기'와 '모의고사'의 모든 문제에 대한 해설을 분권된 해설서에 담았다.

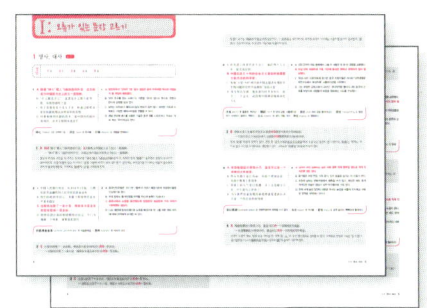

이 책의 표기법

① 이 책에 나오는 인명, 지명은 중국어 발음을 한국어로 표기하였다.

  예) 张丽 → 장리, 北京 → 베이징

② 품사는 다음과 같은 약어로 표기하였다.

품사	약자	품사	약자	품사	약자
명사/고유명사	명/고유	부사	부	접속사	접
대사	대	수사	수	감탄사	감
동사	동	양사	양	조사	조
조동사	조동	수량사	수량	의성사	의성
형용사	형	개사	개	성어	성

新 HSK 6급에 대하여

응시 대상
5,000개 또는 5,000개 이상의 상용 어휘와 관련 어법 지식을 마스터한 학습자를 그 대상으로 한다.

시험 구성 및 시간 배분
듣기, 독해, 쓰기 3개 영역 합계 101문항을 풀게 되며, 총 소요시간은 135분 가량이다.
듣기 영역에 대한 답안은 듣기 시험 시간 종료 후 주어지는 시간(5분) 안에 답안지에 마킹하고, 독해와 쓰기 영역에 대한 답안은 해당 영역 시간에 직접 답안지에 작성한다.

시험 과목	문제 형식	문항 수		시험 시간
듣기(听力)	제1부분(단문 듣고 일치하는 내용 고르기)	15	50	약 35분
	제2부분(인터뷰 듣고 질문에 답하기)	15		
	제3부분(단문 듣고 질문에 답하기)	20		
듣기 영역에 대한 답안지 작성				5분
독해(阅读)	제1부분(오류가 있는 문장 고르기)	10	50	50분
	제2부분(빈칸에 들어갈 알맞은 단어 고르기)	10		
	제3부분(빈칸에 들어갈 알맞은 문장 고르기)	10		
	제4부분(장문 독해하고 4~5개 질문에 답하기)	20		
쓰기(书写)	한 편의 글 읽고 줄여 쓰기	1		45분
합계		101		약 135분

시험 등급 및 성적 결과
① **시험 등급** : 新 HSK 6급에 합격한 응시자는 중국어 정보를 듣거나 읽는 데 있어 쉽게 이해할 수 있으며, 중국어로 구두상, 서면상의 형식으로 자신의 견해를 유창하고 적절하게 전달할 수 있다.

② **성적 결과** : 성적표에는 듣기, 독해, 쓰기 세 영역의 점수와 총점이 기재된다. 각 영역별 만점은 100점이며, 총점은 300점으로 180점 이상이면 합격이다. 성적 결과는 시험일로부터 1개월 후, 중국고시센터 홈페이지에서 응시자 개별 조회가 가능하며, 성적표는 시험일로부터 40일경에 발송한다. HSK 성적은 시험일로부터 2년간 유효하다.

원서접수
① 인터넷 접수 : HSK 홈페이지(www.hsk.or.kr)에서 접수
② 방문접수 : HSK한국사무국 또는 서울공자아카데미(HSK한국사무국 2층)에서 접수
- 접수시간 : 오전 10~12시, 오후 1시~5시(평일) / 오전 10~12시(토요일)
- 준비물 : 응시원서, 사진 3장(최근 6개월 이내에 촬영한 3×4cm 반명함판 사진)

③ 우편접수 : 구비서류를 동봉하여 HSK한국사무국으로 발송(등기우편)
- 구비서류 : 응시원서(3×4cm의 반명함판 사진 1장 부착) 및 별도 사진 1장, 응시비 입금 영수증

시험 당일 준비물
① 유효한 신분증
- 주민등록증 기발급자 : 주민등록증, 운전면허증, 기간 만료 전의 여권, 주민등록증발급신청확인서, 군장교 신분증, 현역 사병 휴가증
- 주민등록증 미발급자 : 기간 만료 전의 여권, 청소년증, HSK신분확인서(한국 내 소재 초·중·고등학생만 가능)
    * 학생증, 사원증, 의료보험증, 주민등록등본, 공무원증 등은 인정되지 않음.

② 수험표
③ 2B 연필, 지우개

新 HSK 6급 독해 영역에 대하여

시험 방식

新 HSK 6급 독해 영역은 총 50문제이며, 소요 시간은 약 50분이다. 제1부분, 제2부분, 제3부분, 제4부분으로 구성되며, 각각의 문제 형식은 다음과 같다.

	제1부분	제2부분	제3부분	제4부분
미리보기	二、阅读 第一部分 第1~10题: 请选出有语病的一项。	第二部分 第11~20题: 选词填空。	第三部分 第21~30题: 选句填空。	第四部分 第31~50题: 请选出正确答案。
문제 형식	오류가 있는 문장 고르기	빈칸에 들어갈 알맞은 단어 고르기	알맞은 문장 골라 빈칸 채우기	지문 읽고 질문에 답하기
시험 목적	각 품사의 용법과 어휘의 의미 및 쓰임을 정확히 이해하고 있는지 테스트	전체적인 문맥을 이해하고 유의어를 정확히 구분할 수 있는지 테스트	글 전체 내용을 파악하고 빈칸 앞뒤 문장의 관계를 파악할 수 있는지 테스트	장문을 읽고 글의 주제, 내용 전개, 세부적인 정보를 신속하고 정확하게 파악할 수 있는지 테스트
문항 수	10문항	10문항	10문항	20문항
시험 시간	약 8분	약 7분	약 10분	약 20분
	50분			

최근 출제 경향

▶ **제1부분**

新 HSK가 이전 시험과 가장 차별화되는 부분이 바로 어법일 것이다. 고등 HSK 종합 영역은 탄탄한 어법 실력이 갖춰져 있지 않으면 문제를 풀기조차 어려웠다. 하지만 新 HSK로 시험이 변화되면서 어법의 중요도가 약화된 것이 사실이다. 그러나 독해 제1부분은 여전히 어법의 기초가 없으면 풀기 어려운 문제가 출제된다. 시험이 바뀌었다고 해서 어법은 이제 공부하지 않아도 될 것이라고 생각했다면 오산이다. 오히려 전체적으로 난이도가 낮아졌기 때문에 어법과 같은 어려운 부분에서 점수를 따고 가야 상대적으로 우위를 점할 수 있다.

▶ **제2부분**

舊 HSK에 비해 난이도가 다소 낮아졌다. 특히 유의어의 비교에 있어 미묘한 차이를 묻는 문제보다는 중요 차이점을 알면 풀 수 있는 문제들이 많이 출제되고 있고, 4개의 유의어를 보기로 제시하기보다는 비슷한 의미의 다른 어휘들을 나열하는 경우가 많다.

▶ **제3부분**

新 HSK에 새로 추가된 문제 유형이 바로 '알맞은 문장 골라 빈칸 채우기'이다. 생소하지만 문제에 익숙해지면 舊 HSK 의 주관식 문제보다도 쉽다. 전체 문맥의 흐름을 파악하는 것이 이 부분의 핵심이다. 평소 글을 건성으로 보지 말고, 기승전결을 따지며 문장 구조를 꼼꼼히 보는 습관을 가지자.

▶ **제4부분**

난이도와 형식 면에서 舊 HSK와 큰 차이가 없다. 차이라면 사진의 등장이다. 新 HSK는 사진을 보충하여 시험 중 학생들의 지루함을 해소하고 있다. 그러나 종종 사진이 주는 정보가 문장의 내용과 완벽히 일치하지 않아 수험생의 혼란을 야기시키기도 하므로 사진에 너무 신경을 쓰지는 말자. 그냥 힌트일 뿐이다.

新 HSK 6급 독해, 이렇게 대처하라

10대 '考点' 위주로 제1부분을 대비하자.

부적절한 호응 관계, 문장성분의 부족 혹은 잉여, 혼란스러운 구조, 양면적 성질을 가진 단어의 호응, 부정부사의 중복 사용과 반어문, 수식 성분의 어순, 접속사의 부적절한 사용, 개사구의 남용, 동사 '是'에 대한 오류, 수사·양사의 오류 등이 주요 출제 유형이다.

6급 HSK에 입문하는 수험생에게 '그냥 찍자'라는 굴욕을 안겨주는 독해 제1부분은 정말 어렵다. 왜냐하면 중국의 대입시험 중 국어 시험에 해당되는 한 유형이기 때문이다. 그러나 위에서 말한 10대 유형을 알고 접근한다면 답이 한 눈에 보일 것이다.

제2부분에서 점수를 따자.

유의어의 비교, 문장성분 간의 호응, 성어의 의미 파악, 문장 이해 능력, 알맞은 품사의 사용, 문맥의 상관관계를 밝히는 접속사 사용 등이 주요 출제 유형이다.

문제를 푸는 순서는 다음과 같다.

①첫 번째 빈칸을 보고 대략의 답을 구한다 → ②마지막 빈칸을 본다 → ③확인을 위해 나머지 빈칸을 본다

어려운 문제에 막혀 답이 풀리지 않을 때는 우선 그 문제는 패스하고, 쉽고 뻔히 답이 보이는 다른 문제에서 힌트를 얻어라. 독해의 다른 부분에 비해 비교적 쉽고, 빨리 점수를 올릴 수 있는 것이 바로 독해 제2부분인 만큼 자신감을 가지고 실력 향상을 위해 노력하자.

제3부분은 빈칸 앞뒤에 힌트가 있다.

빈칸은 문장 처음, 중간, 마지막에 나올 수 있고, 또 독립적으로 한 문장을 이룰 수도 있다. 요약형 문장은 문장 처음에 나오거나 독립적으로 존재할 수 있고, 접속사를 포함하거나 결론을 내리는 문장은 문장 중간이나 마지막에 온다.

첫 문장을 주제로 삼아 통독하여 전체 문맥을 파악하고, '연결어법, 키워드법, 의미 추론법, 소거법'을 이용하여 세부적인 사항을 퍼즐을 풀 듯 맞춰 나가자.

문제를 먼저 보고 글 전체를 빠르게 통독하라!

시간, 장소, 인물, 숫자, 밑줄 친 부분을 묻는 세부 문제, 포괄적 주제의 의미, 중심 생각, 제목 고르기 등을 묻는 주제 문제, 사건 발생의 원인, 결과, 목적, 태도를 묻는 인과관계 문제가 독해 제4부분의 주요 유형이다.

먼저 문제를 보고 전체 문장을 통독해야 한다. 또, 모든 단락의 첫 문장을 주시하고, 단락의 핵심 키워드(주로 명사)를 찾아 단락의 중심 생각, 전체 문맥의 흐름을 파악하도록 하자.

실력을 닦았다면 문제 풀이 시간을 줄여라.

독해 영역은 50문제를 45분 내에 풀어야 한다. 즉, 제1부분은 8분, 제2부분은 7분, 제3부분은 10분(한 지문당 5분), 제4부분은 20분(한 지문당 4분) 내에 풀고, 나머지 5분은 마킹과 정리의 시간으로 삼아야 한다. 정해진 시간 내에 정확한 답을 골라내고 실제 시험에서 허둥지둥하지 않기 위해서는 평소에 시간을 재며 문제를 푸는 연습을 해야 한다. HSK에서 시간은 실력만큼이나 중요함을 잊지 말자.

제1부분

독해 제1부분은 총 10문항으로 오류가 있는 문장을 찾아내는 유형이다. 각 품사의 용법과 어휘의 의미 및 쓰임을 이해하고 있는지 테스트하는 것이 시험 목적이다. 이 유형을 잘 풀려면 시험 스킬만 공부할 것이 아니라 중국어의 토대가 되는 어법도 철저히 공부해야 한다.

오류가 있는 문장 고르기

- 명사, 대사
- 수사, 양사
- 동사, 형용사
- 부사, 개사
- 조사
- 접속사, 복문
- 보어
- 관형어, 부사어의 어순
- 특수구문
- 부적절한 호응 관계
- 문장성분의 부족 혹은 잉여
- 혼란스러운 구조, 비논리적인 서술

1 주어, 목적어가 되는 명사, 대사

Guide

명사와 대사는 주로 한 문장의 주어나 목적어가 된다. 新 HSK에서는 주로 대사의 쓰임이 정확한지, 지시하는 대상이 분명한지가 자주 출제되고 있다.

> **주의** 문장 중에 대사가 있으면 병구(病句)일 가능성이 크다. 전체 문장의 주어와 목적어가 무엇인지 살피고 대사가 이들을 잘 구분해서 대신하고 있는지 체크하라.

독해 급소공략

• 주어와 목적어를 가려내는 안목을 길러라.

新 HSK 6급 입문자라면 문제의 난이도에 상관없이 생소하고 기나긴 단어의 나열에 지레 겁을 먹게 될 것이다. 이때 **문장의 뼈대인 주어, 서술어, 목적어를 찾아** 중심어만 이해할 수 있어도 이미 반 이상 문제에 다가선 것이다.

• 대사가 보이면 병구가 아닌지 의심해보라.

대사를 쓰는 목적은 문장을 간결하게 하는 데 있다. 그러나 사용이 부정확하면 문장의 의미를 모호하게 하고, 보는 이로 하여금 잘못 이해하도록 만든다. **대사는 제1부분에서 자주 출제되므로** 문제를 풀 때 문장 속에 대사가 있으면 철저하게 분석하여 지시하는 대상이 명확한지 따져 봐야 한다.

• 각종 대사의 쓰임을 알아두라.

'本'과 '该', '每'와 '各', '彼此'와 '各自', '如何'와 '任何', '其'와 '之', '这么'와 '这样', '什么'와 '怎么'는 어떻게 다를까? 보기에도 비슷하고 의미도 비슷하지만 쓰임은 다르므로 차이점을 비교 분석하여 암기할 필요가 있다. 또, **의문대사의 관용적인 표현과 주의사항도** 확실히 익혀두어야 한다.

• 방위사에 주의하라.

장소를 나타내는 명사 즉, 처소사 뒤에 '上, 中, 下, 里, 外'와 같은 방위사를 꼭 써야만 하는 것일까? 답은 '그때 그때 다르다'이다. **상황에 따라 개사구인지, 장소를 나타내는지, 범위를 나타내는지 등을 고려하여** 병구를 가려내야 한다.

예제로 감 익히기

Mission
다음 중 어법적으로 틀린 문장을 고르시오.

> **1** A. 农历九月九日，为中国传统的重阳节。
> B. 对于幸福的含义，每个人都有不同的理解。
> C. 由于自然资源匮乏，该个国家的主要工业原料均依赖进口。
> D. 这种星系没有一定的形状，也没有明显的中心，所以被称为不规则星系。

A. 农历九月九日，为中国传统的重阳节。
B. 对于幸福的含义，每个人都有不同的理解。
C. 由于自然资源匮乏，该个国家的主要工业原料均依赖进口。
D. 这种星系没有一定的形状，也没有明显的中心，所以被称为不规则星系。

A. 음력 9월 9일은 중국 전통의 중양절이다.
B. 행복의 의미에 대해 사람들은 서로 다른 생각을 가지고 있다.
C. 자연 자원 부족으로 인해 이 나라는 주요 공업 원료를 모두 수입에 의존하고 있다.
D. 이 은하는 일정한 형태를 이루지 않고 눈에 띄는 중심도 없어서 불규칙 은하라고 불린다.

农历 nónglì 명 음력 | 重阳节 Chóngyángjié 고유 중양절 [중국 명절의 하나로, 음력 9월 9일] | 含义 hányì 명 함의, 내포하고 있는 뜻 | 匮乏 kuìfá 형 부족하다, 결핍하다 | 均 jūn 부 모두 | 依赖 yīlài 동 의지하다 | 星系 xīngxì 명 항성계의 약칭 | 形状 xíngzhuàng 명 형상, 형태 | 明显 míngxiǎn 형 눈에 띄다 | 被称为 bèi chēngwéi 동 ~라고 불리다 | 规则 guīzé 형 규칙적인

1 C 由于自然资源匮乏，<u>该个国家</u>的主要工业原料均依赖进口。(×)
→ 由于自然资源匮乏，<u>该国家</u>的主要工业原料均依赖进口。
대사 '该'는 명사(国家)와 함께 쓸 때 양사(个)를 쓰지 않는다.

독해 내공 TIP — 명사, 대사의 특징

[자주 출제되는 유형] 대사 관련 병구에 자주 출제되는 유형은 대사의 올바르지 못한 사용과 중복 사용으로 생기는 불분명한 이해이다.

❶ 我们明明知道先进单位的缺点，却不认真地帮助它，反而毫无原则地掩盖它，这是不负责任的表现。(×)
→ 我们明明知道先进单位的缺点，却不认真地帮助这些单位，反而毫无原则地掩盖它，这是不负责任的表现。
우리는 선진기업의 결점을 분명히 알면서도 경솔하게 이런 기업을 도와 원칙 없이 그들의 결점을 덮어 준다. 이는 무책임함을 보여주는 것이다.

▶ 첫 번째 "它"는 '先进单位'를 가리키고 두 번째 "它"는 '先进单位的缺点'을 가리킨다. 따라서 첫 번째 "它"를 '这些单位'로 바꿔야 한다.

❷ 原中国书法协会主席启功先生看过她的作品后，称赞其 "深得神韵，独有所长"。(×)
→ 原中国书法协会主席启功先生看过她的作品后，称赞其作品 "深得神韵，独有所长"。
중국서예협회 창시자인 치궁 위원장은 그녀의 작품을 본 후 '운치가 물씬 느껴지고 독특함이 묻어있다'고 극찬했다.

▶ '其'가 가리키는 대상이 불분명하다. '她'도 될 수 있고 '作品'도 될 수 있다. 따라서 여기에서는 '其'를 '其作品(그녀의 작품)'으로 바꾸는 것이 자연스럽다.

❸ 这支采访的外国球队给我们的青年队员上了很好的一课，恐怕他们终生都不会忘记这次比赛。(×)
→ 这支采访的外国球队给我们的青年队员上了很好的一课，恐怕我们终生都不会忘记这次比赛。
이번에 취재한 외국 구단은 우리 청소년 팀원들에게 좋은 가르침을 주었다. 아마 우리는 이번 경기를 평생 잊지 못할 것이다.

▶ '他们'이라고 하면 '外国球队'도 될 수 있고 '我们的青年队员'도 될 수 있어 가리키는 대상이 불분명해진다. 그러므로 문맥상 '他们'을 '我们'으로 고쳐야 한다.

❹ 欣赏一首好诗不容易，创作一首好诗更不是简单的事，小王对诗歌情有独钟，因此，他平时在这方面做了不少努力。(×)
→ 欣赏一首好诗不容易，创作一首好诗更不是简单的事，小王对诗歌情有独钟，因此，他平时在写诗这方面做了不少努力。
좋은 시를 감상하는 것은 쉽지 않은 일이다. 그리고 좋은 시를 쓰는 것은 더욱 어렵다. 샤오왕은 시가에 푹 빠져 평소에도 시를 쓰는 데 많은 공을 들인다.

▶ '这方面'이 가리키는 대상이 불분명하다. '欣赏'도 될 수 있고 '创作'도 될 수 있다. 따라서 '这方面' 앞에 '写诗'라는 단어를 넣어주는 것도 좋은 방법이다.

❺ 忠王李秀成临刑前是不是很英勇呢？从一些记载上看，不是这样的。(×)
→ 忠王李秀成临刑前不是很英勇，从一些记载上看，不是这样的。
충왕 리시우청은 처형되기 전 뛰어나고 용감하지 않았다고 하는데, 일부 기록을 통해 보면 그렇지 않다.

▶ '是不是'가 문장의 의미를 모호하게 만든다. 따라서 '是……呢?'를 삭제하는 것이 좋다.

❻ 王健去外地看望姑妈，却在这时丢失了心爱的钢笔。(×)
→ 王健去外地看望姑妈，却在和姑妈见面以后丢失了心爱的钢笔。
왕지앤은 외지로 고모를 만나러 갔다. 하지만 고모를 만나고 난 후 아끼던 펜을 잃어버렸다.

▶ '这时'는 '正要去的时候'일 수도 있고 '见到了姑妈的时候'도 될 수 있다. 따라서 확실한 시점이 필요하다.

❼ 今天下午，张董事长、王总经理和其他公司领导一起参加了市里举办的开发区招商引资项目洽谈会。(×)
→ 今天下午，张董事长、王总经理和公司其他领导一起参加了市里举办的开发区招商引资项目洽谈会。
오늘 오후 장 회장과 왕 CEO는 회사 간부들과 함께 시에서 열리는 개발구역 투자 상담회에 참석했다.

▶ '其他'가 제한하는 대상이 '公司'인지 '领导'인지 알 수 없다. 따라서 '公司其他领导'로 위치를 바꾸어야 한다.

[**핵심** 어법] 명사와 대사의 특징 및 쓰임에 대해 시험에 자주 나오는 어법을 위주로 공부해 보자.

1 명사

명사는 사람이나 사물의 명칭을 나타내거나 시간과 장소를 나타내는 품사이다. 명사의 종류로는 일반명사, 고유명사, 집합명사, 추상명사, 시간사, 장소명사, 방위사 등이 있다.

(1) 주요 명사의 용법

❶ 방위사: 방향이나 위치를 나타내는 명사

- 방위사 구문이 장소, 범위 등을 나타낼 때, 개사 '在, 从'은 일반적으로 생략할 수 없다.
  她的爱心表现待人接物上。(×) → 她的爱心表现在待人接物上。 (추상적인 장소)
  그녀의 따뜻한 마음은 사람을 대하는 태도에서 드러난다.
  一个人要想自己的一生中有所作为，首先就要树立起雄心壮志。(×)
  → 一个人要想在自己的一生中有所作为，首先就要树立起雄心壮志。 (범위)
  사람이 자신의 일생에서 성공하기 위해서는 먼저 이상과 포부를 가져야 한다.

- '개사+목적어+방위사'가 주어로 쓰일 경우 일반적으로 개사 '在'는 생략한다.
  在教室里很干净。(×) → 教室里很干净。 교실 안이 깨끗하다.
  在老李的脸上堆着笑。(×) → 老李的脸上堆着笑。 라오리는 얼굴에 웃음을 띠고 있다.

- 방위사가 조건을 나타낼 때는 문장의 어느 위치에 있든 개사 '在'를 생략할 수 없다.
  非常困难的条件下，工人们还是出色地完成了任务。(×)
  → 在非常困难的条件下，工人们还是出色地完成了任务。
  매우 열악한 조건에서도 노동자들은 훌륭하게 책임을 완수했다.
  孩子们老师的精心培育下茁壮成长。(×)
  → 孩子们在老师的精心培育下茁壮成长。
  아이들은 교사의 정성 어린 가르침 아래 튼튼하게 성장했다.

❷ **장소명사**: 장소를 나타내는 명사나 명사구

- 일반명사와 지시대사, 방위사의 조합은 장소를 나타낼 수 있다.
  朋友那儿 친구가 있는 그 곳 (일반명사+지시대사)
  黑板右边 칠판 오른쪽 (일반명사+방위사)

- 지명 뒤에는 방위사 '里'를 붙이지 않는다.
  我在北京里学习。(×) → 我在北京学习。 나는 베이징에서 공부한다.
  中国里有很多可去的地方。(×) → 中国有很多可去的地方。 중국에는 가 볼만한 곳이 많다.

- 장소를 나타내는 명사 뒤에는 방위사 '里'를 써도 되고 안 써도 된다.
  我在学校里学习。(○) / 我在学校学习。(○) 나는 학교에서 공부한다.
  我在公司里。(○) / 我在公司。(○) 나 회사에 있어.

- 장소명사는 개사 '在, 到'와 구를 이루어 많이 쓰인다.
  我在门口等你。 내가 문 앞에서 기다릴게. (在+장소)
  到他那儿去再看看吧。 그가 있는 곳에 가서 다시 보자. (到+장소)

❸ **시간사**: 날짜, 계절 등 시간이나 때를 나타내는 명사나 명사구

- 주로 부사어로 쓰여 주어의 앞과 뒤에 놓일 수 있다.
  明天他会告诉你结果的。(○) / 他明天会告诉你结果的。(○) 그는 내일 네게 결과를 알려 줄 것이다.

- 동작이 지속된 시간을 나타내는 시간사는 주로 동사 뒤에서 보어로 쓰이지만 부정하거나 범위를 나타낼 때는 동사 앞에 쓰기도 한다.
  工作了三年。 3년간 일했다. (시량보어는 동사 뒤에)
  三年没工作。 3년간 일하지 않았다. (부정문에서는 시량보어가 부정부사 앞에)
  三年做一次。 3년에 한 번씩 한다. (주어진 시간의 범위를 나타낼 때는 시량보어가 동사 앞에)

❹ **집합명사**

- 집합명사는 정확한 개수나 양을 나타내는 수량사와 함께 쓸 수 없다. 그러나 '一些'와는 함께 쓸 수 있다.

书籍	十本书籍 (×) → 十本书 (○)	一些书籍 (○)
船只	一条船只 (×) → 一条船 (○)	一些船只 (○)
纸张	五张纸张 (×) → 五张纸 (○)	一些纸张 (○)
树木	几棵树木 (×) → 几棵树 (○)	一些树木 (○)

- 일반적으로 문장 안에 수량을 나타내는 단어가 있으면 명사 뒤에 '们'을 쓸 수 없다.
  很多同学们 (×) → 很多同学 많은 친구
  三四个朋友们 (×) → 三四个朋友 세네 명의 친구

2 대사

대사는 다른 것을 가리키거나 대신 지칭하는 품사이다. 대사의 종류로는 인칭대사, 지시대사, 의문대사, 기타대사 등이 있다.

[1] 주요 대사 비교

비슷한 의미의 대사를 비교 정리해보고 예문을 통해 그 정확한 용법을 공부해보자.

❶ 本 vs. 该

本	该
화자 자신 또는 화자가 속한 단체, 조직, 기업, 장소 등을 가리킨다. 양사와 함께 쓸 수 없다. 本人是中国留学生。 저는 중국 유학생입니다. 本台报道的是最新奥运信息。 이번에 보도할 내용은 최신 올림픽 소식입니다.	제3자 또는 제3자가 속한 단체, 조직, 기업, 장소 등을 가리킨다. 양사와 함께 쓸 수 없다. 该公司成立于2009年。 그 회사는 2009년에 창립되었다. 该同学的学习成绩一直很好。 그 학생의 학습성적은 줄곧 좋았다.
本人　本季　本团　本校　本世纪　本公司	该校　该市　该报　该企业　该同学　该公司

❷ 每 vs. 各

每	各
일정 범위 안의 개체 하나하나를 강조한다. 这里的首饰每款都很精致。 이곳의 액세서리는 하나하나 모두 정교하다.	여러 개의 개체로 이루어진 하나의 덩어리를 강조한다. 在社会上闯荡了这么多年，我见过各种各样的人。 오랜 세월 세상을 떠돌다 보니 다양한 사람들을 만나 봤다.
양사의 성질을 가지고 있는 일부 명사(人, 年, 月, 日, 天, 秒, 分钟, 星期, 周, 小时)를 제외하고는 반드시 양사와 결합하여 '每+양사+명사'의 형태로 써야 한다.	단음절 명사와 결합할 때는 일반적으로 양사를 쓰지 않는다. 2음절 이상의 명사와 결합할 때는 양사를 써도 되고 안 써도 되지만, 그중 일부 양사(个, 种, 项, 样, 位, 条, 类, 门, 届, 式, 期, 界)와 결합하는 명사를 가리킬 때는 반드시 양사를 써야 한다.
每人　每年　每天　每周 每条裙子　每个早晨　每次考试　每位家长	各位　各国　各班 各(个)厂家　各(个)班级 各问题 (×) → 各种问题 各比赛 (×) → 各项比赛 各朋友 (×) → 各位朋友
수사와 함께 쓸 수 있다. 每两个学生一组。 학생 두 명이 한 조이다.	수사와 함께 쓸 수 없다. 各两个学生一组。(×) → 两个学生一组。 두 명의 학생이 한 조이다.
'每'와 '常'은 한 문장에서 함께 쓸 수 없다. 他每天早晨常去运动。(×) → 他每天早晨去运动。 그는 매일 아침 운동을 하러 간다.	

❸ 彼此 vs. 各自

彼此	各自
'서로'라는 의미로 쌍방을 가리킨다. 가리키는 두 대상은 서로 관계가 있다.	'각각, 제각기'라는 의미로 각각의 개체를 나타내고, 가리키는 대상은 서로 관계가 없다.
我们是多年的朋友，彼此都很了解。 우리는 오랜 친구라서 서로에 대해 잘 알고 있다. 我们是多年的朋友，不分彼此。 우리는 오랜 친구로, 너나를 따지지 않는다.	毕业后，他们有各自的打算。 그들은 졸업 후에 대한 각자의 계획을 가지고 있다. 他们各自代表着自己的球队。 그들은 각자 자신의 구단을 대표하고 있다.

❹ 如何 vs. 任何

如何	任何
'어떻게(怎么)'의 의미로 서술어 앞에서 부사어의 역할을 한다.	'어떠한'의 의미로 '都'와 호응하고 '任何+명사'의 형태로 쓰여 관형어 역할을 한다.
我真不知道如何解决这个问题。 나는 이 문제를 어떻게 해결해야 할지 모르겠다.	他对任何事都很认真。 그는 어떤 일이라도 열심이다.
'어떠하다(怎么样)'의 의미로 서술어의 역할도 한다. 情况如何？ 상황은 어떻습니까?	'任何'와 명사 사이에는 구조조사 '的'를 쓰면 안 된다. 没有任何的理由。(×) → 没有任何理由。 어떤 이유도 없다.

❺ 其 vs. 之

其	之
인칭대사: ①他(们)(的), 她(们)(的), 它(们)(的) ②我(的), 自己(的) 有其父必有其子。 그 아버지에 그 아들.	인칭대사: 他(们), 它(们) 无不为之感动。 그에 감동하지 않는 사람은 아무도 없다.
지시대사: ①那 ②其中, 其中的 不厌其烦 번거로움을 귀찮아 하지 않는다	지시대사: 这, 那 人们把这种现象称之为"下海"。 사람들은 이런 현상을 '(직업을 바꾸어) 사업에 뛰어들다'라고 부른다.
부사: '难道, 怎么' 등의 반문의 의미 君其忘之乎？ 당신은 어찌 그것을 잊을 수 있는가?	조사: 的 一年之计在于春。 일 년의 계획은 봄에 있다.
'极其, 尤其, 与其, 如其'와 같이 다른 글자와 함께 단어를 만들기도 한다.	동사: 去 君将何之？ 그대는 어디로 가려는가?

❻ 什么 vs. 怎么

什么	怎么
동사/형용사+什么 반어문에서 부정적인 뉘앙스를 나타낸다. 喊什么？听见了。 소리는 왜 지르고 그러니? 다 들었어. 我没有什么好讲的。 나는 별로 해줄 이야기가 없어.	怎么+동사/형용사 부사어로써 동사, 형용사 앞에서 서술어를 수식한다. 你怎么解释你的所作所为？ 네가 했던 모든 행동을 어떻게 설명할 거니? 他的发音怎么那么像中国人啊？ 그 사람 발음은 어쩜 그렇게 중국 사람 같니?
什么+명사 명사 앞에서 관형어 역할을 할 수 있다. 你有什么理由哭？ 무슨 이유로 우니?	怎么 구문 a. 不怎么+동사 : 그다지 ~하지 않다(=不太) 　我不怎么相信他。 나는 그를 그다지 믿지 않는다. b. 不怎么+동사 : 자주 ~하지 않다(=不经常) 　我不怎么来这儿。 나는 여기에 그다지 자주 오지 않는다. c. 不怎么+형용사 : 그다지 ~하지 않다(=不太) 　我不怎么舒服。 나는 그다지 편하지 않다. d. 不怎么样 : 좋지 않다(=不好=不怎么着) 　반드시 문장의 끝에 오고 뒤에 다른 성분이 올 수 없다. 　他们的关系不怎么样。 그들의 관계는 별로 안 좋다. e. 怎么……也/都: 어쨌든 간에 　(=说什么也=无论如何也=不管怎么样也) 　怎么找也找不着。 아무리 찾아도 찾을 수가 없다. f. 怎么+(一)+양사+명사 　사람이나 사물의 구체적인 상황이나 동작의 방식을 물어볼 때 사용된다. 　怎么回事呢？ 이게 어떻게 된 일이니? 　(=怎么了=怎么搞的？) 　他到底是怎么一个人呢？ 그는 도대체 어떤 사람이니? g. 怎样(的)+명사 　'怎样'은 평서문에서 정도를 강조할 때 쓰이고, 감탄문에서도 강렬한 감정을 나타낼 수 있다. 　他的脸上充满了怎样的孩子一样的微笑。 　그의 얼굴에 아이 같은 미소가 가득했다. 　这是一个怎样激动人心的事情！ 　이 얼마나 감격스러운 일인가!
A、B、C、D什么的 나열한 성분의 제일 끝에 붙어 '등등'의 의미를 나타낸다. (=什么A、B、C、D) 历史、政治、科技什么的，没有他不知道的。 역사, 정치, 과학기술 등등 그는 모르는 것이 없다.	

❼ 这样 vs. 这么

	这样(那样)	这么(那么)
부사어의 역할 (+동사/형용사)	这道题应该这样做。 이 문제는 이렇게 푸는 거야.	这道题应该这么做。 이 문제는 이렇게 푸는 거야.
관형어의 역할 (+명사)	以后我不再犯这样的错误了。(○) 다음부터 다시는 이런 실수를 하지 않겠다.	(×) 관형어가 될 수 없음

| +수량사 | (×)
수량사 앞에 오지 못함 | 就吃这么点儿饭啊！(○)
겨우 밥을 이만큼 먹는 거야! |

❽ 这里(那里) vs. 这儿(那儿)

	这里(那里)	这儿(那儿)
장소	我们在这里(那里)聊吧。 우리 여기(저기)에서 이야기하자.	我们在这儿(那儿)聊吧。 우리 여기(저기)에서 이야기하자.
시각	(×) 시각을 나타낼 수 없음	주로 개사 '从, 自, 打, 由'와 함께 쓴다. 打那儿以后，他就出国留学了。(○) 그 후로 그는 유학을 갔다.

(3) 의문대사의 관용적인 표현과 주의사항

❶ 동사+의문대사, (就)+동사+의문대사

앞절의 의문대사는 화자가 임의의 대상을 가리키는 것이고, 뒷절의 의문대사는 앞절에서 화자가 말한 것과 같은 것을 가리킨다.

你想吃什么，就点什么。 네가 먹고 싶은 것으로 주문해라.

你想去哪里，我就送你去哪里。 네가 가고 싶은 곳으로 내가 데려다 줄게.

你想怎么说，就怎么说。 생각나는 대로 말해 봐.

❷ 의문대사+都/也 임의의 모두, 어떠한 ~라도

他谁也不想见。 그는 아무도 보려 하지 않는다.

你怎么决定我都支持。 네가 어떤 결정을 하든 나는 너를 응원할 것이다.

❸ 반어문에서 자주 사용된다

你怎么能不来呢? → 你要来。 너 어떻게 안 올 수가 있니? → 반드시 와야 해.

我哪儿能去看他呢? → 我不能去看他。 내가 어떻게 그를 보러 갈 수가 있겠니? → 나는 그를 보러 갈 수가 없어.

❹ 개사구와 함께 부사어가 될 때 의문대사가 먼저 온다

事情还没办成，我不知道该怎么向顶头上司汇报。
일이 아직 마무리 되지 않아서 상사에게 어떻게 보고해야 할지 모르겠다.

실력 다지기

1~5 다음 중 어법적으로 틀린 문장을 고르시오.

1 A. 随着"神七"载人飞船的胜利升空，这无疑成为中国航天史上的又一里程碑。
B. "什么都是浮云"，意思是什么都不值得一提，有抱怨感叹之意。
C. 男子发型变化不及女子多，但通过修剪或烫发也能梳理出多种多样的发型。
D. 打拳和使用兵器的技术，是中国传统的体育项目。武术又称国术或武艺。

2 A. 中国人民银行决定，从2011年2月起，上调存款类金融机构人民币存款准备金率。
B. 我们的政府有信心、有能力保持物价总水平基本稳定。
C. 出版社出版了一本小说，精装本与普及本的定价悬殊一百多块。
D. 我曾经很认真地和梁朝伟讨论过，专门为他做一个电影，背景是在纽约。

3 A. 在先进工作者代表大会上，他们两个人又在一起交流经验。
B. 中国在近几十年的社会主义建设时候需要大批杰出的科学家。
C. 参加"火星-500"项目的中国志愿者在俄医学生物问题研究所开始模拟"登陆火星"。
D. 身为知名导演，他在游历欧美多年后，萌生了一个念头：试图用中国神话精神净化人心。

4 A. 有些电脑设计得很小巧，甚至可以放一个很薄的文件袋里。
B. 快乐有助于延长寿命，有助于增加食欲，有助于提高工作效率。
C. 草原上的天气变幻莫测，早上还是晴空万里，中午就乌云密布了。
D. 当今世界农业发展的新趋势就是重新认识农业，开拓农业的新领域。

5 A. 说实话，我非常理解他能在这个时候做出这样的一个艰难的决定。
B. 我们要精心把你打造成一个很中国的国际巨星。
C. 叶圣陶和丰子恺先生在民国年间联手创作的这一套教材，为孩子展开了一个诗意的世界。
D. 俗话说，店大欺客，客大欺店。再有名的明星在央视春晚面前，也不得不低下"高贵"的头。

2 관형어, 부사어, 보어가 되는 수사, 양사

Guide 수사와 양사는 주로 수식 성분으로 쓰여 관형어, 부사어, 보어의 역할을 한다. 수사에 관련된 모든 지식을 섭렵하는 것이 아니라 시험에 출제될 만한 핵심 사항 위주로 공부해야 한다. 양사 또한 '명량사와 명사의 조합, 동량사와 동사의 조합'이 주요 출제 대상이니만큼 이 부분에 신경을 쓰도록 하자.

> **주의** 新 HSK 6급에 입문한 수험생은 수사에 관련된 병구 유형을 확실히 알아둬야 한다.

독해 급소공략

• 숫자가 나오면 긴장하라.

수사는 비교적 쉽게 병구를 만들 수 있는 품사이며 관련 병구의 유형도 뻔하다. 시험에 자주 출제되는 유형으로는 '减少(缩小, 降低, 下降)와 倍, 동사+到/了+수사, 最多(至少)와 以下(至少), 大约(约, 超过, 达, 将近, 近, 余)와 左右(上下, 多, 以上, 以下)' 등이 있다. 즉, **수사에 따른 동사와 부사의 선택, 문맥의 혼돈을 가져오는 수사의 사용에 초점을 맞추어 시험에 대비**해야 한다.

• 명량사는 명사와 함께, 동량사는 동사와 함께 통째로 외워라.

新 HSK와 旧 HSK의 가장 큰 차이는 '어법의 약화'라 할 수 있다. 다시 말해서 세세한 어법 사항을 묻는 문제가 크게 줄어들었다. 그러나 여전히 출제되고 있는 어법 사항 중 하나가 양사의 쓰임이다. 양사에 대해 집중 탐구할 필요는 없으나 평소 중국어 문장을 접할 때 **명량사와 명사의 조합, 동량사와 동사의 조합**에 주의를 기울여 이들의 조합을 통째로 외워 두자.

예제로 감 익히기

Mission
다음 중 어법적으로 틀린 문장을 고르시오.

> 1 A. 早饭一定要吃，因为它可以帮助你维持血糖水平的稳定。
> B. 当人的注意力不集中时，就会下意识地眨眼，以减少进入大脑的信息。
> C. 据预测，明年第二季度国际市场的原油日需求量将减少250万桶以内。
> D. 豆浆是中国人十分喜爱的一种饮品，它营养丰富，又被称做"植物奶"。

A. 早饭一定要吃，因为它可以帮助你维持血糖水平的稳定。
B. 当人的注意力不集中时，就会下意识地眨眼，以减少进入大脑的信息。
C. 据预测，明年第二季度国际市场的原油日需求量将减少250万桶以内。
D. 豆浆是中国人十分喜爱的一种饮品，它营养丰富，又被称做"植物奶"。

A. 아침은 혈당 유지에 도움이 되므로 꼭 먹어야 한다.
B. 사람은 주의력이 흐트러질 때 무의식적으로 눈을 깜박여서 대뇌로 유입되는 정보의 양을 감소시킨다.
C. 내년 2사분기 국제시장의 일일 원유 수요량은 250만 톤 이내로 줄어들 것으로 전망됐다.
D. 두유는 중국인이 매우 좋아하는 음식으로, 영양이 풍부하여 '식물성 우유'라고 불리기도 한다.

血糖 xuètáng 圀 혈당 | 下意识 xiàyìshí 圀 잠재의식 | 眨眼 zhǎyǎn 圄 눈을 깜박거리다, 깜짝이다 | 桶 tǒng 엥 배럴 [barrel, 석유의 용량을 세는 단위. 1배럴은 42갤런]

1 C 据预测，明年第二季度国际市场的原油日需求量将减少250万桶以内。(×)
→ 据预测，明年第二季度国际市场的原油日需求量将减少到(至)250万桶以内。

수사의 용법이 틀렸다. '以上'이나 '以内'는 범위를 나타내는 명사이다. 문맥을 살펴보면 양(250万桶)을 줄이는 것이 아니라 수치가 '250万桶以内'까지 줄어드는 것이므로 '减少' 다음에 '到'나 '至'를 넣어야 한다.

독해 내공 TIP — 수사, 양사의 특징

[자주 출제되는 유형] 수사 즉, 숫자가 있으면 앞뒤 문맥의 모순, 중복 등 쓰임에 오류가 없는지 살펴야 한다.

❶ 这两年，不少名牌彩电的价格和前几年比，几乎下降了一倍。(×)
→ 这两年，不少名牌彩电的价格和前几年比，几乎下降了一半。
최근 2년간 많은 유명 브랜드의 TV 가격이 전에 비해 거의 절반이나 떨어졌다.

▶ '倍'는 '증가'의 의미이므로 '减少, 缩小, 降低, 下降' 등과는 함께 쓸 수 없다. 여기에서는 '下降'이므로 '一半'으로 고쳐야 한다.

❷ 今年以来，全厂工人干劲十足，生产热情高涨，产量提高到百分之二十。(×)
→ 今年以来，全厂工人干劲十足，生产热情高涨，产量提高了百分之二十。
올해부터 공장 직원들의 의욕이 넘치면서 생산에 대한 열정이 높아져 생산량이 20% 증가했다.

▶ '增加到, 减少到, 提高到' 등의 다음에는 '밑수(바탕이 되는 수)를 포함한' 정확한 수치가 와야 하는데 '百分之二十'는 밑수가 포함되지 않은 수치이므로 '提高了'로 고쳐야 한다.

❸ 这个单位职工福利好，收入高，每月工资至少一千八百元以上。(×)
→ 这个单位职工福利好，收入高，每月工资至少一千八百元。
이 회사는 직원 복지가 잘 되어 있고, 수입도 높다. 월급이 최소한 1800위앤은 된다.

▶ '至少'는 최저의 한계에 쓰이므로 범위를 나타내는 '以上'과는 쓸 수 없다.

❹ 老赵大约七十岁上下，可身板很硬朗。(×)
→ 老赵七十岁上下，可身板很硬朗。 / 老赵大约七十岁，可身板很硬朗。
자오 씨는 70세에 가까운 나이임에도 불구하고 몸은 여전히 정정하다.

▶ '大约, 超过, 将近, 达' 등은 대략적인 수를 나타내는 어림수(左右, 上下, 多, 以上, 以下)와 함께 쓸 수 없다.

❺ 这次物理考试，全班的平均分都达到85分以上。(×)
→ 这次物理考试，全班的平均分达到85分以上。
이번 물리 시험에서 반 평균 성적은 85점 이상에 달했다.

▶ 물리 시험 한 과목을 말하는 것이므로 '都'를 쓸 수 없다. '平均'이 나오면 전체 수를 따져 '都'와 함께 쓸 수 있는지를 살펴보라.

❻ 局长嘱咐几个学校的领导，新学期的工作一定要有新的起色。(×)
→ 局长嘱咐我们学校的几个领导，新学期的工作一定要有新的起色。
국장은 우리 학교의 몇몇 책임자에게 신학기에는 새로운 성과가 있어야 한다고 당부했다.

▶ 이 구문에서 '几个'는 '学校'를 수식할 수도 있고 '领导'를 수식할 수도 있다. 수식 대상이 불분명하므로 병구로 볼 수 있다.

[**핵심** 어법] 수사와 양사의 특징 및 쓰임에 대해 시험에 자주 나오는 어법을 위주로 공부해 보자.

1 수사

수사란 수를 나타내는 품사이다.

(1) 어림수의 표현 방식

❶ 인접한 두 개의 숫자를 연달아 쓴다(단, '九十, 十十一'로는 쓰지 않음)

　三四个女孩　세네 명의 여자 아이　　七八块钱　7,8위안

❷ 수사 뒤에 '多'나 '来'를 쓴다('多'는 앞의 숫자보다 큰 것, '来'는 앞의 숫자보다 크거나 작은 것)
- 수사[끝자리가 '0'이 아닌 수]+(양사)+'多/来'+명사
　一个多小时　한 시간여
- 수사[끝자리가 '0'인 수]+'多/来'+(양사)+명사
　三十多天　삼십여 일　　四千来个字　사천여 글자

❸ '左右, 前后, 上下'를 쓴다
- 시간과 때를 나타내는 말+'左右/前后'
　三点左右　세 시 가량　　春节前后　구정 전후
- 수량을 나타내는 말+'左右/上下'
　两岁左右　두 살 가량　　四十斤上下　40근 가량

2 양사

양사는 사물의 개수나 동작의 횟수를 나타내는 품사로, 명량사와 동량사로 나눌 수 있다.

(1) 주요 양사

양사는 크게 명사를 세는 명량사, 동작의 횟수를 세는 동량사로 나눌 수 있다. 일반적으로 명량사는 관형어의 역할을 하고, 동량사는 보어, 부사어의 역할을 주로 한다. 시험에 자주 나오는 명량사 조합, 동량사 조합을 암기하자.

❶ 주요 명량사
- 개체양사: 하나의 사물이나 사람에 쓰인다.

个	가장 보편적인 명량사	人　桔子　问题　生词
条	길고 구부릴 수 있는 것	腿　裤子　领带　绳子　蛇　路　胡同　河
	일부 추상적인 사물	消息　新闻　理由　命令

张	평면, 펼칠 수 있는 것	地图　床　桌子　纸　照片　票　脸　嘴
把	손잡이가 있는 것	刀　椅子　扇子　壶　剪刀　伞　钥匙
	한 움큼	花生　米　土
	손과 관계있는 동작	推一把　帮他一把　拉我一把
	일부 추상적인 사물	努一把力　加一把劲　一大把年纪
	사람	一把好手　第一把手　二把手
份	전체 중 일부분	分成五份
	한 벌, 한 세트	饭　材料　工资
	문건	报纸　杂志　文件
	일	工作　功劳
	마음	人情　心意
顶	꼭대기가 있는 것	帽子　假发　帐篷
笔	금액, 거래	钱　生意　存款　收入
串	꿰미	钥匙　项链　葡萄
面	편평한 것	镜子　鼓　锣
块	조각(덩어리로 된 것)	石头　香皂　面包　肉　糖　手表
	화폐	钱
幅	그림, 천	画　棉布　地图
部	영화, 전화, 차량, 기계	电影　影片　电话　电视剧　汽车
门	과목	功课　课程　学科　技术
篇	글	小说　文章　报告
片	편평하고 얇은 물건	面包　药
	차지하는 면적과 범위가 큰 것	云　稻田　楼房
	경치, 소리, 말, 마음 (一와만 쓸 수 있음)	一片心意　一片掌声
道	(강, 하천 등) 긴 것	风景线　光
	문, 담, 입구 등	围墙　门
	명령, 제목, 문제 등	命令　题
届	회의, 운동경기	亚运会　大会
	졸업 연도	第2届毕业生

사람을 나타내는 양사		
位	존경 표시	老师　先生　客人
名	신분, 직업 표시	老师　职员　学生
口	가족	五口人
	용기	锅　井
	입과 관련된 것	一口流利的汉语　松了一口气　一口水
号/种	나쁜 사람	这号人　那种人
帮	복수(주로 口语에서 씀)	人
批	복수, 사람, 사물	人　学生　货物　书
堆	복수, 사람, 사물	人　一大堆问题　一大堆工作
집을 나타내는 양사		
家	기업(영리 활동 위주)	商店　饭店　公司　报社　银行
座	크고 고정된 것, 건축물	山　桥　楼房　塑像　城市　塔　碑
所	집, 학교, 병원(봉사 위주)	房子　学校　医院
户	가정	人家　家家户户
间	집의 최초 단위, 방	教室　客厅　卧室　厨房　病房
扇	문, 창문	门　窗户
얇고 긴 것을 나타내는 양사		
根	주로 생물	草　竹子　黄瓜　头发　根子　烟
枝	생물 또는 생물이 아닌 것	花　蜡烛　枪　笔　箭　笛子
支	주로 생물이 아닌 것	烟　歌　力量　队伍　蜡烛　笔　箭　笛子
일을 나타내는 양사		
件	일, 옷, 짐	事　案子　衣服　行李
起	사건, 사고	事故　事件　车祸
기계 및 교통수단을 나타내는 양사		
辆	차량	自行车　汽车
架	비행기	飞机
	받침대가 필요한 것	照相机　钢琴
艘	배, 선박	轮船　客轮　军舰

台	기기	冰箱　电视　计算机
	무대연출	戏
列	기차 등 나열된 것	火车　车厢　牙齿

가축을 나타내는 양사

口	돼지	猪
头	소, 나귀, 코끼리	牛　驴　大象　蒜　猪
匹	말, 낙타, 노새	马　骆驼　骡子
只	동물	鸟　猫
	쌍을 이루는 물건 중 하나	耳朵　手　脚
条	비교적 긴 동물	狗　蛇　鱼

- 집합양사: 두 개 이상의 개체로 조성된 사물에 쓰인다.

对	짝, 쌍	眼睛　动物(鸟)　人(夫妻)　耳朵　耳环
双	쌍, 켤레	眼睛　手　脚　腿　鞋　袜子　耳朵
副	조, 벌, 쌍	眼镜　手套　对联　耳环　麻将　棋
	표정	表情(笑脸)
套	세트, 조, 벌	房子　家具　内装
	술수, 방법	办法
打	다스(12개)	铅笔

- 도량사: 도량형의 계산 단위를 말한다.

长度	길이	分　寸　尺　丈　里　厘米　米　公里
容量	용량	毫升　升　公升
重量	중량	钱　两　斤　克　公斤　吨
面积	면적	分　苗　公顷　平方寸　平方尺　平方米
体积	체적	立方厘米　立方分米　立方米
货币	화폐	元　钱　角　毛　分

- 부정(不定)양사: 정해지지 않은 수량을 나타내며 '些, 点儿'이 있다. '些, 点儿' 앞에는 '一'밖에 올 수 없다.
  两些 (×) → 一些　　三点儿 (×) → 一点儿

- 차용명량사: 일부 명사를 임시로 빌어 사용하고, 구조조사 '的'와 함께 쓸 수 있다.
  一脸(手/头/身/脚)(的)汗 온 얼굴(손/머리/몸/발) 가득한 땀
  一身(的)衣服 옷 한 벌
  一桌子(床/架/房间)(的)书 온 책상(침대/선반/방) 가득한 책
  一屋子(的)烟 방안 가득한 연기
  一碗/锅(的)米饭 한 그릇/솥의 쌀

❷ 주요 동량사

- 자주 쓰는 동량사

次	반복 출현하는 동작	讨论一次 看过两次
回	'次'와 같은 의미(口语에서 많이 씀)	听过两回 一回也没去成
	한 번의 일	原来是这么(一)回事
趟	왕복 동작	去了两趟北京
	왕복 운행하는 차	已经发出好几趟班车了
遍	시작에서 끝까지 전체 과정	检查一遍
下	비교적 짧고 가벼운 동작	敲了几下门
	단번에(부사, '빠르다, 갑작스럽다'라는 의미)	一下子就昏倒了
	방법, 대단한 솜씨(명사)	很有两下子
顿	식사, 욕, 구타	吃了一顿饭 打了他一顿 挨骂一顿
阵	갑작스럽고 비교적 짧은 시간의 동작(一와만 쓸 수 있음)	刮了一阵大风
场	문화나 체육 활동(chǎng)	演了三场电影
	일이 발생한 경과 내용(cháng)	雨 病 灾难 战争 误会 梦 官司
番	시간이나 노력이 많이 드는 일	下一番功夫 议论一番
	종류	一番风味

- 차용동량사: 동작, 행위에 필요한 도구나 신체 부위를 임시로 빌어 사용한다.
  画了一笔 한 획을 긋다   咬了一口 한 입 깨물다   踢了狗一脚 개를 한 발 차다
  看了一眼 힐끗 한 번 보다   打了一巴掌 뺨을 한 대 때리다

실력 다지기

1~5 다음 중 어법적으로 틀린 문장을 고르시오.

1 A. 我们医院的外科治愈率已由80%增加到93%。
  B. 这个单位职工福利好，收入高，每月工资至少一千八百元以上。
  C. 最近，收音机的价格一涨再涨，有的甚至涨了一倍。
  D. 由于这个失误，他们赔给对方公司两万多美元。

2 A. 一缕阳光透过窗帘，温暖地照在我的身上。
  B. 今天上午，小李吃了二个馒头和一碗粥。
  C. 快轮到我的面试了，我的手里紧紧地攥着一把汗。
  D. 电门一关，就可以阻止电流不再通过。

3 A. 生活是一把镜子，你对它笑，它就对你笑；你对它哭，它也对你哭。
  B. 剪纸是一种民间艺术，在中国已经有上千年的历史。
  C. 一个人的快乐，不在于他得到多少，而是在于他付出了多少。
  D. 臭氧层能阻挡太阳百分之九十九的紫外线辐射，成为地球的保护伞。

4 A. 长时间面对电脑和电视、睡眠不规律不利于身体健康。
  B. 我在北京工作了五年，觉得这是一座座既现代又古老的城市。
  C. 感冒初期不要吃西瓜，因为西瓜是凉性食物，可能会加重感冒。
  D. 这一圈小山在冬天景色非常迷人，好象是一幅水墨画。

5 A. 这个就是最新款的，没有比它再好看实用的了。
  B. 有两种人我们应该多交往：一是良师，二是益友。
  C. 北京私家车拥有的数量已经占到汽车销售总量的将近80%以上。
  D. 西藏的自然风光雄奇壮美，具有典型的高原特色，民俗风情也独特迷人。

3 서술어가 되는 동사, 형용사

Guide
한 문장에서 가장 중요한 큰 줄기는 주어, 서술어, 목적어이다. 이 중 서술어의 역할을 주로 맡는 동사와 형용사는 부적절한 호응 관계와 중첩에 관한 문제가 자주 출제되고 있다. 부적절한 호응 관계를 가려내는 눈은 하루아침에 생기는 것이 아니라 동사와 목적어, 형용사와 명사를 조합하여 외우는 평소 학습 방법에 의해 쌓이는 것이다.

주의 긴 문장의 핵심만 골라내어 볼 수 있도록 주어, 서술어, 목적어에 동그라미를 치는 습관을 기르자.

독해 급소공략

● 서술어와 목적어의 조합에 주목하라.

서술어가 동사일 경우에는 **목적어와의 조합이 맞는지 체크**해야 한다. 술목구조의 조합은 항상 시험에 출제되는 중요한 핵심이다. 따라서 동사와 목적어를 조합하여 외우는 습관을 길러 평소에 이를 대비할 수 있도록 해야 한다. **서술어가 형용사일 경우**에는 **목적어의 유무를 확인**해야 한다. 형용사는 목적어를 수반할 수 없음을 유의하고, 형용사가 관형어로 쓰였을 때 수식하는 주어와 목적어와의 관계도 신경 써야 한다.

● 동사와 형용사의 중첩 형식에 유의하라.

동사와 형용사의 중첩 형식 오류와 중첩해서는 안 되는 경우에 관련된 문제가 자주 출제되는데, **이들의 중첩 형식은 이미 고정되어 있으므로 암기하는 수밖에 없다.** 비교적 쉬운 어법 사항인 동사와 형용사 중첩을 놓치지 않도록 하자.
동사는 1음절 중첩일 경우 'AA, A一A, A一下儿, A来A去, A了A, A了一A', 2음절 중첩일 경우 'ABAB, AB了AB'의 형식으로 쓰인다. 그러나 'AA一下儿'이나 'AB一AB, ABAB一下儿'의 형식은 절대 안 된다.
형용사는 1음절 중첩일 경우 'AA', 2음절 중첩일 경우 'AABB, ABAB, A里AB'의 형식으로 쓰인다. 그러나 중첩할 때는 정도부사의 수식을 받을 수 없다.

예제로 감 익히기

Mission

다음 중 어법적으로 틀린 문장을 고르시오.

> 1 A. 爸爸一边吃，一边把今天下午看到的事情讲了一遍。
>   B. 索罗斯等金融巨额总是试图左右左右一下市场，希望从中获利。
>   C. 生活的经验告诉我们：开朗乐观的人往往健康长寿。
>   D. 大家都睡着了，四周静悄悄的，只有他还坐在灯下专心致志地学习。

A. 爸爸一边吃，一边把今天下午看到的事情讲了一遍。
B. 索罗斯等金融巨额总是试图左右左右一下市场，希望从中获利。
C. 生活的经验告诉我们：开朗乐观的人往往健康长寿。
D. 大家都睡着了，四周静悄悄的，只有他还坐在灯下专心致志地学习。

A. 아빠는 식사를 하시면서 오늘 오후에 목격한 사건을 말씀하셨다.
B. 소로스 등 금융계의 큰 손들은 언제나 시장을 좌지우지하는 방법을 통해 이익을 취하려 한다.
C. 우리는 생활의 경험을 통해 밝고 낙천적인 사람이 건강하고 장수한다는 사실을 알 수 있다.
D. 모두 잠들었다. 사방이 고요한 가운데 그만 홀로 등불 아래에서 공부에 열중했다.

乔治·索罗斯 Qiáozhì Suǒluósī 고유 조지 소로스(George Soros) | 金融巨额 jīnróng jùé 명 금융계의 큰 손 | 静悄悄 jìngqiāoqiāo 형 아주 고요하다 | 专心致志 zhuānxīn zhì zhì 성 온 마음을 기울이다, 전심전력으로 몰두하다

---

1 B 索罗斯等金融巨额总是试图左右左右一下市场，希望从中获利。(×)
→ 索罗斯等金融巨额总是试图左右一下市场，希望从中获利。

동사의 중첩은 '동사+一下'와 같은 의미이므로 동사 중첩과 '一下'는 함께 쓸 수 없다.

독해 내공 TIP — 동사, 형용사의 특징

[자주 **출제되는** 유형] 동사와 형용사 관련 병구에 자주 출제되는 유형은 동빈구조의 어울리지 않는 조합, 서술어의 부족, 동사와 형용사의 잘못된 중첩 형식, 형용사의 부사어 오용 등이다.

❶ 关于语言方面的能力，我有自信肯定能满意贵方。(×)
 → 关于语言方面的能力，我有自信肯定能满足贵方。/ 关于语言方面的能力，我有自信肯定能让贵方满意。
 말로는 상대방 마음에 들 자신이 있다.
 ▶ '满意'는 목적어를 수반할 수 없는 형용사이다. 그러므로 비슷한 의미의 '满足'로 바꾸든지 '让贵方满意'의 형태로 고쳐야 한다.

❷ 书中的经验和知识对我们来说取之不尽、用之不竭的源泉。(×)
 → 书中的经验和知识是对我们来说取之不尽、用之不竭的源泉。
 책에서 얻는 경험과 지식은 우리에게 있어 끝이 없고 마르지 않는 원천이다.
 ▶ 중심어만 추려서 보면 '经验和知识(是)源泉'이므로 문장에는 서술어 '是'가 빠져 있다.

❸ 清晨，假如你漫步在芦沟桥畔，会知道河水很清清。(×)
 → 清晨，假如你漫步在芦沟桥畔，会知道河水清清。
 새벽녘 다리 옆 갈대밭을 거닐어 보면 강물이 얼마나 맑은지 알 수 있을 것이다.
 ▶ 형용사 중첩은 정도부사의 수식을 받을 수 없으므로 '很'을 빼야 한다.

❹ 18世纪以后世界人口的增长速度加快明显了。(×)
 → 18世纪以后世界人口的增长速度明显加快了。
 18세기 이후 세계 인구의 증가 속도가 현저하게 빨라졌다.
 ▶ '速度'는 주어이고 '加快'는 서술어이다. '明显'은 형용사로서 부사어의 역할을 하므로 '明显加快'의 순서로 바꾸어야 한다.

[**핵심** 어법] 동사와 형용사의 특징 및 쓰임에 대해 시험에 자주 나오는 어법을 위주로 공부해 보자.

1 동사

동사는 동작, 행위, 심리 활동, 존재, 변화 발전, 소실 등을 나타낸다.

(1) 동사의 특징

동사는 주어, 목적어, 보어, 관형어, 부사어로 쓰일 수 있지만 주된 역할은 서술어이다. 동사가 서술어로 쓰일 때의 보편적인 특징을 살펴보자.

❶ 동사는 목적어를 수반할 수 있다

- 대부분의 동사는 명사와 대사를 목적어로 수반한다.
  生活是一幅丰富多彩的画卷，然而我们要懂得欣赏。 (명사 목적어)
  삶은 풍부하고 다채로운 모습을 담은 장면이지만 우리는 이를 즐길 줄 알아야 한다.

- 일부 동사는 명사, 대사 목적어를 수반하지 못하고 동사(구)나 형용사(구), 또는 주술구를 목적어로 수반한다.
  这部电影值得看。 이 영화는 볼 만하다. (동사 목적어)

  他希望考上理想的大学。 그는 희망하는 학교에 합격하기를 바란다. (동사구 목적어)

일부 동사	开始(上课)　继续(工作)　主张(男女平等)　打算(回家)　准备(考试)　决定(离婚) 从事(科学研究)　善于(游泳)　便于(理解)　受到(欢迎) 认为/以为/觉得/感到/感觉到(他很老实)

- '进行, 加以, 得以, 难以, 给以, 给予' 등의 동사는 반드시 2음절 동사를 목적어로 수반한다. 이때 동사 목적어 앞에 수식 성분이 와도 된다.
  希望大家给予经济上的支持。 여러분이 경제적 도움을 주시기 바랍니다.
  贪污腐败之风应当加以严重处理。 부정부패 풍조는 마땅히 엄중하게 처리해야 한다.

- 일부 동사는 이중목적어를 수반할 수 있다. [서술어(동사)+목적어1(사람)+목적어2(사물)]
  他送　我　那件衣服。 그는 내게 그 옷을 선물했다.
  　　목적어1 목적어2

  我转告　他　一件事情。 나는 그에게 어떤 사실을 전해주었다.
  　　　목적어1 목적어2

일부 동사	送　给　交　卖　还　教　借　赏　拿　赠　分　递　请　夺 问　赔　求　麻烦　通知　转交　退还　报告　托付

- 일부 동사는 목적어를 수반할 수 없는 경우도 있다.
  毕业北京大学 (×) → 北京大学毕业 / 毕业于北京大学 (○) 베이징대학을 졸업하다
  帮忙他 (×) → 帮他的忙 / 帮他 / 帮助他 (○) 그를 돕다

일부 동사	毕业　帮忙　见面　出发　送行　旅行　旅游　观光　散步　道歉 休息　着想　握手

❷ 동사는 수식 성분의 수식을 받을 수 있다

- 부사, 부사어의 수식을 받는다.
  马上做完 곧 끝난다　　正在洗澡 지금 씻고 있다

- 정도부사는 심리를 나타내는 동사와 일부 동사만을 수식할 수 있다.
  十分高兴 무척 기쁘다　　非常骄傲 굉장히 자랑스럽다　　很难过 매우 힘들다
  cf> 十分表演 (×)　　非常参观 (×)　　很跑 (×)

- 보어의 수식을 받는다.
  跑下来 뛰어 내려오다 (방향보어)   唱得很好 노래를 잘 부른다 (정도보어)
  读完了 다 읽었다 (결과보어)   搬不动 옮길 수 없다 (가능보어)
  坐一会儿 잠시 앉다 (시량보어)   来一回 한 번 왔다 (동량보어)

❸ 동사는 동태조사 '了, 着, 过'를 수반할 수 있다

- '了, 着, 过'를 중심으로 이들 앞에 놓인 동사가 한 문장의 서술어가 되는 경우가 많으므로 문장성분을 가려낼 때 도움이 된다.
  他是一位有着35年教龄的老教师。 그는 35년 경력의 노련한 선생님이다.

- 심리를 나타내는 동사는 '着'를 수반할 수 없다.
  担心着 (×)   喜欢着 (×)

[2] 동사 중첩

동사를 중첩함으로써 '시도, 어기 완화, 소요된 동작의 시간이 짧거나 김'을 나타낸다. 시험에는 주로 중첩 형식과 중첩해서는 안 되는 경우가 출제된다.

❶ 중첩 형식

1음절 동사의 중첩	A: AA A一A A一下儿 A来A去 A了A A了一A (단, AA一下儿은 쓸 수 없음)	想想 想一想 想一下儿 想来想去 想了想 想了一想 想想一下儿(×)
2음절 동사의 중첩	AB: ABAB AB了AB AB来AB去 (단, AB一AB, ABAB一下儿은 쓸 수 없음)	讨论讨论 讨论了讨论 讨论来讨论去 讨论一讨论(×) 讨论讨论一下儿(×)
이합사의 중첩	AB: AAB A一AB A了AB (이합사는 앞이 동사, 뒤가 목적어이므로 앞의 동사만 중첩)	洗洗澡 洗一洗澡 洗了洗澡

❷ 동사를 중첩해서는 안 되는 경우

- '进行, 无法, 加以, 得以, 难以, 给以' 뒤에 오는 동사는 중첩할 수 없다.
  对于这次安排总统出行路线出现的问题，我们必须进行反省反省。(×)
  → 对于这次安排总统出行路线出现的问题，我们必须进行反省。
  이번 대통령 순방 일정 조율에서 발생했던 문제에 대해 우리는 반성해야 한다.

- 동시 동작일 때 중첩할 수 없다.
  你又做做单位工作，又炒炒股票，怎么能做好本职工作？(×)
  → 你又做单位工作，又炒股票，怎么能做好本职工作？
  너는 회사 일을 하면서 주식도 하니, 회사 일을 제대로 할 수 있겠니?

- 진행 중인 동작은 중첩할 수 없다.
  他正在看看韩国电视连续剧呢。(×) → 他正在看韩国电视连续剧呢。
  그는 지금 한국 드라마를 보고 있다.

- 관형어로 쓰인 동사는 중첩할 수 없다.
  你看看的是什么书呀？(×) → 你看的是什么书呀？ 네가 보는 것은 무슨 책이니?

- 동사 목적어는 중첩할 수 없다.
  他打算学学汉语。(×) → 他打算学汉语。 그는 중국어를 배울 계획이다.

- 중첩한 동사는 보어와 함께 쓸 수 없다.
  你等等一会儿，他马上就来。(×) → 你等一会儿，他马上就来。 조금 기다려. 그가 곧 돌아올 거야.

- 연동문과 겸어문의 첫 번째 동사는 중첩할 수 없다.
  他去去学校看书了。(×) → 他去学校看书了。 그는 학교에 가서 책을 봤다.
  你请请他帮你吧。(×) → 你请他帮你吧。 그에게 (너를) 도와달라고 해.

- 이합사는 동사만 중첩한다.
  课后他常找朋友聊天聊天。(×) → 课后他常找朋友聊聊天。 수업이 끝난 후 그는 자주 친구를 찾아가 수다를 떨었다.

- 능원동사는 중첩하지 않는다.
  我愿意愿意帮你。(×) → 我愿意帮你。 나는 너를 돕고 싶어.

- 심리, 존재, 변화, 소실, 방향, 판단을 나타내는 동사는 중첩할 수 없다.
  我讨厌讨厌你。(×, 심리) → 我讨厌你。 나는 네가 싫다.
  我有有问题。(×, 존재) → 我有问题。 내게 문제가 있다.
  来来北京。(×, 방향) → 来北京。 베이징에 와라.
  我是是老师。(×, 판단) → 我是老师。 나는 선생님이다.

- 목적어가 불특정할 때는 중첩하지 않는다.
  他下午要去见见一个日本人。(×) → 他下午要去见见那个日本人。 그는 오후에 그 일본인을 만나러 가야 한다.

- 단음절 동사가 있는 구가 부사어로 쓰일 때는 중첩할 수 없다.
  我们说说话的时候，他来了。(×) → 我们说话的时候，他来了。 우리가 이야기하고 있을 때 그가 왔다.

- 중첩한 동사 뒤에는 '了, 着, 过'가 올 수 없으나 '了'는 중첩한 동사 사이에 올 수 있다.
  开发商曾经打打过这块地的主意。(×) → 开发商曾经打过这块地的主意。
  부동산 투자자가 이 토지에 대한 투자를 모색한 적이 있다.
  我掂量了掂量这件事情的轻重。 나는 이 일의 중요성에 대해 심사숙고했다.

(3) 능원동사

능원동사는 동사 앞에서 '능력'과 '바람'을 나타내는 동사로, '会, 能, 可以, 想, 要, 愿意, 肯, 得, 敢, 该' 등이 있다.

❶ 능원동사의 위치

- 능원동사+동사/형용사
  这个误会我一定会解释清楚。 이 오해는 내가 꼭 확실하게 해명할 것이다.

- 능원동사+개사+명사+동사/형용사
  韩方企业非常愿意和这个中方公司合作。 한국 측 기업은 이 중국 회사와 협력하고 싶어 한다.

- 부사+능원동사
  他们是很会网上恶搞别人的群体，有人叫他们"网闹"。
  그들은 인터넷 상에 다른 사람에 대한 악성 루머를 잘 퍼뜨리는 사람들로, 일부는 그들을 가리켜 '인터넷 부머(Boomer)'라고 부른다.

- 의문대사+능원동사
  我们无法理解媒体怎么能这样歪曲事实。
  매스컴에서 어떻게 이렇게 사실을 왜곡할 수 있는지 우리는 이해할 수가 없다.

- 연동문: 주어+능원동사+동사1+동사2
  我公司总经理　将　会　亲自　去　中国　解决　这个问题。
  　　주어　　　　　능원동사　　동사1　　　동사2
  우리 회사의 최고 경영자가 직접 중국에 가서 이 문제를 해결할 것이다.

- 겸어문: 주어1+능원동사+동사1+주어2+동사2
  我　要　让　春天　永远　留　在我们身边。 나는 봄을 영원히 내 곁에 머물게 하고 싶다.
  주어1 능원동사 동사1　주어2　　　동사2

2 형용사

형용사는 사람 혹은 사물, 행위나 동작의 성질이나 상태를 나타내는 품사이다.

(1) 형용사의 특징

주로 서술어, 관형어, 부사어, 보어로 쓰인다.

❶ 형용사는 서술어로 쓰인다

- 일반적으로 형용사는 목적어를 수반하지 않는다. 단, 일부 형용사는 동사로 쓰여 목적어를 수반하기도 한다.
  方便的办法　편리한 방법 (형용사)
  方便了群众。 군중을 편리하게 했다. (동사)

- 정도부사의 수식을 받을 수 있다.
  他汉语很好。 그는 중국어를 잘한다.

- 형용사 자체에 정도의 의미가 있는 경우와 형용사를 중첩할 때는 정도부사와 함께 쓸 수 없다.
  日本富士山的山顶很雪白。(×) → 日本富士山的山顶是雪白雪白的。
  일본 후지 산 정상은 새하얗다.
  看到她很大大的眼睛，我就爱上了她。(×) → 看到她大大的眼睛，我就爱上了她。
  그녀의 커다란 눈을 보고 나는 바로 사랑에 빠졌다.

❷ 형용사는 수식 성분으로 쓰인다
- 관형어, 부사어로 쓰일 때 구조조사 '的'와 '地'를 수반할 수 있다.

1음절 형용사의 관형어꼴	1음절 형용사의 부사어꼴
1음절 형용사+명사	1음절 형용사+동사
大人 小人 好人 破车 多人(×) 少人(×) → 很多人/许多人 很少人	多买 早来 慢走 快来
1음절 형용사 중첩+'的'+명사	1음절 형용사 중첩+'地'+동사
高高的个子 큰 키 大大的眼睛 큰 눈	慢慢(地)说 천천히 말하다 好好(地)念 잘 읽다
정도부사+1음절 형용사+'的'+명사	정도부사+1음절 형용사+'地'+동사 (자주 쓰는 형식은 아님)
很大的鞋 매우 큰 신발 又深又蓝的大海 깊고 푸른 바다 很多的人(×) → 很多人 매우 많은 사람	很慢地走着 매우 천천히 걷다
2음절 형용사의 관형어꼴	2음절 형용사의 부사어꼴
2음절 형용사+'的'+명사 认真的态度 진지한 태도 단, 습관적으로 이미 고정된 경우 '的' 생략 가능 优秀人才 우수한 인재 先进技术 선진 기술	2음절 형용사+'地'+동사 동작, 변화를 묘사할 때 '地' 생략 가능 我仔细(地)读了一遍。 나는 자세히 한 번 읽었다. 단, 동작자를 묘사할 때는 '地' 생략 안 됨 爷爷满意地点点头。 할아버지는 만족스럽게 고개를 끄덕이셨다.
2음절 형용사 중첩+'的'+명사	2음절 형용사 중첩+'地'+동사
高高兴兴的样子 즐거운 모습 胖乎乎的小脸 통통한 얼굴	高高兴兴地说 즐겁게 말하다 孤零零地生活 외롭게 생활하다
정도부사+2음절 형용사+'的'+명사	정도부사+2음절 형용사+'地'+동사
很激动的样子 매우 흥분한 모습	很激动地说 매우 흥분해서 말하다

- 1음절, 2음절 형용사 모두 보어가 될 수 있다.
  吃饱了。 배부르다. (결과보어)   看清楚了。 똑똑히 봤다. (결과보어)

❸ '不'나 '没'로 부정한다
- 형용사는 주로 '不'로 부정하지만 변화의 뜻을 나타낼 때는 '没'를 쓸 때도 있다.
  这本书不难。 이 책은 어렵지 않다.
  天还没亮呢，再等一会儿吧。 날이 아직 밝지 않았으니 조금만 더 기다리자. (아직 밝지 않았다는 변화에 쓰임)

- '没'로 부정할 때 문장 마지막에 어기조사 '呢'가 붙을 수 있다. (没+형용사+呢)
  他的病还没治好呢。 그의 병은 아직 완쾌되지 않았다.

(2) 형용사 중첩

형용사가 중첩되면 의미가 더욱 심화된다. 이때 형용사 중첩은 정도부사와 쓸 수 없다는 것에 주의해야 한다.

❶ 중첩 형식

1음절 형용사의 중첩	A: AA	大: 大大　红: 红红　满: 满满　轻: 轻轻　紧: 紧紧
	A: ABB A와 같은 의미이지만, 더욱 생동감 있는 고정된 표현	绿: 绿油油　亮: 亮晶晶　火: 火辣辣　喜: 喜洋洋 胖: 胖乎乎　热: 热腾腾　暖: 暖洋洋　冷: 冷冰冰 软: 软绵绵　黑: 黑洞洞　黄: 黄灿灿　红: 红彤彤
2음절 형용사의 중첩	AB: AABB 일반적인 형용사 중첩 형식	漂亮: 漂漂亮亮　明白: 明明白白　干净: 干干净净 痛快: 痛痛快快　整齐: 整整齐齐
	AB: AABB AB가 상대되는 의미일 때	大小: 大大小小　多少: 多多少少　老少: 老老少少 长短: 长长短短　远近: 远远近近
	AB: ABAB 형용사 자체에 정도의 뜻을 포함하고 특히 앞 글자가 정도나 비유의 의미를 지닐 때	冰凉: 冰凉冰凉　雪白: 雪白雪白　笔直: 笔直笔直 通红: 通红通红　漆黑: 漆黑漆黑 cf> 이 단어들은 이미 '정도가 심함'을 나타내므로 정도를 나타내는 수식 성분과 함께 쓸 수 없다. 很冰凉 (×)　冰凉得很 (×)
	AB: ABAB 형용사가 동사로 쓰일 때	暖暖和和的房间 따끈따끈한 방 (형용사) 进屋里暖和暖和身体吧。 방에 들어와 몸을 녹여라. (동사)
	AB: A里AB 혐오, 경멸의 의미	糊涂: 糊里糊涂　罗嗦: 罗里罗嗦　土气: 土里土气 邋遢: 邋里邋遢　窝囊: 窝里窝囊

❷ 형용사 중첩 시 주의할 점

- 형용사를 중첩할 때 정도부사를 쓰지 않는다.
  他今天很高高兴兴。(×) / 他今天高高兴兴极了。(×)
  → 他今天高高兴兴的。 그는 오늘 기분이 아주 좋다.

- 문장 마지막에 형용사 중첩이 있으면 뒤에 '的'를 붙여도 된다.
  他长得傻乎乎的。 그는 맹하게 생겼다.

- 중첩된 형용사가 관형어로 사용될 때는 구조조사 '的'를 붙여야 한다.
  弯弯眉毛 (×) → 弯弯的眉毛 활모양의 눈썹
  高高围墙 (×) → 高高的围墙 높은 담벼락

- 두 가지 이상의 품사로 쓰이는 단어는 상황에 맞게 중첩해야 한다.
  学校都放假了，校园里安安静静的。 (형용사로 쓰였으므로 AABB형식으로 중첩)
  학교가 방학을 하니 교정이 조용하다.

  别吵了，让他安静安静吧! (동사로 쓰였으므로 ABAB형식으로 중첩)
  떠들지 마. 그를 조용히 내버려 두자.

실력 다지기

1~5 다음 중 어법적으로 틀린 문장을 고르시오.

1　A. 金乌炭雕是一种新型室内环保艺术品，它能吸附空气中的有毒有害气体。
　　B. 村委会会议室挤满了前来听课的村民，他们迫切想学到农业知识。
　　C. 水墨画通过墨汁的浓淡绘制景色，生动形象，被国人称为"墨宝"。
　　D. 据报道，有关成员国已一致达成意见，同意成立临时指挥部。

2　A. 失败是成功之母，我们要从失败中吸取教训。
　　B. 他连续一个星期加班没有收拾家，所以屋子里显得很乱糟糟的。
　　C. 积极的人在困难中看到机会，而消极的人则在机会中看到困难。
　　D. 毛主席说：我们的目的一定要达到，而且我们的目的肯定能够达到。

3　A. 到北京不吃北京烤鸭，不算来北京。这道菜如今已成为世界闻名的美食。
　　B. 公司第四季度赢利达15.7亿元，十分超出了分析人士此前的预期。
　　C.《清明上河图》生动地记录了中国在清朝时期的城市生活面貌。
　　D. 幽默有时候能起到很大的作用，拥有了它，我们与别人的交谈就会变得更有味道，相处也会变得非常融洽。

4　A. 明天要变天了，你得穿多点衣服。
　　B. 他在妈妈的鼓励下，顺利通过考试。
　　C. 昨天我们开会，所以我请你吃饭，然后跟你一起逛街。
　　D. 想要预防在野外活动中迷路，可以带一个指南针。

5　A. 无论是风寒感冒还是风热感冒，多喝水都对身体有好处。
　　B. 端午节不仅能吃粽子，还能看到热闹的龙舟赛。
　　C. 要想讲讲清楚语言层面的问题，真的是非常难。
　　D. 春节和国庆节两个大假都是出游的高峰期。

4 부사어가 되는 부사, 개사

Guide

부사와 개사구는 주로 부사어 역할을 한다. 이들은 접속사 다음으로 가장 많이 출제되는 품사이다. 시험에 출제되는 유형을 숙지하여 쓰임의 옳고 그름을 판단할 수 있는 안목을 기르자.

주의 각종 부사, 개사의 의미와 쓰임을 아는 것도 중요하지만, 한 문장에서 그들의 역할을 파악하고 **전체 문장에 어울리게 잘 사용되었는지 판단**하는 것이 더 중요하다.

독해 급소공략

• 부사의 중복에 주의하라.

문장 전체의 문맥을 혼동시키는 **부정부사의 중복은 시험에 자주 출제되는 중요한 유형**이다. 이에 대해서 10과에서 상세히 다루고 있으니 꼭 참고하기 바란다. 이 밖에 유사 의미 부사의 중복, 전체 문장에 전혀 어울리지 않는 부사 사용 등이 시험 출제 유형이다.

• 문장 처음에 개사가 오면 주어의 유무를 확인하라.

문장 처음에 올 수 있는 개사로는 '通过, 经过, 由于, 对于, 为了' 등이 있는데, 이들을 사용한 문장에는 '使'가 자주 나온다. 이들은 문장을 여는 부사어가 되는 것이지 절대 주어의 역할을 하는 것이 아니다. 그러므로 이들 문장에서는 **주어가 빠진 오류를 자주 발견할 수 있다.** 출제율이 높은 만큼 이 유형을 꼭 알아두자.

• '对'는 주객을 전도시키기에 가장 좋은 개사이다.

개사 관련 병구 중에 가장 많이 출제되는 것은 주어가 빠진 경우이고, 그 다음이 주객이 전도된 경우이다. **사람과 사물의 비교에서 사람이 먼저 나와야 하는 것은 당연하다.** 뜻이 통한다고 그냥 넘기지 말고 어법적인 사항에 문제가 없는지 꼼꼼하게 따져보자.

• 개사 관련 고정격식을 암기하자.

개사는 방위사, 동사 등과 함께 고정격식을 이루어 사용하는 경우가 많다. 이런 고정격식은 평소에 정리하고 암기하여 시험에 대비하도록 하자.

예제로 감 익히기

Mission
다음 중 어법적으로 틀린 문장을 고르시오.

> 1. A. 赛龙舟是中国流行的民间活动，每年端午节的时候，各个地方都会举行比赛，龙舟以不同颜色的令旗作标志。
>   B. "落红不是无情物，化作春泥更护花"。说明花不是无情之物，落在泥土里成了绿肥，还可以哺育花。
>   C. 真正让我感到难过的不是你没有考上大学，而是你在考试的时候居然作弊。
>   D. 如果对方公司拖延时间派技术人员过来，这样下去都没有好处对双方，采用一个双方都同意的方案是最佳的选择。

A. 赛龙舟是中国流行的民间活动，每年端午节的时候，各个地方都会举行比赛，龙舟以不同颜色的令旗作标志。
B. "落红不是无情物，化作春泥更护花。"说明花不是无情之物，落在泥土里成了绿肥，还可以哺育花。
C. 真正让我感到难过的不是你没有考上大学，而是你在考试的时候居然作弊。
D. 如果对方公司拖延时间派技术人员过来，这样下去都没有好处对双方，采用一个双方都同意的方案是最佳的选择。

A. 배 경주는 중국에서 유행하는 전통 민속놀이로, 매년 단오절에 각 지역에서 시합을 펼치며 용선은 서로 다른 색의 영기로 표시한다.
B. '떨어지는 꽃잎은 무정한 것이 아니다. 봄날의 진흙이 되어 꽃을 아끼는 마음이다.' 이는 꽃은 아무런 감정도 없는 사물이 아니며, 꽃잎이 떨어진 후 진흙 속에서 자연 비료가 됨으로써 꽃을 자라게 한다는 뜻이다.
C. 내가 정말 괴로운 것은 네가 대학에 떨어진 것이 아니라, 네가 시험 때 부정행위를 했다는 것이다.
D. 만약 상대측에서 시간을 연기하고 기술자를 보낸다면 서로에게 이로울 것이 없다. 쌍방이 모두 동의하는 방안을 채택하는 것이 최선이다.

赛龙舟 sàilóngzhōu 명 용머리로 뱃머리를 장식하고 벌이는 배 경주 | 龙舟 lóngzhōu 명 용선, 용처럼 장식한 배 | 令旗 lìngqí 명 영기[명령을 발포할 때 사용하던 깃발] | 落红 luòhóng 명 떨어진 꽃잎, 낙화 | 春泥 chūnní 명 봄날의 진흙 | 绿肥 lǜféi 명 풋거름, 녹비 | 哺育 bǔyù 동 배양하다, 양육하다, 먹여 기르다 | 拖延 tuōyán 동 (시간을) 끌다, 지연하다, 연기하다

1 D 如果对方公司拖延时间派技术人员过来，这样下去都没有好处对双方，采用一个双方都同意的方案是最佳的选择。(×)
→ 如果对方公司拖延时间派技术人员过来，这样下去对双方都没有好处，采用一个双方都同意的方案是最佳的选择。

개사구가 부사어가 될 때는 서술어 앞에 위치해야 한다. 또, '对……有好处'는 '~에게 이롭다'라는 뜻의 관용적인 표현이므로 꼭 알아두어야 한다.

독해 내공 TiP — 부사, 개사의 특징

[자주 출제되는 유형] 부사 관련 문제가 나오면 먼저 시간, 장소, 범위, 정도, 심리 활동을 나타내는 부사가 부사어가 될 때 수식 받는 중심어와 뜻의 중복이 없는지를 살펴보아야 한다. 또 개사 관련 병구 중에 가장 많이 출제되는 것은 주어가 빠진 경우, 주객이 전도된 경우이다.

❶ 科学家特别指出：农业抗旱仍为我国农民目前的当务之急。(×)
→ 科学家特别指出：农业抗旱仍为我国农民的当务之急。
특히 가뭄 극복은 여전히 우리 농민이 시급히 해결해야 할 과제라고 과학자는 지적했다.

▶ '目前(지금)'과 '当务之急(당장 급히 처리해야 하는 일)'는 의미가 중복되므로 '目前'을 삭제해야 한다.

❷ 这几年，各种媒体对明星大肆吹捧，过分的溢美之词，养成了某些明星的"我高人一等的"情绪。(×)
→ 这几年，各种媒体对明星大肆吹捧，溢美之词，养成了某些明星的"我高人一等的"情绪。
최근 몇 년간 매스컴의 연예인에 대한 무분별한 치켜세우기 성 기사들은 연예인들에게 '나는 남보다 한 수 위다'라는 인식을 심어주었다.

▶ '溢美'는 '과도하게 찬미하다'라는 뜻으로 '过分'과 함께 쓰면 의미가 중복된 셈이 된다.

❸ 正月初五，20名非常酷爱冬泳的人参加了在中国哈尔滨举行的第三届"挑战冬天"的冬泳活动。(×)
→ 正月初五，20名酷爱冬泳的人参加了在中国哈尔滨举行的第三届"挑战冬天"的冬泳活动。
1월 5일, 겨울 수영을 즐기는 사람 20명이 중국 하얼빈에서 열리는 '제3회 겨울 극복' 겨울 수영 행사에 참가했다.

▶ '酷'는 '非常'과 같은 의미이다.

❹ 经过母亲的谆谆教诲，终于使我不再迷茫，有了努力的方向。(×)
→ 母亲的谆谆教诲，终于使我不再迷茫，有了努力的方向。
어머니의 간곡한 타이름으로 결국 나는 방황을 끝내고 삶의 방향을 찾게 되었다.

▶ '经过'가 있음으로써 이 문장은 주어를 잃게 되었으므로 '经过'를 삭제해야 한다. '주어 부족' 유형은 개사 관련 병구에서 가장 많이 출제되고 있으므로 꼭 숙지하도록 하자.

❺ 现在，用网络聊天对人们是很熟悉的。(×)
→ 现在，人们对用网络聊天是很熟悉的。
지금 사람들은 인터넷 채팅에 대해 잘 알고 있다.

▶ 주객 관계가 바뀌었다. 사람이 사물에 대해 무엇을 하는 것이지 사물이 사람에 대해 할 수는 없다. '对'와 '对于'가 이끄는 개사구는 주객이 전도되거나 비논리적인 모순을 지니고 있는 경우가 많으므로 주의하자.

❻ 根据法庭对家庭暴力事件的调查结果和法医出具的验伤证明看，他是在未被采取强制措施时交代了自己的罪行的。(×)
→ 从法庭对家庭暴力事件的调查结果和法医出具的验伤证明看，他是在未被采取强制措施时交代了自己的罪行的。

법원의 가정 폭력 사건에 대한 조사 결과와 법의관이 제출한 상해진단서를 근거로 봤을 때, 그는 강압성이 없는 상태에서 자신의 범행을 고백했다.

▶ '根据'는 '看'과 호응할 수 없으므로 '从'으로 바꿔야 한다. 개사가 짝을 이뤄 출현할 때는 알맞은 조합인지 꼭 확인해야 한다. 시험에 자주 출제되는 개사 관련 고정격식은 '在……上(下), 从……中, 从……出发, 以……为中心, 以……为代价, 以……为主, 当……时, 由……组成' 등이 있다.

❼ 公司自从修改了工作时间后，许多员工由于开始不习惯，上班经常迟到。(×)
→自从公司修改了工作时间后，许多员工由于开始不习惯，上班经常迟到。
회사에서 업무 시간을 변경한 이후로 많은 직원들이 처음에는 익숙하지 않아 출근 시간에 지각을 했다.

▶ 개사의 위치가 틀렸다. '自从'을 '公司' 앞으로 옮겨 앞절을 부사어로 만들어야 '许多员工'이 전체 문장의 주어가 된다.

[**핵심** 어법] 부사와 개사의 특징 및 쓰임에 대해 시험에 자주 나오는 어법을 위주로 공부해 보자.

1 부사

부사는 부사어로 쓰여 동사와 형용사를 수식한다.

[1] 부사의 특징

주로 부사어로 쓰여 동사와 형용사를 수식하고 시간, 범위, 정도, 상황, 빈도, 긍정, 부정을 설명한다.

❶ 부사는 동사, 형용사를 수식한다

我们已经订婚了。 우리는 이미 약혼했다.

天气已经暖和了。 날씨가 이미 포근해졌다.

❷ 서술어가 개빈구를 동반하면 부사의 위치는 개빈구 앞이다

我已经跟他订婚了。 나는 이미 그와 약혼했다.

这个星期的天气已经比上周暖和了。 이번 주 날씨는 지난주에 비해 포근해졌다.

❸ 부사와 능원동사의 위치에 주의해야 한다

• 일반적으로 부사는 능원동사 앞에 위치한다.

看样子快要下雪了，下了雪，今年这百年不遇的旱情一定会得到缓解。
보아하니 눈이 내릴 것 같다. 눈이 내리면 백 년에 한 번 올까 말까 한 가뭄도 해소될 것이다.

我总是想跟张老师学弹琴。 나는 언제나 장 선생님께 피아노를 배우고 싶었다.

• 동작을 묘사할 때는 능원동사가 부사 앞에 위치하기도 한다.

妈妈请你放心，我会常常给你写信的。 엄마 걱정 마세요. 편지 자주 쓸게요.

我没听明白你讲的故事，你能再重复一遍吗？ 네가 해준 이야기를 못 알아 들었어. 다시 이야기해 줄래?

❹ 일부 범위부사와 어기부사는 주어 앞에 위치할 수 있다

大家都希望去的地方，偏偏你一个人不赞成。 모두 가고 싶어하는 곳인데 너만 반대한다. (범위부사)

你答应不答应我无所谓，反正我不参加她组织的聚会。 (어기부사)
네가 동의하든 말든 상관없어. 어쨌든 나는 그 여자가 주도한 모임에는 가지 않을 거야.

일부 범위부사	就　只　光　仅　仅仅　偏偏
일부 어기부사	幸亏　反正　到底　究竟　难道　原来　本来　一时　突然　忽然

❺ 명사와 수량사가 서술어가 될 때 시간, 범위, 빈도, 어기를 나타내는 부사가 앞에서 수식할 수 있다

他考了个双黄蛋，名列第一，我语文才80分，数学才70分，差得太远了。 (어기부사)
그는 백 점으로 1등을 했는데, 나는 언어는 80점이고, 수학은 겨우 70점이니 그보다 한참 뒤처진다.

时间飞逝，一眨眼孩子都已经五岁了。 (시간부사)
시간은 쏜살같이 흘러 눈 깜짝할 사이에 아이가 벌써 5살이 되었다.

(2) 부정부사의 용법

❶ 이중부정, 부정부사와 부정적인 어휘와의 조합 등 부정부사의 중복에 주의해야 한다

不见不散。 → 一定要见面。 만나지 않으면 헤어지지 않는다. → 반드시 만나야 한다.

不到长城非好汉。 → 到了长城的才是好汉。
만리장성에 오르지 않으면 진정한 사나이가 아니다. → 만리장성에 올라야 진정한 사나이이다.

父母不反对我出国深造。 → 父母同意我出国深造。
부모님은 내가 외국에 나가 공부하는 것에 반대하지 않으셨다. → 부모님은 내가 외국에 나가 공부하는 것에 동의하셨다.

❷ 시간, 어기, 상태 등을 나타내는 부사는 주로 부정부사 앞에 위치한다

我简直不相信他的话。 나는 정말 그의 말을 못 믿겠다. (어기부사)

❸ 일부 부사는 부정부사 뒤에 위치한다

他不光记性好，还很有悟性。 그는 기억력만 좋은 것이 아니라 이해력도 있다.

일부 부사	一起　马上　只　光　净　单　仅　仅仅　曾

❹ '都, 全, 太, 很, 一定, 轻易, 再'는 상황에 따라 부정부사의 앞뒤에 모두 위치할 수 있다. 그러나 의미는 크게 달라진다

那不都是三言两语就能解决的事。 그중 몇몇은 한두 마디로 해결할 수 없는 일이다. (부분부정)
那都不是三言两语就能解决的事。 그것은 모두 한두 마디로 해결할 수 없는 일이다. (전체부정)

❺ 연동문, 겸어문에서 부정부사의 위치는 첫 번째 동사 앞이다

- 연동문: 주어+'不/没'+동사1+(목적어1)+동사2+(목적어2)
我没去北京参加会议。 나는 베이징에 회의에 참석하러 가지 않았다.

- 겸어문: 주어1+不/没+동사1+목적어1(주어2)+동사2+(목적어2)
  我不让孩子成天在外面游戏。 나는 아이를 하루 종일 나가 놀지 못하게 했다.

❻ '几乎, 差点儿, 好容易' 등의 부사는 긍정과 부정의 의미가 비슷하다

- '几乎(没)/差点儿(没)'+바라지 않는 일(A) → A가 일어나지 않아 다행이다
  今天早上，快速路上堵车很厉害，几乎(几乎没/差点儿/差点儿没)迟到。
  → 没迟到，很幸运。 오늘 아침에 고속도로가 심하게 막혀서 지각할 뻔 했다.

- '几乎没/差点儿没'+바라던 일(B) → B가 실현되어 다행이다
  他几乎没(差点儿没)通过驾驶员考试。 → 通过了，很幸运。 그는 운전면허 시험에서 떨어질 뻔 했다.

- '差点儿'+바라던 일(B) → B가 실현되지 않아 유감이다
  他差点儿通过驾驶员考试。 → 没通过，很遗憾。 그는 운전면허 시험에 붙을 뻔 했다.

- '好(不)容易(才)'+동사 → 겨우 실현되었다
  我不停地拨打他的手机，好(不)容易才跟他联系上。 그의 휴대전화에 계속 전화를 걸어서 겨우 연락이 닿았다.

❼ '从来, 压根儿, 根本, 并, 豪' 등은 늘 부정부사와 함께 쓴다
  我从来没去过网吧。 나는 여태까지 PC방에 가 본 적이 없다.

2 개사

개사는 일반적으로 단독으로 쓰이지 않고, 명사와 대사 앞에 놓여 개사구의 형태로 쓰인다.

[1] 개사의 특징

개사와 개사구는 문장 안에서 주로 술어를 수식하는 부사어로 쓰이고, 관형어나 보어로 쓰이기도 한다.

❶ 명사, 대사 등 다른 품사와 결합하여 개사구로 술어를 수식한다
  他上月末到香格里拉旅行去了。 그는 지난달 말 샹그릴라로 여행 갔다.

❷ 개사구는 문장 전체나 술어를 수식하는 부사어 성분으로 쓰인다
  按照计划，他们下周将继续增产百分之十，以保证顺利交货。
  계획에 따라 그들은 다음 주에도 계속해서 10%를 증산하여 순조로운 납품을 보장할 것이다.
  大多数同学都对此充满了好奇。 대부분의 학우가 모두 그것에 대해 매우 흥미를 보였다.

❸ '在, 于, 自, 给, 到, 向, 往, 以'와 같은 개사는 동사 뒤에 와서 보어 역할을 할 수 있다
  我终于把那个孩子送到家了。 나는 결국 그 아이를 집에 데려다 주었다.
  超市的定位不再局限于小区周边的居民消费。
  슈퍼마켓 자리를 정하는 것은 좁은 구역 주변 주민들의 소비에만 국한되어서는 안 된다.

[2] 주요 개사의 용법

비슷한 쓰임의 개사 간의 차이를 알고 고정적으로 쓰이는 개사구와 동사의 조합을 통째로 외우는 것이 좋다.

❶ 在, 于, 离, 从, 自, 由, 打, 自从, 自打, 从打, 由打(~에서)

- '在'의 용법

  a. '在'+장소, 범위, 발생 시간

  我在学校学习。 나는 학교에서 공부한다. (장소)

  在我的印象中她是个很外柔内刚的女人。 내가 받은 인상으로는 그녀는 외유내강형 여성이다. (범위)

  这件事好像发生在三年前。 이 일은 3년 전에 발생했던 것 같다. (발생시간)

  b. '在'는 방위사와 함께 쓰여 시간, 장소, 범위, 조건, 방면 등을 나타낼 수 있다. 지명과 함께 쓰일 경우 '在+지명'으로 쓸 수 있으나 '在' 다음의 명사가 지명이 아니고 장소가 명확하지 않다면 방위사를 꼭 써야 한다.

  我准备住在北京。 나는 베이징에 살 계획이다. (지명)

  他大概中暑了，突然晕倒在路。(×) → 他大概中暑了，突然晕倒在路上。
  그는 더위를 먹은 것 같다. 갑자기 길거리에서 쓰러졌다.

  c. '在'는 부사어와 보어로 쓸 수 있다.

  - '在' 앞과 뒤에 모두 올 수 있는 동사: 生长, 出生, 住, 发生 등
    我出生在一个偏远的小山村。 = 我在一个偏远的小山村出生。 나는 외진 산골 마을에서 태어났다.

  - 반드시 '在' 뒤에 오는 동사: 任教, 学习, 散布, 研究, 爬山 등
    我任教在学校。(×) → 我在学校任教。 나는 학교에서 가르친다.

  - 반드시 '在' 앞에 오는 동사: 掉, 扔, 打, 照, 映射, 沉浸, 坐落 등
    他把她送的手表在地上扔了。(×) → 他把她送的手表扔在地上了。
    그는 그녀가 선물한 시계를 바닥에 던져버렸다.

  d. '在'의 주요 고정조합

고정 조합	在……上 在……下 在……中 在……时期 在……期间 在……方面
	在……之间 在……期间 在……看来 在……基础上

  在大家的齐心协力下，成功完成了任务。 모두의 협력하에 성공적으로 임무를 완성했다.

  在人际关系方面，他处理得游刃有余。 그는 인간관계를 잘 맺는다.

  在我看来，学生不能以任何理由不来上课。 내가 보기에 학생은 어떤 이유에서든 결석해서는 안 된다.

- '于'의 용법

  a. '于'+시간, 장소, 대상, 비교, 출처

  我于2008年从韩国首尔来到中国北京。 나는 2008년에 한국 서울에서 중국 베이징으로 왔다. (시간)

  这种电脑芯片产于上海。 이 컴퓨터칩은 상하이에서 생산된다. (장소)

  场上的情况有利于我们。 상황은 우리에게 유리하다. (대상)

  他的经济水平高于你。 그의 경제 수준이 너보다 높다. (비교)

  我来自于海滨城市青岛。 나는 해변의 도시 칭다오에서 왔다. (출처)

  b. '于'의 주요 고정조합

고정 조합	有利于…… 有益于…… 诞生于…… 来源于…… 致力于……
	不同于…… 毕业于…… 高于…… 多于…… 便于…… 忙于……

这样做有利于你的事业发展。 이렇게 하는 것이 당신의 사업 발전에 도움이 된다.

他毕业于美国加利福尼亚州立学校。 그는 미국 캘리포니아주립대학을 졸업했다.

我来自于韩国的第二大城市釜山。 나는 한국의 제2의 도시인 부산에서 왔다.

- '离'의 용법

  a. '离'+(공간, 시간, 추상적) 거리+서술어

  从美术馆离我们学校很近。(×) / 离美术馆到我们学校很近。(×)
  → 美术馆离我们学校很近。 미술관은 우리 학교에서 매우 가깝다.

- '从'의 용법

  a. '从'+발전 과정, 통과/경과, 출처, 근거

  他从一个对数学一窍不通的孩子成长为一名高明的科学家。 (발전 과정)
  수학을 전혀 모르던 아이가 유명한 과학자로 성장했다.

  小偷是从院子后面撬窗进来的。 도둑은 정원 뒤편으로 난 창문으로 들어왔다. (통과, 경과)

  我从他的言谈举止中看明白了他的特点。 나는 그의 말과 행동을 통해 그의 특징을 알아냈다. (출처)

  从脚步声就能听出是孙大爷回来了。 발걸음 소리로 쑨 아저씨가 돌아온 것을 알았다. (근거)

  b. '从'의 주요 고정조합

고정 조합	从……到……　从……起　从……出发　从……动身　从……以后　从……里
	从……中　从……来说　从……上看　从……以来

  从孩子的幼儿时期起，就应该培养孩子的好习惯。 아이가 어렸을 때부터 좋은 습관을 길러 주어야 한다.

  从放假以来，他就没有在家呆过一天。 방학 이후로 그는 단 하루도 집에서 머물지 않았다.

  所有的损失都从你工资中扣除。 모든 손실은 네 월급에서 제할 것이다.

- '自'의 용법

  a. 동사+'自'+목적어 (기점을 나타내는 '从/自/由/打' 중 유일하게 동사 뒤에서 개빈보어가 될 수 있음)

  我来自千年古都河南洛阳。 나는 천 년의 역사를 지닌 고도 허난 뤄양에서 왔다.

  他的演讲发自内心的。 그의 연설은 진심에서 우러나온 것이다.

  b. '自'의 주요 고정조합

고정 조합	来自……　发自……　选自……　出自……　引自……　自从……
	自从……以来　自从……以后　自古以来　自此以后　自明天起

  自从她来了以后，我们宿舍热闹多了。 그녀가 온 이후로 우리 기숙사가 훨씬 시끌벅적해졌다.

  这首诗是出自唐代白居易的诗《大林寺桃花》。 이 시는 당나라 백거이의 시 「대림사도화」에 나온 것이다.

- '由'의 용법

  a. 발전 과정, 동작의 주체, 구성 요소, 원인/근거를 나타낸다.

  他的急性肺炎是由感冒引起的。 그의 급성 폐렴은 감기에서 야기된 것이다. (발전 과정)

  由孩子们自己办的《小主人报》是韩国第一份报纸。 (동작의 주체)
  한국에서 어린이가 직접 만든 첫 번째 신문은 『소주인보』이다.

  我们小组由6个人(来)组成。 우리 팀은 6명으로 구성되어 있다. (구성 요소)

  由此可见 이로써 알 수 있다. (원인, 근거)

b. '由'의 주요 고정조합

고정 조합	由……组成　　由……构成　　由……演变而成　　由……作主　　由……引起
	由……导致　　由……所致　　由……造成　　由……而起　　由此可知

身体是由哪些细胞构成的？　신체는 어떤 세포들로 구성되어 있습니까?

他这次没能参加世界乒乓球锦标赛是由伤病造成的。
그가 이번 세계 탁구 선수권 대회에 참가하지 못한 것은 부상 때문이다.

他的工会主席的职位是由工人们投票产生的。　그는 노조의 투표를 통해 노조 대표로 선출되었다.

❷ 对, 对于, 关于, 至于, 不至于 (~에 대하여)

- '对'와 '对于'의 용법 비교

  a. 대상 앞에는 '对, 对于'가 모두 올 수 있다.

  出国进修两年对(对于)我来说很重要。　어학연수 2년은 나에게 매우 중요하다.

  b. 사람과 사람 사이에는 '对'만 올 수 있다.

  周医生对所有的患者都很用心。　저우 의사는 모든 환자에게 매우 열심을 다한다.

  c. 부사, 능원동사 뒤에는 '对'만 올 수 있다.

  他们都对世界经济分析很正确。　그들은 모두 세계 경제 분석을 매우 정확하게 한다. (부사)

  这本书会对你的面试有帮助。　이 책은 너의 면접에 도움이 될 것이다. (능원동사)

  d. '对'만이 동사로서 '임하다, 대처하다'의 뜻을 가진다.

  我的话对他不对你。　내 말은 그를 두고 한 것이지, 너를 두고 한 것은 아니다.

  e. '对, 对于'의 주요 고정조합

고정 조합	对……来说　　对于……来说　　对……而言　　对……关心　　对……冷淡
	对……热情　　对……失望　　对……重视　　对……满意　　对……感兴趣
	对……有帮助　　对……有看法　　对……有意见

  他对我总是很不满意。　그는 나에게 언제나 불만이다.

  他对古代历史感兴趣。　그는 고대 역사에 관심이 많다.

- '对于'와 '关于'의 용법 비교

  a. '关于'는 동작이 미치는 범위를 나타내고, '对于'는 대상을 나타낸다.

  关于孩子上初中的问题，他直接跟我联系。　아이의 중학교 진학 문제에 대해 그는 줄곧 나와 연락해 왔다. (범위)

  对于这个问题，我们必须深入研究才能下定论。　이 문제는 내가 심각하게 고민한 뒤 결심한 것이다. (대상)

  对于(关于)你们的建议，领导会酌情采纳的。　(대상, 범위)
  당신들의 건의에 대해 상부에서 정상을 참작하여 받아들일 것이다.

  b. 부사어로 쓰일 때 '关于'는 주어 앞에만 쓸 수 있고, '对于'는 주어 앞뒤에 모두 위치할 수 있다.

  他关于韩中两国文化交流的发展计划接受了记者的采访。(×)

  → 关于韩中两国文化交流的发展计划，他接受了记者的采访。
  한·중 양국의 문화 교류 발전 계획에 관해 그는 기자의 취재를 받았다.

  对于那个公司的待遇他很不了解。(○) / 他对于那个公司的待遇很不了解。(○)
  그 회사의 대우에 대해 그는 잘 알지 못한다.

  c. '关于'는 주로 관형어로 쓰인다.

  在昨天的会议上，我们讨论了关于规范销售员报销制度的问题。
  어제 회의에서 우리는 영업 사원의 정산제도 규범화 문제에 대해 논의했다.

- '至于'와 '不至于'의 용법 비교
  - a. '至于'는 문장 중간에서 또 다른 제2의 주제를 이끌 때 많이 쓰인다. (제1주제, 至于+제2주제+서술어)
    营销人员既然贩卖商品就应该保证商品的质量，至于是否提供售后服务，则根据各类产品的国家规定来执行。 판매원은 물건을 판매하니 상품의 품질을 보장해야 하지만, A/S는 각 제품의 국가 규정을 따라야 한다.
  - b. '不至于'는 '~정도까지는 아니다'라는 뜻으로 쓰인다.
    这是小孩子无心说出的话，不至于你生那么大的气。 어린아이가 생각 없이 한 말이니 그렇게까지 화낼 필요 없다.

❸ 对, 跟, 与, 和, 同, 为, 给(~에게)

- '对, 跟, 与, 和, 同'의 용법 비교
  - a. '对, 跟, 给'는 모두 동작의 대상을 이끈다.
    小姜对(跟/给)我眨了眨眼睛，暗示什么都不要说。 샤오장은 나에게 아무 말 말라는 눈짓을 했다.
  - b. '对'는 일방적인 태도를 제시하고, '跟, 与, 和, 同'은 쌍방간의 동작을 나타낸다.
    我对他有很多疑问。 나는 그에게 의심나는 점이 많다. (일방적인 태도)
    这件事跟(与/和/同)你什么关系也没有。 이 일은 너와 아무 상관없다. (쌍방간의 동작)
  - c. '跟'의 주요 고정조합

고정 조합	A跟B见面　　A跟B学习　　A跟B有关系　　A跟B无关　　A跟B分不开　　A跟B相比
	A跟B比起来　　A跟B一样　　A跟B两样

    他的成功跟妻子的全部付出分不开。 그의 성공은 아내의 전적인 내조와 관련이 깊다.
    他跟小王一样是个光棍。 그와 샤오왕은 모두 솔로이다.

- '为'와 '给'의 용법 비교
  - a. '为/给'+수혜자(이익을 얻는 사람)
    我给(为)他买了一盆花。 나는 그에게 화분을 선물했다.
  - b. '为'만이 원인과 목적을 나타낼 수 있다
    我初中时很不听话，妈妈为我很着急。 (원인)
    중학교 때 나는 굉장한 말썽꾸러기여서 엄마가 나 때문에 걱정을 많이 했었다.
    他为学好英语，去新西兰留学了。 그는 영어를 마스터하기 위해 뉴질랜드로 유학을 갔다. (목적)
  - c. '给'의 특징
    - '给'+피해자
      他给我添加很多麻烦。 그는 나를 많이 번거롭게 한다.
    - '给'+행동을 받는 자
      他给我写了十封信。 그는 나에게 편지 10통을 썼다.
    - '给'는 동사 뒤에서 보어의 역할을 한다.
      他送给我一瓶香水。 그는 나에게 향수 한 병을 선물했다.
    - '给'는 '把'자문과 '被'자문의 동사 앞에 쓰일 수 있다.
      '把/将'+명사+'给'+동사
      他把我的手机号码给弄丢了。 그는 내 휴대전화 번호를 잃어버렸다.
      '被/叫/让'+명사+'给'+동사
      我新买的车就叫老赵给借走了。 나의 새로 산 차를 라오자오가 빌려 갔다.

d. '为'와 '给'의 주요 고정조합

고정 조합	为……高兴　为……自豪　为……骄傲　为……担心/操心　为……难受
	为……庆幸　为……提供　A给B出难题　A给B找麻烦　A给B穿小鞋
	把/将+명사+给+동사　被/叫/让+명사+给+동사

全家都为他拥有自己的公司而骄傲。　온 가족이 그가 자신의 회사를 보유하게 된 것에 대해 자부심을 느낀다.
你就别给我找麻烦了。　나를 좀 피곤하게 하지 말아요.

❹ 向, 朝, 往(~를 향해서)

- '向, 朝, 往'은 모두 동작의 방향을 나타낼 수 있다.
  他向(朝/往)窗外望去。　그는 창문 밖을 멀리 바라보았다.

  a. '向/朝'+방향+일반동사
  海边的房子窗户向(朝)南开。　바닷가 방의 창문은 남향이다.

  b. '向'+방향+추상동사, 추상동사+'向'+방향
  中国发展很快，正向繁荣发展。　중국은 빠르게 발전하며 번영의 시기로 나아가고 있다.
  中国正走向欣欣向荣的2011年。　중국은 번영의 2011년을 향해 나아가고 있다.

- '向/朝'+사람+서술어['往'+사람+서술어(×)]
  老师向(朝)我们介绍一个很实用的电子辞典产品。(○)
  선생님은 우리에게 실용적인 전자사전을 소개해주셨다.
  老师往我们介绍一个很实用的电子辞典产品。(×)

  a. '向/朝'+사람+신체 동작 동사(点头/挥手/招手/微笑/鞠躬)
  他向(朝)我微微笑。　그는 나를 향해 미소 지었다.

  b. '向'+사람+추상동사(说明/表示/解释/介绍/负责/投资)
  他向我介绍一款新型剃须刀。　그는 나에게 신형 면도기를 소개해주었다.

- '동사+向/往+명사/대사'에서 '向/往'은 보어가 될 수 있으나 '朝'에는 이런 용법이 없다.
  a. 동사(走/跑/飞/引/走/奔/冲/推/通/倒/投/流/划/转/偏/指)+'向'+동작의 대상
  现在的韩国妇女不再每天做家务了，她们开始走出厨房，走向社会。
  현재 한국 여성들은 더 이상 집안일에만 얽매여 있지 않고 주방을 떠나 사회로 진출하고 있다.

  b. 동사(通/寄/开/迁/飞/运/送/派/逃)+'往'+장소
  各位旅客请注意，开往南京的火车马上就要开了。　승객 여러분, 난징으로 가는 열차가 곧 출발하겠습니다.

- '向'의 주요 고정조합

고정 조합	向……感谢　向……道歉　向……问好　向……学习

别人帮助了你，你怎么跟没事人一样？也不向人家表示感谢？
사람들이 너를 도와줬는데 너는 어떻게 아무 일도 없었다는 듯이 그러니? 사람들에게 감사 인사도 안 하니?

❺ 随着, 沿着, 顺着, 跟着, 按照, 根据, 以, 凭, 靠, 依 (~에 따라서)

- '随着, 沿着, 顺着, 跟着'의 용법

  a. '随着'+변화, 발전, 개선 결과

  这两年，随着中国人民币汇率的上升，国内消费者更多地选择出去旅游。
  최근 2년간 중국 인민폐 환율이 오르면서 해외여행을 가는 중국인들이 많아졌다.

  b. '沿着/顺着'+길/강/둑+경과한 노선

  沿着这条路走到十字路口，然后右拐，邮局就在路的对面。
  이 길을 따라 걷다 보면 사거리가 나오고, 그곳에서 오른쪽으로 꺾으면 맞은편에 우체국이 있다.

  c. '跟着'+사람

  请同学们跟着我念吧。 여러분 저를 따라 읽어 보세요.

- '按照, 根据'의 용법

  a. '按照(按着/照着)'+명사(道理/规定/方法/条件/情况/成绩/숫자), '(做)'

  按照计划，我们明天上午抵达上海。 계획에 따라 우리는 내일 오전 상하이에 도착한다.

  你按着我父母的意愿做吧。 우리 부모님 말씀에 따라라.

  b. '根据/据说'+동사/명사(分析/研究/调查/报道/统计/结果), '(判断)'

  根据我们了解，他是这件事的始作俑者。 내가 이해한 바에 따르면, 그가 이 사건의 용의자이다.

  据说他担任联合国的翻译了。 그가 UN 통역을 맡는다고 한다.

- '以, 凭, 靠, 依'의 용법

  a. '以'+근거, 자격, 방식, 수단

  你以目前的水平，还很难有所突破。 지금 너의 실력으로는 파격적인 성과를 내기 힘들다. (근거)

  我以知己的身份劝你不要太斤斤计较。 (자격)
  나는 너의 오랜 친구로서 너무 이해관계를 따지지 않았으면 하고 충고하고 싶다.

  平均每户以三口人计算。 한 집을 평균 세 식구로 계산한다. (방식)

  网络以一种快捷的通讯手段普及到韩国的千家万户中。 (수단)
  인터넷은 신속한 통신수단으로서 한국의 수많은 가구에 보급되었다.

  b. '以'의 주요 고정조합

  | 고정 조합 | 以……为 | 以……为主 | 以……自居 | 以……领先 | 以……而论 | 以……而 |

  她凡事都以自我为中心，恨不得让地球都围绕她的意愿转。
  그녀는 모든 일에 자기중심적이라서 모든 일을 자신이 원하는 대로 하고 싶어 한다.

  张经理以独到的眼光和创意而使我们公司领先于同行业的其他公司。
  장 사장은 독특한 안목과 창의력으로 우리 회사를 동종 업계 다른 회사들의 선두에 서게 했다.

  c. '凭'+근거, 증거, 자신의 능력

  我没做对不起你的事情，你凭什么要我认错？ (근거)
  나는 당신에게 미안할 것이 없는데, 당신은 무슨 근거로 내게 잘못을 인정하라고 하는 것입니까?

  凭票入场。 표가 있는 사람만 입장하세요. (증거)

  我们凭(靠)自己的脑子设计出了适合儿童看的电子书。 (능력)
  우리는 우리의 힘으로 어린이들에게 알맞은 전자서적을 개발해냈다.

  d. '靠'+의지하는 사람/사물+동사

  靠慈善人士的资助，我顺利读完大学。 자선가의 도움으로 나는 대학 공부를 순조롭게 마칠 수 있었다.

e. '凭'은 자신의 조건에 의지, '靠'는 자신과 외부의 조건에 의지
凭本事吃饭。 능력으로 먹고살다. (자신의 조건)
请给我换个靠窗户的位子。 자리를 창가 쪽으로 바꿔주세요. (외부의 조건)

f. '依'+판단, 순서
依我看，你就是巴结他，也得不到任何好处。 내가 볼 때 네가 그에게 아첨한다고 해도 얻을 것이 없다. (판단)
依次发言。 순서에 따라 발언하세요. (순서)

❻ 通过, 经过(~를 통해서)

- '通过'의 용법

  a. 중간을 지나다
  汽车通过海底隧道就能到达青岛。 자동차는 해저터널을 통과해야 칭다오에 도착할 수 있다.

  b. '通过'+방법
  通过学习，我对中国经济有了深入的了解。 공부를 통해 나는 중국 경제에 대해 심도 깊게 이해하게 되었다.

- '经过'의 용법

  a. 지나가다
  我们坐船经过大连来到烟台。 우리는 배를 타고 따리앤에서 옌타이에 왔다.

  b. '经过'+경과, 시간
  经过三年的努力，他终于拿到了毕业证书。 그는 3년간의 노력으로 결국 졸업장을 받았다.

❼ 기타 개사

- '当……的时候/当……时' (바로) ~할 때
  当你遇到困难的时候，不要退缩，勇敢面对。 힘들 때 위축되지 말고 용감하게 맞서야 한다.

- '替' (~를) 대신하여
  麻烦你见到他时，替我问他好。 죄송하지만 그를 만나면 저 대신 안부를 전해 주세요.

- '连' ~조차도
  早上出门太着急了，连钱包都忘记带了。 아침에 나올 때 너무 서두르는 바람에 지갑도 놓고 왔어.

- '趁' (기회, 때를) 틈타서, 이용해서
  你应该趁着年轻，多学点有用的知识。 너는 젊었을 때 유용한 지식을 많이 쌓아 두어야 한다.

실력 다지기

1~5 다음 중 어법적으로 틀린 문장을 고르시오.

1 A. 从下周开始，我国大部分地区将出现一次强降雨天气。
　　B. 生姜不仅是炒菜的原料，还能对降低胃癌发生率有一定作用。
　　C. 现在已经10点半了，我估计他今天一定不会来学习画画了。
　　D. 20个月的欣欣简直是个天生的模仿家，所以做父母的要多注意自己的言行举止。

2 A. 我工作的最大动力在于用自己的双手努力创造去改善我目前的生活。
　　B. 壁虎长得像干树枝，为了躲避天敌的追杀，它能够和周围环境巧妙地融合在一起，足以以假乱真。
　　C. 希望总部以后能够在国内，而且会向海外分公司也推广使用这套管理系统。
　　D. 琴棋书画样样精通，意思是说古琴、围棋、书法、绘画这四门技艺每一门都很出色。

3 A. 大家都知道吸烟有害身体健康，而且女性吸烟还会影响到下一代的健康。
　　B. 国际上通常设计时速在200公里以上的列车称为高速列车。
　　C. 如果用户在苹果ipad的使用过程中出现问题，可拨打我们的服务电话，我们会尽快为您解决。
　　D. 一只罕见的全身黑色的企鹅被一群野生动植物观察家们发现了。

4 A. 翻开莎士比亚的戏剧集，每一本都像是一个百宝箱，使人眼花缭乱。
　　B. 醋是很多女士们的最爱，因为它里面含有丰富的氨基酸。把皮肤吸收后能够使皮肤变得更白。
　　C. 可燃冰就像是上天赐予人类的珍宝，它的分布的范围约占海洋总面积的10%，是海底极有价值的矿产资源。
　　D. 网络游戏并不简单，如果想得到更好的"战绩"，就需要花钱购买强大的装备和道具。

5 A. 我很庆幸自己总是能从父母得到强有力的支持。
　　B. 世界上已知的最小的鸟类是蜂鸟。
　　C. 《西游记》是中国四大古典小说之一，主要讲了唐僧师徒四人西天取经的故事。
　　D. 经常与人沟通，善于倾听，对我来说是获得某种知识、经验和思想启迪的机会。

정답 및 해설은 해설서 P.11

5 문법적인 관계를 정하는 조사

Guide

조사는 그 자체가 중요한 의미를 가지고 있지는 않지만 문법적인 관계를 정하고 문장성분을 확실히 밝히는 데 꼭 필요하다. 있어야 할 조사가 빠져 있거나, 없어도 되는 조사가 끼어 있거나, 조사를 잘못 사용한 경우가 조사 관련 병구의 핵심 사항이다.

주의 조사는 병구를 만들기 쉬운 품사이므로 **조사가 보이면 우선 의심부터 해야 한다.** 조사가 쓰인 문장은 그 쓰임이 확실한지 꼭 체크해 보자.

독해 급소공략

• 힌트인 구조조사 '的'를 주목하라.

'的'가 이끄는 구는 주로 주어와 목적어를 수식한다. 그러므로 '的+주어/목적어'의 공식이 성립된다. 이 공식에 의해 아무리 길고 복잡한 문장도 쉽게 주어, 목적어를 가려낼 수 있다. 또, '的'가 포함된 구가 관형어로 쓰일 때 주의해야 할 사항은 '的'를 꼭 써야 하는지 아닌지이다. 이는 8과 관형어의 어순에서 좀 더 자세히 다루었으니 꼭 살펴보고 암기하자.

• 동태조사 '了'의 쓰임을 익혀라.

동태조사 '了'는 위치가 매우 중요하다. 서술어와 함께 쓰이므로 보어까지 고려해야 하며, 문장의 종류에 따라 위치가 달라지므로 상황과 환경에 맞게 알맞은 위치를 정해야 한다. 또, 동태조사 '了'를 쓰는 경우와 '了'를 쓰지 않는 경우도 확실히 알아두어 이에 관련된 문제에 대비하도록 해야 한다.

예제로 감 익히기

Mission
다음 중 어법적으로 틀린 문장을 고르시오.

> **1** A. 精明的商家早已看了清楚奥运会所蕴藏的巨大商机。
> B. 许多应考生碰到过睡眠困难的问题。
> C. 她病了一个多月了，还没一点儿好转。
> D. 我是于2009年从首尔来到的纽约。

A. 精明的商家早已看了清楚奥运会所蕴藏的巨大商机。
B. 许多应考生碰到过睡眠困难的问题。
C. 她病了一个多月了，还没一点儿好转。
D. 我是于2009年从首尔来到的纽约。

A. 영리한 장사꾼은 올림픽이 잠재하고 있는 거대한 사업 기회를 일찌감치 알아차렸다.
B. 많은 수험생이 수면 장애 문제를 겪은 적이 있다.
C. 그녀는 한 달 넘게 앓았으나 조금의 차도도 없다.
D. 나는 2009년에 서울에서 뉴욕으로 온 것이다.

精明 jīngmíng 형 영리하다, 총명하다, 재치가 있다 | **商家** shāngjiā 명 가게, 상점, 장사꾼 | **蕴藏** yùncáng 동 잠재하다, 매장되다 | **商机** shāngjī 명 상업 기회, 사업 기회 | **睡眠** shuìmián 명 수면 | **好转** hǎozhuǎn 동 호전되다, 좋아지다

1 A 精明的商家早已看了清楚奥运会所蕴藏的巨大商机。(×)
→ 精明的商家早已看清楚了奥运会所蕴藏的巨大商机。

동태조사 '了'의 위치가 틀렸다. 동사(看)와 결과보어(清楚)는 사이가 긴밀하여 다른 성분이 중간에 들어갈 수 없으므로 '看清楚了'로 고쳐야 한다.

독해 내공 TIP — 조사의 특징

[자주 출제되는 유형] 조사 관련 병구에 자주 출제되는 유형은 조사가 필요할 때 사용하지 않았거나 사용이 잘못된 경우 등이다. 특히 구조조사 '的'와 동태조사 '了'가 중요하다.

❶ 大家对护林员揭发林业局带头偷运木料的问题，普遍感到非常气愤。(×)
→ 大家对护林员揭发的林业局带头偷运木料的问题，普遍感到非常气愤。
사람들은 삼림 감시원이 적발해 낸 임업국 주도의 목재 밀반출 사실에 매우 분개했다.

▶ 주술구(护林员揭发)가 관형어가 되면 반드시 '的'가 있어야 한다.

❷ 他们是我们这个村里第一个上名牌的大学的学生。(×)
→ 他们是我们这个村里第一个上名牌大学的学生。
그들은 우리 동네에서 처음으로 명문대에 들어간 학생들이다.

▶ '名牌大学'는 '명문대'라는 뜻의 이미 고정된 단어이므로 '的'를 삭제해야 한다.

❸ 这不仅有助于煤炭出口，同时也将对国内煤炭走向市场的战略举措起到了极好的推动作用。(×)
→ 这不仅有助于煤炭出口，同时也将对国内煤炭走向市场的战略举措起到极好的推动作用。
이는 석탄 수출에 도움이 될 뿐만 아니라 국내 석탄 시장 전략에도 매우 긍정적인 역할을 할 것이다.

▶ 이 문장에서 '了'는 완성을 나타내는 동태조사이다. 이는 미래를 나타내는 '将'과 함께 쓸 수 없으므로 '了'를 빼야 한다.

[핵심 어법] 조사의 특징 및 쓰임에 대해 시험에 자주 나오는 어법을 위주로 공부해 보자.

1 조사

조사는 주로 동사와 형용사, 혹은 문장 끝에 붙어 각종 부가적 의미, 문법 관계 또는 어기를 나타낸다. 즉, 문장을 만드는 것을 도와주는 품사이다. 조사는 크게 구조조사, 동태조사, 어기조사로 나눌 수 있다.

[1] 구조조사의 용법

구조조사에는 '的, 地, 得, 所, 给' 등이 있다.

❶ '的'의 용법
- 관형어 역할을 한다.
  a. 형용사/동사+'的'+명사
    白白胖胖的脸 희고 통통한 얼굴   借来的书 빌려 온 책

b. 명사+'的'+명사 (주로 소유관계를 나타냄)
　　我的女儿　내 딸　　他的书　그의 책

- '的'는 관형어의 상징으로 주어와 목적어를 빨리 찾도록 도와준다.
  用来酿制红酒的葡萄皮中含有的成分，能够增加对人体有益的高密度脂白胆固醇的含量。
  　　　　　　　　　　　　　　주어　　　　　　　　　　　　　　　　　　　　　　목적어
  포도주를 담을 때 포도 껍질 속에 함유되어 있는 성분은 인체에 유익한 고밀도의 지방단백질 콜레스테롤의 함유량을 증가시킬 수 있다.

❷ '地'의 용법

- 부사어 역할을 한다. (형용사+地+동사)
  清清楚楚地写　정확히 쓰다

❸ '得'의 용법

- 정도보어의 구조조사 역할을 한다. (동사/형용사+得+……)
  考得很好　시험을 잘 보다

- 가능보어의 구조조사 역할을 한다. (동사+得+결과보어/방향보어)
  说得过去　말은 된다 (결과보어)

❹ '所'의 용법

- '所'+동사+'的'+(명사): '~하는 것'이라는 뜻으로 이때 동사와 명사는 동빈관계이다.
  他所说的话我一句也听不懂，像是天方夜谭。
  그가 하는 이야기가 너무나 황당무계해서 나는 전혀 알아들을 수가 없다.

❺ '给'의 용법

- 피동문의 동사 앞에 '처치'를 강조하는 구조조사 '给'가 붙는다.
  주어+'被/叫/让'+목적어+'(给)'+동사+기타성분: '给'가 있거나 없거나 뜻은 같다.
  我让他的喊声(给)吓了一跳。　그가 소리를 지르는 바람에 나는 깜짝 놀랐다.

(2) 동태조사의 용법

동태조사에는 '了, 着, 过, 来着' 등이 있다.

❶ '了'의 용법

- 동태조사 '了'를 쓰는 경우
  a. 동작이 완성되거나 실현되었을 때 동사 뒤에 '了'를 쓴다. 구체적인 시간을 밝힐 때가 많고 과거, 미래 시제에 모두 쓰일 수 있다. [동사+了+(관형어)+목적어]
  　我昨天读了一篇很精彩的博文。　나는 어제 아주 잘 쓰여진 박사 논문을 읽었다.
  b. 동사1이 완성된 후 동사2가 시작될 때 동사1 다음에 '了'를 쓴다. [동사1+了+(목적어1)+(就/再/才/又)+동사2+(목적어2)]
  　明天我们先去了游乐场，晚上再复习数学吧。　우리 내일 일단 놀이공원에 먼저 가고, 저녁에 수학을 복습하자.

c. 조건, 방식, 원인을 밝히고 일어난 결과가 나올 때 '了'를 쓴다. [在+조건+下, 동사+了+목적어 / 因为+원인, 才+동사+了+목적어]

在教授的指导下，我的论文在专业学术刊物上得以了发表。
교수님의 지도로 저의 논문이 전문학술지에 발표되었습니다.

因为准备地非常充分，他才轻松地通过了毕业考试。
충분히 준비했기 때문에 그는 졸업 시험에 가뿐히 통과했다.

d. 가정할 때 '了'를 쓴다. [如果+동사+了+목적어, 주어+就+……]

这个男人虽然很憨厚，可是如果嫁给了他，我就受不了他的暴脾气。
이 남자는 우직하고 성실하기는 하지만, 만약 그와 결혼한다면 나는 그의 불같은 성격을 견딜 수 없을 것 같다.

• 동태조사 '了'를 쓰지 않는 경우

a. '常常, 总是, 一直, 每, 偶尔, 很少' 등과는 '了'를 함께 쓰지 않는다.

去年我在清华大学读研究生时，常常去了图书馆看了书。(×)
→ 去年我在清华大学读研究生时，常常去图书馆看书。
작년에 칭화대학에서 석사 과정을 밟을 때, 나는 종종 도서관에서 책을 보곤 했다.

b. '感觉, 希望, 决定, 决心, 打算, 喜欢, 爱, 讨厌, 担心' 등의 심리 활동 동사와는 '了'를 함께 쓰지 않는다.

我们宿舍的姐妹都是打算了考博士的。(×) → 我们宿舍的姐妹都是打算考博士的。
우리 기숙사의 여학생들은 모두 박사 과정을 밟을 계획을 하고 있다.

c. 연동문에서 '了'는 동사1이 '来/去/到'일 때 뒤에 오지 못한다. [동사1(来/去/到)+了(×)+(목적어1)+동사2+了+(목적어2)]

他去了超级市场买一些油盐酱醋和蔬菜，准备做点好吃的。(×)
→ 他去超级市场买了一些油盐酱醋和蔬菜，准备做点好吃的。
그는 슈퍼마켓에서 맛있는 음식을 만들기 위한 조미료와 채소를 몇 가지 샀다.

d. 겸어문에서 '了'는 동사1 뒤에 오지 못한다. [주어+동사1(使/让/叫)+了(×)+목적어1(주어2)+동사2+了+목적어2]

上午我让了老李帮我这件事。(×) → 上午我让老李帮了我这件事。
오전에 나는 라오리에게 이 일을 도와달라고 했다.

e. 동사가 동사목적어를 수반할 때는 '了'를 쓸 수 없다.

我昨天决定了去美国斯坦福大学学习管理。(×) → 我昨天决定去美国斯坦福大学学习管理。
어제 나는 미국 스탠퍼드대학에서 관리학을 공부하기로 결정했다.

• 주의사항

a. 동사가 결과보어나 방향보어를 수반할 때 '了'의 위치는 보어 다음이다.

通过网络学习，我已经学会了这个动词的用法。 인터넷을 통해 나는 이미 이 동사의 용법을 익혔다. (결과보어)

在老家的妈妈给我寄来了一个大大的包裹。 고향에서 엄마가 나에게 커다란 소포를 부쳤다. (방향보어)

b. 부정

– 동사를 부정한 후 동태조사 '了'를 붙이지 못한다.
我不学了法律。(×) → 我不学法律。 나는 법을 공부하지 않는다.

– 동사를 부정한 후 어기조사 '了'는 붙일 수 있다.
我不学法律了。(○) 나는 (이제) 법을 공부하지 않을 것이다.

– 동사를 '没'로 부정한 후에도 동태조사 '了'를 붙이지 못한다.
我没学了法律。(×) → 我没学法律。 나는 법을 공부하지 않았다.

– 앞에 시간사가 있을 경우 어기조사 '了'를 붙일 수 있다.
三年没学法律了。(○) 3년간 법을 공부하지 않았다.

c. 동사, '了', 시량보어의 관계

- 동사+동태조사 '了'+시량보어+어기조사 '了': 동작의 지속

  开 学 了 一年 了。 배운 지 1년이 되었다.
  동사　동태조사　시량보어　어기조사

- 동사+시량보어+어기조사 '了': 동작의 지속

  开 学 一年 了。 배운 지 1년이 되었다.
  동사　시량보어　어기조사

- 동사+동태조사 '了'+시량보어: 동작의 완료

  开 学 了 一年。 1년간 배웠다. (지금은 안 배운다)
  동사　동태조사　시량보어

❷ '着'의 용법

- 동사+'着'

    a. 동작의 진행을 나타낸다. [正/在/正在+동사+着/呢/着呢는 동작의 진행을 나타냄]
    小朋友们正在操场上唱着欢快的歌。 아이들이 운동장에서 즐겁고 쾌쾌한 노래를 부르고 있다.

    b. 상태의 지속을 나타낸다.
    公园里的椅子上坐着一位白发苍苍的老人。 공원 의자에 백발이 성성한 노인이 앉아 있다.

    c. 존재를 나타낸다.
    家里破旧不堪的墙上仍挂着一张全家福。 집안 낡은 벽에는 여전히 가족사진이 한 장 걸려 있다.

- 동태조사 '着'를 쓰는 경우

    a. 동사1이 동사2의 방식일 때 '着'를 붙일 수 있다. [동사1(방식)+着+동사2]
    他每天坚持骑着自行车去上课。 그는 매일 자전거를 타고 수업에 갔다.

    b. 동사1/형용사1은 동사2의 원인이나 목적이다. [동사1/형용사1+着+동사2(원인/목적)]
    她最近忙着学习，准备出国留学。 그녀는 최근 유학 준비로 바쁘다.

    c. 동사1을 하다가 자신도 모르게 동사2하다. [동사1+着+동사1+着+동사2]
    我哭着哭着睡着了。 나는 울다 울다 잠들어 버렸다.

- 동태조사 '着'를 쓰지 않는 경우

    a. '着' 다음에는 시량보어가 오지 않는다.
    我锻炼着三年。(×) → 我锻炼了三年。/ 我锻炼过三年。
    나는 3년간 연습했다.

    b. '着' 다음에는 동량보어가 오지 않는다
    我锻炼着一次。(×) → 我锻炼了一次。/ 我锻炼过一次。
    나는 1번 연습했다. / 나는 1번 연습한 적이 있다.

    c. 겸어문에서 '着'는 동사1 뒤에 오지 못한다. [주어1+동사1+着(×)+주어(목적어1)+동사2+목적어2]
    我命令着他来这儿。(×) → 我命令他来这儿。
    나는 그에게 이리로 오라고 명령했다.

❸ '过'의 용법

- 동사+'过'

  a. 동작의 경험을 나타낸다.
  我早就看过这部电影。 나는 예전에 이 영화를 본 적이 있다.

  b. 동작의 완료를 나타낸다.
  你晚上吃饭了吗? 我吃过。 너 저녁에 밥 먹었니? 나는 먹었어.

- 형용사+'过'

  a. 현재 상황이 과거와 다르다는 것을 나타낸다.
  看到年轻帅气的他，你肯定想象不到，他以前胖过。
  젊고 잘생긴 그를 보면 예전에 그가 뚱뚱했다는 것은 상상도 못 할 것이다.(지금은 뚱뚱하지 않다)

❹ '来着'의 용법

- 문장의 끝에서 얼마 전에 발생한 일을 설명할 때 쓴다.
  他一个小时前还喊着你的名字来着。 한 시간 전에 그가 너의 이름을 부르며 왔다.

- 생각이 나지 않음을 나타낸다.
  麻烦你再说一遍，你刚才说什么来着? 미안하지만 방금 뭐라고 했는지 다시 말해줄래?

연동문/겸어문에서 '了, 着, 过'가 쓰일 수 없는 경우	
연동문	1. 주어+동사1(来, 去, 到)+了(×)+동사2+목적어+······ 2. 주어+동사1+了(×)/着(○)+동사2 : 동사1은 동사2의 방식 　　주어+동사1+了(×)/着(○)+동사2 : 동사1은 동사2의 원인/목적 3. 주어+동사1+过(×)+동사2+목적어+······
겸어문	주어1+동사1(使, 让, 叫)+了/着/过(×)+주어2(목적어1)+동사2+목적어2+······

실력 다지기

1~5 다음 중 어법적으로 틀린 문장을 고르시오.

1 A. 人就像一部汽车，而期望就像汽车的变速档。
　　B. 广东农村正在掀起了科学种田的新高潮。
　　C. 成功是每个人达到自己理想之后一种自信的状态和一种满足的感觉。
　　D. 任何人都会遇到不如意的事，每个人都难免产生烦恼、悲哀、内疚、失望等情绪。

2 A. 我佩服这一种人：他或许很穷，但是他很懂得做人，在人格上是顶天立地的。
　　B. 做事不要"怕"，选择了一件事，就要去坚持做，这样成功才会离你很近。
　　C. 人之所以有一张嘴，而有两只耳朵，原因是听的要比说的多一倍。
　　D. 连用的词语，在内容上前后不能重复，否则，将会犯了画蛇添足的毛病。

3 A. 我国向太平洋预定海域发射的首枚运载火箭圆满成功。
　　B. 孩子几乎每天都要吃做糊了的饭菜，穿没有洗干净的衣服。
　　C. 我曾经爱过她，可惜这十多年来她一直不知道。
　　D. 积极的人在每一次忧患中都看到一个机会，而消极的人则在每个机会都看到某种忧患。

4 A. 大家都说最近流行染发，所以她去美发厅把头发染着棕色。
　　B. 人非圣贤，孰能无过。失败的确令人沮丧，有人从此以后丧失了信心，迷失了方向。
　　C. 我现在能和孩子每天面对面地交流，这在以前是做不到的。
　　D. 环境不会改变，解决之道在于改变自己。

5 A. 听了他的话，妻子气得晕倒在地上。
　　B. 现代科学技术是一个极其庞大而复杂的立体结构体系。
　　C. 人物画发展到北宋末、南宋初，起了新的变化。
　　D. 众所周知，中国经济越来越发展得很快，影响力也越来越大。

정답 및 해설은 해설서 P.13

6 문장을 이어주는 접속사, 복문

Guide

접속사 관련 문제는 독해 제1부분의 출제 빈도 1위이다. 접속사의 오용에 관련된 문제들이 매 시험마다 출제된다고 해도 과언이 아닌 만큼 꼼꼼하고 확실하게 접속사와 복문을 섭렵하도록 하자.

주의 복문 관련 9개의 관계가 모두 중요하지만 **시험에 자주 출제되는 것은 인과, 전환, 조건, 점층, 가정관계** 이다. 따라서 이들에 쓰이는 접속사의 조합과 언어 환경을 좀 더 중점적으로 공부하는 것이 효율적이다.

독해 급소공략

• 접속사가 보이면 긴장하라.

접속사는 복문에서 각각의 문장을 잇는 역할을 한다. 그러므로 접속사의 오용은 커다란 어법적 실수를 가져온다. **접속사가 보이면 먼저 접속사들의 호응 및 접속사와 관련 부사의 호응이 맞는지 살피자.** 만약 문제가 없다면 앞뒷절의 문맥을 파악하고 접속사가 잘 쓰였는지를 확인해 보자.

• 가장 많이 출제되었던 '인과관계'에 집중하라.

접속사 관련 문제 중 최고의 출제 빈도수를 자랑하는 **인과관계는 주로 앞뒷절의 인과관계가 성립하지 않는 오류를 가지고 있다.** 인과관계를 나타내는 '所以, 因此, 因而' 등이 보이면 앞뒷절의 필연적인 인과관계 성립에 주의하자. 또, 인과관계에 관련된 접속사를 남용하고 있는지 아닌지도 체크해 보아야 한다. 이밖에 전환, 조건, 점층, 가정관계도 자주 출제된다.

• 주어의 개수와 접속사의 위치를 확인하라.

주어가 하나일 때는 주어가 접속사 앞에 위치하지만 주어가 2개일 때는 첫 번째 주어는 접속사 뒤에 위치해야 한다. 또, 주어의 앞에 오는 접속사가 있는 반면, 주어의 뒤에만 오는 접속사가 있다. 이를 숙지하고 **접속사의 위치가 맞는지 반드시 확인해 보아야 한다.**

예제로 감 익히기

Mission

다음 중 어법적으로 틀린 문장을 고르시오.

1. A. 很多人拥有时不懂得珍惜，当懂得珍惜时，却失去了珍惜的机会。
   B. 由于计算机技术的普及，为学校开展多媒体教学提供了良好的条件。
   C. 孙中山铜像总高度为11.12米，寓意孙中山先生的诞辰11月12日。
   D. 不管鸟的翅膀多么完美，如果不凭借空气，它就永远不能飞到高空。

A. 很多人拥有时不懂得珍惜，当懂得珍惜时，却失去了珍惜的机会。
B. 由于计算机技术的普及，为学校开展多媒体教学提供了良好的条件。
C. 孙中山铜像总高度为11.12米，寓意孙中山先生的诞辰11月12日。
D. 不管鸟的翅膀多么完美，如果不凭借空气，它就永远不能飞到高空。

A. 많은 사람이 시간이 있을 때는 그 소중함을 알지 못한다. 그리고 시간의 소중함을 깨달았을 때는 이미 소중한 기회를 잃고 난 뒤이다.
B. 컴퓨터 기술의 보급은 학교에서 멀티미디어 교육을 실시하는 데 좋은 기회가 되었다.
C. 쑨원 동상의 높이는 11.12m로, 이는 쑨원의 생일인 11월 12일을 의미하는 것이다.
D. 새의 날개가 아무리 완벽하다 할지라도 공기가 없으면 영원히 공중으로 날아오를 수 없다.

拥有 yōngyǒu 통 보유하다, 가지다 | 珍惜 zhēnxī 통 소중히 여기다 | 普及 pǔjí 통 확산되다, 보급되다 | 开展 kāizhǎn 통 펼치다, 전개하다 | 多媒体 duōméitǐ 명 멀티미디어 | 铜像 tóngxiàng 명 동상 | 寓意 yùyì 명 함축된 의미 | 诞辰 dànchén 명 생일, 탄신 | 翅膀 chìbǎng 명 (새, 곤충 등의) 날개 | 凭借 píngjiè 통 ~에 의지하다, ~에 기대다

1 **B** 由于计算机技术的普及，为学校开展多媒体教学提供了良好的条件。(×)
→ 计算机技术的普及，为学校开展多媒体教学提供了良好的条件。

'由于'는 '所以'와 함께 인과관계에 쓰인다. 그러나 이 문장에서는 의미상 접속사의 조합이 맞지 않다. 뿐만 아니라 뒷절에 주어가 없는 것으로 보아 이 문장은 주어가 빠져 있으므로 '由于'를 삭제하는 것이 옳다.

독해 내공 TIP — 접속사, 복문의 특징

[자주 출제되는 유형] 문장에 접속사가 나오면 제일 먼저 복문 간의 관계를 파악해야 한다. 접속사의 조합이 맞지 않는 경우를 제외하고, 위치가 잘못되었거나 접속사를 남용했거나 비논리적인 것이 복문에 관련된 병구 유형들이다.

❶ 不管气候条件和地理环境都极端不利，登山队员仍然克服了困难，胜利攀登到顶峰。(×)
→ 尽管气候条件和地理环境都极端不利，登山队员仍然克服了困难，胜利攀登到顶峰。
열악한 기후 조건과 지리적 환경에도, 등산대원은 어려움을 극복하고 정상에 오르는 데 성공했다.

▶ '不管'은 '都(总/总是/也)'와 호응하여 조건관계를 나타내는 접속사이다. '不管'이 이끄는 구에는 의문대사, 선택문, 정반의문문이 오기 마련이다. 그러나 이 문장에는 '和'가 있다. 전체 문맥을 볼 때 전환관계이므로 '不管'을 '尽管'으로 고쳐야 한다.

❷ 一个人有错误不加改正，如果是很小的错误，也可能会酿成大害。(×)
→ 一个人有错误不加改正，即使是很小的错误，也可能会酿成大害。
작은 결점이라도 고치지 않으면 큰 낭패를 볼 수 있다.

▶ '也'가 힌트이다. 이 문장은 양보를 나타내는 가정관계이므로 '如果'를 '即使'로 고쳐야 한다.

❸ 人的才能的大小，完全是由于后天的学习和实践决定的。(×)
→ 人的才能的大小，完全是由后天的学习和实践决定的。
사람의 재능은 모두 후천적인 학습과 실천에 의해 결정된다.

▶ '由于'는 접속사로 복문에 쓰인다. 그러나 이 문장은 '决定的'와 쓸 수 있는 개사가 필요하므로 '由'로 고쳐야 한다.

❹ 如果说他们已真正学好了理论，可以在培训班毕业了，不如说他们只学会了搞形象工程的空头理论而已。(×)
→ 与其说他们已真正学好了理论，可以在培训班毕业了，不如说他们只学会了搞形象工程的空头理论而已。
그들이 진정으로 이론 공부를 다 마쳐서 훈련반을 졸업할 수 있었다기보다는 이미지 메이킹이라는 허울 좋은 이론만 배웠을 뿐이라고 보는 것이 낫다.

▶ '不如'는 '~하느니 차라리 ~하는 것이 낫다'라는 의미인 '与其……不如……'의 형식으로 선택관계에 쓰인다.

❺ 尽管天气如此变化多端，却天池是一片沉静。渺渺湖水，清澈如镜。(×)
→ 尽管天气如此变化多端，天池却是一片沉静。渺渺湖水，清澈如镜。
변덕스러운 날씨에도 천지는 고요하기만 하고, 끝없이 펼쳐진 호수는 마치 거울처럼 맑고 깨끗하다.

▶ 부사 '却'는 주어인 '天池' 다음에 위치해야 한다.

❻ 如果人们连续看上四五个小时的电视节目，就会感到十分疲劳。(×)
→ 人们如果连续看上四五个小时的电视节目，就会感到十分疲劳。
하루에 4~5시간씩 계속해서 TV를 보다 보면 심한 피로를 느낄 수 있다.

▶ 앞뒷절의 주어가 같으므로 '人们'이 '如果' 앞으로 가야 한다.

❼ 他虽然是个工人，平常喜欢音乐，作曲很在行。(×)
→ 他虽然是个工人，但是平常喜欢音乐，作曲很在行。
그는 노동자이지만 평소 음악을 좋아하고 작곡에 능통하다.

▶ '虽然'에 호응하는 접속사 '但是'가 빠져 있다.

[**핵심** 어법]   복문과 접속사의 특징 및 쓰임에 대해 시험에 자주 나오는 어법을 위주로 공부해 보자.

1 복문

복문은 두 개 또는 두 개 이상의 단문으로 구성되어 있다. 이 단문들을 연결하기 위해 접속사와 연관 작용을 하는 부사가 쓰인다. 복문의 종류에는 병렬, 점층, 전환, 가정, 조건, 선택, 인과, 목적, 연속이 있다.

(1) 병렬관계
앞절과 뒷절의 관계가 평등하다.

❶ 既A，又B / 既A，也B A하기도 하고 B하기도 하다(두 상황의 공존이나 두 동작을 나타냄)

全聚德一直都是吃烤鸭的首选之地，这里的饭菜既经济，又实惠。
취앤쥐더의 음식은 경제적이면서도 실속 있기 때문에 카오야를 먹으려는 사람들이 가장 선호하는 곳이다.

❷ 又A，又B A하기도 하고 B하기도 하다(두 상황의 공존이나 두 동작을 나타냄)

我心里又高兴又有点紧张。 내 마음은 기쁘면서도 조금은 긴장된다.

❸ 也A，也B A하기도 하고 B하기도 하다[주어가 2개 일 수 있음(주어1也A, 주어2也B)]

夜深了，儿子也睡了，妻子也睡了，只有他还在继续看电视。
깊은 밤, 아들도 자고 아내도 자는데 그만 혼자 계속 TV를 보고 있다.

❹ (一)边A，(一)边B / 一面A，一面B A하면서 B하다(두 동작이 동시에 진행)

老师边说话边在黑板上写下公式。 선생님은 말하면서 칠판에 공식을 적었다.

他一面接过我的行李，一面握住我的手说："毕业十多年了，你也没怎么变。"
그는 내 짐을 받으면서 악수하며 말했다. "졸업한 지 10여 년이 됐는데 당신은 별로 안 변했네요."

❺ 一方面A，(另)一方面B 한편으로 A하고, 한편으로 B하다(동시에 진행되는 동작에 쓰일 수 없음)

他一方面努力工作，另一方面抓紧时间学习汉语。
그는 열심히 일하면서 짬짬이 시간을 내서 중국어 공부도 열심히 한다.

他一方面打电话，一方面看电脑。(×)
→ 他一边打电话，一边看电脑。 그는 전화하면서 컴퓨터를 본다.

❻ 一会儿A，一会儿B A하다가 B하다가 하다

他一会儿说去北京，一会儿又说去南京。 그는 베이징으로 간다고 했다가 또 난징으로 간다고도 했다가 한다.

❼ 时(而)A，时(而)B 때로는 A하고 때로는 B하다

在他英勇就义时，远处传来了笛声，时而激越时而悲怆。
그가 정의를 위해 용감히 희생되었을 때, 멀리에서 격정적이면서도 서글픈 피리 소리가 들려왔다.

❽ 一来A，二来B 첫째는 A이고 둘째는 B이다(원인 열거)

这次来北京，一来想游览北京的名胜古迹，二来想看大学时的老同学。
이번에 베이징에 온 것은 첫째는 베이징의 명승고적을 둘러보기 위함이고, 둘째는 오랜 대학 친구를 보기 위함이다.

❾ A(형용사)而B(형용사) A하기도 하고 B하기도 하다(형용사 병렬)

经济而有用的礼物 경제적이고 쓸모 있는 선물

❿ A(동사)并B(동사) A하여 B하다(동사 병렬)

讨论并决定 토론하여 결정하다

⓫ A(명사/대사)和(与/同/跟)B(명사/대사) A와 B

工作和爱情 일과 사랑

(2) 점층관계

뒷절이 앞절보다 진일보 발전된 동작과 상황에 대한 설명이다. 즉, 의미는 더욱 심화되어야 하고, 사물은 더 커져야 하고, 이해는 더 깊어져야 한다.

❶ 不但(不仅/不光/不只/不单)A，而且(也/还)B A일 뿐만 아니라 B하다(주어의 위치에 주의)

- 동일한 주어일 경우(주어+不但A，而且B)
  这个公司的职员不但会说汉语，也会说英语。 이 회사의 직원은 중국어 뿐만 아니라 영어도 할 줄 안다.

- 다른 주어일 경우(不但+주어1，而且+주어2)
  不但她会画画，而且我也会。 그녀가 그림을 그릴 줄 알 뿐만 아니라 나도 할 줄 안다.

❷ 连A都/也，何况B呢 = A尚且，(更)何况B呢 = 别说B，(就是)连A都/也
  A조차도 ~한데 B는 말할 것도 없다(=不但B，连A都/也 B뿐만 아니라 A조차도 ~하다)

广东话和普通话差异很大，大部分中国人尚且听不懂，更何况我这个外国人呢。
광동어와 표준어는 많이 다르다. 중국인도 대부분 못 알아 듣는데 나 같은 외국인은 어떻겠는가.

❸ 不但不/不但没A，反而(反倒/还)B A하지 않을 뿐 아니라 오히려 B하다(앞절과 뒷절은 반대 개념)

这样做不但不会解决矛盾，反而会使矛盾更加恶化。 이렇게 하면 갈등을 해결하기는커녕 오히려 갈등을 심화시킨다.

④ 甚至/甚而 심지어

这个动画片大家都喜欢，甚至平时不爱看动画片的他也很喜欢。
이 애니메이션은 모든 사람이 좋아한다. 심지어는 평소에 애니메이션을 좋아하지 않는 그조차도 좋아한다.

⑤ 何况/况且 하물며, 게다가(또 다른 원인 제시)

这件礼服套装款式新颖，况且打折后价格也不贵，你买吧。
이 옷은 디자인이 참신한 데다가 세일을 해서 가격도 저렴합니다. 사세요.

[3] 전환관계

앞뒷절이 서로 상반되거나 상대적이다.

① 虽然/虽说A，可是(但是/然而/而)+주어+却/则B 비록 A이지만 B하다

做个明星真不容易，他虽然得了重感冒，但还是工作去了。
스타는 힘들다. 그는 감기에 걸렸음에도 일을 하러 갔다.

② 别看A，但是/可是B+却/倒 A일지라도 B하다

别看他才十岁，个子很小，但是跑步速度却很快。
그를 겨우 열 살배기 어린아이로 보지 마라. 키는 작지만 뛰는 속도는 정말 빠르다.

③ 看起来(听起来/以为)A(표면적 상황)，其实/实际上B(실제 상황) 보기에는 A이나 사실은 B이다

他看起来像个大学生，其实他都毕业很多年了，是大学里的讲师。
그는 대학생처럼 보이지만 사실 대학 졸업한 지는 한참 되었고, (지금은) 대학 강사이다.

④ A，而B则(却/倒) A는 ~하지만 B는 오히려 ~한다

在中国，北方人喜欢吃馒头，而南方人则喜欢吃米饭。
중국에서 북쪽 지방 사람들은 찐빵을 좋아하지만, 남쪽 지방 사람들은 쌀밥을 좋아한다.

⑤ 尽管A，然而B却/还是 비록 A이지만 B하다

尽管他家离公司很远，然而他每天都早来十分钟。
비록 그의 집은 회사에서 멀지만 그는 매일 아침 10분씩 일찍 출근한다.

⑥ 固然A，但B(也) 물론 A이지만 B도 ~하다(앞절은 사실 인정, 뒷절은 상반된 의견 제시)

有钱固然是好事，但是如果不懂得理财，钱财早晚散尽。
돈이 많은 것은 좋지만 재테크를 잘못하면 모두 잃게 된다.

⑦ 倒是A，但是(不过/就是/只是)B 비록 A이지만, 단지 B이다
(앞절은 전체적인 상황, 뒷절은 그 중 일부분이 일치하지 않는 경우)

他这个人有学问倒是有学问，就是茶壶煮饺子，倒不出来啊。
그 사람 말이야. 학식은 좀 있는데 제대로 전달을 못하는 것 같아.

❽ A，倒(是)B (비록) A이지만, 뜻밖에 B이다

- 주어가 1개일 때는 주어 뒤에 쓴다.
  我性格比较内向，不喜欢自己唱歌，(我)倒喜欢听别人唱歌。
  나는 내성적인 성격이라 직접 노래를 부르는 것보다는 듣는 것을 좋아한다.

- 주어가 2개일 때는 두 번째 주어 앞에 쓴다.
  同学们没有什么反对意见，倒是班长不满意。
  반 친구들은 모두 반대 의견이 없는데 뜻밖에 반장이 만족해하지 않는다.

❾ ……，反之，…… 이와 반대로

  谦虚能使人进步，反之，骄傲会使人落后。
  겸손은 사람을 진보하게 한다. 이와는 반대로 교만은 사람을 퇴보시킨다.

❿ 即使(即便/就是/就算/哪怕/纵然)A，也(都/仍)B 설사 A일지라도 B하다, A에 관계없이 B하다
   (앞절은 조건 가정, 뒷절은 이 가정이 결과에 영향을 미치지 못함을 나타냄, 뒷절 강조)

  我的房间在北面，光线很暗，哪怕是白天，也要开着灯。
  우리 집은 북향이라 집에 빛이 안 들어와서 낮에도 불을 켜야 한다.

虽然 vs. 即使

虽然	即使
주로 일어난 일에 쓰임	일반적인 상황 혹은 아직 일어나지 않은 일에 쓰임
今天虽然下雪了，但一点也不觉得冷。(과거) 오늘 눈이 내렸지만 조금도 춥지 않다.	明天即使下雪，也不会很冷。(미래) 내일 설사 눈이 내려도 춥지 않을 것이다.

---

[4] 가정관계

앞절에서는 가설의 조건을 제시하고 뒷절에서는 결과를 설명한다.

❶ 如果(要是/万一/假如/假设/假若/倘若/若是)A，那么B就/则 만약 A라면 B하다

  倘若对一件事只是有美好的愿望而没有努力实践，则一切都是空。
  어떤 일에 대해 생각만 하고 실천에 옮기려 노력하지 않으면 모두 헛된 일이다.

❷ A的话，那么B就/则 만약 A라면 B하다

  (如果)你不愿意搬家的话，干脆我们还在这里继续住吧。
  이사하고 싶지 않으면 우리 그냥 여기에서 계속 살자.

❸ 即使(即便/就是/就算/哪怕/纵然)A，也(都/仍)B 설사 A일지라도 B하다

  就算在你前进的路上有很多艰难险阻，你也应该坚持下去。
  설사 네가 가는 길에 고난과 역경이 많더라도 계속 전진해야 한다.

❹ 再A，也B / 怎么A，也B 아무리 A해도 B하다

这一次哪怕他说得再好听，我也不会给他机会来骗我了。
이번에 그가 아무리 듣기 좋은 말을 해도 나는 속지 않을 것이다.

❺ 要不是A，那么(就/则)B 만약 A가 아니었다면 B했을 것이다

要不是路上堵车，我们半个小时前就到了。 차가 막히지 않았다면 나는 30분도 안 되어 도착했을 것이다.

❻ (幸亏/幸好/好在/多亏)A，要不然的话(不然的话/要不然/要不/不然/否则)B
다행히도 A, 그렇지 않다면 B했을 것이다

太感谢了，幸亏你叫醒我，不然我就没法准时参加今天的会议了。
고마워. 네가 깨워 주었기에 망정이지 그렇지 않았다면 나는 오늘 회의에 늦었을 거야.

❼ 不A不B A하지 않으면 B하지 않는다(=如果不A，就不B)

不见不散。 만날 때까지 기다린다.

❽ 没有A，就没有(不)B A가 없었다면 B도 없다

没有妈妈对我的关心和爱护，就没有今天我的成功。 엄마의 사랑과 관심이 없었다면 오늘날 나의 성공도 없었을 것이다.

如果 vs. 即使

如果	即使
A에 따라 B도 변함	A의 상황에 변함없이 B는 같음
如果他不同意，我就不换工作了。 그가 동의하지 않으면 나는 회사를 옮기지 않을 것이다.	即使他不同意，我也要换工作。 그가 동의하지 않더라도 나는 회사를 옮길 것이다.

---

[5] 조건관계

조건관계는 어떤 조건하에 생길 수 있는 결과를 나타낸다.

❶ 只有A，才B A(유일한 조건)해야만 B하다(조건의 필연성 강조)

只有付出努力，才能学好汉语。 노력해야만 중국어를 마스터할 수 있다.(중국어 마스터의 길은 노력 밖에 없음)

❷ 只要A，就B A하기만 하면 B하다, A가 있으면 반드시 B도 있다(결과의 필연성 강조)

只要付出努力，就能学好汉语。
노력하기만 하면 중국어를 마스터 할 수 있다.(노력 외의 다른 조건이 있을 수 있지만 노력하면 중국어는 꼭 마스터할 수 있음)

❸ 除非A，才B A(유일한 조건)해야만 B하다(=只有A，才B)

除非你教我，我才学，你不教的话，我就不学。
네가 가르쳐 줘야만 나는 공부할 것이다. 네가 아니라면 나는 공부하지 않겠다.

❹ 除非A, 要不然的话(不然的话/要不然/要不/不然/否则)B A해야만 되지 그렇지 않으면 B하다

除非太阳从西边出来, 否则我不会相信他会干出那么不道义的事情。
태양이 서쪽에서 뜨지 않는 한 나는 그가 그렇게 부도덕한 일을 저질렀다는 것을 믿지 않겠다.

❺ (B), 除非A A(유일한 조건)해야만 (그렇지 않으면) B하다

我不告诉你这个秘密, 除非你答应我一个条件。
= 除非你答应我一个条件, 我才告诉你这个秘密。
= 除非你答应我一个条件, 否则我不告诉你这个秘密。
내 조건을 들어주어야만 이 비밀을 말해 줄 것이다.

❻ 不管(不论/无论/别管/任凭)A(의문대사/선택문/정반의문문), 都(也/总)B A를 막론하고 모두 B하다

不管春夏秋冬, 昆明的天气都很好。 춘하추동을 막론하고 쿤밍의 날씨는 매우 좋다.

❼ 凡是A, 都B 무릇 A한 것은 모두 B하다 (일정한 범위 내에 예외가 없음)

凡是他旅游过的地方, 他都拍了许多照片。而且他把照片和游记发布在网上的博客上。
그는 여행한 곳은 모두 사진을 많이 찍어둔다. 그리고 사진과 여행 기록을 블로그에 올린다.

不管 vs. 尽管 vs. 即使

不管	尽管	即使
공통점: 결과는 변함이 없다		
의문대사, 선택문, 정반의문문과 함께 쓰임	실제 상황에 쓰임	가정에 쓰임
不管困难有多大, 我们也要坚持把这个项目做下去。('困难有多大'는 의문) 아무리 힘들어도 우리는 이 프로젝트를 계속 진행할 것이다.	尽管有很多困难, 我们也要坚持把这个项目做下去。('有很多困难'은 사실) 아무리 힘들어도 우리는 이 프로젝트를 계속 진행할 것이다.	即使有再多困难, 我们也要坚持把这个项目做下去。('有再多困难'은 가정) 아무리 힘들어도 우리는 이 프로젝트를 계속 진행할 것이다.

[6] 선택관계

둘 혹은 여럿 중 하나를 선택한다.

❶ 是A, 还是B A인가 B인가?(A와 B 중 하나 선택)

你是真的忘记了, 还是故意躲着我不肯来? 너는 정말 잊은 거니, 아니면 내가 못 오게 일부러 숨긴 거니?

❷ 或是A, 或是B A이든지 B이든지(두 가지 이상의 가능성이 있음)

或是让技术经理老马去, 或是让销售经理老李去, 他俩谁去都行。
기술부 총책임자인 라오마가 가든지 영업부 총책임자인 라오리가 가든지 누가 가도 괜찮다.

❸ 不是A，就是B A가 아니면 B이다(두 가지 가능성 중 하나는 틀림없는 사실임을 나타냄)

这几天不是阴天，就是下雨, 连个太阳都看不见。 최근 며칠은 흐리거나 비가 와서 계속 해도 보지 못했다.

❹ 不是A，而是B A가 아니라 B이다(앞절 부정, 뒷절 긍정. 전환관계라고도 볼 수 있음)

能做大生意的人考虑的不是眼前的钱，而是长远的利益。
큰 사업을 할 사람은 눈앞의 이익이 아니라 장기적인 이익을 본다.

❺ 要么A，要么B / 要不A，要不B / A也好，B也好 A이든지 B이든지

他决心无论如何试一试，要么发财致富，要么成为穷光蛋。
그는 돈을 벌어 부자가 되든지 빈털터리가 되든지 어쨌든 한번 해보기로 결심했다.

❻ 宁可(宁肯/宁愿)A，也要/也不B 차라리 A할지언정 B하겠다/B하지 않겠다(A는 나쁜 상황)

- '宁可(宁肯/宁愿)A，也要B'에서 B는 목적으로, B를 달성하기 위해 A의 불리함을 감수한다는 의미이다.
  我宁可晚上不睡觉，也要把这部电视剧看完。 나는 밤을 새울지언정 이 연속극을 다 볼 것이다.

- '宁可(宁肯/宁愿)A，也不B'는 A와 B를 비교해서 A를 선택하는 것으로, A가 안 좋다 하더라도 B는 더 나쁘다고 생각한다는 의미이다.
  我宁可自己承担责任，也决不愿意把责任推卸给别人。
  내가 책임을 질지언정 결코 책임을 다른 사람에게 전가하고 싶지는 않다.

❼ 与其A，(倒)不如(宁可/宁肯/宁愿)B A하는 것은 B만 못하다, A하기보다는 차라리 B하겠다

与其走着过去，倒不如咱们一起打个车。 차를 타고 가는 것보다 차라리 택시를 잡는 것이 낫겠다.

[7] 인과관계

원인과 그에 따른 결과를 나타낸다.

❶ 因为A，所以B A이기 때문에 그래서 B하다

因为我感到头晕，所以今天不能上课了。 나는 어지러워서 수업에 가지 못했다.

❷ 因A而B A이기 때문에 그래서 B하다

这个考到重点中学的孩子因家里无法支付学费而失学。
중점 고등학교에 합격한 이 아이는 학비를 낼 수 없어서 입학을 못했다.

❸ 由于A，所以(因而/因此)B A이기 때문에 그래서 B하다

他由于每天练习发音，因此听众都喜欢听他主持。
그는 매일 발음 연습을 하기 때문에 청취자들은 그가 진행하는 것을 좋아한다.

❹ A从而B A해서 B하다(A는 B의 목적을 충족시키기 위한 조치, 방법)

青岛修建了很多立交桥，从而解决了这里的交通堵塞问题。
칭다오는 많은 입체 교차로를 건설하여 이곳의 교통체증 문제를 해결했다.

❺ A于是B A해서 B하다(A는 앞선 동작, B는 그에 따른 동작, 변화)

妹妹这几天总是愁眉苦脸的，听男朋友安慰她，于是又高兴起来了。
여동생은 요 며칠 동안 우거지상을 하고 다니다가 남자친구의 위로를 받고 다시 기분이 좋아졌다.

❻ 주어+之所以B，是因为(是为了/是由于)A B한 까닭은 A때문이다

我之所以伤心，是因为我被自己最信任的人欺骗了。 내가 상심한 것은 가장 믿었던 사람에게 속았기 때문이다.

❼ 既然A，那么(就)B 기왕에 A한 이상 B해라(B는 결론, 조건관계라고 볼 수 있음)

我也不想再跟你争论，既然你都不在乎，我就更不在乎了。
나도 더는 너와 논쟁하고 싶지 않아. 네가 신경 쓰지 않는다면 나는 더 신경 쓸 필요 없지.

❽ A以至(于)/以致B A가 B의 결과를 가져오다

因为他不遵守交通规则酒后驾车，以致造成了大型车祸。
그는 교통법규를 지키지 않고 음주운전을 하여 대형 사고를 일으켰다.

❾ A不免(难免/免不了)B A의 원인이 있었기에 B의 결과를 피할 수 없다

他连续两年都没考上大学，妈妈难免不高兴。 그가 2년 연속으로 대학에 떨어져서 어머니 기분이 언짢으시다.

❿ 结果 결과적으로, 결국(인과관계를 나타내는 것이 아니므로 '所以'로 대신할 수 없음)

我在车站等了半个多小时，结果也没等到公共汽车。 정류장에서 버스를 30분 이상 기다리다가 결국 포기했다.

因此 vs. 因而

因此	因而
앞절의 결론을 보충하기 위해 쓸 수 있음	이런 용법 없음
环境污染日趋严重，已经威胁到人类的生存。因此环保很重要。(○) 환경오염이 점차 심해지면서 인류의 생존을 위협하고 있다. 그러므로 환경보호는 매우 중요하다.	环境污染日趋严重，已经威胁到人类的生存。因而环保很重要。(×)

---

[8] 목적관계

행동과 그 행동의 목적을 나타내는 절로 이루어진다.

❶ 为/为了A，B A하기 위해서 B하다

他为了锻炼身体，每天早上六点起床到操场上跑步。
그는 몸을 단련하기 위해 매일 아침 6시면 일어나 운동장에서 조깅을 한다.

❷ B，为的是(是为了/好/以+2음절 동사/以便/使)A   B는 A하기 위해서이다

他每天早上六点起床到操场上跑步，为的是锻炼身体。
그가 매일 아침 6시면 일어나 운동장에서 조깅을 하는 것은 몸을 단련하기 위해서이다.

你一定要提前告诉我，我好早做准备。
너는 반드시 사전에 내게 알려 줘야 해. 내가 미리 준비할 수 있도록 말이야.

去年，我来到中国，以提高我的汉语口语水平。
작년에 나는 중국어 회화 실력을 높이기 위해 중국에 왔다.

这种新规定的实行，使员工们有了更多的学习交流时间。
이 새로운 규정의 실시로 직원들은 더 많은 학습 교류 시간을 갖게 되었다.

❸ B，以免(省得/免得)A   A(원치 않는 일)를 피하기 위해 B하다

我想我应该再提醒一遍，免得你一出门就忘记。
네가 잊어버리지 않도록 내가 다시 알려줄게.

[9] 연속관계

시간의 순서에 따라 앞절과 뒷절을 이어준다.

❶ 等A，就/便B   A하고서 곧 B하다

等他来了，我们就吃饭吧。   그가 오면 우리 밥 먹자.

❷ 等A，再B   A하고서 그다음에 B하다

等他来了，我们再吃饭吧。   그가 온 다음에 우리 밥 먹자.

❸ 等A，才B   A하고서야 B하다

等他来了，我们才能吃饭 。   그가 와야 우리는 밥을 먹을 수 있다.

❹ 先A，再B，然后C，最后D / 先A，然后B，再C，最后D   A하고 B한 다음, C하고 맨 마지막에 D하다

中国羽毛球代表团先到北京，然后到上海、南京。
중국 배드민턴 대표단은 먼저 베이징에 간 후 다시 상하이, 난징으로 갔다.

❺ 先A，接着B   먼저 A하고서, 연이어 B하다

你不要着急，先把事情的来龙去脉讲清楚，接着我们一起讨论对策。
너무 서두르지 마, 우선 사건의 경위를 확실히 한 후에 함께 대책을 논의하자.

❻ 开始/起初A，后来B   처음에는 A했는데 나중에 B하게 되었다(과거에만 쓰임)

我是去年到北京大学学习中文的，起初我不习惯那里的生活，后来慢慢适应了。
나는 작년에 베이징대학에서 중국어를 공부했다. 처음에는 그곳 생활에 적응이 안 됐지만 서서히 적응됐다.

실력 다지기

1~5 다음 중 어법적으로 틀린 문장을 고르시오.

1 A. 机会错过了就很难再找回来了，所以做个有准备的人，才能及时抓住机会。
　　B. 他成为了纪录片的导演，并在电影节上获了奖。
　　C. 据鉴定，这幅画出自著名画家齐白石之手，非常值得收藏。
　　D. "地球村"之所以能成为现实，主要出于互联网技术的快速发展。

2 A. 如果你有机会到台湾旅游，一定要到花莲坐一坐蒸汽小火车，体会一下旧时的感觉。
　　B. 微笑就像温暖的阳光，它蕴涵着一种神奇的力量。
　　C. 胡同不仅是城市的脉搏，即是北京普通老百姓生活居住的地方。
　　D. 人类对事物的认识总是要经过一个个不断盘旋上升的过程。

3 A. 顾客可以通过网络聊天工具与我们联系，咨询产品信息。
　　B. 太阳能设备不需要使用燃料，不会带来污染，因为安全可靠。
　　C. 世界小麦种植的总面积，占粮食作物种植总面积的第一位。
　　D. 作为一名管理者，你不仅要知道下属的优点，也要知道下属的缺点。

4 A. 创新和模仿并不矛盾，有了模仿能够更好地创新。
　　B. 不管大家强烈反对，他仍然坚持自己的观点。
　　C. 镜子照到的只是你的外貌，而生活照到的却是你的心灵。
　　D. 他是去年毕业的大学生，所以工作经验不如其他设计师丰富。

5 A. 只有在深秋，才能看到北京满山的红叶。
　　B. 你不能决定晴天还是下雨，但你可以尝试改变自己的心情。
　　C. 不但他喜欢京剧脸谱，而且喜欢和京剧有关的各种服饰。
　　D. 羊的胆子很小，遇到点儿响动就会惊慌失措，四下奔逃。

7 서술어를 뒤에서 수식하는 보어

Guide

보어란 서술어(동사, 형용사) 뒤에서 수식하는 성분을 말한다. 그 종류로는 결과보어, 개빈보어, 방향보어, 가능보어, 정도보어, 수량보어(시량보어, 동량보어) 등이 있다. 각 보어의 쓰임과 특징에 주의하여 공부하도록 하자.

주의 **결과보어**는 '了'의 위치, **개빈보어**는 방위사의 쓰임, **방향보어**는 관용적인 의미, **가능보어**는 형식, **정도보어**는 정도부사, **수량보어**는 목적어의 위치에 주의하여 공부하자.

독해 급소공략

• 개빈보어를 주목하라.

新 HSK 독해 제1부분에서 가장 많이 출제된 보어가 개빈보어이다. 개빈보어란 '동사/형용사+개사+목적어'의 형식으로 시간, 장소, 대상, 비교 등을 나타낸다. 개빈보어에서 특히 중요한 것은 **개사 '在' 뒤의 목적어가 장소를 나타내면 방위사 '上, 里, 外, 下, 中' 등을 함께 써서 명확한 장소임을 알려줘야 한다**는 것이다.

• 결과보어와 '了'의 위치를 확인하라.

동사 뒤에 결과보어를 쓰는 이유는 만약 동작만 있고 결과가 없다면 의미가 불분명해지기 때문이다. 간혹 결과보어를 쓰지 않은 서술어가 출제되고 있으니 주의하도록 하자. 또, **동사와 결과보어 사이에는 다른 성분이 들어갈 수 없으므로 '了, 过'와 목적어는 모두 결과보어 다음에 와야 한다**는 사실을 기억하자.

예제로 감 익히기

Mission

다음 중 어법적으로 틀린 문장을 고르시오.

---

1 A. 许多能站在领奖台的运动员，都具有刻苦勤奋的精神。
　　 B. 到中国旅游的外国游客通常都会把西安作为他们旅游的首站。
　　 C. 这个地区的大豆，除了在本地区销售外，还运送给其他地区。
　　 D. 参加活动的读者请在2010年9月1日之前，将《读者调查表》寄回本社。

A. 许多能站在领奖台的运动员，都具有刻苦勤奋的精神。
B. 到中国旅游的外国游客通常都会把西安作为他们旅游的首站。
C. 这个地区的大豆，除了在本地区销售外，还运送给其他地区。
D. 参加活动的读者请在2010年9月1日之前，将《读者调查表》寄回本社。

A. 수상대에 오를 수 있을 만큼 뛰어난 운동선수 중에는 끊임없이 노력하는 정신을 지닌 사람이 많다.
B. 중국으로 여행 오는 외국 여행객은 시안을 첫 여행지로 선택하는 경우가 대부분이다.
C. 이 지역의 콩은 현지에서 판매되는 것 외에 다른 지역으로 운송되기도 한다.
D. 프로그램 참가를 원하시는 독자는 2010년 9월 1일 전까지 『독자조사표』를 본 출판사로 보내주시기 바랍니다.

领奖台 lǐngjiǎngtái 명 수상대 ｜ **刻苦** kèkǔ 형 노력을 아끼지 않다, 고생을 참아내다 ｜ **勤奋** qínfèn 형 부지런하다, 꾸준하다

---

1 C　这个地区的大豆，除了在本地区销售外，还运送给其他地区。(×)
　　→ 这个地区的大豆，除了在本地区销售外，还运送到其他地区。

어떤 동작을 거쳐 다른 장소로 이동한다는 의미이므로 개사 '到'를 쓰는 것이 맞다. '동사(运送)+개사(到)+장소(其他地区)'의 형식으로 쓰인 것이다.

독해 내공 TIP — 보어의 특징

[자주 출제되는 유형] 보어 관련 병구에 자주 출제되는 유형은 결과보어와 개빈보어의 오용, 장소를 나타내는 방위사의 탈락 등이다.

① 他洗澡完出来的时候，我还没想好该怎么告诉他。(×)
   → 他洗完澡出来的时候，我还没想好该怎么告诉他。
   그가 다 씻고 나왔을 때도 나는 그에게 어떻게 이야기해야 할지 몰랐다.

   ▶ 동사(洗)와 결과보어(完) 사이에는 다른 성분이 들어갈 수 없다.

② 闻名遐迩的牛街礼拜寺就在这条街坐落。(×)
   → 闻名遐迩的牛街礼拜寺就坐落在这条街上。
   유명한 니우지에 이슬람사원이 이 거리에 있다.

   ▶ '在' 뒤의 목적어가 장소를 나타내면 방위사와 함께 써서 명확한 장소임을 알려줘야 한다.

③ 妈妈把茶几擦得一尘不染得干净。(×)
   → 妈妈把茶几擦得一尘不染。
   엄마는 찻상을 먼지 하나 없이 깨끗하게 닦았다.

   ▶ '一尘不染'이 '干净'의 정도를 이미 나타내고 있으므로 '得干净'은 생략해야 한다.

④ 我劝了他半天，他才安静下去。(×)
   → 我劝了他半天，他才安静下来。
   그는 내가 한참 타이르고 나서야 진정됐다.

   ▶ 형용사와 함께 쓰이는 방향보어 '下来'는 '강(强)에서 약(弱)으로의 변화'를 나타낸다.

⑤ 他奇怪的看了一眼我，什么都没说。(×)
   → 他奇怪的看了我一眼，什么都没说。
   그는 나를 이상하게 한 번 바라보고는 아무 말도 하지 않았다.

   ▶ 동사가 동량보어를 수반할 때 어순은 '동사(看)+대사(我)+동량사(一眼)'이다.

[핵심 어법] 보어의 특징 및 쓰임에 대해 시험에 자주 나오는 어법을 위주로 공부해 보자.

1 보어

보어는 서술어(동사와 형용사) 뒤에서 수식하는 성분을 나타낸다.

[1] 결과보어와 개빈보어

결과보어와 개빈보어는 비슷한 점이 많으므로 같이 비교하며 공부하도록 하자.

❶ 결과보어와 개빈보어 비교

	결과보어	개빈보어
구조	동사+결과보어(동사/형용사)+(了+목적어) 동작행위가 만들어 낸 결과를 나타냄 我 看 见 了 她。 　　동사 결과보어　　목적어 나는 그녀를 보았다.	동사/형용사+개빈보어 시간, 장소, 대상, 비교 등을 나타내는 개빈보어는 동작행위가 만들어 낸 결과를 나타냄 他 走 到我 面前。 　　동사 개빈보어 장소 그는 내 얼굴 앞까지 걸어왔다.
부정	'没'+동사+결과보어 결과보어의 일반적 부정형식 我没吃完饭。 나는 식사를 덜 마쳤다. cf>동태조사 '了'와 함께 쓸 수 없음 我没吃完了饭。(×) '不'+동사+결과보어 가정문에서만 '不'로 부정할 수 있음 (如果)不吃完, 不能出去玩儿。 다 먹지 않으면 못 나가 놀아!	'没'+동사+개빈보어 결과보어의 일반적 부정형식과 같음 我没交给老师。 나는 선생님께 드리지 않았다. cf>동태조사 '了'와 함께 쓸 수 없음 我没交给了老师。(×) '不'+동사+개빈보어 가정문에서만 '不'로 부정할 수 있음 (如果)你不还给我钱就不要离开。 네가 돈을 돌려주지 않는다면 나는 가지 않겠다.
주의 사항	동사와 결과보어 사이에 다른 성분이 들어갈 수 없으므로 '了, 过'나 목적어는 모두 결과보어 다음에 와야 한다. 我读错过这个字。 나는 이 글자를 잘못 읽었다. 동태조사 '着'는 결과보어와 함께 쓸 수 없다. 爸爸在厨房里忙了一下午, 才准备好着晚饭。(×) → 爸爸在厨房里忙了一下午, 才准备好晚饭。 아빠는 오후 내내 주방에서 분주하게 일한 후에야 저녁 식사 준비를 마쳤다.	동사와 개사 사이에 다른 성분이 들어갈 수 없으므로 '了, 过'나 목적어는 모두 개사 다음에 와야 한다. 这些产品都出口到了世界各国。 이 제품들은 모두 세계 각국으로 수출된다. 동태조사 '着'는 개빈보어와 함께 쓸 수 없다. 他懒得要命, 总是吃了饭就躺着在床上。(×) → 他懒得要命, 总是吃了饭就躺在床上。 그는 너무나 게을러서 언제나 밥 먹고서 바로 침대에 눕는다. '在' 뒤의 목적어가 장소를 나타낸다면 방위사 '上, 里, 外, 下, 中' 등을 함께 써서 명확한 장소임을 알려줘야 한다. 他走了没两步就昏倒在路。(×) → 他走了没两步就昏倒在路上。 그는 몇 걸음 가지 못하고 기절했다.

[2] 방향보어
동사나 형용사 뒤에서 동작의 방향을 나타내거나, 방향과 상관없이 독특한 의미를 지닌다.

❶ 구조
- 1음절 방향보어: 동사+'来/去/上/下/进/出/起/回'
  进来 들어오다   拿去 가져가다

- 2음절 방향보어: 동사+'上/下/进/出/起/回/过'+'来/去'
  拿出来 꺼내다   站起来 일어나다

❷ 목적어의 위치
- 1음절 방향보어
  a. 동사+장소목적어+'来/去'
     장소목적어이고 1음절 방향보어가 '来/去'일 때는 '동사+목적어+보어' 순이다.
     进教室来 교실로 들어오다

  b. 동사+1음절 방향보어+일반목적어
     일반목적어이고 1음절 방향보어가 '来/去'가 아닐 때는 '동사+보어+목적어' 순이다.
     走上楼 위층으로 올라오다   走进一个人 한 사람이 들어오다
     回过头 뒤돌아 보다   带来麻烦 번거롭게 하다

- 2음절 방향보어
  a. 동사+방향보어1+장소목적어+방향보어2(来/去)
     跑进教室来 교실로 뛰어들어오다

  b. 일반목적어의 위치는 비교적 자유롭다
     走进一个人来(○) / 走进来一个人(○) / 走一个人进来(×)
     拿出一本书来(○) / 拿出来一本书(○) / 拿一本书出来(×)

- 이합사
  a. 동사+방향보어1+목적어+방향보어2(来/去)
     '동사+목적어' 형태의 이합동사의 목적어 부분은 방향보어1과 2 사이에 온다.
     聊起天来 수다 떨기 시작하다

❸ 자주 쓰이는 방향보어의 의미

上	아래에서 위로	走上台阶。 계단을 올라가다.
	시작, 계속	看上了。 반했다.
	목적달성	考上了国际名校。 국제 명문대학에 합격했다.

	분리에서 한데 모음	
	把门关上。	문을 닫아라.
	부착, 첨가	
	戴上帽子。	모자를 쓰다.
下	위에서 아래로	
	坐下歇一会儿。	앉아서 좀 쉬다.
	고정	
	记下电话号码。	전화번호를 적다.
	분리	
	脱下衣服。	옷을 벗다.
	수용	
	坐下100个人。	100명이 앉다.
起来	아래에서 위로	
	站起来了。	일어섰다.
	시작, 계속	
	下起雨来。	비가 오기 시작하다.
	분리에서 한데 모음	
	把书收起来吧。	책을 덮으세요.
	연상	
	终于记起来了。	마침내 기억해냈다.
	평가	
	说起来容易，做起来难。	말하기는 쉽지만 하자면 어렵다.
	보이는 것에서 보이지 않는 것으로	
	把照片藏起来吧。	책을 (안 보이게) 숨겨라.
	완성	
	新房子才一个月就已经盖起来了。	새집을 한 달만에 다 지었다.
	좋은 방향의 변화(형용사+起来)	
	老李的病慢慢好起来了。	라오리의 병세가 서서히 호전되었다.
下来	고정(남겨두다)	
	录下来再听。	녹음해 뒀다가 다시 듣다.
	분리	
	把帽子摘下来。	모자를 벗어라.
	강에서 약으로의 변화(형용사+下来)	
	同学们听到老师的脚步声，忽然安静下来了。 학생들은 선생님의 발소리를 듣고는 갑자기 조용해졌다.	

	下去	계속 坚持下去。 견지해 나가다. 나쁜 방향으로의 변화(형용사+下去) 自从他失恋以后，他一天天瘦了下去。 실연 후 그는 점점 말라간다.
	出来	안에서 바깥으로 他从警察局里走出来了。 그는 경찰서에서 걸어 나왔다. 판별 他刚走到门口，我就认出他来了。 그가 문에 들어서자 나는 곧 그를 알아볼 수 있었다.
	过来	먼 곳에서 내게로 走在前面的女孩回头看过来。 앞에 가던 아가씨가 고개를 돌려 바라봤다. 비정상에서 정상으로 他醒过来才发现自己已经躺在医院里。 그는 깨어나서야 비로소 자신이 병원에 있다는 것을 알았다. 능력이 되다 干不过来。 해낼 수 없다.
	过去	내게서 먼 곳으로 你在学校的操场上等我，我过去吧。 학교 운동장에서 기다려. 내가 갈게. 정상에서 비정상으로 她看到手上流的血，一下子昏过去了。 그녀는 손에 흐르는 피를 보고는 갑자기 기절해 버렸다. 시간이 지나다 5年时间很快就过去了。 5년이라는 시간이 훌쩍 지나갔다. 동작이 완료되다 我的忘性很大，事情说过去就忘。 나는 기억력이 나빠서 말하고 나면 금방 잊어버린다. 마음에 맞다 说得过去。 / 说不过去。 말이 통한다. / 말이 안 된다. 看得过去。 / 看不过去。 마음에 든다. / 못 봐주겠다.

(3) 가능보어

동작의 가능과 불가능을 나타낸다.

❶ 구조

- 동사+'得'+결과보어/방향보어(동작이나 상태의 가능성을 나타냄)
  听得懂 알아들을 수 있다

- 동사+'不'+결과보어/방향보어(동작이나 상태의 불가능을 나타냄)
  听不懂 알아들을 수 없다

❷ 목적어의 위치
- 동사+'得/不'+1음절 방향보어/결과보어+목적어
  忘不了你 너를 잊을 수 없다

- 동사+'得/不'+방향보어1+목적어+방향보어2
  说不出一句话来 한마디도 나오지 않는다

❸ 가능보어를 쓸 수 없는 경우
- '把'자문, '被'자문의 동사 뒤
  今天的课很简单，我吃饭前把作业做得完。(×) → 今天的课很简单，我吃饭前能把作业做完。
  오늘 수업 내용은 간단해서 식사 전에 숙제를 다 끝낼 수 있다.

  这道题的答案被学生们猜得出来。(×) → 这道题的答案能被学生们猜出来。
  이 문제의 답은 학생들이 충분히 알아낼 수 있다.

- 연동문의 첫 번째 동사 뒤
  班长没带钥匙，我们进不去教室上课。(×) → 班长没带钥匙，我们不能进去上课。
  반장이 열쇠를 안 가져와서 우리는 수업을 들으러 갈 수 없다.

- 동사 앞에 '不能'이 있을 때
  他演讲的内容我不能听得懂。(×) → 他演讲的内容我听不懂。
  그가 연설한 내용을 나는 이해할 수 없다.

[4] 정도보어

동작이나 상태의 정도를 나타낸다.

❶ 구조
- 동사/형용사+'得'+……
  他们饿得眼睛发光，看什么都是吃的。 그들은 너무 배가 고파서 보이는 것마다 모두 먹을 것으로 보였다.

- 동사+'得'+명사+동사 ~를 ~하게 하다(명사목적어는 '把'를 이용해 앞으로 끌어낼 수 있음)
  他非常有幽默感，总是能逗得我们哈哈大笑。
  ＝他非常有幽默感，总是能把我们逗得哈哈大笑。
  그는 유머 감각이 넘쳐서 언제나 우리를 박장대소하게 한다.

- 동사/형용사+'得很(得多/多了)' 매우 ~하다
  他得了全年级英语演讲的第一名，高兴得很。 그가 전 학년 영어 말하기 대회 1등을 해서 매우 기쁘다.
  我认为这条路近，那条路远得多。 내 생각에 이 길은 가깝고 저 길은 굉장히 먼 것 같다.

- 동사/형용사+'极了(死了/坏了/透了)' 정도가 아주 심함(구조조사 '得'의 도움을 받지 않는다는 것에 주의)
  你的办会员卡的想法，好极了。 회원카드에 대한 아이디어 정말 좋은데.
  他擅自离开工作去办私事，把我气坏了。 그가 마음대로 외출해서 개인적인 용무를 본 일은 나를 매우 화나게 했다.

- 동사/형용사+'得'+'不得了(了不得/要命/要死)' ~해서 죽겠다
  今年冬天和往年不同，冷得要命。 올겨울은 여느 해와 달리 대단히 춥다.

- 동사/형용사+'得慌' 불쾌감이나 부족함이 심함
  今年夏天的桑那天太潮湿了，让人感到闷得慌。 올여름 찜통더위는 너무 습해 숨이 막힌다.

- 동사/형용사+'得'+'不行' 심하다, 견딜 수 없다
  菜市场里的人挤来挤去，熙熙攘攘，吵得不行。 시장은 사람들로 복작거려서 너무 시끄럽다.

- 동사/형용사+'个够/个······' / '得个······' 마냥, 충분히
  明天我们去游乐场玩个够。 우리 내일 놀이공원 가서 신 나게 놀자.
  你应该去找校长谈一下换班级的事，问个清清楚楚。
  너는 교장 선생님을 찾아가서 반 바꾸는 문제에 대해 확실하게 물어봐야 한다.

❷ 부정
- 동사/형용사+'得'+'不'+······
  他干得不出色。 그는 일을 잘 못한다.

- 동사나 형용사 앞에 '别/不要'를 붙여 부정한다.
  我刚把房间整理好，你别搞得乱七八糟。 내가 방금 방 정리 다 했으니 어지럽히지 마.

❸ 목적어의 위치
- 주어+동사+목적어+동사+'得'+······
  她玩游戏玩得很愉快。 그녀는 게임을 유쾌하게 했다.

- 주어+목적어+동사+'得'+······
  她游戏玩得很愉快。 그녀는 게임을 유쾌하게 했다.

- 목적어+주어+동사+'得'+······
  游戏她玩得很愉快。 그녀는 게임을 유쾌하게 했다.

❹ 주의사항
- 정도부사의 위치는 구조조사 '得'의 뒤이다.
  他的韩语水平很高，翻译得很好。 그의 한국어 실력은 매우 뛰어나서 번역을 잘한다.

- 서술어로 쓰인 형용사 앞에 정도부사를 쓰면 안 된다.
  去年腊月很冷得要命。(×) → 去年腊月冷得要命。 작년 섣달(음력 12월)은 정말 추웠다.

(5) 수량보어(동량보어, 시량보어)
　　수량보어는 동작이 지속되는 횟수와 동작의 시간을 나타내는데, 동작의 횟수를 나타내는 동량보어와 시간의 양을 나타내는 시량보어가 있다.

	동량보어	시량보어
구조	동사+동량사 《幸福像花儿一样》这部电视剧我看了一遍。 나는 드라마 『행복은 꽃잎처럼』을 한 번 봤다.	동사+시량사 我看了一个小时电视剧《幸福像花儿一样》。 나는 드라마 『행복은 꽃잎처럼』을 한 시간 동안 봤다.
부정	동량사+부정부사+동사 我没去过一次美国。(×) → 我一次也没去过美国。 나는 한 번도 미국에 안 가봤다. 부연설명이 있을 때는 동량사가 동사 뒤에 와도 된다. 没去过很多次，只去过一次美国。 미국에 많이는 못 가보고 딱 한 번 가봤다.	시량사+부정부사+동사 我没呆过一天美国。(×) → 我在美国一天也没呆过。(○) 나는 하루도 미국에 머문 적이 없다. 부연설명이 있을 때는 시량사가 동사 뒤에 와도 된다. 没呆过好几天，只呆过一天。 오래 못 있고 딱 하루 있었다.
목적어의 위치	동사+대사(목적어)+동량사 见过他一次。 그를 한 번 만난 적이 있다. 동사+인명/지명(목적어)+동량사 동사+동량사+인명/지명(목적어) 见过小君一次。(○) 见过一次小君。(○) 샤오쥔을 한 번 본 적이 있다. 去过美国一趟。(○) 去过一趟美国。(○) 미국에 한 번 가본 적이 있다. 동사+동량사+일반목적어 看了两场电影。 영화를 두 번 봤다. 동사+목적어+차용동량사 咬了我一口。 나를 한 번 깨물었다.	동사+대사(목적어)+시량사 交了他半年。 그와 반 년간 사귀었다. 동사+인명/지명(목적어)+시량사 동사+시량사+인명/지명(목적어) 交了小君半年。(○) 交了半年小君。(○) 샤오쥔과 반 년간 사귀었다. 来美国一年。(○) 来一年美国。(×) 미국에 온 지 1년 됐다. 동사+시량사+일반목적어 学了一年(的)西班牙语。 (＝学西班牙语学了一年。) 1년간 스페인어를 배웠다.

실력 다지기

1~5 다음 중 어법적으로 틀린 문장을 고르시오.

1 A. 我非常高兴，因为刚才我听中文广播懂了。
　　B. 爷爷听说孙子考了满分，笑得嘴都合不拢了。
　　C. 他在战场上受了伤，回到营地时已经疼得昏了过去。
　　D. 如果双方都同意这个条件，那么下个星期就可以签合同了。

2 A. 他是一个胆子很小的人，一到晚上，他就吓得胆小如鼠，不敢出门。
　　B. 小明因为家庭贫困而辍学，他多么渴望得到一个学习机会呀！
　　C. 这次大会上，职工和领导层对工资问题广泛地交换了意见。
　　D. 虽然每天工作很忙，但他还是抓紧时间和同学研究或自己看书。

3 A. 从我的个人简历中你可以了解到，以前我做过推销员三年。
　　B. 创造力与一般能力的最大区别在于它的独创性和新颖性。
　　C. 蘑菇是一种有丰富的营养成分的植物，而且它的热量很低，常吃也不会发胖。
　　D. 真诚意味着尊重却不恭维别人的缺点，但不意味着一定要指责别人的缺点。

4 A. 只要你坚持走自己的路，就不要怕路途艰辛。
　　B. 广州的冬天一点儿也不算冷，下雪天就很罕见了。
　　C. 父亲对我严格要求，他的全部希望寄托我身上。
　　D. 最后，他凭借领先对手0.1秒的优势成功地获得了第一名。

5 A. 这个城市有三千多名志愿者积极投入到各项环保活动。
　　B. 张经理决定明天上午开会讨论促销方案是否要提高成本。
　　C. 今天是我们结婚10周年的纪念日，我们应该出去吃顿大餐。
　　D. 蜜蜂是最勤劳的动物，它们的性格很温和，只有在感觉受到威胁时，它才会攻击敌人。

8 관형어, 부사어의 어순

Guide 한 문장에서 중심어만 중요하고 수식 성분은 중요하지 않다? 이 말은 틀렸다. 수식 성분으로 쓰이는 관형어, 부사어, 보어에 관한 문제는 중심어인 주어, 서술어, 목적어보다 많이 출제된다. 한 문장의 의미를 빨리 파악하려면 주어, 서술어, 목적어 위주로 추려 보는 것이 좋겠지만 병구를 밝히기 위해서는 수식 성분에 대한 분석도 게을리해서는 안 된다.

주의 관형어와 부사어는 어순 관련 문제로 많이 출제된다. 여러 개의 관형어와 부사어의 순서를 아는 것은 물론 기타 중국어의 기본 어순도 이번 과에서 확실히 다지자.

독해 급소공략

• 관형어의 어순을 외워두라.

관형어와 관련하여 여러 관형어의 배열 순서, '的'의 사용 유무, 관형어와 중심어의 알맞은 조합 등의 문제가 자주 출제된다. 여러 개의 관형어가 주어나 목적어를 꾸밀 경우 순서는 다음과 같다. '①소유+②시간/장소+③주술구+④개사/동사구+⑤지시대사/수량사+⑥2음절 형용사/형용사구+⑦성질/재료+명사', '제한성 관형어+묘사성 관형어', '的가 있는 관형어+的가 없는 관형어'

• 부사어의 어순을 외워두라.

부사어와 관련하여 여러 부사어의 배열 순서, '地'의 사용 유무, 부사어와 중심어의 알맞은 조합 등의 문제가 자주 출제된다. 여러 개의 부사어가 서술어나 문장 전체를 꾸밀 경우 순서는 다음과 같다. '①시간+②어기+③동작자 묘사+④목적/근거+⑤장소/방향+⑥대상+⑦동작 묘사', '동작자를 묘사하는 부사어+동작을 묘사하는 부사어'

• 허사의 위치에 신경 쓰라.

허사는 문법적인 관계를 나타내는 것으로 부사, 개사, 접속사, 조사, 감탄사가 있다. 허사는 단독으로 쓰일 수는 없지만 그 어법적인 기능은 크므로 어순 문제에서 자주 다루어진다. 허사 중에서 특히 **접속사, 부사, 개사의 어순 관련 출제율이 높다**. 그러므로 출제 유형을 확실히 알고 시험에 대비해야 한다.

• 시간, 일의 순서대로 나열하라.

시간이나 **일의 진행 순서에 따라 나열**하지 않았거나, 주객이 바뀌었거나, 중복되었거나, 큰 어법적인 오류를 범하는 것도 어순 문제의 주요 출제 유형이다.

예저로 감 익히기

Mission

다음 중 어법적으로 틀린 문장을 고르시오.

1 A. 每天一样的菜，我们已经够吃了，请给我们别的。
B. 他的论文在世界上引起了强烈的反响。
C. 除夕之夜，吃团圆饭一直是大多数中国家庭一个不成文的规矩。
D. 在这种条件下，国际间的商贸来往是文化发展所必需的。

A. 每天一样的菜，我们已经够吃了，请给我们别的。
B. 他的论文在世界上引起了强烈的反响。
C. 除夕之夜，吃团圆饭一直是大多数中国家庭一个不成文的规矩。
D. 在这种条件下，国际间的商贸来往是文化发展所必需的。

A. 매일 같은 음식만 먹어서 질렸어요. 다른 것 좀 주세요.
B. 그의 논문은 전 세계적으로 커다란 반향을 일으켰다.
C. 섣달 그믐날 밤에 온 가족이 함께 모여 식사를 함께하는 것은 중국 가정 대부분의 풍습이다.
D. 이런 조건에서 각 나라 간 무역 거래는 문화 발전을 위해 필수적인 것이다.

反响 fǎnxiǎng 명 반향 | 除夕 Chúxī 고유 섣달 그믐날 밤, 제야 | 团圆饭 tuányuánfàn 명 명절(특히 설날)에 가족이 함께 모여 먹는 밥 | 不成文 bùchéngwén 불문율의 | 规矩 guīju 명 규율, 규정, 습관 | 商贸 shāngmào 명 상업과 무역

1 A 每天一样的菜，我们已经够吃了，请给我们别的。(×)
→ 每天一样的菜，我们已经吃够了，请给我们别的。

'够吃了'와 '吃够了'는 엄연히 다르다. '够吃了'에서 '够'는 부사어로 쓰여 '먹기에 충분하다'는 것을 의미한다면, '吃够了'에서 '够'는 보어로 쓰여 '먹어서 이제 충분해졌다'는 의미이다. 따라서 문맥상 알맞은 것은 '吃够了'이다.

독해 내공 TIP — 관형어, 부사어 어순의 특징

[자주 출제되는 유형] 어순 관련 병구는 크게 3가지로 나눌 수 있다. 관형어의 순서, 부사어의 순서, 그리고 허사의 잘못된 위치이다.

❶ 许多附近的妇女、老人和孩子都跑来看他们。(×)
→ 附近的许多妇女、老人和孩子都跑来看他们。
인근의 수많은 여성, 노인과 아이가 모두 뛰어나와 그들을 구경했다.

▶ 장소를 나타내는 관형어(附近)는 수량을 나타내는 관형어(许多)보다 앞에 쓰인다.

❷ 里面陈列着各式各样的那位诗人过去所使用的东西。(×)
→ 里面陈列着那位诗人过去所使用的各式各样的东西。
안에는 그 시인이 예전에 사용했던 다양한 물건들이 진열되어 있다.

▶ '各式各样的'는 '东西'를 꾸며주는 관형어이다. 관형어의 어순에서 주술구(那位诗人过去所使用的)는 대사(各式各样的)나 수량사보다 먼저이다.

❸ 夜深人静, 想起今天一连串发生的事情, 我怎么也睡不着。(×)
→ 夜深人静, 想起今天发生的一连串事情, 我怎么也睡不着。
밤은 깊어 가고 세상이 고요한데, 오늘 일어났던 일들을 생각하니 나는 도무지 잠을 이룰 수 없다.

▶ '今天发生的'는 동사구로 형용사 '一连串'보다 앞에 쓰인다.

❹ 他把我们几个团的负责干部叫到一起。(×)
→ 他把我们团的几个负责干部叫到一起。
그는 우리 팀의 책임자 몇 명을 함께 불렀다.

▶ 소속 관계를 명확히 해야 한다. 우리 팀(我们团) 안의 책임자 몇 명(几个负责干部)인 것이다.

❺ 现在市场假冒伪劣产品屡禁不止, 希望广大消费者引起注意。(×)
→ 现在市场假冒伪劣产品屡禁不止, 希望引起广大消费者注意。
현재 시장에 가짜(짝퉁) 상품이 범람하고 있으니 소비자들의 주의를 부탁합니다.

▶ '引起注意'는 '주의를 불러일으키다'라는 뜻의 고정적인 어휘 조합이고 '广大消费者'는 '注意'를 꾸미는 관형어이다.

❻ 迎面吹来的寒风不禁使我打了个寒战。(×)
→ 迎面吹来的寒风使我不禁打了个寒战。
정면에서 불어온 차가운 바람에 나는 끊임없이 추위와의 전쟁을 벌였다.

▶ 부사어 '不禁'은 '打了个寒战'을 수식하는 것이지 '使我'를 수식하는 것이 아니다.

❼ 留在幼儿园的孩子们，都一个一个甜蜜地睡在新钉好的木板床上。(×)
　→ 留在幼儿园的孩子们，一个一个都甜蜜地睡在新钉好的木板床上。
　유치원에 남아 있는 아이들은 모두 새로 들인 목판 침대에서 곤히 잠들었다.

▶ 범위를 나타내는 부사 '都'는 반드시 수량을 나타내는 '一个一个' 뒤에 위치해야 한다.

❽ 美国科学家是对云层中的雨水进行冷冻、收集、分析、提炼后得出上述结论的。(×)
　→ 美国科学家是对云层中的雨水进行收集、冷冻、提炼、分析后得出上述结论的。
　미국 과학자는 구름층의 빗물을 수집, 냉동, 추출, 분석한 후 상술한 결론을 얻었다.

▶ 일의 진행 순서를 바로잡으면 '收集(수집하고), 冷冻(냉동하고), 提炼(추출하여), 分析(분석하다)'이다.

[**핵심** 어법] 관형어와 부사어 어순의 특징 및 쓰임에 대해 시험에 자주 나오는 어법을 위주로 공부해 보자.

1 중국어의 어순

수식 성분인 관형어와 부사어를 알기 위해서는 중국어의 기본 어순을 먼저 정리하는 것이 중요하다.

(1) 중국어의 어순
중국어의 6대 문장성분은 주어, 서술어, 목적어, 관형어, 부사어, 보어이다.

❶ 중국어의 기본 어순
- 주어+서술어+목적어
　我　学习　汉语。 나는 중국어를 공부한다.
　주어　서술어　목적어

- 관형어+주어 / 관형어+목적어
　没有离开过家乡的　我　离开了　白发苍苍的　妈妈。
　　　관형어　　　　주어　　　　　관형어　　　목적어
　고향을 한 번도 떠나본 적이 없던 나는 백발이 성성한 어머니 곁을 떠났다.

- 부사어+주어 / 부사어+서술어
　那时候，我　伤心地　离开了　白发苍苍的妈妈。
　부사어　주어　부사어　서술어
　그때 나는 상심한 채로 백발이 성성한 어머니의 곁을 떠났다.

- 동사+보어
　我　离　开了　妈妈。 나는 어머니 곁을 떠났다.
　　　동사　보어

- 전체 어순: 부사어, 관형어+주어+부사어+동사+보어+관형어+목적어
　那时候，没有离开过家乡的　我　伤心地　离开了　白发苍苍的　妈妈。
　부사어　　　관형어　　　　주어　부사어　동사+보어　관형어　　목적어
　그때 고향을 한 번도 떠나본 적이 없던 나는 상심한 채로 백발이 성성한 어머니 곁을 떠났다.

❷ 기타 어순

- 능원동사+개사구(개사+명사)+동사
  我　愿意　到中国　留学。 나는 중국에 유학 가고 싶다.
  　능원동사　개사구　　동사

- 의문대사+개사구+동사
  他　怎么　跟女朋友　分手　呢? 그는 왜 여자친구랑 헤어졌지?
  　의문대사　개사구　　동사

- 주어+부사+개사구+동사+목적어
  明明　已经　从学校　回到　家里。 밍밍은 이미 학교에서 집으로 돌아왔다.
  주어　부사　개사구　동사　목적어

- 개사구, 주어+서술어+목적어
  随着经济的发展, 中国　有了　很大的变化。 경제가 발전함에 따라 중국에는 큰 변화가 생겼다.
  　개사구　　　　주어　서술어　　목적어

- 인칭대사+지시대사+수사+양사+명사
  他们　那　30个　人　都是梁朝伟的粉丝。 그들 30명은 모두 량차오웨이의 팬이다.
  인칭대사 지시대사 수사+양사 명사

- 서술어+보어
  我的手机修好了。 내 휴대전화를 다 고쳤다. (결과보어)
  我的书包没放在桌子上。 내 책가방은 책상 위에 없다. (개빈보어)
  我真的吃不下去了。 나 정말 못 먹겠어. (가능보어)
  他走进结婚礼堂来。 그는 예식장으로 걸어 들어갔다. (방향보어)
  老师的话逗得学生们笑个不停。 선생님의 말에 학생들이 계속해서 웃었다. (정도보어)
  我去了一趟。 나는 한 번 갔다. (동량보어)

❸ 목적어를 서술어 앞으로 끌어내는 구문

- '把'자문: 주어+'把(将)'+목적어+(给)+서술어+기타 성분
  我把他给你的苹果吃了。 내가 그 사람이 네게 준 사과를 먹었어.

- '被'자문: 주어+'被(叫/让)'+목적어+(给)+서술어+기타 성분
  杯子被弟弟摔碎了。 동생이 컵을 깨뜨렸다.

- '连'자문: 주어+'连'+목적어+'都/也'+서술어
  他连一个字也没写。 그는 한 글자도 안 썼다.

2 관형어

관형어는 주로 명사성 어휘를 수식하며, '관형어+(的)+명사'의 구조를 가진다.

[1] 관형어의 종류

어법적 의미의 근거에 따라 제한성 관형어와 묘사성 관형어 두 가지로 나눌 수 있다.

❶ 제한성 관형어

- 수량을 나타내는 관형어
  他喝了几杯啤酒。 그는 맥주를 몇 잔 마셨다.

- 시간을 나타내는 관형어
  昨天嘱咐你的事情办好了吗? 어제 너에게 부탁했던 일은 잘했니?

- 장소를 나타내는 관형어
  走廊里的空气真不好。 복도의 공기는 정말 안 좋다.

- 소유를 나타내는 관형어
  他是刘教授的同事。 그는 리우 교수의 동료이다.

- 제한된 범위를 나타내는 관형어
  你坐靠窗户的那张桌子。 너는 창가 쪽에 있는 저 책상에 앉아라.

❷ 묘사성 관형어

- 사람이나 사물의 성질, 상태를 묘사하는 관형어
  工厂招聘了三个男工。 공장에서 3명의 남자 노동자를 채용했다.

- 사람이나 사물의 특징을 묘사하는 관형어
  他真是个善解人意的人。 그는 정말 사람들의 마음을 잘 아는 사람이다.

- 재료를 나타내는 관형어
  玻璃杯质量好但不耐用。 유리컵의 품질은 좋은데 내구성은 안 좋다.

- 직업을 나타내는 관형어
  医生的收入很可观。 의사의 수입은 꽤 좋다.

❸ 제한성 관형어+묘사성 관형어

我 把 前天在王府井买的那本 精装本的长篇 小说 借 给了 朋友。
     제한성 관형어   묘사성 관형어
나는 그저께 왕푸징에서 산 그 양장본 장편소설을 친구에게 빌려 줬다.

[2] 관형어의 배열 순서

한 문장 안에 관형어가 여러 개 나왔을 때 그 순서에 주의해야 한다.

❶ 관형어가 여러 개 있을 때의 어순은 다음과 같다

- ①소유+②시간/장소+③주술구+④개사/동사구+⑤지시대사+⑥수량사+⑦2음절 형용사/형용사구+⑧'的'가 필요없는 형용사, 수식성 명사

她是①韩国某名牌大学的⑥一位⑦有丰富研究成果的⑦出色的⑧工科⑧女教授。
그녀는 한국 모 유명 대학의 연구 실적이 많은 대단한 공과대 여교수이다.

- '的'가 있는 관형어가 '的'가 없는 관형어 앞에 위치한다.
    上星期我跟他借的书我都看完了。 지난주에 그에게서 빌린 책을 나는 이미 다 보았다.

- 시간사, 처소사는 소유관계의 명사/대사 앞에 위치하기도 한다.
    前天我在街上碰到了情敌。 나는 어제 길에서 연적을 만났다.

- 병렬 관계의 관형어가 여러 개인 경우는 다음과 같이 배열한다.
    a. 큰 것에서 작은 것으로
        我们要兼顾国家、公司、个人的利益。 우리는 국가와 회사 그리고 개인의 이익을 모두 고려해야 한다.
    b. 작은 것에서 큰 것으로
        省、市、县、乡的领导们都到齐了。 성, 시, 현, 향의 지도자들이 모두 왔다.
    c. 안에서 밖으로
        国内外的消息都表明世博会成功了。 국내외 소식은 모두 세계박람회가 성공적이었다고 밝혔다.
    d. 관찰 전후의 순서로
        在教室里上课的那个带小红帽的帅气的小男孩就是我的儿子。
        교실에서 수업을 듣는 저 빨간 모자를 쓴 잘생긴 남자 아이가 바로 내 아들이다.
    e. 사물 발전의 규칙에 따라
        任何一个新生事物都要经历由小到大，由弱到强的过程的。
        어떠한 새로운 사물이라도 작은 것에서 큰 것으로, 약한 것에서 강한 것으로 가는 과정을 겪어야 한다.
    f. 일반적인 습관에 따라
        男女老少、大人小孩，老弱病残孕 남녀노소, 대인소인, 노약자/환자/장애인/임산부

(3) 관형어와 '的'의 쓰임

	'的'를 쓰지 않는 경우	'的'를 꼭 쓰는 경우
수량 관형어	제한 관계를 나타낼 때 地上摆着两双拖鞋。 바닥에 슬리퍼 두 짝이 놓여 있다.	묘사 관계를 나타낼 때 这一大堆的衣服都是要你洗的。 잔뜩 쌓여 있는 이 옷들은 모두 네가 빨아야 할 것들이다.
명사 관형어	재료, 직업, 비유, 고유명사를 나타낼 때 我买了一件纯棉运动衫。 나는 순면 운동 셔츠를 한 벌 샀다.	종속 관계를 나타낼 때 韩国的昌德宫是世界文化遗产。 한국의 창덕궁은 세계문화유산이다.
대사 관형어	지시대사, 의문대사, 양사구가 관형어 역할을 할 때 这种菜你吃过吗？ 이런 음식 먹어본 적 있니?	종속 관계를 나타낼 때 她的梦想是当一名教授。 그녀의 꿈은 교수가 되는 것이다.
	중심어가 단체, 기관, 인간관계, 방위 명사일 때 我们公司共有100个外国人。 우리 회사에는 총 100명의 외국인이 있다.	종속을 나타내는 '谁'와 묘사를 나타내는 '怎么样, 这样, 那样, 什么样' 등이 관형어로 쓰일 때 这样的话我还是第一次听到。 이런 말은 정말 처음 들어 본다.

형용사 관형어	단음절 형용사가 관형어로 쓰일 때 大人1块，小孩儿5毛。 어른은 1위앤, 아이는 5마오입니다. 형용사 '多'나 '少'는 단독으로는 관형어로 쓰일 수 없다. 这个城市来了很多游人。 이 도시에는 여행객이 많이 온다.	2음절 형용사가 관형어로 쓰일 때 蔚蓝的大海上漂着几只小船。 푸른 바다 위에 작은 배가 몇 척 떠 있다. 형용사구가 관형어로 쓰일 때 玲玲是个非常单纯可爱的女孩子。 링링은 천진난만한 여자아이다. 형용사 중첩 형식이 관형어로 쓰일 때 她嫩嫩的皮肤像孩子一样。 그녀의 연한 피부는 마치 아기 같다.
동사 관형어	×	동사가 관형어의 역할을 할 때 走过来的那个人是我的爸爸。 걸어오는 저 사람은 우리 아빠다. '所'+동사+'的'의 형식으로 동사가 관형어가 될 때 我所追求的东西一定要得到。 내가 원하는 것은 반드시 손에 넣어야 한다.
절이 관형어일 때	×	주술구, 동사구, 형용사구, 개사구, 고정구가 관형어일 때 妈妈是一位经验丰富的心理学家。 엄마는 경험이 풍부한 심리학자이다.

3 부사어

부사어는 서술어 즉, 동사와 형용사를 수식 또는 제한하고 중심어의 시간, 장소, 정도, 범위, 정태, 긍정, 부정, 중복, 능동, 피동, 대상, 원인 등을 나타낸다.

[1] 부사어의 종류

부사어는 제한성 부사어와 묘사성 부사어로 나눌 수 있다.

❶ 제한성 부사어

- 시간을 나타내는 부사어
  他明天去中国。 그는 내일 중국에 간다.

- 장소를 나타내는 부사어
  他在咖啡厅上网。 그는 커피숍에서 인터넷을 한다.

- 범위를 나타내는 부사어
  他们不都是大学生。 그들 모두가 대학생인 것은 아니다.

- 정도를 나타내는 부사어
  他**特别**讨厌蟑螂。 그는 바퀴벌레를 매우 싫어한다.

❷ 묘사성 부사어
- 동작의 상태를 나타내는 부사어
  他**仔细(地)**看。 그는 자세히 봤다.

- 동작자의 상태를 나타내는 부사어
  他**无可奈何地**对大家说。 그는 어쩔 수 없이 사람들에게 말했다.

(2) 부사어의 배열 순서
한 문장 안에 부사어가 여러 개 나왔을 때 그 순서에 주의해야 한다.

❶ 부사어가 여러 개일 때의 어순은 다음과 같다
- ①시간+②어기/관련/빈도/범위+③동작자 묘사+④목적/근거+⑤장소/방향+⑥대상+⑦동작 묘사
  队员们①**比赛结束后**②**都**③**热情地**⑥**和教练**欢呼。 팀원들은 경기가 끝난 후 모두 신 나게 코치와 환호했다.

- 일반적으로 부사어는 주어 뒤에 위치하지만 시간명사와 일부 개사구는 주어 앞에 위치하기도 한다.
  关于去中国访问的日程安排，我们找个时间再研究一下。
  중국 방문 일정에 대해 우리 시간을 내서 다시 생각해 봅시다.

- 동작자를 묘사하는 부사어+동작을 묘사하는 부사어
  他**高兴地**从箱子里把奖状**一张一张地**拿了出来。 그는 신 나서 상자에서 상장을 한 장씩 꺼냈다.

- 병렬 관계의 부사어가 여러 개인 경우는 다음과 같이 배열한다.
  a. 큰 것에서 작은 것으로
  这样做**对社会**、**对个人**都有一定的好处。 이렇게 하면 사회 혹은 개인에게 모두 좋은 점이 있다.

  b. 태도에서 일로
  他**认真负责地**做完了这个项目。 그는 진지하고 책임감 있게 이 프로젝트를 마무리 지었다.

(3) 부사어와 '地'의 쓰임

'地'를 쓰지 않는 경우	'地'를 쓰는 경우
단음절 부사, 대부분의 2음절 부사 他**刚刚**走。 그는 방금 갔다.	일부 2음절 부사(故意, 特别, 非常 등) 2음절 정도부사 뒤에는 일반적으로 '地'를 쓰지 않으나, 수식 작용을 강조할 때는 '地'를 쓸 수 있다. 我**非常地**伤心。 나는 매우 상심했다.
일반 단음절 형용사 他一向**早**睡**早**起。 그는 항상 일찍 자고 일찍 일어난다.	형용사 중첩 他**痛痛快快地**大笑。 그는 유쾌하게 웃었다.

개사구 '제한적 부사어' 뒤에는 일반적으로 '地'를 쓸 수 없다. 我跟他去图书馆。 나는 그와 함께 도서관에 간다.	정도를 나타내는 형용사, 묘사성의 형용사 他很愤怒地吼叫。 그는 화가 나서 고함쳤다.
수량구 我一眼看透了她的本质。 나는 한눈에 그녀의 성격을 파악했다.	동작자 묘사+'地' 他很兴奋地跟我说。 그는 흥분해서 내게 말했다. cf＞동작과 변화 묘사+(地) 我仔细(地)说了一下事情的经过。 나는 자세하게 사건의 경위에 대해 이야기했다.
제한성 부사어 他上个月去过苏州。 (시간) 그는 지난달에 쑤저우에 간 적이 있다. 车往南开去。 (방향) 자동차는 남쪽으로 달린다. 他对打羽毛球很感兴趣。 (대상) 그는 배드민턴에 흥미가 있다. HSK考试并不难。 (부정) HSK는 그다지 어렵지 않다. 你到底来不来呀? (어기) 너 도대체 올 거야 말 거야? 他曾在这里留学过。 (장소) 그는 이곳에서 공부한 적이 있다.	부사+형용사+'地' 他很傲慢地对待部下。 그는 아랫사람에게 아주 거만하게 군다.
	수량사의 중첩 一次一次地拜托。 여러 번 부탁하다.
	명사(형용사적 성질을 가진 명사로 제한) 习惯性地摆摆手。 습관적으로 손을 흔들다.
	동사구 他们有计划地搞了几次活动。 그들은 계획적으로 몇 차례에 걸쳐 손을 썼다.
능원동사 她可以来吗? 그녀는 올 수 있대?	고정 어구 他毫无顾忌地抽烟。 그는 거리낌 없이 담배를 피웠다.
	주술구가 부사어로 쓰일 때 他眼神木讷地说。 그는 순진한 눈빛을 하고 말했다.

실력 다지기

1~5 다음 중 어법적으로 틀린 문장을 고르시오.

1. A. 以前人们常以为"边吃边谈"不好。但有位法国专家提出，"边吃边谈有益健康"。
   B. 通过这次会议，我们了解了许多李老师爱护学生帮助学生的动人事迹。
   C. 石景山游乐园是占地二百四十亩的现代化大型游乐园。
   D. 这座博物馆对外开放，欢迎各界朋友随时光临。

2. A. 数学这门课对于我不感兴趣。
   B. 法国的科学考察队在非洲的原始森林中获得惊人发现。
   C. 母亲心脏不好，不能激动，所以她把一切看得很淡。
   D. 不久前她满怀希望地参加了"气功减肥"的行列。

3. A. 它每年的发电量，除了供给杭州使用外，还向上海、南京等地输送。
   B. 获得博士学位，我第一个告诉老师，老师在电话里哭了。
   C. 这世界有人忙得发愁，也有人闲得发愁。
   D. 丈夫出差去了，妻常望着那枚黄澄澄的金戒指出神。

4. A. 人瘦一点没什么，但营养要跟上。
   B. 我们现在不动手，以后万一没有这个机会了，这责任谁来承担？
   C. 我这时才猛醒，原来每天负责开门的，正是小明。
   D. 他是一位优秀的有二十多年教学经验的县城中学的语文老师。

5. A. 列车的停靠，给古黄色的南山城紫阳带来了一片绿色，一片生机。
   B. 他动作麻利地将一整箱啤酒抱起来稳稳地放在车上。
   C. 在新闻发布中心许多记者昨天都和这位篮球教练热情地交谈。
   D. 随着科学的发展和新成就的开发利用，医学将进入第三次技术革命。

9 특수구문

Guide 수많은 동사와 개사가 있지만 특이한 용법이 있어 시험에 자주 출제되는 것들은 따로 집중적으로 공부해야 한다. '是……的'구문, '有'자문, '比'자문, '把'자문, '被'자문, '사역동사(叫, 让, 使, 令)'가 그것이다.

주의 각각의 용법에는 **고유한 특징이 있으므로** 평소에 공부해 두지 않으면 시험에서 절대 문제를 풀 수 없다. 특징을 확실히 알고 시험에 나오는 유형을 파악하자.

독해 급소공략

- **문장 중에 '是'가 있으면 주어와 목적어의 조합을 확인하라.**

  'A是B'는 'A는 B이다'라는 의미이다. 그러므로 **주어와 목적어는 같은 비교의 대상이어야만 한다.** 그러나 시험에 출제되는 병구를 보면 주어가 명사, 목적어가 동사 혹은 전혀 어울리지 않는 조합인 경우가 있다. 비교적 쉬운 유형이므로 이를 놓치지 말고 '是'가 보이면 우선 긴장하라.

- **'是'가 있는 문장에 '了'를 함부로 쓰지 마라.**

  '是+과거의 동작+的'는 **과거의 동작이 발생한 시간, 장소, 인물, 방식, 원인, 조건, 동작의 행위자 등을 강조한다.** 과거의 일을 강조하다 보니 일부 수험생들은 동작의 완성을 나타내는 동태조사 '了'를 써야 하는 것이 아닌가 하는 의문을 가진다. 먼저 결론을 말하자면 No이다. '的' 자체에 완성의 의미가 있으므로 '是……的'구문에서는 '了'를 쓰면 안 된다.

- **'比'자문에서 정도부사는 절대 용납하지 마라.**

  '比'자문은 2개의 대상을 서로 비교하는 문장이다. 그러다 보니 부사의 사용은 흔하지만 '更, 还, 都, 再, 稍微'를 제외한 **다른 정도부사(很, 非常, 十分, 太, 最 등)는 절대 쓸 수 없다**는 것을 기억하자. 이 밖에 다른 비교문의 용법, 특징도 잘 알아두자.

- **'把, 被, 叫, 让, 使, 令' 등의 개사와 동사에 주의하라.**

  '把'자문, '被'자문, 사역동사(叫, 让, 使, 令)를 이용한 겸어문은 주어가 빠졌거나, 주객이 전도되었거나, 어순이 맞지 않는 등의 오류가 자주 나온다. 하지만 **이들에 관련된 용법과 언어 환경은 체계적으로 공식화되어 있으므로** 이를 잘 숙지한다면 절대 어려운 어법 사항은 아니다.

예제로 감 익히기

Mission
다음 중 어법적으로 틀린 문장을 고르시오.

> 1 A. 秦始皇兵马俑是在1974年发现了。
>   B. 正方形是四条边等长、四个角相等的四边形。
>   C. 冬冷夏热，四季分明，是温带气候的显著特点。
>   D. 正像世界上没有两片完全一样的树叶，每个人也是独一无二的。

A. 秦始皇兵马俑是在1974年发现了。
B. 正方形是四条边等长、四个角相等的四边形。
C. 冬冷夏热，四季分明，是温带气候的显著特点。
D. 正像世界上没有两片完全一样的树叶，每个人也是独一无二的。

A. 병마용은 1974년에 발견되었다.
B. 정사각형은 네 변과 네 각이 서로 같은 사각형이다.
C. 겨울은 춥고 여름은 따뜻하며, 사계절이 분명한 것이 온대기후의 현저한 특징이다.
D. 세상에 둘이 완전히 똑같은 모양의 나뭇잎은 없다. 모든 사람 역시 똑같은 사람은 없다.

秦始皇兵马俑 Qínshǐhuáng bīngmǎyǒng 고유 병마용 | 正方形 zhèngfāngxíng 명 정방형 | 四边形 sìbiānxíng 명 사각형 | 温带气候 wēndàiqìhòu 명 온대기후 | 独一无二 dú yī wú èr 성 유일하다, 하나밖에 없다

---

1 **A** 秦始皇兵马俑是在1974年发现了。(×)
→ 秦始皇兵马俑是在1974年发现的。

이 문장에서 강조하는 것은 병마용이 발견된 1974년이라는 '시간'이다. 그러므로 '是……的'구문을 이용하여 시간을 강조해야 한다.

독해 내공 TiP — 특수구문의 특징

[자주 **출제되는** 유형] 특수구문에서 자주 출제되는 유형은 '是……的'구문에서의 '是'생략, '把'자문에서의 목적어, 비교문에서의 정도부사 사용 등이다.

❶ 我的作业是在辅导老师的帮助下完成了。(×)
→ 我的作业是在辅导老师的帮助下完成的。
내 숙제는 과외 선생님의 도움 아래 완성한 것이다.

▶ '是+과거의 동작+的'는 과거의 동작이 발생한 시간, 장소, 인물, 방식, 원인, 조건, 주어 등을 강조한다. '是……的'구문에서 '是'나 '的'를 생략하거나 '了'를 씀으로써 오류가 생기는 경우가 많다.

❷ 这种"大雪压青松，青松挺且直"的高风亮节是我们永远学习的榜样。(×)
→ 这种"大雪压青松，青松挺且直"的高风亮节永远值得我们学习。
이처럼 '많은 눈이 쌓여도 소나무는 곧고 바르게 서 있다'는 굳은 절개는 우리가 배울만한 가치가 있다.

▶ '高风亮节(굳은 절개)'가 곧 '榜样(모범)'은 아니므로 이는 알맞지 않은 조합이다.

❸ 修建青藏铁路是加快西部大开发的重要举措，是民族团结的重要纽带。(×)
→ 修建青藏铁路是加快西部大开发的重要举措，这条铁路是民族团结的重要纽带。
칭짱 철도 구축은 서부대개발 박차를 위한 중대한 조치로서 이 철도는 민족의 단결을 이끄는 중요한 연결고리이다.

▶ 문장의 중심어만 추려 보면 앞절의 주어는 '修建青藏铁路'가 맞지만 뒷절의 주어는 '这条铁路' 즉, '青藏铁路'가 되어야 한다.

❹ 这种药里边的主要成份是远志、桔梗、贝母、氯化钠等配制而成的。(×)
→ 这种药里边的主要成份是远志、桔梗、贝母、氯化钠等。
이런 약의 주성분은 원지, 도라지, 패모, 염화나트륨 등이다.

▶ 판단동사 '是'의 주된 임무는 어떤 사물에 대한 해설인데, 이 문장에서는 '由……而成的'라는 불필요한 고정격식까지 더하고 있다.

❺ 她既有能力，又有经验，我们学校最好的老师。(×)
→ 她既有能力，又有经验，是我们学校最好的老师。
그녀는 능력도 있고 경험도 있는 우리 학교 최고의 선생님이다.

▶ 전체 주어는 '她', 목적어는 '老师'이다. 서술어 '是'가 빠져 있다.

❻ 这个世界上没有喜欢我。(×)
→ 这个世界上没有人喜欢我。
이 세상에 나를 좋아해 주는 이는 아무도 없다.

▶ '有'는 동사로, 명사나 명사성구를 목적어로 한다. 따라서 '没有喜欢我'를 '没有人喜欢我'의 형태로 고쳐 목적어를 만들어 주어야 한다.

❼ 那些刘翔看作是中国世界级选手的大批群众倍受震撼。(×)
　→ 那些把刘翔看作是中国世界级选手的大批群众倍受震撼。
　리우시양을 중국의 세계 정상급 선수로 보았던 군중은 매우 충격을 받았다.

▶ '주어+把+목적어1+동사+成/作/为+목적어2'의 고정격식에 따라 윗문장에 '把'를 추가해야 한다.

❽ 汉语比英语学起来比较难。(×)
　→ 汉语比英语学起来还难。
　중국어는 영어보다 배우기가 더 어렵다.

▶ '比'자문에서는 '更, 还, 都, 再, 稍微'를 제외한 다른 정도부사를 쓸 수 없다.

[**핵심** 어법]　특수구문의 특징 및 쓰임에 대해 시험에 자주 나오는 어법을 위주로 공부해 보자.

1 '是……的'구문

'是……的'구문은 말하고자 하는 것을 강조하는 용법이다.

[1] '是……的'의 강조 용법

'是……的' 사이에 강조하려는 내용이 나온다.

❶ '是'+과거의 동작+'的'

- 과거의 동작이 발생한 시간, 장소, 인물, 방식, 원인, 조건, 동작의 행위자 등을 강조한다. '是'는 강조할 대상 앞에 위치하며 '的'는 문장 끝에 위치한다. 이 경우 '是'와 '的'를 빼도 말이 된다. 하지만 '是'는 생략할 수 있으나 '的'는 생략할 수 없다.
  这个女孩子在优越的环境里长大。(○) / 这个女孩子是在优越的环境里长大的。(○)
  这个女孩子在优越的环境里长大的。(○) / 这个女孩子是在优越的环境里长大。(×)
  이 여자아이는 윤택한 환경에서 자랐다.

- '的'는 문장 끝의 목적어 앞에 위치할 수도 있다.
  我是一年前认识他的。(○) / 我是一年前认识的他。(○) / 我一年前认识的他。(○)
  나는 1년 전에 그를 알았다.

❷ '是'+형용사+'的'

- 말하는 사람의 견해를 강조할 때는 반드시 '的'를 써야 하지만 대답이나 재차 확인할 때는 '的'를 쓰지 않는다.
  这座医院的设施非常完善。(○) / 这座医院的设施是非常完善的。(○)
  这座医院的设施非常完善的。(○) / 这座医院的设施是非常完善。(×)
  이 병원은 시설이 매우 잘 갖춰져 있다.
  这座医院的设施是非常完善, 和你听说过的一样的。(×)
  这座医院的设施是非常完善, 和你听说过的一样。(○)
  네가 이야기했던 것처럼 이 병원은 시설이 매우 좋다.

- 형용사와 일부 동사는 정도부사의 수식을 받을 수 있지만, '是……的'구문에서는 정도부사 '可, 太, 真, 好不, 多'는 사용할 수 없다.
  是+很(非常/特别/十分/最)+형용사+的 (○)　　是+可(太/真/好不/多)+형용사+的 (×)
  他是非常聪明的, 你不用对他说得太多。(○)　　他是多聪明的, 你不用对他说得太多。(×)
  그는 매우 똑똑한 사람이니 너는 그에게 너무 많은 말을 할 필요가 없다.

2 '有'자문

'有'자문은 존재, 소유, 발생을 나타낸다.

(1) '有'자문의 특징

❶ '有'자문은 존재, 소유, 발생을 나타낸다

- 존재(장소/시간명사+有+사람/사물)
  韩国首尔有很多名胜古迹。 한국의 서울에는 명승고적이 많이 있다.
  宋代有位著名的女词人叫李清照。 송대에는 이청조라는 유명한 여류 시인이 있었다.

- 소유(생명력이 있는 명사+有+명사)
  她有热情, 有朝气。 그녀는 열정이 있고 생기발랄하다.
  她有清秀的面庞。 그녀는 빼어난 외모를 가지고 있다.

- 발생[명사+有(了)+동사/명사]
  他的病情有了很大的好转。 그의 병세가 많이 호전되었다.
  有问题就去解决。 문제가 생기면 곧 해결한다.

❷ '有'는 일반적으로 동태조사 '了'와 '过'를 수반하고, 묘사할 때만 '着'와 함께 쓰인다

他做了房地产开发商以后有了很多钱。 그는 부동산 사업을 한 후로 많은 돈을 벌었다.
梁朝伟有着一双忧郁但却迷人的眼睛。 량차오웨이는 우수에 찬 듯하면서도 매혹적인 눈을 가지고 있다.

❸ '有'는 연동문과 겸어문에 쓰인다

- '有'자 연동문: 주어1+'有'(동사1)+목적어+동사2
  我有些东西要买。 나는 살 물건들이 있다.

- '有'자 겸어문: (주어1)+'有'(동사1)+목적어1/주어2(불특정한 명사)+동사2+목적어2
  有人找你。 어떤 사람이 너를 찾는다.

3 비교문

비교문은 '比'자문, '有'비교문, '不如'비교문 등이 있다. 비교문의 다양한 용법을 확실히 익혀 두자.

[1] '比'자문
개사 '比'를 이용하여 두 개의 사물 및 사람을 비교하는 구문이다.

❶ '比'자문의 특징
- '比'자문에서 비교의 대상 A와 B는 반드시 동급이어야 한다.
  她比我漂亮。 그녀는 나보다 예쁘다.

- '的+구체적 명사'일 때 '的'는 생략해서는 안 된다.
  她的头发比我的(头发)长。 그녀의 머리카락은 나보다 길다.

- '的+추상적 명사'일 때 '的'는 생략해도 된다.
  他今天来得比(他)昨天(来的)早。 그는 오늘 어제보다 일찍 왔다.

❷ '比'자문의 기본 형식
- A+'比'+B+서술어(형용사)
  他比我幽默。 그는 나보다 유머러스하다.

- A+'比'+B+부사(更, 还, 都, 再, 稍微)+형용사
  '更, 还, 都, 再, 稍微' 이외의 다른 정도부사(很, 非常, 十分, 太, 最)는 쓸 수 없다.
  a. '更'은 둘 다 높은 수준에서 A가 더욱 정도가 심하다는 뜻이다.
     他的能力比我更强。 (나의 능력도 좋지만) 그의 능력이 나보다 훨씬 낫다.
  b. '还'는 주관적인 뉘앙스가 있다.
     我比校花还漂亮呢。 내가 우리 학교 퀸보다 더 예쁘단 말이야.
  c. '比'+의문사+'都'는 '어떠한 비교 대상보다도 더'의 뜻이다.
     他比谁都骄傲。 그는 누구보다 교만하다.
  d. '再'는 주로 부정문과 의문문에서 사용된다.
     没有比他再优秀的了。 그보다 더 뛰어난 사람은 없다. (부정문)
     有没有比这个再新鲜的带鱼? 이것보다 더 신선한 갈치 없어요? (의문문)
  e. '稍微, 略微'는 '一点, 一些'와 같은 보어를 지닌 서술어와 함께 쓰인다.
     他的能力比我稍微强一点。 그의 능력은 나보다 조금 더 낫다.

- A+'不比'+B+서술어
  '比'자문의 부정은 개사 '比' 앞에 '不'를 붙인다.
  他不比我高。 그는 나보다 키가 크지 않다.

- A+'比'+B+서술어(형용사)+'一点, 一些, 得多, 多了'
  서술어 다음에 '一点, 一些, 得多, 多了'를 써서 쌍방의 차이가 크거나 크지 않음을 나타낸다.
  弟弟比我胖一点。 남동생이 나보다 조금 더 뚱뚱하다.

- A+'比'+B+서술어(형용사)+구체적 수치
  서술어 다음에 구체적인 수치를 밝힘으로써 뚜렷한 비교의 결과를 나타낸다.
  他比我高五厘米。 그는 나보다 5cm 크다.

- A+'比'+B+1음절 형용사+1음절 동사+구체적 수치
  1음절 동사가 서술어일 때 1음절 형용사(多, 少, 难, 易)를 부사어로 앞에 붙일 수 있다.
  他的薪水比我的多发了一千块。 그의 연봉이 나보다 1000위앤 더 많다.

- '比'자문에서는 정도보어를 쓰는 경우가 많다.
  他说法语比我说得流利多了。 그의 프랑스어는 나보다 훨씬 유창하다.

(2) 기타 비교문

기타 비교문에는 '有, 不如, 跟……一样, 像……这么' 등을 이용한 비교문이 있다.

❶ '有'를 이용한 비교문

- 긍정: A+'有'+B+'(这么/这样/那么/那样)'+서술어 A는 B만큼 (이렇게/그렇게) ~하다
  他有我(这么)胖。 그는 나만큼 (이렇게) 뚱뚱하다.
  他有我(这么)苗条。 그는 나만큼 (이렇게) 날씬하다.

- 부정: A+'没有'+B+'(这么/这样/那么/那样)'+서술어 A는 B만큼 (이렇게/그렇게) ~하지 않다
  他没有我(这么)苗条。 그는 나만큼 (이렇게) 날씬하지 않다.
  他没有我(这么)胖。 (×, 소극적 의미의 서술어는 쓰지 못함)

❷ '不如'를 이용한 비교문

- A+'不如'+B+'(这么/这样/那么/那样)+서술어)' A는 B만 못하다[A不如B = A不如B好]
  他不如我(这么苗条)。 그는 나만(큼 날씬하지) 못하다.
  他不如我(这么胖)。 (×, 소극적 의미의 서술어는 쓰지 못함)

- '不如, 不比, 没有'의 용법
  a. '不如'와 '没有'는 소극적 의미의 형용사와 쓸 수 없다.
     他不如我这么胖。(×)   他没有我这么胖。(×)

  b. '不如'는 자체가 서술어가 되어 '没有……好'의 뜻을 가지지만 '没有'는 서술어로 쓰일 수 없다.
     他不如我。(○) 그는 나만 못하다.
     他没有我。(×) → 他没有我这么苗条。 그는 나만큼 이렇게 날씬하지 않다.

  c. '不比'는 적극적 의미의 서술어 또는 소극적 의미의 서술어와 모두 쓸 수 있다.
     他不比我苗条。 그는 나보다 날씬하지 않다.
     他不比我胖。 그는 나보다 뚱뚱하지 않다.

  d. '不比'는 'A+不比+B+형용사+多少'의 형태로 많이 쓰인다.
     他的年龄不比我的大多少。 그 사람의 나이는 나보다 그다지 많지 않다.

비교표

대상	도구	대상	부사어	결과(적극적/소극적)	구체적 차이	의미
他	比	我	(更/还/再/都/稍微)	高/矮	一点/一些 得多/多了	他高
他	不比	我	X	高/矮	X	他高/ 差不多
他	有	我	(这么/那么)	高/矮	X	差不多
他	没有	我	(这么/那么)	高	X	我高
他	不如	我	(这么/那么)	(高)	X	我高

*적극적 의미의 형용사란?
좋은 방향으로의 변화. 상태가 점점 좋아지거나 범위가 넓어지는 의미의 형용사(大, 多, 便宜, 容易, 高, 快, 长, 重, 好, 亮, 坚强, 富裕)를 뜻한다.

*소극적 의미의 형용사란?
나쁜 방향으로의 변화. 상태가 점점 나빠지거나 범위가 좁아지는 의미의 형용사(小, 少, 贵, 难, 低, 慢, 短, 轻, 坏, 暗, 软弱, 贫困)를 뜻한다.

❸ '一'+양사+'比'+'一'+양사+형용사/일부동사+(了)

- 의미
  a. 점점 더(양사는 주로 '天'과 '年')
  女儿的心情一天比一天好起来了。 딸의 기분은 나날이 좋아졌다.

  b. 한결같이(양사는 주로 '个'과 '次')
  幼儿园里的孩子一个比一个可爱。 유치원의 아이들은 하나같이 다 사랑스럽다.

- 정도부사나 정도보어의 수식을 받을 수 없다.
  小猪一天比一天很胖了。(×) / 小猪一天比一天胖多了。(×)
  → 小猪一天比一天胖了。(○) 아기 돼지는 점점 살이 올랐다.

❹ '越来越……/愈来愈……'+형용사/일부동사+(了)

- 의미: 점점 더 ~하다
  车开得越来越快。 차를 점점 빨리 몬다.
  我越来越喜欢姜老师了。 나는 점점 더 강 선생님을 좋아하게 되었다.

- '发展, 改变, 增加, 提高, 降低'와 같이 변화를 나타내는 동사와 형용사와는 쓸 수 없다.
  韩国的经济越来越发展。(×) → 韩国的经济发展得越来越好。
  한국의 경제는 나날이 발전하고 있다.

- '越来越'는 정도부사이므로 다른 정도부사나 보어의 수식을 받을 수 없다.
  皮肤越来越很干燥。(×) / 皮肤越来越要干燥起来。(×)
  → 皮肤越来越干燥了。 피부가 점점 건조해진다.

- '越+동사+越+형용사'의 형식으로 쓰여 '~할수록 ~하다'라는 뜻을 나타낸다.
  风越刮越大。 바람이 점점 세게 분다.
  你越是主动, 对方越不喜欢。 네가 주도적이 될수록 상대방은 너를 싫어할 거야.

❺ A+'跟(和/同/与)'+B+'一样/差不多'+서술어

- 의미: A와 B는 똑같이(거의) ~하다
  弟弟跟哥哥一样帮妈妈做家务。 남동생은 오빠와 마찬가지로 엄마의 집안일을 돕는다.

- 부정
  a. A跟B不一样('一样'을 부정)
  我的跟他的不一样。 내 것은 그의 것과 다르다.

  b. A不跟B一样('他的'와 다름을 부정)
  我的不跟他的一样，跟你的一样。 내 것은 그의 것과는 다르지만 네 것과는 같다.

- 정도부사가 단독으로 '一样'을 수식할 수는 없으나 다른 부사와 결합하면 수식할 수 있다.
  我的跟你的很一样。(×) → 我的跟你的很不一样。(○) 나와 너의 것은 매우 다르다.

다른 부사	很不 非常不 太不 差不多 完全 几乎 根本 都不 不都

❻ A+'像'+B+'这么/那么/这样/那样'+서술어

- 의미: A는 B처럼 ~하다
  这座建筑像那座建筑那么雄伟。 이 건축물은 저 건축물처럼 웅대하다.

- 부정은 '不像'으로 한다.
  这座建筑不像那座建筑那么雄伟。 이 건축물은 저 건축물처럼 웅대하지 않다.

- '没有'+'像'+비교대상+'那么/这么'+형용사/동사+'(的了)'으로 최상급을 표현한다.
  世界上没有一个建筑像它那么高的了。 세상에 저것처럼 높은 건축물은 없다.

❼ '再'를 이용한 비교문(최상급)

- '再(最)'+형용사/동사+'没有了'
  再好没有了。 이보다 더 좋을 수는 없다.

- '再(最)'+형용사/동사+'不过了'
  再好不过了。 이보다 더 좋을 수는 없다.

- 형용사/동사+'得'+'不能'+'再(更)'+형용사/동사
  好得不能再好了。 이보다 더 좋을 수는 없다.

- '没有'+'比'+비교대상+'再(更)'+형용사/동사+'(的了)'
  没有比这个再好的了。 이보다 더 좋을 수는 없다.

❽ 기타

- '还是' 역시 ~가 최고다(비교를 통해 '还是' 뒷부분을 선택)
  我觉得还是妈妈做的菜最好吃。 역시 엄마가 해준 음식이 최고야.

- 형용사+'于' ~보다 ~하다

  集体的利益高于一切。 단체의 이익이 최우선이다.

  青出于蓝，更胜于蓝。 청출어람.

자주 쓰이는 조합	高于　　大于　　胜于　　等于　　不亚于　　莫过于　　相当于

- 형용사+'过' ~를 능가하다

  打羽毛球，我怎么也打不过他。 배드민턴에 있어서 나는 어떻게 해도 그를 이길 수가 없다.

자주 쓰이는 조합	胜过　　赛过

- 형용사+'似' ~와 같다

  恰似你的温柔。 마치 당신의 부드러움 같아요.

자주 쓰이는 조합	胜似　　深似　　恰似

4 '把'자문

'把'자문은 어떤 사람이나 사물(주어)이 명확한 행위의 대상(목적어)에 동작을 가함으로써 일어나는 결과와 영향을 강조한다. '把' 대신 '将'을 쓰기도 한다.

[1] '把'자문의 특징

'把'자문은 행위의 대상(목적어)을 서술어 앞으로 끌어낸다.

❶ 기본 형식: 주어+'把(将)'+목적어+'(给)'+동사+기타 성분

他把那首词(给)谱上曲了。 그는 그 가사에 곡을 부쳤다.

❷ '把'자문의 목적어

특정한 것('这'와 '那' 등의 지시대사로 목적어를 명확히)이어야 한다.

他昨天把一首词谱上曲了。(×) → 他昨天把那首词谱上曲了。 그는 어제 그 가사에 곡을 부쳤다.

❸ '把'자문에 쓸 수 없는 동사

- 목적어를 수반할 수 없는 자동사: 旅行, 合作 등

  他把美国旅行了。(×) → 他去美国旅行了。 그는 미국으로 여행 갔다.

- 감각, 인지, 심리를 나타내는 동사: 看见, 听见, 感到, 感觉, 觉得, 以为, 认为, 知道, 懂, 同意, 赞成, 愿意, 主张, 反对, 关心, 喜欢, 讨厌, 担心, 生气, 害怕, 怀疑, 相信, 决定 등

  我把他离婚的事知道了。(×) → 我知道了他离婚的事。 나는 그가 이혼했다는 것을 알게 되었다.

- 판단, 상태를 나타내는 동사: 是, 有, 像, 在 등
  他把舅舅像了。(×) → 他像舅舅。 그는 외삼촌을 닮았다.

- 방향을 나타내는 동사: 上, 下, 进, 去, 出, 回, 到, 来, 过去, 起来 등
  他把家回了。(×) → 他回家了。 그는 집으로 돌아갔다.

- 신체 상태를 나타내는 동사: 站, 坐, 躺, 跪, 趴, 蹲 등
  他把椅子上坐。(×) → 他坐在椅子上。 그는 의자에 앉아 있다.

- 존재하지 않던 것이 출현, 발생함을 나타내는 동사: 生, 出现, 产生 등
  母猪把小猪生了。(×) → 母猪生了小猪。 암퇘지가 새끼 돼지를 낳았다.

(2) '把'자문의 주요 문장 형식

'把'자문에서는 동사, 특히 단음절 동사 단독으로 서술어가 될 수 없다. 반드시 기타 성분과 함께 써야 하며 자주 쓰이는 문장 형식은 다음과 같다.

❶ 주어+'把'+목적어+동사+'了/着'(过 제외)

你去把那些文件复印了。 그 문서들 좀 복사해 와.

他把平时收到的读者来信都留着，想以后有空的时候回复。
그는 평소에 받은 독자의 편지를 모두 가지고 있다가 나중에 시간이 나면 답장을 하리라고 생각했다.

我把那部电影看过。(×) → 我看过那部电影。 나는 그 영화를 본 적이 있다.

❷ 주어+'把'+목적어+동사+결과/방향/정도/수량/개빈보어(가능보어 제외)

把电脑打开。 컴퓨터를 켜다. (결과보어)

你把那个椅子拿去吧。 그 의자 가져가. (방향보어)

他的幽默把我们逗得前仰马翻。 그의 말은 우리를 계속 웃게 했다. (정도보어)

我把那床被子晒了两个小时。 나는 그 침대보를 2시간 동안 햇볕에 말렸다. (시량보어)

我把那篇文章读了好几遍。 나는 그 글을 여러 번 읽었다. (동량보어)

我把菜盛到盘子里。 나는 음식을 쟁반에 담았다. (개빈보어)

我把妈妈讲的道理听不懂。(×. 가능보어)
→ 我听不懂妈妈讲的道理。 나는 엄마가 한 말을 이해할 수가 없다.

❸ 주어+'把'+목적어1+동사+목적어2

我　把　姐姐留下的小提琴　交给　他。 나는 언니가 남긴 바이올린을 그에게 건네주었다.
　　　　　목적어1　　　　　　　목적어2

❹ 주어+'把'+목적어+동사+'(一/了)'+동사(동사 중첩)

请你把事情的来龙去脉讲一讲。 일의 경위에 대해 설명해 보세요.

我把房间里的灰尘打扫了打扫。 방 안의 먼지를 청소했다.

❺ '주어+把+목적어1+동사+到/在/给/成/作/为+목적어2'와 기타 형식

- 주어+'把'+목적어+동사+'到'+장소/시간/수량
  把收音机调到中央广播电台的频道。 라디오를 CCTV채널에 맞춰라. (장소)
  把销售目标提高到每月九十万元。 판매 목표를 월 90만 위앤으로 높였다. (수량)

- 주어+'把'+목적어+동사+'在'+장소/범위
  姐姐把衣服挂在墙上。 언니는 옷을 벽에 걸었다. (동작 발생의 장소)
  把东西放在(到)桌子上。 물건을 탁자 위에 놓아라. (사물 운동의 종점)

- 주어+'把'+목적어+동사+'给'+대상(사람/단체/국가)
  他把祖传的玉卖给我了。 그는 조상 대대로 전해진 옥을 나에게 팔았다.
  他把财产都捐给山区里的失学儿童了。 그는 재산을 모두 산골의 학업을 중단한 아이들에게 기부했다.

- 주어+'把'+목적어+동사+'成/作/为'+변화된 결과(신분/성질/형식)
  他把"天"看成"夫"了。 그는 '天'을 '夫'로 보았다.
  我把他当作自己的亲兄弟。 나는 그를 친형제로 여긴다.

- 주어+'把'+목적어+명사+'化'(명사+化는 동사 역할)
  领导决定把这个项目的预算科学化。 임원은 이 프로젝트 예산을 과학화하기로 결정했다.

- 주어+'把'+목적어+'加以/予以/给以'+2음절 동사(뒤에 다른 성분 올 수 없음)
  他把大家的意见收集起来并予以总结，要求管理者改善职工住宿环境。
  그는 모든 의견을 수렴하고 정리하여 경영자에게 직원 숙소 환경 개선을 요청했다.

❻ 주어+시간사/부사/부정부사/능원동사+'把(将)'+목적어+'(给)'+동사+기타 성분

他昨天把那首词(给)谱上曲了。 그는 어제 그 가사에 곡을 부쳤다. (시간사)
他已经把那首词(给)谱上曲了。 그는 이미 그 가사에 곡을 부쳤다. (부사)
他没把那首词(给)谱上曲。 그는 그 가사에 곡을 부치지 않았다. (부정부사)
他能把那首词(给)谱上曲。 그는 그 가사에 곡을 부칠 수 있다. (능원동사)

❼ 한 문장에 '把'자문과 겸어문이 함께 쓰일 수 있다.

我发邮件告诉她把身份证复印件传真到办公室。
그는 그녀에게 메일을 보내 신분증을 복사해서 사무실로 팩스를 보내라고 했다.

5 '被'자문

'被'자문은 피동을 나타내는 문장으로 개사 '被(叫/让/给)' 뒤의 목적어에 의해 '당하다'라는 의미를 나타낸다.

[1] '被'자문의 특징

'被'자문의 기본 형식은 어떤지, 단어 자체에 피동의 뜻이 있는지 등을 자세히 알고 문제를 풀어야 한다.

❶ 기본 형식: 주어+'被(叫/让/给)'+목적어+'(给)'+동사+기타 성분

那首词被他谱上曲了。 그 가사는 그에 의해 곡이 붙여졌다.

❷ '被'자문의 주어

말하는 이와 듣는 이가 다 아는 한정된 주어가 와야 한다.
一首词被他谱上曲了。(×) → 那首词被他谱上曲了。 그 가사는 그에 의해 곡이 붙여졌다.

❸ '被'자문은 '把'자문과 달리 감각, 인지, 심리를 나타내는 동사(发觉, 知道, 觉察, 爱, 理解, 感动)를 쓸 수 있다.

考试结果被他知道了。 시험 결과는 그에게 알려졌다.

[2] '被'자문의 주요 문장 형식

'被'자문에서는 단음절 동사 단독으로 서술어가 될 수 없다. 반드시 동사 뒤에 보충 성분이 있어야 한다.

❶ 주어+'被'+목적어+동사+'了/过'(着 제외)

我的自行车被偷了。 나의 자전거는 도둑맞았다.
我的腿被伤过。 나는 다리를 다쳤었다.
我被交通警察检查着。(×) → 我被交通警察检查了。 나는 교통경찰에게 검문 받았다.

❷ 서술어가 2음절 동사이고 '被' 앞에 능원동사나 시간사가 올 때 보충 성분 없이 단독으로 쓸 수 있다.

这句话可能被人误解。 이 말은 오해를 살 것이다.

❸ 주어+'被'+목적어+동사+결과/방향/정도/수량/개빈보어(가능보어 제외)

镜子被哥哥不小心打碎了。 거울은 오빠의 실수로 깨졌다. (결과보어)
他被总经理叫到办公室问话去了。 그는 사장님께 사무실로 불려 갔다. (방향보어)
我家里的粮食被他吃得一干二净。 우리 집 음식은 그가 깨끗이 먹어 치웠다. (정도보어)
我买的面包被这些蚂蚁啃了一个小时了。 이 개미들이 내가 산 빵을 한 시간째 물어뜯고 있다. (시량보어)
他被老师批评了一顿。 그는 선생님께 한바탕 꾸중을 들었다. (동량보어)
他被系主任叫到教务处。 그는 과 주임이 불러서 교무처에 갔다. (개빈보어)
逃学的事被他忘不了。(×, 가능보어)
→ 逃学的事他忘不了。 그는 무단결석한 것을 잊을 수 없었다.

❹ 주어+'被'+목적어1+동사+목적어2

他　　被　　同学们　　评为　　优秀学生干部。 그는 학우들에게 우수한 학생 임원으로 평가된다.
　　　　　　목적어1　　　　　　목적어2

❺ 주어+'被'+목적어+동사+'(一/了)'+동사(동사 중첩 X)

衣服被妈妈洗洗。(×) → 衣服被妈妈洗了。 엄마가 옷을 빨았다.

❻ '주어+被+목적어1+동사+成/作/为/到+목적어2'와 기타 형식

- 주어+'被'+목적어1+동사+'成/作/为/到'+목적어2
  小李被大家选为小区的业主代表。 샤오리는 업주 대표로 선출되었다.

- 주어+'被'+목적어+동사+'给'+사람/단체/회사
  我的头卡被她借给了其他人。 그녀는 내 머리핀을 다른 사람에게 빌려 줬다.

- '被' 자체가 병렬되기도 하고 '被'가 수반하는 목적어가 병렬되기도 한다.
  这些犯人一定会被审查、被逮捕、被严厉惩处。 이 범인들은 반드시 심의에 의해 체포되어 엄격하게 처벌 받아야 한다.
  他的想法马上被爸爸、妈妈、哥哥和嫂子否定了。 그의 생각은 즉시 아빠, 엄마, 형, 형수에 의해 무시당했다.

❼ 주어+시간사/부사/부정부사/능원동사+'被(叫/让)'+목적어+'(给)'+동사+기타 성분

那首词昨天被他(给)谱上曲了。 그 가사는 어제 그에 의해 곡이 붙여졌다. (시간사)
那首词已经被他(给)谱上曲了。 그 가사는 이미 그에 의해 곡이 붙여졌다. (부사)
那首词没被他(给)谱上曲。 그 가사는 그에 의해 곡이 붙여지지 않았다. (부정부사)
那首词能被他(给)谱上曲。 그 가사는 그에 의해 곡이 붙여질 수 있다. (능원동사)

❽ '被' 대신 쓸 수 있는 개사 및 용법

	叫/让	给	为(wèi)
'被'자문에서 '被' 대신 '叫/让/给'를 쓸 수 있다. 大家被女主人公的自强不息、努力向上的精神感动了。 사람들은 여주인공의 끊임없이 노력하고 발전하는 모습에 감동했다.	○	○	×
동사 앞에 구조조사 '给'가 있을 때 개사 '给'를 쓸 수 없다. 大家被女主人公的自强不息、努力向上的精神给感动了。 사람들은 여주인공의 끊임없이 노력하고 발전하는 모습에 감동했다.	○	×	×
'叫/让'의 뒤에는 반드시 목적어가 필요하지만 '被/给' 뒤에는 목적어가 없어도 된다. 大家被感动了。 사람들은 감동했다.	×	○	×
'被'+A+'所'+2음절 동사 = '为'+A+'所'+2음절 동사 大家被女主人公所感动。 사람들은 여주인공에 감동했다.	×	×	○
동사가 '为'와 '作'를 결과보어로 수반할 때 '被'를 '叫/让/给/为' 등으로 대체할 수 없다. 女主人公被观众选为今年最佳电影女主角奖。 여주인공은 올해 영화 부문에서 여우 주연상을 받았다.	×	×	×

실력 다지기

1~5 다음 중 어법적으로 틀린 문장을 고르시오.

1
A. 地球上的生命有30多亿年的发展史，其中85%以上的时间是在海洋中度过的。
B. 经过长期的实践，中国建筑在运用色彩方面积累了丰富的经验，并形成了南北不同的地域色彩风格。
C. 人的精力是有限的，我们不可能一个人做所有的事，所以作为一个企业领导，必须学会把权力授予适当的人。
D. 南京，古称金陵，已有近2500年的历史。它既有自然山水之胜，又有历史文物之雅，兼具古今文明的园林化城市。

2
A. 我们做事要做到"恰到好处"，任何事情恰到好处才是最好的，过与不及都不好甚至有害。
B. 自古以来，江浙一带就是有名的"才子之乡"，明清两朝一共产生了202名状元，仅苏州地区就有35名。
C. 对于工作繁忙的人来说，时间似乎总是不够，因此如何合理安排、控制时间成为许多人需要学习的内容。
D. 怀疑自己，导致我们内心受挫，总是生活在失败的阴影里；怀疑别人，则缺乏安全感让我们，总是生活在自己假想的危险中。

3
A. 海拔每上升1000米，气温下降6摄氏度。
B. 一个人的交际圈在很大程度上影响着他的消费。
C. 有时候，一个人做事比三个人一起做一件事情十分容易。
D. 梅兰芳是中国的京剧大师，他的京剧表演艺术独具风格，世称"梅派"。

4
A. 成熟的苹果下坠，是由于地球对它的引力作用。
B. 看到白衣天使们为抗震救灾而忘我工作，我很受教育。
C. 该书的出版把"名人"出书热掀起一个高潮。
D. 老师把没有批改的作业都带回了家。

5
A. 印度洋海啸发生后，中国政府进行了迄今为止最大规模的对外救援行动。
B. 弟弟又在妈妈面前把自己表扬了一顿。
C. 山上的水很宝贵，我们把它留给年纪大的人喝。
D. 一个学生遭到同学的无故殴打，结果竟被以赔偿1000元钱而私下了结。

10 부적절한 호응 관계

Guide

독해 제1부분에서 압도적인 출제 빈도 1위가 바로 '부적절한 호응 관계(搭配不当)'이다. 여기에는 주어와 목적어의 호응 오류, 서술어와 목적어의 호응 오류, 수식어(관형어, 부사어, 보어)와 중심어의 호응 오류, 부정과 긍정의 호응 오류, 단면적 성질의 단어와 양면적 성질의 단어의 호응 오류 등이 있다.

> **주의** 이 과를 학습함으로써 **문장구조를 꼼꼼하게 따지는 습관을 몸에 익혀야 한다**. 평소에 축적된 노하우가 시험장에서도 발휘되기 때문이다.

독해 급소공략

• 문장성분을 가려내는 안목을 길러라.

중국어는 단어의 위치가 곧 문장성분이기 때문에 내용을 100% 파악하지 못하더라도 뼈대만 찾아낸다면 웬만큼 문제를 풀 수 있다. 따라서 **6대 문장성분(주어, 서술어, 목적어, 관형어, 부사어, 보어)**을 가려낼 줄 아는 안목을 길러야 한다. 그래야만 난이도 높은 단어의 함정에 빠지지 않고 문장 전체를 파악하여 답을 골라낼 수 있다.

• 문장성분 간의 호응을 살펴보라.

문장성분을 추려 내었다면 이제 할 일은 **문장성분 간의 호응 관계를 체크**할 차례이다. 시험에 자주 출제되는 것은 주어와 목적어, 서술어와 목적어, 수식어(관형어, 부사어, 보어)와 중심어 사이의 호응 관계이다. 문장을 볼 때 습관적으로 주어, 서술어, 목적어에 동그라미 표시를 하여 이들의 호응 관계를 살피고 이들과 수식 성분들의 호응을 살펴야 한다.

• 부정부사나 부정적인 성질의 부사가 남용된 문장을 주목하라.

가끔 이리 꼬고 저리 꼰 복잡한 내용의 문제가 출제되는 경우가 있는데, 보기에는 머리가 아프지만 고맙게도 그것이 답일 확률이 높다. **부정부사를 남용한 경우**인데, 부정적인 의미의 단어가 여러 번 나오면 결국은 하고자 했던 말과 상반된 결론이 나오기 마련이다.

• 양면적 성질의 단어가 힌트이다.

양면적 성질의 단어란 단어 자체에 2개의 상반된 의미를 포함하고 있는 것을 말한다. 예를 들어 '好坏, 高低, 能否, 是否' 등이 있다. 복문일 경우 앞문장에서는 양면적 성질의 단어를 쓰고, 뒷문장에서는 단면적 성질의 단어를 쓴다면 이는 복문 평형의 큰 오류이다. **양면적 성질의 단어가 있는 문장은 병구를 만들기 쉽다**. 이 큰 힌트를 놓치지 마라.

예제로 감 익히기

Mission

다음 중 어법적으로 틀린 문장을 고르시오.

---

1 A. 我感觉这段时间身体比以前好多了。
   B. 这个月公司的业绩是今年以来业绩中最好的一个月。
   C. 那种不顾儿童能否接受的填鸭式教学方法，无异于拔苗助长。
   D. 许多成语出自古代寓言故事，比如"狐假虎威"、"刻舟求剑"等。

A. 我感觉这段时间身体比以前好多了。
B. 这个月公司的业绩是今年以来业绩中最好的一个月。
C. 那种不顾儿童能否接受的填鸭式教学方法，无异于拔苗助长。
D. 许多成语出自古代寓言故事，比如"狐假虎威"、"刻舟求剑"等。

A. 요즘 몸이 예전보다 많이 좋아졌음을 느낀다.
B. 이번 달 회사 실적은 올해 들어 제일 좋다.
C. 아이가 받아들일 수 있을지 고려하지 않은 주입식 교육은 서두르다가 도리어 일을 그르치는 것과 다를 바 없다.
D. '호가호위'와 '각주구검'과 같이 많은 성어는 옛날 우화에서 비롯되었다.

业绩 yèjì 명 업적 | **不顾** búgù 동 고려하지 않다, 돌보지 않다 | **填鸭式** tiányāshì 명 주입식 | **无异于** wúyìyú ~와 다를 바 없다 | **拔苗助长** bá miáo zhù zhǎng 일을 급하게 이루려고 하다가 도리어 일을 그르치다 | **出自** chūzì 동 ~로부터 나오다 | **寓言** yùyán 명 우화 | **狐假虎威** hú jiǎ hǔ wēi 성 여우가 호랑이의 위세를 빌리다. 남의 권세를 빌려 위세를 부리다 | **刻舟求剑** kè zhōu qiú jiàn 성 각주구검. 융통성 없이 현실에 맞지 않는 낡은 생각을 고집하는 어리석음

---

1 B 这个月公司的业绩是今年以来业绩中最好的<u>一个月</u>。(×)
→ 这个月公司的业绩是今年以来最好的。

주어와 목적어의 호응이 부적절하다. 주어는 '业绩', 서술어는 '是', 목적어는 '一个月'이다. 따라서 '업적(业绩)은 1개월(一个月)이다'라는 말은 성립되지 않는다.(业绩≠一个月)

독해 내공 TIP — 호응 관계의 특징

[자주 출제되는 유형] 호응 관계의 특징 및 쓰임에 대해 시험에 자주 출제되는 유형을 위주로 공부해 보자.

1 6대 문장성분 찾는 비법

아무리 길고 복잡한 문장이라도 6대 문장성분(주어, 서술어, 목적어, 관형어, 부사어, 보어)만 가려낼 수 있다면 주어진 문장의 정확한 구조 파악과 해석에 큰 도움이 된다.

(1) 주어와 목적어를 찾는 방법

❶ 동사술어를 중심으로 앞에 있는 명사와 대사가 주어이고, 뒤에 있는 명사와 대사가 목적어이다

❷ 구조조사 '的' 다음이 주어나 목적어이다

❸ 문장의 시작이 주어이고 문장의 끝이 목적어이다

臭氧层　就好比是　地球的　保护伞，阻挡了　太阳百分之九十九的　紫外线辐射。
주어　　서술어　　관형어　목적어　서술어　　관형어　　　　　목적어

오존층은 지구를 보호해 주는 우산과 같이 태양으로부터 오는 자외선의 99%를 차단한다.

(2) 서술어를 찾는 방법

❶ 동태조사 '了, 着, 过' 앞의 동사가 서술어이다

❷ 부정부사 '不, 没'는 서술어 역할을 하는 동사와 함께 쓰인다

❸ 정도보어나 가능보어를 만드는 구조조사 '得' 앞에 놓인 동사와 형용사는 서술어이다

❹ 방향보어나 결과보어를 가진 동사나 형용사가 서술어이다

我　觉得　这个答复，和对这些问题的调查处理，都表现出了一种负责任的态度。
주어　서술어　　　　　　　　　목적어

这个答复，和对这些问题的调查处理，都表现出了　一种负责任的态度。
주어　　　　　　　　　　　서술어(동태조사 '了'앞, 방향보어 '出'앞)　목적어

이 답변과 이 문제들의 조사 및 처리는 책임 있는 태도를 나타낸다고 생각된다.

(3) 관형어를 찾는 방법

❶ 주어와 목적어(명사와 대사)를 앞에서 수식하는 성분이 관형어이다

❷ 구조조사 '的' 앞이 관형어이다

在美国家庭中，汉语　已成为　继英语和西班牙语之后又一种得到广泛使用的　语言。
부사어　　　주어　서술어　　　　　　　　관형어　　　　　　　　　목적어

미국 가정에서 중국어는 이미 영어와 스페인어 다음으로 많이 사용되고 있는 언어이다.

I-10. 부적절한 호응 관계　115

(4) 부사어를 찾는 방법

❶ 서술어(동사와 형용사)를 앞에서 꾸며주는 것이 부사어이다

❷ 문장 가장 앞에서 문장 전체를 꾸미는 것이 부사어이다

❸ 구조조사 '地' 앞이 부사어이다

作为中国十大传世名画之一, 《清明上河图》 生动地 记录了 中国十二世纪城市生活的 面貌。
　　부사어　　　　　　　　　　주어　　　　　부사어　　서술어　　　관형어　　　　　　　목적어

중국 10대 명화로 꼽히는 「청명상하도」는 12세기 중국 도시의 생활상을 생동감 있게 그려냈다.

(5) 보어를 찾는 방법

❶ 서술어(동사와 형용사) 뒤가 보어이다

❷ 구조조사 '得' 뒤가 보어이다

❸ '了' 뒤가 보어이다

妈妈 把茶几 擦得 一尘不染。 엄마는 찻상을 먼지 하나 없이 깨끗하게 닦으셨다.
주어　목적어　서술어　보어(구조조사 '得' 뒤)

2 각 성분간 호응 오류의 예

주어와 서술어, 서술어와 목적어 등 각 성분간 호응이 잘못된 예를 보며 왜 틀렸는지, 어떻게 고치면 옳은 문장이 되는지 공부해 보자.

(1) '주어+서술어'의 호응 오류

우선 주어와 서술어를 가려내어 문맥이 통하는지 훑어보자. 만약 뜻이 통하지 않거나 해석은 겨우 되는데 주어와 서술어가 호응할 수 없는 관계라면 병구가 아닌지 의심해야 한다.

❶ 中国人民的解放在民族关系起了基本的变化。(×)
　→ 中国人民的解放使民族关系起了基本的变化。
　중국인의 해방은 민족 관계에 기본적인 변화를 가져왔다.

▶ 주어는 '中国人民的解放', 서술어는 '起', 목적어는 '变化'인데 주어와 서술어가 호응이 되지 않는다. '起变化'는 '民族关系'와 어울리므로, 겸어문으로 만들어 '在'를 '使'로 고치면 된다.

❷ 我国棉花的生产, 过去不能自给。(×)
　→ 我国棉花, 过去不能自给。
　우리나라 목화솜은 예전에는 자급할 수 없었다.

▶ 주어는 '生产', 서술어는 '不能自给'이다. 자급자족할 수 없는 것은 목화솜이지 생산이 아니므로, 주어는 '棉花'가 되어야 한다.

(2) '서술어+목적어'의 호응 오류

뜻이 통한다고 모두 올바른 문장은 아니다. 서술어와 목적어의 관계에서 일부 동사는 특정한 명사만 목적어로 취할 수 있다. 따라서 자주 쓰고 시험에 자주 출제되는 고정적인 어휘의 조합들은 암기해 두어야 한다.

❶ 解放前，爸爸和哥哥两人挣来的钱还不够养活一家人的生活。(×)
→ 解放前，爸爸和哥哥两人挣来的钱还不够养活一家人。
해방 전에는 아버지와 형이 벌어온 돈만으로는 가족을 먹여 살릴 수 없었다.

▶ '养活'는 사람에 쓰는 동사이므로 '生活'와 호응할 수 없다.

❷ 但也存在着几个缺点需要我们努力。(×)
→ 但也存在着几个缺点需要我们改正。
우리가 개선해야 할 점도 조금 있다.

▶ 우리가 '노력할' 결점이 아니라 '개선할' 결점이다. '改正缺点'은 '결점을 개선하다'라는 고정적인 어휘 조합이므로 외워두도록 하자.

❸ 改革开放以来，我们在经济体制方面采取了一系列卓有成效的改革，取得了很大成绩。(×)
→ 改革开放以来，我们在经济体制方面进行了一系列卓有成效的改革，取得了很大成绩。
개혁개방 이래로 우리는 경제체제 분야에 있어 강력한 개혁을 추진하여 많은 성과를 거두었다.

▶ 서술어와 목적어가 호응하지 않는다. '采取……改革'는 어울리지 않는 표현이므로 '采取'를 '进行'으로 고쳐야 한다.

(3) '서술어+병렬구조 목적어'의 호응 오류

이 경우는 하나의 서술어가 여러 개의 목적어를 가지므로, 목적어마다 선택한 서술어와의 호응 관계를 따져야 한다. 병렬을 표시하는 접속사인 '和, 与, 跟, 同, 以及, 及其', 병렬을 나타내는 '顿号(、)', 구와 구를 병렬하는 '逗号(,)'가 문장 중에 있으면 서술어와 목적어가 모두 호응하는지 특히 주의해서 확인해야 한다.

❶ 许多穿裙子的妇女和青年正在那里拍照。(×)
→ 许多穿裙子的妇女正在那里拍照。
치마를 입은 수많은 여자들이 저기에서 사진을 찍고 있다.

▶ 관형어인 '穿裙子的'는 중심어인 '青年'과 어울리지 않는다. 또, '青年'과 '妇女'는 뜻이 겹치므로 병렬할 수 없다.

❷ 你可以在因特网上阅读到以前无缘见到的珍贵文件、书籍、录音和影像资料。(×)
→ 你可以在因特网上阅读到以前无缘见到的珍贵文件、书籍和影像资料。
인터넷에서는 예전에는 접하기 힘들었던 진귀한 문서, 서적, 영상 자료를 볼 수 있다.

▶ '顿号(、)'와 접속사 '和'를 이용한 병렬구조이다. 여기에서 '录音'과 서술어 '阅读'는 어울리지 않는 조합이다.

❸ 文件对经济领域中一些问题从理论上和政策上作了详细的规定和深刻的说明。(×)
→ 文件对经济领域中一些问题从理论上和政策上作了深刻的说明和详细的规定。
글에서는 경제와 관련된 문제에 대해 이론적으로 그리고 정책적으로 깊이 있는 설명과 상세한 규정을 하고 있다.

▶ 접속사 '和'를 이용한 병렬구조이다. '从理论上和政策上'과 호응하는 목적어이므로 '理论上深刻的说明, 政策上详细的规定'이 되는 것이 의미상 맞다. 따라서 목적어의 순서를 바꿔야 한다.

[4] '관형어+중심어'의 호응 오류

관형어는 주어와 목적어를 수식한다.

❶ 在通往机场的大街两旁站满了数万名欢送的人群。(×)
→ 在通往机场的大街两旁站满了数万名欢送的人。
공항과 연결되는 대로 양측 정류소는 수만 명의 환송객으로 가득했다.

▶ 집합명사인 '人群'은 정확한 개수나 양을 나타내는 수량사(数万名)와 함께 쓸 수 없다.

❷ 杨辉返校后，对抢救落水儿童的事只字未提，直到一封感谢信送到校长室，这件好人好事才为大多数人知晓。(×)
→ 杨辉返校后，对抢救落水儿童的事只字未提，直到一封感谢信送到校长室，这件好事才为大多数人知晓。
양후이는 학교로 돌아온 후 물에 빠진 아이를 구해준 일에 대해 간단하게만 언급했고, 감사 편지가 교장실에 전달된 후에야 이 일이 많은 사람에게 알려졌다.

▶ '这件好事'는 가능하지만 '这件好人'은 어법상 맞지 않다. '人'은 양사 '件'과 쓸 수 없기 때문이다.

[5] '부사어+중심어'의 호응 오류

부사어는 서술어 앞에서 서술어를 수식한다.

❶ 这次大会上，对工资问题交换了广泛意见。(×)
→ 这次大会上，对工资问题广泛地交换了意见。
이번 회의에서는 임금 문제에 대해 광범위하게 의견을 나눴다.

▶ 부사어 '广泛'이 수식하는 것은 목적어 '意见'이 아니라 서술어 '交换'이다.

❷ 只要稍微深思一下，就会理解这个问题。(×)
→ 只要稍微想一下，就会理解这个问题。
조금만 생각해 보면 이 문제를 이해할 수 있을 것이다.

▶ '深思(깊이 생각하다)'는 부사어 '稍微(조금)'와 어울리지 않는 서술어이다.

[6] '보어+중심어'의 호응 오류

보어는 서술어 뒤에서 서술어를 수식한다.

❶ 他的立场站得很牢固，感情也表现得很丰满。(×)
→ 他的立场站得很坚定，感情也表现得很丰富。
그의 입장은 매우 확고했으며 감정 또한 매우 풍부하게 표현되었다.

▶ '立场'은 '坚定'과 호응하고, '表现'은 '丰富'와 호응한다.

❷ 妈妈把茶几擦得一尘不染得干净。(×)
→ 妈妈把茶几擦得一尘不染。
엄마는 찻상을 먼지 하나 없이 깨끗하게 닦으셨다.

▶ '一尘不染' 자체가 깨끗하다는 의미이므로 뒤에 '得干净'을 쓸 필요가 없다.

[7] '주어+목적어'의 호응 오류
시작과 끝이 맞지 않는 경우가 있다. 주어와 목적어가 같은 비교의 대상인지를 살펴보아야 한다.

❶ 这最后一天的劳动是同学们最紧张、最愉快、最有意义的一天。(×)
→ 这最后一天是同学们最紧张、最愉快、最有意义的一天。
마지막 날은 학생들에게 가장 긴장되고 유쾌하며 뜻깊은 하루였다.

▶ 주어인 '劳动'과 목적어인 '一天'은 맞지 않는 조합이다.

❷ 在她的心目中，童年跟大自然相处的那段日子是自己受过的最好的艺术教育。(×)
→ 在她的心目中，童年跟大自然相处是自己受过的最好的艺术教育。
그녀의 마음 속에는 유년기를 대자연 속에서 보낸 것이 자신이 받은 최고의 예술교육으로 남아 있다.

▶ 주어인 '日子'와 목적어인 '艺术教育'는 어울리지 않는다.

[8] '부정+긍정 / 이중, 삼중부정 / 반어문'의 호응 오류
부정부사가 문장에 하나라도 있다면 촉각을 곤두세워라. 이중부정, 삼중부정, 반어문이라면 대부분이 병구이다. 또, 부정적인 의미를 가진 '防止, 以防, 劝阻, 阻止, 忘记, 禁止, 反对, 切忌, 拒绝, 杜绝, 避免, 阻挡, 否则' 등의 단어를 주의하라. 전하려는 의미가 반대가 될 수 있다.

❶ 睡眠有三忌：一忌睡前不可恼怒，二忌睡前不可饱食，三忌卧处不可当风。(×)
→ 睡眠有三忌：一忌睡前恼怒，二忌睡前饱食，三忌卧处当风。
숙면을 위한 3가지 주의 사항: 첫째, 잠들기 전에 화내지 말 것. 둘째, 잠들기 전에 과식하지 말 것. 셋째, 바람 맞으며 자지 말 것.

▶ '忌'에 이미 '금지'의 의미가 있으므로, '不可'를 함께 쓰면 이중부정이 된다.

❷ "神舟号"飞船发射成功，谁能否认中国没有进入国际载人航天技术领域的能力？(×)
→ "神舟号"飞船发射成功，谁能否认中国有进入国际载人航天技术领域的能力？
'선저우' 우주선이 성공적으로 발사된 이 시점에서 중국의 유인우주선 기술이 세계적인 수준에 도달했다는 사실을 부정할 수 있는 사람이 있겠는가?

▶ '谁能+否认+没'는 삼중부정으로 결론은 부정이 된다.

❸ 近几年来，王芳几乎无时无刻不忘搜集、整理民歌，积累了大量的资料。(×)
→ 近几年来，王芳几乎每时每刻都在搜集、整理民歌，积累了大量的资料。

최근 몇 년 사이 왕팡은 언제나 민요를 수집하고 정리하여 대량의 자료를 축적했다.

▶ '无时无刻不'는 '每时每刻都'의 의미이다. 이와 '忘'을 함께 쓰면 뒤의 '积累了大量的资料'와 모순적인 의미가 된다.

❹ 这所学校把学雷锋活动没有放在口头宣传上，而是强调"学雷锋要见行动"，因此效果很好。(×)
→ 这所学校没有把学雷锋活动放在口头宣传上，而是强调"学雷锋要见行动"，因此效果很好。
이 학교는 레이펑 본받기 활동을 구두 홍보에만 그친 것이 아니라 '행동으로 보여주는 것'을 강조했기 때문에 탁월한 성과를 보였다.

▶ '把'자문에서 부정부사는 '把' 앞에 놓인다. 따라서 부정부사 '没有'의 위치가 틀렸다.

(9) '단면적 성질의 단어+양면적 성질의 단어'의 호응 오류

양면적 성질의 단어란 단어 자체에 2개의 상반된 의미를 포함하는 것을 말한다. '成败, 得失, 好坏, 高低, 大小, 能不能, 能否, 是不是, 是否' 등이 바로 이러하다. 이들은 그 자체에 정해지지 않은 두 방면의 의미를 지니므로 앞뒤 문장에서도 이들과 호응할 수 있는 단어나 의미가 나와야지 하나(一面)의 결론에 이르러서는 안 된다.

❶ 有没有坚定的意志，是一个人在事业上能够取得成功的关键。(×)
→ 有没有坚定的意志，是一个人在事业上能否取得成功的关键。
사업상 성공의 열쇠는 확고한 의지가 있느냐이다.

▶ 앞절의 '有没有'와 호응하기 위해서는 '能够'를 '能否'로 고쳐야 한다.

❷ 为了发展国民经济，难道我们还有什么个人得失不能抛弃吗？(×)
→ 为了发展国民经济，难道我们还有什么个人利益不能抛弃吗？
우리가 국민경제 발전을 위해 개인의 이익을 포기 못 하겠는가?

▶ 문맥상 '得'는 포기(抛弃)할 수 있는 것이지만 '失'는 아니다. 그러므로 '得失'를 '利益'로 고쳐야 한다.

❸ 我们能不能培养出"四有"新人，是关系到我国家前途命运的大事，也是教育战线的根本任务。(×)
→ 我们培养"四有"新人，是关系到我国家前途命运的大事，也是教育战线的根本任务。
'사유 신인(이상, 도덕성, 지식, 체력을 가진 사람)'을 양성하는 것은 국가의 명운이 달린 중대한 사안이자 교육의 근본적인 임무이다.

▶ 앞의 '能不能培养出'는 양면적 성질의 단어인 반면, 뒤의 '也是根本任务'는 단면적 성질의 단어이므로 호응이 되지 않는다.

❹ 艺人们过去一贯遭白眼，如今却受到人们的热切的青睐，就在这白眼和青睐之间，他们体味着人间的温暖。(×)
→ 艺人们过去一贯遭白眼，如今却受到人们热切的青睐，就在这白眼和青睐之间，他们体味着人间的冷暖。
과거에 예술가들은 사람들의 홀대를 받았지만 지금은 사랑을 듬뿍 받고 있다. 이러한 홀대와 사랑 속에서 그들은 세상의 냉정함과 따뜻함을 모두 느끼고 있다.

▶ '白眼'과 '青睐'는 상반된 의미인 양면적 성질의 단어들이다. 그러나 마지막의 '温暖'은 단면적 성질의 단어이므로 양면적 성질의 단어인 '冷暖'으로 고쳐 써야 한다.

실력 다지기

1~5 다음 중 어법적으로 틀린 문장을 고르시오.

1 A. 大白鲨和巨型乌贼都是令人谈之色变的海洋怪物，人们唯恐避之不及。
　　B. 据英国的《泰晤士报》报道，英国科学家最近发现了世界上寿命最长的生命，这是一种细菌。
　　C. 王阿姨除了饮食起居外，她还特地请假三天为儿子送考。
　　D. 语言的使用，促进了人类的思维，使得大脑更加发达。

2 A. 全场所有人的眼睛都集中到大会主席台上。
　　B. 制作药片的包衣材料是不同的，所以颜色也各不相同。
　　C. 青少年是上网人群中的主力军，最近，在发达国家中60岁以上的老年人也纷纷"触网"，老年人"网虫"的人数激增。
　　D. 革新技术以后，不但加快了生产速度，而且提高了产品的质量。

3 A. 有没有坚定的意志，是一个人在事业上能够取得成功的关键。
　　B. 作为倾诉对象，我们不需要发表自己的观点，认真倾听就够了。
　　C. 有一位哲学家曾经说过："金钱是最好的仆人，也是最坏的主人。"
　　D. 人们追逐时尚，不是因为它符合自己的气质，而只是因为大家都是如此。

4 A. 梁羽生是公认的新派武侠小说的开山祖师。
　　B. 牡丹别名木芍药，是花中之王，素有"国色天香"之称。
　　C. 为了避免今后不再发生类似事故，我们必须尽快健全安全制度。
　　D. 拉萨的天空总是那么湛蓝、透亮，好像用清水洗过的蓝宝石一样。

5 A. 尊重自己最重要的是尊重别人，所以我们要学会宽容别人。
　　B. 要想快乐，必须要有一个健康的心态。
　　C. 李小龙这个出生于1940年11月27日的中国人，虽然不是第一个登上好莱坞的华人，但是他是第一个成为国际巨星的功夫演员。
　　D. 大禹治水是家喻户晓的故事，其实大禹最大的功能是他是中国第一个民族国家 — 夏王朝的奠基人。

정답 및 해설은 해설서 P.24

11 문장성분의 부족 혹은 잉여

Guide 문장성분은 부족해서도 넘쳐서도 안 된다. 문장을 접할 때 무작정 해석부터 하지 말고 먼저 문장성분을 꼼꼼히 따져보는 분석적인 눈을 길러야 한다.

주의 앞뒤 문맥이 명확하다면 문장성분은 생략할 수도 있고 생략된 부분을 보충할 수도 있다. 하지만 **꼭 필요한 성분이 모자라서도 불필요한 부분이 첨가되어서도 안 된다.**

독해 급소공략

• 문장성분이 부족한지 체크하라.

우선 문장의 큰 줄기인 주어, 서술어, 목적어의 유무를 먼저 확인한다. 개사구가 문장을 시작하면 먼저 의심을 해 봐야 하는데 주어가 생략된 경우가 많기 때문이다. 또, 뜻은 통하지만 명사나 형용사를 서술어로 잘못 이용해 목적어를 수반하게 하는 경우가 있다. 그러므로 서술어의 품사에 유의해야 한다. 또, 관형어, 부사어, 보어 등 수식 성분의 쓰임이 틀리거나 꼭 필요한 품사가 부족해서도 안 되니 문장의 세세한 부분도 잘 살피자.

• 문장성분이 남거나 어휘나 의미가 중복되지 않는지 체크하라.

문장성분이 모자라도 안 되지만 넘쳐서도 안 된다. 쓸데없는 말로 수식하는 경우, 단어나 의미가 중복된 경우, 겸양어(谦敬词)의 잘못된 사용으로 의미가 중복된 경우, 있어도 되고 없어도 되는 경우, 불필요한 품사를 더한 경우 등이 출제 대상이다. 또, 2개 이상의 격식을 하나로 합쳐 어법 자체에도 맞지 않고 문맥이 통하지 않는 문장은 '句式杂糅'라고 하는데 이는 12과에서 자세히 다루기로 하겠다.

예제로 감 익히기

Mission

다음 중 어법적으로 틀린 문장을 고르시오.

> **1** A. 营养早餐应包括谷物、肉类、奶类、蔬菜、水果等。
> B. 中国是茶叶大国，其中的一个表现就是茶的品种特别多。
> C. 在心存善念的人眼中，世界上没有坏人，只有做错了事情的好人。
> D. "胡思乱想"有助于消除工作、生活中的紧张疲劳与放松身心的作用。

A. 营养早餐应包括谷物、肉类、奶类、蔬菜、水果等。
B. 中国是茶叶大国，其中的一个表现就是茶的品种特别多。
C. 在心存善念的人眼中，世界上没有坏人，只有做错了事情的好人。
D. "胡思乱想"有助于消除工作、生活中的紧张疲劳与放松身心的作用。

A. 영양가 있는 아침 식사를 위해서는 곡물, 육류, 유제품, 채소, 과일 등이 포함되어야 한다.
B. 중국은 차로 유명하다. 이를 보여주는 예가 바로 차의 종류가 매우 다양하다는 것이다.
C. 선한 사람의 눈에는 세상에 나쁜 사람은 없다. 다만 잘못을 저지른 착한 사람만 있을 뿐이다.
D. '엉뚱한 생각'은 업무와 생활에서 오는 긴장과 피로를 해소하고 심신을 편안하게 하는 데 도움이 된다.

谷物 gǔwù 명 곡물, 곡식 | 心存善念 xīn cún shàn niàn 마음이 선하다 | 胡思乱想 hú sī luàn xiǎng 성 허튼 생각을 하다, 터무니없는 생각을 하다 | 消除 xiāochú 동 없애다, 해소하다 | 疲劳 píláo 형 피곤하다, 지치다 | 放松 fàngsōng 동 늦추다, 이완시키다

1 D "胡思乱想"有助于消除工作、生活中的紧张疲劳与放松身心的作用。(×)
→ "胡思乱想"有消除工作、生活中的紧张疲劳与放松身心的作用。
/ "胡思乱想"有助于消除工作、生活中的紧张疲劳与放松身心。

단어의 부적절한 사용으로 의미가 중복된 경우로, '有助于'와 '有……的作用' 중 하나만 써야 한다.

독해 내공 TIP — 문장성분의 오류

[**자주 출제되는** 유형] 문장성분의 오류 및 쓰임에 대해 시험에 자주 출제되는 유형을 위주로 공부해 보자.

1 문장성분의 부족

문장성분은 문장의 구조와 의미에 따라 생략할 수 있다. 하지만 꼭 필요한 성분을 함부로 빼서는 안 된다.

(1) 주어의 부족

❶ 由于她这样好的成绩，得到了老师和同学们的赞扬。（×）
→ 由于这样好的成绩，她得到了老师和同学们的赞扬。
좋은 성적 덕분에 그녀는 선생님과 동기들의 칭찬을 받았다.

▶ '得到'의 주어가 없으므로 '她'를 '得到' 앞에 써야 한다.

❷ 读了这篇文章，能够使广大读者更加深刻地认识到没有制约的权力必然产生腐败这一道理。（×）
→ 这篇文章，能够使广大读者更加深刻地认识到没有制约的权力必然产生腐败这一道理。
이 글은 독자들에게 무소불위의 권력은 부패를 양산할 수밖에 없다는 이치를 더욱 실감하게 할 것이다.

▶ 전체 주어가 없으므로 앞의 '读了'를 삭제하여 '这篇文章'을 주어로 만들어야 한다.

❸ 英国皇家芭蕾舞团在首都剧场的演出，博得了全场观众的热烈的掌声，对这次精彩的表演评价很高。（×）
→ 英国皇家芭蕾舞团在首都剧场的演出，博得了全场观众的热烈的掌声，观众对这次精彩的表演评价很高。
영국 로열 발레단이 수도극장에서 펼친 공연은 관객들의 뜨거운 박수 세례를 받았으며, 관객들은 이번 공연에 대해 높이 평가했다.

▶ 마지막 절에 주어가 없으므로 '观众'을 추가해야 한다.

❹ 通过这次学习，使我受到深刻的教育。（×）
→ 这次学习，使我受到深刻的教育。
이번 학습에서 나는 깊이 있는 교육을 받았다.

▶ '使'의 주어는 '学习'이다. 그러므로 개사 '通过'를 삭제해야 한다. 이와 같이 앞에 개사구가 있고 문장 전체의 주어가 생략된 경우가 병구로 많이 출제된다.

(2) 서술어의 부족

❶ 我们识别是非的能力。（×）
→ 我们有识别是非的能力。
우리에게는 시비를 가릴 수 있는 능력이 있다.

▶ 서술어가 빠져 '我们=能力'의 구조가 되었다. 따라서 서술어 '有'를 추가해야 한다.

❷ 我们永远记忆周总理谆谆教诲。(×)
  → 我们永远记住周总理谆谆教诲。
  우리는 저우 총리의 간곡한 가르침을 영원히 기억할 것이다.

  ▶ '记忆'는 명사로서 서술어가 될 수 없으므로 동사인 '记住'로 바꾸어야 한다.

❸ 最近又发动了全面的质量大检查运动，要在这个运动中建立与加强技术管理制度等一系列的工作。(×)
  → 最近又发动了全面的质量大检查运动，要在这个运动中完成建立与加强技术管理制度等一系列的工作。
  최근 또다시 기술관리제도 등 일련의 업무를 강화하고 완벽하게 구축하기 위한 품질 검사 활동이 시작되었다.

  ▶ '建立' 앞에 서술어 '完成'이 빠져 있다.

[3] 목적어의 부족

❶ 虽然每天工作很忙，但还是抓紧和同学研究或自己看书。(×)
  → 虽然每天工作很忙，但还是抓紧时间和同学研究或自己看书。
  비록 매일 일이 바쁘지만 시간을 내서 동기들과 연구를 하거나 독서를 한다.

  ▶ '抓紧'의 목적어(时间)가 있어야 한다.

❷ 我们要尽一切力量使我国农业走上机械化、集体化。(×)
  → 我们要尽一切力量使我国农业走上机械化、集体化的道路。
  우리나라 농업의 기계화와 집단화를 위해 모든 노력을 기울여야 한다.

  ▶ '走上'은 명사목적어가 있어야 하는데 '机械化, 集体化'는 모두 동사이므로 목적어가 필요하다.

❸ 为了摸清发病规律，我们医院挂钩几个单位，经常进行调查研究。(×)
  → 为了摸清发病规律，我们医院和几个单位挂钩，经常进行调查研究。
  발병 규칙을 파악하기 위해 우리 병원은 여러 부서와 연계하여 연구조사를 실시하고 있다.

  ▶ '挂钩'는 자동사이므로 목적어를 수반할 수 없다.

[4] 수식 성분의 부족

❶ 要想取得杰出的成就，就必须付出劳动。(×)
  → 要想取得杰出的成就，就必须付出艰苦的劳动。
  우수한 성과를 거두기 위해서는 고된 노력을 해야 한다.

  ▶ '劳动' 앞에 '艰苦'나 '辛勤' 등의 수식어가 와야 완전한 문장이 된다.

❷ 让大学生自谋职业，让大学生们自己去开拓生活，实在是个好办法。(×)
  → 让大学生自谋职业，让大学生们自己去开拓自己的生活，实在是个好办法。
  대학생들이 스스로 직업을 찾도록 하기 위한 좋은 방법은 대학생들 스스로가 자신의 생활을 개척해 나가도록 하는 것이다.

  ▶ '开拓'는 '生活'와 직접 쓸 수 없고 중간에 '新的'나 '自己的' 등의 관형어가 와야 한다. '开拓……境界, 开拓……局面, 开拓……天地, 开拓……领域' 등도 마찬가지다.

2 문장성분의 잉여

문장성분은 모자라도 안 되지만 넘쳐서도 안 된다.

〔1〕 군더더기 말로 글을 수식하는 경우

❶ 要考虑我国政治与文化环境的需要，发展我们的出版业。(×)
→ 要考虑我国政治与文化的需要，发展我们的出版业。
우리나라 정치와 문화의 수요를 고려해 출판업을 발전시켜야 한다.

▶ 의미없이 쓰인 '环境'을 삭제해야 한다.

〔2〕 단어나 의미가 중복된 경우

❶ 其实这是过虑的想法。(×)
→ 其实这是过虑。
사실 이것은 쓸데없는 걱정이다(기우이다).

▶ '虑'가 바로 '想'의 의미이다.

❷ 一年来，妇女工作已打下了相当的工作基础，获得了一定的工作经验。(×)
→ 一年来，妇女工作已打下了相当的基础，获得了一定的经验。
일 년 동안 여성 업무는 이미 상당한 기반을 다졌고 어느 정도 노하우도 쌓였다.

▶ 앞서 나온 '工作'를 여러 번 반복하고 있다.

❸ 玲玲用不干净、没有消毒的纸擦伤口，结果伤口发炎了。(×)
→ 玲玲用不干净的纸擦伤口，结果伤口发炎了。
/ 玲玲用没有消毒的纸擦伤口，结果伤口发炎了。
링링은 깨끗하지 않은 종이로 상처를 문질러서 상처에 염증이 생겼다.
/ 링링은 소독이 안 된 종이로 상처를 문질러서 상처에 염증이 생겼다.

▶ '不干净'과 '没有消毒'는 의미상 같으므로 둘 중 하나를 빼야 한다.

❹ 听了小宋的介绍，我在心里真是由衷地感谢李芳。(×)
→ 听了小宋的介绍，我在心里真是感谢李芳。
샤오쑹의 소개를 듣고 나는 리팡에게 진심으로 감사했다.

▶ '在心里'와 '由衷'은 의미상의 중복이다.

〔3〕 겸양어(謙敬词)를 주의하라.

겸양어는 자기를 낮추고 상대방을 높이는 공손한 말과 경어이다. 의도는 좋으나 문장의 전체 흐름을 방해해서는 안 되므로, 그 의미를 정확히 알고 대상에 맞추어 바로 써야 한다.

❶ 我们家家教很严，令尊常常告诫我们，在社会上清清白白地做人。(×)
  → 我们家家教很严，家父常常告诫我们，在社会上清清白白地做人。
  우리 집 가정 교육은 매우 엄격해서 아버지는 언제나 우리에게 청렴결백한 사람이 되라고 말씀하신다.

  ▶ '令尊'은 자신의 부모가 아닌 상대방의 부모를 가리키는 말이다.

❷ 校长抛砖引玉的演讲，博得了全场的热烈掌声。(×)
  → 我抛砖引玉的演讲，博得了全场的热烈掌声。
  저의 우견이 많은 분들의 힘찬 박수를 받았습니다.

  ▶ '抛砖引玉'는 겸양어로, 주로 자신의 의견이나 작품을 겸손하게 표현할 때 쓰는 말이다. 다른 사람(校长)에게는 쓰지 않는다.

(4) 있어도 되고 없어도 되는 경우

❶ 不知不觉就走了十里路左右的距离。(×)
  → 不知不觉就走了十里路左右。
  무의식적으로 10리(5km)를 걸었다.

  ▶ 앞에 '路'가 있으므로 '的距离'는 없어도 된다.

❷ 父亲逝世离现在已整整九年了。(×)
  → 父亲逝世已整整九年了。
  아버지가 돌아가신 지 꼬박 9년이 되었다.

  ▶ '离现在'는 쓸 필요가 없다.

(5) '的'를 삭제해야 하는 경우

❶ 出人意料的，今年三月，物价的下跌，后来慢慢地稳定了。(×)
  → 出人意料的，今年三月，物价下跌，后来慢慢地稳定了。
  예상 밖에도 올해 3월 물가가 하락하더니 서서히 안정됐다.

  ▶ '的'가 있으면 전체 문맥이 바뀌어 안정되는 것이 '物价'가 아니라 '下跌'가 되어 버린다.

❷ 她穿了一双薄而透尼龙丝的袜子。(×)
  → 她穿了一双薄而透的尼龙丝袜子。
  그녀는 얇고 비치는 나일론 스타킹을 신었다.

  ▶ '薄而透'는 형용사구이므로 구조조사 '的'와 함께 관형어가 된다. 그러나 '尼龙丝'는 재료를 나타내므로 구조조사 '的'와 같이 쓸 수 없다.

실력 다지기

1~5 다음 중 어법적으로 틀린 문장을 고르시오.

1 A. 她气急败坏地拿起包，推着婴儿车走了。
　　B. 我从来不认为他是个有思想有主见的人。
　　C. 我们是多年的朋友，我遇到什么事都喜欢和她聊聊天、征求意见。
　　D. 我把拾到的钱包交给他，他竟感动得流下了眼泪。

2 A. 你要最大程度地发挥想象力。
　　B. 在这部作品中，并没有给人们多少正面的鼓励和积极的启示。
　　C. 他潜心研究，终于成功开发了治疗胃肠病的药粥系列产品。
　　D. 艾滋病是一种传染病，其病毒通过性接触、血液、母婴等途径传播。

3 A. 何教授的调查经媒体报道后，引起了社会的广泛关注。
　　B. 他这个人除了有点固执之外，还有不少让人值得佩服。
　　C. 医院坐落在小山之上，是一座典型的中国古代园林式建筑。
　　D. 那里是休闲度假的好地方，更是难得的天然浴场，吸引着大量游客。

4 A. 如果一个人热爱自己所从事的工作，那么他就会在工作的过程中获得快乐。
　　B. 我家就在海边，小时候，父亲常常带着我到海边散步，一边走一边给我讲故事。
　　C. 除了拥有广告设计文凭外，我还上过一个与旅游有关的课程，相信这些知识对这份工作能有着一定的帮助。
　　D. 现代社会面临的一个重要课题，是如何让低收入阶层从经济的发展中有所收益，如何更有效地保护他们的权益。

5 A. 人生就是这样，没有人为你等待，没有机会为你停留，只有与时间赛跑，你才有可能会赢。
　　B. 今天，我们去了北京郊区的地方，游览了很多著名的景点，如十三陵、青龙峡、黑龙潭等。
　　C. 王永民发明的"五笔字型"汉字输入法，在古老的汉字和现代化电子计算机之间，架起了一座畅通无阻的桥梁。
　　D. 自由职业带来的"自由"是相对而言的，自由职业者虽然可以自主选择工作内容、方式等，却不等于可以随心所欲。

정답 및 해설은 해설서 p.27

12 혼란스러운 구조와 비논리적인 서술

Guide 어느 정도의 기본적인 어법 실력과 해석 능력이 갖추어져야 섭렵할 수 있는 부분이 바로 구조와 문맥 파악이다. 新 HSK 6급 입문자라면 시험에 출제되는 유형을 확실히 파악하여 관련 문제를 대비하도록 하자.

주의 주어에 집중해서 서술하고 있는지를 살펴라. 있어야 할 부분이 없고, 없어야 할 부분이 있으면 아웃이다.

독해 급소공략

● 먼저 주어를 찾아라.

혼란스러운 구조에 관련된 병구 유형에는 2개의 격식을 한데 합쳐버린 경우, 문장을 깨끗이 마무리하지 못한 경우, 앞뒤 절이 관계가 없는 경우, 어순이 잘못된 경우 등이 있다. 가만히 유형을 살펴보면 공통점이 하나 있다. 모두 '주어'와 관계된다는 점이다. 그러므로 **먼저 주어를 찾고, 주어를 중심으로 해석해 보면 틀린 부분이 눈에 띌 것이다.**

● 해석을 소홀히 하지 마라.

비논리적인 서술에 관련된 병구 유형에는 앞뒤가 모순된 경우, 범위가 불분명한 경우, 원인과 조건이 그 결과와 어울리지 않는 경우, 주객이 전도된 경우, 부정이 중복된 경우, 양면적 성질의 단어와 단면적 성질의 단어를 결합한 경우 등이 있다. **어법적으로는 완벽한 문장이라도 내용이 비논리적일 수 있으므로 해석을 잘해야 한다.**

예제로 감 익히기

Mission

다음 중 어법적으로 틀린 문장을 고르시오.

> **1** A. 一口整洁的牙齿，不仅是身体健康的标志，还能使人在社交场合充满自信。
> B. 你努力了，不见得能得到你想要的成功。但在努力的过程中，你一定会有所收获。
> C. 胶片的发明催生了另外一个改变人类记录方式的事物的产生带来很大影响，那就是电影。
> D. 节日期间，各星级饭店纷纷推出特色餐饮和特惠措施，吸引大量市民走进饭店欢度佳节。

A. 一口整洁的牙齿，不仅是身体健康的标志，还能使人在社交场合充满自信。
B. 你努力了，不见得能得到你想要的成功。但在努力的过程中，你一定会有所收获。
C. 胶片的发明催生了另外一个改变人类记录方式的事物的产生带来很大影响，那就是电影。
D. 节日期间，各星级饭店纷纷推出特色餐饮和特惠措施，吸引大量市民走进饭店欢度佳节。

A. 깨끗한 치아는 건강의 지표일 뿐만 아니라 사회생활에도 자신감을 심어준다.
B. 노력했다고 해서 원하는 만큼의 성공을 거둘 수 있는 것은 아니다. 하지만 노력하는 과정에서 분명 얻는 것이 있을 것이다.
C. 필름의 발명은 인류의 또 다른 기록 방식인 영화의 탄생에 커다란 영향을 주었다.
D. 명절기간 동안 각 호텔마다 특색 있는 음식과 혜택을 선보이며 더욱 많은 시민들이 호텔에서 명절을 즐길 수 있도록 하고 있다.

整洁 zhěngjié 형 단정하고 깨끗하다, 깔끔하다 | 牙齿 yáchǐ 명 치아 | 标志 biāozhì 지표, 상징 | 不见得 bújiàndé 반드시 ~한 것은 아니다 | 胶片 jiāopiàn 명 (촬영용) 필름 | 催生 cuīshēng 동 탄생을 촉진하다 | 推出 tuīchū 동 (신상품 또는 신기술을) 내놓다, 출시하다 | 特惠 tèhuì 형 특별 우대의 | 欢度 huāndù 동 즐겁게 보내다 | 佳节 jiājié 명 명절

1 C 胶片的发明催生了另外一个改变人类记录方式的事物的产生带来很大影响，那就是电影。(×)
→ 胶片的发明催生了另外一个改变人类记录方式的事物，它的产生带来很大影响，那就是电影。

C는 두 문장을 한데 합쳐버린 것이다. '胶片的发明催生了另外一个改变人类记录方式的事物，它的产生带来很大影响'으로 구분하여 정확한 의미를 전달할 수 있도록 해야 한다.

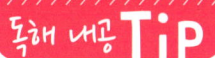 **혼란스러운 구조, 비논리적인 서술**의 특징

[**자주 출제되는 유형**] 혼란스러운 구조, 비논리적인 서술의 특징 및 쓰임에 대해 시험에 자주 출제되는 유형을 위주로 공부해 보자.

1 혼란스러운 구조

구조가 혼란스럽거나 뒤섞여서 명확한 의미를 알 수 없고, 앞뒷절이 연관성이 없어 이상한 결말을 초래하는 경우가 바로 이런 구조이다.

[1] 2개 이상의 격식을 한 문장에 같이 써서 이상하게 만든 경우

❶ 我校同学2010年的人情消费比2008年的平均花费相比，增加了近一倍。(×)
→ 我校同学2010年的人情消费和2008年的平均花费相比，增加了近一倍。
우리 학교 학생들의 2010년 선물에 쓴 소비는 2008년에 비해 두 배가량 증가했다.

▶ 문장 중의 '比……相比'는 '和……相比'와 '比……增加'를 함께 쓴 구조이다. 둘 중 하나의 격식만 골라 써야 한다.

❷ 生态环境改善取得了显著的成绩的关键是与政府采取多种措施调动了农民退耕还林的积极性分不开的。(×)
→ 生态环境改善取得了显著的成绩的关键是政府采取多种措施调动了农民退耕还林的积极性。
/ 生态环境改善取得了显著的成绩与政府采取多种措施调动了农民退耕还林的积极性分不开的。
생태계 환경 개선이 현저한 성과를 거둔 것은 정부가 여러 조치를 취해 농민들이 경작지를 산림으로 환원하게 한 데 있다.

▶ '关键是……'와 '与……分不开的'의 2개 격식이 한데 합쳐진 경우이다.

병구에서 흔히 보이는 격식이 합쳐진 경우

本着……为原则 (×)	→ 本着……原则，以……为原则
是为了……为目的的 (×)	→ 是为了……，……为目的的
对于……问题上 (×)	→ 对于……问题，在……问题上
由于……下 (×)	→ 由于……，在……下
原因是……造成的 (×)	→ 原因是……，是由……造成的
经过……下 (×)	→ 经过……，在……下
借口……为名 (×)	→ 借口是……，以……为名
因为……的原因 (×)	→ 因为……，是……的原因
靠的是……取得的 (×)	→ 靠的是……，是靠……取得的
大多以……为主 (×)	→ 多是……，以……为主
成分是……配制而成的 (×)	→ 成分是……，由……配置而成的
是由于……的结果 (×)	→ 是由于……，是……的结果
是以……为主 (×)	→ 是……，以……为主

(2) 2개의 문장이 한데 합쳐진 경우

❶ 我们向政府提意见是人民的责任。(×)
→ 向政府提意见是人民的责任。
정부에 의견을 제기하는 것은 국민의 책임이다.

▶ '我们向政府提意见'과 '向政府提意见是人民的责任'이 합쳐진 경우이다.

❷ 在旧社会，他利用开当铺进行残酷的高利贷剥削人民。(×)
→ 在旧社会，他利用开当铺进行残酷的高利贷剥削。
/ 在旧社会，他利用开当铺残酷地剥削人民。
예선에 그는 전당포를 이용해 고리대금으로 착취했다.
/ 예전에 그는 전당포를 이용해 악독하게 사람들을 착취했다.

▶ '利用开当铺进行残酷的高利贷剥削'와 '利用开当铺残酷地剥削人民'의 두 개 문장이 한데 합쳐졌다. '进行'은 동사목적어를 수반하는 동사이므로 '人民'과 함께 쓸 수 없다.

(3) 앞뒷절의 주어가 다른 경우

❶ 中国人民自从接受了马列主义思想之后，中国的革命就在毛泽东同志领导下大大改了样子。(×)
→ 自从中国人民接受了马列主义思想之后，中国的革命就在毛泽东同志领导下大大改了样子。
중국인민이 마르크스·레닌주의를 받아들인 이후로 중국의 혁명은 마오쩌둥의 지도하에 크게 변화되었다.

▶ 앞절의 주어는 '中国人民'이고, 뒷절의 주어는 '中国的革命'이다. 따라서 앞절의 주어의 위치를 개사 뒤로 옮겨야 전체적으로 의미가 통한다.

❷ 这次培训班的学员，除北大本校人员外，还有来自清华等高校的教师、学生也参加了学习。(×)
→ 这次培训班的学员，除北大本校人员外，还有来自清华等高校的教师、学生。
이번 연수반의 교육생은 북대교직원 이외에 또 칭화대에서 온 선생님과 학생들이다.

▶ 이 문장의 주어는 '学员'이다. 문장이 완전하게 끝나지도 않았는데 '还有来自清华等高校的教师、学生'이 또 다른 주어가 될 수는 없다.

❸ 恐怖分子的阴谋活动是应当加以揭露，而且能够把它揭露的。(×)
→ 恐怖分子的阴谋活动是我们应当加以揭露，而且能够把它揭露的。
테러리스트의 음모는 우리가 마땅히 밝혀야 하며, 또 그 내용은 공개해야 한다.

▶ 앞절에서 '加以揭露'한 것은 '我们'이다. 그러나 '我们'이라는 주어가 없으므로 이 문장의 주어는 자연히 '恐怖分子的阴谋活动'이 된다. 그러나 뒷절의 '能够把它揭露的'의 주어가 '恐怖分子的阴谋活动'이 될 수는 없으므로 주어 '我们'을 첨가하는 것이 맞다.

(4) 어순이 잘못된 경우

❶ 一位优秀的有20多年教学经验的国家队的篮球女教练辞职了。(×)
→ 国家队的一位有20年多教学经验的优秀的篮球女教练辞职了。
국가대표팀 20년 경력의 우수한 여자농구 코치가 사직했다.

▶ 관형어의 어순이 틀렸다. 이 문장에서 올바른 관형어의 순서는 '소유명사/대사(国家队的)+수량사(一位) +동사구(有20年多教学经验的)+형용사(优秀的)'이다.

❷ 在休息室里许多老师昨天都同他热情地交谈。(×)
→ 许多老师昨天在休息室里都热情地同他交谈。
여러 선생님은 어제 휴게실에서 그와 함께 다정하게 대화를 나눴다.

▶ 이 문장의 주어는 '许多老师'이므로 문장 맨 앞에 와야 한다. 또, 부사어의 어순이 틀렸는데, 이 문장에서 올바른 부사어의 순서는 '시간(昨天)+처소(在休息室里)+범위(都)+행위자 묘사 형용사(热情地)+대상(同他)'이다.

2 비논리적인 서술

어법상으로는 문제가 없지만 논리적으로 맞지 않는 문장들이 있다. 예를 들어 문맥이 모순되거나, 범위가 확실하지 않거나, 원인과 조건이 그 결과와 부응하지 않거나, 주객이 전도되는 경우 등이 그렇다.

[1] 한 문장에 쓴 어휘들이 어울리지 않아 문맥이 통하지 않고 모순적인 경우

❶ 过了一会儿, 汽车突然渐渐地停下来了。(×)
→ 过了一会儿, 汽车突然停下来了。
/ 过了一会儿, 汽车渐渐地停下来了。
잠시 후 자동차가 갑자기 멈췄다.
/ 잠시 후 자동차가 서서히 멈췄다.

▶ '突然'과 '渐渐'은 모순된 어휘이므로 한 문장에 함께 쓸 수 없다.

❷ 一辆越野车像离弦的箭一样, 在蜿蜒曲折的环山公路上疾驰。(×)
→ 一辆越野车像离弦的箭一样, 在高速公路上疾驰。
지프 한 대가 활시위를 떠난 활마냥 고속도로를 질주했다.

▶ '在蜿蜒曲折的环山公路上(구불구불한 산을 끼고 도는 국도)'과 '像离弦的箭一样(활시위를 떠난 활)'은 의미상 어울리지 않는다.

❸ 夜, 寂静无声, 只有雨滴在嘀嘀嗒嗒地响着。(×)
→ 夜, 寂静的只能听到雨滴在嘀嘀嗒嗒地响着。
밤에 적막한 가운데 똑똑 빗방울 떨어지는 소리만 들려왔다.

▶ '寂静无声(적막하니 아무 소리 없다)'와 '嘀嘀嗒嗒地响着(똑똑 물방울 떨어지는 소리가 나다)'는 모순된다.

❹ 他是多少个死难者中幸免的一个。(×)
→ 许多人遇难了, 他是幸免的一个。
많은 사람이 조난당했으나 그는 다행히 화를 피한 사람이다.

▶ '死难者'는 죽은 사람이다. 이와 '幸免(다행히 화를 면하다)'은 어울리지 않는다.

❺ 我断定他大概会考上大学。(×)
→ 我断定他会考上大学。
그는 대학에 합격할 것임이 틀림없어.

▶ '断定(단정하다)'과 '大概(아마도)'는 모순되는 말이므로 함께 쓸 수 없다.

[2] 범위가 불분명한 경우

❶ 市场经济的大好形势鼓舞着画家和文艺工作者为人民创作更多更好的作品。(×)
→ 市场经济的大好形势鼓舞着文艺工作者为人民创作更多更好的作品。
시장경제가 나아지면서 문예 종사자의 창작 활동에 더욱 활기를 불어넣고 있다.

▶ '文艺工作者'는 대개념이고 '画家'는 거기에 포함되는 소개념이므로 둘이 비교나 병렬의 대상이 될 수 없다.

❷ 人们一走进教学楼就会看到，所有关于澳门历史的图片和宣传画都被挂在走廊西边的墙壁上。(×)
→ 人们一走进教学楼就会看到，所有关于澳门历史的图片等宣传画都被挂在走廊西边的墙壁上。
강의동에 들어서면 마카오 역사에 관한 사진 등 선전화들이 복도 서쪽 벽에 걸려 있는 것을 볼 수 있다.

▶ '宣传画'에는 '图片'도 포함되므로 접속사 '和'가 아닌 '等'으로 고쳐야 한다.

[3] 원인과 조건이 그 결과와 어울리지 않는 경우

❶ 最近我这位朋友去了一趟南方，结果他的思想依然如故。(×)
→ 最近我这位朋友去了一趟南方，可是他的思想依然如故。
최근에 친구는 남부 지역에 갔다가 돌아왔다. 하지만 그의 생각에는 아무런 변화가 없었다.

▶ '结果'는 '원인이나 조건에 따라 새로 생긴 변화'라 할 수 있다. 그러나 이 문장에서는 남부 지역에 갔다가 돌아왔는데 즉, 변화는 있었는데 결과는 '依然如故(예전과 같다)'라고 했으므로 문맥상 '可是'를 써야 한다.

❷ 在前一阶段外语学习中，由于我重视了读、写练习，因而忽视了听、说能力的训练。(×)
→ 在前一阶段外语学习中，我重视了读、写练习，却忽视了听、说能力的训练。
나는 전 단계 외국어 학습에서 읽기와 쓰기는 중요시했으나 듣기와 말하기 연습은 소홀히 했다.

▶ '我重视了读、写练习'와 '忽视了听、说能力的训练'을 필연적인 인과관계로 볼 수 없다.

❸ 只有提高群众的劳动积极性，才能提高群众的觉悟，实行责任制。(×)
→ 只有提高群众的觉悟，实行责任制，才能提高群众的劳动积极性。
사람들의 의식을 제고시키고, 책임제를 실시해야만 업무에 대한 적극성을 높일 수 있다.

▶ 조건과 결과가 바뀌었다.

❹ 陈小宇同学今天没来上课，一定是病了。(×)
→ 陈小宇同学今天没来上课，可能是病了。
오늘 천샤오위가 결석했는데 아마 아픈가 보다.

▶ 수업에 참가하지 못하는 원인은 많다. 아픈 것만이 그 원인이 될 수는 없으므로, 확신을 나타내는 '一定'을 쓰기에는 조건이 불충분하다고 봐야 한다.

(4) 주객이 전도된 경우

❶ 在那个时候，报纸与我接触的机会是很少的。（×）
→ 在那个时候，我与报纸接触的机会是很少的。
그때 나는 신문을 접할 기회가 매우 적었다.

▶ '신문'이 나를 접하는 것이 아니라 '내가' 신문을 접하는 것이므로 이 문장은 주객이 전도되었다.

❷ 去年的学习成绩和今年比较起来大不相同。（×）
→ 今年的学习成绩和去年比较起来大不相同。
올해 성적을 작년과 비교해 봤을 때 현저한 차이가 있다.

▶ 선후(先后)관계를 잘 따져야 한다.

(5) 여러 번의 부정이 혼돈을 야기한 경우

❶ 难道能否定这次讨论会没有取得很大成功吗？（×）
→ 难道这次讨论会没有取得很大成功吗？
이번 회의에서 큰 성공을 거두지 못했다고 할 수 있는가?

▶ '难道(반어문), 否定, 没有' 삼중부정을 써서 말하고자 하는 의도와 상반된 결과를 가져왔다.

❷ 尘土太厚，这又怎能不让卫生检查团的人不皱眉头呢？（×）
→ 尘土太厚，这又怎能不让卫生检查团的人皱眉头呢？
먼지가 이렇게 많으니 위생검사원이 좋아하겠어?

▶ '又怎能(반어문), 不, 不皱眉头' 삼중부정으로 의미에 혼돈이 생겼다.

(6) 양면적 성질의 단어와 단면적 성질의 단어를 결합한 경우

❶ 能否做好教学工作，决定于老师有忠诚于学校的教育事业的思想。（×）
→ 能否做好教学工作，决定于老师有没有忠诚于学校的教育事业的思想。
수업 준비를 얼마나 잘 하느냐는 교사가 학교의 교육 사업에 대한 사상에 얼마나 충실한지에 의해 결정된다.

▶ 양면적인 성질의 단어인 '能否'와 단면적인 성질의 단어인 '有'는 어울리지 않는다.

❷ 一张报纸的生命力在于能否为读者奉上丰富、新颖、优质的精神食粮。（×）
→ 一张报纸能否具有生命力在于能否为读者奉上丰富、新颖、优质的精神食粮。
신문이 생명력을 지닐 수 있느냐는 독자들에게 풍부하고 참신한 양질의 정신적 양식을 제공할 수 있느냐에 달려 있다.

▶ 양면적인 성질의 단어인 '能否'에 맞게 문장의 균형을 맞춰주어야 한다.

실력 다지기

1~5 다음 중 어법적으로 틀린 문장을 고르시오.

1. A. 我们要认识和掌握事物的客观规律，尽量避免犯错误或少犯错误。
   B. "神舟号"飞船发射成功，谁能否认中国有进入国际载人航天技术领域的能力？
   C. 在访美期间，美方以不安全为由，试图劝阻江主席不去顾老师家，但江主席决意登门拜访。
   D. 无数事实告诉我们，不是没有不能克服的困难，所以应当满怀信心，去争取胜利。

2. A. 我们培养"四有"新人，是关系到我们国家前途命运的大事，也是教育战线的根本任务。
   B. 保持艰苦朴素的生活作风是关系到广大干部能否继承并发扬革命传统的大问题。
   C. 电子工业能否迅速发展，并广泛渗透到各行各业中去，关键在于能不能加速训练并造就一批专业技术人才。
   D. 这个文化站已成为教育和帮助后进青年的场所，多次受到上级领导的表彰。

3. A. 由人民艺术剧院推出的话剧《蔡文姬》定于5月1日在首都剧场上演。日前，演员正在紧张地排练之中。
   B. 近年来，我国加快了高等教育事业发展的速度和规模，高校将进一步扩大招生，并重点建设一批高水平的大学和学科。
   C. 不难看出，这起明显的错案迟迟得不到公正判决，其根本原因是党风不正。
   D. 我哪里会想到，出版一本译作需要那么多人的努力。

4. A. "世博会"是世界博览会的简称。
   B. 多吃胡萝卜和大蒜，能保护胃。
   C. 纪晓岚是清朝第一才子，他的故居位于北京市珠市口，他在那里居住的时间最长。
   D. 跳绳是一项非常有益的运动，能有效训练人们的耐力和协调力的提高。

5. A. 地质学家们认为，水在人类生存的地球上普遍存在。
   B. 田野里的杂草很难去除，最有效的方法措施就是在上面种上庄稼。
   C. 呼伦贝尔市面积很大，达到26.3万平方公里，相当于山东与江苏两个省的面积之和。
   D. 高学历的人在求职的时候，要有好的心态，不要认为只有研究生、博士才能找到好工作。

정답 및 해설은 해설서 p.29

제2부분

독해 제2부분은 총 10문항으로 빈칸에 들어갈 알맞은 단어를 고르는 유형이다.
전체적인 문맥을 이해하고 유의어를 정확히 구분할 수 있는지 테스트하는 것이 시험 목적이다.

빈칸에 들어갈 알맞은 단어 고르기

- 유의어
- 성어 및 4자 결구
- 기타

1 유의어

Guide

유의어는 뜻과 모양이 비슷하거나 쓰임이 비슷한 단어를 말한다. 유의어를 빼고는 독해 제2부분을 논할 수 없다. 과거 고등 HSK에 비해 난이도가 다소 낮아지고 전문성도 조금 떨어지기는 했으나 여전히 중요하기는 마찬가지이다. 이 과에서는 핵심어를 중심으로 묶어 HSK에서 자주 출제되는 가장 기본적이고 중요한 유의어들을 다뤘다.

주의 유의어는 의미의 이해도 중요하지만 **더 중요한 것은 용도의 파악**이다. 유의어마다 자주 쓰이는 단어의 조합을 암기하여 유의어 간의 차이를 분명히 해야 한다.

독해 급소공략

• 매 시험 10문제가 거의 유의어 관련 문제이다.

독해 제2부분의 10문제가 거의 유의어 관련 유형의 문제를 담고 있다. 유의어를 단숨에 마스터할 수는 없다. 중국어 학습 시간과 어휘량을 늘리고 어휘 활용의 정확성을 높여 자연스럽게 유의어 간의 차이를 구분할 수 있도록 해야 한다. 하지만 **평소 시험에 나올 유의어를 묶어 정리하고, 특징을 파악하고, 고정적인 결합 관계를 암기**한다면 비교적 짧은 시간 안에 유의어에 대한 자신감을 얻을 수 있을 것이다.

• 한국어 독음, 품사, 각각의 한자, 문맥을 꼼꼼히 따져라.

한국어로 독음해 보면 유의어 간의 차이가 극명해지는 경우가 종종 있고, **품사를 따지면** 뜻은 비슷하나 품사가 달라서 쓰임에 큰 차이가 나는 경우가 있다. 또 **한자 하나하나의 뜻을 살펴** 유의어의 같은 부분을 떼어내고 나면 뜻이 분명해진다. 마지막으로 **밑줄의 앞뒤와 전체 문맥을 보아야 한다**. 단어 하나가 중요한 것이 아니라 전체 흐름이 중요하기 때문이다.

• 중복 출제된 문제에서 유의어 유형의 감을 익히자.

新HSK의 역사는 길지 않지만 이미 중복 출제되며 시험의 유형을 만들어 가는 문제들이 있다. '기출문제'라 명명하고 답만 외울 것이 아니라 **왜 이 문제가 자주 출제되었고, 출제 포인트가 무엇인지 파악하여 관련 유형의 대처법을 익혀야 한다**. 이 책에 담은 모든 문제는 실제 新HSK 문제은행에서 발췌한 중요 문제들이지만, 다음의 예제 문제는 특히 중요한 유의어 관련 빈출 문제이므로 꼭 내 것으로 만들자.

예제로 감 익히기

Mission

지문을 읽고 빈칸에 들어갈 알맞은 단어를 보기에서 고르시오.

---

1 花样游泳是女子体育项目，原为游泳比赛间歇时的水中_____项目，是游泳、舞蹈和音乐的完美_____，有"水中芭蕾"之称。它是一项艺术性很强的_____的体育运动，但也需要力量和_____，需要多年的_____。

A. 竞赛　　配合　　优美　　速度　　培养
B. 表演　　结合　　优雅　　技巧　　训练
C. 演出　　联合　　精致　　技能　　培训
D. 娱乐　　组合　　华丽　　才干　　锻炼

花样游泳是女子体育项目，原为游泳比赛间歇时的水中<u>表演</u>项目，是游泳、舞蹈和音乐的完美<u>结合</u>，有"水中芭蕾"之称。它是一项艺术性很强的<u>优雅</u>的体育运动，但也需要力量和<u>技巧</u>，需要多年的<u>训练</u>。

A. 竞赛(×)　配合(×)　优美(○)　速度(×)　培养(×)
B. <u>表演(○)　结合(○)　优雅(○)　技巧(○)　训练(○)</u>
C. 演出(○)　联合(×)　精致(×)　技能(×)　培训(×)
D. 娱乐(×)　组合(×)　华丽(○)　才干(×)　锻炼(○)

싱크로 나이즈드 스위밍은 여자 체육 종목으로, 원래 수영경기 중 쉬는 시간 때의 <u>공연</u>이었고, 수영, 춤, 음악의 완벽한 <u>결합</u>으로 '수중발레'라고 불린다. 이는 예술성이 강한 <u>우아한</u> 스포츠로, 힘과 <u>기교</u>가 필요하고 다년간의 <u>훈련</u>이 필요하다.

A. 경쟁　　배합　　우아하고 아름답다　　속도　　배양하다
B. 공연　　결합　　우아하다　　기교　　훈련하다
C. 공연　　연합　　정교하다　　기능　　훈련하다
D. 오락　　조합　　화려하다　　재능　　단련하다

花样 huāyàng 몡 (무늬의) 모양새, 스타일 | 歇 xiē 동 휴식하다, 쉬다 | 舞蹈 wǔdǎo 몡 춤 | 芭蕾 bālěi 몡 발레

---

1 B 첫 번째 빈칸부터 보면, 앞의 '歇'에서 '竞赛(A)'가 답이 아님을 알 수 있다. '表演(B)'과 '演出(C)'는 유의어로 모두 '공연'의 의미를 지니고 있으므로 정답의 가능성이 있지만, 이 둘의 차이점은 '演出'는 목적어를 수반할 수 없다는 것이다.
두 번째 빈칸에서 '配合(A), 结合(B), 联合(C), 组合(D)'는 모두 '합치다'라는 의미를 지니고 있다. 하지만 이중 '둘 이상을 한데 합쳐 새로운 것을 만들어 내는 것'은 '结合(D)'이다.
세 번째 빈칸에서는 '艺术性很强'과 '体育运动'에서 '모양, 무늬 등 물건이 정교하다'의 의미를 지닌 '精致(C)'는 답이 될 수 없음을 알 수 있다.
네 번째 빈칸을 보면 수중발레에 필요한 것은 '테크닉'인데, 이에 해당되는 것은 '技能(C)'이 아니라 '技巧(B)'이다.
다섯 번째 빈칸은 한국어로 독음하여 답을 가려보자. A.培养(배양하다), B.训练(훈련하다), C.培训(배훈하다), D.锻炼(단련하다). 김연아 선수가 올림픽 금메달을 따기 위해 다년간 한 것은? 당연히 피나는 '훈련(训练-B)'이었을 것이다.

독해 내공 TIP — 유의어

유의어는 독해 제2부분의 핵심이라고 할 수 있다. 이번 과에서는 시험에 자주 출제되는 유의어를 모아 정리해 두었다. 매일 계획적으로 정리하고 암기하여 시험에 대비하도록 하자.

A

- 爱 : 爱护 / 爱戴 / 敬爱 / 热爱

爱护 àihù 동 아끼고 보호하다	극진히 돌보는 것에 중점을 둔다. 대상은 사람, 사물, 동물이 될 수 있고, 사람의 경우 상하관계와 동년배 사이에 모두 사용할 수 있다.
	爱护公物 / 爱护眼睛 / 爱护年轻一代
	我们班的同学来自世界各国，大家互相关心，互相爱护，像一家人一样。 우리 반은 세계 각국에서 온 친구들이 모여 있는데 마치 한 가족처럼 서로에게 관심을 갖고 아껴준다.
爱戴 àidài 동 우러러 섬기다, 추대하다	존경과 애정을 가지고 옹호하는 것을 가리킨다. 아랫사람이 윗사람에게, 대중이 지도자나 영웅에게, 후배가 선배에게 쓰는 말이다.
	衷心爱戴他 / 爱戴的领袖 / 受到爱戴
	英雄令人爱戴。 영웅은 사람들의 추대를 받는다.
敬爱 jìng'ài 동 경애하다	상급자나 연장자에 대해 존경하고 추대하다
	敬爱他 / 敬爱的老师 / 敬爱的领袖
	敬爱的母亲，您是我一生最爱的人。 존경하는 어머니, 당신은 제가 평생 가장 사랑하는 사람입니다.
热爱 rè'ài 동 열렬히 사랑하다	사람, 사물, 장소를 열렬히 사랑하다
	热爱祖国 / 热爱人民 / 热爱生活
	在我内心深处深深地热爱着我的祖国。 내 마음 깊은 곳에서부터 조국을 뜨겁게 아끼며 사랑하고 있다.

	……的领袖	受到……	……的老师，您好！
爱戴	○	○	×
敬爱	○	×	○

B

- 保 : 保证 / 保障 / 保险

保证 bǎozhèng ⑧ 보증하다, 서약하다 ⑨ 보증	(일, 계획, 행동 등을) 책임지고 완성하다. '어떤 일을 해내겠다'는 약속의 의미가 강하다. 어떠한 일이나 상황을 안전하고 순조롭게 할 수 있는 사람, 사물 또는 조건을 가리킨다.
	保证完成任务 / 保证丢不了 / 保证你喜欢
	我向您保证今后绝对不会再犯同样的错误。 앞으로는 절대 같은 실수를 저지르지 않겠습니다.
保障 bǎozhàng ⑧ 보장하다, 보증하다 ⑨ 보장, 보증	생명, 재산, 권리, 안전, 자유 등을 외부의 악영향으로부터 손상되지 않도록 보호하다. '保证'보다 더 무거운 어감이다.
	保障人权 / 保障财产 / 保障自由 / 保障供给
	只有加快经济发展的步伐，才能保障人们的供给。 경제 발전에 박차를 가해야만 국민들에게 공급을 보장할 수 있다.
保险 bǎoxiǎn ⑱ 안전하다, 믿음직스럽다 ⑨ 보험	안전하고 믿을 수 있다. 돈, 생명 등에 손해를 본 후 보상 받는 방법
	他很保险 / 银行很保险
	随着社会的不断进步，人们的保险意识越来越强了。 사회가 끊임없이 발전함에 따라 사람들의 보험에 대한 인식이 점점 강해지고 있다.

	有……	……我按时做到	……人民生命财产
保证	○	○	×
保障	○	×	○

- 必 : 必须 / 必需 / 必要 / 需要

必须 bìxū ⑨ 반드시, 꼭	사실상, 감정상 반드시 ~해야 한다
	必须你走一趟 / 你必须好好学习 / 必须冷静
	早晨必须吃早饭，否则会影响健康。 아침은 꼭 먹어야 한다. 그렇지 않으면 건강에 영향을 줄 것이다.
必需 bìxū ⑧ 꼭 필요로 하다	없어서는 안 된다
	这些东西都必需 / 生活必需品 / 必需的支出
	日常生活用品是每天必需的，一定要常备。 일상생활 용품은 항상 필요한 것이므로 반드시 구비해 놓아야 한다.
必要 bìyào ⑱ 필요로 하다	반드시 ~해야만 한다
	这样做很必要 / 没有这个必要 / 必要的措施 / 必要的条件
	这次出差要半个月，多带点换洗的衣服是必要的。 이번 출장은 보름이 걸리므로 갈아입을 옷을 조금 더 넉넉하게 가져가야 한다.

需要 xūyào 통 반드시 필요하다 형 필요, 요구	꼭 있어야 한다. 사물에 대한 필요, 요구
	需要时间 / 需要帮助 / 需要休息 / 形式的需要 / 个人需要 / 经济需要
	你应该明白，我现在需要的是鼓励而不是泼冷水。 내게 지금 필요한 것은 따뜻한 격려이지 찬물을 끼얹는 것이 아니라는 것을 너는 알아야 한다.

	很……	……的过程	孩子……关心
必要	○	○	×
需要	○	×	○

• 便 : 便利 / 方便 / 便于 / 以便

便利 biànlì 형 편리하다 동 편리하게 하다	조건이 좋아서 사용하거나 행동하기에 어려움 없이 쉽게 목적한 바를 이룰 수 있다
	生活很便利 / 购物便利 / 交通便利 / 便利旅客 / 便利灌溉 / 便利资金周转
	北京的地铁四通八达，交通越来越便利了。 베이징은 지하철이 발달되어 있어 교통이 점점 편리해지고 있다.
方便 fāngbiàn 형 편리하다 동 편리하게 하다	편리하고 적당하다. 불편함을 느끼지 않게 하다
	买东西很方便 / 交通不方便 / 上学方便就餐 / 方便顾客 / 方便群众
	我家楼下就是大超市，购物方便极了。 우리 집 건물 아래에는 대형 슈퍼마켓이 있어서 물건 사기에 매우 편리하다.
便于 biànyú 동 ~하기에 편하다	~하기에 쉽다
	便于休息 / 便于沟通 / 这样便于工作
	你们是搭档，宿舍挨得近点，这样更便于工作。 너희는 파트너니까 기숙사도 좀 가까워야 일하기에 더 편하다.
以便 yǐbiàn 접 ~하기에 편리하도록	~하기 위하여
	你休息一下，以便消除疲劳。
	明天大家提前一小时到会场，以便做好前期准备。 내일은 미리 준비해야 하니 1시간 전에 회의실에 와주세요.

	交通……/……顾客	最近我手头不太……
便利	○	×
方便	○	○

	……使用/……保护	不……携带	你说得慢点，……大家纪录。
便于	○	○	×
以便	○	×	○

- 表 : 表示 / 表明 / 表现 / 显示

表示 biǎoshì 동 밝히다, 나타내다, 의미하다 명 언동, 행동	말이나 행동으로 사상이나 태도를 전달하거나 어떤 사물을 통해 의미를 나타내다. 사상, 감정을 표현하는 언어나 행동, 정신
	表示同意 / 表示欢迎 / 国防部长表示, …… / 点头表示同意 / 不满的表示
	我为他做了很大的牺牲，付出了很多心血，他成功后对我没有任何表示。 나는 그를 위해 많은 희생을 했고 노력을 기울였다. 하지만 그는 성공한 후 나에게 아무런 표현도 하지 않았다.
表明 biǎomíng 동 분명하게 밝히다	분명히 밝히다, ~가 밝히다, ~가 ~라고 말하다
	表明态度 / 表明主张 / 表明立场 / 表明意见 / 调查表明
	他红着脸向我表明心迹，说会爱我一生一世，永不变心。 그는 얼굴을 붉히며 영원히 사랑하겠다고 나에게 자신의 마음을 고백했다.
表现 biǎoxiàn 동 표현하다 명 표현	드러내 보이다, 고의로 (자신을) 남에게 과시하다, 생활, 작업, 학습 등에서 반영되는 행동, 태도 혹은 사물의 상태나 현상
	表现感情 / 表现思想 / 表现出不满 / 爱表现自己 / 充分表现
	一直以来，无论是工作中还是其他方面，他都表现得很突出。 지금까지 그는 일이든 뭐든 간에 언제나 특출났다.
显示 xiǎnshì 동 나타내다	뚜렷하게 나타내 보이다, 좋은 것을 과시하다, ~가 밝히다
	充分显示 / 结果显示 / 显示出来 / 显示实力 / 显示威力 / 显示技术
	这次阅兵式规模之宏大，充分显示了国家的强大。 이번 열병식 규모의 웅대함은 국가의 강대함을 충분히 보여주었다.

- 常 : 常常 / 往往 / 经常 / 时常

常常 chángcháng 부 자주, 항상	과거, 현재, 미래시제에 모두 쓸 수 있으며, 동작이나 일의 발생 빈도가 잦고 발생 간격이 짧다.
	常常去 / 常常发生 / 常常堵车 / 常常迟到
	我常常喝醉酒，所以常常被老婆骂。 나는 항상 술을 취하도록 마셔서 아내에게 자주 구박을 받는다.
往往 wǎngwǎng 부 자주, 종종	어떤 상황이 늘, 자주 일어난다. 과거에 일정한 규칙성이 있을 때 쓴다.
	他往往学习到…… / 冬天，我往往要生……
	由于我工作太忙，往往忽略了妻子的感受，有时很愧疚。 나는 일 때문에 너무 바빠서 아내의 기분을 자주 무시했는데 가끔 내심 몹시 미안하다.

cf> '常常'과 '往往'의 차이점

① '常常'은 '과거, 현재, 미래'에 모두 쓰이지만, '往往'은 '과거'에만 쓰인다.
예) 希望你以后常常来。(往往X)

② '往往'은 일정한 규칙성(현재까지 출현한 상황에 대한 결론)을 갖지만, '常常'은 꼭 그렇지는 않다.
예) 小刘往往学习到深夜。(O) → 小刘往往学习。(X) / 小刘常常学习。(O)

③ '常常'은 객관적인 상황과 주관적인 바람을 모두 나타내지만 '往往'은 객관적인 상황만 나타낸다.
예) 我不希望常常发生这种事。(往往X)

经常 jīngcháng 부 늘, 항상 형 보통이다, 일반적이다, 정상적이다	행위나 상황의 발생 횟수가 많거나 빈도수가 높아 습관적인 것을 말한다. 서술어로 쓰일 수 없다.
	我经常去…… / 他经常挨批评…… / 经常的工作 / 经常的任务
	我经常上网浏览一些时政新闻，对我了解国家大事很有益处。 나는 항상 인터넷으로 시정뉴스를 봐서 국사와 관련된 사항을 이해하는 데 많은 도움이 된다.
时常 shícháng 부 늘, 자주, 항상	어떤 일이 한 번으로 그치지 않고 짧은 간격으로 자주 발생한다. 어감은 '经常'보다 가볍다.
	他时常给家里…… / 他时常买点菜……
	中国的饭菜很油腻，我时常买点菜自己做韩餐解解馋。 중국 음식은 너무 느끼해서 나는 늘 재료를 사 와서 한국 음식을 만들어 먹곤 한다.

	暑假他……要回国去度假。	以后我一定……来看你。
常常	○	○
往往	○	×

• 成 : 形成 / 造成 / 构成 / 组成

形成 xíngchéng 동 형성하다	오랜 기간에 걸쳐 천천히 조금씩 발전하고 변화하여 어떤 특징이 생기다
	形成习惯 / 形成规模 / 形成了一个党派 / 形成对比
	十年不见，这里已经形成了一个海陆空立体交通的现代化城市。 10년을 못 와봤더니 이곳은 이미 육해공 입체 교통 시스템을 갖춘 현대화된 도시가 되었다.
造成 zàochéng 동 조성하다, 발생시키다	좋지 않은 사태나 상황을 발생시키다
	造成后果 / 造成车祸 / 造成误会 / 造成损失
	由于建筑商的利欲熏心，建造了很多豆腐渣工程，造成了很多安全隐患。건설업자의 사리사욕으로 인해 많은 부실공사가 이뤄졌고 (건물) 안전에 각종 위험요소가 도사리고 있다.
构成 gòuchéng 동 구성하다, 형성하다	다르고 많은 사물을 한데 모아 하나의 사물로 만들다. 하나의 사물이 여러 개체로 구성됨을 말하며, 사람에게는 쓰지 않는다.
	构成威胁 / 构成危害 / 由几个小姑事构成
	蓝天白云，青山绿水，果树稻田，小溪流水，构成一幅美丽的大自然油画。 파란 하늘과 흰 구름, 푸른 산과 맑은 물, 과일나무와 논, 작은 냇물에 흐르는 물이 한 폭의 아름다운 풍경화를 연출했다.

组成 zǔchéng 동 구성하다, 조직하다	부분이 전체가 되는 것을 말하며 사람과 함께 쓸 수 있다.
	组成一个集体 / 组成统一战线 / 由几个人组成
	人的身体是由筋骨组成的。 인체는 근육과 뼈로 이루어져 있다.

● 持 : 保持 / 维持 / 坚持

保持 bǎochí 동 유지하다, 보유하다, 지키다	위생, 전통, 기풍, 연락, 경계심 등을 원래의 상태대로 계속 지속시켜 나가다. 변하거나 중단되지 않다
	保持成绩 / 保持联系 / 保持安静 / 保持传统
	越是有钱，越要保持勤俭节约的好传统。 돈이 있을수록 근검절약하는 좋은 습관을 유지해야 한다.
维持 wéichí 동 유지하다	생활, 생명, 질서 등을 지금보다 더 나빠지지 않도록 겨우 유지해 나가는 것을 뜻하며, '保持'보다 지속되는 시간이 비교적 짧다.
	维持秩序 / 维持生命 / 维持关系 / 维持治安
	维持社会安定，人们才能安居乐业。 사회의 안정을 유지해야 사람들이 편안하고 행복하게 살 수 있다.
坚持 jiānchí 동 견지하다, 고수하다	단호히 유지하여 변하지 않다. 비교적 어려운 조건이나 투쟁 등에서 장시간 하나의 주장, 관점, 태도, 습관 등을 지켜나가다
	坚持原则 / 坚持自己的观点 / 坚持学习 / 坚持到底
	胜利往往存在于再坚持一下的努力之中。 승리는 언제나 끊임없이 노력하는 자에게 있다.

	……现状	……物价稳定/冷静	……秩序/……生活
保持	○	○	×
维持	○	×	○

● 重 : 重复 / 反复 / 重新

重复 chóngfù 동 중복하다, 반복하다	같은 일이 다시 나타나거나 똑같이 한 번 또는 여러 번 중복되다
	重复过去的错误 / 重复说 / 发言重复 / 内容重复
	为了避免重复做那些劳而无功的事情，请事前做好充分的准备。 헛수고가 반복되지 않도록 사전에 충분히 준비해 주시기 바랍니다.
反复 fǎnfù 부 계속하여, 반복하여 명 반복	한 차례 또 한 차례 여러 차례 중복되다. 같거나 비슷한 행위, 동작이 중복되어 일어나다. 중복되는 상황, 여러 번 반복하여 진행한다는 뜻이지만 반드시 원래와 똑같지는 않다는 점에서 '重复'와 다르다.
	反复解释 / 反复地读 / 反复讨论 / 事情有过反复 / 出现反复

	他的病情很不稳定，又出现了反复。 그의 병세가 불안정하여 반복적인 상황이 또 나타났다.
重新 chóngxīn 분 다시, 새로이	처음부터 방법과 내용을 바꿔 다시 하다
	重新修改 / 重新开始 / 重新做人
	经过治疗和自己顽强的康复训练，他瘫痪的双腿又重新站起来了。 치료와 본인의 강도 높은 재활 훈련을 통해 그는 마비되었던 두 다리로 다시 일어나게 되었다.

	……使用	再……一遍	……考虑
重复	○	○	×
反复	○	×	○

D

- 达 : 达到 / 到达

达到 dádào 동 이르다, 다다르다	어떠한 수준에 이르거나 목적, 바람, 기준 등을 만족시키는 것을 뜻하며, 장소목적어를 수반하지 않는다.
	达到标准 / 达到目的 / 达到目标 / 达到水平
	要想达到人生的远大理想，就要脚踏实地的一步一步向前走。 인생의 원대한 목표에 도달하려면 차근차근 한 걸음씩 앞으로 나아가야 한다.
到达 dàodá 동 도달하다, 도착하다	어떤 시점이나 단계에 이르렀음을 뜻하며, 장소목적어를 수반할 수 있다.
	到达目的地 / 到达首都 / 轮船到达 / 安全到达
	经过十几个小时的空中颠簸，我终于安全的到达了目的地。 나는 열 시간 이상을 공중에서 흔들거리다가 마침내 안전하게 목적지에 도달했다.

	……目的	……目的地
达到	○	×
到达	×	○

- 担 : 担任 / 负担 / 担负 / 承担

担任 dānrèn 동 담당하다, 맡다	어떤 일이나 직무를 맡아 책임지다. 구체적인 직무나 명칭과 함께 쓴다.
	担任经理 / 担任指挥 / 担任翻译
	他担任经理以后，更加努力了，也更加辛苦了。 그는 사장이 된 후 더욱 노력하게 되었고, 또 더욱 힘들게 되었다.

负担 fùdān 동 부담하다 명 부담	책임, 일, 비용 등을 부담하다	
	负担生活费用 / 负担重要使命 / 家庭负担 / 精神负担 / 减轻负担 / 加重负担	
	他父亲去世了，他家的经济负担很重，我想帮帮他。 그의 아버지께서 돌아가신 후 그의 집안의 경제적인 부담이 심하다. 그래서 나는 그를 돕고 싶다.	
担负 dānfù 동 부담하다	비용, 일, 임무, 책임 등을 부담하는 것을 뜻하며, 구체적인 직무나 명칭과 함께 쓰이지 않는다. '承担'과 달리 '担负'에는 '용감하다'는 뜻이 없다.	
	担负全部工作 / 担负学费 / 担负责任	
	军人担负着保卫国家安全和保护人民利益的重任。 군인은 국가의 안전과 국민의 이익을 보호할 책임을 지고 있다.	
承担 chéngdān 동 맡다	일, 책임, 비용, 의무 등을 거절하거나 포기하지 않고 용감하게 맡아 책임지는 것을 뜻하며, 구체적인 직무나 명칭과는 함께 쓰이지 않는다.	
	承担这项工作 / 承担责任 / 承担罪名	
	我已经大了，应该承担起家庭的责任，让父母少操一些心。 나는 이미 어른이 되었으니 집안의 일을 맡아 부모님의 걱정을 덜어 드려야 한다.	

	……领导工作	……责任/……警卫任务	……重要职务/……部长
担负	○	○	×
担任	○	×	○

● 当 : 适当 / 恰当 / 妥当

适当 shìdàng 형 알맞다, 적당하다	시기, 장소, 의견, 규정, 정도, 방식, 조치 등이 상황과 요구에 부합하고 알맞다	
	内容要适当 / 这样安排很适当 / 地点不适当	
	要适当地给她点压力，不要让她松懈下来。 그녀에게 적당한 스트레스를 줘서 나태해지지 않도록 해야 한다.	
恰当 qiàdàng 형 알맞다, 적절하다	언어, 방법, 태도, 주장, 행동 등이 정확하고 알맞다	
	方式恰当 / 意见恰当 / 说法恰当 / 说得恰当	
	说话要恰当，做事要稳当。말은 적절하게 하고 일은 믿음직스럽게 해야 한다.	
妥当 tuǒdàng 형 알맞다, 타당하다	분석, 안배, 조치 등이 정확하고 알맞다	
	办事妥当 / 安排得妥当 / 这种话不妥当 / 这样办很妥当	
	这种决定很不妥当，要立刻修正。이 결정은 정말 타당하지 않다. 당장 수정해야 한다.	

F

- **法** : 方法 / 方式 / 做法 / 办法

方法 fāngfǎ 명 방법, 수단, 방식	일을 진행, 처리할 때 채택하는 방법, 수단이나 사상, 말, 학습, 일, 행동 등 문제를 해결하는 방법
	学习方法 / 教学方法 / 思想方法 / 工作方法
	思想工作要讲究**方法**，才能让人心服口服。 이데올로기 작업은 방법을 잘 선택해야 사람들이 따른다.
方式 fāngshì 명 방식, 일정한 형식	말을 하거나 일을 할 때의 방법 또는 형식
	思维方式 / 生活方式 / 注意说话的方式
	他的思维**方式**很奇特，总是不断地跳跃，毫无主题可言。 그의 사고방식은 매우 독특해서 언제나 주제를 벗어난 이야기를 한다.
做法 zuòfǎ 명 (만드는) 법, (하는) 방법	일을 처리하거나 제품을 만드는 방법
	家常菜做法 / 统计人数的做法
	其实红烧肉的**做法**很简单，有时间我教你。 사실 홍사오러우를 만드는 방법은 매우 간단해. 시간 날 때 가르쳐 줄게.
办法 bànfǎ 명 방법, 수단, 조치	일을 처리하고 문제를 해결하는 수단으로, 큰 일이나 작은 일에 모두 쓰일 수 있다.
	好办法 / 想办法 / 有办法 / 解决问题的办法
	这位同学搞笑的**办法**很多，常常让我忍俊不禁。 이 친구는 사람을 웃게 하는 재주가 많아 언제나 나를 웃지 않을 수 없게 한다.

	想……	有……/没……	科学……/工作……
办法	○	○	×
方法	○	×	○

	工作……	生活……	学习……
方式	○	○	×
方法	○	×	○

G

- **果** : 结果 / 成果 / 效果 / 后果

结果 jiéguǒ 동 결과	일정한 단계에서 사물이 발전하여 다다른 마지막 상태로, 나쁜 결과와 좋은 결과 모두에 쓰이며, 긍정적인 뜻과 부정적인 뜻을 동시에 지닌다.
	有结果 / 比赛的结果 / 必然的结果 / 努力的结果

		最终的结果大家还是满意的，虽败犹荣。 다들 최종 결과에 대해 만족하니 비록 실패는 했지만 영광이다.
成果 chéngguǒ 명 성과, 업적	업무나 사업상에서 얻은 객관적인 좋은 결과, 긍정적인 뜻을 지닌다.	
	获得成果 / 取得成果 / 劳动成果 / 科技成果 / 创造性的成果	
	改革开放以来中国的经济建设取得了巨大成果，让国人欢欣鼓舞。 개혁개방 이후로 중국의 경제 건설은 많은 성과를 거두며 국민들을 고무시켰다.	
效果 xiàoguǒ 명 효과	어떤 일이나 사물, 사람의 영향이나 작용으로 생긴 주관적인 좋은 결과로, 내게 좋을 수도 있지만 다른 사람에게는 나쁠 수 있으며, 긍정적인 뜻과 부정적인 뜻을 동시에 지닌다.	
	没有效果 / 治疗效果 / 教学效果 / 音响效果 / 效果宣传	
	媒体的宣传效果极佳，销售额直线上升。 매스컴의 홍보 효과는 대단하다. 매출이 수직으로 상승했다.	
后果 hòuguǒ 명 (좋지 않은) 결과	부정적인 뜻을 가진다.	
	承担后果 / 一切后果由你负责	
	由此产生的后果你要负全责，绝不姑息。 이로 인해 빚어진 결과는 모두 네가 책임져야 한다. 절대로 봐주지 않겠다.	

	获得巨大的……	造成严重的……
成果	○	×
后果	×	○

● **关** : 关心 / 关怀 / 关照 / 关注

关心 guānxīn 동 관심을 갖다	사람이나 사물에 대해 주의를 기울이고 중요시하며 늘 신경 쓰다
	老师关心学生 / 关心政治 / 关心天气预报 / 关心国家大事
	现代年轻人应该学会关心国家大事。요즘 젊은이들은 국가 대사에 관심을 가져야 한다.
关怀 guānhuái 동 배려하다, 보살피다	(상사가 아랫사람에게, 노인이 젊은이에게, 집단이 개인에게) 관심을 갖고 아껴주다 라는 뜻으로 어감은 '关心'보다 무겁다.
	政府关怀人民 / 领导关怀群众 / 关怀病人 / 在老师的关怀下
	敬老院的老人在全社会的关怀下生活得到了保障。 양로원의 노인들은 사회의 보살핌 속에 생활을 보장받는다.
关照 guānzhào 동 돌보다	관심을 가지고 살피다, 상대방을 위해 전면적인 안배를 하다
	关照朋友 / 关照客人 / 多多关照 / 承蒙关照 / 请多关照
	承蒙您的关照，我现在生活的很好，十分感谢。 보살핌 덕분에 저는 잘 지내고 있습니다. 정말 감사합니다.

Ⅱ-1. 유의어 149

关注 guānzhù ⑧ 주시하다	관심을 가지고 중시하다, 배려하다
	受到关注 / 引起关注 / 予以深切的关注 / 对这件事十分关注
	不断攀升的房价已经引起政府高层的关注，抑制房价迫在眉睫。 정부 고위층은 계속되는 부동산 가격 상승에 이미 예의 주시하고 있으며, 부동산 가격 억제가 시급한 문제로 대두되었다.

	……青年人的成长	……国家大事	亲切……
关心	○	○	×
关怀	○	×	○

- 供 : 提供 / 供应 / 供给

提供 tígōng ⑧ 제공하다	물자, 자료, 의견, 조건 등을 줘서 사용하거나 참고하게 하다
	提供劳动力 / 提供资料 / 提供帮助 / 提供一笔资金
	你向老总提供的销售信息有误，让公司遭受了损失。 당신이 사장님께 제공한 영업 정보에 착오가 있어서 회사에 손실을 입혔다.
供应 gōngyìng ⑧ 제공하다, 공급하다	필요를 채우기 위해 물자나 인력을 주다
	供应居民 / 供应节日物品 / 供应水果 / 供应蔬菜
	今年的春节市场，各种物品供应充足。올해 설 시장에는 각종 물품 공급이 부족하다.
供给 gōngjǐ ⑧ 급여하다, 공급하다	생활에 필요한 돈, 물자 등의 구체적인 물건을 필요로 하는 사람에게 주다
	物资供给 / 国家供给 / 学校供给 / 由国家供给 / 免费供给
	调集一切可调集的物资，保障灾区所需物品供给。 동원 가능한 물자는 모두 동원해서 재난 지역에 필요한 물품 공급을 보장했다.

H

- 合 : 合适 / 适合 / 适宜 / 适当

合适 héshì ⑧ 적당하다, 알맞다, 적합하다	실제 상황 혹은 요구가 모순됨 없이 같음을 뜻하며, 관형어로 쓸 수 있지만 부사어로는 쓸 수 없다.
	这个人很合适 / 你们俩很合适 / 合适的解释 / 合适的衣服
	孩子的婚礼你穿这套西装很合适，也很得体。 아이의 결혼식에 당신은 이 양복을 입는 것이 적당하고 격식에도 맞아요.
适合 shìhé ⑧ 적합하다, 알맞다	'合适'와 뜻은 같지만 부사어로 쓸 수 있다.
	适合中年人 / 适合他的身材 / 适合大学生阅读
	中国一直坚持走适合自己发展的，具有中国特色的社会主义道路。 중국은 줄곧 자국에 맞는 발전의 길을 걸어왔으며 중국 특색의 사회주의 노선을 갖고 있다.

适宜 shìyí 휑 적당하다, 적절하다 통 ~에 적합하다, ~하기에 알맞다	주로 어떤 요구에 부합되는 것을 가리키며, 서면어로 쓰인다. 어감은 '适合'보다 무겁다.	
	温度适宜 / 气候适宜 / 适宜的运动 / 适宜种植果树 / 冬季适宜食补	
	美丽的海滨城市，碧海蓝天，冬暖夏凉，那里很适宜老人居住。 아름다운 해변의 도시, 푸른 바다와 파란 하늘, 겨울은 따뜻하고 여름은 시원한 그곳은 노인이 살기에 적당하다.	
适当 shìdàng 휑 적당하다, 적합하다	'适宜'는 형용사 겸 동사이므로 목적어를 수반할 수 있지만, '适当'은 형용사이므로 목적어를 수반할 수 없다.	
	措辞适当 / 适当的调整 / 适当的机会	
	我想找个适当的机会去中国看看。 나는 적당한 기회가 있으면 중국에 가 보고 싶다.	

	很……/不……	大小……/……的工作	……这里的情况/……我的口味
合适	○	○	×
适合	○	×	○

	……的工作	……的机会	……的环境
适当	○	○	×
适宜	○	×	○

● 合 : 配合 / 结合 / 组合

配合 pèihé 통 협동하다, 어울리다, 조화롭다	각 분야별로 분업, 합작하여 공동의 임무를 완성하다	
	配合领导 / 配合组织 / 配合得很好 / 他很配合工作	
	这次比赛我们俩配合得天衣无缝，获得了极大成功。 이번 시합에서 우리 둘은 완벽하게 호흡을 맞춰 큰 성공을 거두었다.	
结合 jiéhé 통 결합하다	(사람과 사람, 사물과 사물이) 긴밀하게 연결되어 있다, 혼인관계를 맺다	
	结合具体情况 / 结合实际制定计划 / 结合在一起 / 王东和玲玲结合了	
	不要光啃书本上的知识，要理论结合实际。 책에 있는 지식에만 의존할 것이 아니라 이론과 실제를 결합해야 한다.	
组合 zǔhé 통 조합하다 명 조합	조직하여 합치다, 조합하여 이루어진 것	
	词汇组合 / 商业组合 / 重新组合 / 组合而成 / 组合音响	
	这部书是由上册和下册而组合的。 이 책은 상권과 하권으로 구성되어 있다.	

	……情况/……实际	词汇……/……家具
结合	○	×
组合	×	○

- 糊 : 模糊 / 含糊 / 糊涂

模糊 móhu 형 모호하다, 애매하다 동 모호하고 흐리게 하다	화면, 필적, 경계선 혹은 사람의 느낌, 인상, 기억 등이 정확하지 않다
	眼睛模糊 / 声音模糊 / 形象模糊 / 认识模糊 / 泪眼模糊
	他的故事感人肺腑，听着听着我的泪水模糊了我的双眼。 그의 이야기는 깊은 감명을 준다. 듣다 보니 눈물로 눈앞이 흐려졌다.
含糊 hánhu 형 모호하다	언행이나 태도가 명확하지 않다, 진지하지 못하고 대충대충 소홀히 하다
	说话含糊不清 / 意思含糊 / 不能有丝毫含糊 / 做什么事都不能含糊
	有话直说，不要含糊不清，一定要把事情弄得水露石出。 할 말이 있으면 돌려서 이야기하지 말고 단도직입적으로 이야기해라. 상황을 확실히 알아야겠다.
糊涂 hútu 형 어리석다, 어리둥절하다	사물에 대한 인식이 명확하지 않고 흐리멍텅하다, 사물의 내용이 혼란스럽다
	老人糊涂了 / 头脑糊涂 / 听了这些话妈妈糊涂起来了
	你今天怎么前言不搭后语，神不守舍，我真的被你搞糊涂了。 너 오늘 왜 이리 말에 두서가 없고 정신이 없니? 너 때문에 나까지 정신이 없다.

	很……/不……	说话……/他做事不……	字迹……/……的印象
含糊	○	○	×
模糊	○	×	○

J

- 精 : 精彩 / 精细 / 精致 / 细致

精彩 jīngcǎi 형 뛰어나다, 훌륭하다	매우 훌륭해 사람을 매료시키다
	文章精彩 / 发言精彩 / 表演精彩 / 电影精彩 / 精彩的节目
	晚会很精彩，来了几位难得一见的大明星。 파티는 정말 근사했다. 정말 보기 어려운 대스타들이 참석했다.
精细 jīngxì 형 세심하다, 정교하다	(사람이) 섬세하게 고려하고 주도면밀하다, (물건이) 정교하고 정밀하다
	计算精细 / 为人精细 / 考虑问题很精细 / 师傅很精细
	稻香村的点心选料精细，做工精致，是一家北京老字号。 다오샹춘은 과자에 사용되는 재료를 엄선하고 꼼꼼하게 만드는 베이징의 전통 있는 가게이다.
精致 jīngzhì 형 세밀하다, 정교하다	물건이 매우 꼼꼼하게 만들어졌다. 품질이 좋고 보기 좋으며 일반적이지 않다. '精细'와 '细致'는 사람과 사물에 모두 쓸 수 있으나, '精致'는 사물에만 쓸 수 있다.
	外包装很精致 / 东西很精致 / 做工精致 / 瓷器很精致
	景德镇的陶瓷举世闻名，做工之精致，巧夺天工。 세계적으로 유명한 징더전의 자기는 공예 기술이 매우 정교하다.

细致 xìzhì 혱 정교하다, 공들이다	사람이 매우 꼼꼼하고 치밀하다, 물건이 매우 정교하고 섬세하다
	东西很细致 / 做工细致 / 工作细致 / 细致的花纹
	人口普查是一项细致而复杂的工作。 인구 조사는 치밀하고도 복잡한 작업이다.

	手工……/做工……	他工作很……
精细/细致	○	○
精致	○	×

- 经 : 经验 / 经历 / 经受

经验 jīngyàn 명 경험 동 경험하다, 체험하다	실제 생활에서 습득한 지식이나 기능을 뜻하며, 주로 명사로 쓰인다.
	工作经验 / 丰富的经验 / 积累经验 / 总结经验 / 缺乏经验
	对此她有丰富的经验，把这件工作交给她我很放心。 이 부분에서 그녀는 풍부한 경험이 있다. 이 일을 그녀에게 맡긴다니 안심이 된다.
经历 jīnglì 동 경험하다 명 경험, 경력	직접 보거나 몸소 겪어보거나 혹은 부딪쳐보는 것을 뜻하며, 주로 동사로 쓰인다.
	经历战争 / 经历苦难 / 经历危险 / 生活经历 / 光荣的经历 / 丰富的经历
	忘记过去就意味着背叛，我们千万不要忘记战争时期所经历的苦难。 과거를 잊는다는 것은 배반을 의미한다. 우리는 전쟁에서 겪은 고난을 잊지 말자.
经受 jīngshòu 동 겪다, 경험하다, 견디다	스트레스, 타격, 고통 등을 인내심을 가지고 받아들이는 것을 뜻하며, '经历'보다 어감이 무겁다.
	经受考验 / 经受锻炼 / 经受打击 / 经受住 / 经受得起
	梅花香自苦寒来，能经受住困难和挫折的人才能走向成功。 매화의 향기는 혹독한 추위를 견뎠기에 더욱 좋은 것이다. 마찬가지로 역경과 좌절을 겪은 사람만이 성공의 길로 나아갈 수 있다.

	……丰富/……过	总结……/积累……	亲身……/……过战争
经验	○	○	×
经历	○	×	○

- 举 : 举行 / 举办 / 开办

举行 jǔxíng 동 거행하다	집회, 경기 등의 활동을 진행하다
	举行宴会 / 举行婚礼 / 举行球赛 / 两国领导人举行会谈
	你们打算什么时候举行婚礼? 너희는 언제 결혼할 생각이니?

	举办 jǔbàn 동 거행하다, 개최하다	조직의 선두에 서서 행사를 시작하거나 어떤 일에 종사하여 이를 관리하다. '举行'의 주체는 사람이나 회의 모두 가능하지만, '举办'의 주체는 반드시 사람이나 회사, 학교, 조직 등과 같은 기관이어야 한다.
		举办展览会 / 举办学习班 / 举办夏令营 / 学校举办画展
		成功举办奥运会是每个公民所期盼的国家大事。 성공적인 올림픽 개최는 모든 국민이 염원하는 국가적 행사이다.
	开办 kāibàn 동 설립하다, 개업하다	공장, 학교, 병원, 상점을 세우고 경영하다
		开办餐厅 / 开办工厂 / 开办培训班
		我和朋友非常希望到韩国开办一家正宗的中国料理店。 나와 친구는 한국에 정통 중국 음식점을 개업하는 것이 꿈이다.

	……宴会/……婚礼	……会谈/……球赛	……展览会/……讲座
举行	○	○	×
举办	○	×	○

• 考 : 考试 / 考验 / 考察

	考试 kǎoshì 동 시험보다 명 시험	지식과 기능을 시험하고 조사하는 방식, 구술, 필기 또는 현장작업 등. 서면이나 구두의 방식으로 지식이나 기능을 시험하는 것을 뜻하며, 목적어를 수반할 수 없다.
		学生考完试了 / 应付考试 / 准备考试 / 期末考试
		目前，有很多学校的学生考试作弊现象极为严重。 현재 많은 학교에서 학생들이 시험을 볼 때 부정행위를 하고 있다.
	考验 kǎoyàn 동 시험하다, 시련을 주다 명 시험, 시련, 검증	구체적인 사건이나 행동, 열악한 환경을 통해 일정한 기준에 따라 심사하여 확고한지, 충성스러운지, 정확한지의 여부를 보는 것이며 목적어를 수반할 수 있다.
		考验干部 / 考验品质 / 考验胆量 / 长期的考验 / 严峻的考验 / 严格的考验
		灾后重建需要时间，面临很多困难，我们一定要经受住这次严峻的考验。재난 후 재건 작업에는 시간이 필요하다. 많은 역경이 있겠지만, 우리는 반드시 이번 시련을 이겨내야 한다.
	考察 kǎochá 동 현지 조사하다, 정밀하게 관찰하다	실제로 사물(산천, 지형, 지질, 공정 등) 혹은 사람의 본질을 자세히 관찰하고 연구하다
		考察项目 / 考察市场 / 考察干部 / 考察这个人
		一定要经过实地考察才能最后决定。반드시 현장 답사를 해야만 최후 결정을 내릴 수 있다.

	应付……	……成绩	……胆量
考试	○	○	×
考验	○	×	○

- 况 : 情况 / 状况 / 状态

情况 qíngkuàng 명 상황	일의 상황, 정황, 형편
	具体情况 / 介绍情况 / 了解情况 / 调查情况
	目前情况非常复杂，我们必须保持清醒的头脑，正确认识形势。 현재 상황은 매우 복잡하니 우리는 정신을 똑바로 차리고 사태를 정확히 파악해야 한다.
状况 zhuàngkuàng 명 상황, 상태(컨디션)	구체적인 상황을 나타내며, 보통 '政治, 经济, 文化, 思想, 生产, 生活' 등의 단어와 함께 쓰인다.
	经济状况 / 家庭状况 / 身体状况良好 / 住房状况已经改善
	下岗以后一直找不到工作，家庭经济状况很不好。 퇴직 후 줄곧 취직을 못해서 가정 형편이 매우 어렵다.
状态 zhuàngtài 명 상태	사람이나 사물이 드러나는 형태를 뜻하며, 일반적으로 '固体, 液体, 气体, 心理, 精神, 积极, 落后' 등의 단어와 함께 쓰인다.
	心理状态 / 精神状态 / 液体状态 / 固体状态 / 状态良好
	我们要保持良好的精神状态。 우리는 낙천적인 심리상태를 유지해야 한다.

	精神……/心理……	健康……/经济……	固体……/无政府……
状况	○	○	×
状态	○	×	○

- 扩 : 扩大 / 扩散 / 扩展

扩大 kuòdà 동 확대하다, 넓히다	범위와 규모를 원래보다 크게 하다
	扩大面积 / 扩大规模 / 扩大势力 / 扩大影响 / 扩大交流
	这是一般的矛盾，内部解决，不要把问题扩大化。 이것은 일반적인 갈등이다. 내부적으로 해결하고 문제를 확대하지 마라.
扩散 kuòsàn 동 확산하다, 퍼지다	집중되어 있다가 퍼지다
	扩散烟雾 / 扩散病菌 / 扩散谣言 / 扩散病毒 / 扩散消息
	这次病毒性流感来势凶猛，正在不断扩散，一定做好预防措施。 이번 유행성 독감은 매우 전염성이 강해서 계속 확산되고 있으니 예방조치를 잘 취해야 한다.
扩展 kuòzhǎn 동 확장하다	바깥으로 발전하다. '扩展'은 주로 범위가 좁은 데서 넓게 변하는 것을 나타내고 '扩大'는 범위, 규모가 작은 데서 커지는 것을 나타낸다. '扩展'의 대상은 주로 구체적인 사물인데 반해 '扩大'는 추상적인 사물이다.
	扩展句子 / 扩展空间 / 扩展土地 / 向外扩展
	这片论文写的不错，立意很好，科研部分再扩展一下会更好。 논문을 잘 썼구나. 구상이 매우 좋으니 과학적인 연구 부분을 조금 더 보강하면 훨씬 더 좋을 것 같다.

	……到	……眼界/……知识面	……5米/……道路
扩大	○	○	×
扩展	○	×	○

L

- **烈** : 激烈 / 剧烈 / 猛烈

激烈 jīliè 형 치열하다, 격렬하다	동작이 빠르고 긴박하다, 말이 날카롭고 격렬하다
	竞争激烈 / 争论很激烈 / 运动激烈
	大学生毕业就业难的症结所在就是市场竞争过于激烈。 대학 졸업생 취업난의 근본적인 원인은 시장 경쟁이 너무나 치열하기 때문이다.
剧烈 jùliè 형 격렬하다, 극렬하다	통증, 운동, 변화의 정도가 크다
	运动剧烈 / 剧烈震动 / 剧烈疼痛
	你刚刚做完手术，为了您尽早康复，千万不要剧烈运动。 방금 수술을 마쳤으니 조기 회복을 위해서는 절대로 격렬한 운동을 해서는 안 된다.
猛烈 měngliè 형 맹렬하다, 세차다	폭풍우, 화재, 포화의 세력이 사납다
	火势猛烈 / 炮火猛烈 / 猛烈冲击 / 猛烈撞击
	熊熊的火焰猛烈地扑面而来，风更大了，给灭火带来了极大的困难。맹렬하게 타오르는 화염이 얼굴을 덮치고, 바람이 더욱 거세지면서 화재 진압에 많은 어려움을 가져왔다.

	很……/……的运动	比赛……/……的对抗	……的疼痛/……变动
激烈	○	○	×
剧烈	○	×	○

- **理** : 处理 / 办理

处理 chǔlǐ 동 처리하다, 싸게 처분하다 명 처리	사물이나 사람을 잘 안배하다, 문제를 해결하다, 상품값을 할인하여 판매하다, 식품 등을 가공하다, 사물 처리에 대한 상황
	处理这些人 / 处理问题 / 处理商品 / 处理衣服 / 对罪犯的处理 / 得到处理
	对于违法乱纪严重影响社会治安的不法分子，就是应该严肃处理。 법을 위반하고 기강을 어지럽혀 사회 치안에 악영향을 주는 사람은 엄중히 처벌해야 한다.
办理 bànlǐ 동 처리하다	업무나 어떠한 일에서 해야 할 일을 처리하다
	办理手续 / 办理签证 / 办理业务 / 办理贷款

这些事情交给你办理我很放心，你就放心大胆地去做吧。
이 일을 당신에게 맡기니 제 마음이 놓입니다. 그러니 마음 놓고 과감하게 처리하세요.

	……不当	……品	……手续
处理	○	○	×
办理	○	×	○

M

- 满 : 满意 / 满足

满意 mǎnyì 동 만족하다. 만족스럽다	외부의 사물이 자신의 마음과 바람에 부합하는 것으로, 부사어가 될 수 있다.
	老百姓很满意 / 对自己的成绩满意 / 对人满意 / 对事满意
	妈妈对刚过门的儿媳妇非常满意，一天总是乐的合不拢嘴。 어머니는 이제 막 시집온 며느리가 무척 마음에 들어 온종일 입이 귀에 걸려 있다.
满足 mǎnzú 동 만족하다. 만족시키다	스스로 충분하고 조금도 부족한 것이 없다고 느끼는 것으로, 부사어로 쓰일 수 없다.
	对成绩很满足 / 精神上满足了 / 感到满足 / 满足客人 / 满足群众的需要
	人应该学会满足，不能欲心太强，俗话说知足者常乐。사람은 만족할 줄 알아야지 욕심이 지나쳐서는 안 된다. 옛말에 만족할 줄 아는 사람은 언제나 행복하다고 했다.

	感到……	领导对我的工作感到很……	……客人
满意	○	○	×
满足	○	×	○

- 面 : 面对 / 面临

面对 miànduì 동 마주 보다, 직면하다	마주 대하다, 직접 대면하다
	面对学生 / 面对现实 / 面对困难 / 面对危机
	面对生机勃勃的大好形势，他再也坐不住了。 생기발랄한 모습에 그는 더는 가만히 앉아 있을 수 없었다.
面临 miànlín 동 당면하다	문제, 상황에 직면하다, 앞에 놓여 있다
	面临困难 / 面临危险 / 面临破裂 / 面临的新局面
	目前，我们面临的巨大压力是社会竞争异常激烈。 현재 우리가 직면한 거대한 압력은 사회의 경쟁이 비정상적으로 치열하다는 것이다.

	……困难/……的问题	……大家/……现实	……出国/……毕业
面对	○	○	✕
面临	○	✕	○

N

• 难 : 困难 / 艰难 / 为难 / 难为 / 难以

困难 kùnnán ⑱ 곤란하다 ⑲ 곤란, 어려움	복잡하고 장애물이 많은 상황. 생활이 궁핍하고 조건이 안 좋거나 행동하기가 불편한 것을 뜻하며, 부사어가 되는 경우는 매우 드물다(↔容易).
	家庭困难 / 生活困难 / 经费困难 / 怕困难 / 有困难 / 遇到困难 / 克服困难
	某种时候，最困难的不是工作，而是复杂的人际关系。 때로 가장 힘든 것은 일이 아니라 복잡한 인간관계이다.
艰难 jiānnán ⑱ 곤란하다, 어렵다	일이 복잡하여 순조로운 진행 혹은 발전이 어렵다. 생활이 어렵다. 어감은 '困难'보다 무겁고 서면어이다(↔轻松).
	生活艰难 / 处境艰难 / 呼吸艰难 / 不畏艰难 / 过得艰难
	回首往事，每个人都有自己最艰难的时期。 옛일을 돌아보면 사람마다 가장 힘들었던 시기가 있다.
为难 wéinán ⑲ 괴롭히다, 난처하게 하다 ⑱ 괴롭다, 난처하다	고의로 다른 사람을 곤란하게 하다
	不要为难孩子 / 为难组织 / 处境为难 / 神情为难 / 这件事使父母为难了
	如果困难你可以拒绝，千万不要为难自己。 곤란하면 거절해도 된다. 절대로 자신을 힘들게 하지 마라.
难为 nánwei ⑲ 괴롭히다	사람을 곤란하게 하다
	难为别人 / 这太难为你了 / 难为情
	给你添了这么多的麻烦，真的是难为你了，让我很过意不去。 이렇게 번거롭게 하다니. 제가 폐를 너무 많이 끼쳐서 면목이 없습니다.
难以 nányǐ ⑨ ~하기 어렵다	곤란하다
	难以形容 / 难以理解 / 难以解决 / 难以接受
	他们谈判的条件很苛刻，让我们难以接受，不能签订合约。 그들의 협상 조건은 너무 까다로워서 우리가 받아들이기 어렵다. 계약할 수 없다.

	生活……/不怕……	有……/克服……
困难	○	○
艰难	○	✕

	别……他了/故意……人	感到……/……的事	……情/……你了，帮我大忙
为难	○	○	×
难为	○	×	○

P

• 怕 : 可怕 / 害怕

可怕 kěpà 형 두렵다, 무섭다	사람으로 하여금 두려움을 느끼게 하다
	样子可怕 / 脸色可怕 / 毒蛇可怕 / 战争可怕 / 感到可怕
	你和过去判若两人，变得让人**可怕**，我都快不认识你了。 당신은 예전과 달라도 너무 많이 달라졌다. 너무 무섭게 변해서 곧 못 알아볼 것 같다.
害怕 hàipà 동 두려워하다, 무서워하다	어려움이나 위험을 만나 마음이 불안하고 당황스럽다
	害怕你 / 害怕困难 / 害怕战争 / 感到害怕 / 心里害怕
	我**害怕**提起过去，怕的是失去你。 나는 과거를 말하기가 두렵다. 너를 잃을 것만 같아서이다.

	感到……	……的疾病	……老师/让我……的事
可怕	○	○	×
害怕	○	×	○

• 普 : 普遍 / 普及

普遍 pǔbiàn 형 보편적이다, 널리 퍼져 있다	존재하고 있는 면이 넓다, 공통성을 가진다
	普遍现象 / 普遍问题 / 普遍意义 / 普遍的看法 / 普遍增加
	现在的中学生早恋已经是社会上的**普遍**现象。 요즘 중고등학생들의 이른 연애는 이미 사회적으로 보편적인 현상이다.
普及 pǔjí 동 보급하다 형 보편적이다	널리 보편화시키다, 대중화시키다
	普及教育 / 普及科学技术 / 普及化 / 大力普及 / 逐渐普及
	在我国早已经**普及**了九年制义务教育。 우리나라는 일찌감치 9년제 의무교육을 보편화시켰다.

	很……	……现象/……提高	……电脑教育/……全国
普遍	○	○	×
普及	○	×	○

Q

- 确：确定 / 的确 / 确实

确定 quèdìng 동 확정하다, 단정하다 형 명확하고 확정적이다	사물을 확실히 정하다
	确定项目 / 确定日期 / 确定名单
	年轻人首先应该**确定**自己的人生目标，然后为之去奋斗。 젊은이들은 우선 인생의 목표를 확실히 세운 후에 그것을 실현하기 위해 노력해야 한다.
的确 díquè 부 확실히, 정말로	확실히, 분명히, 참으로
	这幅画的确很好看 / 的确错了 / 的确比我好
	我承认我的妻子**的确**比我有能力，但是也不能每天对我指手画脚啊。 내 아내가 나보다 능력 있는 것은 인정한다. 하지만 그렇다고 항상 나에게 이래라저래라 해서는 안 된다.
确实 quèshí 형 확실하다 부 확실히, 정말로	진실로 믿을 만하다. 객관적인 상황의 진실성에 대한 긍정을 나타낸다.
	消息很确实 / 数字确实 / 确实的证据 / 确实很难
	经过反复印证，他的决定是对的，**确实**技高一筹。 여러 번 검증을 거친 결과 그의 결정이 맞았다. 확실히 그가 한 수 위이다.

	……很好/……不错	……的消息/你说的情况……吗？
的确	○	×
确实	○	○

R

- 热：热闹 / 热烈 / 热情

热闹 rènao 형 번화하다, 왁자지껄하다 동 즐겁게 하다, 흥청거리다	장면이나 광경 등이 활기차고 변화하다, 분위기나 모임을 활기차고 흥겹게 하다
	场面热闹 / 街上很热闹 / 晚会热闹起来 / 大家热闹 / 同学们热闹起来
	每到春节前夕，北京的大街小巷里**热闹**非凡。 매년 설 전야가 되면 베이징의 거리와 골목은 시끌벅적해진다.
热烈 rèliè 형 열렬하다	진취적인 기운이나 분위기가 흥분되고 격양되어 있는 것을 뜻하며, 서면어이다.
	鼓掌热烈 / 气氛热烈 / 反映热烈 / 热烈欢迎
	他的演讲实在是太精彩了，下面反映十分**热烈**。 그의 연설은 정말 너무나 훌륭했고 사람들의 반응도 열렬했다.
热情 rèqíng 형 친절하다 명 열정	열정적이다, 친절하다, 다정하다
	工作热情 / 爱国热情 / 热情服务 / 热情招待
	中国人对外国人很**热情**。 중국인은 외국인에게 친절하다.

	很……	……欢迎/气氛……	工作……/……服务
热烈	○	○	×
热情	○	×	○

S

● 深 : 深刻 / 深切 / 深厚

深刻 shēnkè 형 깊다, 심각하다	일이나 문제의 본질에 도달하다, 마음 속으로 깊게 느끼다
	分析深刻 / 内容深刻 / 体会深刻 / 深刻的含义
	来韩国给我印象最深刻的就是山美水美人更美。 한국에서 가장 인상 깊었던 것은 아름다운 산과 물, 그리고 사람은 더욱 아름답다는 것이었다.
深切 shēnqiè 형 친절하다, 절실하다	(감정이) 깊다, 절절하다, 따뜻하고 친절하다
	体会深切 / 情谊深切 / 深切的关怀 / 深切地了解 / 深切感受
	听说你的家乡受灾了，我们全班同学向你表示深切的慰问。 너희 고향이 재해를 입었다던데 우리 반 모두 너에게 따뜻한 위로를 전한다.
深厚 shēnhòu 형 두텁다, 견고하다	감정이 깊고 두텁다, 기초가 견고하다
	感情深厚 / 友谊深厚 / 恩情深厚 / 基础深厚 / 功底深厚
	中韩两国人民有着深厚的传统友谊。 한·중 양국 국민은 전통적으로 돈독한 우의를 지니고 있다.

● 实 : 老实 / 真实 / 诚实 / 忠实

老实 lǎoshi 형 성실하다, 정직하다, 점잖다, 어리석다	언행과 내심이 일치하다, 사고를 치지 않는다, '총명하지 않다'의 부드러운 표현
	为人老实 / 孩子老实 / 办事老实 / 性格老实 / 实在老实
	忍受被人欺，马瘦被人骑。做人也不能太老实了。참으면 사람들에게 무시당하고, 말이 마르면 사람들이 올라탄다. 사람이 너무 바보같이 착해도 안 된다.
真实 zhēnshí 형 진실되다, 진솔하다	거짓이 없고, 객관적인 사실에 부합되다
	人物形象真实 / 情况真实 / 感情真实 / 真实的故事
	这是用一个真实的故事改编的，看了让人感慨万千。 이것은 실화를 바탕으로 각색한 것인데, 보면 정말 감동적이다.
诚实 chéngshí 형 성실하다	언행이 마음과 일치하고 거짓되지 않다
	态度诚实 / 样子诚实 / 为人诚实 / 说话诚实 / 做事诚实
	找对象就是要找个身体好，能力强，为人诚实的人。 배우자를 선택할 때에는 건강하고 능력 있으며 건실한 사람을 선택해야 한다.

忠实 zhōngshí 형 진실되다	충실하고 믿음직하다
	我们对国家要忠实 / 狗对主人很忠实 / 战士忠实
	我是你的**忠实**影迷，我太喜欢你了。 저는 당신의 골수 팬입니다. 정말 당신을 좋아해요.

	很……	……的品质	做……人
诚实	○	○	×
老实	○	×	○

- **受**：受到 / 收到 / 接受 / 接收

受到 shòudào 동 받다	주로 동사목적어를 수반한다.
	受到欢迎 / 受到鼓励 / 受到支持 / 受到警告 / 受到批评
	这次婚变他**受到**了有生以来最大的打击。 이번 이혼으로 그는 태어나서 가장 큰 충격을 받았다.
收到 shōudào 동 받다, 받아들이다, 얻다, 수령하다	외부의 것을 안으로 가지고 오다, 펼쳐지거나 분산되어 있는 것을 모으다라는 뜻으로, 주로 명사목적어를 수반한다.
	收到信 / 收到包裹 / 收到奖学金 / 收到父母的信
	昨天我**收到**了入伍通知书，我就要成为一名光荣的军人了。 어제 입영통지서를 받았다. 나는 곧 자랑스러운 군인이 될 것이다.
接受 jiēshòu 동 받다, 받아들이다	주로 추상적인 것을 받아들이며, 명사목적어와 동사목적어를 모두 수반할 수 있다.
	接受意见 / 接受任务 / 接受要求 / 接受批评 / 接受审查 / 接受救济
	我很难**接受**你对我的指责，因为这纯属子虚乌有。 나는 너의 비난을 받아들이기 어렵다. 왜냐하면 이것은 완전히 거짓이기 때문이다.
接收 jiēshōu 동 받다, 수락하다, 받아들이다	법에 따라 기구, 재산, 사람 등을 받아들이다. '接受'는 주로 심리활동을 나타내는 동사로, 대게 추상명사가 목적어로 쓰인다. 그러나 '接收'의 목적어는 추상명사나 구체적인 명사 모두 될 수 있다.
	接收新会员 / 接收留学生 / 接收礼物 / 接收文件
	日本最近**接收**了各国政府提供的救灾款，用于灾后重建。 일본은 최근 각국 정부에서 제공한 재난 구호 자금을 받아 재건에 사용했다.

	……邀请/……任务	……信号/……新生
接受	○	×
接收	×	○

- 推 : 推动 / 推进 / 促进

推动 tuīdòng 동 추진하다, 촉진하다	일이 나아지고 발전하도록 하다
	推动生产 / 推动工作 / 推动发展 / 推动的力量
	在改革开放大潮的推动下，市场经济越来越活跃了。 개혁개방이라는 커다란 물결의 추진으로 시장경제가 점점 더 활력을 보이고 있다.
推进 tuījìn 동 추진하다, (군대가) 전진하다	노력을 통해 진행 중인 일이나 사업, 사회 등에서 발전이 더디거나 원활하지 않은 것들을 진보, 향상, 발전시키는 것을 뜻한다.
	推进改革 / 推进生产 / 推进建设 / 推进发展
	在中国推进政治体制改革迫在眉睫，刻不容缓。 중국에서 정치체제 개혁은 매우 시급하며 잠시도 미룰 수 없는 일이다.
促进 cùjìn 동 촉진하다	조건을 이용하여 사물을 발전시키는 것을 뜻하며, 주로 좋고 적극적인 일에 쓰인다.
	促进团结 / 促进友谊 / 促进关系 / 促进贸易 / 促进交流
	加强两国政治经济和文化方面的交流，促进经济贸易领域的合作和发展。 양국 간 정치, 경제 그리고 문화 교류를 강화하여 경제무역 영역의 협력과 발전을 촉진한다.

	……工作/……科学研究/向前……	가능보어	……到一个新阶段
推动	○	○ (推得动/推不动)	×
推进	○	×	○

- 调 : 调整 / 调节 / 调剂

调整 tiáozhěng 동 조정하다	원래의 불합리하고 불균형한 상태를 고쳐, 객관적인 환경과 요구에 부합해 더 큰 작용을 발휘하도록 하다
	调整时间 / 调整心情 / 调整机构 / 调整内容 / 调整方向
	你最近情绪很不好，好像有什么心事，你要调整心态，好好学习。 너 요즘 기분이 안 좋은 것 같구나. 무슨 걱정거리가 있는 것 같은데 마음 잘 잡고 공부 열심히 하렴.
调节 tiáojié 동 조절하다	수량이나 정도를 조정하거나 제한하여 요구에 부합하도록 하다
	调节气温 / 调节湿度 / 调节感情 / 调节气氛
	她是个幽默的人，很会调节气氛，总是会讲一些笑话给我们听。그녀는 매우 유머러스한 사람이라 분위기 전환을 잘하고 언제나 우리에게 재미있는 이야기를 들려준다.
调剂 tiáojì 동 조절하다, 조정하다	많고 적음, 바쁘고 한가함 등 불균형 상황을 적당하게 바꾸다
	调剂生活 / 调剂精神 / 调剂关系 / 调剂气氛 / 调剂心情
	现在生产人员和技术人员很不平衡，需要调剂一下。 현재 생산자와 엔지니어 수의 균형이 상당히 안 맞습니다. 조정해야 할 것 같습니다.

	……气氛	……温度/……音量	……生活/……精神
调节	○	○	×
调剂	○	×	○

- 特 : 特色 / 特点 / 特征

特色 tèsè ⑲ 특색	어떤 사물의 남다른 색깔이나 분위기 등 사물의 제일 특출난 방면, 장점을 말하며 사람에게는 거의 쓰지 않고, 좋은 것에만 쓸 수 있다.
	很有特色 / 民族特色 / 具有特色 / 保持特色 / 特色服装
	今晚的演出都穿着很有民族特色的服装，舞台上显得五彩缤纷。 오늘 저녁 공연은 민족적 특색이 넘치는 복장을 입어서 무대가 오색찬란해 보였다.
特点 tèdiǎn ⑲ 특징	독특한 점을 가리키며 주로 내부적인 특징을 나타낸다. 사람과 사물에 모두 쓸 수 있고, 좋은 일과 나쁜 일에 모두 쓸 수 있다.
	有特点 / 性格特点 / 特点多 / 特点明显 / 特点鲜明
	他最大的特点就是义气，无论谁有困难他都出手相帮。그의 가장 큰 특징은 바로 의협심이다. 어려움을 겪고 있는 사람에게 그는 언제나 손을 내밀어 도움을 준다.
特征 tèzhēng ⑲ 특징	사람 또는 사물이 특별히 가지고 있는 징후로, 주로 외부적인 특징을 나타낸다.
	明显的特征 / 有特征 / 文化特征 / 共同的特征 / 诗歌的特征
	这篇文章最明显的特征就是个性鲜明，语言犀利。 이 글의 가장 큰 특징은 바로 개성이 뚜렷하고 언어가 날카롭다는 것이다.

	民族……/艺术……	中国……/……菜	性格……
特色	○	○	×
特点	○	×	○

- 握 : 把握 / 掌握

把握 bǎwò ⑧ 움켜 쥐다, 포착하다, 파악하다 ⑲ 자신감, 가망	사물을 잡거나 추상적인 사물을 파악하다, 성공의 가능성이나 어떠한 일에 대한 자신감
	把握方向盘 / 把握好机会 / 把握命运 / 把握很大 / 很有把握
	这次招聘我很有把握，原因是专业对口，准备充分。 나는 이번 채용 시험에 자신 있어. 내 전공과도 일치하고 준비도 충분히 했거든.

掌握 zhǎngwò 동 파악하다, 정복하다, 숙달하다	사물을 이해하여 충분히 제어하고 응용하다
	掌握技术 / 掌握原则 / 掌握政权 / 掌握军队
	要想圆当外交官这个梦，必须熟练掌握一到两门外语。 외교관이 되고 싶다는 꿈을 이루려면 한 두 가지 외국어에 능통해야 한다.

	……方向/……命运	……机会/有……	……外语/……知识
把握	○	○	×
掌握	○	×	○

● 望 : 希望 / 盼望 / 渴望 / 愿望

希望 xīwàng 동 희망하다 명 희망	마음속으로 어떤 목표를 이루거나, 어떤 상황이 일어나기를 바라는 것. 서면어, 구어에 모두 쓰인다.
	希望成功 / 希望参加 / 希望交流 / 衷心地希望 / 满怀希望
	年轻人的希望就在你的脚下，就看你自己怎么走。 젊은이의 꿈이 바로 네 발걸음에 달려 있다. 네가 가는 길을 잘 살펴보거라.
盼望 pànwàng 동 바라다	마음속 깊이 간절하고 조급하게 어떠한 일이나 사람에 대해 앞날의 희망과 기다림을 가지고 있다. 어감은 '希望'보다 무겁고, 주로 구어에 쓴다.
	盼望喜讯 / 盼望好结果 / 盼望出版 / 盼望回信
	我盼望已久的书终于出版了。 내가 오랫동안 기다려 왔던 책이 드디어 출판되었다.
渴望 kěwàng 동 갈망하다	매우 절실하게 어떤 일을 바라는 것을 뜻하며, 어감이 '希望'이나 '盼望'보다 강한 서면어이다.
	渴望成功 / 渴望幸福 / 渴望胜利 / 渴望自由 / 渴望上大学
	我想挣脱这不幸婚姻的枷锁，我渴望自由自在的生活。 나는 이 불행한 결혼의 속박에서 벗어나 자유로운 생활을 하고 싶다.
愿望 yuànwàng 명 바람	마음속으로 바라는 아름다운 소망과 희망
	美好的愿望 / 满足愿望 / 愿望不切实际
	每个人都有自己的愿望，要想实现它就要靠艰苦的努力。 사람은 모두 자신의 꿈이 있다. 그 꿈을 이루려면 힘겨운 노력을 해야 한다.

● 显 : 显然 / 显著 / 明显

显然 xiǎnrán 형 명백하다, 분명하다	쉽게 보거나 느낄 수 있다
	显然看过 / 显然弄错了 / 显然不想去 / 很显然

	这件事情很显然是你做错了，就不要再为自己狡辩了。 이번 일은 분명히 네가 잘못한 것이니 자꾸 자신을 위해 변명하지 마라.
显著 xiǎnzhù 혱 현저하다, 뚜렷하다	전에는 별 성과 없었던 성적, 효과, 지위 등에 좋은 변화가 생기다(↔一般)
	成绩显著 / 效果显著 / 优点显著 / 颜色显著 / 区别显著
	通过多年的努力，我们的实验取得了显著成绩，真让人兴奋。 다년간의 노력을 통해 우리의 실험은 많은 성과를 거두었다. 정말 기쁘다.
明显 míngxiǎn 혱 뚜렷하다, 분명하다	경계선, 윤곽, 사실 등이 뚜렷하게 드러나 다른 사람이 보고 느끼기가 쉽다. 어감은 '显著'보다 가볍다(↔模糊).
	界线明显 / 事实明显 / 字迹明显 / 目的很明显 / 目标明显
	你为大家所做的一切很明显的摆在那里，大家都看在眼里，记在心上。 네가 사람들을 위해 한 모든 일이 저기에 분명히 나타나 있다. 모두 눈으로 보고 마음에 새겨 두었다.

	……的成绩/……的变化	字迹……
显著	○	×
明显	○	○

● 行：举行 / 进行 / 实行 / 施行 / 执行

举行 jǔxíng 동 거행하다, 진행하다	집회, 경기 등을 진행하다
	举行奥运会 / 举行谈判 / 举行展览 / 举行典礼
	由于经济危机造成的很多人的失业，全国工人举行了声势浩大的大罢工。 경제 위기로 인해 많은 실업자가 생겨나면서 전국 노동자들이 대규모 파업에 돌입했다.
进行 jìnxíng 동 진행하다	지속적으로 어떤 활동에 종사하다. 주로 일의 발전 과정을 나타낸다.
	会议在进行 / 工作在进行 / 进行讨论 / 进行认真的研究 / 进行比赛
	日本核爆炸以后，很多国家都对自己的核电站进行了安全大检查。 일본 방사능 유출 후 많은 나라에서 자국의 원자력 발전소에 대한 대대적인 안전 검진에 들어갔다.
实行 shíxíng 동 실행하다	강령, 제도, 정책, 계획을 행동으로 현실화시키다
	实行政策 / 实行制度 / 实行计划 / 实行改革
	为了节约能源，很多国家都实行了夏时制工作制。 에너지 절약을 위해 많은 나라에서 서머타임제를 실행했다.
施行 shīxíng 동 시행하다, 실행하다	법령, 규정 등을 집행하다
	施行手术 / 施行急救 / 自即日起施行
	他的病经过研究，决定施行手术。그의 병은 연구를 통해 수술하기로 결정했다.

执行 zhíxíng 통 집행하다, 실시하다	규정에 따라 정책, 법률, 계획, 명령, 판결, 규율, 임무, 방침, 노선 중에 정한 사항을 실행하다
	执行任务 / 执行政策 / 执行方案 / 执行决议
	我们要坚决**执行**上级安排的各项工作，把它落到实处。 우리는 상사가 배정한 업무를 엄정하게 실시해서 그 업무가 제자리를 잡도록 해야 한다.

	自即日起……	……政策/……民主	……手术/……急救
实行	○	○	×
施行	○	×	○

	……政策	……制度/……改革	……任务/……纪律
实行	○	○	×
执行	○	×	○

● 续 : 连续 / 持续 / 继续 / 陆续

连续 liánxù 통 연속하다, 계속하다	사물이나 행동이 연달아 발생하며 중간에 끊기지 않는다는 뜻으로, 동일한 사물이나 행위, 또는 서로 다른 것일 수도 있다(↔中断).
	连续考试 / 连续不断 / 连续三次 / 他连续工作了十天
	这几天已经**连续**地下了好几场暴雨，公路受阻交通中断。 벌써 며칠째 여러 차례 폭우가 내리면서 도로가 막혀 교통이 끊겼다.
持续 chíxù 통 지속하다	원래 하던 대로 끊임없이 연장되는 것으로, 한 가지 일이나 상황이 어떤 시간 내에 시종 중단 없이 지속됨을 뜻한다(↔中断).
	持续进行 / 持续发生 / 持续一年 / 持续增长 / 持续升高
	近几年，中国的经济**持续**发展，人民生活水平有了很大提高。 최근 몇 년간 중국의 경제가 계속 발전하면서 국민의 생활 수준이 대폭 향상되었다.
继续 jìxù 통 계속하다	동작, 일, 작업, 발전, 노력 등이 계속 이어지거나 중간에 멈춰졌다가 다시 이어지는 것을 말한다(↔中止).
	继续工作 / 继续前进 / 继续休息 / 继续上升 / 继续努力
	虽然灾区余震不断，可是她还是不顾个人安危**继续**工作。 재난 지역에는 여진이 끊이지 않고 있지만, 그녀는 자신의 안위는 돌보지 않고 계속 일을 했다.
陆续 lùxù 분 끊임없이, 잇달아, 속속	꼬리를 물고 발생하며, 동작이나 상황이 때로 멈추거나 지속됨을 뜻한다.
	陆续来 / 陆续入场 / 陆续到货 / 他们陆续回来了 / 陆陆续续
	放学的时间到了，学生们**陆续**走出校门。 방학이 되자 학생들이 속속 교문을 나섰다.

	……不停	……高温/……了3年	……工作/……学习
持续	○	○	×
继续	○	×	○

Y

- **有** : 具有 / 拥有 / 享有 / 含有

具有 jùyǒu ⑧ (추상적인 사물을) 구비하다, 가지다	뜻, 수준, 풍격, 가치, 매력, 작용 등을 가지고 있다
	具有特色 / 具有价值 / 具有吸引力 / 具有人格魅力
	我女朋友具有独特的人格魅力，让很多男孩子为之倾倒。 내 여자친구는 독특한 매력이 있어서 남자들이 좋아한다.
拥有 yōngyǒu ⑧ 보유하다, 소유하다	대량의 토지, 인구, 재산, 권력 등을 가지고 있다
	拥有十万人 / 拥有大笔财产 / 拥有大量土地 / 拥有权力
	中国人口众多，拥有占世界1/4的人口，而且地大物博，人杰地灵，物产丰富。 중국은 인구가 매우 많다. 전 세계의 4분의 1에 달하는 인구를 보유하고 있으며, 광활한 토지에 물적 · 인적자원도 풍부하다.
享有 xiǎngyǒu ⑧ 향유하다	권력, 평판, 명성, 위엄과 명예 등을 얻거나 가지고 있다
	享有声誉 / 享有公民的权利 / 享有版权 / 享有自由 / 享有席位
	在我们的国家民众充分享有言论自由和宗教信仰的公民权利。 우리나라 국민은 국민의 권리인 언론의 자유와 종교의 자유를 충분히 누리고 있다.
含有 hányǒu ⑧ 함유하다	내용, 성분, 의미 등을 포함하다
	含有维生素C / 含有深厚的感情 / 含有两层意思 / 含有成分
	含有瘦肉精的猪肉里面，有很多致癌物质，对人的身体极为有害。 클렌부테롤이 함유된 돼지고기에는 발암물질이 많이 들어 있어 사람의 건강에 매우 해롭다.

- **养** : 培养 / 培育 / 养成

培养 péiyǎng ⑧ 배양하다, 양성하다	사람이나 생물의 성장, 발전을 위해서 그들에게 적당한 조건을 제공하다, 어떤 목적에 따라 장기적으로 사람을 훈련시키고 교육하여 그 사람이 어떤 기술을 숙달하게 하다
	培养细菌 / 培养植物 / 培养细胞 / 培养人才 / 培养技能 / 培养好习惯
	现在都是独生子女，多数年轻人就一个孩子，培养和教育孩子要放在第一位。 지금은 모두 독자나 독녀이다. 대부분의 젊은 부부들은 아이가 한 명밖에 없으니 아이를 양육하고 교육하는 것을 가장 중시해야 한다.

培育 péiyù 동 기르다, 재배하다	어린 생물을 길러 그들로 하여금 발육하여 자라게 하다. 사람일 경우 보살피고 성장하게 하는 데 중점이 있고, 사물일 때는 돕고 보호하는 데 중점이 있다.
	培育树苗 / 培育幼苗 / 培育新品种 / 培育孩子 / 培育学生
	老师是园丁, 培育着祖国的花朵, 任重道远。 선생님은 나라의 꽃을 재배하는 정원사로서 임무가 막중하다.
养成 yǎngchéng 동 습관이 되다, 길러지다	배양을 통해 사람의 성격, 습관 등이 형성되다
	养成习惯 / 养成依赖心理 / 养成坏毛病 / 逐渐养成
	孩子一定要教育, 不能娇生惯养, 如果养成坏习惯就很难改掉。 아이는 잘 가르쳐야지 응석받이로 키워서는 안 된다. 안 좋은 습관을 들이게 되면 고치기 어렵다.

	……新人/种子……	……好习惯/……接班人
培养	○	○
培育	○	×

● 严 : 严重 / 严格 / 严厉 / 严肃

严重 yánzhòng 형 중대하다, 심각하다, 엄중하다	어떠한 좋지 못한 일이 더욱 악화되거나 상황이 크게 위급해지다(↔轻微)
	情况严重 / 问题严重 / 病情严重 / 后果严重 / 损失严重
	坦白从宽, 抗拒从严, 如果不老实坦白交待, 后果严重。 솔직하게 자백하면 관대하게 처리하고, 저항하면 엄격하게 처리한다. 정직하고 솔직하지 않으면 그에 따른 결과는 심각하다.
严格 yángé 형 엄격하다 동 엄격하게 하다	자신과 다른 사람이 법을 지키거나 기준을 파악할 때 대충대충하지 않고 진지하다, 예외가 없다(↔马虎)
	老师很严格 / 考核严格 / 严格要求
	老师在学习上对我们要求的很严格, 但是下课以后对我们很随和也很亲切。 선생님은 공부에 있어서는 우리에게 매우 엄격하시지만, 수업 시간 외에는 매우 상냥하고 친절하시다.
严厉 yánlì 형 준엄하다, 매섭다, 가혹하다	다른 사람이나 어떤 일에 대한 태도, 언행, 눈빛, 수단이 다른 이를 무섭게 하다(↔温和)
	父亲很严厉 / 语调严厉 / 批评很严厉 / 严厉处罚
	这次的失误给公司带来了严重的损失, 他受到了老板的严厉批评和经济处罚。 이번 실수는 회사에 심각한 손실을 가져왔고, 그는 사장의 신랄한 비판과 경제적 처벌을 받았다.
严肃 yánsù 형 엄숙하다, 진지하다	어떤 사람의 표정, 태도, 언어, 행동, 분위기가 사람으로 하여금 존경과 두려움을 갖게 하다, 사람이나 사물을 진지하게 대하다(↔活泼)
	这人很严肃 / 表情严肃 / 气氛很严肃 / 处理要严肃
	别看老板表情总是那么严肃, 其实他内心非常善良。 사장님의 표정이 늘 엄격하고 진지하다고만 보지 마라. 사실 속마음은 굉장히 따뜻한 분이다.

	对别人……	……要求/……说来/对自己……	……打击/措辞……/态度……
严格	○	○	×
严厉	○	×	○

	态度……/……的批评	……的气氛/……的人	……打击/……的措施
严肃	○	○	×
严厉	○	×	○

Z

- **正** : 纠正 / 改正 / 修正 / 更正

纠正 jiūzhèng ⑧ 교정하다, 바로잡다	강제성 있는 수단으로 다른 사람의 잘못된 사상, 행동, 방법을 고치다. 일반적으로 타인의 도움이 필요하거나 자신이 다른 힘을 빌어야 될 때 사용된다.
	纠正发音 / 纠正坏习惯 / 纠正错误 / 纠正姿势
	学习外语最重要的是发音，随时纠正错误的发音。 외국어를 배울 때 가장 중요한 것은 발음이다. 수시로 잘못된 발음을 고치도록 해야 한다.
改正 gǎizhèng ⑧ 개정하다, 시정하다	잘못을 옳게 고치다라는 뜻으로, '纠正'과는 달리 사용 범위가 비교적 넓고 강제성이 없다. 타인의 도움도 괜찮으나 자신이 스스로 고칠 때 쓴다.
	改正缺点 / 改正错误 / 改正毛病 / 改正错别字 / 坚决改正
	生活中犯错误不要紧，重要的是要及时改正错误。 살면서 실수를 하는 것은 괜찮다. 중요한 것은 신속하게 실수를 바로잡는 것이다.
修正 xiūzhèng ⑧ 고쳐서 정확하게 하다	사상, 이론상에서 불완전하거나 문자 상에서 틀린 부분을 고치다라는 뜻으로 '纠正'과는 달리 강제성이 없다.
	修正计划 / 修正理论 / 修正错误 / 进行修正 / 有所修正
	人要清楚的认识自己，不断地修正自己。 사람은 자기 자신에 대해 제대로 알고 자신의 잘못된 점은 계속해서 고쳐나가야 한다.
更正 gēngzhèng ⑧ 잘못을 고치다, 정정하다	이미 발표한 연설이나 문장 중에서 잘못된 관련 부분, 글자 상의 잘못을 고치다라는 뜻으로, 어감이 '纠正'보다 완곡하다.
	更正错别字 / 更正错误 / 更正启示 / 更正如下 / 更正一句话
	这个通告你们写错了，赶快和报社联系一下进行更正。 이 공고문은 잘못됐다. 빨리 신문사에 연락해서 정정해라.

	……错误/……缺点	……发音/……不良作风	请……下列错句
纠正	○	○	×
改正	○	×	○

- 重 : 重视 / 看重 / 讲究

重视 zhòngshì 동 중시하다	중요하게 여겨 진지하게 대하다(↔忽视)
	重视人才 / 重视山区 / 重视小节 / 重视能力
	现在各用人单位都很重视实际操作能力。 지금 각 기업체에서는 실제 운영 능력을 매우 중시한다.
看重 kànzhòng 동 중시하다	중요하게 여겨 상대적으로 중요한 위치에 두다(↔轻视)
	看重知识 / 看重人才 / 看重青年人 / 看重他的才华
	相对于外貌，我们更看重人品。우리는 외모에 비해서 인품을 더 중시해야 한다.
讲究 jiǎngjiu 동 문제 삼다, 중시하다 형 정교하다	중요하게 여겨 진지하고 자세하게 연구하고 각 규정이나 요구를 만들어 내다
	讲究卫生 / 讲究美观大方 / 讲究衣着整齐 / 陈设讲究 / 衣着讲究
	中国八大菜系最讲究的就是色香味俱全和做工细腻考究。 중국의 8대 음식은 색, 향, 맛 그리고 섬세하고 정교하게 만든 모양을 매우 중시한다.

- 制 : 控制 / 限制

控制 kòngzhì 동 통제하다, 제압하다, 억누르다, 막다	마음대로 활동하거나 범위를 벗어나지 못하도록 통제하다, 사람, 사람의 감정, 사상, 교통, 생산, 속도를 함부로 하지 못하게 하고, 그것들을 규정된 범위 내에서 진행되도록 하다
	控制工人 / 控制人口 / 控制体重 / 控制感情 / 控制经济
	政府现在严格控制食品安全问题，发现一家打掉一家，绝不手软。정부는 현재 식품 안전 문제를 엄격히 통제하고 있다. 규정을 위반한 곳이 있으면 절대로 그냥 넘어가지 않는다.
限制 xiànzhì 동 제한하다, 한정하다, 속박하다	규정된 범위를 넘지 못하게 하다
	限制学生 / 限制数量 / 限制时间 / 限制出口 / 限制购买
	政府现在严格限制购买二套房的目的也是控制房价手段之一。 현재 정부가 부동산 매매를 엄격하게 제한하는 것도 부동산 가격을 통제하기 위해서이다.

	……人/……人口增长	……不住自己/……感情	年龄……/……性别
控制	○	○	×
限制	○	×	○

● 造 : 创造 / 创作 / 制造 / 制作

创造 chuàngzào 동 창조하다 명 창조	처음으로 새 방법을 생각하고, 새 이론을 세우고, 새로운 성적이나 물건을 만들어 내다. 새 방법, 새 이론, 새 기록을 가리키며, 대상은 기적, 형상, 기록, 역사 등과 같이 중요한 의의를 지닌 추상적인 사물이다.
	创造新世界 / 创造纪录 / 创造财富 / 创造奇迹 / 创造幸福
	我们要靠自己的智慧和能力创造一片新天地。 우리는 자신의 지혜와 능력에 기대어 새로운 세상을 만들어야 한다.
创作 chuàngzuò 동 창작하다 명 창작, 문예작품	(문예 작품을) 창작하다
	创作小说 / 创作舞蹈 / 创作一部电视剧 / 创作一幅油画
	想起十年前的往事历历在目，激起了我强烈的创作欲望，让我欲罢不能。 눈에 선한 10년 전의 옛일들은 내 창작의 열정을 자극했다.
制造 zhìzào 동 제조하다, (분위기, 상황을) 조성하다, 조장하다	인력(노동)이나 물력을 이용해 어떤 물품이나 도구를 만들다, 고의로 갈등이나 소문, 혼란, 분열, 분쟁을 만들어 나쁜 영향을 조성하다
	制造汽车 / 制造机器 / 制造飞机 / 制造矛盾 / 制造混乱 / 制造机会
	由于他的不理智亲手制造了一场人间悲剧。 이성을 잃은 그의 행동이 비극을 자초했다.
制作 zhìzuò 동 제작하다	원자재를 가공하여 쓸모 있는 물건으로 만들다
	制作家具 / 制作工艺 / 制作纪念品
	景德镇的瓷器制作工艺精密而细致，浑然天成。 징더전의 도기는 정밀하고 섬세하여 사람이 만든 것 같지가 않다.

	……条件/……成绩	……新纪录/……奇迹	文艺……/……小说
创造	○	○	×
创作	○	×	○

	……家具/……标本	……飞机/……紧张局势	……纪念品
制造	○	○	×
制作	○	×	○

실력 다지기

1~10 지문을 읽고 빈칸에 들어갈 알맞은 단어를 보기에서 고르시오.

1 甜食是治疗和控制抑郁、_____心情的灵丹妙药。大多数人在_____自己的时候喜欢来一点儿甜的，忘记减肥、忘记塑身、忘记那些紧身的_____衣服。一般而言，习惯吃甜食的人，_____都不坏，他们的坏心情完全可以用巧克力、蛋糕、布丁、奶酪等甜美的食物来_____。

A. 发挥　　奖赏　　豪华　　气氛　　取消
B. 放松　　犒劳　　华丽　　脾气　　消除
C. 解放　　奖励　　繁华　　胃口　　消灭
D. 轻松　　欣赏　　完美　　语气　　消失

2 中国民族音乐家刘天华，_____了西洋小提琴演奏技巧的一些长处，特别是高把位演奏，对二胡演奏技巧进行了_____，从而使二胡从一种伴奏乐器_____为独奏乐器。

A. 吸收　　革命　　晋升
B. 吸取　　改革　　上升
C. 吸引　　改正　　提升
D. 采纳　　改良　　飙升

3 金属加热到一定温度后，浸入水中进行冷却_____，由此得到的金属工具的_____更好、更稳定。由此联想到在平时的教学中，对那些长期受到表扬的学生，_____设置一点小小的障碍，施以"挫折教育"，几经磨练，其心理会更加_____，心理承受能力随之会更强。

A. 处理　　性能　　不妨　　成熟
B. 办理　　职能　　不必　　熟练
C. 治理　　功能　　何必　　脆弱
D. 清理　　技能　　何况　　严肃

4 踢毽子在中国属于一种民间体育游戏，它不需要设置专门的场地和_____，运动量可大可小，老幼皆宜，尤其有助于培养人的_____性和协调性，有助于身体的_____发展，增强_____。

A. 装备　灵活　充分　实质
B. 机械　敏捷　体面　素质
C. 设备　灵敏　全面　体质
D. 设施　敏锐　健全　品质

5 假如让你选择，是同快乐的人还是与_____的人呆在一起，我想你一定会选择前者，假如你希望人们乐于和你_____，那么你就要_____快乐的的心情。

A. 理智　交换　维持
B. 吝啬　联络　主持
C. 忧伤　相处　保持
D. 崇尚　配合　坚持

6 中国很多人一直推崇以和为贵，真正意义上的"和"是什么？ 就是在_____不同声音、不同观点的前提下，对于他人的一种_____，一种融入。说到底这就是_____的君子之道。

A. 承认　宽容　所谓
B. 承受　容忍　合理
C. 承诺　容纳　传统
D. 承担　谅解　讲述

7 《清明上河图》画卷，北宋风俗画作品，作者张择端。以_____的工笔记录了北宋末叶、徽宗时代首都汴京郊区和城内汴河两岸的建筑和人民的生活情景，_____了清明时节北宋汴梁以及汴河两岸的繁荣景象和自然风光。是汴京当年_____的见证，是北宋都城东京市民的生活_____的真实写照。

A. 精致　描绘　繁华　状况
B. 细致　模仿　繁忙　现状
C. 奇妙　描写　豪华　形状
D. 美妙　叙述　华丽　状态

8 在演讲中，设置一个好的悬念不但能够使演讲者成为听众注目的_____，而且能够活跃在场_____，激发听众聆听与_____的兴趣。因此，在演讲中制造出一个个悬念，可以有效地吸引听众的注意力，使演讲内含的_____和情感得以准确传达。

 A. 要点 志气 赋予 信仰
 B. 核心 气概 授予 信念
 C. 中心 气氛 参与 信息
 D. 焦点 风气 寄予 信号

9 很多心理学家指出：只有人生目标_____，才能找到自己奋斗的方向；只有清楚地_____自己现在所处的位置与目标之间的差距，才有可能在奋斗时，享受"成功的喜悦"。这样的感觉将_____他们在充分挖掘自己的潜能去克服重重困难的同时，激发他们追求成功的欲望，进而_____目标。

 A. 真实 体会 监督 实现
 B. 明白 体谅 激励 到达
 C. 明确 衡量 促使 达到
 D. 鲜明 体验 督促 抵达

10 我们看到夜晚天上的星星一闪一闪，这不是因为星星_____的亮度出现变化，而是与大气的_____有关。大气隔在我们与星星之间，当星光通过大气层时，会受到大气的_____和厚薄的影响。大气不是绝对_____的，所以我们在地面透过它来看星星，就会感觉星星好像在_____。

 A. 唯一 覆盖 风度 鲜明 跳跃
 B. 本身 遮挡 密度 透明 闪烁
 C. 亲身 掩饰 幅度 光明 颤抖
 D. 强烈 回避 程度 分明 飘扬

2 성어 및 4자 결구

> **Guide**
> HSK 4, 5급과 6급의 가장 큰 차이점 중 하나가 성어를 알고 쓸 수 있느냐 하는 것이다. 즉, 성어는 고급 중국어 구사의 잣대가 된다. 자신의 중국어 실력을 고급으로 업그레이드하고, 6급에서 좋은 점수를 얻기 위해 기본 성어의 암기는 무엇보다 필요한 작업이라는 것을 염두해 두고, 기본 성어 및 상용 4자 결구를 암기하자.
>
> **주의** 무턱대고 외우지 말고 **한자 한 글자 한 글자의 의미를 생각하며** 외우고, 해당 성어의 정확한 쓰임을 마스터하기 위해 **예문을 통째로 암기하자**.

독해 급소공략

• 매 시험 10문제 중 1~3개의 성어 관련 문제가 출제된다.

독해 제2부분에서 가장 많이 출제되는 유형이 '유의어 비교'이고 그 다음이 '성어 및 4자 결구'이다. 독해 제2부분뿐만 아니라 작문에도 꼭 필요한 성어를 **매일 계획적으로 정리하고 암기하여 시험에 대비해야 한다**.

• 빈출 성어는 반드시 그 뜻과 쓰임을 정확히 알아두자.

지금까지 치뤄진 新HSK를 모두 종합 정리해보면 '一丝不苟, 循序渐进, 有条不紊, 称心如意, 络绎不绝, 家喻户晓, 雪上加霜, 锦上添花, 知足常乐' 등의 성어가 여러 번 출제된 것을 알 수 있다. 즉, **중국어의 모든 성어와 4자 결구가 시험의 대상이 아니라 성어 문제은행이 있다**는 것이다. 이를 '독해 내공 Tip'에서 정리했다. 시험에 출제되었고, 출제되고 있으며, 이후 출제될 성어를 모아 정리한 것이므로 인내심을 가지고 하나도 빠짐없이 꼭 암기하기 바란다. 매일 계획적으로 공부한다면 머지 않은 어느 날, 성어에서 자유로워진 자신을 발견할 수 있을 것이다.

• 4자 중 한 글자만 알아도 그 의미를 미루어 짐작할 수 있다.

처음 보는 생소한 성어라고 당황하거나 겁먹지 말고 **집요함을 발휘하여 한 글자라도 물고 늘어져라**. 또, 성어를 제외한 다른 보기에서 힌트를 얻어 빈칸에 알맞은 성어를 유추할 수도 있다.

예제로 감 익히기

Mission

지문을 읽고 빈칸에 들어갈 알맞은 단어를 보기에서 고르시오.

---

1 我们要为受窘的人说一句解围的话，为＿＿＿＿的人说一句鼓励的话，为疑惑的人说一句提醒的话，为＿＿＿＿的人说一句鼓励的话，为痛苦失意的人说一句＿＿＿＿同情的话，许多时候，雪中送炭比＿＿＿＿好。

A. 忧郁	自觉	慰问	雪上加霜
B. 沮丧	自卑	安慰	锦上添花
C. 寂寞	自私	辜负	知足常乐
D. 惭愧	自满	嘱咐	家喻户晓

我们要为受窘的人说一句解围的话，为<u>沮丧</u>的人说一句鼓励的话，为疑惑的人说一句提醒的话，为<u>自卑</u>的人说一句鼓励的话，为痛苦失意的人说一句<u>安慰</u>同情的话，许多时候，雪中送炭比<u>锦上添花</u>好。

A. 忧郁(○)　自觉(×)　慰问(○)　雪上加霜(×)
B. 沮丧(○)　自卑(○)　安慰(○)　锦上添花(○)
C. 寂寞(○)　自私(×)　辜负(×)　知足常乐(×)
D. 惭愧(○)　自满(×)　嘱咐(×)　家喻户晓(×)

우리는 곤경에 처한 사람을 위해 구제하는 말을 해야 하고, <u>낙담한</u> 사람에게 격려의 말을 해야 하며, 의문을 가진 사람에게 일깨워 주는 말을 해야 하고, <u>스스로를 비하하는</u> 사람에게 격려의 말을 해야 하고, 고통으로 실의에 빠진 사람에게 <u>위로</u>와 동정의 말을 건네야 한다. 대부분의 경우 어려울 때 도와주는 것이 <u>좋을 때 더 잘해주는 것</u>보다 낫다.

A. 우울하다　스스로 느끼다　위안하다　설상가상
B. 낙담하다　스스로를 비하하다　위로하다　금상첨화
C. 적막하다　이기적이다　은혜를 저버리다　늘 만족하다
D. 부끄럽다　자만하다　당부하다　모두가 알고 있다

受窘 shòujiǒng 동 곤경에 처하다, 궁지에 몰리다 | **解围** jiěwéi 동 곤경으로부터 구제하다 | **鼓励** gǔlì 동 격려하다 | **疑惑** yíhuò 동 의심하다, 회의하다 | **提醒** tíxǐng 동 일깨우다 | **失意** shīyì 형 실의하다, 뜻대로 되지 않다 | **同情** tóngqíng 동 동정하다 | **雪中送炭** xuě zhōng sòng tàn 성 눈 올 때 숯을 보내 따뜻하게 해주다, 다른 사람이 급할 때 도와주다

---

1 B 독해 제2부분 문제를 풀 때 먼저 할 것이 첫 번째 빈칸을 보고 대략의 답을 구하는 것이다. 그 다음 확인을 위해 마지막 빈칸을 보고 나머지 빈칸을 본다. 이 문제에서 첫 번째 빈칸의 보기들은 모두 답이 될 가능성이 있다. 그러나 마지막 빈칸의 보기 중 '锦上添花(B)'만이 적합한 답이 될 수 있으므로 정답은 B이다.

 **성어 및 4자 결구**

성어 및 4자 결구는 독해 제2부분에서 많이 출제되는 유형으로, 이번 과에서는 시험에 자주 출제되는 성어와 4자 결구를 모아 정리해 두었다. 매일 계획적으로 정리하고 암기하여 시험에 대비하도록 하자.

A

爱不释手 ài bú shì shǒu	매우 아껴서 손을 떼지 못하다
	手捧着妈妈送的生日礼物，他喜欢的爱不释手，久久不愿放下。 엄마가 보낸 생일 선물을 받고 그는 너무나 기뻐 오랫동안 손에서 내려놓지 않았다.
按部就班 àn bù jiù bān	순서대로 하나하나 진행시키다, 착실히 일보 일보 나아가다
	今晚需要加班，希望各班组按部就班的做好本职工作。 오늘 저녁에는 야근을 해야 하니 모든 팀은 순서대로 차근차근 본인이 맡은 일을 해 나가기 바랍니다.
安居乐业 ān jū lè yè	안정된 생활을 누리며 즐겁게 일하다
	安居乐业是老百姓所希望的最基本的生活需求。 안정된 생활은 모든 국민이 바라는 가장 기본적인 삶이다.

B

拔苗助长 bá miáo zhù zhǎng	일을 급하게 이루려고 하다가 도리어 그르치다
	婴幼儿早期教育应遵循孩子的成长规律，不能拔苗助长。 조기교육은 아이의 성장에 맞춰가면서 해야지 너무 급하게 서둘러서는 안 된다.
半途而废 bàn tú ér fèi	중도에서 포기하다
	做事要有恒心，决不能半途而废，否则前功尽弃。일을 할 때에는 변함없는 의지를 가지고 절대로 중도에 포기해서는 안 된다. 그렇지 않으면 그 전의 모든 노력이 수포로 돌아간다.
饱经沧桑 bǎo jīng cāng sāng	세상만사의 변화를 실컷 경험하다
	那位老人饱经沧桑，现在家里就剩下他一个人生活了。 그 노인은 산전수전 다 겪고 지금은 홀로 남아 살고 있다.
波涛汹涌 bōtāo xiōngyǒng	파도가 세차게 일다
	在波涛汹涌的大海面前，那艘船显得实在很渺小很危险。 세찬 파도 앞에서 그 배는 정말 너무나 미약하고 위태로워 보였다.
博大精深 bódà jīngshēn	해박하다
	中国的佛教文化，博大精深。 중국의 불교문화는 넓고 심오하다.
不可思议 bùkě sīyì	이해할 수 없다, 불가사의하다
	听说用电线就能上网，太不可思议了。 케이블을 이용하면 인터넷을 할 수 있다는데, 잘 이해가 안 된다.

不相上下 bù xiāng shàng xià	막상막하다
	姐姐和弟弟的下棋水平**不相上下**。 언니와 남동생의 바둑 실력은 서로 막상막하다.
不屑一顾 búxiè yí gù	일고의 가치도 없다
	六岁的表弟装好了一辆小车，高兴地跑过来向我炫耀，我**不屑一顾**地说了声"幼稚"。 6살 된 사촌이 조그만 자동차 조립을 완성하고는 신이 나서 뛰어와 자랑했는데, 나는 조금도 망설임 없이 '유치해'라고 말해줬다.
不言而喻 bù yán ér yù	말하지 않아도 안다
	刚到而立之年的痛失爱子，心中的悲痛**不言而喻**。 나이 서른에 자식을 잃었으니 그 비통한 마음이야 말하지 않아도 알 만하다.
不择手段 bù zé shǒuduàn	수단과 방법을 가리지 않다
	他为了获得金牌**不择手段**。 그는 금메달을 따기 위해 수단과 방법을 가리지 않았다.
不知所措 bùzhī suǒ cuò	어찌 할 바를 모르다, 갈팡질팡하다
	第一次见公婆好紧张，真的有点**不知所措**。 처음으로 시부모님을 뵙는 자리라 너무 긴장되서 정말 어찌할 바를 모르겠다.

层出不穷 céng chū bù qióng	끊임없이 나타나다, 꼬리를 물고 생기다
	网络购物的欺诈行为**层出不穷**。 인터넷 쇼핑몰 사기가 끊이지 않고 있다.
成千上万 chéng qiān shàng wàn	수천수만, 대단히 많은 수를 나타냄
	大街上**成千上万**的工人正举行罢工。 거리에서 수많은 노동자들이 파업을 벌이고 있다.
称心如意 chènxīn rúyì	마음에 꼭 들다
	你想找到**称心如意**的另一半不是件容易的事情。 네 마음에 쏙 드는 반려자를 만나기는 쉽지 않다.
川流不息 chuān liú bù xī	(행인, 차량 등이) 꼬리에 꼬리를 물고 이어지다
	我看见**川流不息**的汽车在马路上行驶，排放出尾气。 나는 끊임없이 도로를 오가는 차들이 배기가스를 내뿜는 것을 보았다.
垂头丧气 chuítóu sàngqì	풀이 죽고 기가 꺾이다, 의기소침하다
	成功不要骄傲，失败也用不着**垂头丧气**。 성공했다고 교만해서는 안 되고, 실패했다고 의기소침할 필요도 없다.

从容不迫 cóngróng bú pò	태연자약하다, 침착하다
	面对考官，他**从容不迫**的回答着问题，一点都不紧张。 면접관 앞에서 그는 조금도 긴장하지 않고 침착하게 문제에 답하고 있다.
粗心大意 cūxīn dàyì	세심하지 못하다, 꼼꼼하지 않다, 데면데면하다
	工作要严谨，切忌**粗心大意**。 일은 신중하게 해야지 부주의해서는 안 된다.

D

大同小异 dà tóng xiǎo yì	대동소이하다
	这道工序和上道工序**大同小异**，没什么难度。 이 프로세스는 이전 프로세스와 거의 비슷해서 별로 어렵지 않다.
当务之急 dāng wù zhī jí	급선무, 당장 급한 일
	中国**当务之急**是加快改革步伐，惩治腐败。 현재 중국이 당면한 과제는 개혁 추진에 박차를 가하고 부패를 척결하는 것이다.
得不偿失 dé bù cháng shī	얻는 것보다 잃는 것이 많다
	偷奸取巧，避重就轻的结果就是**得不偿失**。 교활한 수법을 쓰고, 어려운 일은 피하고 쉬운 일만 골라서 하면 얻는 것보다 잃는 것이 더 많다.
得天独厚 dé tiān dú hòu	(선천적으로) 특별히 뛰어난 조건을 갖추다
	实验中学在自然和人文环境方面的三大优势，是任何学校不具备的，真可谓**得天独厚**，无可比拟。 실험 중등학교의 자연·인문 환경 분야에 있어서의 3가지 강점은 다른 학교에는 없는 비교할 수 없이 뛰어난 조건을 갖추고 있다는 것이다.
丢三落四 diū sān là sì	흐리멍덩하다, 건망증이 심하여 이일 저일 잘 잊어버리다
	我从小就有**丢三落四**的毛病，总是不长记性。 나는 어렸을 적부터 건망증이 심해서 항상 잘 잊어버린다.
东奔西跑 dōng bēn xī pǎo	동분서주하다, 이리저리 뛰어다니다
	我每天都很忙，在北京城里**东奔西跑**。 나는 매일 베이징 시내를 동분서주하며 뛰어다니느라 바쁘다.
东张西望 dōng zhāng xī wàng	여기저기 두리번거리다
	外面有个人贼头贼脑的，到处**东张西望**。 밖에 수상한 사람이 여기저기 두리번거리고 있다.
断断续续 duànduàn xùxù	끊어졌다 이어졌다 하는, 간헐적으로
	这部电视剧我**断断续续**的看了几集，没大意思。 나는 이 드라마를 띄엄띄엄 몇 편 봤는데 별로 재미가 없다.

F

翻来覆去 fān lái fù qù	같은 일을 여러 번 되풀이하다, (자면서 몸을) 엎치락 뒤치락하다
	他翻来覆去的总是重复着一句话，让人莫名其妙。 그는 계속해서 같은 말을 여러 번 반복하는데, 도무지 영문을 모르겠다.
飞禽走兽 fēiqín zǒushòu	금수, 조수
	她的刺绣技术很高，能把飞禽走兽、日月山川全都绣在丝绸上，生动活泼。 그녀의 자수 실력은 매우 뛰어나서 새와 동물, 해와 달, 산과 냇물까지 모두 비단 위에 아주 생동감 있게 수를 놓는다.
奋不顾身 fèn bú gù shēn	자신의 생명을 돌보지 않고 용감하게 앞으로 돌진해 가다
	他不顾个人安危，奋不顾身的去救人。 그는 자신의 안위는 생각하지 않고 용감하게 사람을 구하러 갔다.
风土人情 fēngtǔ rénqíng	지방의 특색과 풍습, 풍토와 인심
	到一个地方旅游，首先要了解当地的风土人情。 여행지에 도착하면 우선 현지의 특색과 풍습을 잘 알아야 한다.

G

格格不入 gé gé bú rù	전혀 어울리지 않다, 도무지 맞지 않다, 저촉되다
	他性格孤僻，总是和大家格格不入，很少和我们在一起交流。 그는 성격이 괴팍해서 사람들과 어울리지 못한다. 그래서 우리와 함께 교류하는 일이 별로 없다.
各抒己见 gè shū jǐ jiàn	각자 자기의 의견을 발표하다
	同学们在课堂上各抒己见。 학생들이 수업 시간에 각자 자기의 의견을 발표한다.
根深蒂固 gēn shēn dì gù	기초가 튼튼하여 쉽게 흔들리지 않다
	传宗接代，养儿防老的思想在老李的脑海里根深蒂固。 대를 잇고 자식을 낳아 노후를 준비한다는 생각은 라오리의 머릿속에 뿌리 깊이 박혀 있다.
供不应求 gōng bú yìng qiú	공급이 수요를 따르지 못한다
	韩国的电饭煲在中国很抢手，几乎供不应求。 한국 전기 밥솥은 중국에서 인기가 많아 물량이 부족하다.
孤独寂寞 gūdú jìmò	고독하고 쓸쓸하다
	到现在我还没女朋友，每当入夜我就倍感孤独寂寞。 나는 지금까지 여자친구가 없어서 저녁이면 고독하고 쓸쓸한 기분이 많이 든다.
刮目相看 guāmù xiāngkàn	눈을 비비고 다시 보다
	士别三日，当刮目相看。 헤어진 지 사흘만에 눈을 비비고 다시 보게 되었다.

归根到底 guīgēn dàodǐ	근본으로 돌아가다, 결국, 끝내
	老一辈常常勉励我们：世界是我们的，也是你们的，**归根到底**是你们的。 어른들은 항상 우리에게 '세상은 우리 것이자 너희 것이기도 하다. 하지만 결국은 너희 것이다'라고 격려하신다.

H

后顾之忧 hòu gù zhī yōu	뒷날의 근심
	我要努力学习，勤奋工作，为父母解决**后顾之忧**。 나는 열심히 공부하고 부지런히 일해서 부모님의 근심을 덜어 드릴 것이다.
胡说八道 húshuō bādào	허튼소리를 하다
	他简直是**胡说八道**，血口喷人，无中生有。 그는 정말 말도 안 되는 이야기만 하고 터무니 없는 말로 사람을 헐뜯는다.
画蛇添足 huà shé tiān zú	쓸데 없는 짓을 하다, 사족을 가하다
	你做的已经很完美了，不要再**画蛇添足**了。 너는 이미 완벽하게 했다. 그러니 여기에 더 이상 사족을 달지 말아라.
恍然大悟 huǎngrán dàwù	문득 크게 깨닫다
	揭开谜底，才让人**恍然大悟**。 사건의 진상이 밝혀지고 나서야 많은 것을 깨닫게 되었다.

J

急功近利 jí gōng jìn lì	눈앞의 성공과 이익에만 급급하다
	急功近利地办教育是不行的。 눈앞의 성공과 이익에만 치중한 교육을 해서는 안 된다.
鸡毛蒜皮 jīmáo suànpí	닭털과 마늘 껍질, 사소하고 보잘것없는 일
	他总是为了一些**鸡毛蒜皮**的小事而斤斤计较。 그는 항상 사소한 문제를 가지고 이것저것 따진다.
继往开来 jì wǎng kāi lái	지난날의 사업을 계승하여 앞길을 개척하다
	政府希望民众能在经济危机下，**继往开来**，共创美好明天。 정부는 국민들이 경제위기 속에서도 흔들리지 않고 함께 아름다운 미래를 만들어 나가기를 바랍니다.
急于求成 jí yú qiú chéng	서둘러 성공을 추구하다
	急于求成的销售员永远也无法取得消费者的信任。 빠른 성공만 꾀하는 영업 사원은 절대로 소비자의 신뢰를 얻을 수 없다.

家常便饭 jiācháng biànfàn	평소 집에서 먹는 식사, 흔히 있는 일
	家常便饭，随便吃点，不必客气。 평소에 먹는 식사이니 사양하지 말고 편히 드세요.
家喻户晓 jiā yù hù xiǎo	집집마다 알다, 모두 알다
	他得了冠军，名声大振，几乎家喻户晓。 그가 1등을 한 소식이 자자해서 거의 모르는 사람이 없다.
见义勇为 jiàn yì yǒng wéi	불의를 보면 참지 못하다
	一个老者买彩票中了1000万元，他捐出100万元给见义勇为的英雄。 한 노인이 1000만 위앤 복권에 당첨되어 100만 위앤을 의로운 영웅들을 위해 기부했다.
接二连三 jiē èr lián sān	연이어, 연달아, 잇따라, 연속적으로
	做错事情可以原谅，但接二连三地犯错，就不能原谅了。 한 번의 실수는 용서할 수 있지만 계속되는 실수는 용서할 수 없다.
竭尽全力 jiéjìn quánlì	온 힘을 다 기울이다
	对不起，我们已经竭尽全力地抢救他了。 죄송합니다. 하지만 우리는 그를 구하기 위해 최선을 다했습니다.
津津有味 jīnjīn yǒuwèi	흥미진진하다, 아주 맛있다
	看他吃得津津有味，我控制不住流出了口水。 그가 맛있게 먹는 모습을 보고 나도 모르게 침을 흘렸다.
锦绣前程 jǐnxiù qiánchéng	마치 수를 놓은 비단과 같은 장래
	他只顾着自己的锦绣前程，从不考虑为家人付出。 그는 자신의 미래만 생각할 뿐 가족의 희생은 생각하지 않는다.
精打细算 jīngdǎ xìsuàn	정밀하게 계획하다, 면밀하게 계산하다
	过日子要精打细算，才能不断地积累。 생활을 세밀하게 계획해야 계속 재산을 모을 수 있다.
精益求精 jīng yì qiú jīng	훌륭한데도 더 훌륭하게 하려 하다, 더 잘하려고 애쓰다
	做任何事情都要精益求精，绝不要马虎大意。 어떤 일을 하든 최선을 다해야지 절대로 건성으로 해서는 안 된다.
兢兢业业 jīngjīng yèyè	부지런하고 성실하다
	王老师是个模范老师，他工作兢兢业业，认认真真。 왕 선생은 모범적인 교사이다. 그는 부지런하고 성실하며 착실하게 일한다.
井井有条 jǐngjǐng yǒutiáo	논리 정연하다, 질서 정연하다
	他做事情总是那么井井有条，一丝不苟。 그는 일을 진행하는 데 있어 언제나 논리적이고 조금도 빈틈이 없다.
敬而远之 jìng ér yuǎn zhī	경원하다, 존경하기는 하되 가까이 하지는 않다
	这个人很讨厌，我们对他都是敬而远之。 이 사람은 정말 얄밉다. 우리는 모두 그를 존경하지만 멀리한다.

举世闻名 jǔ shì wénmíng	세상에 널리 이름이 나다[=闻名于世] 长城举世闻名，万古流芳。 만리장성은 세계적으로 유명하고 명성이 자자하다.
举世瞩目 jǔ shì zhǔmù	온 세상 사람이 주목하다 中国经济的发展举世瞩目，受世人关注。 중국의 경제 발전이 전 세계의 주목을 받고 있다.
举足轻重 jǔ zú qīng zhòng	대단히 중요한 위치에 있어서 일거수일투족이 전체에 중대한 영향을 끼치다 这件事情举足轻重，绝不可以掉以轻心。 이 일은 매우 중요해서 결코 소홀히 해서는 안 된다.
聚精会神 jù jīng huì shén	정신을 집중하다, 전심하다, 열중하다 灯下学习的儿子是那么聚精会神。 등불 아래에서 공부하는 아들은 그렇게나 정신을 집중했다.

刻不容缓 kè bù róng huǎn	잠시라도 지체할 수 없다 火灾险情十万紧急，灾民的安置工作刻不容缓。 화재 상황이 매우 긴급해서 이재민의 이주 작업을 잠시라도 지체할 수 없다.
空前绝后 kōngqián juéhòu	전무후무하다 地震给日本企业带来的损失可以算是空前绝后。 지진으로 인한 일본 기업의 피해는 가히 전무후무하다고 할 수 있다.
口是心非 kǒu shì xīn fēi	말로는 찬동하나 속으로는 반대하다, 겉과 속이 다르다 他是个口是心非，阳奉阴违的小人，大家一定要对他多有防备。그는 겉과 속이 다른 사람이다. 겉으로는 복종하는 듯 하지만 속으로는 따르지 않으니, 모두 그를 조심해야 한다.
苦尽甘来 kǔ jìn gān lái	고진감래 我们相信生活总会苦尽甘来。 우리는 고진감래라는 말을 믿는다.
哭笑不得 kū xiào bù dé	웃을 수도 울 수도 없다, 이러지도 저러지도 못하다 他做事总是弄巧成拙，让人哭笑不得。 그는 언제나 재주를 부리려다 일을 망쳐서 사람을 이러지도 저러지도 못하게 만든다.

理所当然 lǐ suǒ dāngrán	도리로 보아 당연하다 尊老爱幼是理所当然的，不用感谢。 어른을 공경하고 아이를 사랑하는 것은 당연한 일이니 감사할 것 없다.

理直气壮 lǐ zhí qì zhuàng	이유가 충분하여 하는 말이 당당하다, 떳떳하다
	我们必须**理直气壮**的告诉日本，独岛是韩国的固有领土。 우리는 독도는 한국 고유의 영토라고 당당히 일본에게 말해야 한다.

力所能及 lì suǒ néng jí	힘닿는 대로, 할 만한 능력이 있다
	有事请随时联系我，只要我**力所能及**一定尽力。 무슨 일이 있으면 언제든 저에게 연락하세요. 힘닿는 대로 도와드리겠습니다.

屡见不鲜 lǚ jiàn bù xiān	자주 봐서 신기하지 않다, 흔히 볼 수 있다[=司空见惯]
	现在的中学生早恋在社会上早已司空见惯，**屡见不鲜**。 현재 중고등학생들의 이른 연애는 사회적으로 이미 매우 흔한 일이 되었다.

乱七八糟 luàn qī bā zāo	엉망진창이다, 아수라장이다, 혼잡하다
	同学生日聚会把家里搞得**乱七八糟**，乌烟瘴气。 친구의 생일 파티로 집안이 온통 아수라장이 되었다.

络绎不绝 luò yì bù jué	왕래가 빈번하여 끊이지 않다
	今年来和我们公司洽谈生意的客商**络绎不绝**。 올해 들어 우리 회사와 사업을 논의하는 바이어가 끊이지 않고 있다.

满不在乎 mǎn bú zàihu	조금도 마음에 두지 않다, 전혀 개의치 않다
	受到批评，他还**满不在乎**的样子，脸皮真够厚的。 비난을 받고도 그는 전혀 아랑곳하지 않는다. 정말 얼굴이 두꺼운 사람이다.

没精打采 méi jīng dǎ cǎi	활기가 없다, 흥이 나지 않다, 맥이 풀리다
	不就是被女朋友甩了嘛，何必**没精打采**，天涯何处无芳草。 여자친구한테 차인 것 가지고 그렇게 기운 없어 할 것 뭐 있어? 세상에 널린 것이 여자야.

闷闷不乐 mèn mèn bú lè	마음이 답답하고 울적하다
	他最近心情不好，总是**闷闷不乐**。 그는 요즘 기분이 안 좋고 늘 울적하다.

梦寐以求 mèngmèi yǐqiú	꿈속에서도 바라다, 자나 깨나 바라다, 갈망하다
	考电影学院，将来当明星，是我们**梦寐以求**的事情。 영화대학 시험을 보고 스타가 되는 것은 우리가 자나깨나 바라는 일이다.

名副其实 míng fù qí shí	명실상부하다, 명성과 실제가 부합하다
	他是**名副其实**的民族英雄，令人敬仰。 그는 명실상부한 민족의 영웅으로, 정말 존경스럽다.

莫名其妙 mò míng qí miào	아무도 그 오묘함을 설명할 수 없다, 영문을 모르다
	老婆**莫名其妙**的冷淡，让我丈二的和尚摸不着头脑。 아내가 이상하게 냉담하다. 정말 알다가도 모를 일이다.

目中无人 mù zhōng wú rén	안하무인 做人要谦虚谨慎，戒骄戒躁，不要目中无人。 사람은 겸손하고 신중해야지, 교만하고 성급해서는 안 된다. 또한 안하무인 격으로 행동해서도 안 된다.

N

拿手好戏 náshǒu hǎoxì	가장 잘하는 연기, 장기, 뛰어난 특기 魔术是他的拿手好戏。 마술은 그의 특기이다.
难能可贵 nán néng kě guì	어려운 일을 해내서 귀하다, 매우 기특하다 他一直默默地关心和资助灾区失学儿童，这种精神难能可贵。 그는 줄곧 묵묵히 재난 지역의 아이들에게 관심을 가졌고, 또 그들이 공부를 할 수 있도록 지원해 왔다. 이러한 행동은 정말 귀감이 될 만하다.
能说会道 néng shuō huì dào	말솜씨가 좋다, 말이 능란하다 骗子一般都是能说会道，花言巧语的好手，大家一定小心。 사기꾼은 대개 말솜씨가 좋고 감언이설에 능하므로 모두 조심해야 한다.

P

迫不及待 pò bù jí dài	사태가 절박하여 기다릴 여유가 없다, 한시도 지체할 수 없다 我迫不及待的向女朋友表白，嫁给我，我会爱你一生一世。 나는 주저하지 않고 여자친구에게 내 마음을 고백했다. "결혼하자. 죽는 날까지 너를 사랑할게."
铺天盖地 pū tiān gài dì	천지를 뒤덮다 谣言四起，铺天盖地，让人无法接受。 유언비어가 넘쳐나서 받아들일 수가 없다.

Q

齐心协力 qíxīn xiélì	한마음 한뜻으로 협력하다 我们要齐心协力，团结一心，共同对敌。 우리는 한마음 한뜻으로 협력하여 함께 대적해야 한다.
岂有此理 qǐ yǒu cǐ lǐ	어찌 이럴 수가 있는가[이치에 맞지 않거나 일에 대하여 불만을 나타내는 말] 他无理取闹，信口雌黄，真是岂有此理。 그는 생트집을 잡고 근거 없는 이야기를 하고 있다. 정말 어떻게 이럴 수 있단 말인가!

迄今为止 qìjīn wéizhǐ	현재까지
	迄今为止，她一共得了多少块金牌？ 지금까지 그녀가 딴 금메달이 모두 몇 개지?
恰到好处 qià dào hǎo chù	꼭 알맞다, 꼭 들어맞다, 지극히 적당하다
	他做事灵活，说话恰到好处，很讨人喜欢。 그는 일을 유연하게 처리하고 맞는 말을 잘 해서 사람들이 좋아한다.
千方百计 qiānfāng bǎijì	온갖 방법·계략(을 다하다)[=想方设法]
	我历尽磨难，千方百计的找到你，就是要给我的亲人讨个说法。 아내에게 해명하기 위해 나는 온갖 고난을 겪으며 모든 방법을 다 동원해서 너를 찾아냈다.
前所未有 qián suǒ wèi yǒu	미증유의, 공전의, 전례 없는
	这次的成功前所未有，古今少见。 이번 성공은 전례 없는 일이라고 할 수 있다.
潜移默化 qián yí mò huà	모르는 사이에 감화를 받아 변화하다
	母亲在极具责任心的言行对我起到了潜移默化的作用。 엄마의 책임감 있는 말과 행동은 나를 변화시켰다.
锲而不舍 qiè ér bù shě	인내심을 가지고 일을 계속하다
	他锲而不舍的求学精神终于感动了签证官，从而得到美国签证。 그의 지칠 줄 모르는 학구열은 결국 비자발급 직원을 감동시켜 미국 비자를 받게 되었다.
轻而易举 qīng ér yì jǔ	매우 수월하다, 식은 죽 먹기이다
	他轻而易举地就登录到了对方电脑的网络中。 그는 손쉽게 상대편 컴퓨터의 네트워크에 로그인했다.
全力以赴 quánlì yǐ fù	전력을 다하여 일에 임하다, 전력투구하다
	我们要全力以赴的完成老师交给我们的任务。 우리는 최선을 다해서 선생님이 우리에게 내준 임무를 마쳐야 한다.
全心全意 quán xīn quán yì	성심성의, 전심전력
	全心全意地为顾客排忧解难，是我们的服务宗旨。 성심성의껏 고객의 걱정을 해소해 주는 것이 우리 서비스의 목적이다.

R

热泪盈眶 rèlèi yíngkuàng	뜨거운 눈물이 눈시울에 그렁그렁하다
	她击败了所有对手，激动地热泪盈眶。 그녀는 모든 라이벌을 쓰러뜨리고 감격하여 눈시울을 붉혔다.
任重道远 rèn zhòng dào yuǎn	맡은 바 책임은 무겁고 갈 길은 멀기만 하다
	文化场馆全部免费，任重道远。 문화관 무료 개방의 길은 아직 갈 길이 멀다.

日新月异 rì xīn yuè yì	나날이 새로워지다, 발전이 매우 빠르다
	在这个日新月异、瞬息万变的年代，要多学习科学知识。 이처럼 빠르게 변하는 시대에는 과학적인 지식을 많이 익혀야 한다.
容貌端正 róngmào duānzhèng	용모가 단정하다
	这次招聘要求学历高，容貌端正。 이번 채용에서는 학력이 높고 용모가 단정한 사람을 찾고 있다.

S

三天两头 sāntiān liǎngtóu	사흘이 멀다 하고, 빈번하게, 자주
	他身体很弱，总是三天两头的跑医院看医生。 그는 몸이 허약해서 항상 사흘이 멀다 하고 병원에서 진찰을 받는다.
深情厚谊 shēn qíng hòu yì	깊고 돈독한 정
	我无法忘记他对我的深情厚意。 나는 그의 깊고 돈독한 정을 잊을 수 없다.
十全十美 shí quán shí měi	완전무결하여 나무랄 데가 없다[=完美无缺]
	金无足赤，人无完人，任何事都不是十全十美的，不要求全责备。 완전한 순금은 없고, 완벽한 사람도 없다. 어떤 일이든 완벽한 것은 없으니 너무 완벽을 추구하지 말아라.
十之八九 shí zhī bā jiǔ	대체로, 거의, 십중팔구
	他十之八九是个军人。 그는 십중팔구 군인이다(그는 군인임에 틀림없다).
似是而非 sì shì ér fēi	비슷한 것 같으면서도 다르다, 겉모습은 그럴듯하지만 실제는 그렇지 않다
	他似是而非的话语，让人困惑。 그가 하는 말은 진짜 같기도 하고 아닌 것 같기도 한 것이 정말 사람을 곤혹스럽게 만든다.
肆无忌惮 sì wú jìdàn	방자하여 거리낌이 없다
	那个品牌居然找出各种理由"肆无忌惮"地涨价。 그 브랜드는 각종 이유를 들어 '망설임 없이' 가격을 인상했다.
数一数二 shǔ yī shǔ èr	일(이)등을 다투다, 뛰어나다, 손꼽히다
	韩国的医疗服务水平，数一数二，受世人瞩目。 한국의 의료 서비스 수준은 세계적으로 손꼽히며, 사람들의 주목을 받고 있다.
所作所为 suǒ zuò suǒ wéi	하는 일, 모든 행위
	他的所作所为让人愤慨，不可原谅。 그의 행동은 사람을 분노하게 만든다. 용서할 수 없다.

滔滔不绝 tāotāo bùjué	끊임없이 흐르다[말하다]
	他的思绪像滔滔不绝的江水，绵绵不断，奔流不息。 그의 생각은 쉼 없이 흐르는 강물처럼 세차고 끊임이 없다.
讨价还价 tǎojià huánjià	흥정하다, 여러 가지 조건을 내걸고 시시콜콜 따지다
	在中国买东西一定要学会讨价还价。 중국에서 물건을 살 때에는 가격 흥정을 할 줄 알아야 한다.
同心协力 tóngxīn xiélì	마음을 합쳐 협력하다, 일치 단결하다
	同心协力，共创辉煌。 모두 힘을 모아 함께 아름다운 미래를 만들어 갑시다.
脱颖而出 tuō yǐng ér chū	송곳 끝이 주머니를 뚫고 나오다, 재능이 나타나다, 두각을 나타내다
	在众多的选手中，他力克群雄，脱颖而出。 많은 선수들 중에 그는 단연 두각을 나타냈다.

望子成龙(凤) wàngzǐ chénglóng(fèng)	아들(딸)이 훌륭한 인물이 되기를 바라다
	望子成龙，望女成凤是每个父母的心愿。 부모들은 모두 자신의 자식들이 훌륭한 인물이 되기를 바란다.
微不足道 wēi bù zú dào	하찮아서 말할 가치도 없다, 보잘것없다
	做这点事微不足道，不必客气。 이 정도 일은 별 것 아니니 (저의 도움을) 사양하지 마세요.
无动于衷 wú dòng yú zhōng	아무런 느낌이 없다, 무감각하다
	你怎么对他的错误做法无动于衷呢? 너는 어떻게 그의 잘못된 행동에 대해 아무런 느낌이 없니?
无精打采 wú jīng dǎ cǎi	맥이 풀리다, 풀이 죽다
	才一大清早你就无精打采，是不是昨晚没睡好? 아침부터 기운이 없다니, 어제 저녁에 잠을 잘 못 잤니?
无可奉告 wú kě fènggào	드릴 말씀이 없다, 알릴 것이 없다
	我对工资调整的事情无可奉告。 임금 조정에 대해서는 뭐라 드릴 말씀이 없습니다.
无可奈何 wú kě nàihé	어찌 할 도리가 없다, 방법이 없다
	无可奈何花落去，悔之晚矣。 꽃이 지고 난 후에 가서 후회해 봐야 소용없다.

无理取闹 wúlǐ qǔnào	아무런 까닭 없이 남과 다투다	
	他老婆成天无理取闹，他宁愿加班也不想回家。그의 아내는 하루 종일 아무런 이유 없이 사람들과 다툰다. 때문에 그는 차라리 야근을 할지언정 집에 들어가기 싫어한다.	
无能为力 wú néng wéi lì	무능해서 아무 일도 못하다, 일을 추진시킬 힘이 없다	
	面对他的苦难，我真的无能为力，帮不上忙。 그의 고난에 대해 나는 정말 그를 도울 힘이 없다.	
无穷无尽 wúqióng wújìn	무궁무진하다	
	这次学习带给我的收获无穷无尽。 이번 공부는 나에게 무궁무진한 수확을 안겨주었다.	
无微不至 wú wēi bú zhì	세세한 데까지 신경 쓰다	
	我更需要你无微不至的关心和照顾。 저는 당신의 세세한 관심과 보살핌이 더욱 필요합니다.	
无忧无虑 wú yōu wú lǜ	아무런 근심 걱정이 없다	
	真羡慕她每天无忧无虑地生活，从来不用为生活担忧。그녀의 아무런 근심 걱정 없는 생활이 정말 부럽다. 그녀는 예전부터 생계에 대한 걱정을 할 필요가 없었다.	
五花八门 wǔ huā bā mén	형형색색, 여러 가지 모양, 천태만상	
	北京的春节庙会，五花八门的民俗，小吃，让人目不暇接。 베이징의 설맞이 장터에는 일일이 다 돌아볼 수 없을 만큼 다양한 민속놀이와 간식거리가 있다.	
物美价廉 wù měi jià lián	물건도 좋고, 값도 싸다	
	义乌的小商品市场，琳琅满目，物美价廉。 이우 시장 제품은 예쁜 물건도 많고 품질도 좋은 데다가 가격도 저렴하다.	

息息相关 xī xī xiāngguān	서로 호흡이 이어지다, 관계가 매우 밀접하다[=密切相关]	
	环境问题与人的生存问题息息相关，必须引起人们的高度重视。 환경은 인류의 생존과 밀접한 관계가 있으므로 사람들의 많은 관심이 필요하다.	
喜闻乐见 xǐ wén lè jiàn	기쁜 마음으로 듣고 보다, 즐겨 듣고 즐겨 보다	
	当官的要多讲老百姓喜闻乐见的事情。 공무원은 국민들에 관한 일을 보고 듣는 것을 중시해야 한다.	
显而易见 xiǎn ér yì jiàn	똑똑히 보이다, 명백히 알 수 있다	
	他犯了一个显而易见的低级错误。 그는 명백한 실수를 저질렀다.	

相辅相成 xiāng fǔ xiāng chéng	서로 보완하고 도와서 일을 이루다	
	可持续性发展和环境保护是**相辅相成**的。 지속 가능한 발전과 환경보호는 상호 보완되는 일이다.	
想方设法 xiǎng fāng shè fǎ	온갖 방법을 다 생각하다	
	妈妈**想方设法**让宝宝睡觉。 엄마는 아이를 재우기 위해 온갖 방법을 다 생각한다.	
小心翼翼 xiǎoxīn yìyì	엄숙하고 경건하다, 거동이 신중하고 소홀함이 없다	
	电工接电线的时候要**小心翼翼**，因为这个工作有危险。 전기 기술자는 전선을 연결할 때 신중해야 한다. 왜냐하면 이 일은 매우 위험하기 때문이다.	
欣欣向荣 xīnxīn xiàng róng	(사업이) 번창하다, 활기차게 발전하다, 번영하다	
	今年的农产品市场**欣欣向荣**。 올해 농산품 시장이 활기를 띠고 있다.	
心中有数 xīnzhōng yǒushù	승산이 있다, 자신이 있다, 속셈이 있다	
	面对考试，要做到**心中有数**，才能取得好成绩。 시험 보기 전에 미리 대비를 해 두어야 좋은 성적을 거둘 수 있다.	
兴高采烈 xìnggāo cǎiliè	매우 흥겹다, 매우 기쁘다, 신바람 나다	
	看你**兴高采烈**的样子，是不是买彩票中了大奖？ 즐거워하는 모습을 보아하니 너 복권에라도 당첨된 것 아니야?	
兴致勃勃 xìngzhì bóbó	흥미진진하다	
	爸爸**兴致勃勃**地告诉我们，他升为副总了。 아빠는 우리에게 부사장으로 승진했다고 기분 좋게 말씀하셨다.	
形影不离 xíngyǐng bùlí	그림자처럼 따라다니다, 대단히 사이가 좋다	
	我和我的女朋友关系密切，总是**形影不离**。 나와 여자친구는 사이가 좋아서 항상 같이 붙어 다닌다.	
雪上加霜 xuě shàng jiā shuāng	설상가상, 엎친 데 덮친 격이다	
	刚刚好转的天气又开始飘起了大雪，无疑于**雪上加霜**。 방금 날씨가 좋아지는 듯 하더니 다시 대설이 내리기 시작했으니 설상가상이 아닐 수 없다.	
循序渐进 xúnxù jiànjìn	차례로 한걸음 앞으로 나아가다	
	如何**循序渐进**学炒股？ 어떻게 하면 차근차근 주식을 배울 수 있을까?	

咬牙切齿 yǎoyá qièchǐ	격분하여 이를 부득부득 갈다, 몹시 화내다	
	为什么她一说到小李就咬牙切齿？ 그녀는 왜 샤오리 이야기만 하면 그렇게 화를 내는 거야?	
一帆风顺 yì fān fēng shùn	일이 순조롭게 진행되다	
	我很幸运，可谓是一帆风顺。刚毕业就进了一家大型外企工作。나는 운이 좋아 모든 일이 순조롭게 진행됐다고 할 수 있다. 졸업하자마자 대형 외국기업에 들어갔으니 말이다.	
一干二净 yì gān èr jìng	깨끗이, 모조리, 깡그리[=干干净净]	
	中国料理就是好吃，一桌子的饭菜被我们吃得一干二净。 중국 요리는 맛있다. 우리는 한 상 가득 차려진 음식을 깨끗하게 다 먹었다.	
一举两得 yì jǔ liǎng dé	일거양득, 꿩 먹고 알 먹기	
	这次出差就在我的家门口，还能顺便回家看父母，真是一举两得。 이번 출장은 (고향)집 근처이니 가는 김에 부모님도 뵐 수 있고 정말 일거양득이다.	
一目了然 yí mù liǎo rán	일목요연하다, 한눈에 환히 알아보다	
	谁是谁非，看看文档就会一目了然。 누가 옳은지 그른지는 기록을 보면 알 수 있다.	
一清二楚 yì qīng èr chǔ	아주 분명[명백]하다	
	眼前的事情我看得一清二楚，谁都骗不了我。 눈앞에 벌어진 일에 대해 분명히 알아야겠다. 그 누구도 나를 속일 수는 없다.	
一如既往 yì rú jì wǎng	지난날과 다름없다	
	我将一如既往的支持你，希望你也能够支持我。 나는 예전과 다름없이 너를 지지할 것이다. 너 역시 나를 지지해 주기를 바란다.	
一丝不苟 yìsī bùgǒu	조금도 빈틈이 없다	
	他在工作岗位上不断地钻研学习，一丝不苟，精益求精。 그는 일에 있어서 끊임없이 공부하고 연구하며 조금의 빈틈도 없이 완벽을 추구한다.	
一言为定 yì yán wéi dìng	(말) 한 마디로 정하다	
	明晚七点电影院门前见，一言为定。 내일 저녁 7시에 영화관 앞에서 보자. 약속했다.	
因地制宜 yīn dì zhì yí	각 지역의 구체적인 실정에 맞게 적절한 대책을 세우다	
	我们因地制宜，形成了提高作文教学的一个简单模式。 우리는 실정에 맞게 작문 교육을 제고시킬 간단한 모델을 구축했다.	
应有尽有 yīng yǒu jìn yǒu	있어야 할 것은 모두 다 있다, 없는 것이 없다	
	商场里的商品琳琅满目，应有尽有，让人目不暇接。 상점 안의 물건은 없는 것 없이 너무 많아서 다 볼 수가 없다.	

优胜劣汰 yōushèng liè tài	강한 자는 번성하고 약한 자는 쇠멸한다
	快递涨价加速了物流行业**优胜劣汰**。 특급 우편 가격 인상은 물류 산업의 적자생존을 가속화시켰다.
有条不紊 yǒu tiáo bù wěn	조리 있고 질서정연하다
	该工程的前期准备工作**有条不紊**地进行着。 이 프로세스의 준비 작업은 차근차근 진행되고 있다.
与日俱增 yǔ rì jù zēng	날이 갈수록 증가하다
	入冬以来，感冒的老人**与日俱增**。 겨울이 되면서 감기에 걸리는 노인이 갈수록 증가하고 있다.
与众不同 yǔ zhòng bùtóng	보통 사람과 다르다, 남다르다, 남보다 뛰어나다
	他**与众不同**的容貌，是天生的，绝不是人造的。 그의 개성 있는 외모는 타고난 것이지 절대로 (성형)수술을 한 것이 아니다.

再接再厉 zài jiē zài lì	더욱더 힘쓰다, 한층 더 분발하다
	希望你明年能够**再接再厉**，再上个新台阶。 내년에는 한층 더 분발해서 한 단계 더 발전하기를 바란다.
赞叹不已 zàntàn bùyǐ	감탄해 마지 않다
	对他所取得的成绩，我们真是**赞叹不已**。 그의 성적에 대해 우리는 정말 감탄을 금치 못했다.
斩钉截铁 zhǎn dīng jié tiě	결단성 있고 단호하다
	大哥**斩钉截铁**地拒绝了小弟的无理要求。 큰형은 동생의 무리한 요구를 단호하게 거절했다.
朝气蓬勃 zhāoqì péngbó	생기가 넘쳐흐르다, 생기발랄하다
	年轻人**朝气蓬勃**，充满青春会活力。 젊은이들은 생기발랄하고 활력이 넘친다.
争先恐后 zhēng xiān kǒng hòu	뒤질세라 앞을 다투다
	下课了，同学们**争先恐后**地来到操场锻炼身体。 수업이 끝나자 학생들이 서로 뒤질세라 운동장에 나와 운동을 했다.
知足常乐 zhī zú cháng lè	늘 만족하다
	知足常乐，说来平常，听似平淡，做到却奥妙无穷。 늘 만족한다는 것이 말하고 듣기에는 평범하지만 실천하려면 오히려 더 오묘하다.

直截了当 zhíjié liǎodàng	단도직입적이다, 시원시원하다, 단순 명쾌하다	
	我直截了当地告诉你，我已经不爱你了，请你走开。 단도직입적으로 말할게. 나는 이제 너를 사랑하지 않아. 나를 떠나줘.	
众所周知 zhòng suǒ zhōu zhī	모든 사람이 다 알고 있다	
	众所周知中国是个多民族的国家。 모두 알다시피 중국은 다민족 국가이다.	
自立更生 zìlì gēngshēng	자신의 힘만으로 어려운 처지에서 벗어나 새로운 삶을 살아가다	
	现在社会上有很多啃老族，他们依赖父母，不会自力更生。 요즘 부모에게 의지해서 사는 사람들이 많은데, 그들은 스스로 자립갱생할 줄 모르고 부모에게 의지하기만 한다.	
自相矛盾 zì xiāng máodùn	자가당착, 자기모순	
	他说话总是自相矛盾，谎言无法掩盖真实。 그가 하는 말은 늘 앞뒤가 맞지 않는다. 거짓말은 진실을 가릴 수 없다.	
自以为是 zì yǐwéi shì	자신만이 옳다고 생각하다, 자신이 최고라고 생각하다	
	53%儿童认为"自以为是"的同学不受欢迎。 53%의 아이들이 '자신만 옳다고 생각하는' 친구는 인기가 없다고 생각한다.	
总而言之 zǒng ér yán zhī	총괄적으로 말하면, 요컨대[=总的来说]	
	总而言之不许你和那个女人来往。 요컨대 네가 그 여자랑 사귀는 것에 반대한다.	

실력 다지기

1~10 지문을 읽고 빈칸에 들어갈 알맞은 단어를 보기에서 고르시오.

1 九寨沟是四川旅游的必去之处。九寨沟的水是人间最＿＿＿＿＿＿的水，无论是宁静的湖泊，还是飞泻的瀑布，都是那么神奇迷人，令人＿＿＿＿＿＿。水构成了九寨沟最具魅力的景色，是九寨沟的＿＿＿＿＿＿。

    A. 清洁　　络绎不绝　　精神
    B. 清晰　　川流不息　　灵感
    C. 透明　　锲而不舍　　心灵
    D. 清澈　　流连忘返　　灵魂

2 许多有理想有抱负的人都忽视了积少成多的道理，一心只想＿＿＿＿＿＿，而不去埋头耕作。直到有一天，他发现比自己起步晚的、比自己天资差的，都已经有了＿＿＿＿＿＿的收获，才发现自己这片园地上还是＿＿＿＿＿＿。这时他才幡然醒悟，不是老天没有给他理想，而是他一心只等待收获，却忘了＿＿＿＿＿＿。

    A. 一帆风顺　　壮观　　半途而废　　酝酿
    B. 一鸣惊人　　可观　　一无所有　　播种
    C. 一如既往　　宏观　　有条不紊　　照料
    D. 一丝不苟　　美观　　众所周知　　培育

3 在众多民族里，纳西族其实不是一个大民族，但是它的东巴文化却＿＿＿＿＿＿，引起众多人的兴趣和＿＿＿＿＿＿。东巴文化包含象形文字、东巴经、东巴绘画、音乐、舞蹈等。其中东巴象形文字被＿＿＿＿＿＿为目前世界唯一存活着的象形文字。

    A. 博大精深　　注视　　耸
    B. 得天独厚　　注重　　竖
    C. 名扬中外　　关注　　誉
    D. 难能可贵　　关怀　　称

4 耳听为虚，眼见为实，我们每个人都只相信自己亲眼看到的东西，认为只有亲眼_____见，才是真实_____的。然而有些时候我们亲眼看到的却常常与真实相悖，有时视觉上的错觉也经常会欺骗许多_____的头脑。

    A. 所   可靠   自以为是
    B. 可   依赖   一丝不苟
    C. 亦   踏实   称心如意
    D. 愈   周密   有条不紊

5 随着环保概念的不断深入人心，动物皮草已经不再是有些人炫耀奢华的_____，_____的是同样具有高贵气质的仿皮草材料。仿真的材质、适中的价格，加以最_____的款式，仿皮草成为更多爱美_____的新宠。

    A. 时装   优胜劣汰   完美   人物
    B. 潮流   供不应求   时髦   人员
    C. 装饰   取而代之   时尚   人士
    D. 象征   层出不穷   新颖   人才

6 宜兴紫砂陶有着悠久的历史和极高的艺术_____，并以其_____的原料材质，精湛的_____技艺，古朴的自然色泽和_____的造型艺术，在工艺美术苑林中独占鳌头，经久不衰。

    A. 成果   罕见   人工   物美价廉
    B. 财富   坚固   制作   喜闻乐见
    C. 风格   特殊   操作   朝气蓬勃
    D. 成就   独特   手工   千姿百态

7 人们通常所说的所谓幽默，是智者在洞悉人情冷暖之后，传达出一种认识_____、角度别致、形式上_____的信息，随之引起大家会心一笑。可见，幽默是一种乐观的人生态度、机智的_____方式、轻松的心态和宽容的_____。

    A. 特殊   循序渐进   思想   心灵
    B. 特定   兴致勃勃   思念   气魄
    C. 独特   喜闻乐见   思维   胸怀
    D. 神奇   一丝不苟   思考   视野

8 流传于世的女娲补天这个神话＿＿＿＿＿，但女娲的活动区域却＿＿＿＿＿。陕西省文物工作者在对女娲庙遗址进行文物调查时发现了三块与女娲＿＿＿＿＿的石碑，这些石碑与古代书籍相印证，＿＿＿＿＿了女娲文化的发源地在陕西省平利县。

  A. 妇孺皆知　　众口一词　　关联　　论证
  B. 尽人皆知　　众口难调　　相关　　更正
  C. 家喻户晓　　众说纷纭　　有关　　证实
  D. 众所周知　　人云亦云　　相连　　证明

9 用平常之心面对每一天，用感恩之心对待眼前的生活，一个人才能真正理解生活的＿＿＿＿＿！生活并不会使我们当中每个人＿＿＿＿＿，但人生的意义不单单在于要获得多少成功，更多的是要＿＿＿＿＿一路走来的点点滴滴。

  A. 美观　　苦尽甘来　　感受
  B. 美满　　锦绣前程　　忍受
  C. 美妙　　称心如意　　享受
  D. 美丽　　齐心协力　　遭受

10 周文王姬昌有一次出外＿＿＿＿＿，行至渭水南＿＿＿＿＿遇到了一位正在垂钓鱼的老人，那位老人＿＿＿＿＿地阐述了治国安邦的见解，周文王认为这是一个难得的奇才，就封他为太师。这个老人就是带有传奇＿＿＿＿＿的姜子牙。

  A. 游览　　岛　　博大精深　　习俗
  B. 进攻　　区　　津津有味　　光彩
  C. 打仗　　疆　　各抒己见　　神色
  D. 打猎　　岸　　滔滔不绝　　色彩

3 기타

Guide

유의어와 성어를 제외하고 독해 제2부분에 자주 출제되는 유형은 독해와 이해 능력을 테스트하는 독해 유형, 품사에 따라 동의어 중 답을 가려내는 품사 유형, 문맥의 상관관계를 밝히는 접속사 유형 등이 있다.

주의 新 HSK 독해 영역은 구 HSK의 어법과 종합이 아니다. 분명 관련된 부분이 많지만 어법의 여러 규칙과 기존의 종합 시험의 스킬만으로 답을 고를 것이 아니라 '阅读'라는 말 그대로 문장을 읽고 문맥을 파악할 수 있는 **능력이 우선시** 되어야 한다는 것을 명심하자.

독해 급소공략

• 문장을 끝까지 읽고 난 후 답을 고르자.

전체 문맥을 파악하지 않고 밑줄 앞뒤만 부분적으로 보고 답을 고르면 오답을 고르기 쉽다. **문장을 끝까지 읽어 보고 첫 번째 단어부터 확인해 보라.** 바로 답이 안 나오면 마지막 단어를 확인하라. 이렇게 접근하다 보면 옳은 답들로 이루어진 정답이 보일 것이다.

• 동사, 부사, 개사의 어법적 특징과 성질에 주목하자.

동사라고 해서 모두 목적어를 수반하는 것은 아니다. 동사마다 습관적으로 함께 쓰이는 목적어가 있고, 아예 목적어를 수반할 수 없는 것도 있다. 또, 의미가 비슷하다고 해서 형용사가 똑같이 사용되는 것도 아니다. 부사와 개사의 경우는 더더욱 그렇다. 이와 같은 어법적인 설명은 제1부분에서 자세히 알아보았으며 제2부분의 2과 유의어 부분에서도 살펴보았다. 꼼꼼히 복습하여 **독해의 어법 관련 문제들을 마스터하자.**

• 접속사 유형의 문제는 늘 출제된다.

독해 제1부분은 물론 제2부분에서도 접속사 관련 문제가 출제된다. 이미 정해져 있는 복문의 관계와 관련 접속사와 부사를 외우기만 하면 쉽게 답을 찾아낼 수 있으므로 비교적 쉬운 어법 사항이라고 할 수 있다. **관건은 전체 문맥을 보고 복문간의 관계를 밝힐 수 있는 독해 능력이 있느냐는 것이다.** 평소 중국어 문장을 읽을 때 그냥 물 흐르듯 보고 넘길 것이 아니라 분석하는 시선으로 세심하고 꼼꼼하게 읽도록 하자.

Mission

지문을 읽고 빈칸에 들어갈 알맞은 단어를 보기에서 고르시오.

> **1** "咬文嚼字"有时是一个坏习惯，所以这个成语的含义＿＿＿＿不是很好。但是在阅读和写作时，我们必须要有一字不肯＿＿＿＿的严谨。文学＿＿＿＿借文字表达思想情感，文字上面有＿＿＿＿，就显得思想还不透彻，情感还不凝练。
>
> A. 通常　　放松　　作品　　含糊
> B. 尤其　　饶恕　　著作　　分歧
> C. 偶然　　放弃　　理论　　矛盾
> D. 经常　　忽略　　题材　　错误

"咬文嚼字"有时是一个坏习惯，所以这个成语的含义<u>通常</u>不是很好。但是在阅读和写作时，我们必须要有一字不肯<u>放松</u>的严谨。文学<u>作品</u>借文字表达思想情感，文字上面有<u>含糊</u>，就显得思想还不透彻，情感还不凝练。

A. 通常(○)　**放松**(○)　**作品**(○)　**含糊**(○)
B. 尤其(✕)　饶恕(✕)　著作(○)　分歧(✕)
C. 偶然(✕)　放弃(○)　理论(✕)　矛盾(○)
D. 经常(○)　忽略(○)　题材(✕)　错误(○)

'문구에만 얽매이는 것'은 때로 나쁜 습관일 수 있다. 그래서 이 성어가 내포하는 의미는 <u>보통</u> 좋지 않다. 그러나 읽거나 쓸 때 우리는 한 글자도 <u>놓치지</u> 않으려는 신중함이 필요하다. 문학<u>작품</u>은 글을 빌어 사상과 감정을 표현하는데, 만약 <u>대충</u> 글을 쓴다면 전하려는 사상도 분명하지 않고 감정도 간결해 보이지 않게 된다.

A. 보통　**풀어주다**　**작품**　**대충대충하다**
B. 특히　용서하다　저작　엇갈리다
C. 우연히　포기하다　이론　모순되다
D. 일반적이다　소홀히 하다　제재　잘못되다

咬文嚼字 yǎo wén jiáo zì 성 일부러 어려운 문자를 쓰다, 글귀만 파고 따지다 | **严谨** yánjǐn 형 엄격하다, 엄밀하다, 신중하다 | **显得** xiǎnde 동 ~처럼 보인다 | **透彻** tòuchè 형 투철하다, 사리가 밝고 확실하다 | **凝练** níngliàn 형 (문장이) 간결하다

1 A 독해 유형 문제

첫 번째 빈칸에는 '보통, 일반적이다'의 의미를 가진 '通常(A)'과 '经常(D)'이 답이 될 가능성이 있다. 이 중 '经常'은 '행위나 상황의 발생 횟수가 많거나 빈도수가 높아 습관적이다'라는 의미를 내포한다.
두 번째 빈칸에서 '一字不肯'과 어울리는 것은 '放松(A), 放弃(C), 忽略(D)'이다.
세 번째 빈칸에서 앞의 '文学'와 전체 문맥에 어울리는 것은 '作品(A)'과 '著作(B)'이다.
네 번째 빈칸에서는 '含糊(A), 矛盾(C), 错误(D)'가 모두 가능성이 있으나, 앞에 나온 '严谨'을 보면 이와 반대 의미인 '含糊(A)'가 가장 적합하다는 것을 알 수 있다.

Mission

지문을 읽고 빈칸에 들어갈 알맞은 단어를 보기에서 고르시오.

> **2** 说到苹果，就不能不提起河南省灵宝。那里＿＿＿＿＿＿＿黄土高原丘陵地带，最适合苹果生长的地区。因为境内＿＿＿＿＿＿＿高，黑白温差大，很适宜苹果生长，果味的酸度和甜度都高于全国其他地区，甜美可口，＿＿＿＿＿＿＿称"苹果之王"。
>
> A. 在于　　地区　　被
> B. 属于　　海拔　　堪
> C. 位于　　温度　　就
> D. 处在　　地势　　甚

说到苹果，就不能不提起河南省灵宝。那里**属于**黄土高原丘陵地带，最适合苹果生长的地区。因为境内**海拔**高，黑白温差大，很适宜苹果生长，果味的酸度和甜度都高于全国其他地区，甜美可口，**堪**称"苹果之王"。

A. 在于(×)　地区(×)　被(×)
B. 属于(○)　海拔(○)　堪(○)
C. 位于(○)　温度(×)　就(×)
D. 处在(○)　地势(○)　甚(×)

사과 이야기를 하자면 허난성의 링바오를 들지 않을 수 없다. 그곳은 황토 고원 구릉지대에 속하므로 사과가 자라기에 가장 적합한 지역이다. 해발이 높고 밤낮의 기온 차가 커서 사과의 생장에 좋으므로 사과 맛의 시고 달콤한 정도가 전국 기타 지역보다 높아서 달고 맛있다. '사과의 왕'이라 불릴 만하다.

A. ~에 있다　지역　~에 의해
B. ~에 속하다　해발　~할 만하다
C. ~에 있다　온도　곧
D. ~에 있다　땅의 형세　매우

提起 tíqǐ 동 말을 꺼내다, 언급하다 | 丘陵 qiūlíng 명 언덕, 구릉 | 适宜 shìyí 형 적당하다, 적합하다, 적절하다

2 B 품사 유형 문제

첫 번째 빈칸에는 구체적인 장소를 나타내는 '位于(C), 处在(D)'가 들어갈 수 있고, 범위를 나타내는 '属于(B)'도 답이 될 수 있다.

두 번째 빈칸 뒤의 '高'와 어울리는 것은 '海拔(B), 温度(C), 地势(D)'이나 다음 문장인 '黑白温差大'를 고려해 보면 '温度'는 답과 무관하다는 것을 알 수 있다.

세 번째 빈칸 뒤의 '称'과 함께 쓰일 수 있는 것은 '堪(B)'뿐이다. '被(A)'는 '被称为'의 형태로 쓰인다.

Mission

지문을 읽고 빈칸에 들어갈 알맞은 단어를 보기에서 고르시오.

> **3** 有一群人，他们_____工作，永远都是工作先行，只要工作_____，他们就会义无反顾地作出变化——变换居所，_____变换生活的城市。所以他们居无定所，所以他们_____搬家。
>
> A. 喜欢　　机会　　至于　　经常
> B. 热爱　　需要　　甚至　　习惯
> C. 喜爱　　要求　　以至　　乐于
> D. 迷恋　　必须　　而且　　频繁

有一群人，他们**热爱**工作，永远都是工作先行，只要工作**需要**，他们就会义无反顾地作出变化——变换居所，**甚至**变换生活的城市。所以他们居无定所，所以他们**习惯**搬家。

A. 喜欢(○)　机会(○)　至于(×)　经常(○)
B. 热爱(○)　需要(○)　甚至(○)　习惯(○)
C. 喜爱(○)　要求(○)　以至(×)　乐于(○)
D. 迷恋(×)　必须(×)　而且(×)　频繁(○)

어떤 사람들은 일에 매우 애착을 가져 늘 일을 우선순위에 둔다. 업무상의 필요가 생기면 그들은 아무렇지도 않게 처거를 옮기고, 심지어 다른 도시로 이사하는 등의 변화에 아랑곳하지 않는다. 그래서 그들은 정해진 거처가 없고 이사하는 데 익숙하다.

A. 좋아하다　기회　~에 대해　일상적이다
B. 매우 좋아하다　필요　심지어　익숙해지다
C. 좋아하다　요구　~에 이르기까지　즐거이 ~하다
D. 연연해하다　반드시　그리고　빈번하다

先行 xiānxíng 통 먼저 가다, 선행하다 | **义无反顾** yì wú fǎn gù 성 정의를 위해 뒤돌아보지 않고 용감하게 나아가다 | **居所** jūsuǒ 명 거처, 거처하는 곳 | **迷恋** míliàn 통 미련을 두다, 연연해하다

---

3 B 접속사 유형 문제

첫 번째 빈칸에서 '迷恋(D)'은 '工作'를 목적어로 수반할 수 없다. 나머지는 모두 가능하다.
두 번째 빈칸에는 부사인 '必须(D)'가 들어갈 수 없다.
세 번째 빈칸 앞의 '变换居所'와 뒤의 '变换生活的城市'를 보면 점층관계라는 것을 알 수 있다. '甚至(B)'와 '而且(D)' 중 '정도의 심화'를 나타내는 것은 '甚至'이다.
네 번째 빈칸에는 네 가지 보기가 모두 가능하므로 다른 문제를 보고 답을 골라야 한다.

독해, 품사, 접속사 유형

유의어와 성어 외에 독해 제2부분에 자주 출제되는 독해 유형, 품사 유형, 접속사 유형에 대해 알아보자.

1 독해 유형

독해 유형의 문제는 문장 전체를 독해하고 이해하는 능력을 테스트하는 부분이다.

❶ 전체 내용 파악

빈칸 속 알맞은 단어를 고르려면 우선 문장 전체의 내용을 파악하는 눈이 필요하다. 문장의 이해도를 테스트하고 어휘 활용의 종합적인 능력을 측정하는 것이 독해 제2부분의 목적이기 때문이다. 그러므로 밑줄의 앞뒤만 살필 것이 아니라 지문의 기승전결을 파악한 다음 정답의 범위에 들 수 없는 보기를 삭제하며 범위를 좁혀 나가면 빠르고 정확하게 문제를 풀 수 있다.

❷ 문체와 단어의 뉘앙스

우리가 접하는 중국어 문장은 크게 문어체와 구어체로 나눌 수 있다. 문어체란 주로 편지, 공문 등의 실용문에 많이 쓰이는 문장체로, 일상생활에서는 잘 쓰이지 않는다. 구어체는 문어체와 반대로 평상시에 쓰는 말을 그대로 옮긴 언문일치의 문장체이다. 같은 의미의 단어일지라도 문어체와 구어체에 쓰이는 단어가 구분되므로 지문의 전체 분위기에 근거하여 알맞은 단어를 선택해야 한다. 이 밖에 긍정적인 의미의 단어, 부정적인 의미의 단어와 긍정적이고 부정적인 의미를 모두 가진 단어를 구분하여 문맥에 따라 구별하여 쓸 수 있어야 한다.

2 품사 유형

품사 유형의 문제는 밑줄 앞뒤 단어의 성분과 품사로 밑줄에 들어갈 단어의 품사를 유추한 후, 보기의 단어 중 이에 부합하지 않는 것을 삭제하여 정답을 골라낸다.

❶ 동의어는 앞뒤 단어에 따라 조합을 달리 한다

- 뜻은 '식사를 하다'로 같지만 결합되는 단어에 따라 동사와 명사의 조합이 달라진다. (술어동사+목적어)
  吃+餐(×) → 吃+饭(○)   就+饭(×) → 就+餐(○)

- 뜻은 '아름답다'로 같지만 일반명사는 '美丽', 추상명사는 '美好'와 결합해야 한다. (형용사+명사)
  美好的+衣服(×) → 美丽的+衣服(○)   美丽的+时光(×) → 美好的+时光(○)

- '普及'와 '普遍'은 '널리 퍼져 있다'로 뜻은 같지만 '普及'는 동사, '普遍'은 형용사이므로, '普及'만이 목적어를 수반할 수 있다. (동사만 목적어 수반)
  普遍+教育(×) → 普及+教育(○)

❷ 보기의 그룹 중 동사를 비교할 때는 밑줄 뒤에 오는 명사와의 조합에 유의한다

人类的末日将是自己_____的一瓶毒酒。 인류의 종말은 스스로가 빚어낸 독주가 될 것이다.
A. 创造   B. 制造   C. 酝酿   D. 酿造

→ '创造, 制造, 酝酿, 酿造'는 모두 '새롭게 만들다'라는 의미를 가지고 있지만, 결합할 수 있는 명사는 각각 다르다. '创造(A)'는 '创造理论, 创造历史, 创造机会, 创造财富'와 같이 비교적 광범위하게 사용되고, '制造(B)'는 '制造飞机, 制造设备, 制造药品'와 같이 기계, 약품 등을 만드는 데 사용된다. '酝酿(C)'은 '酝酿改革, 酝酿制度'와 같이 어떤 일을 준비하거나 계획하는 것에 사용되며, '酿造(D)'는 '酿造酒, 酿造酱, 酿造醋'와 같이 발효를 이용한 음식을 만드는 것을 가리킨다. 뒤에 '一

瓶毒酒'가 나오기 때문에 정답은 '酿造(D)'이다.

❸ 보기의 그룹 중 부사를 비교할 때는 문맥에 따라 어휘의 성격을 구별해야 한다

李嘉诚：一生以"诚"赢天下。有关李嘉诚在香港地产和股市的风云故事，是世人_____知的故事了。
리자청은 일생 동안 '성실'로써 천하를 손에 넣었다. 홍콩 부동산과 주식시장의 그와 관련된 이야기들은 세상 사람들 모두가 안다.

A. 皆　　　B. 都　　　C. 全　　　D. 均

→ 앞단락의 '以'로 보아 전체 문맥은 비교적 문어적인 성격을 띠고 있음을 알 수 있다. '皆(A)'와 '均(D)'은 문어체의 성격을 띠고 있고, '都(B)'와 '全(C)'은 구어체의 성격을 띠므로 정답의 범위는 A와 D로 좁힐 수 있다. '皆知'는 자주 쓰는 고정결합이므로 부사 '皆(A)'가 답으로 가장 적합하다. 관련된 성어로는 '尽人皆知, 任人皆知, 人人皆知' 등이 있다.

❹ 보기의 그룹 중 개사를 비교할 때는 앞뒤 호응을 이루는 동사, 비슷한 의미의 개사 간 차이를 구별해야 한다

中山公园_____英国式园林风格为主体。 중산공원은 영국식 정원 양식이 주를 이루고 있다.

A. 凭　　　B. 用　　　C. 拿　　　D. 以

→ '凭, 用, 拿, 以'는 모두 '~을 가지고'라는 의미가 있다. 그러나 빈칸 다음에 나온 '为'를 보면 답이 하나라는 것을 알 수 있다. 즉, '以A为B'는 'A를 B로 삼다'라는 뜻의 고정격식이다. '为'와 호응을 이루는 개사는 '以' 밖에 없으므로 정답은 D이다.

3 접속사 유형

HSK 독해에서 접속사 유형의 문제는 늘 1개 이상 출제된다. 복문의 각종 관계에 쓰이는 접속사와 부사를 숙지하여 '의미의 일관성과 단문간의 연관성'을 고려하여 정답을 고르자.

❶ 각종 복문의 관계

- 병렬과 점층관계(既A又B / 一边A一边B / 不但A而且B / 甚至)
- 전환관계(虽然A但B / 即使A也B / 其实)
- 가정관계(如果A就B / 即使A也B)
- 조건관계(只有A才B / 只要A就B / 无论A都B)
- 선택관계(不是A而是B / 宁愿A也不B / 与其A不如B)
- 인과관계(因为A所以B / 既然A就B)
- 연속관계(先A后B / 首先A然后B)
- 목적관계[为(为了)A(목적)，B(결과) / B(결과)，为的是(是为了/好让/好/以便)A(목적)]

❷ 보기의 그룹 중 접속사를 비교할 때는 밑줄 앞뒤 단어들의 의미 비교와 접속부사에 유의해야 한다

电视会议是近年兴起的一种通信方式，电视会议的问世大大缩短了人与人之间面对面通信的距离，改变了以往的会议模式，_____节省了人力、财力，还提高了工作效率。
화상회의는 최근에 생겨난 통신 방식으로, 이의 출현은 사람과 사람 간의 일대일 통신 거리를 크게 좁히고 예전의 회의 방식을 변화시켜, 인력과 비용을 절감시켰을 뿐 아니라 업무 효율도 높였다.

A. 固然　　　B. 倘若　　　C. 既　　　D. 不但

→ 빈칸 뒷절의 접속부사 '还'가 큰 힌트이다. 이로써 정답의 범위는 '既(C)'와 '不但(D)'으로 좁힐 수 있다. 하지만 '既'는 '既……又……'나 '既……也……'의 형태로 쓸 뿐 '还'와는 결합할 수 없기 때문에 점층관계를 나타내는 '不但(D)'이 정답임을 알 수 있다.

1~10 지문을 읽고 빈칸에 들어갈 알맞은 단어를 보기에서 고르시오.

1 一个热气球的操作员能做的只是调整气球的高度以_____不同的风向，而气球的_____航线和落点，就只能顺其自然了。这正是乘坐热气球的魅力所在：有控制的可能性，同时又保留了不确定性，所以比任何精确设定的飞行都来得_____。其实人生的_____也是如此，全在这定与不定之间。

A. 感觉　　立体　　痛快　　欢乐
B. 捕捉　　具体　　刺激　　乐趣
C. 欣赏　　全面　　爽快　　趣味
D. 抓住　　稳定　　热烈　　娱乐

2 如果没有在部队的自学_____，就没有后来名满天下的二月河。他曾经在仅仅21岁的时候跌入了人生最低谷，又在不惑之年渐入巅峰，从一个超龄留级生到一位著名作家，其间的机缘转折，似乎有些歪打正着。但二月河不这么_____，他说："人生好比一口大锅，当你走到了锅底时，只要你肯_____，不论朝哪个_____，都是向上的。"

A. 经历　　理解　　努力　　方向
B. 学历　　分析　　加油　　方面
C. 阶段　　认为　　付出　　目标
D. 课程　　思考　　攀登　　范围

3 一个人的自立就像支撑我们身体的骨架，能够让我们站立，能_____行走，而不需要别人的_____：依赖则像一个正常人_____拐杖，虽然可以借助拐杖的力量而让自己舒服，但是功夫一长，你的骨架就会退化，我们可能将_____无法自己站立。

A. 任意　　陪伴　　扛　　终究
B. 主动　　帮忙　　使　　逐渐
C. 自由　　搀扶　　挂　　永远
D. 独立　　引导　　捧　　始终

4 有很多数事实证明，调皮的孩子往往比老实的孩子更具创造力，究其原因就是淘气的孩子接触面_____，大脑受到的_____多，这样就可以激活他们的

_____。因为创造需要一定的时间和空间，我们做家长也应该给自己的孩子更多的时间和空间，允许他们淘气一点，让他们_____地去遐想、去活动、去创造。

  A. 广　　刺激　　智力　　自由
  B. 阔　　激励　　想象　　活泼
  C. 大　　激发　　智慧　　疯狂
  D. 浅　　打击　　见解　　合理

5 现在流行在网络的语言中，"雷"是一个比较新鲜而又特别的词语，大概_____于江浙一带，尤其是在浙江东北部，使用比较_____，指听到别人的话后感觉非常诧异，很_____，或者_____人难以理解。

  A. 来自　　广阔　　惊讶　　所
  B. 成长　　普及　　震惊　　凭
  C. 起源　　频繁　　神奇　　命
  D. 来源　　广泛　　惊奇　　令

6 李时珍在博览众多医药书，并仔细研究了一系列的"本草"之后，一方面_____佩服前代大师们的辉煌业绩，另一方面也发现他们在观察上和理论上的错误，是需要加以_____、订正的。因而他就将这个责任_____起来。从1552年开始，直到1578年，经过整整27年_____和编书的生活，他的《本草纲目》巨著终于完成。

  A. 毅然　　挖掘　　负责　　咨询
  B. 果然　　解释　　承受　　访问
  C. 自然　　整顿　　承担　　采访
  D. 固然　　整理　　担负　　采集

7 每当下雨的时候，汽车司机的_____会受到影响，尤其是下暴雨时雨刷器不能有效地刮净挡风玻璃上的雨水，让司机眼前_____不清。_____，因为气温降低，挡风玻璃上会出现雾气。这时，要立即打开冷气和后挡风玻璃加热器以尽快_____雾气。

  A. 视线　　模糊　　同时　　消除
  B. 眼色　　混乱　　反而　　消耗
  C. 视野　　含糊　　总之　　消失
  D. 眼神　　疲倦　　因而　　消化

8 人往往都有一种倾向：喜欢按照别人对自己的_____去生活。_____有人像对待成功人士那样对待一个人，那么这个人也会_____出与成功者一样的能力。

    A. 期望   设想   发表
    B. 渴望   假使   演变
    C. 期待   假设   表现
    D. 指望   一旦   表明

9 我们在年轻的时候普遍喜欢流行音乐，但随着年龄的不断增长，我们似乎被这个世界_____了。不知道也不懂得如今流行什么音乐，和年轻人没有共同的_____，这些都是困扰父母的难题。如果你不愿意让自己衰老得更快，何不去_____听听当今的流行音乐？_____在聆听中你也许会发现自己变得年轻了。

    A. 打击   题目   挑战   哪怕
    B. 抛弃   话题   尝试   或许
    C. 流浪   课题   试图   仿佛
    D. 淘汰   题材   体验   难怪

10 每当你身心愉悦，对这个世界_____善意时，很多美好的东西就被你所吸引。反之，当你_____、郁闷、觉得什么都不合自己心意时，负面的一切也就相继来_____了。因为你是一块磁铁，吸引的是你相信的东西，所以快乐的你会吸引让你快乐的人和事，烦恼的你_____吸引让你烦恼的人和事。

    A. 充满   悲观   报到   则
    B. 盛行   愤怒   报名   皆
    C. 存在   急躁   预报   颇
    D. 充当   悲哀   报答   勿

제3부분

독해 제3부분은 총 10문항이다. 이 부분은 2개의 지문에 각각 5개의 문제로 구성된다. 글 전체 내용과 앞뒤 문장의 관계를 파악하여, 빈칸에 들어갈 알맞은 문장을 고르면 된다. 이때 4가지 풀이법을 적용하면 답을 좀 더 빠르고 정확하게 찾을 수 있다.

알맞은 문장 골라 빈칸 채우기

- 연결어법
- 키워드법
- 의미 추론법
- 소거법

연결어법

Guide

연결어는 구나 절 사이를 연결하여 문장의 논리성과 연관성을 높이는 역할을 하므로, 문장과 문장 사이의 빈칸에 들어갈 내용을 찾는 중요한 단서가 될 수 있다. 따라서 보기 중 연결어가 보인다면 빈칸의 앞뒤에 이 연결어의 짝꿍이 있는지 살펴 답을 찾을 수 있다.

주의 문장에서 자주 쓰이는 연결어가 무엇인지 모른다면 연결어가 힌트로 주어져도 답을 찾을 수 없게 된다. 그러므로 **빈출 연결어와 문장 안에서의 쓰임을 확실히 공부**해 두도록 한다.

독해 급소공략

- **문장에서 자주 쓰이는 연결어를 숙지하라.**

  연결어가 나타내는 관계는 여러 가지가 있지만 그중에서도 **병렬, 점층, 선택, 전환, 가설, 조건, 인과관계**는 시험에서 자주 다뤄지므로 각각의 연결어와 그 쓰임을 평소에 잘 공부해 두어야 한다.

- **연결어가 보이면 짝꿍을 찾아라.**

  연결어는 앞절과 뒷절 사이의 관계를 나타내는 것으로, **보기에 연결어가 있을 시 지문에서 그 짝꿍을 찾으면 답을 쉽게 고를 수 있다.** 예를 들어 '虽然'의 짝꿍은 '但是', '因为'의 짝꿍은 '所以', '不但'의 짝꿍은 '而且'이다. 이런 식으로 문장 속 숨어 있는 힌트를 찾으면 된다.

- **글의 흐름을 보고 연결어를 추측하라.**

  연결어가 생략되는 경우가 종종 있다. 이럴 때는 **빈칸 앞뒤 내용의 흐름을 보고** 전환이나 인과 등의 연결어를 추측하여 답을 고를 수도 있다.

예제로 감 익히기

Mission

지문을 읽고 빈칸에 들어갈 알맞은 문장을 보기에서 고르시오.

　　徐悲鸿热爱绘画艺术，他终生不知疲倦地收集中国古代传统绘画，对其进行研究、整理和保护。他刚到北京的时候，自己一有时间就跑到琉璃厂的字画店里搜集古今的优秀字画。每当他碰见很欣赏的，就会不由自主地说："这是一张好画!" "这是难得的精品!"等等，站在旁边的画商听了总是眉开眼笑，(1)＿＿＿＿＿＿＿，反而趁机暗暗地向徐悲鸿提出了高价。但徐悲鸿一旦看中，(2)＿＿＿＿＿＿＿。甚至有时候，为了买看中的画，因为家中的钱不够，他就再添上自己的画。

　　妻子总是埋怨他说："你为什么一定要在画商面前表现出你的喜爱呢？难道你就不能够冷静一些吗？(3)＿＿＿＿＿＿＿，结果你本来可以少出一些钱就能买到的画，也被画商要了高价。"

　　徐悲鸿温和地笑着点点头，(4)＿＿＿＿＿＿＿。不过，当下一次再遇到画商送来好画时，他仍然会情不自禁地赞不绝口。一幅好画突然出现在他面前时，他会发自内心地激动，因为他能理解字画里内在的意义。假如，(5)＿＿＿＿＿＿＿，那他就不是画家徐悲鸿了。

　　A. 承认这话很有道理
　　B. 他对一幅真正的好画能装出无动于衷的样子
　　C. 本来没有打算要高价的
　　D. 你总是让人家看出来你非买不可
　　E. 就不再计较价钱

出了高价。但徐悲鸿一旦看中，(2)**E 就不再计较价钱**。甚至有时候，为了买看中的画，因为家中的钱不够，他就再添上自己的画。

妻子总是埋怨他说："你为什么一定要在画商面前表现出你的喜爱呢？难道你就不能够冷静一些吗？(3)**D 你总是让人家看出来你非买不可**。结果你本来可以少出一些钱就能买到的画，也被画商要了高价。"

徐悲鸿温和地笑着点点头，(4)**A 承认这话很有道理**。不过，当下一次再遇到画商送来好画时，他仍然会情不自禁地赞不绝口。一幅好画突然出现在他面前时，他会发自内心地激动，因为他能理解字画里内在的意义。假如，(5)**B 他对一幅真正的好画能装出无动于衷的样子**，那他就不是画家徐悲鸿了。

A. 承认这话很有道理
B. 他对一幅真正的好画能装出无动于衷的样子
C. 本来没有打算要高价的
D. 你总是让人家看出来你非买不可
E. 就不再计较价钱

에 들면 (2)**E 값을 전혀 따지지 않았다**. 심지어 돈이 부족할 때는 마음에 드는 작품을 사려고 자신의 그림을 얹어주기까지 했다.

그의 아내는 항상 불평하며 말했다. "당신은 화상 앞에서 꼭 그렇게 마음에 드는 티를 내야겠어요? 좀 침착하면 어디가 덧나요? (3)**D 당신이 사지 않고는 못 배길 것이라는 사실을 눈치채게 하니까** 원래 더 적은 돈으로 살 수 있는 그림인데도 화상이 비싼 값을 요구하잖아요."

쉬베이훙은 온화한 미소로 고개를 끄덕이며 (4)**A 그 말에 일리가 있다고 인정했다**. 그러나 그다음 번에 화상이 보내온 그림을 봤을 때 그는 여전히 참지 못하고 찬사를 쏟아냈다. 좋은 작품이 그의 눈앞에 나타날 때면 그의 가슴은 자신도 모르게 요동쳤다. 왜냐하면 그는 작품의 내재된 깊은 뜻을 이해하기 때문이다. 만약 (5)**B 그가 진정한 걸작품을 보고도 무관심한 척할 수 있다면**, 그는 화가 쉬베이훙이 아닌 것이다.

A. 그 말에 일리가 있다고 인정했다
B. 그가 진정한 걸작품을 보고도 무관심한 척할 수 있다면
C. 본래 비싼 값을 부를 생각은 없었다
D. 당신이 사지 않고는 못 배길 것이라는 사실을 남이 눈치채게 한다
E. 값을 전혀 따지지 않는다

绘画 huìhuà 동 그림을 그리다 | 疲倦 píjuàn 형 피곤하다, 지치다 | 琉璃厂 Liúlíchǎng 고유 리우리창 [중국의 골동품 거리] | 搜集 sōují 동 수집하다, 찾아 모으다 | 眉开眼笑 méi kāi yǎn xiào 성 싱글벙글하다, 몹시 좋아하다 | 趁机 chènjī 부 기회를 틈타서, 기회를 이용하여 | 埋怨 mányuàn 동 불평하다, 원망하다, 탓하다 | 情不自禁 qíng bú zì jīn 성 감정을 스스로 억제하기 힘들다 | 赞不绝口 zàn bù jué kǒu 성 칭찬하여 마지않다, 칭찬이 자자하다

---

1 C 키워드법/연결어법 빈칸 뒤 '反而'은 앞절과 뒷절이 전환관계라는 것을 설명한다. 키워드 '高价'는 앞절이 가격과 관련된 이야기를 하고 있음을 알려준다. 따라서 정답은 C이다.

2 E 연결어법 '一旦……就……'는 조건관계로 '마음에 들기만 하면 가격을 따지지 않는다'라는 의미가 된다. 앞뒤 문장을 보면 역시 가격 관련 이야기를 하고 있으므로 정답은 E라는 것을 알 수 있다.

3 D 소거법 이 문제가 어렵다고 느끼면 우선 넘어간 후, 전체 글을 통독하고 다른 보기를 다 고른 다음 남는 것을 고르면 된다. 앞문장의 주어가 모두 '你'인 것을 보면 아내가 쉬베이훙에게 무언가 이야기하고 있다는 것을 알 수 있으므로 정답은 D이다.

4 A 의미 추론법 앞절의 주어가 쉬베이훙이고, 보기에서 주어가 쉬베이훙인 것은 A와 E밖에 없다. 또, 앞뒤 문장의 의미를 살펴보면 '그가 고개를 끄덕였다'는 것은 어떤 사람의 말에 찬성했다는 의미이므로 정답은 A이다.

5 B 의미 추론법 밑줄 친 부분이 거의 글 마지막에 나왔고 '假如'라는 가정의 상황이다. 이 가설은 문단 전체에 대한 요약으로, 전체 글을 보면 이 일이 쉬베이훙이 하지 못하는 일이라는 것을 짐작해 낼 수 있으므로 정답은 B이다.

연결어의 **7가지 관계**

연결어는 복문에서 병렬, 점층, 선택, 전환, 가정, 조건, 인과 등을 표현한다. 각각 문장 안에서 어떻게 쓰이는지 예문을 통해 알아보자.

1 병렬관계

앞뒤 문장이 동등한 관계로, 동시에 일어나는 일을 묘사하거나 하나의 사물에 대해 다양한 방면으로 설명 또는 묘사할 때 쓴다.

- **有的……，有的……** 어떤 것은 ~하고, 어떤 것은 ~하다
  普通的人类住房，总是有的房间阳光多些，有的房间阳光少些。
  일반인이 사는 주택의 어떤 방은 빛이 많이 들고, 다른 어떤 방은 빛이 조금 든다.

- **一方面……，一方面……** 한편으로는 ~하고, 다른 한편으로는 ~하다
  李部长这样做一方面损害了公司的声誉，一方面也影响了自己的前途。
  이 부장이 이렇게 하면 회사의 명예를 훼손시키고, 또 자신의 앞길에도 영향을 끼칠 것이다.

- **有时……，有时……** 어떤 때는 ~하고, 어떤 때는 ~하다
  最近天气有点儿反常，有时冷，有时热。
  요즘 날씨가 좀 이상하다. 어떤 때는 춥고 어떤 때는 더우니 말이다.

- **既……，又……** ~이기도 하고, ~이기도 하다
  他那个人性格既开朗又活泼。
  그는 성격이 명랑하고 활발하다.

- **一边……，一边……** ~하면서 ~하다
  她一边吃饭，一边看报纸。
  그녀는 밥을 먹으면서 신문을 본다.

2 점층관계

앞절의 내용보다 발전된 동작이나 상황의 뒷절을 연결할 때 쓴다.

- **不但/不仅/不只/不光 ……，而且/还/也/又/更……** ~뿐만 아니라, 게다가
  革新技术以后，不但加快了生产速度，而且提高了产品的质量。
  혁신 기술의 도입 이후 생산 속도가 증가되었을 뿐만 아니라 상품의 질도 향상되었다.

- **尚且……，何况(更不用说)……** ~조차 ~한데, 하물며
  有些大人尚且不能解决的问题，何况是小孩呢?
  일부 어른들도 못 푸는 문제인데, 하물며 어린아이랴!

- **别说/慢说/不要说……，连/就是……** ~은 말할 것도 없어, ~이다
  别说吃，连听也没听过。
  먹어본 것은 말할 것도 없고, 들어본 적도 없다.

3 선택관계

두 개 이상의 단어, 단문에서 한 가지 사실을 선택할 때 쓴다.

- 是……, 还是…… ~인가, 아니면 ~인가
  你是来工作的, 还是学习的? 너는 일하러 온 거니, 아니면 공부하러 온 거니?

- 或者(或、或是)……, 或者(或、或是)…… ~이든지, ~이든지
  或者你来接我, 或者我自己去, 都可以。 당신이 마중 나오든지, 나 혼자 찾아가든지 다 괜찮다.

- 不是……, 就是…… ~가 아니면, ~이다
  这两天她不是哭就是生气, 可能跟男朋友闹分手。 요 며칠 그녀는 울지 않으면 화를 낸다. 아마도 남자친구와 헤어진 것 같다.

- 不是……, 而是…… ~가 아니라, ~이다
  我不是没时间学日语, 而是对日语不感兴趣。 나는 일본어를 공부할 시간이 없는 것이 아니라, 일본어에 흥미가 없는 것이다.

- 要么(要就是)……, 要么(要就是)…… ~아니면 ~이다
  要么不做, 要么做到最好。 하지 말든지 제일 잘 하든지.

- 宁可……, 也不…… 차라리 ~할지언정 ~하지 않는다[전자 선택]
  我宁可饿死, 也不吃他的饭。 내가 굶어 죽을지언정 그의 밥은 먹지 않겠다.

- 与其……, 不如…… ~하느니 차라리 ~하는 편이 낫다[후자 선택]
  与其抱怨不公平, 不如改变自己, 适应社会。 불공평함을 토로하느니 차라리 스스로 변화하여 사회에 적응하는 것이 낫다.

4 전환관계

앞뒤 내용이 상반되는 사실을 설명할 때 쓴다.

- 虽然/虽是/虽说/尽管/固然……, 但是/但/可是/然而/却…… 비록 ~하지만, ~하다
  虽然队伍中不时有狼倒下, 但狼群依然奔跑着。
  비록 대오에서 낙오하는 이리가 자주 있지만, 이리 행렬은 여전히 앞으로 행군하고 있다.

- ……, 其实…… ~이지만, 사실은 ~이다
  说是学生, 其实他对学习没有兴趣。 말로는 학생이지만, 사실 그는 공부에 관심이 없다.

5 가정관계

앞절이 가정을 제기하고 뒷절이 그 가정에 따르는 결과를 나타낼 때 쓴다.

- 如果/假使/假如/要是/倘若/要是……, 就/那么/那便…… 만약 ~이면, 바로 ~이다
  如果从旅游角度看, 北京更多的是传统文化的旅游点, 时尚娱乐的东西就相对少些。
  여행의 관점에서 보면 베이징은 전통적 문화 요소가 많은 여행지이고, 유행이나 엔터테인먼트적 요소는 부족하다.

- 即使/就算/就是/哪怕……, 也/还是/仍然/还…… 설령 ~일지라도, ~하겠다
  即使没有人支持我，我也要坚持到底。설사 나를 지지하는 사람이 없더라도, 나는 끝까지 할 것이다.

- 要不是……, 就/该…… 만약 ~가 아니었다면, ~이다
  要不是你提醒我今天有考试，我就忘了。만약 네가 오늘 시험이 있다고 알려주지 않았더라면, 나는 잊어버렸을 것이다.

- 幸亏/幸好……, 要不然/不然/否则…… 다행히 ~했으니 망정이지, 그렇지 않았다면 ~이다
  幸亏妈妈叫醒了我，要不然我又迟到了。다행히 엄마가 나를 깨워주었기에 망정이지, 아니었으면 나는 또 지각했을 것이다.

6 조건관계

앞절에서 조건을 제시하고 뒷절에서 그 결과를 나타낼 때 쓴다.

- 只要……, 就…… ~하기만 하면, 바로 ~하다
  我相信只要自己喜欢，就一定能学好、干好。자신이 좋아하기만 하면, 잘 배울 수 있고 잘 해낼 수 있다고 믿는다.

- 只有……, 才…… ~해야만 비로소 ~하다
  这个问题只有老师来了，才能解决。이 문제는 선생님이 와야만 해결할 수 있다.

- 除非……, 才…… 오직 ~해야 (비로소) ~하다
  除非你亲自去请他，他才会参加宴会。네가 직접 그에게 부탁해야 그가 연회에 참석할 것이다.

- 无论/不论/不管/任凭/……, 都/总/总是/也…… ~를 막론하고 ~하다
  无论天气如何，活动都照常进行。날씨가 어떻든 행사는 평소대로 진행한다.

7 인과관계

앞절에서는 원인을 나타내고, 뒷절에서는 판단을 나타낼 때 쓴다.

- 因为/由于……, 所以/因此/因而…… ~이기 때문에, 그래서~
  因为雨下得很大，所以今天的棒球比赛取消了。비가 많이 내려서 오늘 야구 시합은 취소되었다.

- 因此 이 때문에
  我今天实在太忙，因此不能亲自去接你。내가 오늘 너무 바빠서 당신을 직접 마중 나가지 못합니다.

- 之所以……, 是因为…… ~한 까닭은, ~때문이다
  他之所以升职，是因为他平时工作非常努力。그가 승진한 것은 평상시에 열심히 노력해서 일하기 때문이다.

- 既然/既……, 就/便/则/那么…… 기왕 ~했으니, ~하다
  既然你现在有空，就来帮我搬东西。기왕 네가 지금 시간이 있으니 나를 도와서 물건 좀 옮겨 주라.

실력 다지기

1~10 지문을 읽고 빈칸에 들어갈 문장을 보기에서 고르시오.

1~5

　　人的智力并不全是由遗传因素所决定，但与遗传有一定关系。它主要取决于遗传、环境两方面的因素。一般认为，(1)_____，环境则决定了另外40%。有人长期研究过一群智商在140分以上的孩子，从中发现这些孩子长大后一直保持优秀的才智，他们的孩子的智商平均为128分，(2)_____。而那些精神缺陷者，他们的孩子当中有59%的人有精神缺陷或智力迟钝。

　　在智力遗传中，不仅包括智商，(3)_____。所谓的情商，是指人的个性、脾气、处事能力、交际能力等方面。比如，有些孩子在处事能力、交际能力方面像爸爸，而另外一些方面，如个性、脾气与母亲很相像。

　　另外，孩子的智力与环境也有很大的关系，(4)_____，因此我们提倡早教。从胎儿开始，脑细胞发育的第一高峰出现在10~18周，第二高峰出现在孩子出生后的3~6个月。(5)_____，就要在第一高峰期即孕期注意摄取营养，在第二高峰期注意进行母乳喂养，这样就会使孩子的智力很好地发育。

A. 智力的实际表现还要受后天的极大影响
B. 遗传发挥着很大的作用
C. 还包括情商
D. 如果期望孩子智力发育好
E. 远远超过一般孩子的水平

6~10

　　一个青年翻山越岭，背着一个大包找到智者，他说："大师，我感到那么的孤独、痛苦和寂寞，长时间的艰难跋涉让我苦不堪言。我的鞋子磨破了，手也受伤了，流血不止，嗓子因为长久的呼喊而沙哑……⑹_____？"

　　智者问："你的大包里装了什么东西？"青年说："都是对我十分重要的东西。里面是我每一次跌倒时的哭泣、每一次受伤后的烦恼、每一次孤寂时的痛苦……⑺_____。"

　　智者把青年领到河边，他们坐船过了河。上岸后，智者说："你扛了船赶路吧。"青年很惊讶："它那么沉，我怎么能扛得动呢？""是的，孩子，你扛不动它。"智者微微一笑说，"过河的时候，船是有用的。但过了河，⑻_____。否则，它会变成我们的包袱。孤独、寂寞、眼泪、灾难、痛苦，这些对人生都是有用的，它们能使生命得到升华，但如果你总也忘不掉的话，⑼_____。放下它吧，孩子，生命不能负重太多！"

　　青年听了智者的话后，放下包袱，继续赶路，他发觉自己的步子轻松了许多，比以前快得多，心情也变得愉悦起来。原来，⑽_____。

A. 靠着它们，我才能走到您这儿来
B. 就成了人生的包袱
C. 我们就要放下船赶路
D. 生命是可以不必如此沉重的
E. 为什么我还不能找到心中的阳光

키워드법

Guide

우리는 책을 읽을 때 모든 단어 하나하나에 신경 쓰면서 똑같은 속도로 읽지 않는다. 쉬운 부분은 쭉 훑으며 열 줄을 그냥 읽어내려 가기도 하고, 어려운 부분은 집중해서 읽기도 한다. 그러나 어떤 종류의 글이라도 전체 내용을 관통하는 키워드가 있게 마련이다. 따라서 이 키워드를 찾아 대조, 종합해보고 문장 혹은 단락의 의미를 이해하여 전체 글의 핵심 정보를 파악할 수 있다.

주의 인물이나 사물이 글의 키워드일 때 직접적인 이름은 문장 처음에만 거론되고 그 이후에는 '她, 他, 它'와 같은 **대사로 대체되어 쓰일 수도 있으므로 주의**해야 한다.

독해 급소공략

- **문장 속 명사, 형용사, 동사에 주목하라.**

    일반적으로 키워드는 어떤 사물이나 그 사물의 특징과 동작을 가리키며, 의미가 비교적 구체적이고 실제적인 단어이다. 그러므로 **키워드는 명사, 형용사, 동사가 대부분**이다.

- **글에서 자주 반복되는 단어를 찾아라.**

    작가는 자신의 관점을 드러내기 위해 의식적으로든 무의식적으로든 중심 내용을 반복해서 강조하게 되므로 한 문장 안에 **키워드가 나오는 빈도수가 높아지게 된다.**

- **글의 시작과 끝을 유심히 살펴라.**

    글의 구조상 각 단락의 **첫 문장과 마지막 문장에 키워드**가 나올 가능성이 매우 높다.

- **문장 속 접속사를 놓치지 마라.**

    문장의 연결로 보면 키워드는 전환되는 문장과 결론을 내리는 문장에 나올 가능성이 높다. 따라서 '但是(그러나), 然而(그렇지만), 尽管(설령 ~라 하더라도), 总之(결론적으로)' 등의 **접속사가 나왔을 때 주의 깊게 살펴봐야 한다.**

예제로 감 익히기

Mission

지문을 읽고 빈칸에 들어갈 알맞은 문장을 보기에서 고르시오.

　　冬天来了，一片雪地白茫茫的。远处跑来一群狼，它们找不到食物，已经饿了好几天了。有一个猎物就在前面，(1)＿＿＿＿＿＿＿＿，突然，一只狼扑向猎物，就在这个时候，后面的狼也赶到，猎物被他们咬死倒在地上。

　　狼群没有一窝蜂去抢猎物，他们围成一圈，开始分享猎物。首先，是最强壮的狼，即咬死猎物的狼先吃，然后是强壮的狼吃，(2)＿＿＿＿＿＿＿。如果分的食物不够吃，体弱的狼就吃不饱。猎物刚一吃完，狼群又开始奔跑起来，(3)＿＿＿＿＿＿＿。

　　狼群就这样跑过了整整一个漫长的冬季。

　　有时候狼群吃饱了，它们会尾巴夹得紧紧的。他们之间很少互相争斗，即使争斗，弱者也很快认输，夹着尾巴到另一边去了。(4)＿＿＿＿＿＿＿＿。 狼群就这样奔跑着，即使队伍中不时有狼倒下，但狼群依然会持续地奔跑，始终充满了生命力。

　　狼群的"分配原则"永远都是先强后弱。因为，猎物总是被跑在最前面的狼首先捕获的，如果没有它们，别的狼就不会有食物。从另一个意义说，(5)＿＿＿＿＿＿＿，要是这一部分狼跑不动了，没有力量，那么谁也不会有食物，对狼群来说，这样的结果肯定是灾难性的。

A. 狼群的目标始终是前方的猎物
B. 向下一个猎物追去
C. 跑在最前面的狼必须保持一定的体力
D. 狼群拼命地追赶
E. 最后才是身体瘦弱的狼

　　冬天来了，一片雪地白茫茫的。远处跑来一群狼，它们找不到食物，已经饿了好几天了。有一个猎物就在前面，(1)**D 狼群拼命地追赶**，突然，一只狼扑向猎物，就在这个时候，后面的狼也赶到，猎物被他们咬死倒在地上。

　　겨울이 왔고 세상은 온통 새하얀 눈으로 뒤덮여 있다. 며칠 동안 먹을 것을 찾지 못해 굶주린 이리 떼가 멀리서 달려온다. 사냥감이 바로 앞에 보이자 (1)**D 이리 떼는 목숨을 걸고 쫓는다**. 갑자기 이리 한 마리가 사냥감에게 달려들고, 바로 이때 뒤에 있던 이리 역시 달려들어 사냥감은 그 자리에서 물어뜯긴다.

狼群没有一窝蜂去抢猎物，他们围成一圈，开始分享猎物。首先，是最强壮的狼，即咬死猎物的狼先吃，然后是强壮的狼吃，(2)E最后才是身体瘦弱的狼。如果分的食物不够吃，体弱的狼就吃不饱。猎物刚一吃完，狼群又开始奔跑起来，(3)B向下一个猎物追去。

狼群就这样跑过了整整一个漫长的冬季。有时候狼群吃饱了，它们会"尾巴夹得紧紧的"。他们之间很少互相争斗，即使争斗，弱者也很快认输，夹着尾巴到另一边去了。(4)A狼群的目标始终是前方的猎物。狼群就这样奔跑着，即使队伍中不时有狼倒下，但狼群依然会持续地奔跑，始终充满了生命力。

狼群的"分配原则"永远都是先强后弱。因为，猎物总是被跑在最前面的狼首先捕获的，如果没有它们，别的狼就不会有食物。从另一个意义说，(5)C跑在最前面的狼必须保持一定的体力，要是这一部分狼跑不动了，没有力量，那么谁也不会有食物，对狼群来说，这样的结果肯定是灾难性的。

A. 狼群的目标始终是前方的猎物
B. 向下一个猎物追去
C. 跑在最前面的狼必须保持一定的体力
D. 狼群拼命地追赶
E. 最后才是身体瘦弱的狼

이리 떼는 벌 떼처럼 사냥감을 덮치는 것이 아니라 원형으로 에워싼 후 사냥한 먹이를 먹기 시작한다. 우선 사냥감을 물어 죽인 가장 몸집이 건장한 무리의 일인자가 먹은 후 그다음 이인자가 먹는다. (2)E마지막에 가서야 가장 약한 이리의 차례이다. 만약에 나눈 먹이의 양이 부족하면 가장 약한 이리는 배불리 먹을 수가 없다. 사냥감을 다 먹어 치운 후 이리 떼는 다시 이동하기 시작하고 (3)B다음 사냥감을 쫓는다.

이리 떼는 이런 식으로 긴긴 겨울 동안 이동을 한다.

이리 떼는 배가 부를 때면 '꼬리를 팽팽히 끼운다'. 그들은 서로 싸움을 하는 경우가 아주 드물고 싸우더라도 약자가 패배를 재빨리 인정하고 끼우고 있던 꼬리를 다른 편으로 돌려놓는다. (4)A이리 떼의 목적은 언제나 눈앞의 먹잇감에 있다. 이리 떼는 이렇게 이동을 하면서 낙오하는 이리가 있더라도 멈추지 않고 계속해서 뛰며 언제나 생명력 넘치는 모습을 보인다.

이리 떼의 '분배원칙'은 언제나 선(先) 강자, 후(后) 약자의 규칙을 따른다. 먹잇감은 항상 무리의 맨 앞에서 뛰는 이리가 포획하기 때문이다. 만약 그들이 없다면 다른 이리는 먹을 음식이 없게 된다. 다른 의미에서 보면 (5)C선두에서 뛰는 이리는 반드시 체력을 유지해야 한다. 만약 선두에 선 이리가 힘이 없어 뛰지 못한다면 그 누구도 먹을 음식이 없게 될 것이고, 이리 떼의 입장에서 볼 때 이런 결과는 재난이기 때문이다.

A. 이리 떼의 목적은 언제나 눈앞의 먹잇감에 있다
B. 다음 사냥감을 쫓는다
C. 선두에서 뛰는 이리는 반드시 체력을 유지해야 한다
D. 이리 떼는 목숨을 걸고 쫓는다
E. 마지막에 가서야 가장 약한 이리의 차례이다

白茫茫 báimángmáng 형 (구름·안개·눈 등이) 온통 끝없이 새하얀 모양 | 猎物 lièwù 명 사냥감 | 拼命 pīnmìng 동 필사적으로 하다, 온 힘을 다하다 | 追赶 zhuīgǎn 동 뒤쫓다, 추격하다, 따라잡다 | 扑 pū 동 돌진하여 덮치다, 갑자기 달려들다 | 咬 yǎo 동 물다, 깨물다 | 一窝蜂 yīwōfēng 몹시 소란하다 | 分享 fēnxiǎng 동 (기쁨·행복 등을) 함께 나누다 | 瘦弱 shòuruò 형 여위고 허약하다 | 漫长 màncháng 형 (시간·공간이) 멀다, 길다, 지루하다 | 夹 jiā 동 끼이다, 끼우다, 사이에 두다 | 争斗 zhēngdòu 동 싸우다, 다투다 | 认输 rènshū 동 패배를 인정하다, 항복하다 | 捕获 bǔhuò 동 잡다, 포획하다, 체포하다 | 灾难 zāinàn 명 재해, 재난, 화

---

1 D 키워드법 앞절에서 사냥감이 바로 앞에 있다고 했고 뒷절에서 이리가 사냥감에 달려들었다고 했으므로 중간에는 '이리가 어떻게 하다'라는 내용이 와야 뜻이 연결된다. '뒤에 있던 이리 역시 달려들다'의 '달려들다(赶)'가 키워드로, 앞에 '이리가 계속 먹잇감을 쫓았음'을 설명한다. 따라서 정답은 D이다.

2 E 연결어법 '우선(首先), 그다음(然后)'이라는 순서를 나타내는 말을 통해 다음에 '마지막(最后)'이라는 말이 사용될 것을 추측할 수 있으므로 정답은 E이다.

3 B 의미 추론법 앞절의 주어는 이리 떼이고, 먹잇감을 다 먹어 치웠기 때문에 다음 먹잇감을 쫓을 가능성이 크다.

4 A 키워드법 이 문장은 독립된 문장이므로 앞에서 말한 '이리 떼', 뒤에서 말한 '이리 떼가 이동한다'는 것을 근거로 이 문장의 키워드가 '이리 떼(狼群)'라는 것을 알 수 있다. 따라서 앞뒤 문장의 의미를 봤을 때 정답은 A이다.

5 C 의미 추론법 빈칸 뒷절에서 '선두에 선 이리가 힘이 없어 뛰지 못한다면'이라고 했으므로 빈칸에는 체력에 관한 내용이 나와야 한다.

문장 유형별 키워드

지문의 주제나 내용에 따라 키워드가 될 수 있는 주제어가 각각 다르다. 시험에 자주 나오는 문장 유형에 따른 핵심 어휘를 공부해 보자.

사회	邻居 línjū 몡 이웃 | 居民 jūmín 몡 주민 | 住房 zhùfáng 몡 주택 | 房租 fángzū 집세 | 搬家 bānjiā 동 이사하다 | 婚姻 hūnyīn 몡 혼인, 결혼 | 离婚 líhūn 동 이혼하다 | 计划生育 jìhuà shēngyù 몡 가족계획 | 小皇帝 xiǎohuángdì 응석받이로 자란 남자아이 | 沟通 gōutōng 동 소통하다 | 代沟 dàigōu 몡 세대차이 | 衰老 shuāilǎo 동 노쇠하다 | 缓解 huǎnjiě 동 완화되다, 개선되다, 풀리다 | 压力 yālì 몡 압력, 부담, 스트레스 | 求知欲 qiúzhīyù 알려는 욕망, 지식욕 | 科普 kēpǔ 몡 과학보급 ['科学普及'의 줄임말] | 履行 lǚxíng 동 실행하다, 실천하다 | 潜能 qiánnéng 몡 잠재력, 가능성 | 解围 jiěwéi 동 곤경으로부터 구하다 | 逮捕 dàibǔ 동 잡다, 체포하다 | 风气 fēngqì 몡 (사회나 집단의) 풍조, 기풍 | 信号 xìnhào 몡 신호, 사인 | 合理 hélǐ 형 도리에 맞다, 합리적이다 | 空难 kōngnàn 몡 비행기 사고, 항공 사고 | 素食主义 sùshízhǔyì 채식주의
경제	经济危机 jīngjì wēijī 몡 경제 공황 | 金融危机 jīnróng wēijī 몡 금융 위기 | 通货膨胀 tōnghuò péngzhàng 몡 통화 팽창, 인플레이션 | 财富 cáifù 몡 자산, 부 | 致富 zhìfù 동 부자가 되다 | 破产 pòchǎn 동 파산하다 | 资产 zīchǎn 몡 자산 | 收入 shōurù 몡 수입 | 收益 shōuyì 몡 수익, 수입 | 消费 xiāofèi 동 소비하다 | 畅销 chàngxiāo 형 잘 팔리다, 판로가 넓다 | 旺季 wàngjì 몡 성수기 | 淡季 dànjì 몡 비수기 | 保险 bǎoxiǎn 몡 보험 | 赔偿 péicháng 동 배상하다, 물어 주다, 갚아 주다 | 创业 chuàngyè 동 창업하다 | 合同 hétong 몡 계약 | 投资 tóuzī 몡 투자 | 成本 chéngběn 몡 원가, 자본금 | 利息 lìxī 몡 이자 | 加息 jiāxī 부가 이자 | 私债 sīzhài 사채 | 债券 zhàiquàn 몡 채권 | 股份 gǔfèn 몡 주권, 주식 | 股票 gǔpiào 몡 주식, (유가) 증권 | 营业利润 yíngyè lìrùn 영업 이윤 | 售后服务 shòuhòu fúwù 애프터서비스(AS) | 出口 chūkǒu 동 수출하다 | 进口 jìnkǒu 동 수입하다 | 海关 hǎiguān 몡 세관
문화	趋势 qūshì 몡 추세 | 追求 zhuīqiú 동 추구하다 | 流行 liúxíng 동 유행하다 | 赶时髦 gǎn shímáo 동 유행을 따르다 | 过时 guòshí 형 시대에 뒤떨어지다 | 文明 wénmíng 형 교양이 있다 | 信息化 xìnxīhuà 동 정보화하다 | 明星 míngxīng 몡 스타 | 走红 zǒuhóng 동 인기가 오르다 | 迷 mí 몡 팬 | 追星族 zhuīxīngzú 오빠 부대 | 上班族 shàngbānzú 월급쟁이 | 啃老族 kěnlǎozú 캥거루족 [결혼 후에도 부모에게 의지하며 사는 사람] | 月光族 yuèguāngzú 월광족 [한 달 월급을 모두 소비해 버리는 중국의 새로운 소비 계층] | 气管炎 qìguǎnyán 공처가 ['妻管严'과 발음이 같은 데서 비롯됨] | 收藏 shōucáng 동 소장하다, 수집하여 보관하다 | 民间 mínjiān 몡 민간 | 杂技 zájì 몡 서커스 | 京剧 jīngjù 몡 경극 | 墨宝 mòbǎo 묵보, 진귀한 친필 서화 | 书法 shūfǎ 몡 서법, 서예 | 相声 xiàngsheng 몡 상성, 만담 | 丝绸之路 sīchóuzhīlù 비단길, 실크로드 | 胡同 hútong 몡 후통, 골목 | 四合院 sìhéyuàn 몡 사합원 [북경의 전통 주택 양식] | 重阳节 Chóngyángjié 고유 중양절 [음력 9월 9일] | 端午节 Duānwǔjié 고유 단오절 | 拜年 bàinián 동 세배하다 | 压岁钱 yāsuìqián 세뱃돈 | 红包 hóngbāo 세뱃돈, 상여금 | 旗袍 qípáo 치파오 [중국 여성들이 입는 전통의상] | 爆竹 bàozhú 폭죽 | 团圆饭 tuányuánfàn 명절에 온 가족이 함께 모여 먹는 밥 | 糖葫芦 tánghúlu 탕후루 [산사자, 해당화 열매 등을 꼬챙이에 꿰어 설탕물을 굳혀 만든 과자] | 羊肉串 yángròuchuàn 몡 양꼬치 | 火锅 huǒguō 훠궈, 신선로 | 月饼 yuèbǐng 월병 | 油条 yóutiáo 요우티아오 [밀가루 반죽을 길쭉한 모양으로 만들어 기름에 튀긴 음식] | 豆汁 dòuzhī 몡 두유, 콩국 | 饺子 jiǎozi 몡 교자, 만두 | 演讲 yǎnjiǎng 몡 연설, 강연 | 杂志 zázhì 몡 잡지 | 名著 míngzhù 몡 명저, 명작 | 悬念 xuánniàn 몡 서스펜스 | 攀岩 pānyán 몡 암벽등반, 암벽타기 | 芭蕾 bālěi 발레 | 垂钓 chuídiào 낚시하다, 낚싯대를 드리우다 | 教练 jiàoliàn 몡 감독, 코치 동 교련하다, 훈련하다 | 互联网 hùliánwǎng 몡 인터넷 | 博览会 bólǎnhuì 몡 박람회

분류	단어
역사	文献 wénxiàn 몡 문헌 [역사적 가치가 있거나 참고할 가치가 있는 도서 자료]	编钟 biānzhōng 몡 편종 [중국 고대의 타악기]	贵族 guìzú 몡 귀족	出土 chūtǔ 동 출토하다	鉴别 jiànbié 동 감별하다, 식별하다	古董 gǔdǒng 몡 골동품	字画 zìhuà 몡 서화, 글씨와 그림	翡翠 fěicuì 몡 비취	唐代 Tángdài 고유 당대	宋代 Sòngdài 고유 송대	元代 Yuándài 고유 원대	明代 Míngdài 고유 명대	清代 Qīngdài 고유 청대	秦始皇 Qínshǐhuáng 고유 진시황	孔子 Kǒngzǐ 고유 공자	孟子 Mèngzǐ 고유 맹자	李白 Lǐ Bái 고유 이백	杜甫 Dù Fǔ 고유 두보	鲁迅 Lǔ Xùn 고유 루쉰	汉族 Hànzú 고유 한족	少数民族 shǎoshù mínzú 몡 소수민족	普通话 Pǔtōnghuà 고유 현대 중국 표준어	方言 fāngyán 몡 방언	五四运动 WǔSì Yùndòng 고유 5·4운동 [1919년 5월 4일 베이징 학생들을 중심으로 일어난 정치·문화 혁명 운동]	文化大革命 Wénhuà Dàgémìng 고유 문화대혁명 [1966~1976년까지 벌어졌던 사회적, 정치적 격동]	红卫兵 hóngwèibīng 몡 홍위병 [문화대혁명 기간 동안 학생으로 이루어진 조직]	改革开放 gǎigé kāifàng 몡 개혁개방 [1978년 덩샤오핑 체제 아래 시작된 체제 개혁 및 대외 개방 정책]
자연	环境 huánjìng 몡 환경	气候 qìhòu 몡 기후	气压 qìyā 몡 대기압	海拔 hǎibá 몡 해발	臭氧层 chòuyǎngcéng 몡 오존층	资源 zīyuán 몡 자원	昆虫 kūnchóng 몡 곤충	寄生 jìshēng 동 기생하다, 빌붙어 살다	植物 zhíwù 몡 식물	年轮 niánlún 몡 (식물의) 나이테, 연륜	土地 tǔdì 몡 토지	土壤 tǔrǎng 몡 토양	荒野 huāngyě 몡 황량한 들판, 황야	草地 cǎodì 몡 잔디밭	森林 sēnlín 몡 삼림	地震 dìzhèn 몡 지진	频繁 pínfán 형 잦다, 빈번하다	沙尘暴 shāchénbào 몡 모래 폭풍, 황사 현상	沙漠 shāmò 몡 사막	灭绝 mièjué 동 완전히 소멸하다	枯竭 kūjié 형 고갈되다	干旱 gānhàn 형 가물다, 메마르다	潮湿 cháoshī 형 습하다, 눅눅하다	昼夜 zhòuyè 몡 낮과 밤	周期 zhōuqī 몡 주기	光照 guāngzhào 동 (태양이) 내리쬐다, 두루 비추다	太阳 tàiyáng 몡 태양	阳光 yángguāng 몡 햇빛	月亮 yuèliang 몡 달	雷 léi 몡 우레, 천둥	闪电 shǎndiàn 몡 번개	雾 wù 몡 안개	云雾弥漫 yúnwù mímàn 구름과 안개가 자욱하다	四季如春 sìjì rúchūn 성 일년 내내 기후가 봄날같이 따뜻하다	绿色食品 lǜsè shípǐn 몡 무공해 식품	废物 fèiwù 몡 폐품, 폐기물	一次性用品 yícìxìng yòngpǐn 몡 일회용품
과학	科学 kēxué 몡 과학	宇宙 yǔzhòu 몡 우주	地球重力 dìqiú zhònglì 몡 지구 중력	引力 yǐnlì 몡 만유인력	离心力 líxīnlì 몡 원심력	地心 dìxīn 몡 지구중심	纬度 wěidù 몡 위도	经度 jīngdù 몡 경도	赤道 chìdào 몡 적도	南极 nánjí 몡 남극	北极 běijí 몡 북극	人工智能 réngōng zhìnéng 몡 인공지능	智能手机 zhìnéng shǒujī 몡 스마트폰	台式电脑 táishì diànnǎo 몡 데스크탑	笔记本电脑 bǐjìběn diànnǎo 몡 노트북 컴퓨터	高科技 gāokējì 몡 첨단 기술	克隆 kèlóng 동 클론(clone)	半导体 bàndǎotǐ 몡 반도체	航空 hángkōng 몡 항공	卫星 wèixīng 몡 위성	火箭 huǒjiàn 몡 로켓, 미사일	太空船 tàikōngchuán 몡 우주선	飞船 fēichuán 몡 우주선	航天器 hángtiānqì 몡 우주 비행체	氧气 yǎngqì 몡 산소	二氧化碳 èryǎnghuàtàn 몡 이산화탄소	氢 qīng 몡 수소	煤气 méiqì 몡 석탄 가스	天然气 tiānránqì 몡 천연가스	石油 shíyóu 몡 석유	煤炭 méitàn 몡 석탄	维生素 wéishēngsù 몡 비타민	蛋白质 dànbáizhì 몡 단백질	脂肪 zhīfáng 몡 지방	碳水化合物 tànshuǐhuàhéwù 몡 탄수화물
감정	内向 nèixiàng 형 내성적이다, 내향적이다	外向 wàixiàng 형 외향적이다	开朗 kāilǎng 형 (성격이) 명랑하다, 쾌활하다	苦恼 kǔnǎo 몹시 괴롭다 동 고민하다, 고뇌하다	喜悦 xǐyuè 형 기쁘다, 즐겁다	遗憾 yíhàn 형 유감이다, 섭섭하다	可惜 kěxī 형 섭섭하다, 애석하다, 아깝다	冷静 lěngjìng 형 냉정하다, 침착하다	克制 kèzhì 동 억제하다, 억누르다, 자제하다	兴奋 xīngfèn 형 격분하다, 흥분하다	震撼 zhènhàn 동 뒤흔들다, 흥분시키다, 감동시키다	赞美 zànměi 동 찬미하다, 찬양하다	敏感 mǐngǎn 형 예민하다, 민감하다, 반응이 빠르다	宽容 kuānróng 형 용서하다, 너그럽다, 포용력이 있다	自卑 zìbēi 스스로 남보다 못하다고 느끼다, 자기 비하하다	自豪 zìháo 형 스스로 긍지를 느끼다	自觉 zìjué 동 자각하다, 스스로 느끼다	暗想 ànxiǎng 동 속으로 생각하다	创新 chuàngxīn 동 창의성, 창조성	潜能 qiánnéng 몡 잠재력, 가능성	魄力 pòlì 몡 박력, 패기, 투지	戒心 jièxīn 몡 경계심	气氛 qìfēn 몡 분위기	辜负 gūfù 동 헛되게 하다, 저버리다	吝啬 lìnsè 형 인색하다

실력 다지기

1~10 지문을 읽고 빈칸에 들어갈 알맞은 문장을 보기에서 고르시오.

1~5

夏天的夜晚萤火虫一明一暗的发光是人们很早就认识的自然生物现象。这类非常奇特的能够发光的生物，(1)_____，在自然界中还有不少，甲壳类、放射虫类、直至细菌，也有能发出可见光的种类，而且已知的有十余种，我们把这些天然存在，在正常生理条件下能够发射可见荧光的细菌，统称为"发光细菌"。

由于发光细菌形体微小，(2)_____。但是，当发光细菌成千上万地生长聚集在一起，如果聚成一小点或一小片，则就可以在黑暗的环境中看到这一小点或一小片绿荧荧的光。如果发光菌在某个物体表面长成一片，则在黑暗可以看到一片荧荧绿光。海洋中就有这种现象发生，(3)_____，闪现着绿荧荧的波浪，这就是所谓的"海火"。当然，毕竟发光细菌所发光的亮度是很低的，因此只有在黑暗的环境中才能看到它们的发光，(4)_____。

在自然状态中，发光细菌有的是自由生存的，也有附着于海洋生物如鱼、虾、乌贼、鱿鱼等身体上生存的，(5)_____，这几种情形中发光菌是寄生生活。

A. 更有生存在生物的消化道内的
B. 肉眼根本看不见它们
C. 在白天较亮的地方是看不到它们发光的
D. 除了萤火虫之外
E. 海水整个都变成绿色的发光体

6~10

　　冬天到了，刘太太带着孩子去温哥华与先生团聚，把孩子送进了一所公立学校念书。

　　温哥华的冬天实在是太冷了，⑹_____，有时几尺厚的积雪使部分单位和商家不得不暂时歇业，可是公立小学却依旧照常开课。接送小学生的公车艰难地爬行在风雪路上，⑺_____。

　　刘太太像许多家长一样对校方的这种做法很不理解：有必要在这样恶劣的天气里非要让孩子们去学校吗？⑻_____，打算向校方提出停课的建议。当刘太太说明原因后，校方的答复却令她感动良久："正如您所知，纽约是富人的天堂，穷人的地狱。不少穷人家庭冬天甚至用不起暖气，把那些孩子接到学校来上学，他们不仅能拥有一整天的温暖，还能在学校里享受到免费的营养午餐。"

　　感动之余，刘太太灵机一动，想出一个两全其美的法子，她又打了一个电话："为什么在有暴风雪的时候，⑼_____，只接送那些贫穷人家的小孩去学校呢？"这一次，校方的回答令刘太太终生难忘。

　　校方回答说："⑽_____。我们不能在帮助那些贫穷孩子的同时，践踏他们的自尊。"

A. 暴风雪几乎就是家常便饭

B. 让家庭条件好的孩子们待在温暖的家里

C. 施恩的最高境界应该是保持人的尊严

D. 她忍不住打电话给学校

E. 按时将孩子们接来送往

의미 추론법

> **Guide**
> 의미 추론법은 빈칸 앞뒤 내용을 살펴본 후 빈칸에 들어갈 문장을 추론하는 방법으로, 빈칸이 글 전체에서 어느 위치에 있느냐에 따라 나눠볼 수 있다.
>
> **주의** 아래 방법에 속하지 않는 예외적인 경우도 있을 수 있으므로, **답을 고른 후에는 반드시 앞뒤 문장과 연결하여** 의미가 자연스럽게 통하는지 다시 한 번 살펴보아야 한다.

독해 급소공략

- ### 빈칸의 위치가 글 앞쪽에 있을 때

  빈칸 뒷문장에 주어가 없을 때는 보기 중 주어가 있는 것이 답일 확률이 높고, 빈칸 뒷문장에 이미 주어가 있을 경우, 앞문장은 보조 설명을 하거나 뒷문장의 연결어와 관계가 있는 경우가 많다.

- ### 빈칸의 위치가 글의 중간에 있을 때

  빈칸의 앞뒤에 모두 문장이 있으므로 **앞뒤 주어와 일치하는 문장을 먼저 고른 후** 앞뒤 문장과 의미가 연결되는지 판단한다.

- ### 빈칸의 위치가 글 마지막에 있을 때

  일반적으로 **빈칸의 앞문장에 이미 주어가 있으면 보기 중 주어가 없는 것을 찾아야 한다.** 만약 주어를 통해 답을 유추하기 어렵다면, 앞문장의 동사를 자세히 살펴본다. 이때 **단문 사이의 동작은 병렬 · 점진 · 전환관계**일 가능성이 많다.

- ### 빈칸이 독립된 문장일 때

  독립된 문장은 자연적으로 주어, 술어, 목적어를 생략할 수 없기 때문에 보기 중 **품사가 완벽한 문장을 찾는다.** 그 후 밑줄 친 부분의 앞뒤 의미에 근거하여 정확한 보기를 골라내면 된다.

예제로 감 익히기

Mission
지문을 읽고 빈칸에 들어갈 알맞은 문장을 보기에서 고르시오.

曹操率领部队去讨伐张绣时，正值夏天，天气热得要命，像个大火球一样，天上的云彩也不知道躲到哪里去乘凉了。(1)_____。两边密密的树木和被阳光晒得滚烫的山石，有些士兵感到透不过气来。到了中午的时候，士兵的衣服都湿透了，(2)_____，有几个体弱的士兵竟然晕倒在路边。

曹操看部队前进的速度越来越慢，害怕错过了很好的战机，心里非常着急。不过，眼前这几万人马连水都喝不上，又怎么能加快速度呢？(3)_____，悄悄问他："这附近有没有水源？"向导无奈地摇摇头说："泉水在山谷的另一面，要绕道过去还要走半天的路程。"曹操想了一下说，"不行，时间肯定来不及了。"他看了看前边的树林，沉思了一会儿，对向导说："你什么都别说，我来想办法。"他知道现在就算是下达命令要求部队加速前进也无济于事。(4)_____，想到了一个好办法，他两腿一夹马肚子，快速赶到队伍前面，用马鞭指着前方说："士兵们，我知道前面有一大片梅林，那里的梅子又大又好吃，我们快点赶路，绕过这个山丘就到梅林了！"士兵们一听，(5)_____，精神大振，步伐不由得加快了许多。

　　A. 他立刻叫来向导
　　B. 仿佛已经吃到嘴里
　　C. 部队在弯弯曲曲的山道上行走
　　D. 忽然他脑筋一转
　　E. 行军的速度也慢下来

曹操率领部队去讨伐张绣时，正值夏天，天气热得要命，像个大火球一样，天上的云彩也不知道躲到哪里去乘凉了。(1)**C 部队在弯弯曲曲的山道上行走**。两边密密的树木和被阳光晒得滚烫的山石，有些士兵感到透不过气来。到了中午的时候，士兵的衣服都湿透了，(2)**E 行军的速度也慢下来**，有几个体弱的士兵竟然晕倒在路边。

조조가 휘하의 부대를 이끌고 장수(삼국지의 장수 이름)를 토벌하기 위해 출정한 시기는 때마침 폭염이 기승을 부리는 여름이었다. 하늘의 구름은 어디로 바람을 쐬러 갔는지 모두 종적을 감추어 세상은 마치 하나의 불덩어리 같았는데, (1)**C 부대는 구불구불한 산길을 행군하고 있었다**. 빽빽한 수목과 햇볕에 그을려 뜨거워진 산의 돌이 양쪽으로 들어차 있어 일부 사병들은 숨을 쉴 수조차 없었다. 정오가 되자 사병들의 옷은 모두 젖었고, (2)**E 행군 속도도 느려졌다**. 체력이 약한 몇몇 사병들은 놀랍게도 길에서 정신을 잃고 쓰러졌다.

曹操看部队前进的速度越来越慢，害怕错过了很好的战机，心里非常着急。不过，眼前这几万人马连水都喝不上，又怎么能加快速度呢？(3)**A** 他立刻叫来向导，悄悄问他："这附近有没有水源？"向导无奈地摇摇头说："泉水在山谷的另一面，要绕道过去还要走半天的路程。"曹操想了一下说，"不行，时间肯定来不及了。"他看了看前边的树林，沉思了一会儿，对向导说："你什么都别说，我来想办法。"他知道现在就算是下达命令要求部队加速前进也无济于事。(4)**D** 忽然他脑筋一转，想到了一个好办法，他两腿一夹马肚子，快速赶到队伍前面，用马鞭指着前方说："士兵们，我知道前面有一大片树林，那里的梅子又大又好吃，我们快点赶路，绕过这个山丘就到梅林了！"士兵们一听，(5)**B** 仿佛已经吃到嘴里，精神大振，步伐不由得加快了许多。

조조는 부대의 행군 속도가 점점 더뎌지는 것을 보고 승리할 수 있는 절호의 기회를 놓칠까 봐 노심초사했다. 그러나 눈앞에 있는 몇만의 군사와 말이 물도 마시지 못하는 상황에서 어떻게 빨리 전진하기를 바라겠는가? (3)**A**그는 즉시 길잡이를 불러서 그에게 조용히 물었다. "이 주변에 물이 있는가？" 길잡이는 어쩔 도리가 없다는 듯이 고개를 가로저으며 "샘물은 반대편 산골짜기에 있고, 먼 길로 돌아가면 반나절은 더 가야 합니다."라고 대답했다. 조조는 잠시 생각을 정리하고는 "안 되겠다. 시간이 부족하다."라고 말하며 앞의 숲을 둘러보고는 깊은 생각에 잠겼다. 잠시 후 그는 길잡이에게 "아무 말도 하지 마시오. 나한테 방도가 있으니."라고 말했다. 조조 자신 또한 지금 부대에 명령을 내려 전진을 재촉하는 것이 허사임을 알고 있었다. (4)**D**갑자기 머리를 번쩍 스치는 좋은 생각이 떠올랐다. 그는 두 다리를 말의 배에 끼고 행군의 앞쪽으로 쫓아가서 채찍을 앞으로 휘갈기며 소리쳤다. "나의 군사들이여! 나는 앞쪽에 매우 큰 매화나무 숲이 있는 것을 알고 있다. 거기에 아주 크고 맛있는 매화 열매가 있으니 발걸음을 조금만 재촉하도록 하자. 이 산 언덕만 넘으면 매화나무 숲에 도착한다!" 이 말을 들은 사병들은 (5)**B**마치 이미 먹은 듯 정신이 번쩍 들어 발걸음이 저도 모르게 빨라졌다.

A. 他立刻叫来向导
B. 仿佛已经吃到嘴里
C. 部队在弯弯曲曲的山道上行走
D. 忽然他脑筋一转
E. 行军的速度也慢下来

A. 그는 즉시 길잡이를 불렀다
B. 마치 이미 먹은 듯
C. 부대는 구불구불한 산길을 행군하고 있었다
D. 갑자기 머리를 번쩍 스치는
E. 행군 속도도 느려졌다

率领 shuàilǐng 통 (무리나 단체를) 이끌다, 인솔하다 | 讨伐 tǎofá 통 토벌하다 | 云彩 yúncai 명 구름 | 躲 duǒ 통 피하다, 숨다 | 乘凉 chéngliáng 통 (더운 날 그늘진 곳에서) 시원한 바람을 쏘이며 쉬다 | 弯弯曲曲 wānwānqūqū 형 구불구불하다 | 滚烫 gǔntàng 형 몹시 뜨겁다 | 透气 tòuqì 통 공기가 통하다 | 湿透 shītòu 흠뻑 젖다 | 行军 xíngjūn 통 행군하다 | 体弱 tǐruò 통 약골, 약질 | 晕倒 yūndǎo 통 기절하여 쓰러지다 | 战机 zhànjī 명 전쟁의 호기 | 向导 xiàngdǎo 명 길 안내자 | 水源 shuǐyuán 명 수원 | 泉水 quánshuǐ 명 샘물 | 山谷 shāngǔ 명 산골짜기 | 绕道 ràodào 통 길을 돌아가다 | 沉思 chénsī 통 심사숙고하다 | 无济于事 wú jì yú shì 성 아무 쓸모 없다 | 马鞭 mǎbiān 명 채찍 | 梅子 méizi 명 매화나무 | 振 zhèn 통 진동하다, 흔들다 | 步伐 bùfá 명 발걸음

---

1 C 의미 추론법 빈칸 앞문장에서 조조가 부대를 이끌고 있다고 했고, 뒷문장에는 양쪽이 빽빽한 수목이라고 했으므로, 부대가 구불구불한 산길을 행군하고 있다는 사실을 유추할 수 있다.

2 E 연결어법 빈칸 앞절에서 사병들의 옷이 젖었다고 했고 뒷절에서는 일부 사병이 쓰러졌다고 했다. 여기에서 '竟然'은 앞뒤 문장이 점진관계라는 것을 의미한다. 사병의 옷이 다 젖은 결과 행군의 속도가 느려졌고, 또 일부 사병이 쓰러졌으므로, 이 세 문장은 점진관계를 이루고 있다.

3 A 의미 추론법 빈칸 앞문장의 주어는 조조이다. 뒤에 나오는 '悄悄问他, 无奈地摇摇头'를 보면 이것이 일문일답의 대화이고 조조가 길잡이에게 질문하고 있는 상황임을 알 수 있다. 이 문제의 핵심은 '悄悄问他'에서 '他'가 길잡이임을 간파하는 것이다.

4 D 연결어법 '忽然'은 앞뒤의 사건에 변화가 있음을 암시한다. 일반적으로 '머리를 번쩍 스치는(脑筋一转), 좋은 방법이 떠오르다(想到了一个好办法)' 등과 짝처럼 함께 잘 쓰인다.

5 B 의미 추론법 빈칸 앞절과 뒷절의 주어는 모두 사병이므로 빈칸의 주어 역시 사병이다. 앞에서 조조가 한 말과 결합하면 사병은 마치 이미 매화 열매를 먹은 것처럼 정신이 번쩍 들어서 빨리 전진한 것이라고 볼 수 있다.

독해 내공 TIP ····· 자주 쓰이는 **속담** ·····

독해 제3부분을 잘 풀기 위해서는 해석을 잘 해야 한다. 그러려면 단어나 속담 등의 뜻을 잘 알아두어야 한다. 그런데 단어와 달리 속담은 그 속뜻과 쓰임을 확실히 알지 못하면 뜻을 유추하기 어려우므로 최대한 많이 알아두는 것이 좋다.

1 속담

문장 속 속담의 의미를 모른다면 뜻을 어렴풋이 유추할 수밖에 없지만, 의미를 확실히 알고 있다면 문제 푸는 시간을 훨씬 줄일 수 있다.

- **这山望着那山高** 이 산에서 저 산 높은 것을 쳐다본다, 남의 떡이 더 커 보인다
  你别这山望着那山高，才刚刚提升为主管就开始惦记着当经理。
  너 남의 떡만 너무 크게 보지 마. 주관으로 승진한지 얼마 되지도 않았는데 벌써 매니저가 될 생각을 하면 어쩌니.

- **竹篮打水一场空** 대바구니로 물을 푸다, 헛수고하다
  果不其然，又是竹篮打水一场空。
  아니나다를까 또 허탕을 치고 말았다.

- **高不成，低不就** 높은 것은 얻을 수 없고, 낮은 것은 눈에 차지 않는다
  像他这样高不成，低不就，早晚得喝西北风。
  그처럼 눈만 높은 사람은 조만간 굶주리게 될 것이다.

- **功夫不负有心人** 노력은 배신하지 않는다, 뜻이 있는 곳에 길이 있다
  功夫不负有心人，你千万别失望。
  뜻이 있는 곳에 길이 있다고 했어. 절대 실망하지 마.

- **姜还是老的辣** 생강은 역시 여문 것이 맵다, 경험은 무시할 수 없다
  他终于解决了决这个难题，毕竟姜还是老的辣！
  그가 결국 이 난제를 풀었다. 역시 경험은 무시할 수 없다.

- **车到山前必有路** 수레가 산 앞에 이르면 반드시 길은 있는 법이다, 궁하면 통한다
  别放弃吧！我相信车到山前必有路。
  포기하지 말자. 나는 반드시 방법이 있을 것이라고 믿는다.

- **一个巴掌拍不响** 손뼉도 마주쳐야 소리가 난다
  一个巴掌拍不响，你们俩都有错。
  손뼉도 마주쳐야 소리가 나는 법이야. 너희 둘 모두에게 잘못이 있어.

- **恨铁不成钢** 무쇠가 강철로 되지 못함을 안타까워하다, 기대하는 이가 훌륭한 재목이 되지 못해 애태우다
  他脑子聪明，但一直不努力学习，父母打他是因为恨铁不成钢。
  그는 머리는 좋은데 줄곧 열심히 공부하지 않아 부모는 안타까워서 그를 때렸다.

- **井水不犯河水** 우물물이 강물을 침범하지 않는다, 서로 간섭하지 않고 침범하지 않다
  就这么决定了，以后我们井水不犯河水。
  이렇게 결정하자! 우리 앞으로 서로 간섭하지 않기로.

- **八字没一撇** 八자에 아직 한 획을 긋지 않았다, 일의 윤곽이 아직 잡히지 않다
  那件事儿还八字没一撇呢。
  그 일은 아직 윤곽이 잡히지 않았다.

- **物竞天择，适者生存** 적자생존
  "物竞天择，适者生存，弱肉强食"这是现代生物的生活规律。
  '적자생존, 약육강식'은 현대 생물의 생활 법칙이다.

- **三人行，必有我师** 세 사람이 길을 걸으면, 그 가운데에는 반드시 자신의 스승이 될 만한 사람이 있다
  "三人行，必有我师焉。"这句话家喻户晓。
  '세 사람이 길을 걸으면, 그 가운데에는 반드시 자신의 스승이 될 만한 사람이 있다'는 말은 모든 사람이 다 안다.

- **三思而后行** (일을 할 때) 마땅히 심사숙고하고 나서 행동해야 한다
  凡事要三思而后行。
  모든 일은 심사숙고한 후 실행해야 한다.

- **拆东墙，补西墙** 동쪽 벽을 허물어 서쪽 벽을 보수하다
  他用拆东墙补西墙的花招，诈骗他人9万多元货款。
  그는 동쪽 벽을 허물어 서쪽 벽을 보수하는 술책을 부려 다른 사람의 상품 대금 9만여 위앤을 갈취했다.

- **上有天堂，下有苏杭** 하늘에는 천당이 있고 땅에는 쑤저우와 항저우가 있다
  "上有天堂，下有苏杭"，请问苏州与杭州的区别在哪？
  '하늘에는 천당이 있고 땅에는 쑤저우와 항저우가 있다'고 하는데, 그럼 쑤저우와 항저우의 차이는 무엇인가요?

- **常在河边站，哪有不湿鞋** 늘 강가에 서있는데 어찌 신발이 젖지 않을 수 있겠는가?
  常在河边站，哪有不湿鞋？有个股票高手昨天惨败。
  늘 강가에 서있는데 어찌 신발이 젖지 않을 수 있겠는가? 어떤 주식 고수는 어제 참패를 맛봤다.

- **八抬大轿请也不去** 팔인교 [옛날 고관대작들이 탔던 여덟 사람이 메는 가마]로 청해도 가지 않다, 융숭하게 대접해도 가지 않다
  你就是用八抬大轿请我也不去。
  네가 아무리 융숭하게 대접해도 나는 가지 않겠다.

- **笨鸟儿先飞** 둔한 새가 먼저 난다
  智力差一点的孩子笨鸟儿先飞能有一定的效果。
  머리가 조금 좋지 않은 아이는 조금 더 노력하면 성과를 얻을 수 있다.

- **比上不足，比下有余** 위에 비하면 모자라고, 아래에 비하면 남는다
  我们家的经济情况是比上不足，比下有余。
  우리 집 형편은 위에 비하면 모자라고, 아래에 비하면 남는 정도이다.

- **便宜没好货，好货不便宜** 싼 게 비지떡이다
  我常常对一些买家朋友说：便宜没好货，好货不便宜。
  나는 구매 쪽에 있는 친구에게 싼 게 비지떡이라고 항상 말한다.

- **不到黄河心不死** 황허에 가지 않으면 생각을 끊지 않다, 목표를 이루기 전에는 그만두지 않다
  妹妹勇于冒险，下定决心要做的事情，是不到黄河心不死，排除万难也要达到她的目的。
  여동생은 위험을 무릅쓰고라도 목표를 이루기 전에는 결심한 일을 그만두지 않고, 어떤 어려움이 있더라도 목표를 달성하고야 만다.

실력 다지기

1~10 지문을 읽고 빈칸에 들어갈 알맞은 문장을 보기에서 고르시오.

1~5

　　我们在商场购物时，经常碰到推销员在推销商品，有时他们并不会直接让你买商品，而是先提出试用化妆品或试穿衣服等要求，(1)_____，才会进一步建议你购买。

　　心理学家认为，如果突然向陌生人提出一个较大的要求，人们一般不能接受，但如果要求是逐步提的，而且不断缩小差距，(2)_____。原因是人们在不断满足小要求的过程中已经慢慢适应，感觉不到逐渐提高的要求已经和自己的最初想法偏离了。

　　在人们的心中，总是希望能给别人留下一个比较一致的形象，(3)_____。所以，在接受别人的要求，给别人提供帮助之后，再拒绝别人就会变得十分困难了。要是这种要求给自己造成的损失不太大，人们往往会有一种(4)"_____"的心理。

　　在教育教学管理中，我们也可以对老师、学生先提出较低的要求，如果他们按照要求做了，(5)_____，然后逐渐提高要求，使每个人都有积极奋发向上的动力。对年龄较小的孩子的教育引导，非常适合用目标分解法，遵守循序渐进原则。

A. 要予以肯定、表扬乃至奖励
B. 反正都已经帮了，再帮一次又何妨
C. 当这些要求实现之后
D. 不希望别人把自己看做"喜怒无常"的人
E. 人们就比较容易接受

6~10

　　白马受伤以前，是草原上的骏马中跑得最快的马，它喜欢尽情奔跑时的那种风驰电掣般的感觉。可白马受伤后，(6)_____，更不用说去体会那种奔跑时闪电般的快感了。

　　虽然白马在受伤期间去看过最好的医生，用过最好的药材，做过最好的康复，伤愈后，还比别的马花更多的时间，练更多次的奔跑。(7)_____，它仍然无法恢复以前的速度。在经过许多次打击之后，白马变得消沉了，许多次比赛它都放弃了。(8)_____。

　　但一年后，白马再一次亮相，并最终获得草原上最能负重之马的荣誉，这着实让大家大吃一惊。

　　大家对白马的转型感到很吃惊，惊讶于以前的快乐与自信又回到它的身上。"当我丧失了速度快的特点后，(9)_____。经过一年时间的不懈努力，我把我的这个特点也发挥到了极致。"白马说。

　　白马的一席话解开了它转型的疑团。

　　"可你怎么又变得自信与快乐了呢？"一个声音问。

　　"在我经受过多次打击后，我明白了一个道理，"白马说，"那就是，(10)_____；与自强联姻，必定与成功结亲！"

A. 我发现了自己能负重的特长
B. 但在做过所有的努力之后
C. 与自卑为伴，必定与失败为伍
D. 它渐渐地淡出了人们的视线
E. 它再也没有夺得过一次赛马大会的冠军

4 소거법

Guide

앞서 배운 세 가지 방법을 따라 답을 찾았지만, 도저히 답을 찾을 수 없을 때 마지막으로 사용하는 방법이 소거법이다. 다른 보기가 제자리를 찾은 후 남은 마지막 빈칸이 바로 포기했던 보기가 들어갈 자리가 되는 것이다.

주의 그러나 마지막 남은 하나가 꼭 답이라는 법은 없다. 앞의 답이 틀렸다면 줄줄이 오답을 고를 수도 있기 때문이다. 그러므로 마지막 남은 보기를 원문에 넣어 글의 의미가 통하는지 확인한 후에 다음 문제를 계속 풀어나가야 한다.

독해 급소공략

- **아리송한 문제가 나오면 표시를 해두고 넘어가라.**

  문제를 풀다 보면 1~2개의 보기가 모두 답처럼 느껴질 때가 있다. 그럼 이때 **조급하게 답을 고르지 말고 표시를 해둔 후 다른 문제의 답을 먼저 찾도록 한다.** 다른 문제의 답이 되는 보기는 자연스럽게 소거가 되고 남는 보기가 답이 된다.

- **남은 보기가 확실히 답이 맞는지 다시 한 번 확인하라.**

  소거법으로 답안을 추려낼 때 남은 하나의 보기가 꼭 답은 아닐 수도 있다. 앞에서 풀었던 문제에 오답이 있었다면 다음 문제에도 영향을 줄 수 있기 때문에 **보기를 빈칸에 넣어 앞뒤 문장과 의미가 통하는지 반드시 확인해 보아야 한다.**

- **도저히 답을 고를 수 없을 때 소거법을 사용하라.**

  소거법은 연결어법, 키워드법, 의미 추론법으로 답을 찾았지만 그래도 도저히 답을 찾기 어려울 때 사용하는 마지막 방법이다. **하나의 답을 잘못 고르면 줄줄이 오답을 고를 수 있는 위험 부담**이 있기 때문이다. 따라서 전체 의미가 통하는지 재확인은 필수이다.

예제로 감 익히기

Mission
지문을 읽고 빈칸에 들어갈 알맞은 문장을 보기에서 고르시오.

　　一些人类学家提出，最早的鞋就是一些用相对柔软的草或者树叶之类的材质制成的简陋的包裹品，它可以保证人类的脚不受伤，(1)＿＿＿＿＿＿＿＿。为了保护脚底板，他们就一把揪过手边的任何东西，比如说树皮、大树叶，或一束束的野草等，(2)＿＿＿＿＿＿＿＿行走。就这样，人类最早的鞋子诞生了。鞋子的出现，在一定程度上把人和动物彻底分开了，体现了文明的进步。

　　人们在长期的实践中又发明了凉鞋、皮靴、皮鞋。

　　随着时代的发展，(3)＿＿＿＿＿＿＿＿，设计师们开始把鞋子做得越来越时尚。16世纪前期，继厚鞋底的时装鞋之后，一位无名的意大利鞋子设计师发明了最早的现代高跟鞋。这位设计师为即将赴法国与奥尔良公爵完婚的凯萨林·德·美第奇设计了一双特别的鞋子。鞋子的前面是软木楔子，后跟较高，这就让凯萨林有了她需要的身高，(4)＿＿＿＿＿＿＿＿。她丈夫后来成了亨利二世国王，高跟鞋跟着火爆起来。

　　到了18世纪后期，高跟鞋的鞋跟高度不再追求一味的垫高，而且开始加以装饰，如蝴蝶结和丝带等等。到了19世纪，造鞋技术的提高，(5)＿＿＿＿＿＿＿＿，而20世纪以后，高跟鞋开始和凉鞋相结合，并慢慢发展到如今。

A. 用坚韧的藤条或长草捆扎在脚底
B. 并起到简单的保暖功能
C. 人们越来越不满足于鞋子仅有的护脚功能
D. 开始出现了种类繁多的高跟鞋
E. 能够直接地盯着看她未来的丈夫了

最早的鞋子诞生了。鞋子的出现，在一定程度上把人和动物彻底分开了，体现了文明的进步。

人们在长期的实践中又发明了凉鞋、皮靴、皮鞋。

随着时代的发展，(3)C人们越来越不满足于鞋子仅有的护脚功能，设计师们开始把鞋子做得越来越时尚。16世纪前期，继厚鞋底的时装鞋之后，一位无名的意大利鞋子设计师发明了最早的现代高跟鞋。这位设计师为即将赴法国与奥尔良公爵完婚的凯萨林•德•美第奇设计了一双特别的鞋子。鞋子的前面是软木楔子，后跟较高，这就让凯萨林有了她需要的身高，(4)E能够直接地盯着看她未来的丈夫了。她丈夫后来成了亨利二世国王，高跟鞋跟着火爆起来。

到了18世纪后期，高跟鞋的鞋跟高度不再追求一味的垫高，而且开始加以装饰，如蝴蝶结和丝带等等。到了19世纪，造鞋技术的提高，(5)D开始出现了种类繁多的高跟鞋，而20世纪以后，高跟鞋开始和凉鞋相结合，并慢慢发展到如今。

A. 用坚韧的藤条或长草捆扎在脚底
B. 并起到简单的保暖功能
C. 人们越来越不满足于鞋子仅有的护脚功能
D. 开始出现了种类繁多的高跟鞋
E. 能够直接地盯着看她未来的丈夫了

사람과 동물의 구분이 확실해졌고 인류는 문명사회로 진입했다.

인류는 오랫동안 신발을 신어 오면서 샌들과 가죽 부츠, 가죽 구두를 발명했다.

시대가 발전하면서 (3)C사람들은 점점 신발의 발 보호 기능에만 만족하지 못했고, 디자이너들은 갈수록 유행에 따라 신발을 만들기 시작했다. 16세기 초, 구두 밑창이 두꺼운 패션 신발이 유행한 후 무명의 이탈리아 구두 디자이너가 최초의 현대적 하이힐을 발명했다. 이 디자이너는 곧 프랑스에서 오를레앙 공작과 결혼하는 캐서린 드 메디치를 위해 특별한 신발 한 켤레를 디자인했다. 신발의 앞부분에는 부드러운 큰 나무못이 박혀 있었고 뒷굽은 높아서 캐서린이 원하던 키를 만들 수 있어 (4)E그녀는 미래의 남편을 직접 쳐다볼 수 있었다. 그녀의 남편은 후일 헨리 2세로 즉위했으며, 하이힐은 불길 번지듯 유행하기 시작했다.

18세기 말, 무턱대고 높은 굽만 추종했던 하이힐은 사라지고 나비 넥타이나 비단 리본 같은 장식적인 요소가 가미됐다. 19세기에 들어 신발 제조 기술이 발달하여 (5)D각양각색의 하이힐이 나오기 시작했다. 20세기 이후에 하이힐은 샌들과 접목되어 점차 지금의 형태로 발전해왔다.

A. 단단하고 질긴 등나무나 긴 잎을 사용하여 발바닥을 꽁꽁 동여맸다
B. 또한 간단한 보온 작용을 했다
C. 사람들은 점점 신발의 발 보호 기능에만 만족하지 못했다
D. 각양각색의 하이힐이 나오기 시작했다
E. 그녀는 미래의 남편을 직접 쳐다볼 수 있었다

柔软 róuruǎn 형 부드럽고 연하다 | 材质 cáizhì 명 재질 | 简陋 jiǎnlòu 형 허술하다, 초라하다 | 包裹 bāoguǒ 동 싸다, 포장하다 | 脚底板 jiǎodǐbǎn 명 발바닥 | 揪 jiū 동 꽉 붙잡다, 잡아당기다 | 坚韧 jiānrèn 형 단단하고 질기다 | 藤条 téngtiáo 명 등나무덩굴 | 捆扎 kǔnzhā 동 단단히 묶다 | 诞生 dànshēng 동 탄생하다 | 凉鞋 liángxié 명 샌들 | 皮靴 píxuē 명 가죽 부츠 | 时尚 shíshàng 명 유행, 시류 | 高跟鞋 gāogēnxié 명 하이힐 | 楔子 xiēzi 명 쐐기, 나무못 | 火爆 huǒbào 형 번창하다 | 垫高 diàngāo 돋우다, 높게 하다 | 装饰 zhuāngshì 명 장식품 | 蝴蝶 húdié 명 나비 | 结合 jiéhé 동 결합하다, 결부하다 | 丝带 sīdài 명 비단 리본

1 B 연결어법 빈칸 앞절에서 발바닥이 상처를 입지 않도록 보호한다는 신발의 기능에 대해 설명하고 있다. 병렬을 나타내는 연결어 '并'으로 역시 신발의 기능에 대해 설명하고 있는 것은 B이다.

2 A 의미 추론법 앞절에서 사람들은 나무껍질이나 들풀 등을 이용했다고 설명하고 있으며, 뒷절에서는 신발의 탄생을 언급하고 있다. 그럼 빈칸은 이 두 문장과 연관이 있는 것이어야 하는데, 등나무 껍질이나 긴 풀을 발바닥에 동여맨다고 했으므로 이것이 바로 신발이 되는 것이다.

3 C 소거법 보기를 보면 C와 D가 모두 답처럼 느껴질 수 있다. 그럼 이때 조급하게 답을 고르지 말고, 먼저 4번과 5번을 풀도록 한다. 5번 문제를 풀면 D가 소거되므로 C가 답이 된다.

4 E 의미 추론법 빈칸 앞절의 주어는 캐서린이고 그녀와 관련 있는 보기는 E밖에 없다.

5 D 키워드법 마지막 단락은 18, 19, 20세기를 예로 들며 각 세기의 하이힐의 변천사에 대해 설명하고 있다. '하이힐(高跟鞋)'은 빈칸과 이 단락의 키워드이므로 정답은 D이다.

독해 내공 TIP --- 알아두면 좋은 **고정격식, 어휘 조합**

앞서 말했듯 소거법은 여러 가지 풀이법을 대입해 본 후 마지막으로 쓰는 방법이다. 연결어법, 키워드법, 의미 추론법 외에도 자주 나오는 고정격식이나 어휘 조합을 알아두면 서로 호응이 되는 단어를 힌트 삼아 답을 쉽게 찾을 수 있다.

1 고정격식

중국어에는 고정적으로 쓰이는 격식이 있다. 잘 익혀두면 문장구조가 한눈에 파악되므로 답을 고르는 데 큰 도움이 된다.

- 给……带来……　~에게 ~을 가져다주다
  父母的离婚给女儿带来极大的创痛。　부모의 이혼은 딸에게 엄청난 고통을 가져다주었다.

- 将……作为……　~을 ~으로 삼다
  将学位作为教养水平太荒唐。　학위를 교양의 수준으로 삼는 것은 너무 황당하다.

- 由……组成……　~로 이루어지다
  这个团体是由各个大学的代表组成的。　이 단체는 각 대학의 대표로 구성되었다.

- 与……相比……　~와 서로 비교하다
  他的性格与学生时期相比，有了很大的变化。　그의 성격은 학생 때와 비교해서 많이 바뀌었다.

- 就……而言……　~로 말하자면
  就私心而言，我还是很感激你的。　속마음을 말하자면, 나는 그래도 너에게 매우 감사한다.

- 把……看成……　~을 ~으로 보다, 간주하다
  我把她看成是自己的女儿。　나는 그녀를 내 딸로 생각한다.

- 把……称为……　~을 ~로 부르다
  我们把北京大学称为"北大"。　우리는 베이징대학교를 '베이따'라고 부른다.

- 从……看来……　~에서 보자면
  从长期看来，那是对你有利的。　장기적으로 볼 때 그것은 너에게 유리하다.

- 不……也……　~해도 ~할 수 없다
  你不喜欢也没有办法，这是我们老板的决定。　당신이 싫다고 해도 어쩔 수 없다. 이것이 우리 사장님의 결정이다.

- 比……都……　~보다도 ~하다
  他的为人比谁都好。　그의 사람 됨됨이는 누구보다도 좋다.

- 不过……罢了……　단지 ~일 뿐이다
  他做了错事，不要批评他，他只不过是个小孩子罢了。
  그가 실수한 것에 대해 그를 비판하지 말아라. 그는 단지 어린아이에 불과하다.

- 比……的多……　~보다 많다
  我的收入比他的多得多。　내 수입이 그의 것보다 훨씬 많다.

2 어휘 조합

중국어에는 자주 함께 쓰이는 어휘 조합이 있다. 어휘 하나하나를 외우는 것도 중요하지만 짝을 이루는 어휘들을 묶어서 기억하면 더 효율적으로 공부할 수 있다.

- **采取措施** 조치를 취하다
  经理已经对财政问题采取了很多措施。 사장님은 이미 재정 문제에 대해 많은 조치를 취했다.

- **具有价值** 가치가 있다
  这是具有历史价值的收藏品。 이것은 역사적 가치가 있는 소장품이다.

- **实现愿望** 소원을 실현시키다
  为了实现自己的愿望，他一直努力奋斗。 자신의 꿈을 이루기 위해 그는 줄곧 노력했다.

- **含有内容** 내용을 포함하다
  这本书里含有对学生不利的内容。 이 책은 학생에게 이롭지 않은 내용을 포함하고 있다.

- **遇到挫折** 좌절을 겪다
  虽然遇到了很多挫折，我从来没有灰过心。 수많은 좌절을 겪었지만, 나는 낙심해 본 적이 없다.

- **看透世界** 사회를 꿰뚫어 보다, 세계를 간파하다
  她早看透了这个虚伪的世界。 그녀는 일찍이 이 위선적인 세상을 간파했다.

- **碰到问题** 문제에 부딪히다
  如果你碰到棘手的问题，不要犹豫，直接来找我就行了。
  만약 곤란한 문제에 부딪히면, 주저하지 말고 바로 나를 찾아오세요.

- **严格要求** 엄격히 요구하다
  她一直严格要求自己。 그녀는 줄곧 자기 자신에 대한 요구가 매우 엄격하다.

- **毫无疑问** 조금의 의심도 없다
  孩子在商场里走失了，毫无疑问他迷路了。 아이가 상가에서 실종되었다. 길을 잃은 것이 틀림없다.

- **发泄不满** 불만을 발산하다
  孩子用禁食的方式对父母发泄不满。 아이는 금식이라는 방식으로 부모에게 불만을 발산했다.

- **敢于冒险** 모험을 무릅쓰다
  只有敢于冒险，才能成为新领域的专家。 위험을 무릅써야만 새로운 영역의 전문가가 될 수 있다.

- **日益密切** 날로 밀접해지다
  近几年来，韩日两国在半导体产业领域的交流日益密切。
  최근 몇 년 동안 한일 양국은 반도체 산업 영역에서 교류가 날로 밀접해지고 있다.

- **准备出发** 출발 준비를 하다
  我们大家把行李都打包完毕，准备出发。 우리는 짐을 다 싸고 출발 준비를 했다.

- **逼上梁山** 바싹 뒤쫓기어 어쩔 수 없이 양산으로 도망치다, 어쩔 수 없이 어떤 일을 하다
  他一夜之间，倾家荡产，被债主们逼上梁山。 그는 하룻밤 사이에 가산을 모두 탕진해서 채권자에게 쫓기게 되었다.

실력 다지기

1~10 지문을 읽고 빈칸에 들어갈 알맞은 문장을 보기에서 고르시오.

1~5

　　"世界地球日"活动起源于美国。作为现代环保运动的开端，"地球日"活动推动了多个国家环境法规的建立。1990年4月22日，全球140多个国家、2亿多人同时在世界各地举行形式多样的环境保护宣传活动，(1)_____。这项活动得到了联合国的肯定，并将每年的4月22日定为"世界地球日"。20世纪90年代，"地球日"的发起人创立了"地球日网络"组织，(2)_____。

　　(3)_____，但人类的活动却对地球造成了严重的破坏。生物赖以生存的森林、湖泊、湿地等正以惊人的速度消失；煤炭、石油、天然气等不可再生能源因过度开采而面临枯竭；(4)_____，由此引发的极地冰盖融化、海平面上升等问题威胁到人类的生存发展。(5)_____。

　　在今年"世界地球日"来临之际，"地球日网络"发起"绿色一代"计划。该计划呼吁人类：消除人类对化石能源的依赖，促进可再生能源的开发利用，创造一个"无炭"的未来，从而尽快建立"绿色经济"。

　　A. 地球是人类的共同家园
　　B. 呼吁改善全球整体环境
　　C. 人类保护地球资源环境的任务刻不容缓
　　D. 能源燃烧排放的温室气体导致全球气候变暖
　　E. 将环保者联合起来推动"地球日"活动的开展

6~10

牧场主发现最近常常有狼到牧场叼羊。他只好请猎手围猎狼群，经过一个冬天的努力，狼患总算解除了。可是过了一段时间，羊群开始流行一种疾病，原本健壮的羊纷纷死掉，比遭受狼患的损失还大。(6)_____。但是，不知为什么，疫病仍然不断地发生，没办法，牧场主只好请来一批专家会诊。专家的结论却是去请几只狼来，(7)_____。

因为狼先前的骚扰，其实能对羊群起到天然的"优生优育"作用。羊群害怕狼的追逐，所以常常惊慌奔跑，(8)_____，老弱病残填入狼口，疫病源也就不复存在了。

这个故事，值得人思考。在生物链中，狼是羊的天敌，没有了狼这个对手，(9)_____。现在，人类之所以保护生物，就是为了不让生物链断掉，换句话说，就是让每种生物都有对手。有对手，保有警惕，便不失活力。这个道理对人类也同样适用。

在人生的漫漫征途中，对手是同行者，也是挑战者，(10)_____，失去对手，我们可能将失去一切。从这个意义上，我们不妨说一声："你好，对手。"

A. 羊群就面临着灾难
B. 是对手唤起我们挑战的冲动和渴望
C. 牧场主又请来医生防疫治病
D. 羊群因之格外健壮
E. 放到附近的山里去

제4부분

독해 제4부분은 총 20문항으로 장문 독해를 한 후 4~5개의 질문에 답하는 형식이다. 지문의 주제가 다양하고 내용도 길기 때문에 정독하기보다는 질문을 먼저 읽고 관련된 내용을 찾아 답을 고르는 것이 문제를 빠르고 정확하게 푸는 데 도움이 된다.

지문 읽고 질문에 답하기

- 세부 문제
- 주제 문제
- 인과관계 문제

1 세부 문제

> **Guide**
> 독해에서 세부 사항 파악 여부는 학생의 빠른 독해 능력 검증에 가장 중요한 기준이다. 따라서 세부 사항 문제는 독해 문제의 가장 기본 유형이며, 비교적 간단한 문제가 출제되어 점수를 쉽게 올릴 수 있다.
>
> **주의** 세부 문제는 **질문에 키워드가 직접 제시되는 경우가 많으므로**, 질문을 먼저 읽고 해당 키워드가 있는 단락에서 답을 찾는 것이 요령이다.

독해 급소공략

- **빠르게 독해하고, 어려운 단어는 일단 넘어가라.**

  모르는 단어가 나왔을 때 그 단어에 집착하다가 시간을 지체하지 말고 우선은 잠시 제쳐두는 것도 방법이다. 대략 **글의 전체 의미를 우선 파악하고 질문에 따라 세부적인 내용을 찾아서** 풀면 되기 때문이다.

- **단락의 첫 문장을 주시하고 핵심 키워드를 잡아내라.**

  글의 첫 문장과 단락의 첫 문장은 글 전체의 중심 생각인 경우가 많으므로 특히 주의해야 한다. 또, 글에서 **출현 빈도가 높은 단어는 키워드**일 가능성이 높고 핵심 키워드는 명사가 대부분이다.

- **문제와 무관한 문장, 단락을 버려라.**

  아무리 뛰어난 중국어 고수라고 해도 독해 파트에서 한 글자 한 글자를 모두 읽으며 시간 내에 문제를 풀 수는 없다. **문제와 무관한 문장에는 시간을 허비할 필요가 절대 없다**는 사실을 명심하자.

예제로 감 익히기

Mission

지문을 읽고 각 문제에 알맞은 답을 고르시오.

　　第27届香港电影金像奖于4月13日晚揭晓。27年的金像奖见证了香港电影从昌盛繁荣步入今日的市场低谷，顽强的香港电影人依然兢兢业业地奋斗在电影第一线。《投名状》成为本届金像奖最大赢家，累积夺得包括最佳影片、最佳导演、最佳男主角、最佳男配角在内的8个奖项，仅次于陈可辛本人那部巅峰之作《甜蜜蜜》的9项大奖纪录，陈可辛拿到了他的第二尊最佳导演奖杯，缔造了他个人事业新的高峰。李连杰在《投名状》中亦正亦邪的气质折服了金像奖评委，首次获得影帝桂冠，这不仅仅是他个人第一次金像奖称帝，也是继洪金宝之后，第二位动作明星获此殊荣。

　　斯琴高娃的金像奖封后属于众望所归，几乎没有给对手多少反击的空间，香港影坛女演员的饥荒也日益严重，目前电影女演员青黄不接，老中青三代都缺乏代表性人物，和90年代繁星满天熠熠生辉的黄金时代不可同日而语。内地女演员的四连冠，也可以看作是香港影坛的一种悲哀。

　　刘德华凭借他在《门徒》中出色演出，拿下电影表演生涯中第一座金像奖最佳男配角奖，这说明他的表演技巧已经进步到一个新的阶段，今后他的电影表演生涯也许还会取得更大的成就。

　　年届58岁老一代邵氏女演员邵音音勇夺最佳女配角大奖，这是她从影近30多年来首次获得重要的电影奖项，这并非是因为由于她过去演技不够好，而是因为在她事业的黄金时期还没有举办金像奖，中年之后她又淡出影坛，近年来复出影坛看来是邵音音的明智之举。她在《野·良犬》中的表演真挚自然，老道娴熟的演技是夺奖的最大资本。

1 第一位获得金像奖的武打明星是谁？
　　A. 成龙　　　　　　　　B. 李连杰
　　C. 洪金宝　　　　　　　D. 刘德华

2 内地女演员已经连续几次获得金像奖？
  A. 一次   B. 两次
  C. 三次   D. 四次

3 为什么邵音音58岁才首次获得重要的电影奖项？
  A. 演技不够好   B. 在她事业的黄金时期无金像奖
  C. 年纪太大不能参赛   D. 淡出影坛

4 李连杰通过什么赢得了评委的选票？
  A. 亦正亦邪的气质   B. 兢兢业业地奋斗
  C. 娴熟的演技   D. 出色演出

第27届香港电影金像奖于4月13日晚揭晓。27年的金像奖见证了香港电影从昌盛繁荣步入今日的市场低谷，顽强的香港电影人依然兢兢业业地奋斗在电影第一线。《投名状》成为本届金像奖最大赢家，累积夺得包括最佳影片、最佳导演、最佳男主角、最佳男配角在内的8个奖项，仅次于陈可辛本人那部巅峰之作《甜蜜蜜》的9项大奖纪录，陈可辛拿到了他的第二尊最佳导演奖杯，缔造了他个人事业新的高峰。**4**李连杰在《投名状》中亦正亦邪的气质折服了金像奖评委，首次获得影帝桂冠，这不仅仅是他个人第一次金像奖称帝，**1**也是继洪金宝之后，第二位动作明星获此殊荣。

斯琴高娃的金像奖封后属于众望所归，几乎没有给对手多少反击的空间，香港影坛女演员的饥荒也日益严重，目前电影女演员青黄不接，老中青三代都缺乏代表性人物，和90年代繁星满天熠熠生辉的黄金时代不可同日而语。**2**内地女演员的四连冠，也可以看作是香港影坛的一种悲哀。

刘德华凭借他在《门徒》中出色演出，拿下电影表演生涯中第一座金像奖最佳男配角奖，这说明他的表演技巧已经进步到一个新的阶段，今后他的电影表演生涯也许还会取得更大的成就。

年届58岁老一代邵氏女演员邵音音勇夺最佳女配角大奖，这是她从影近30多年来首次获得重要的电影奖项，这并非是因为由于她过去演技不够好，**3**而是因为在她事业的黄金时期还没有举办金像奖，中年之后她又淡出影坛，近年来复出影坛看来是邵音音的明智之举。她

4월 13일 저녁 제27회 홍콩금상장영화제의 결과가 발표되었다. 27년간의 금상장영화제는 홍콩 영화가 역동적인 발전에서 영화 시장의 침체기에 접어드는 과정을 낱낱이 보여주고 있고, 고집스러운 홍콩 영화인들은 여전히 일선에서 성실하게 영화 산업에 종사하고 있다. 《投名状》이 이번 금상장영화제에서 작품상, 감독상, 남우주연상, 남우조연상 등을 포함한 8개 부문의 상을 석권하여 가장 많은 상을 받은 작품이 되었다. 천커신 감독은 희대의 걸작《甜蜜蜜》의 9개 부문 석권 기록에 이어 감독상을 두 번째 수상하는 영예를 안아 자신의 영화 인생에 전성기를 맞이했다. **4**리리엔지에는《投名状》에서 정직하고도 사악한 캐릭터를 완벽하게 소화해 심사위원단의 탄성을 자아내 처음으로 남우주연상을 거머쥐었다. 이는 그의 생애 첫 남우주연상일 뿐만 아니라 **1**홍진바오 이후 두 번째로 무술인이 이 영예를 안은 것이다.

쓰친까오와의 수상은 모든 대중의 바람이었지만, 홍콩 영화계의 여배우 가뭄 현상은 날로 심각해지고 있다는 데는 이견이 없다. 현재 홍콩은 여배우 세대교체의 공백기라 할 수 있다. 젊은 배우, 중년 배우, 노년 배우 3대 모두 대표적인 인물을 배출해 내지 못해 90년대 생동감 있는 번영의 황금시대를 구가하던 당시와는 함께 거론할 수도 없는 상황이다. **2**대륙의 여배우들이 4번 연속 최고상을 받은 것도 홍콩 영화계에 있어서 비극이라 볼 수 있다.

리우더화는 자신이 출연한 영화《门徒》에서 선보인 출중한 연기력을 인정받아 배우 인생 사상 처음으로 금상장 남우조연상을 받았다. 이는 그의 연기력이 새로운 단계로 진입했음을 보여주며, 향후 그의 연기 인생에 더 많은 성과가 있을 것으로 예상된다.

이번 영화제에 58세의 나이로 참석한 샤오인인은 여우조연상을 받는 기염을 토해 냈다. 그녀의 30여 년간의 배우 인생에서 이렇게 큰 상을 받은 것은 처음이었다. 이유는 그녀의 연기가 부족했기 때문이 아니라 **3**그녀가 왕성히 활동했던 시기에는 금상장영화제가 아직 없었고, 중년에 접어든 후에는 영화계에서 그녀가 점점 잊혀졌기 때문이다. 근래에 다시 영화계에 발을 들여 놓은 것은 샤오인인의 현명한 선택이라 할 수 있다.《野·良犬》(The Pye-Dog)에서 그녀의 진솔하고 물오른 연기는 수상에 있어 최고의 밑천이었다.

在《野·良犬》中的表演真挚自然，老道娴熟的演技是夺奖的最大资本。

1 第一位获得金像奖的武打明星是谁?
A. 成龙 B. 李连杰
C. 洪金宝 D. 刘德华

2 内地女演员已经连续几次获得金像奖?
A. 一次 B. 两次
C. 三次 **D. 四次**

3 为什么邵音音58岁才首次获得重要的电影奖项?
A. 演技不够好
B. 在她事业的黄金时期无金像奖
C. 年纪太大不能参赛
D. 淡出影坛

4 李连杰通过什么赢得了评委的选票?
A. 亦正亦邪的气质
B. 兢兢业业地奋斗
C. 娴熟的演技
D. 出色演出

---

1 맨 처음 금상장을 받은 무술인 스타는 누구인가?
A. 청룽 B. 리리엔지에
C. 홍진바오 D. 리우더화

2 대륙의 여배우들이 이미 몇 번 연속 금상장을 받았는가?
A. 1번 B. 2번
C. 3번 **D. 4번**

3 왜 샤오인인은 58세가 되어서야 처음으로 큰 상을 탔는가?
A. 연기력이 부족해서
B. 그녀가 왕성히 활동했던 시기에는 금상장영화제가 없었기 때문에
C. 나이가 너무 많아 참석할 수 없어서
D. 영화계에서 점점 잊혀져서

4 리리엔지에는 무엇을 통해 심사위원단의 표를 얻을 수 있었는가?
A. 정직하고도 사악한 캐릭터
B. 맡은 일을 부지런하고 성실하게 해서
C. 물 오른 연기
D. 출중한 연기력

揭晓 jiēxiǎo 통 (결과를) 발표하다 | 见证 jiànzhèng 통 (눈으로 직접 보아) 증명할 수 있다 | 昌盛繁荣 chāngshèng fánróng 성 (국가나 사업이) 왕성하게 발전하다 | 低谷 dīgǔ 명 밑바닥 | 顽强 wánqiáng 형 완강한 | 兢兢业业 jīngjīng yè yè 성 근면하고 성실하게 업무에 임하다 | 赢家 yíngjiā 명 승리자 | 累积 lěijī 통 축적하다 | 导演 dǎoyǎn 명 연출자, 감독 | 主角 zhǔjué 명 주연, 주인공 | 配角 pèijué 명 조연, 상대역 | 仅次于 jǐncìyú 버금 | 巅峰 diānfēng 명 절정, 최고봉 | 记录 jìlù 명 기록 | 奖杯 jiǎngbēi 명 상, 우승컵 | 缔造 dìzào 통 건립하다, 창건하다 | 高峰 gāofēng 명 클라이맥스, 최고점 | 邪 xié 형 사악하다, 나쁘다 | 折服 zhéfú 통 탄복하다 | 评委 píngwěi 명 심사위원 | 影帝 yǐngdì 명 영화 황제 | 桂冠 guìguān 명 월계관 | 称帝 chēngdì 통 왕위에 오르다 | 殊荣 shūróng 명 특별한 영예 | 众望所归 zhòng wàng suǒ guī 성 대중의 뜻에 부합하다 | 反击 fǎnjī 통 반격하다 | 影坛 yǐngtán 명 영화계 | 饥荒 jīhuāng 명 기근 | 青黄不接 qīng huáng bù jiē 성 인력·물자 따위가 제때에 대체되지 않아 잠시 공백 상태를 보이다 | 缺乏 quēfá 통 부족하다 | 熠熠生辉 yìyì shēng huī 휘황찬란하게 빛나다 | 同日而语 tóng rì ér yǔ 성 한데 섞어 논하다, 마찬가지로 보다 | 悲哀 bēiāi 형 비애 | 生涯 shēngyá 명 생애, 일생 | 技巧 jìqiǎo 명 기교, 테크닉 | 阶段 jiēduàn 명 단계 | 淡出 dànchū 통 소리 소문 없이 서서히 사라지다 | 真挚 zhēnzhì 형 진실의, 마음에서 우러나는 | 老道娴熟 lǎodào xiánshú 물 오른, 농익은

---

1 C 세부 문제 제27회 금상장영화제에서 남우주연상을 받은 것은 리리엔지에이지만, 그는 홍진바오 이후 두 번째라고 했으므로 답은 C이다. '继……之后'라는 연결어가 수상자 두 명의 관계를 설명하고 있다.

2 D 세부 문제 두 번째 단락에서 대륙 여배우들이 4번 연속 최고상을 받았다(四连冠)고 밝히고 있다.

3 B 세부 문제 그녀는 연기가 부족해서 상을 못 탄 것이 아니고, 그녀의 활동이 왕성했던 시기에는 금상장영화제가 없었고, 중년이 된 후에는 영화계에서 잊혀졌으며, 근래에 들어서야 다시 활동했기 때문에 58세에 처음으로 상을 타게 된 것이다.

4 A 세부 문제 리리엔지에는 《投名状》에서 정직하고도 사악한 캐릭터를 완벽하게 소화해서 남우주연상을 탔다고 했다. C는 샤오인인을, D는 리우더화를 설명하는 수식어이다.

독해 내공 TIP — 세부 문제 **질문 유형**

독해에서 세부 사항 파악 여부는 학생의 빠른 독해 능력 검증에 가장 중요한 기준이다. 세부 사항 문제는 독해 문제의 가장 기본 유형이며, 비교적 간단한 문제 유형이 출제되어 점수를 쉽게 올릴 수 있다. 자주 나오는 유형을 정리해 보자.

1 직접형

직접적으로 글의 내용을 묻는 유형으로, 키워드를 근거로 문제를 풀면 된다. 독해할 때 키워드와 이 키워드의 유의어를 집중적으로 이해하려 노력해야 한다.

蜗牛拿什么事情嘲笑兔子?
달팽이는 무슨 일로 토끼를 비웃었는가?

建筑物的顶部有几个特点?
건물 지붕에는 몇 가지 특징이 있는가?

是谁设计了巴黎铁塔?
누가 파리 에펠탑을 디자인했는가?

2 근거형

가장 기본적인 문제 유형으로, '根据文章' 혹은 '根据本文' 등으로 시작하는 문제들로 문장의 사실적 내용을 얼마나 잘 파악했는지 평가한다.

根据文章, 文中的男主人公在哪一年获得绘画大奖?
윗글에 따르면 이 글의 남자 주인공은 어느 해에 회화대상을 받았는가?

根据本文, 青海湖水大概有多少立方米?
본문에 따르면 칭하이 호수는 대략 몇 세제곱미터인가?

通过第三段, 我们推断出作者的观点是什么?
세 번째 단락을 통해 우리는 작가의 관점이 무엇임을 추측할 수 있는가?

3 숫자 제시형

사칙연산(주로 덧셈, 뺄셈)을 통해 답을 찾는 문제나 연도, 횟수 등을 묻는 문제로, 주의할 점은 본문에 나온 데이터가 그대로 답이 되지 않는 경우도 있다는 것이다.

内地女演员已经连续几次获得金像奖?
중국 대륙 여배우는 이미 연속해서 몇 번의 금상장을 받았는가?

根据文章, 男主人公出生在哪个年代?
윗글에 따르면 남자 주인공의 출생 연대는 언제인가?

楼兰王国大约在什么时候消失?
누란 왕국은 대략 언제 멸망했는가?

4 소거형

이 유형은 병렬문이나 나열문에서 자주 출제된다. 보기의 각 내용을 원문과 대조하여 답이 아닌 것을 하나씩 소거하면서 정답을 찾으면 된다.

下面不符合原文的选项是哪个?
다음 중 글의 내용과 일치하지 않는 것은 무엇인가?

以下选项不是作者观点的是哪一个?
다음 보기 중 작가의 관점과 일치하지 않는 것은 무엇인가?

下面说法中，不是古代动物消失的原因的是?
다음 설명 중 고대 동물이 사라진 원인이 아닌 것은 무엇인가?

5 해설형

이 유형은 밑줄 친 부분이나 큰따옴표로 처리된 특수 어휘에 대한 질문이 대부분이다. 대부분 밑줄이나 큰따옴표 앞뒤 문장에 그 뜻이 나오므로 이 부분에 주의를 기울여야 한다.

文章中"回避"一词在这里是什么意思?
윗글의 '회피'라는 단어는 여기에서 무슨 의미인가?

文中划线部分的意思是什么?
윗글에서 밑줄 친 부분의 의미는 무엇인가?

根据上文看，"媒婆"是指什么?
윗글에 따르면 '매파'는 무엇을 가리키는가?

Q&A 학생들이 자주 묻는 질문

Q1 문제가 묻는 시간을 문장에서 못 찾겠어요. 어쩌죠?
A1 중국어는 시간을 표현할 때 아라비아 숫자로 쓰기도 하지만 한자의 숫자 표기 방법을 쓰는 경우도 있습니다. 예를 들어 '1980년대(上世纪八十年代), 1988년 3월 5일(一九八八年三月五日)' 식입니다. 그러므로 문장에서 한자로 표현된 숫자가 보이면 알아보기 쉽도록 아라비아 숫자로 고쳐 놓고 문제에 따라 답을 고르면 됩니다.

Q2 전문적인 내용의 글에서 지명은 기억하기가 어렵고, 봐도 모르겠어요. 어쩌죠?
A2 글에서 지명이 나오면 그것이 뭘까 고민하느라 시간 뺏길 필요 없이 'A'로 대체하고 넘어가도 상관없습니다. 대신 'A'와 관련된 문제가 나오면 그때 다시 내용으로 돌아와 자세히 훑어보면 됩니다. 글에서 지명은 대부분 고유명사이거나 영어 지명을 음역해 놓은 것이므로 외우려고 노력하지 않아도 됩니다.

Q3 밑줄 친 부분의 의미를 모르겠어요. 어쩌죠?
A3 글에서 밑줄 친 부분은 대사이거나 특별한 뜻을 가진 단어일 경우가 많기 때문에 밑줄 친 내용만 봐서는 그 의미를 알 수 없는 것이 당연합니다. 따라서 첫째, 밑줄 친 단어의 앞뒤 문장을 살펴봅니다. 둘째, 이 단어와 핵심 키워드와의 관련 여부를 살펴봅니다. 셋째, 4개의 보기를 밑줄 부분에 넣어 읽어보고 매끄러운지 점검합니다. 기본적으로 이 3가지 방법이면 정답을 쉽게 찾아낼 수 있습니다.

실력 다지기

1~20 각 지문을 읽고 질문에 알맞은 답을 보기에서 고르시오.

1~4

舞蹈《千手观音》是聋哑女孩邰丽华领着20位聋哑演员排练出来的，她曾以表演舞蹈《雀之灵》被广大观众熟知，也是中国唯一登上两大世界顶级艺术殿堂———美国纽约卡内基音乐厅和意大利斯卡拉大剧院的舞蹈演员。《千手观音》的编导是总政歌舞团团长张继钢。由于聋哑人听不到声音，又要求动作统一协调，所以在演出的现场，有四位艺术团的手语老师分别位于舞台四角用手语指挥聋哑人演出，虽然她们听不到音乐，但是手语老师就是她们的耳朵，她们随着音乐的节奏用优美的手语传达给观众。

2004年9月，在雅典残疾人奥运会的闭幕式上，《千手观音》一舞世界惊。该节目正式接受春节联欢晚会是一个月前，时间很短，为了保持好的演出状态，聋哑人每天都要早起跑步，很多演员刚从南方回来，在瑟瑟的寒风中脸被吹得生疼，每天都从早上排练到深夜。

在中国残疾人艺术团，聋哑女演员邰丽华绝对是个"大腕"，她是《千手观音》的领舞。如果说《千手观音》是春节晚会的一个高潮，邰丽华绝对称得上是高潮的"灵魂"。邰丽华来自湖北宜昌，两岁时因高烧注射链霉素失去了听力。此后，她虽然生活在无声的世界里，自己却茫然不知。直到五岁，幼儿园的小朋友轮流蒙着眼睛，玩辨别声音的游戏，她才意识到自己和别人不一样。七岁时，邰丽华进入聋哑小学。学校有一门特殊的课程叫律动课，老师踏响木地板上的象脚鼓，把震动传达给学生。"嘭、嘭、嘭"，有节奏的震动通过双脚传遍小丽华的全身。邰丽华说，一刹那，她震颤了———一种从来没有过的幸福体验撞击着她的心。她趴在地板上，用整个身体去感受这最美妙的声音！从此，舞蹈成了她看得见的彩色音乐，也成为她表达内心世界的美丽语言。

迄今邰丽华已到30多个国家演出过。前年，她和一位电脑工程师组成了幸福的家庭。邰丽华说，失去了听力令她不便，但拥有了艺术，舞蹈就是她和外界沟通的语言。

1 《千手观音》的舞者靠什么来随着音乐跳舞？
   A. 自己的耳朵
   B. 手语老师
   C. 音乐的感觉
   D. 领舞的人

2 《千手观音》第一次出现在公众的视线中是哪里？
   A. 美国纽约卡内基音乐厅
   B. 意大利斯卡拉大剧院
   C. 春节联欢晚现场
   D. 雅典残疾人奥运会的闭幕式

3 邰丽华是什么时候知道自己与众不同？
   A. 两岁   B. 三岁
   C. 五岁   D. 七岁

4 舞蹈在邰丽华的生活中起什么作用？
   A. 她和外界沟通的语言
   B. 带来经济收益
   C. 满足自己的愿望
   D. 可以领导他人

5~8

在中国，端午节是为了纪念伟大诗人屈原而设立的。屈原，是春秋时期楚怀王的大臣。他倡导举贤授能，富国强兵，力主联齐抗秦，遭到贵族们的强烈反对，屈原被免去官职，流放到沅、湘流域。他在流放中，写下了忧国忧民的《离骚》、《天问》、《九歌》等不朽诗篇，独具风貌，影响深远。公元前278年，秦军攻破楚国京都。屈原眼看自己的祖国被侵略，心如刀割，但是始终不忍舍弃自己的祖国，于五月五日，在写下了绝笔作《怀沙》之后，抱石投汨罗江身死，以自己的生命谱写了一曲壮丽的爱国主义乐章。

传说屈原死后，楚国百姓哀痛异常，纷纷涌到汨罗江边去凭吊屈原。渔夫们划起船只，在江上来回打捞他的真身。有位渔夫拿出为屈原准备的饭团、鸡蛋等食物，"扑通、扑通"地丢进江里，说是让鱼龙虾蟹吃饱了，就不会去咬屈大夫的身体了。人们见后纷纷仿效。一位老医师则拿来一坛雄黄酒倒进江里，说是要药晕蛟龙水兽，以免伤害屈大夫。后来为怕饭团为蛟龙所食，人们想出用楝树叶包饭，外缠彩丝，发展成棕子。

我国民间过端午节是较为隆重的，庆祝的活动也是各种各样。赛龙舟，是端午节的主要习俗。相传起源于古时楚国人因舍不得贤臣屈原投江死去，许多人划船追赶拯救。他们争先恐后，追至洞庭湖时不见踪迹。之后每年农历五月五日划龙舟以纪念之。借划龙舟驱散江中之鱼，以免鱼吃掉屈原的身体。竞渡之习，盛行于吴、越、楚。

此外，划龙舟也先后传入邻国日本、越南等及英国。1980年，赛龙舟被列入中国国家体育比赛项目，并每年举行"屈原杯"龙舟赛。1991年6月16日（农历五月初五），在屈原的第二故乡中国湖南岳阳市，举行首届国际龙舟节。在竞渡前，举行了既保存传统仪式又注入新的现代因素的"龙头祭"。"龙头"被抬入屈子祠内，由运动员给龙头"上红"（披红带）后，主祭人宣读祭文，并为龙头"开光"（即点睛）。然后，参加祭龙的全体人员三鞠躬，龙头即被抬去汨罗江，奔向龙舟赛场。此次参加比赛、交易会和联欢活动的多达60余万人，可谓盛况空前。尔后，湖南便定期举办国际龙舟节。赛龙舟也将盛传于世。

5 人们把饭团、鸡蛋等食物扔到江里的原因是：
A. 它们都坏了 B. 增加水里面的食物
C. 避免屈原的身体被吃 D. 舍不得让屈原死去

6 通过文章，可以知道赛龙舟：
A. 已传入英国
B. 每年6月16日举行
C. 在比赛后有龙头祭
D. 是民间活动，不是体育比赛项目

7 第一届国际龙舟节在什么时候举行？
A. 1980年 B. 1991年
C. 公元前278 D. 每年五月初五

8 屈原最后的作品名称是：
A.《九歌》 B.《离骚》
C.《天问》 D.《怀沙》

9~12

2003年11月6日，在北京南三环万柳桥附近，一只小狗遭遇不幸。它在三环主路上，被来来往往的车压死了。但是谁也没有想到，它旁边的三个同伴，居然不顾正是高峰的滚滚车流，忠实地守护着死去的小狗，舍不得将它丢弃。

过往的司机都惊呆了，本来匆忙赶路的车，开过三只小狗身边时都纷纷绕行，或者干脆停车。交通为之阻塞，两辆车因为躲避小狗而追尾。平时在路上遇到堵车，所有的人都心急，谁都想快点走，互

相挤来挤去，要是剐着一点蹭着一点，吵架是不可避免的。但是，那一天，所有人都不再埋怨，也没有彼此责难。大家看着那三只围在自己死去伙伴身边的小脏狗，心里有的只是感动。

想起另外一个故事。1928年3月，纽约繁忙的百老汇和沃尔克大街上，一只名叫"小黑人"的母猫阻塞了交通，因为它有五只小猫需要救护。警察詹姆斯·卡德莫尔拦住了过往汽车和行人，让"小黑人"把五只小猫一一叼过了马路。有人拍下了这一动人的情景，题名为《为小猫让路》。

很多时候，我们这些情感复杂的人类常常把爱藏在自己内心最深处，因为害怕把它拿出来，会被嘲讽，会被伤害，会不被接受。但是，三只小狗和母猫"小黑人"不懂这些，它们只知道自由地表达自己的悲伤，或者，对同类的爱。这种爱，最原始、最粗糙，却也最纯净，在这个世界上，任何人都没有资格嘲笑它。

9 小狗遭遇不幸后，它的同伴：
   A. 把它丢弃
   B. 守护着它
   C. 也被车撞死
   D. 求人类救它

10 根据文章，如果人们碰到堵车，一般会怎样？
   A. 绕道而行
   B. 取消行程
   C. 非常心急
   D. 改骑自行车

11 为什么母猫阻碍了交通？
   A. 受伤了
   B. 走错路
   C. 同情小狗
   D. 救护小猫

12 作者写这两个故事的目的是什么？
   A. 得到读者的同情
   B. 开车时应避免撞伤小动物
   C. 人们应饲养宠物
   D. 人们应表达自己内心的爱

13~16

2005年12月23日的美国《商业周刊》评选出了中国十大新建筑奇迹,包括北京奥运主会场、国家游泳中心(水立方)、北京首都国际机场、上海世界金融中心、国家大剧院、中央电视台、上海崇明东滩生态城、当代MOMA、长城脚下的公社、东海大桥(上海)。其中地处北京的建筑就有七家之多。

"中国正逐步成为当今最具有创意性建筑和工程设计的舞台。"当全球瞩目北京2008年8月的奥运会的同时,新一代创新建筑也正在北京的土地上拔地而起。从评价与介绍中可以看到评选者对追求环保自然的推崇。"水立方"国家游泳中心,是节能环保型的建筑。游泳池内的水将由太阳能加热,泳池的双重过滤装置可实现水的再利用,就连多余的雨水也能储存地下的水池中。有着91000个座位的北京奥运会主会场"鸟巢",可能是至今最大的环保型体育场, 建筑师从自然中获得了灵感,独创了一个未完全密封,但同样能为观众和运动员遮风挡雨、获得自然通风的外壳。北京"当代MOMA"采用世界上最大的最为节能的方式———地源热泵系统,用来帮助这个由第20层的咖啡馆、干洗店等系列服务设施连接起来的8幢建筑组成的小区,住宅单元的另一大亮点,就是可再利用废水,将厨房和洗脸盆的废水过滤,卫生间循环利用。

13 以下中国十大新建筑奇迹中,不属于北京的建筑是:
A. 国家大剧院　　　　　B. 世界金融中心
C. 长城脚下的公社　　　D. 中央电视台

14 此文发表距离奥运会还有多长时间?
A. 三年多　　　　　　　B. 不到三年
C. 五年多　　　　　　　D. 不到五年

15 文中第二段提到三个建筑奇迹他们共有的特点是什么?
A. 费工费料　　　　　　B. 建设速度快
C. 国家投资建设　　　　D. 节能环保

16 能够使空气的自然流通的建筑是:
A. 鸟巢　　　　　　　　B. 水立方
C. 当代MOMA　　　　　D. 首都国际机场

17~20

有一只狼，在狼群里找不到吃的，于是它就去找绵羊。看到绵羊身上那一团好肉，狼馋得口水直流，它对羊说："喂，我想吃你身上的肉，成不？"羊说："我每天要跑很远的路才能吃到草，我活得不容易啊！"狼说："说那么多干吗？我是狼，要解决肚子饿的问题，我不吃你吃谁呀！"说着猛扑上去咬下了羊的一条腿。

绵羊少了一条腿，气愤地去找狐狸大律师讨公道。狐狸说："这好办，你让我先吃你另一条腿，好让我有力气去为你办事呀！我这会儿肚子正饿着呢，再说我也没有白吃你呀，对不？"绵羊为了告倒狼，所以只好忍痛舍掉一条腿给狐狸。

狐狸帮绵羊把状子递到了狮子法官那儿。狮子对绵羊说："这案子看起来理是在你一边，但是要告倒狼也不那么简单，狼是比你高一级的动物，社会关系又多，如想打赢官司，你是否可以再牺牲一条羊腿，让我好去打点打点？"

到了这个份儿上，绵羊也顾不得是否又少了一条腿，心一横就把另一条腿交给了狮子……

后来，这场官司真的打赢了，狼被判故意伤害罪锒铛入狱！可是绵羊一点儿也高兴不起来，因为它只剩下一条腿了……

17 狼为什么要吃羊？
  A. 肚子饿 　　　　　　　　B. 狐狸帮羊讨公道
  C. 狐狸和狮子都吃了羊一条腿　D. 羊活得太不容易了

18 狐狸帮绵羊做什么了？
  A. 调查事情　　　　　　　　B. 递交状子
  C. 找狼算账　　　　　　　　D. 进行辩护

19 狮子觉得谁比绵羊高一级？
  A. 狼　　　　　　　　　　　B. 狐狸
  C. 他自己　　　　　　　　　D. 人类

20 官司的最后结果是什么？
  A. 绵羊少了一只腿　　　　　B. 绵羊提供的证据不足
  C. 狼被判故意伤害罪　　　　D. 狐狸被判故意伤害罪

2 주제 문제

Guide

어떤 유형의 글이든 글쓴이가 말하려고 하는 주제가 있기 마련이다. 글의 주제는 겉으로 드러나기도 하고 숨겨져 있기도 하다. 따라서 글의 전체 내용을 파악해야 글쓴이의 집필 의도인 주제를 찾을 수 있다. 주제 관련 문제에서는 글의 중심 생각, 포괄적 주제, 제목 고르기 등이 단골로 출제된다.

주의 논설문, 설명문 등은 객관적이고 논리적인 글이기 때문에 주제가 쉽게 드러나지만, 교훈을 주는 글이나 동화 등은 **주제를 간접적으로 드러내므로 글쓴이의 의도를 잘 파악해야 한다.**

독해 급소공략

- **글의 시작과 끝을 유심히 살펴라.**

  대부분 글은 시작과 끝에 중심 사상이나 결론이 나온다. 다시 말해 주요 내용을 정리하는 문장은 문장 처음이나 마지막, 혹은 단락의 첫 문장과 마지막 문장에 있다.

- **키워드를 놓치지 마라.**

  글에서 글쓴이가 말하고자 하는 바인 핵심 정보는 중심 생각 즉, 키워드와 연관되어 있는 경우가 많으므로 **키워드에 근거하면 글의 주제를 쉽게 찾을 수 있다.**

- **인물, 시간, 장소, 사건을 기억하라.**

  기본적으로 글은 **누가, 언제, 어디에서, 어떤 일이 발생했는지를 중심으로 전개된다.** 전체 글에서 이 네 가지 포인트만 찾아낼 수 있다면 중심 생각이 바로 보일 것이다.

예제로 감 익히기

Mission

지문을 읽고 각 문제에 알맞은 답을 고르시오.

相信许多人在欣赏美国影片《回到1872年》之余，为主人公不惜生命代价，回到过去拯救芝加哥市民的义举而击节赞叹时，总以为这是虚构。然而，在我们即将过去的20世纪里，时光倒流竟不可思议地发生了。

1994年初，一架意大利客机在非洲海岸上空飞行。突然，客机从控制室的雷达屏幕上消失了。正当地面上的机场工作人员焦急万分之际，客机又在原来的空域出现，雷达又追踪到了客机的讯号。但机组人员和315名乘客，并不知道他们曾经"失踪"过。不过，当他们到达机场时，每个乘客的手表都慢了20分钟。对此现象，专家们认为惟一的解释是：在"失踪"的一刹那，时间"静止"不动了，或者说出现了时光倒流。

随着前苏联的解体，一些机密文件不断面世，科学家'查阅到其中也有时光倒流的内容。那是在1971年8月的一天，前苏联飞行员亚历山大·斯诺夫驾驶米格21型飞机在做例行飞行时，无意中"闯入"了古埃及。于是，他看到了金字塔建造的场面：在一望无际的荒漠中，一座金字塔巍然矗立，而另一座金字塔刚刚奠起塔基……

从实际上说，人类的智慧尚不足以阻挡时间的飞进；而从理论上来说，时光倒流，回到从前绝非不可能。根据爱因斯坦的理论，时间和空间可以在光速中发生变化。所以，假如一个物体以30万千米／秒的光速飞行时，空间可以缩短，时间可以变慢。一位物理学家通过计算后称：人类从地球到达仙女座需要20万年，而在光速飞船上仅需20年。这是因为科学家们已经发现宇宙中存在比光速还要快的神秘质点。当太空船经过重力场时，把重力场的拉力转换成推力，太空船在那段时间内，便可以以光速甚至超光速飞行。美国航空航天局的专家们已经创立了"时空场共振理论"，这是以爱因斯坦和德国物理学家海森堡的"统一场论"为基础建立的。其要旨是：借助电磁、重力、光速和时空共同演变的伸缩性，瞬间跨越恒星际空间。希望到了那时，'时光倒流将不再是个待解之谜。

1 《回到1872年》可能属于什么类型的影片？
 A. 动作片
 B. 喜剧片
 C. 科幻片
 D. 恐怖片

2 本文作者通过两个例子想说明什么？
 A. 意大利客机在非洲海岸上失踪
 B. 时光倒流存在于现实中
 C. 前苏联有很多机密文件曝光
 D. 古埃及金字塔在沙漠中建立

3 为什么科学家能够看到前苏联的机密文件？
 A. 科学家的研究需要
 B. 文件失窃
 C. 前苏联已经解体
 D. 科学家有看到文件的权利

4 宇宙中是否存在比光速还要快的速度？
 A. 存在
 B. 不存在
 C. 不知道
 D. 也许

1相信许多人在欣赏美国影片《回到1872年》之余，为主人公不惜生命代价，回到过去拯救芝加哥市民的义举而击节赞叹时，总以为这是虚构。然而，在我们即将过去的20世纪里，时光倒流竟不可思议地发生了。

1994年初，**2**一架意大利客机在非洲海岸上空飞行。突然，客机从控制室的雷达屏幕上消失了。正当地面上的机场工作人员焦急万分之际，客机又在原来的空域出现，雷达又追踪到了客机的讯号。但机组人员和315名乘客，并不知道他们曾经"失踪"过。不过，当他们到达机场时，每个乘客的手表都慢了20分钟。对此现象，专家们认为惟一的解释是：在"失踪"的一刹那，时间"静止"不动了，或者说出现了

1미국 영화《回到1872年》흥행 당시, 주인공을 위해 생명을 대가로 과거로 돌아가 시카고 시민을 구출하는 것을 보고 감탄을 금치 못했을 때, 많은 사람이 이것은 공상이라고 믿었다. 그러나 곧 지나가는 20세기에는 시간의 역주행이 믿을 수 없지만 발생할 것이다.

1994년 초, **2**아프리카 해안 상공을 비행하고 있던 이탈리아 여객기 한 대가 갑자기 관제탑 레이더에서 사라졌다. 현지의 공항 관계자들이 안절부절못하고 있을 때 여객기는 원래의 해상에 다시 나타났고, 레이더 또한 여객기의 신호를 감지했다. 그러나 승무원과 315명의 승객은 그들이 잠시 '실종'되었던 사실을 전혀 모르고 있었다. 그러나 그들이 공항에 도착했을 때 모든 승객의 손목시계는 20분이 늦게 가고 있었다. 이 현상에 대해 전문가들의 유일한 해석은 '실종'된 그 찰나에 시간의 흐름이 '정지'하거나 시간의 역주행이 나타났다는 것이다.

3구소련이 해체되면서 일부 기밀문서가 유출되었는데, 과학자들은 그중에서 시간의 역주행에 대한 내용을 보게 되었다. 그것은 1971년 8월 어느 날 구소련의 비행사 알렉산더스노프가 MIG-21기

时光倒流。

³随着前苏联的解体，一些机密文件不断面世，科学家查阅到其中也有时光倒流的内容。那是在1971年8月的一天，前苏联飞行员亚历山大·斯诺夫驾驶米格21型飞机在做例行飞行时，²无意中"闯入"了古埃及。于是，他看到了金字塔建造的场面：在一望无际的荒漠中，一座金字塔巍然矗立，而另一座金字塔刚刚奠起塔基……

从实际上说，人类的智慧尚不足以阻挡时间的飞进；而从理论上来说，时光倒流，回到从前绝非不可能。根据爱因斯坦的理论，时间和空间可以在光速中发生变化。所以，假如一个物体以30万千米/秒的光速飞行时，空间可以缩短，时间可以变慢。一位物理学家通过计算后称：人类从地球到达仙女座需要20万年，而在光速飞船上仅需20年。⁴这是因为科学家们已经发现宇宙中存在比光速还要快的神秘质点。当太空船经过重力场时，把重力场的拉力转换成推力，太空船在那段时间内，便可以以光速甚至超光速飞行。美国航空航天局的专家们已经创立了"时空场共振理论"，这是以爱因斯坦和德国物理学家海森堡的"统一场论"为基础建立的。其要旨是：借助电磁、重力、光速和时空共同演变的伸缩性，瞬间跨越恒星际空间。希望到了那时，"时光倒流"将不再是个待解之谜。

를 타고 비행 중일 때 ²무의식 중에 고대 이집트에 '들어가게' 된 것이다. 그래서 그는 피라미드의 건축 장면을 보게 되었다. 끝없이 펼쳐진 사막에 피라미드 하나가 우뚝 서 있고 다른 피라미드가 준공에 착수하고 있었다……

실제로 인류의 지능으로 시간의 흐름을 막기란 역부족이고, 이론적으로도 시간을 거슬러 과거로 돌아가는 것은 절대 불가능하다. 아인슈타인의 이론에 따르면, 시간과 공간은 광속에서 변화가 발생할 수 있다고 한다. 따라서 만약 하나의 물체가 30만 km/s의 광속 비행을 한다면 공간은 줄어들고 시간은 느려질 수 있다. 한 물리학자의 계산에 따르면, 인류가 지구에서 안드로메다까지 가는 데 20만 년이 필요하다면 광속 비행기는 20년이면 된다고 한다. ⁴이는 과학자들이 우주에는 광속보다 더 빠른 신비한 물질이 있다는 것을 이미 발견했기 때문이다. 우주선이 중력장을 지날 때 중력장의 인력을 추진력으로 전환하면 우주선이 그 시간 내에 광속이나 초광속 비행이 가능하다. 미국항공우주국(NASA)의 전문가들은 이미 '시공간 공진이론'을 만들었는데 이것은 아인슈타인과 독일의 물리학자 하이젠베르크의 '통일이론'을 기초로 만들어진 것이다. 그 요지는, 전자, 중력, 광속, 시공의 힘을 빌린 변천의 신축성으로, 순간 항성 사이의 공간을 뛰어넘는다는 것이다. 그런 때가 오면 '시간의 역주행'이 더는 미지의 수수께끼가 아니기를 바란다.

1 《回到1872年》可能属于什么类型的影片？
A. 动作片
B. 喜剧片
C. 科幻片
D. 恐怖片

2 本文作者通过两个例子想说明什么？
A. 意大利客机在非洲海岸上失踪
B. 时光倒流存在于现实中
C. 前苏联有很多机密文件曝光
D. 古埃及金字塔在沙漠中建立

3 为什么科学家能够看到前苏联的机密文件？
A. 科学家的研究需要
B. 文件失窃
C. 前苏联已经解体
D. 科学家有看到文件的权利

1 《回到1872年》은 어떤 종류의 영화에 속하는가？
A. 액션 영화
B. 희극 영화
C. 공상과학 영화
D. 스릴러 영화

2 이 글의 작가는 두 가지 예를 통해 무엇을 설명하려 했는가？
A. 이탈리아 여객기가 아프리카 해안 상공에서 실종되었다
B. 시간의 역주행이 현실에 존재한다
C. 구소련의 많은 기밀문서가 유출되었다
D. 고대 이집트의 피라미드가 사막에서 건축 중이다

3 과학자들은 어떻게 구소련의 기밀문서를 볼 수 있었는가？
A. 과학자들의 연구에 필요해서
B. 문서가 도난당해서
C. 구소련이 이미 해체되어서
D. 과학자들에게 문서를 볼 권리가 있어서

4 宇宙中是否存在比光速还要快的速度?
   A. 存在
   B. 不存在
   C. 不知道
   D. 也许

4 우주에 광속보다 더 빠른 속도가 존재하는가?
   A. 존재한다
   B. 존재하지 않는다
   C. 모른다
   D. 아마 존재할 것이다

欣赏 xīnshǎng 동 감상하다, 마음에 들다 | 不惜 bùxī 동 아끼지 않다 | 代价 dàijià 명 대가 | 拯救 zhěngjiù 동 구하다 | 芝加哥 Zhījiāgē 고유 시카고 | 义举 yìjǔ 명 의거 | 击节 jījié 동 매우 감탄하다, 칭찬을 금치 못하다 | 赞叹 zàntàn 동 감탄하다 | 虚构 xūgòu 명 허구, 픽션 | 时光倒流 shíguāng dàoliú 시간의 역주행 | 不可思议 bùkě sīyì 성 불가사의하다 | 非洲 Fēizhōu 고유 아프리카 주 | 海岸 hǎiàn 명 해안 | 控制室 kòngzhìshì 명 관제탑 | 雷达 léidá 명 전파 탐지기, 레이더 | 屏幕 píngmù 명 스크린 | 消失 xiāoshī 동 사라지다, 자취를 감추다 | 焦急 jiāojí 형 초조한, 안절부절한 | 万分 wànfēn 부 매우, 대단히 | 空域 kōngyù 명 공역 [비행 중인 항공기가 충돌하는 것을 막기 위해 반드시 필요한 공간] | 追踪 zhuīzōng 동 추적하다 | 讯号 xùnhào 명 신호 | 解释 jiěshì 동 설명하다 | 一刹那 yíchànà 명 순식간, 찰나 | 静止 jìngzhǐ 동 정지하다 | 苏联 Sūlián 고유 구소련 | 解体 jiětǐ 동 해체되다, 무너지다 | 机密 jīmì 명 기밀, 극비 | 面世 miànshì 동 세상에 나오다 | 查阅 cháyuè 동 찾아서 읽다, 열람하다 | 闯入 chuǎngrù 동 난입하다 | 古埃及 gǔāijí 고대 이집트 | 金字塔 Jīnzìtǎ 고유 피라미드 | 一望无际 yí wàng wújì 성 아득히 넓어서 끝이 없다 | 荒漠 huāngmò 명 황량한 사막 | 巍然 wēirán 형 우뚝한 모양 | 矗立 chùlì 동 우뚝 솟다 | 奠 diàn 동 다지다, 닦다 | 智慧 zhìhuì 명 지혜 | 阻挡 zǔdǎng 동 가로막다, 저지하다 | 爱因斯坦 Àiyīnsītǎn 고유 아인슈타인 | 光速 guāngsù 명 광속 | 缩短 suōduǎn 동 줄이다, 단축하다 | 仙女座 Xiānnǚzuò 고유 안드로메다 | 神秘 shénmì 형 신비하다 | 质点 zhìdiǎn 명 질점 | 飞船 fēichuán 명 우주선 | 太空船 tàikōngchuán 명 우주선 | 重力场 zhònglìchǎng 명 중력장 | 拉力 lālì 명 장력 | 推力 tuīlì 명 추진력 | 创立 chuànglì 동 창립하다, 새로 세우다 | 共振 gòngzhèn 동 공진하다 | 要旨 yàozhǐ 명 요지 | 借助 jièzhù 동 도움을 빌다, ~의 힘을 빌리다 | 电磁 diàncí 명 전자 | 演变 yǎnbiàn 동 변화 발전하다, 변천하다 | 伸缩性 shēnsuōxìng 신축성 | 瞬间 shùnjiān 명 순간, 찰나 | 跨越 kuàyuè 동 건너뛰다, 뛰어넘다 | 恒星 héngxīng 명 항성 | 待解之谜 dài jiě zhī mí 성 미지의 수수께끼

1 **C** 세부 문제 첫 번째 단락을 보면 이 영화가 시간의 역주행과 관련되어 있고, 대개 과거로 회귀하는 이야기는 공상이라고 여긴다는 말이 나온다.

2 **B** 주제 문제 이탈리아 여객기가 20분 동안 실종되었다가 돌아오고, 고대 이집트 피라미드의 건축 현장을 목격한 예는 시간의 역주행이 현실에 실제로 존재한다는 것을 설명하는 예이다. 이는 곧 이 글의 주제이기도 하다.

3 **C** 세부 문제 세 번째 단락의 '随着前苏联的解体'에서 '随着'는 정보를 주는 단어이므로 주의할 필요가 있다. 구소련이 해체됨에 따라 과학자들은 기밀문서를 볼 수 있게 되었다.

4 **A** 세부 문제 '宇宙中存在比光速还要快的神秘质点'에서 답을 찾을 수 있다. 답안의 보기가 겉으로는 간단해 보이지만 독해를 할 때 집중해서 세심히 풀 필요가 있다.

독해 내공 TiP — 주제 문제 **질문 유형**

주제를 묻는 문제는 글의 중심 생각(포괄적 주제), 제목 등을 알아낼 수 있는지 테스트하는 유형으로, 중심 생각이 지문에 직접 드러나지 않는 경우가 많다. 따라서 글 전체에서 글쓴이가 말하고자 하는 내용을 파악하는 것이 중요하다.

1 글의 요점을 묻는 유형

글의 요점, 중심 사상 등이 무엇인지 묻는 유형으로, '本文的主旨/中心思想是什么?' 등의 질문이 자주 쓰인다. 답이 지문에 직접 드러나는 경우는 드물기 때문에 글의 전체 내용과 주제를 잘 파악해야 풀 수 있다.

这段文字告诉我们什么?
이 단락이 우리에게 말하고자 하는 바는 무엇인가?

文章的主要内容是什么?
글의 주요 내용은 무엇인가?

本文主要讲了泰山的什么?
이 글에서는 태산의 무엇을 주로 설명했는가?

这个故事说明了什么道理?
이 이야기는 무슨 이치를 설명하는가?

文章的中心思想是什么?
글의 중심 생각은 무엇인가?

通过上文，我们知道什么?
윗글을 통해 우리는 무엇을 알 수 있는가?

本文主要谈的是?
이 글이 주로 말하는 것은?

根据上下文，下面哪个词最适合形容父亲?
전체 글을 읽었을 때, 다음 중 아버지를 가장 잘 형용한 것은 무엇인가?

父亲希望兄弟俩能做到:
아버지는 두 아들이 어떻기를 바라는가:

泥鳅妈妈告诉我们什么道理?
미꾸라지 엄마는 우리에게 어떤 이치를 알려주는가?

2 작가의 관점을 묻는 유형

글을 통해 작가가 말하고자 하는 바를 묻는 유형으로, 주로 글을 쓴 목적이나 글을 통해 드러나는 작가의 관점을 파악하고 있는지 테스트한다.

作者写这篇文章的主要目的是什么?
작가가 이 글을 쓴 주요 목적은 무엇인가?

下面选项中符合作者观点的选项是:
다음 보기 중 작가의 관점과 부합하는 것은:

本文作者通过两个例子想说明什么?
이 글의 작가는 두 가지 예를 통해 무엇을 설명하려 했는가?

作者有什么观点?
작가는 어떤 관점을 가지고 있는가?

3 제목을 묻는 유형

말 그대로 글의 제목을 묻는 유형으로, 문제에 '标题'라는 말이 직접 들어간 경우가 많다. 글의 내용을 파악하는 것과는 별개로 적합한 제목을 찾을 수 있는지 테스트하기 위한 유형이다.

下面哪一项适合做本文的标题?
다음 중 어떤 보기가 본문의 제목에 적합한가?

最适合这段文章的标题是什么?
이 글에 가장 적합한 제목은 무엇인가?

Q&A 학생들이 자주 묻는 질문

Q1 선택문제를 풀 때 확신이 안 서요. 어쩌죠?

A1 소거법으로 답안 중 가장 확실한 것을 추려낼 수 있습니다. 아리송한 문제가 나오면 먼저 과감하게 하나를 선택하고 표시를 해둬야지 그 한 문제에 시간을 많이 허비해서는 안 됩니다. 만약 문제를 다 풀고도 아직 시간이 남는다면 다시 앞으로 돌아와 골똘히 생각해봅니다. 왜냐하면 고른 답이 정답일 가능성이 25%는 되니까요.

Q2 글 전체를 읽었는데도 중심 생각이 뭔지 모르겠어요. 어쩌죠?

A2 글 전체를 읽으면 일반적으로 이 글이 무슨 내용을 말하려는지, 작가가 어떤 의미를 전달하려는지 알 수 있습니다. 다만 글 전체에서 중심 문장을 찾지 못해서 귀납적 사고가 되지 않아 중심 사상을 어떻게 표현해야 할지 갈피를 못 잡는 답답한 상황일 뿐입니다. 사실 독해 제4부분에서 내용을 묻거나 중심 생각을 묻는 문제가 나오면 소거법으로 풀면 됩니다. 왜냐하면 4개 중에 답이 무조건 하나는 있기 때문이죠. 출제자들이 이미 문장을 귀납화시켰기 때문에 우리는 가장 적합한 답만 찾아내면 간단히 해결되는 문제입니다.

실력 다지기

1~20 각 지문을 읽고 질문에 알맞은 답을 보기에서 고르시오.

1~4

他原先在一家外企供职，但因为一次意外，他的左眼突然失明。为此，他失去了工作，到处求职都因"形象问题"连连碰壁。"挣钱养家"的担子落在了他那"白领"妻子的肩上。妻子逐渐感到他的老父亲是个负担，不止一次跟他商量把老人送到老年公寓去，他都没同意。一天晚上，他们因此争吵起来，妻子嚷："不把你爸送走，咱们就离婚！"第二天父亲说："我想跟你们商量一下，你们每天上班，孩子又上学，家里太冷清，我想去老年公寓住，那里都是老人，……"他本想说些挽留的话，但看着妻子瞪着的眼睛，又把话吞了回去。

第二天，父亲就住进了老年公寓。星期天，他去看父亲。父亲问他工作怎么样，身体好不好……他好像被人打了一记耳光，脸上发起烧来。"你别过意不去，我在这里挺好……"父亲看上去很满足，可眼睛里却渐渐涌起一层雾。

几天来，他因父亲的事寝食难安。挨到星期天，又去看父亲，刚好碰到市卫生局的同志在向老人们宣传无偿捐献遗体器官的意义，问他们有谁愿意捐，很多老人都摇头。父亲站了起来，问了两个问题：一是捐给自己的儿子行不行？二是趁活着捐可不可以？"我的儿子为了失明的眼睛，失去了很多工作机会，如果我能捐给他，我就是死在手术台上，心里也是甜的……"

所有人都停止了谈笑，把震惊的目光投向父亲。儿子忍不住了，他满脸泪水，迈着沉重的步子，一步步走到父亲身边，和父亲紧紧地抱在一起……父亲用手给他捋了捋衬衣上的皱褶，疼爱的目光像一张网。他再次哽咽，感受着父爱。当天，他不顾父亲的反对，把父亲接回了家。至于妻子，他已做好最坏的打算。

1 第一段中的"形象问题"，指的是：
A. 身高矮小 B. 左眼失明
C. 意外毁容 D. 长相难看

2 关于妻子，我们知道什么？
A. 对老人有爱心
B. 是家里的收入来源
C. 是每个星期天去看父亲
D. 喜欢穿白色领子的衣服

3 谁愿意无偿捐献遗体器官呢?

　　A. 我　　　　　　　　B. 妻子

　　C. 父亲　　　　　　　D. 卫生局的同志

4 根据上下文,下面哪个词最适合形容父亲?

　　A. 英俊　　　　　　　B. 健康

　　C. 聪明　　　　　　　D. 伟大

5~8

　　相传在两千年前,燕国寿陵地方有一位少年,不愁吃不愁穿,论长相也算得上中等人材,可他就是自信心不足,经常无缘无故地感到事事不如人,低人一等——衣服是人家的好,饭菜是人家的香,站相坐相也是人家高雅。他见什么学什么,学一样丢一样,虽然花样翻新,却始终不能做好一件事,不知道自己该是什么模样。

　　家里的人劝他改一改这个毛病,他认为是家里人管得太多。亲戚、邻居们说他是狗熊掰棒子,他也根本听不进去。日久天长,他竟怀疑自己该不该这样走路,越看越觉得自己走路的姿势太笨、太丑了。

　　有一天,他在路上碰到几个人说说笑笑,只听得有人说邯郸人走路姿势很美。邯郸人走路的姿势究竟怎样美呢?他怎么也想象不出来,这成了他的心病。终于有一天,他瞒着家人,跑到遥远的邯郸学走路去了。

　　一到邯郸,他感到处处新鲜,简直令人眼花缭乱。看到小孩走路,他觉得活泼、美,学;看见老人走路,他觉得稳重,学;看到妇女走路,摇摆多姿,学。就这样,不到半个月光景,他连走路也不会了,路费也花光了,只好爬着回去了。

5 为什么他见什么学什么?

　　A. 长得不好看　　　　B. 缺乏自信心

　　C. 家里没有钱　　　　D. 充满新鲜感

6 根据文章,狗熊掰棒子可能是什么意思?

　　A. 学无止境　　　　　B. 学习要坚持

　　C. 学邯郸人走路　　　D. 学一样丢一样

7 邯郸的女人怎么走路？
 A. 活泼
 B. 稳重
 C. 摇摆多姿
 D. 爬着走路

8 这个故事说明了什么道理？
 A. 生命贵在学习
 B. 学习狗熊掰棒子
 C. 不要机械地模仿别人
 D. 住到邯郸才能领悟如何走路

9~12

　　1965年，一位韩国学生到剑桥大学主修心理学。他常到学校的咖啡厅或茶座听一些成功人士聊天。这些成功人士包括诺贝尔奖获得者，某一些领域的学术权威和一些创造了经济神话的人，他们幽默风趣，举重若轻，把自己的成功都看得非常自然和顺理成章。时间长了，他发现，在国内时，他被一些成功人士欺骗了。那些人为了让正在创业的人知难而退，普遍把自己的创业艰辛夸大了，也就是说，他们在用自己的成功经历吓唬那些还没有取得成功的人。作为心理系的学生，他认为很有必要对韩国成功人士的心态加以研究。

　　1970年，他把《成功并不像你想像的那么难》作为毕业论文，提交给现代经济心理学的创始人威尔·布雷登教授。教授读后，大为惊喜，他认为这是个新发现，这种现象虽然在东方甚至在世界各地普遍存在，但还没有一个人把它提出来并加以研究。他写信给了他的剑桥校友，当时正坐在韩国政坛第一把交椅上的人，朴正熙。他在信中说，"我不敢说这部著作对你有多大的帮助，但我敢肯定它比你的任何一个政令都能产生震动。"后来这本书果然伴随着韩国的经济起飞了。这本书鼓舞了许多人，因为他们从一个新的角度告诉人们，成功与"劳其筋骨，饿其体肤"、"三更灯火五更鸡"、"头悬梁，锥刺股"没有必然的联系。只要你对某一事业有兴趣，长久地坚持下去就会成功，因为上帝赋予你的时间和智慧够你圆满做完一件事情。后来，这位青年也获得了成功，他成了韩国某汽车公司的总裁。人世中的许多事，只要想做，都能做到，该克服的困难，也都能克服，用不着什么钢铁般的意志，更用不着什么技巧或谋略。

9 根据第一段,为什么韩国学生觉得被骗了?
   A. 他自己一直不成功　　　　B. 不应该学习心理学
   C. 学校的教授并不成功　　　D. 成功人士夸大了创业的艰辛

10 教授有什么观点?
   A. 幽默的人更容易成功
   B. 成功并不像想象的那么难
   C. 成功人士不希望别人也成功
   D. 韩国人的心态和外国人不一样

11 韩国学生认为如何才能成功?
   A. 要坚持锻炼　　　　　　　B. 每天学习到半夜
   C. 要知道别人的成功史　　　D. 对事业有兴趣并坚持

12 青年获得什么样的成就?
   A. 成为教授　　　　　　　　B. 诺贝尔奖获得者
   C. 当了汽车公司的总裁　　　D. 成为韩国政坛第一人

13~16

兄弟俩年纪越来越大了,已经到了谈婚论嫁的时候。但是父亲并不感到欣慰,因为他们的家庭不那么富裕,兄弟俩时常为一些小利益产生口角,一旦到分家产那天,还真不知道会发生怎样的争执。

有一天,父亲生病倒下了。兄弟俩还算孝顺,他们一起给父亲端药送水。父亲把兄弟俩叫到身边,跟他们说:"其实这病我也不担心,我想自己能应付过去;可我害怕如果你们兄弟俩将来反目,那就成了我们家庭的'病'了,谁都没法应付。"

父亲坐起来下了床,指着院子里的几只鸡说:"看看它们,蹲在那里相安无事,这不很好吗?"然后父亲到屋子里端出了一盆谷子,悄悄走到房屋后面,把大部分谷撒在地上,只留了十几粒回到院子里,扔向那些鸡。鸡们看见来了谷子,腾地跳起身,一起上前争夺,翅膀挥舞,咯咯乱叫,原本清静的世界,因为这几粒谷子而"硝烟弥漫"。兄弟俩笑了,他们终于明白了父亲的意思。父亲又说:"你们都看见了,其实更多的谷子在屋后……"其实,人生中的许多麻烦,又何尝不是因为上帝在我们眼前撒了几粒谷子呢?

13 他们家的经济情况如何?
   A. 非常富裕　　　　　　　　B. 不太富裕
   C. 非常贫穷　　　　　　　　D. 不太贫穷

14 兄弟俩为什么经常争吵?
   A. 鸡　　　　　　　　　　　B. 家产
   C. 小利益　　　　　　　　　D. 父亲的病

15 文中的"硝烟弥漫"是什么意思?
   A. 谷物燃烧引起了硝烟
   B. 因为鸡们的争强有了浓烟
   C. 鸡们争强食物的情况很激烈
   D. 食物被撒到空气里，到处是气味

16 父亲希望兄弟俩能做到:
   A. 挣很多钱　　　　　　　　B. 和睦相处
   C. 养好家里的鸡　　　　　　D. 孝顺照顾老人

17~20

一天，一条小泥鳅从淤泥里探出头来，想到清水里自在地畅游一会儿。恰在这个时候，一群鲤鱼从它身边游过。小泥鳅向鲤鱼们打招呼："你们好啊，鲤鱼姐姐!"鲤鱼们仔细一看，原来是一条丑陋的小泥鳅!

它们先是一阵哄笑，继而争相嘲讽小泥鳅说："瞧那个丑陋不堪的小家伙，整天把自己憋在淤泥里，一身脏臭，简直丢我们鱼类的脸!"

小泥鳅正想搭话，其余的鲤鱼又说："它哪属于我们鱼类啊? 它整天生活在黑暗的淤泥里，吃的是淤泥，喝的也是淤泥，根本是一条臭虫!"

小泥鳅悲伤地回到了家里，茶饭不思。泥鳅妈妈看到这些，就知道自己的孩子肯定在外面受了委屈，于是就上前问个究竟。小泥鳅就把白天的鲤鱼之辱告诉了妈妈。它原本以为自己的妈妈肯定会痛骂那些道貌岸然的鲤鱼，为自己出口气。

哪知道妈妈不但没有骂它们，反倒微笑着对它说："孩子，难道别人的几句话就能把你气成这样吗? 那你的度量也就太小了吧? 你要知道，我们鱼类之所以能够在水中生活，是因为我们拥有独特的呼吸系统。呼吸系统越发达的鱼就越优秀。那些嘲笑你的鲤鱼，它们只能在水中呼吸。而你呢，不光能在水中畅快地游泳，即使是到了糊状的淤泥里也能游刃有余地生活。这才是你的优秀所在！鲤鱼们之所以嘲笑你，正是因为它们羡慕你的本领！鲤鱼的颜色怎么会是红的呢？正是它们喜欢眼红别人所致呀！当再有人嘲笑你时，你要知道这是一种别人对自己的妒忌和羡慕。试想，它们为什么不嘲笑别人，却单单嘲笑你呢？"小泥鳅听了妈妈的解释后，甜美地笑了。

其实，在这个世界上，大家往往不是被水和淤泥淹死，而是被别人的口水淹死的！何必在乎别人的流言呢？假如你只是条泥鳅，只要做好自己就行了。

17 小泥鳅受了什么委屈？
　　A. 被鲤鱼嘲笑又脏又丑
　　B. 没办法在清水里游泳
　　C. 妈妈没有为自己出气
　　D. 必须在淤泥里面生活

18 小泥鳅在什么样的生活环境里生存？
　　A. 清水里
　　B. 淤泥中
　　C. 空气里
　　D. 河岸边

19 根据文章，我们可以知道鲤鱼和泥鳅的相同点是：
　　A. 能在泥里呼吸
　　B. 身体是红颜色
　　C. 呼吸系统发达
　　D. 喜欢嘲笑别人

20 泥鳅妈妈告诉我们什么道理？
　　A. 要善于解释
　　B. 要勤于锻炼呼吸系统
　　C. 不要妒忌、嘲笑别人
　　D. 不要在乎流言，做好自己

3 인과관계 문제

Guide

인과관계 문제는 어떤 사건이 '왜, 무슨 이유'로 일어나게 되었는지를 글 안에서 찾아낼 수 있는지 테스트하는 유형이다. 질문에 사건이나 인물을 직접적으로 언급하므로, 해당 단어가 있는 단락의 앞뒤 문장을 주의 깊게 보아야 한다.

주의 인과관계 문제를 풀 때는 **최대한 객관적으로 글 안에서 언급한 내용을 답으로 골라야 한다**. 글을 읽은 후 자신이 느낀 대로 답을 고르면 오답일 확률이 높다.

독해 급소공략

- **나뭇가지는 쳐내고 나무의 기둥을 봐라.**

  복잡하고 긴 문장은 축소하고 생략하여 **문장의 큰 틀을 파악해야 한다**. 그런 후 나뭇가지와 같은 수식 성분을 제거하고 문장의 중심인 나무 기둥을 찾아내면 전체 문장의 뜻을 이해할 수 있다.

- **문제를 객관적으로 보라.**

  인과관계 문제를 풀 때는 자신의 관점을 최대한 배제하고 작가 혹은 글 속 인물들의 관점이나 태도를 **객관적으로 보고 풀어야 한다**.

- **키워드가 포함된 문장을 자세히 읽고 정답을 찾아라.**

  종종 원문을 약간 고친 것이 정답이 되기도 하는데, 그 이유는 인과관계의 고정 짝꿍이 정답이 될 때 짝꿍의 범위가 한정되어 있고 예외도 거의 없기 때문이다. 따라서 **인과관계를 나타내는 어휘는 특별히 주의를 기울일 필요가 있다**.

예전로 감 익히기

Mission
지문을 읽고 각 문제에 알맞은 답을 고르시오.

　　森林里，狐狸垂涎刺猬的美味很久了，但一直苦于刺猬的一身硬刺——只要狐狸一靠近，刺猬便蜷缩成一个大刺球，让狐狸一点办法都没有。

　　刺猬和乌鸦是好朋友。一天，刺猬和乌鸦聊天，乌鸦很羡慕刺猬有这么好的"铠甲"，便说："朋友，你的这一身铠甲真是好啊，就连狐狸都没办法。"刺猬经不起乌鸦的吹捧，忍不住对乌鸦说："其实，我的铠甲也不是没有弱点。当我全身蜷起时，在腹部还有一个小眼儿不能完全蜷起。如朝着这个眼儿吹气的话，我受不了痒，就会打开身体。"乌鸦听了不禁惊诧，原来刺猬还有这样一个秘密。刺猬说完后，对乌鸦说："我这个秘密只跟你说了，你可千万要替我保密，要传出去被狐狸知道了，那我就死定了。"乌鸦信誓旦旦地说："放心好了，你是我的好朋友，我怎么会出卖你呢？"

　　过了不久，乌鸦落在了狐狸的爪下。就在狐狸要吃掉乌鸦的时候，乌鸦突然想到了刺猬的秘密，便对狐狸说："狐狸大哥，听说你很想尝尝刺猬的美味，如果你放了我，我就告诉你刺猬的死穴。"狐狸眼珠子一转，便放了乌鸦，乌鸦便对狐狸说出了刺猬的秘密。

　　后果可想而知。在刺猬被狐狸咬住柔软的腹部时，它绝望地说："乌鸦，你答应替我保守秘密的，为什么出卖朋友？"

　　小时候看了这个故事还气乌鸦出卖了朋友，后来，我慢慢领悟到，自己都不能替自己保守秘密，又怎能要求别人替你保守呢？

1 狐狸为什么吃不到刺猬？
　　A. 乌鸦帮助刺猬
　　B. 刺猬没有死穴
　　C. 狐狸没有刺猬聪明
　　D. 害怕刺猬身上的硬刺

2 第二段中的"铠甲"是指：
　　A. 森林　　　　　　B. 刺猬
　　C. 硬刺　　　　　　D. 腹部

3 刺猬的死穴在哪里？
  A. 头部
  B. 腹部
  C. 好朋友
  D. 可以蜷成一团

4 下面选项中符合作者观点的选项是：
  A. 乌鸦不讲义气
  B. 狐狸老奸巨滑
  C. 我们应该保守刺猬的秘密
  D. 刺猬不应该把秘密告诉乌鸦

森林里，狐狸垂涎刺猬的美味很久了，[1,2]但一直苦于刺猬的一身硬刺——只要狐狸一靠近，刺猬便蜷缩成一个大刺球，让狐狸一点办法都没有。

刺猬和乌鸦是好朋友。一天，刺猬和乌鸦聊天，乌鸦很羡慕刺猬有这么好的"铠甲"，便说："朋友，你的[2]这一身铠甲真是好啊，就连狐狸都没办法。"刺猬经不起乌鸦的吹捧，忍不住对乌鸦说："其实，我的铠甲也不是没有弱点。[3]当我全身蜷起时，在腹部还有一个小眼儿不能完全蜷起。如朝着这个眼儿吹气的话，我受不了痒，就会打开身体。"乌鸦听了不禁惊诧，原来刺猬还有这样一个秘密。刺猬说完后，对乌鸦说："我这个秘密只跟你说了，你可千万要替我保密，要传出去被狐狸知道了，那我就死定了。"乌鸦信誓旦旦地说："放心好了，你是我的好朋友，我怎么会出卖你呢？"

过了不久，乌鸦落在了狐狸的爪下。就在狐狸要吃掉乌鸦的时候，乌鸦突然想到了刺猬的秘密，便对狐狸说："狐狸大哥，听说你很想尝尝刺猬的美味，如果你放了我，我就告诉你刺猬的死穴。"狐狸眼珠子一转，便放了乌鸦，乌鸦便对狐狸说出了刺猬的秘密。

后果可想而知。在刺猬被狐狸咬住柔软的腹部时，它绝望地说："乌鸦，你答应替我保守秘密的，为什么出卖朋友？"

小时候看了这个故事还气乌鸦出卖了朋友，后来，我慢慢领悟到，[4]自己都不能替自己保守秘密，又怎能要求别人替你保守呢？

숲 속에서 여우가 고슴도치 고기 냄새에 침을 흘린 지 이미 오래되었지만 [1,2]고슴도치의 온몸에 박힌 가시 때문에 실행에 옮기지 못해 괴로워하고 있었다. 여우가 가까이 가기만 하면 고슴도치는 큰 공처럼 몸을 움츠려 여우는 도저히 손쓸 방법이 없었기 때문이다.

고슴도치와 까마귀는 친한 친구 사이였다. 어느 날 둘이 한담을 나누고 있었는데, 까마귀는 고슴도치에게 이렇게 좋은 '갑옷'을 갖고 있어 부럽다며 "친구야, 너는 [2]온몸이 갑옷이라 정말 좋겠다. 여우도 너를 어쩌지 못하잖아."라고 말했다. 고슴도치는 까마귀가 하도 치켜세우자 참지 못하고는 "사실 내 갑옷에도 약점이 없는 것은 아니야. [3]내가 몸 전체를 웅크려 세울 때 배 쪽까지 전부 웅크리지는 못하거든. 만약에 그쪽에 입김을 불면 간지러워서 몸이 다 펴지고 말걸."이라고 말해 버렸다. 까마귀는 너무 놀라서 입을 뗄 수가 없었다. 고슴도치에게 이런 비밀이 있었다니! 속내를 털어놓은 후 고슴도치는 "나 이 비밀은 너한테만 말한 거야. 절대 이 비밀 지켜줘야 해. 만약 이 비밀이 새어 나가 여우가 알게 되면 나는 죽은 목숨이야."라고 까마귀에게 말했다. 까마귀는 "걱정하지 마. 너는 내 친한 친구인데 내가 어떻게 너를 팔아먹을 수가 있겠니?"라며 굳게 맹세했다.

얼마 후 까마귀가 여우의 발톱에 떨어져 버렸다. 여우가 까마귀를 잡아먹으려고 하는 순간 까마귀는 고슴도치의 비밀이 번뜩 떠올랐다. 까마귀는 여우에게 말했다. "여우 형님, 고슴도치 고기를 맛보고 싶어 하신다 들었습니다. 만약 저를 놓아주시면 제가 고슴도치의 치명적인 약점을 알려 드리겠습니다." 여우는 눈을 획 돌리며 까마귀를 놓아주었고 까마귀는 이윽고 고슴도치의 비밀에 대해 말했다.

결과는 불을 보듯 뻔했다. 고슴도치의 부드러운 배가 여우에게 물어뜯길 때 고슴도치는 절망적으로 소리쳤다. "까마귀야, 비밀을 지키겠다고 약속하고서 왜 친구를 팔아먹은 거냐?"

어렸을 때 이 이야기를 보고는 친구를 팔아먹은 까마귀에게 화가 났었다. 후에 나는 [4]자신도 자기의 비밀을 지키지 못하는데 남이 자기의 비밀을 지켜주기를 바라는 것은 불가능하다는 것을 천천히 깨달았다.

1 狐狸为什么吃不到刺猬?
  A. 乌鸦帮助刺猬
  B. 刺猬没有死穴
  C. 狐狸没有刺猬聪明
  D. 害怕刺猬身上的硬刺

2 第二段中的"铠甲"是指:
  A. 森林
  B. 刺猬
  C. 硬刺
  D. 腹部

3 刺猬的死穴在哪里?
  A. 头部
  B. 腹部
  C. 好朋友
  D. 可以蜷成一团

4 下面选项中符合作者观点的选项是:
  A. 乌鸦不讲义气
  B. 狐狸老奸巨猾
  C. 我们应该保守刺猬的秘密
  D. 刺猬不应该把秘密告诉乌鸦

---

1 여우는 왜 고슴도치를 잡아먹지 못했는가?
  A. 까마귀가 고슴도치를 도와서
  B. 고슴도치에게 치명적인 약점이 없어서
  C. 여우가 고슴도치만큼 총명하지 못해서
  D. 고슴도치 몸에 있는 가시가 무서워서

2 두 번째 단락의 '갑옷'이 가리키는 것은:
  A. 숲
  B. 고슴도치
  C. 가시
  D. 배

3 고슴도치의 치명적인 약점은 어디인가?
  A. 머리
  B. 배
  C. 친한 친구
  D. 몸을 공처럼 웅크릴 수 있는 것

4 다음 보기 중 작가의 관점과 부합하는 것은:
  A. 까마귀는 의리를 따지지 않는다
  B. 여우는 매우 치밀하고 교활하다
  C. 우리는 고슴도치의 비밀을 지켜줘야 한다
  D. 고슴도치는 자신의 비밀을 까마귀에게 알려주지 말았어야 했다

狐狸 húli 몡 여우 | 垂涎 chuíxián 동 (먹고 싶어) 침을 흘리다, 탐내다 | 刺猬 cìwei 몡 고슴도치 | 美味 měiwèi 몡 맛있는 음식, 좋은 맛 | 蜷缩 quánsuō 동 (몸을) 웅크리다, 구부리다 | 乌鸦 wūyā 몡 까마귀 | 羡慕 xiànmù 동 부러워하다 | 铠甲 kǎijiǎ 몡 갑옷 | 经不起 jīngbuqǐ 동 감당할 수 없다, 참을 수 없다 | 吹捧 chuīpěng 동 (지나치게) 치켜세우다 | 蜷 quán 동 (몸을) 구부리다, 웅크리다 | 痒 yǎng 형 간지럽다, 가렵다 | 惊诧 jīngchà 동 놀라며 의아하게 여기다 | 保密 bǎomì 동 비밀을 지키다 | 信誓旦旦 xìn shì dàndàn 성 굳게 맹세하다 | 出卖 chūmài 동 배반하다, 배신하다, 팔아먹다 | 爪 zhuǎ 명 (짐승의) 발톱 | 死穴 sǐxué 명 치명적인 약점 | 眼珠 yǎnzhū 명 눈알 | 可想而知 kě xiǎng ér zhī 성 가히 짐작할 수 있다 | 柔软 róuruǎn 형 부드럽고 연하다 | 绝望 juéwàng 동 절망하다 | 领悟 lǐngwù 동 깨닫다 | 保守 bǎoshǒu 동 지키다

---

1 **D** 인과관계 문제 첫 번째 단락에서 '苦于刺猬的一身硬刺' 다음에 나오는 '――(줄표)'는 이에 대한 설명이다. 문장에 특수한 부호가 나오면 문제의 답일 가능성이 많으므로 주의를 기울인다.

2 **C** 세부 문제 까마귀는 여우조차 못 건드린다며 고슴도치의 온몸이 갑옷임을 부러워하고 있는데, 이는 첫 번째 단락의 '刺猬的一身硬刺'와 의미가 상통한다.

3 **B** 세부 문제 몸을 웅크릴 때 배 쪽까지 웅크리지는 못하고, 거기에 입김을 불면 몸이 다 펴진다고 했으므로 고슴도치의 약점은 배이다.

4 **D** 주제 문제 작가는 글의 마지막에서 자신도 자기의 비밀을 못 지키는데 남이 어떻게 지켜주겠느냐는 깨달음을 얻었다고 말하고 있다. 이는 곧 고슴도치가 자신의 비밀을 까마귀에게 발설하지 말았어야 했다는 것을 의미한다.

독해 내공 TIP — 인과관계 문제 **질문 유형**

사건의 원인, 결과, 목적, 태도 문제를 하나의 분류로 보면 이 유형의 문제는 아주 명확한 정보를 담고 있다. 예를 들어 인과관계 문제는 모두 '왜, 어떤 이유로' 등의 단어들이 포함되어 있다.

1 직접 질문형

사건의 원인을 '为什么'와 같이 직접적으로 묻는 유형이다.

根据上文，作者为什么感到难过?
윗글에 따르면 작가는 왜 힘들어하는가?

为什么小王的工作任务最艰巨?
왜 샤오왕의 업무가 가장 막중한가?

作者为什么说蝴蝶能引起了大西洋海啸?
작가는 왜 나비가 대서양의 쓰나미를 일으킬 수 있다고 말했는가?

为什么农夫有点烦?
왜 농부는 골치를 썩고 있었는가?

为什么母猫阻碍了交通?
왜 어미 고양이는 차를 막아 섰는가?

狼为什么要吃羊?
이리는 왜 양을 먹으려 했는가?

2 간접 질문형

사건의 원인을 '原因, 由于, 为了, 因何'와 같이 간접적으로 묻는 유형이다.

什么原因让而放弃出国留学的机会?
무슨 이유로 해외 유학의 기회를 포기했는가?

甲乙双方由于什么而站在法庭上对簿公堂?
갑을 쌍방은 무엇 때문에 법정에까지 서게 되었는가?

在房顶上加一层保护膜，为了什么?
지붕에 보호막 한 층을 덮은 것은 무엇을 위해서인가?

羊尾巴胡同的名字因何得名?
양꼬리후통이라는 이름은 무엇 때문에 붙여진 것인가?

3 결과형

사건의 결과를 묻는 유형으로, '什么结果, 怎么了, 结果如何' 등이 자주 쓰인다.

失去重量，导致什么结果?
무게를 잃으면 어떤 결과가 초래되는가?

在母亲的帮助下，作者最后怎么了？
어머니의 도움 아래 작가는 결국 어떻게 되있는가?

十年后，他发明的产品会怎么样？
10년 후 그가 발명한 상품은 어떻게 되었는가?

4 태도형

사건에 대한 태도를 묻는 유형으로, '态度, 观点' 등의 단어가 질문에 자주 쓰인다.

作者对拆迁持什么态度？
작가는 철거와 이주에 대해 어떤 태도를 보이고 있는가?

作者赞美大雁的什么精神？
작가는 기러기의 어떤 정신을 찬미하는가?

关于环境保护，作者有什么观点？
환경보호에 대해 작가는 어떤 관점을 가지고 있는가?

下面选项中符合作者观点的选项是：
다음 보기 중 작가의 관점과 부합하는 것은:

本文作者通过两个例子想说明什么？
이 글의 작가는 두 가지 예를 통해 무엇을 설명하려 했는가?

教授有什么观点？
교수는 어떤 관점을 가지고 있는가?

Q&A 학생들이 자주 묻는 질문

Q1 원인을 못 찾겠어요. 어쩌죠?

A1 인과관계 문제는 '~때문에 그래서 ~하다(因为……所以……)'의 문장 형태에 대입해서 풀면 됩니다. 4개의 보기를 이 형태에 대입해 보고 문장의 원래 의미와 맞는 것이 바로 정답입니다.

Q2 시간이 부족해서 글 하나를 통째로 못 읽었어요. 어쩌죠?

A2 글을 못 읽었다고 지레 겁먹을 필요 없습니다. 먼저 문제의 질문을 읽은 후 키워드가 되는 단어가 있는 단락을 찾아 빠르게 읽으면 됩니다. 특히 '왜, 무엇 때문에'와 같은 인과관계 문제는 대체로 이유가 명확하게 드러나기 때문에 짧은 시간 안에 정답을 빠르게 찾아낼 수 있습니다.

실력 다지기

1~20 각 지문을 읽고 질문에 알맞은 답을 보기에서 고르시오.

1~4

一场台风，把这座小城变成了汪洋大海。忽然，楼群中间晃晃悠悠摇出一条小船，上面挤满了人，随时都有沉没的危险。有人提议得下去两个人，不然的话大家都会被淹死。可是让谁下去呢？船上的人没有人说话。

小船已经开始进水了，眼看就要沉没。一位白发的老人说："我下去吧，我已70多岁了，你们年轻人活着比我用处大。"说着就要往水里跳。他的话音刚落，又有一位瘦得皮包骨头的小伙子说："我也下去，我得了绝症，医生说没有多长时间了。"说着也要往水里跳。

正在这时，一个胖胖的中年人伸手把他们两人拉住了。他问老人："您的体重是多少？"老人说："100斤左右。"中年人又问小伙子的体重，小伙子说："只有80斤。"中年人说："那你们两个都别下去，我一个人下去就行了。我180斤，正好是你们两人的体重之和，一样的重量，我下去只死一个人，你俩下去两个性命就完了。这么简单的算式你们不会算吗？"说着跳进了汹涌的洪水中，一个巨浪打来，中年人再也没有露出头。

全船人好似回到了小学时代。望着中年人跳水的地方，就像盯着黑板上老师出的数学题：180=100+80……100+80=180……后来人们打开中年人留下的黑皮包，得知他正是一位小学数学老师。

1 老人的体重大概是多少斤？
A. 70
B. 80
C. 100
D. 180

2 小伙子要跳下船的原因是什么？
A. 尊敬老人
B. 他快死了
C. 长得太瘦
D. 船上没有位子

3 中年人跳下水的依据是什么？
A. 他会游泳
B. 他身强体壮
C. 应该尊老爱幼
D. 他的体重是老人和年轻人之和

4 根据文章,中年人的职业可能是什么?

　　A. 医生　　　　　　　B. 数学老师
　　C. 科学家　　　　　　D. 退休工人

5~8

　　北京胡同历经了数百年的风雨苍桑,它是老北京人生活的象征,是北京古老文化的体现,现如今国家非常重视北京胡同的文化发展,北京旅游局在一些保护较好的胡同中,开辟出了游览专线,旅游者可乘坐旧式三轮车游览胡同,还可到住在胡同里的百姓家作客。北京的胡同文化就这样传播到了全世界。

　　胡同,是北京特有的一种古老的城市小巷。在北京,胡同浩繁有几千条,它们围绕在紫禁城周围,大部分形成于中国历史上的元、明、清三个朝代,到现在已经经过了几百年的演变发展。北京胡同的走向多为正东正西,宽度一般不过九米。胡同里的建筑几乎都是四合院。四合院是一种由东西南北四座房屋以四四方方的对称形式围在一起的建筑物。大大小小的四合院一个紧挨一个排列起来,它们之间的通道就是胡同。

　　别看这胡同从外表上看模样都差不多,但它们的特色却各不相同。在北京城西部有个胡同叫九道弯,原因是一个小小的胡同竟要拐九个弯。有的胡同如果曾住过一个有名的人,那这条胡同就会以这个人的名字命名,比如石老娘胡同和王皮匠胡同。还有的胡同是按照其形状命名的,像羊尾巴胡同和耳朵眼胡同,听起来就这么生动形象。北京的胡同真是数也数不尽,有句俗话不是这么说吗:"有名的胡同三千六,没名的胡同赛牛毛"。不少胡同里的一片砖、一片瓦都有几百年的历史了。

　　胡同不仅是城市的脉搏,更是北京普通老百姓生活的场所。北京人对胡同有着特殊感情,它不仅是百姓们出入家门的通道,更是一座座民俗风情博物馆,烙下了许多社会生活的印记。胡同一般都距离闹市很近,打个酱油买斤鸡蛋什么的很方便。胡同里没有车水马龙的喧闹,有的是亲切融洽的邻里关系。

　　胡同这种北京特有的古老的城市小巷已成为北京文化的载体。老北京的生活气息就在这胡同的角落里,在这四合院的一砖一瓦里,在居民之间的邻里之情里。只有身处其中才有最深体会。

5 "有名的胡同三千六"是指什么?

　　A. 北京的胡同很多
　　B. 胡同的历史比较悠久
　　C. 没名的胡同比有名的更多
　　D. 很多胡同都曾出过一些有名的人

6 胡同集民俗风情、文、史于一体，是因为：
　　A. 是四合院的一部分　　　　B. 承载着北京人的生活
　　C. 体现居民之间的邻里之情　D. 一片砖一片瓦都有几百年历史

7 羊尾巴胡同的名字因何得名？
　　A. 房子的主人叫羊尾巴　　　B. 老北京人的口头语
　　C. 以前这里是养羊的地方　　D. 形状像羊的尾巴

8 关于北京胡同说法正确的是：
　　A. 胡同都一样　　　　　　　B. 都是南北方向的
　　C. 胡同里的邻居间关系亲密　D. 胡同里比较吵闹

9~12

澳大利亚农夫沃辛顿最近有点烦。他编了个鸟笼，打算养鹦鹉，可哪想到早晨却发现它被两只乌鸦占用了。这两只乌鸦不知何时飞进鸟笼，便喜欢上了这里，除了有时一只乌鸦会飞出去捕食外，其他时间它俩都呆在里面，不论沃辛顿怎样恐吓、诱骗也不离开。动物协会还告诫沃辛顿不能伤害乌鸦，这可急坏了他。两只乌鸦耽误了养鹦鹉不说，更可气的是它们还不时地发出难听嘶哑的叫声，真是糟透了。

不得已，沃辛顿只能四处讨教让乌鸦自行离开的办法，有位名叫丽莎的心理医生答应帮忙。从那以后，每天丽莎早早地带着两只碗来到沃辛顿家，里面装满了提前准备好的谷物和昆虫。她将它们放进笼里，安静地站在一边观察。

乌鸦发现笼里多了两只碗，开始有些害怕，后来确信是美食，便津津有味地吃起来。接连十天下来，他们每天都能得到两碗食物，而且乌鸦连飞出去捕食的工夫也省了，成天除了吃就是睡。沃辛顿忍不住问："你这样做真的能让乌鸦离开吗？"

丽莎示意沃辛顿不要急，她照例给乌鸦送来食物。不过这以后，她只盛了一碗半的谷物和昆虫。乌鸦吃完了食物，显然发现数量变少了，"哇哇"地叫起来，像在抗议，可它俩还是没有离开鸟笼去捕食的意思，整天吃光了食物就呆在里面。

渐渐地，丽莎送来的食物越变越少，到后来减到只有一碗的谷物。两只乌鸦发现谷物又少了，叽叽喳喳地叫起来，相互啄打着对方争抢，可仍没有哪只乌鸦愿意飞出鸟笼去捕食。

如此又过了五天丽莎再慢慢地减少谷物。到她把一只装了半碗的谷物放进去后，出乎意料的是，这次两只乌鸦很快就注意到食物变得更少了，不停地朝人"哇哇"尖叫。然后生气地掀翻了那只碗，相互对望着像作过交流后，一前一后地飞出了鸟笼。

沃辛顿静静地望着这一幕，立刻把鸟笼笼门关上，问："它们真的飞走了？"丽莎点了点头说："它们是去找其他有两碗食物的鸟笼了。"

原来，要让乌鸦飞出笼子找食，最好的方法是，把它的胃口和欲望撑大，然后，不再给它喂食。

9 为什么农夫有点烦？
  A. 乌鸦进到鸟笼里　　　　B. 编鸟笼缺少材料
  C. 鸟笼被乌鸦弄坏了　　　D. 鹦鹉被乌鸦吃掉了

10 谁不让农夫伤害乌鸦？
  A. 鹦鹉　　　　　　　　　B. 动物协会
  C. 心理医生　　　　　　　D. 农夫自己

11 乌鸦一开始能得到多少食物？
  A. 半碗的谷物　　　　　　B. 一碗半的谷物
  C. 两碗谷物　　　　　　　D. 没有食物

12 下面哪一项适合做本文的标题？
  A. 乌鸦与鹦鹉　　　　　　B. 农夫的烦恼
  C. 心理医生和农夫　　　　D. 怎样让乌鸦飞出鸟笼

13~16

提起响水桥，在扬州无人不知。小桥位于南门外街，猪草坡下，桥下小溪，北通旧城河，经小虹桥、大虹桥，与瘦西湖相连；南达古运河。由于地势的高低，桥下流水形成约2米左右的水位落差。为此，潺潺流水，常年响声不断。响水桥也由此得名。

响水桥的流水响声，当然会给周围群众的学习生活和休息带来影响，特别是夜晚，万籁俱静，响声干扰尤重。但奇怪的是，有人发觉这响声会时有时无，时轻时重，甚至近处的居民听不到，反而远处的居民听得清。殊不知，这都是声音传播的"怪癖"所造成的。

声音是靠空气传播的。顺风比逆风传得远，风向改变、风力增强，都会影响声音的传播。所以，离桥较远的居民，听到水响声会断断续续，起伏无常。

声音的传播还与温度有关，它总是从温度高的地方，向温度低的地方走，如果各处气温不同，声音就会拐弯。夏天，阳光曝晒，地面温度很高，而高空温度较低，所以声音弯向上空，传播不远。尤其是夏日的沙漠地带，地面与高空温度极大，人们对话，尽管相距较近，却常常是"只见嘴在动，不听声音响"。相反，在冬天，特别是在满天繁星的冬夜，地面和高空温度基本趋于一致，声音就传得较远了。在北极，地面温度较低，高空温度高，故声音传得更远。在那里，狗叫一声，几十里以外的人，都能听得见。由此可知，响水桥流水声的传播，是随季节而变化的。即使在同一季节，比如夏季，也常因气候的剧烈变化，造成各处温差悬殊，声音也随区域的温差而多次拐弯，传播的路径呈现弧形曲线。所以，夏天的夜晚，离桥很远的居民纳凉时，常能听到响水桥流水的响声，而较近居民却听不到，其原因就在此。

如今，响水桥已经不"响"了。那是因为上游的旧城河已被堵塞，有的地方已填平，砌了居民新村。您如果再到响水桥一观，桥下小溪，近乎枯竭，但仍可看到片片水流，发出那潺潺的微音。

13 瘦西湖在什么地方?
　　A. 响水桥下　　　　　B. 扬州
　　C. 古运河　　　　　　D. 南门外街

14 为什么离桥较远的居民听到的水声会断断续续?
　　A. 距离远听不清
　　B. 夜晚响声特别重
　　C. 风影响空气传播的声音
　　D. 声音会拐弯，随季节变化

15 温度影响声音传播的情况是怎么样的?
　　A. 从温度高的地方往低走
　　B. 各处气温相同，声音就会拐弯
　　C. 高空温度较低，声音传播地很远
　　D. 夏天声音传得远

16 响水桥现在如何?
　　A. 被堵塞
　　B. 几乎枯竭
　　C. 仍然很"响"
　　D. 被政府推倒，盖新居

17~20

在一个茫茫沙漠的两边，有两个村庄。到达对方，如果绕过沙漠走，至少需要马不停蹄地走上二十多天；如果横穿沙漠，那么，只要三天就能抵达，但横穿沙漠实在太危险了，许多人试图横穿却无一生还。

有一天，有位智者经过这里，让村里人找来了几万枝胡杨树苗，每半里一棵，从这个村庄一直栽到了沙漠那端的村庄。智者告诉大家说："如果这些胡杨有幸成活了，你们可以沿着胡杨树来来往往；如果没有成活，那么，每一个行者经过时，都将枯树苗拔一拔，插一插，以免被流沙给淹没了。"果然，这些胡杨树苗栽进沙漠后，全都给烈日烤死了，成了路标。沿着"路标"，这条路大家平平安安地走了几十年。

一年夏天，村里来了一个僧人，他坚持要一个人到对面的村庄化缘去。大家告诉他说："你经过沙漠之路的时候，遇到要倒的路标一定要向下再插深些，遇到就要被淹没的树标，一定要将它向上拔一拔。"

僧人点头答应了，然后就上路了。遇到一些就要被沙尘彻底淹没的路标，这个僧人想："反正我就走这一次，淹没就淹没吧。"他没有伸出手去，将这些路标向上拔一拔。遇到一些被风暴卷得遥遥欲倒的路标，这个僧人也没有伸出手去将这些路标向下插一插。

但就在僧人走到沙漠深处时，静谧的沙漠突然飞沙走石，许多路标被淹没在厚厚的流沙里，许多路标被风暴卷走了，没有了影踪。僧人十分懊悔：如果自己能按照大家吩咐的那样做，那么即使没有了进路，还可以拥有一条平平安安的退路啊！

17 两个村庄之间，最快多长时间能够到达？
A. 两天 B. 三天
C. 十天 D. 二十天

18 为什么智者提醒村里人要把枯树苗拔一拔？
A. 这是沙漠里的种树方法 B. 担心树苗被风吹走
C. 不让流沙淹没枯树枝 D. 拔一拔枯树苗才长得高

19 根据文章，僧人可能：
A. 伸手拔胡杨 B. 没有走出沙漠
C. 回到了出发的村子 D. 风暴后，被村里人救出

20 下面哪个选项适合做本文的标题？
A. 智者 B. 僧人的选择
C. 胡杨树的作用 D. 沙漠之路

6급 독해

新 HSK 독해 영역은
제1부분, 제2부분, 제3부분,
제4부분으로 나뉘며,
총 50문항이다.
독해 영역 실전 모의고사 3세트로
마지막 실력 점검을 해본다.

모의고사

V.

- 모의고사 1
- 모의고사 2
- 모의고사 3

二、阅读

第一部分

第1~10题：请选出有语病的一项。

1. A 指南针是中国古代的四大发明。
   B 这并不是一件什么大不了的事情，却很令我感动。
   C 北斗七星由7颗星组成，连在一起时形状像一个勺子。
   D 医学研究结果显示，女性的平均寿命通常要比男性长5至10年。

2. A 孟子名轲，是继孔子之后的又一位儒学大师。
   B 上海车展逢单年举办，与逢双年举办的北京车展南北辉映。
   C 他们俩是在地下通道结识的，共同的爱好使他们决定一起合作成功。
   D 每座城市都有它的文化记忆，这种记忆在老建筑上体现得尤为明显。

3. A 他再三叮嘱我要为他保守秘密。
   B 在训练过程中，他为年轻队员们做好了带头作用。
   C 每个人都有选择自己生活道路，决定自己生活方式的权利。
   D 每到农历新年时，小孩子们都期盼着得到长辈们给的压岁钱。

4. A 在标准大气压下，气温低于0℃时，水就会结成冰。
   B 实际上，世上没有绝望的处境，只有对处境绝望的人。
   C 在李大钊短暂的一生中，其言其行，都饱含着深沉的爱国情怀。
   D 多读好书，就像和充满智慧的人聊天一样，可以丰富和提高我们的知识。

5. A 穿衣服不必一味追求名牌，但一定要注意搭配。
   B 美酒配佳肴，古来有之，就是节日餐桌上的必备品。
   C 这是我同事小李的女儿，不仅年纪小，而且非常懂事。
   D 这场雨断断续续一直下到第二天上午9点左右才结束。

6. **A** 因为身上没带多少钱，所以他今天在书店里只买了两本书籍。
   B 李白是中国唐代伟大的浪漫主义诗人，被后人尊称为"诗仙"。
   C 瑜伽进入中国已有多年，人们对于瑜伽的认识却仍然存在误区。
   D 年画是祈福迎新的民间工艺品，承载了人们对未来的美好憧憬。

7. **A** 女人因为可爱而更美丽，因为成熟而更有魅力。
   B 希望能带给人们无穷的力量，激励他们去克服困难。
   C 别等他了，他这两天挺忙的，他今天估计一定不会来。
   D 秋冬是流感高发季节，接种流感疫苗是预防流感最为有效的措施。

8. **A** 在千家万户的欢声笑语中，在千言万语的祝福声中，我们迎来了兔年春节。
   B 网络语言，顾名思义，就是由网民创造，在网络上流行的语言，是网民约定俗成的表达方式。
   C 对联，俗称对子，上下两联对仗工整，平仄协调，是中国特有的一种语言艺术，被国务院列入国家非物质文化遗产。
   D 许多人一生都在等待一个可以改变他命运的机会。事实上，机会无所不在，而关键在于，当机会出现时，你已经是否准备好了。

9. **A** 正是这样的艰苦环境，磨练了他的意志，使他从一个天真的孩子成长为一个男子汉。
   B 走进乌镇，走在那用青石板铺成的街道上，看着两边的居民和乡民，我感到格外亲切。
   C 相比两个月前，他的身体状况有了很大的改善，他对自己这段时间的恢复情况还是十分满意的。
   D "世博会"被誉为世界经济、科技、文化的"奥林匹克"盛会，其特点是举办时间长、展出规模大、参展国家多、影响深远。

10. **A** 一个有生活情趣的人，是能够不断发现生活中的新乐趣，并且分享和感染身边其他人。
    B 一杯清水会因滴入一滴污水而变得污浊，一杯污水却不会因一滴清水的存在而变清澈。
    C 战斗机是一种主要用于与其他飞机进行作战的军用飞机，具有体积小、飞行速度快、机动性强等特点。
    D 情侣之间产生争执的主要原因，是他们把爱当成一把雕刻刀，时时刻刻都想用这把刀把对方塑造得符合自己心中的理想。

第二部分

第11~20题：选词填空。

11. 相对于年轻人来说，老年人更乐于回忆_____，他们不再_____获得新的知识，而是专注于昔日的经历，为一生的_____做一个总结。

    A 传说　试验　事迹
    B 从前　品尝　时光
    C 现状　摸索　事业
    D 往事　尝试　岁月

12. 为了保证种族不被灭绝，在长期自然选择的_____过程中，海参拥有了超强的繁殖能力。一只成年海参，一次可排卵约500万_____。即便只有万分之一的成活率，也可以保证种族的_____。

    A 进展　副　持续
    B 进化　枚　延续
    C 转变　颗　蔓延
    D 转化　支　延伸

13. 做生意是总是有一些企业或者个人只知道坚持自己的立场，_____制定了基本方针，就一步都不打算_____，这样的公司及个人由于太_____，很难有大的发展。

    A 倘若　撤退　顽固
    B 万一　协商　仁慈
    C 一旦　妥协　固执
    D 假如　让步　顽强

14. 黄果树瀑布群位于贵州省境内，这里山峦众多，河宽水急，瀑布群景色异常_____。黄果树大瀑布是其中最大的瀑布，实际高度_____78米，游客可从上，下，左，右，前，后6个不同的方位游览观赏。另外，瀑布周围有许多_____溶洞，这就是著名的贵州"地下世界"具有极高的旅游_____价值。

    A 壮烈　接近　稀有　开发
    B 宏伟　现实　人工　欣赏
    C 壮观　达到　天然　观光
    D 开阔　抵达　隐蔽　体验

15. "团购"就是团体购物，指的是认识的不认识的消费者_____起来，来提升买家与商家的议价能力，以求得最优价格的一种购物_____。根据薄利多销，最大优惠的_____，商家可以给出低于零售价格的团购折扣，并提供_____购买得不到的优质服务。

    A 联合　方式　原理　单独
    B 结合　渠道　心理　孤独
    C 联络　手段　观念　独特
    D 合并　途径　真理　特殊

16. 沈括，是北宋时期著名的科学家，对天文、立法、音乐、医药、数学等都很_____。他所著的《梦溪笔谈》一书中，_____了他的许多研究成果。_____，书中还记录了当时许多发明_____，例如毕升发明的活字印刷术等。

    A 擅长　描写　与其　创新
    B 精通　记载　此外　创造
    C 突出　登记　因而　体现
    D 警惕　宣传　从此　生产

17. 银杏是树中的"老寿星"。它生长非常_____，寿命极长，从栽树到结果要20多年，中国是银杏的_____，全国很多地区都_____银杏。在山东，有一颗大银杏树，虽然已有3500多年历史了，却_____枝叶繁茂，果实累累。

    A 缓慢　故乡　种植　依然
    B 漫长　家乡　培养　依旧
    C 迟缓　土地　播种　始终
    D 曲折　领域　灌溉　终究

18. 出租车在什么时候最危险？答案是没乘客时，因为有乘客时，司机有_____，他会_____于驾驶，_____尽快达到目的；而没乘客时，他是_____的，走到十字路口左转右转往往犹豫不定，_____就被分散了。

  A 标志 迫不及待 齐心协力 茫然 意识
  B 目标 全神贯注 想方设法 盲目 精力
  C 对象 专心致志 小心翼翼 冲动 活力
  D 焦点 聚精会神 千方百计 急躁 意志

19. 人们常说："三岁看大，七岁看老"。这句话_____毫无根据。一项最新研究_____显示，人的性格在儿童时期就已经_____，因此从6,7岁孩子身上可以_____出他成年以后的一些行为。

  A 并非 结果 形成 预测
  B 除非 后果 合成 预料
  C 无非 版本 奠定 预算
  D 是非 把戏 塑造 预报

20. "华谊兄弟"_____，拟在上海建立"华谊兄弟文化城"。这是"华谊兄弟"首个文化旅游项目，_____公司正式进军文化旅游市场。该项目规划占地1000亩，主要用于建设影视_____，包括摄影棚和其他配套_____。

  A 声明 忍不住 区域 集团
  B 宣扬 不见得 建筑 机构
  C 公布 恨不得 大厦 装备
  D 宣布 意味着 基地 设施

第三部分

第21~30题：选句填空。

21~25.

造纸术和印刷术是中国古代的两项重要发明。造纸术，为文明传承带来了新的载体；印刷术，(21)＿＿＿＿＿＿。它们对人类政治、经济、文化等诸多方面产生了重要影响，促进了世界文明的传播与发展。

中国发明印刷术有着得天独厚的技术条件与物质基础。印刷术发明的基本前提是纸和墨的应用。(22)＿＿＿＿＿＿。秦晚期已有调制成型的墨丸；汉代已从松烟中提取炭黑制成墨。南北朝时期，中国已掌握了成熟的制墨技术。中国还发明了纸，早在印刷术发明以前，中国的造纸术就经历了辉煌的发展历程。中国在西汉时期，已发明了纸。东汉元兴元年(公元105年)蔡伦总结前人经验，(23)＿＿＿＿＿＿，使用废旧麻料、树皮等作为造纸原料，首次使用了皮纸制造技术，使造纸技术有了很大的飞跃。随着造纸技术的发展，纸慢慢融入到人类生活中。魏晋南北朝时期，中国纸张的使用进入转折时期。公元404年，东晋豪族桓玄颁布"以纸带简"令，结束了简牍书写的历史，(24)＿＿＿＿＿＿，掀开了人类书写材料的新纪元。人们选用麻、藤、树皮、竹等作为造纸原料，并运用施胶、涂布、染色等造纸加工技术，使纸张制造变得物美价廉。造纸术的发明，(25)＿＿＿＿＿＿，更为印刷术的发明提供了重要的承印材料。

A 造就了文明传播的新媒介
B 改进造纸工艺
C 纸终于成为主要的书写材料
D 中国很早就已发现并使用墨
E 带来了书写材料的根本性变革

26~30.

在上世纪初，利比里亚商人哈桑碰到了一件奇怪的事情，他在挪威买了12000吨鲜鱼，运回利比里亚的首都后，一过秤，鱼突然一下少了47吨！哈桑回想起他是亲眼看着鱼老板过秤的，不可能少秤啊，(26)_____，无人动过鱼。现在少了47吨，这么多重量都哪儿去了呢？哈桑怎么也想不通。

后来，终于有人破解了这桩怪事。(27)_____。地球重力是指地球引力与地球离心力的合力。地球的重力值会随地球纬度的增加而增加，赤道处最小，两极最大。如果同一个物体在两极的重量是190公斤，但在赤道的话，就会减少1公斤。挪威所处纬度高，靠近北极；利比里亚的纬度低，靠近赤道，(28)_____。哈桑的鱼丢失了分量，就是因不同地区的重力差异造成的。

(29)_____也为1980年墨西哥奥运会连破多项世界纪录这一奇迹找到了合理的解释。墨西哥城位于北纬不到20度、海拔2240米处，(30)_____。由于地心引力相对较小，运动健儿们接二连三地打破了男子100米、200米、400米、4×400接力赛、男子跳远和三级跳远等多项世界纪录，那一年也因此成为奥运会历史上的最辉煌的年代之一。

A 地球重力的地区差异

B 原来这是地球的重力"偷"走了鱼

C 比一般城市远离地心1500米以上

D 归途上平平安安

E 地球的重力值也随之减少

第四部分

第31~50题：请选出正确答案。

31~34.

著名影星英格丽18岁时，从监护人奥图叔叔那里争取到一个机会，去参加皇家戏剧学院的考试。若考不上，就必须服从叔叔的安排，当一个售货员或秘书，这是她不愿意的。考试前，她给了学院一个棕色信封和一个白色信封。如果失败了，把棕色信封退回来；如果通过了，就用白信封告知好消息。

她扮演的是一个快乐大胆的农家少女，要逗弄一个憨厚的小伙子。她上台后，说了两句台词，眼睛的余光就发现评判员们在聊天，比划着什么，似乎根本没在意她，她的心一下子冷了，连后面的台词也要忘掉了。果然，评判团主席打断说："停吧！谢谢你，小姐。下一位！"才30秒钟就断送了理想！她什么人也看不见，什么声音也听不见，她只想着一件事：投河了断。

她来到河边，看见那水是暗黑色的，发着油光，肮脏得很。她想，别人把我捞上来，身上沾满污物，肚里全是脏水，多难看……她犹豫着，离开了河岸，回归到痛苦中。

第二天，有人告诉她到办公室去取信，白色的。天哪，她拿到了白信封？是真的。

后来她遇到了一个当时的评判员，便追问："那天是怎么回事啊？你们的表现几乎害死了我……"评判员听完后瞪大了眼睛："你真是疯了！在你从舞台侧翼跳出来，站在中央向我们笑，说出第一句台词时，我们就转身商量了：看看她多么自信！表演得很到位！不需要再浪费一秒钟了，后面还有十几个考生呢！"这个回答几乎使英格丽晕过去。"还好，"评判员又说，"在决定放弃自己的关键时刻，你犹豫了一会儿。"

31. 下面属于英格丽想做的事情是：

   A 当秘书
   B 卖东西
   C 学表演
   D 做评委

32. 为什么她曾经想投河自杀？

   A 她不会表演考试内容

   B 她收到了棕色的信封

   C 她突然看不见、听不见

   D 她觉得自己没有通过考试

33. 评判们对英格丽的表演有什么看法？

   A 非常糟糕

   B 非常出色

   C 希望她放弃表演

   D 不是很满意

34. 根据文章，你觉得最适合做本文标题的是：

   A 关键的犹豫

   B 如何增加自信心

   C 成为影星的必经之路

   D 评判员与考试

35~38.

我们经常听到赞美蝴蝶破茧而出的歌。蝴蝶非常有魅力，但是它的美丽却是一种挣扎的过程。它要使自己的翅膀强壮，最终才可能飞向天空。如果蝴蝶很容易就从茧中爬了出来，那它的身体就会很臃肿，翅膀非常小，就算它十分努力，也无法让自己跟别的蝴蝶那样飞舞。一定的压力水平，才让美丽的蝴蝶在破茧而出以后可以自由飞舞。

对人类来说，压力也有最佳水平。合适的压力不仅能成为我们前进的动力，还会促使我们在工作中发挥出最佳水平。过重或过轻的压力则会对人的健康与发展不利。人们在过高的心理压力下，会感到不快乐，甚至可能进一步带来经济损失和严重的社会影响。那么，如果在没有压力的极乐世界，是不是最好的呢？研究发现，世界上没有完全不存在心理压力的情况。我们假定存在这样的情形，那一定比有巨大心理压力的情景更可怕。因为，没有压力本身就是一种压力，它的名字叫做"空虚"。过去，曾有无数文学艺术作品描述过这种空虚感，那是一种比死亡更没有生气的状况，一种活着却感觉不到自己存在的巨大悲哀。

心理学研究表明，一个人的动机强度与活动绩效的关系呈倒U字型，即中等强度动机的活动绩效最高，而动机水平过低与过高，都会导致活动绩效水平下降。人在压力与生活相协调一致时，可以保持警醒、敬畏的心态，形成自我保护机制，并产生催人奋发向上的动力。

生活中的压力无处不在，但心理压力也可以成为我们的好朋友。只要调节得当，学会适当减压，那么压力就会转变成前进的动力。我们就能够像蝴蝶那样，在破茧而出的时候，扇动强壮有力的翅膀，自由地飞向天空。

35. 第二段中画线句子的主要意思是：

　　A 压力要适度

　　B 压力对人的健康有利

　　C 只有人类会调节压力

　　D 压力有助于将工作做得更好

36. 作者认为，没有压力的极乐世界：

　　A 不存在

　　B 缺少生机

　　C 存在于文学作品中

　　D 存在于每个人的心中

37. 根据上文,下列哪项正确?

    A 压力即动力
    B 压力随处可见
    C 压力会带来空虚感
    D 动机越高活动绩效越高

38. 最适合做上文标题的是:

    A 有力的翅膀
    B 破茧方可成蝴蝶
    C 什么比压力更可怕
    D 有一种压力叫"空虚"

39~42.

有一只老鼠在一个青黄不接的初夏里，跑到一个农家仓库里觅食，它一不小心掉进了还有半缸子米的缸里。老鼠喜出望外，高兴地要命，它先是警惕地环顾了一下周围，确定不会有危险之后，它开始狂吃一通，吃完就在缸里睡觉。

老鼠就这样无忧无虑地在米缸里吃了睡，睡了吃，过着快乐的日子。老鼠有的时候也考虑过要跳出米缸，不过它一想到白花花大米，终究还是禁不住美味的诱惑。突然有一天它发现米缸里的米快没了，才明白以米缸现在的高度，自己就是想跳出去，也无能为力了。

对于老鼠而言，这半缸米就是一块试金石。要是它想全部占为己有，有可能换走的是自己的生命。所以，管理学家把老鼠能跳出缸外的高度称为"生命的高度"。不过这个高度就掌握在老鼠自己的手里，它多留恋一天，多贪吃一粒，就离死亡近了一步。

在现实生活中的大部分人都能做到在明显有危险的地方止步，不过想要能清楚地认识潜在的危机，并及时跨越"生命的高度"，就没有想象得那么容易了。

举个例子来说，员工的培训在公司管理中的占有很重要的位置，是任何一个公司都明白的道理，不过通过本公司内部培训或外出学习等手段来提高员工尤其是中坚员工的专业素质，就需要花费大量的人力、物力、财力以及时间，并且经常会与公司各项工作有一定的冲突。所以员工培训对于公司来说也就变成了"说起来重要，办起来次要，忙起来不要"的口号，导致许多员工无法系统地接触到新事物、新方法、新观念。我们仔细分析一下，公司眼前的利益不就是那半缸米吗？

39. 老鼠为什么喜出望外？

　　A 发现没有猫
　　B 找到了许多大米
　　C 找到一个农家仓库
　　D 没有别的老鼠和它抢米吃

40. 第三段中"试金石"的意思最可能是：

　　A 一个教训
　　B 深刻的道理
　　C 很值钱的石头
　　D 可靠的检验方法

41. 根据上文，公司存在的问题是：

    A 员工缺乏素质
    B 忽视对员工的培训
    C 忽视了管理的重要性
    D 缺少培训员工的手段

42. 最适合做上文标题的是：

    A 生命的高度
    B 幸福的标准
    C 幸运的老鼠
    D 慷慨的代价

43~46.

从前有一户人家的菜园里摆着一颗很大的石头，它的宽度大约有四十公分，高度有十公分。到菜园的人，不小心就会踢到那一颗大石头，不是跌倒就是擦伤。儿子感到很奇怪问道："爸爸，那颗讨厌的石头，为什么不把它挖走？"爸爸这么回答："你说那颗石头啊？从你爷爷那个年代，就一直放到现在了，它的体积那么大，不知道要挖到什么时候才能清理掉，没事无聊挖石头的话，还不如走路小心一点，还可以训练一下你的反应能力。"

过了几年，这颗大石头留到下一代，当时的儿子娶了媳妇，也当了爸爸。有一天媳妇非常气愤地说："老公，菜园那颗大石头，我越看越不顺眼，改天请人把它搬走好了。"当时的儿子回答说："算了吧！那颗大石头很重的，可以搬走的话在我小时候就搬走了，哪会把它留到现在啊？"媳妇心底非常不是滋味，那颗大石头不知道让她跌倒多少次了。终于，有一天早上，媳妇带着锄头和一桶水，把整桶水倒在大石头的四周。十几分钟以后，媳妇用锄头把大石头四周的土松了松。媳妇已经做好充分的心理准备，也许要挖一天，也许更久，可没想到几分钟就把石头挖起来，看看大小，这颗石头根本没有预想的那么大，都是被那个巨大的外表蒙骗了。

心中的顽石常常阻碍我们去发现、去创造的，仅仅是我们心理上的障碍和思想中的顽石。想要改变你的世界，必先改变你自己的心态。

43. 为什么爸爸不把那个石头搬走？

    A 爷爷不让搬

    B 他不会踢到石头

    C 担心花费太长时间

    D 石头在菜园正合适

44. 最后，谁把那颗大石头搬走了？

    A 爷爷

    B 爸爸

    C 儿子

    D 儿媳妇

45. 根据文章，我们知道，这颗石头：

   A 不太大

   B 是祖传的宝物

   C 在菜园里不影响别人

   D 高度大约有四十公分，宽度有十公分

46. 下列哪个选项最适合做本文标题?

   A 爸爸的教导

   B 心中的顽石

   C 搬石头的诀窍

   D 儿媳妇和石头

47~50.

随着经济的迅猛发展，到2009年底，中国家庭年收入10万以上的"新富家庭"已达2600多万，由此催生了2000多万个"富二代"孩子。这些90后和00后出生的孩子，很多不知道感恩、不孝顺父母、不自强自立、没有爱心，但却好逸恶劳、狂妄自私、任性骄横、欺辱凌弱，以"飙车、攀比、炫富、摆阔……"为荣，由此成为新一代"寄生虫"。

于是，人们不禁会问：现代家长该如何教子？"富二代"该怎样教育？

有鉴于此，东子经过多年的调查研究，结合自己的教子体会，专门为现代家长打造了全国首部原创性"富养、富教"手册——《好父母教好"富二代"》。本书所及的"富二代"不仅仅是指"富一代"的子女，还包括虽然家庭不是很富有，但是肯在未成年子女身上"花钱"，让孩子"富有"的家长的孩子。这些家长的一个共同特点是：期望用金钱买到最好的教育，使孩子有个好的未来。可往往事与愿违，这种"砸钱"的所谓精英教育，不仅"买"不来好孩子，而且还为其成长带来很多负面影响。大把钞票的投入，"回收"的却是孩子的懒散、自私、没有责任感等一系列问题。于是，"富二代"家长们困惑了：自己升官了，钱有了，日子好过了，可孩子却不知怎么教育了。

"富二代"是2009年至今的一个"热词"。"富二代"不差钱，差的是教育。再多的钱也买不来一个好孩子，要教育好孩子，家长必须要有个正确的认识，具有科学而理性的教子观念，掌握适合自己孩子的教育方法。提高自身的素质，否则，有多少钱也是没有用的，孩子将来带给你的烦恼，很可能要超过你当初缺钱时的烦恼。

47. 作者对"富二代"孩子持什么态度？

  A 赞成
  B 反对
  C 无所谓
  D 不知道

48. 通过阅读，我们能够知道这篇文章是：

  A 一篇新书介绍
  B 关于"富二代"的演讲稿
  C 写给"富二代"孩子的书
  D 社会心理学论题

49. "富二代"家长的共同特点是什么?

    A 培养的孩子都是精英

    B 家庭年收入2000多万

    C 虽然不太富有,但舍得花钱

    D 期望用金钱买到最好的教育

50. 通过这篇文章,作者希望:

    A 解决缺钱的烦恼

    B 家长给孩子挣更多的钱

    C 家长用合适的教育方法教育孩子

    D 砸钱给孩子提供精英教育

二、阅读

第一部分

第1~10题：请选出有语病的一项。

1 A 一个人只要真挚诚实，就一定能打动人。
    B 关于母亲的身体健康，他一直很关心。
    C 他特别喜欢游泳，一到周末就会去体育馆游一两个小时。
    D 树的年轮可以当指南针，年轮宽的一面是南，窄的一面是北。

2 A 当我上小学的时候，就能认出上百种昆虫。
    B 如果你想去帮助别人，就不要计较别人能不能、会不会报答你。
    C 相传古时候天上有十个太阳，后羿射掉了九个，就只剩下现在这一个。
    D 你不努力学习，那怎么可能有好的成绩是可想而知的。

3 A 那篇小说不算很长，我用了一个小时就看完了。
    B 民间二十四节气是中国古代时期制定的一种用来指导农业生产的补充历法。
    C 虽然所有事情都正在按部就班地进行，但她依然很担心能不能按期完工。
    D 健身时一定要选择合适的场所和舒适的设备，只有这样才能充分享受到运动带来的乐趣。

4 A 人生虽然可以没有很多东西，但是不能没有希望。
    B 由于剪纸材料和所用的工具决定了剪纸的艺术风格。
    C 尽管在科学领域取得了非凡的成绩，但从外表上看，他很普通不过。
    D 在激烈竞争社会上，一个想不甘于平庸的人，唯一的选择就是加倍努力和进取。

5 A 一旦发现自己错了，就要立即改正过来。
    B 麻雀的翅膀不耐远飞，一般情况下它的活动范围只有2.5至3千米。
    C 中国民间传说数量众大，内容丰富，而且充满艺术魅力。
    D 在我们生活中碳酸饮料也称之为汽水，是充入二氧化碳气体的一种软饮料。

6 A 选择恰当的企业文化对企业今后长足的发展至关重要。
   B 随着时代的不断发展，人们的服饰也在悄然发生着变化。
   C 如果说影响一个人快乐的，有时并不只是困境及磨难，而是一个人的心态。
   D 昨天下班的时候，外面下起了大雨，我一直到晚上8点半才能回到家。

7 A 故宫旧称紫禁城，是北京最标志性的建筑。
   B 少说话，多做事，是刚刚进入职场者的"金科玉律"。
   C "五行"指的是金、木、水、土、火五种基本物质。
   D "己所不欲，勿施于人"是说自己不希望得到的，同时也不要强加于他人。

8 A 写日记能够健康有效地释放压力，让你从中解脱，变得更加宽容、更富激情。
   B 苏州的苏绣、湖南的湘绣、四川的蜀绣和广东的粤绣，在当今被誉为中国的四大名绣。
   C 周四之前，你们先把这个问题研究，周四上午向公司董事会做一个全面的介绍。
   D 大量而广泛地阅读古今中外优秀的文学作品，不单纯可以增加你的见识，还能够提高你的表达能力。

9 A 《绿色通道》这套系列丛书的读者对象主要是面向高一年级的老师和学生。
   B 那个小伙子说，舞蹈不一定会成为自己的职业，但它一定会是自己一生的最爱。
   C 经常去图书馆，随意阅览，都会有收获。所以，如果大学四年你不常去图书馆的话，就等于浪费了一大笔应得的财富。
   D 老鼠适应环境的能力非常强，从赤道到两极，都有它们的踪迹。据说目前人类只有两三百万年的历史，而老鼠至少则有四五千万年的历史了。

10 A 处于困境中的人，只有从压抑与抱怨中解放出来，才能竭尽全力地追求新生活。
   B 面对"舍"与"得"两种选择，我想大多数人可能都会选择"得"，却往往忽略了在"得"的同时同样会付出代价。
   C 尽管夏季烈日曝晒，冬季寒风扫荡，却海洋的温度变化很小。因此，巨大的海洋就像是天然的"温箱"，是孕育原始生命的"温床"。
   D 旅行时有机会让我们得以观察别人的生活，去看场电影则让我们身临其境般地体验另一种人生。两者的相似之处在于，都是在看别人生活的同时，丰富我们的人生。

第二部分

第11~20题：选词填空。

11. 在我们的生活中，有的人在面对别人的_____和责难时，_____选择退避，但这并不是因为懦弱，而是为了能够集中全部_____去实现心中更远大的理想。

    A 轻视　　反复　　力量
    B 挑衅　　往往　　精力
    C 征服　　一再　　能量
    D 挑战　　时常　　利益

12. 玄奘所写的《大唐西域记》一书，记载了他西行取经的_____，介绍了沿途各国的历史沿革、_____、宗教信仰、地理山川、物产生活等情况。近百年来这部书被译成多国文字，深受研究者的_____。

    A 见闻　　风土人情　　青睐
    B 情形　　博大精深　　款待
    C 见解　　深情厚谊　　爱戴
    D 情节　　锦绣前程　　着迷

13. 每一个机会都是公平的，但是需要你向前踏一步。别一味_____礼贤下士，不要等着什么三顾茅庐，其实，人人可以铸就历史。_____在幻想中自傲、现实中失落，不如主动_____一次，或许你就会创造奇迹。

    A 等候　　除非　　容忍
    B 请求　　何况　　争夺
    C 期待　　与其　　争取
    D 盼望　　即便　　采取

14. 布老虎是一种古代就已在中国广大民间广为_____的工艺品,它还是很好的儿童玩具、居家摆设、馈赠礼品及个人_____品。在很多中国人心里,老虎是驱邪避灾、平安_____的象征,而且还能保护财富,它_____着人们对美好生活的向往与追求。

   A 播放　　储存　　欢乐　　反馈
   B 流传　　收藏　　吉祥　　寄托
   C 传播　　继承　　慈祥　　依靠
   D 流通　　遗传　　如意　　依托

15. 九寨沟和黄龙是四川很有名气的景点,慕名前来旅游的众多中外游客_____。九寨沟_____四川省南坪县中南部,素有"人间仙境、童话世界"的美誉,它以翠海瀑布、彩林、云峰等奇观_____。与九寨沟毗邻的"人间瑶池"——黄龙也是世界自然_____,以彩池、雪山、峡谷、森林"四绝"著称。

   A 与日俱增　　至于　　难能可贵　　资产
   B 有条不紊　　属于　　举足轻重　　产业
   C 空前绝后　　对于　　举世瞩目　　遗憾
   D 络绎不绝　　位于　　闻名于世　　遗产

16. 大概许多人知道苹果有抗击癌症的_____,其抗癌的_____藏在果皮中。很多专家建议,为了最大限度地_____苹果的抗癌作用,_____洗净苹果后连皮一起吃,或者连皮打成苹果汁喝。

   A 功效　　秘密　　发挥　　最好
   B 功能　　隐私　　发动　　尽力
   C 效益　　机密　　挥霍　　幸好
   D 效果　　奥秘　　发扬　　尽量

17. 猎豹是世界上跑得最快的动物,当它捕捉动物时,首先会选中其中一只作为目标,_____地捕捉,直到抓住为止。虽然还会有许多其他的动物出现在猎豹的_____中,甚至有些比正在捕捉的_____更容易抓到,但猎豹从不会改变_____,或者放弃以选中的目标捕捉。

   A 急于求成　　边界　　敌人　　程序
   B 竭尽全力　　视野　　对象　　路线
   C 不择手段　　境界　　对手　　方案
   D 力所能及　　目光　　成果　　线索

18. 可再生能源指可以＿＿＿利用的能源，由于成本过高是其发展的最大＿＿＿。而就电力而言，风力发电和太阳能发电的成本都比火力发电的成本要高出很多。因此，降低成本在＿＿＿使用可再生能源中显得异常重要，这就是其＿＿＿化发展的关键。

    A 持续　　障碍　　推广　　规模
    B 延续　　矛盾　　推荐　　模式
    C 连续　　故障　　普及　　规范
    D 陆续　　毛病　　推销　　规格

19. "冰冻三尺，非一日之寒"说的是水＿＿＿成三尺厚的冰，不是只有一天的寒冷就能形成。这句话常常被用来＿＿＿某一个事态或情况的形成，绝不是一朝一＿＿＿之故，而是需要经过长期＿＿＿的结果。

    A 结　　比喻　　夕　　积累
    B 凝　　描绘　　昼　　刺激
    C 冻　　描写　　夜　　酝酿
    D 晾　　形容　　旦　　提炼

20. 那些枯死的大树也是森林之中的重要成员。倒在地上的树干能＿＿＿雨水，保持土壤的＿＿＿。落叶和果实也很容易在倒在地上树干的周围聚集，在它们＿＿＿后，其含有的营养素就会逐渐释放进土壤，因此枯死树干周围的土壤变得十分＿＿＿，掉在那里的＿＿＿特别容易生根发芽。

    A 收获　　清洁　　腐败　　充足　　树枝
    B 吸取　　潮湿　　腐蚀　　富裕　　花瓣
    C 吸收　　湿润　　腐烂　　肥沃　　种子
    D 采集　　清晰　　腐朽　　优越　　树根

第三部分

第21~30题：选句填空。

21~25.

美国旧金山的金门大桥横跨1900多米的金门海峡，连接北加利福尼亚与旧金山半岛，(21)_____，金门大桥上经常堵车。

原先金门大桥的车道设计为"4+4"模式，即往返车道都为4道，(22)_____。当地政府为堵车的问题迟迟不能解决感到头疼，如果筹资建第二座金门大桥，(23)_____，当地政府决定以重金1000万美元向社会征集解决方案。

最终一个年轻人的方案得到当地政府的认可，他的解决方案是将原来的"4+4"车道改成"6+2"车道：上午左边车道为6道，右边车道为2道，下午则相反，右边为6左边为2。他的方案试行之后，立即取得了显著的效果，(24)_____。

传统的"4+4"车道忽略了高峰期车辆出行的方向：上午市民上班造成左边车道拥挤，下午市民下班造成右边车道拥挤。而"6+2"车道恰到好处地利用车辆出行的时间差，(25)_____，这样，同样是8条车道，"6+2"明显取得了大于"4+4"的效果。

A 困扰多时的堵车问题迎刃而解

B 这是非常传统的设计

C 合理地利用另一半车辆少的车道

D 由于出行车辆很多

E 那必定得耗资上亿美元

26~30.

在欧洲西班牙的历史上,有一位名叫彼得罗一世的国王。他办事十分的公正认真,所以对于很多人来说,(26)_____。一天西班牙的法官不幸去世了,于是彼得罗一世向全国宣布,他将公开选拔法官。

有三个人来向国王毛遂自荐:一个是宫廷里很有名望的贵族,一个是曾经陪伴国王南征北战的勇敢武士,还有一个是很普通的中学老师。宫廷人员和国王离开王宫,率领众人来到城中。城中百姓纷纷前来观看国王是如何考验这三位候选人的,(27)_____。

(28)_____,忽然停下了,只见池塘上漂浮着几个橙子。

考验开始了,国王首先问贵族:"你说池塘里一共漂着几个橙子啊?"贵族走到池塘边,数了数,然后答道:"一共是六个,陛下。"

国王没有表态,(29)_____:"池塘里一共漂着几个橙子啊?"

"我也看到了,是六个,陛下。"武士甚至没有走近池塘就直接回答了国王的问题。

围观的群众开始窃窃私语,纷纷议论国王怎么会用这么简单的问题来考验未来的法官呢?

"池塘里一共有几个橙子啊?"国王最后也问了老师同样的问题。老师什么也没说,脱掉鞋子,跳到水里,把橙子拿了上来。"陛下,一共是三个橙子。(30)_____。"

"你知道如何执法。"国王宣布说,"法官就是你了。"

A 同时也想看看未来的法官是如何经受考验的

B 继续向武士问同样的问题

C 它们都被从中间切开了

D 他是正义的化身

E 国王与众人来到一个池塘边

第四部分

第31~50题：请选出正确答案。

31~34.

从小我们都认为向日葵的名字是因为它总是向着太阳的方向生长而得来的。过去人们一直认为这是植物生长素在起作用，是生长素分布在花盘和茎部的背阳部分，促进了那个部位的细胞分裂增长，而向阳面的生长相应地慢了，所以植株就弯曲起来，葵花的花盘也因此朝着太阳打转了。

可是最近，植物生理学家发现，在葵花的花盘基部，向阳和背阳处的生长素基本相等。由此可以推断出，葵花向阳就不是植物生长素在起作用了。那究竟是什么原因使葵花向阳呢？有人做了实验，在温室里，用冷光（就是日光灯）代替太阳光模拟阳光方向对葵花花盘进行照射。虽然早晨从东方照来，傍晚从西方照来，葵花始终都没转动。不过，他们用火盆代替太阳，遮挡住火光，花盘就会一反常态，不分白天黑夜，也不管东西南北，一个劲儿朝着火盆转动。原来，向日葵花盘的转动并不是由于光线的直接影响，而是由于阳光把向日葵花盘中的管状小花晒热了，基部的纤维会发生收缩，这一收缩就使花盘能主动转换方向来接受阳光。

所以，向日葵还可以称做"向热葵"。

31. 根据植物学家的发现，说明葵花向阳：

　　A 与生长素无关
　　B 受时间的影响
　　C 可加速细胞分裂
　　D 可以放慢生长速度

32. 通过实验，向日葵花盘转动主要和什么有关系？

　　A 形状
　　B 天气
　　C 热量
　　D 阳光

33. 关于向日葵，下面选项正确的是：

   A 是一种耐寒植物

   B 花盘中有管状小花

   C 生长素分布不均匀

   D 花盘转动不受阳光的影响

34. 下列选项中，最适合做本文题目的是：

   A 日光灯的秘密

   B 神奇的生长素

   C 生命在于运动

   D 向日葵是向热葵

35~38.

楼兰王国最早的发现者是瑞典探险家斯文·赫定。1900年3月初，赫定探险队沿着干枯的孔雀河左河床来到罗布荒原，在穿越一处沙漠时才发现了一座废墟。1901年3月，斯文·赫定探险队挖掘废墟时发现了一座佛塔和三个殿堂以及带有希腊艺术文化的木雕建筑构件、五铢钱、一封卢文书信等大批文物。随后他们又在这片废墟东南部发现了许多烽火台一直延续到罗布泊西岸的一座被风沙掩埋的古城，这就是楼兰古城。

自公元前二世纪见载于历史典籍的楼兰，到公元四世纪已沦为沙漠。公元399年，东晋高僧法显去印度求法，路经楼兰，这里已是"上无飞鸟、下无走兽，遍望极目，欲求度处则莫知所拟，唯以死人枯骨为标识耳"。一个具有数百年历史的王国不复存在了，一个融汇东西方文化精华的文明失落了。考古学家在楼兰找到的最晚有年代的汉文木简是建兴18年，即公元330年。木简提到的最后一位楼兰国国王伐色摩那，在位约在公元321～334年。楼兰文明大约失落于此时。

走丝绸之路必经楼兰，那它为什么会失落呢？至今没有人能够给出一个明晰的答案。大致有三种推测比较有代表性：

自然环境变化。斯坦因是此说最先提出者，本世纪初他从楼兰考察回国后，就发表了冰山退缩导致河流流量减少，土地沙漠化，楼兰废弃。

政治经济中心的转移。丝绸之路使楼兰兴盛，也使楼兰衰落。两晋以后，丝绸之路改走北道，中原在楼兰的驻兵和屯田事业向北转移，楼兰转向衰弱，最终废弃。

人类活动破坏了自然的和谐，在创造高度发达的文明同时，也以惊人的速度制造着沙漠。青年考古学家林梅村认为这是"世界古文明的共同悲剧"。林梅村例举埃及、美索不达米亚这些古文明的发祥地，如今都是盐碱泛滥流沙纵横的不毛之地的实例来比照楼兰。

35. 楼兰古城遗址在哪里？

   A 罗布荒原里

   B 罗布泊西岸

   C 挖掘到木雕构件处

   D 这座废墟的东部

36. 楼兰王国大约在什么时候消失?

　　A 公元5世纪

　　B 公元前2世纪

　　C 公元321～334年之间

　　D 公元334～399年之间

37. 楼兰古国为什么会消失?

　　A 冰山退缩

　　B 政治中心转移

　　C 目前没有人能确定

　　D 人类破坏了自然的和谐

38. 下列说法中正确的一项是?

　　A 楼兰位于丝绸之路上

　　B 晋代木简是楼兰最后发现的文物

　　C 瑞典探险家为寻找楼兰去的罗布泊

　　D 晋高僧法显去印度时楼兰古国正繁华

39~42.

猴山有一群猴子，数量不算多，只有七只。它们唯一的食物是饲养员每天送来的一桶粥。可是这些猴子的食量太大，每天的粥都不能填饱它们的肚子。于是，猴子们觉得有必要坐下来研讨一下这个问题。

猴甲曾经看见山下的村民在做一些重要决定时，往往采取抓阄儿的方法，于是建议引进人类这一方法，众猴一致同意。

一连几天，猴乙都没抓中阄儿。猴乙心想：抓中阄儿的猴子能够利用自己手中的权力多分一瓢粥。万一我一直不能抓中阄儿，岂不亏了？于是它建议采取轮换制度。猴乙的建议说到了众猴的心坎上了，大家都想利用自己分粥的那一天混个"肚儿圆"。这样一来，每只猴子只有一天是吃饱喝足的，那就是自己履行神圣职责的那一天。

这样过了几个星期，群猴激愤。猴丙建议说，还是选个领头的吧。你看山下的人，乡里有个乡长，村里有个村长，一桌人吃饭时还要选个"桌长"呢！猴丙的话得到了众猴的一致拥护。于是它们推选出德高望重、见多识广的猴丁担任猴山的"山长"，具体负责分粥事宜。

猴丁宣誓就职后，猴山就热闹了。众猴为了多分一口粥，纷纷使出浑身解数，拼命地去巴结"山长"，结果搞得猴山乌烟瘴气，怨声载道。

众猴痛定思痛，意识到权力过大容易产生强权思想，强权思想容易产生腐败。大家不甘心就这样被自己捧上台的猴子折磨自己，最后一致决定罢免"山长"，实行民主化管理。由三只猴子组成分粥委员会，由四只猴子组成监督委员会，两个委员会各司其职。谁知好景不长，监督委员会认为分粥委员会假公济私，集体权力部门用，部门权力个人用；分粥委员会指责监督委员会仗着人多势众，恃强欺弱，无理取闹。双方就这样互相攻击，无休止地扯皮，等到闹够了，粥早已凉了。

猴子们再次坐下来开"圆桌会议"。它们最终做出决议：七只猴子轮流分粥，但分粥的那只猴子要等其他猴子挑完后才能拿剩下的最后一碗。为了不让自己吃到最少的，每只猴子在分粥时都尽量分得平均。

从此以后，猴子们再也不用担心自己吃不饱了，都快快乐乐、和和气气地过日子。

39. 第三段中的"肚儿圆"，意思是：

A 肚子长得圆

B 可以抢到粥

C 吃得非常饱

D 掌管分粥大权

40. 下面符合"山长"管理时的情况的选项是：

    A 经常开会讨论如何分粥

    B 众猴纷纷抢着拍"山长"马屁

    C 有的猴子一连几天吃不到

    D 只有分粥的猴子能吃饱

41. 众猴组成的委员会采取的是什么管理？

    A 轮换制度管理

    B 民主化管理

    C 集权化管理

    D 会议制度管理

42. "圆桌会议"的最后决议有什么效果？

    A 分粥都很平均

    B 猴子们会了巴结

    C 担心自己吃不饱

    D 所有的猴子都很生气

43~46.

他在一个普通的美国家庭出生，从小家境贫寒，当他上完大学后，家里就无法再供他继续学业了。于是毕业以后，他在一家杂志社找了一份工作。在工作之余，他开始在报纸上发表文章，因为他有远大的梦想，想要成就一番大事业。

几年过去了，他发表了不少文章，但仍然没有成名。他认为整天写豆腐块没出息，于是考虑写长篇小说。28岁那年，他终于写出了一部作品，但出版后的销量不尽如人意，既没有赚到钱，也没有获得期望中的名声。他的心一下子沉下去，他开始怀疑自己的能力。

恰逢此时，他和杂志社老板闹意见，老板一怒之下，炒了他的鱿鱼。此处不留人，自有留人处，他气愤之至，卷起被铺盖就离开了杂志社。他开始了求职之路，但四处碰壁，而且身上的钱已花得差不多，工作还没着落，他越来越穷困潦倒。偏偏这时，一场人生的灾难骤然降临，他病倒了。医生告诉他，这种病在短期内没办法痊愈，需要长期住院观察。当他听到这个消息时，感到人生从此被划上一个圆圈，他彻底绝望了。

日子在一天天过去，病情仍未见好转，他躺在床上什么都不做，感到全身空洞洞的。他开始胡思乱想起来。一天他忽然想，成天在病床上什么也不干，为什么不找些轻松的书籍来阅读，譬如推理小说之类的呢？说看就看，他真的找来几本看起来。两年后，他出院了，竟在不知不觉间看了两千多册。或许是潜移默化，或许是其他原因，总之，他渐渐喜欢上推理小说，最后，他干脆写起推理小说。让他感到惊讶的是，他觉得自己竟然很适合写推理小说。

不久，他就写出一篇小说。他小心翼翼地把作品送到编辑手上。但让人深感意外的是，这篇名叫《班森杀人事件》的推理小说，一出版就大受欢迎，他由此迅速走红。他就是范达因，美国推理小说之父。他创作的《菲洛·万斯探案集》，成为了世界推理小说史上的经典巨著，全球销售量达8000万册。

贫穷、失业、患病、失意，这些看上去很可怕，其实对我们来说未必是件坏事。许多时候，只有当一个人跌到了人生的谷底，远离了欲望喧嚣，才能彻底看清自己，知道自己要走什么路。而一个人知道了自己要走什么路的时候，他就更加容易成功。挫折是一种转换，也是另一个机会。

43. 他第一次出版的小说，怎么样？

  A 非常受欢迎

  B 赚到很多钱

  C 销量很一般

  D 给他增加了名望

44. 他和杂志社老板闹意见后，发生了什么事情？

    A 他把老板炒了

    B 老板把他辞退了

    C 他找到了一份工作

    D 他的第一部小说出版了

45. 为什么他彻底绝望了？

    A 找不到工作

    B 不能继续上大学

    C 他的书销量不好

    D 他的病需要长期治疗

46. 下列选项中，正确的是：

    A 他的病无法痊愈

    B 他刚毕业就写长篇小说

    C 他是美国推理小说之父

    D 《班森杀人事件》销售量达8000万册

47~50.

从古代哲学家到今天的教育家，文学家和医学家们一直关心有关于"心"，"心灵"，"意识"和"人性"等心理学问题。但是在科学心理学诞生之前，心理学就象一个流浪汉，时而敲敲生理学的门，时而敲敲论理学的门，时而敲敲认识论的门。直到今天，提起心理学，还是有人觉得它玄虚奥妙，深不可测。也有人认为心理学就是猜测别人的思想。其实心理学与算命占卦等根本不同，它是一门正宗科学。

心理学主要研究人的心理现象，为了了解人类心理的起源和发展，也对动物心理进行研究。即使是变形虫这样的原生动物，也具有最简单的感觉，假如碰到有害刺激，就会收缩身体，一旦遇到食物便会吞掉。而猴子这类的灵长类动物，行为非常灵活，它们可以学会打开水笼头，用杯子接水，最后用水浇灭炉中的火，从而取得炉子下面藏着的水果。当然只有具备初步的思维能力，才会有这样复杂的行为。

人和动物的心理活动完全不同，除了感知觉，记忆，思维都比动物复杂以外，人类还有语言，能通过语言表达自己的愿望，与他人交流思想，形成人的主观世界。人的心理现象是世界上最复杂的现象之一，它存在于人的各种活动中。只要人处于觉醒状态，一定在进行学习、工作、娱乐等活动，而在活动的同时就会有这样或那样的心理活动。在各种活动中，人总是要搞清楚与自己打交道的客观对象究竟是什么。所以，人就需要不断地注意着，观察着，思考着，并且时刻记下这些周围事物和对象。

47. 第一段中画线句子的意思主要是：

   A 心理学很玄虚奥妙
   B 心理学研究的范围很窄
   C 很多领域的专家关心心理学
   D 心理学没有特定的研究领域

48. 作者列举变形虫、猴子的例子，主要是为了说明：

   A 心理学也研究动物心理
   B 心理学与认识论的关系
   C 动物的心理是不断进化的
   D 动物的心理非常复杂

49. 根据上文，人与动物心理活动的本质区别是：

    A 记忆能力
    B 思维能力
    C 感知觉能力
    D 语言表达能力

50. 为了了解客观对象，人们需要：

    A 不断注意、观察、思考
    B 进行心理活动
    C 丰富自己的客观世界
    D 增强记忆力

二、阅读

第一部分

第1~10题：请选出有语病的一项。

1. A 她不仅容貌出众，还能写得一手好文章。
   B 这幅画用丰富的色彩勾勒出了金秋的收获情景。
   C 这件衣服的样子不是不好看，而是颜色不好。
   D 有关中草药，我懂得很少，不过我可以找个内行帮你请教。

2. A 拥有资源的人不一定能取得成功，善于合理利用资源的人才会成功。
   B 晚唐诗人中，诗歌天赋最高的，是擅长写爱情诗的李商隐。
   C 有些植物的花朵因吸收金属元素而改变颜色，这也能成为找到地下矿藏。
   D 今天是上海世博会开园后的第二个周末，前来参观的人数达到开园以来最高峰。

3. A 孩子们正在教练的指导下学习游泳了。
   B 他老爸是京剧界的泰山北斗，在中国可以说是家喻户晓。
   C 许多作家习惯于夜深人静时写作，因为安静的环境更适合创作。
   D 逆水行舟，不进则退。你要么一直在前面领跑，要么甘于位居人后。

4. A 大概在两年前，父亲带我去认识了他的一位老朋友。
   B 互联网提供的搜索功能可以让用户更便捷地搜索到他们想得到的信息。
   C 放心吧，你的事就是我的事，我一定会尽量的，下星期三我给你答复。
   D 白鹿洞书院是中国最著名的四大书院之一，中国历史上的很多文人墨客都曾在此讲学。

5. A 3月29号凌晨，北京终于迎来了新年的第一场瑞雪。
   B 我看见张原扶着一位老人走下车来，手上提着一个黑色提包。
   C 因为文化差异诸多因素，《三国演义》是一部翻译起来难度极高的著作。
   D 早在唐代，陆羽的《茶经》中就有关于茶叶分等级及品质高低的鉴别方法及有关记载。

6 A 儿童节的晚会上，孩子们展示了自己精心编排的节目。
   B 时间是治理心灵创伤的大师，但绝不是解决问题的高手。
   C 多年以来我一直坚持跑步锻炼，不单纯是为了减肥，同时也是为了磨砺自己的意志。
   D 在很多图书市场上，将《孙子兵法》应用在工商管理领域的作品不在少数。

7 A 美丽的春城昆明四季如春，空气清新，是一个适宜人类居住的城市。
   B 关于牛郎织女的动人故事，在中国民间有很多不同的版本。
   C 这个年龄段的孩子逆反心理很强，家长们特别要注意教育孩子的方式。
   D 我住院期间，她无微不至，从那时起，我就对她产生了好感。

8 A 人之不自知，正如"目不见睫"，就是说人可以看见百步以外的东西，却看不见离自己最近的睫毛。
   B 往往在通货膨胀的情况下，如果工人的工资没有相应的提高，人们的生活成本就会随之增加，生活水平相对就会下降。
   C 宽容是一种为人处世的哲学。只有宽容他人的过错，与人才能建立起良好的人际关系，赢得别人的钦佩与尊敬。
   D "冬至"节源于汉代，盛于唐宋，沿袭到现在。《清嘉录》甚至有"冬至大如年"之说，这表明古人对冬至十分重视。

9 A 调查显示，多数女性喜欢有责任心、成熟、认真、幽默的男性最受女性欢迎。
   B 颜真卿的书法，在魏晋之后开辟了一种新的境界，典型的代表了唐代书法的第二次高峰。
   C 这款手表物美价廉，款式别具一格，还有5多种不同的颜色供消费者选择，是这里销量最好的手表。
   D 敦煌位于古代中国通往西域、中亚和欧洲的交通要道——丝绸之路上，那时曾经拥有繁荣的商贸活动。

10 A 苦瓜虽苦，如果和别的食材搭配时并不会将苦味渗入别的材料中，所以被人们称为"君子菜"。
   B 天气的变化，直接影响着动物的生活，往往能及时察觉到天气的变化，并预先做好相应的准备。
   C 在中国，酒主要以粮食为原料酿制而成。其中由谷物酿造的酒一直处于领先位置，相对而言果酒所占的份额只有很小一部分。
   D 经研究证明，一个人缓解压力的能力与他的社会经验有自己接关系，30岁以下的上班族的减压能力明显弱于资深上班族。

第二部分

第11~20题：选词填空。

11. 总会有一些人，只会抱怨环境；有的人，知道首先要适应环境，然后_____环境，_____不能改变环境，也可以改变自己的心境。生活态度不同，_____就可能不同。

    A 改良   与其   人格
    B 改造   即便   人生
    C 包装   何况   情形
    D 否定   哪怕   命运

12. 地震的发生在时间上具有一定的_____性。在一定时间段内，地震活动很频繁，强度也很大，称为地震_____期；而在另一时间段里，地震活动_____较少，强度相对也小，常常被称为地震平静期。

    A 阶段   缓和   明显
    B 预言   踊跃   相当
    C 周期   活跃   相对
    D 规划   灵活   常年

13. 滴水之所以能够穿石，我想至少有两个原因：一是在于它们_____专一，每一滴水都朝着同一方向，落在一个定点上；二是在于它们_____，在_____的岁月中，它们就从来没有间断过这种努力。

    A 言论   络绎不绝   艰难
    B 目标   持之以恒   漫长
    C 信仰   全力以赴   辉煌
    D 目光   一如既往   和谐

14. 用白水煮青菜是一种对人类非常健康的吃法，白水煮整颗青菜是更加健康的吃法。科学家发现，把土豆整个烹煮比切块烹煮能多_____50%的钾元素。不仅如此，整个烹煮的食物比切碎后烹煮的食物更_____，把胡萝卜切碎后烹煮，_____构成胡萝卜味道的重要元素——糖、酸等_____已经析出并渗入到水中而影响养分。

   A 保管　可观　看样子　事物
   B 保留　可口　意味着　物质
   C 保养　可行　无所谓　素质
   D 保障　可靠　说不定　要素

15. 据传说有一年的除夕，王羲之连续写了多_____春联都被喜欢墨宝的人揭走，最后只得撰一联_____于门上："福无双至，祸不单行。"因联语不_____才没被人揭走，晚上，王羲之又在上下联后各_____了三字。初一的早上，大家看到，他家贴在门上的的春联已经变成了"福无双至今日至，祸不单行昨夜行"。

   A 套　盖　福利　铺
   B 册　扛　美观　涨
   C 副　贴　吉利　添
   D 串　粘　吉祥　挪

16. 一个精神世界丰富的人一定是读过大量书籍的人。阅读不是讲大_____，而是一种精神_____。一个人喜爱阅读，他就会从中得到_____的安慰，去寻找到生活的_____。反之，不喜欢读书、不重修养的人，往往是不幸福、不快乐的人。

   A 道理　熏陶　心灵　榜样
   B 原理　激发　灵感　例子
   C 学问　启发　灵魂　见闻
   D 真理　感染　良心　寄托

17. 在地球上的生物种群中，同大象、狮子、蓝鲸等_____比起来，蟑螂简直是不值一提的小东西。可就是这种微不足道的小昆虫，却_____出了生命的奇迹，_____数百万年来，人类冥思苦想、_____要消灭它们，但最终还是没有办法将蟑螂从整个地球上赶走。

    A 东道主　　发明　　甚至于　　小心翼翼
    B 庞然大物　　创造　　以至于　　想方设法
    C 飞禽走兽　　生产　　要不然　　一丝不苟
    D 风土人情　　产生　　要不是　　千方百计

18. 攀岩是一项_____又不失优雅的运动，被称为"峭壁上的芭蕾"。但是_____很多攀岩爱好者来说，户内攀岩的挑战难度太低，已经远远不够_____他们的要求。他们更_____于驾驶着越野车到荒郊野外中去，挑战更具有高难度的岩壁。

    A 简陋　　按照　　充满　　偏向
    B 激烈　　鉴于　　达到　　发扬
    C 刺激　　对于　　满足　　倾向
    D 独特　　作为　　知足　　致力

19. "向日葵法"是一种资产配置方式，它有助于任何家庭或任何个人投资理财并且获得较高_____。花心指核心的投资组合，可投资于绩效_____、波动低的资产；花瓣喻指外围的_____核心资产组合，可投资预期收益相高、_____相对也较高的资产。

    A 回报　　稳定　　非　　风险
    B 报酬　　固定　　勿　　危害
    C 报答　　协调　　亦　　威胁
    D 赔偿　　慎重　　否　　冒险

20. 乐于、善于学习的好习惯_____养成，这样一些不良习惯就会败下_____去。人的_____是无限的，但每个人的精力是有限的。在"八小时之外"，_____能习惯性地坐下来去多读几页书，去多思考一些问题，其他的_____自然会少了很多。

    A 至今　　翼　　力量　　况且　　章程
    B 即将　　坡　　前景　　倘若　　奥秘
    C 一向　　巷　　品德　　除非　　支出
    D 一旦　　阵　　潜力　　假如　　应酬

第三部分

第21~30题：选句填空。

21~25.

在暴风雨后的一个早晨，一个男人来到海边散步。他一边沿海边走着，一边注意到，在沙滩的浅水洼里，有许多被昨夜的暴风雨卷上岸来的小鱼。(21)_____，回不了大海了，虽然近在咫尺。被困的小鱼，也许有几百条，甚至几千条。用不了多久，浅水洼里的水就会被沙粒吸干，被太阳蒸干，(22)_____。

男人继续朝前走着。他忽然看见前面有一个小男孩，走得很慢，而且不停地在每一个水洼旁弯下腰去——他在捡起水洼里的小鱼，(23)_____。这个男人停下来，注视着这个小男孩，看他拯救着小鱼们的生命。

终于，这个男人忍不住走过去："孩子，这水洼里有几百几千条小鱼，你救不过来的。"

"我知道。"小男孩头也不抬地回答。

"哦？那你为什么还在扔？谁在乎呢？"

"这条小鱼在乎！"

男孩儿一边回答，一边拾起一条鱼扔进大海。

"这条在乎，这条也在乎！还有一条、这一条、这一条……"

今天，你们在这里开始大学生活。你们每一个人，都将成为一名医生，都将在这里学会如何去拯救生命。(24)_____，救不了全中国的人，甚至救不了一个省一个市的人，但是，你们还是可以救一些人，你们可以减轻他们的痛苦。因为你们的存在，他们的生活从此有所不同——你们可以使他们的生活变得更加美好。(25)_____。

在这里，我希望你们勤奋、努力地学习，永远不要放弃！记住："这条小鱼在乎！这条小鱼也在乎！还有这一条、这一条、这一条……"

    A 这些小鱼都会干死的

    B 它们被困在浅水洼里

    C 虽然你们救不了全世界的人

    D 这是你们能够并且一定会做得到的

    E 并且用力把它们扔回大海

33. 与第三段中画线句子意思最接近的是：

    A 还相差很远

    B 包含很多智慧

    C 永远都无法赶上

    D 仍有许多不解之谜

34. 上文主要想告诉我们什么？

    A 车到山前必有路

    B 做事情要计划周密

    C 我们要向大自然学习

    D 人的创造力是无限的

35~38.

新年临近，邮局工作人员黛妮西尼·罗茜在阅读所有寄给圣诞老人的1000封信件时，发现只有一个名叫约翰的10岁儿童在信中没有向圣诞老人要他自己的礼物。

信中写道："亲爱的圣诞老人，我想要的惟一的一样礼物就是给我妈妈一辆电动轮椅。她不能走路，两手也没有力气，不能再使用那辆两年前慈善机构赠予的手摇车。我是多么希望她能到室外看我作游戏呀！你能满足我的愿望吗？爱你的约翰"。

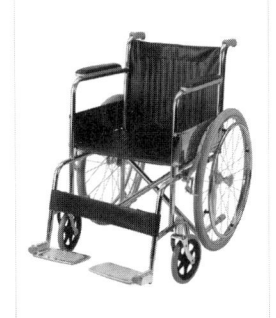

罗茜读完信，禁不住落下泪来。她立即决定为居住在巴宁市的约翰和他的母亲——39岁的维多莉亚尽些力。于是，她拿起了电话。接着奇迹般的故事就发生了。她首先打电话给加州一家名为"行动自如"的轮椅供应商店。商店的总经理袭迪·米伦达又与位于纽约州布法罗市的轮椅制造厂取得了联系。这家公司当即决定赠送一辆电动轮椅并且在星期四运送到，并在车身上放一个圣诞礼物的红蝴蝶结。显然，他们是圣诞老人的支持者。

星期五，这辆价值3000美元的轮椅送到了约翰和她妈妈居住的一座小公寓门前。在场的有10多位记者和前来祝福的人们。妈妈哭了。她说道："这是我度过的最美好的圣诞节。今后，我不再终日困居在家中了。"她和儿子都是在1981年的一次车祸中致残的。由于她的脊骨骨节破裂，她得依靠别人扶着坐上这辆灰白色的新轮椅，在附近的停车场上进行试车。

赠送轮椅的公司的代表奈克·彼得斯说："这是一个一心想到妈妈而不只是自己的孩子。我们感到，应该为他做些事。有时，金钱并不意味着一切。"邮局工作人员同时也赠送他们食品以及显微镜、喷气飞机模型、电子游戏机等礼物。约翰把其中一些食品装在匣内，包起来送给楼内的一个邻居。对此，约翰解释说："把东西赠给那些需要的人们，会使我们感到快乐。"妈妈说，应该时时如此，也许天使就是这样来考验人们的。

35. 约翰的心愿是什么?

A 给圣诞老人写信

B 自己使用手摇车

C 给妈妈电动轮椅

D 帮助需要帮助的人

36. "行动自如"的意思可能是：

    A 走得很快

    B 像正常人一样

    C 要多活动活动

    D 行动起来，有利于健康

37. 人们为什么会被"约翰的心愿"感动？

    A 他要的礼物很容易买到

    B 他才十岁就能想到自己

    C 他把得到的礼物转送给别人

    D 他是个只想到妈妈而不是自己的孩子

38. 以下选项中，符合文章的选项是：

    A 妈妈的手摇车坏了

    B 万古是个残疾小孩

    C 罗茜给妈妈买了电动轮椅

    D 万古在邮局订购了食品

39~42.

中国人的姓氏是按照父系传承的，这一点恰恰与遗传学中的Y染色体的传递方式相一致，除了极为罕见的异常，一代代的只要是男性，就会一直传下去。姓的传递，就是Y染色体的传递。这真是人世与自然神奇的同构。我甚至认为姓氏是我们中国人的一项不亚于四大发明的伟大发明。

中国人在传统上特别看重生男孩。男孩是染色体Y的承载者，而人体其他的45条染色体在人类一代一代的繁殖过程中被反复地打乱重组，加之配偶的染色体不断地补充进来，基因被逐渐地"稀释"。但是除了少数的突变外，Y染色体躲过了被"稀释"的命运，它将随着这个家族的男性成员一直延续下去。

"姓"告诉我们的，不仅是传承，更重要的还有竞争。今天新百家姓排行榜上的前19个姓，包括了汉族人口数的一半。但是中国人的姓氏现今仍在使用的有4000多个，也就是说，不到0.5%的姓，占据了50%的人口。中国历史上曾经存在过23000多个姓。如果把姓氏看做是物种，那么那些消失的姓氏就是灭绝了的物种，留存下来的则是成功者。最"成功"的是那些大姓，比如张、王、李、刘、赵、朱等，如今前3个姓每一个姓的人数都超过了总人口的7%，刘姓人数超过5%，赵姓超过2%，朱姓超过1%。刘、李、赵、朱这几个大姓不正是中国几大王朝(汉、唐、宋、明)皇帝的姓吗？皇权使这几个姓发展成为中国的常见姓，这可以归结为姓氏发展的"皇室效应"。

同时，姓氏也是一笔珍贵的资源，尤其是那些小姓、奇姓、罕见的姓更是一种珍稀的资源。在漫长的历史惊涛骇浪中，这些小姓、奇姓没有借助任何权势的力量，竟然在姓氏的竞争中走了过来，给我们保存了一份珍贵的独一无二的Y染色体的遗产。多一个姓，不仅多了一份家族史，更是多了一份基因史。

然而在今天，这些小姓和奇姓，有的正在消失，有的正处于濒危的边缘。国家应该制定相关政策保护不常见的它们，因为一个不常见姓的文化价值和生物学价值并不比大熊猫差。

39. 中国的姓氏有什么特点？

   A 按父系传承

   B 张、王、李一直是大姓

   C 只有少数民族有小姓、奇姓

   D 姓代表了基因史

40. 张、王、李这三个大姓的人数可能超过总人口的多少?

    A 超过1%

    B 超过5%

    C 超过15%

    D 超过21%

41. 姓氏是宝贵的资源，小姓、奇姓：

    A 极为罕见

    B 已经消失

    C 应受到保护

    D 属皇室专有

42. 根据文章，下面选项正确的是：

    A 姓的传递，就是Y染色体的传递

    B 百家姓排行榜上都是汉族的姓

    C 皇权促进了小姓的发展

    D 中国的姓，现今仍有23000多个

43~46.

"现在，人们看待海归的眼光越来越理性化。海归在事业起步时期的处境相比过去要艰难许多，心理落差不可避免，甚至出现了'海待'。海归们对自身期望值过高，其实相当于把回国创业的门槛也垫高了，为自己设了道障碍，最终导致难以跨越。在我所接触到的留学生圈子里，80%的人都希望回来，中国人'寻根'的思想从某种程度上说是与生俱来的。"说上述话的人名叫杜振宁，10年前赴新西兰留学，现在已是烟台塔斯曼生物技术有限公司的总裁。

另一方面，有些海归由于旅居海外多年，对中国国情的印象渐渐淡化，缺乏对文化、社会以及商务规则的认识，创业时容易陷入偏离市场需求并与国情相悖的尴尬境地。加拿大加达国际商务投资集团总裁闫长明犀利地指出，海归在创业探索中过多套用国外模式，没有结合中国实际，是创业过程中的硬伤；而无法融入现代中国的文化氛围，不会处理身边的人际关系和社会关系，则是海归创业者的隐痛。

海归创业要解决的首要问题就是资金，如何拿到更多的钱，是海归面临的一大挑战。项目与资金对接不只需要政府的资助和扶持，更重要的是要有好的项目和团队。如今，越来越多的海归选择以团队的形式强强联手，优势互补。

据了解，国内支持海归创业的资金渠道主要有政府类投资、民间类投资以及部分风险投资。虽然目前风投机构已经把钱投给了不少海归企业，但它对于成千上万的海归企业来说，无疑是杯水车薪。同样，民间资本作为海归创业的另一笔资金支持，处境却还是尴尬。"民间资本通常按照自己的游戏规则来运作，海归要取得民间资本支持从而达到有效运作的目的还是有一定难度的，必须形成共同的商务规则并采取一整套的配合举措，不然就好像英语和温州话交流一样，非常别扭。"闫长明说，"这时，可行性报告和市场调研就出现了，双方需要共同探讨出一种合理的合作方式：海归要拿到操作资金，投资人要保证投资收益，共同控制风险。"

海归创办企业单指望政府和有关部门的扶持和资助，是不理智的，也是难以为继的。海归只有把自己的产品和项目投入市场的洪流中去，经过一轮轮地洗刷和考验后，那些能够存活下来的才是有价值的，才是值得投资的。

43. 根据文章内容，"海待"是什么意思？

A 同海带，海里的一种植物

B 到海里待着，捕鱼为生

C 在海边等待事业机会

D 海外归来，在家待业

44. 下面属于海归们在创业中所犯的错误的是哪项?

    A 海归的眼光理性化

    B 没有结合中国实际

    C 不敢冒险

    D 认为国外创业门槛高

45. 为什么大部分留学生想回国创业?

    A 回国能捞到金子

    B 得不到国外人的认可

    C 在国外举步维艰

    D 中国人"落叶归根"的思想

46. 下列哪项属于海归创业资金的主要来源?

    A 父母支持

    B 朋友借钱

    C 民间集资

    D 银行贷款

47~50.

　　一天，学生和一位教授一起散步。他们在小道上看到了一双旧鞋子，估计这双鞋是属于在附近田间劳作的一个穷人。

　　学生转向教授说："让我们给那人来个恶作剧吧——把他的鞋藏起来，然后躲到树丛后面，这样就可以等着看他找不到鞋子时的困惑表情。"

　　"我年轻的朋友，"教授回答道，"我们绝不能把自己的快乐建立在那个穷人的痛苦之上。如果你有钱，你或许可以通过那个穷人给自己带来更多的乐趣：在每个鞋子里放上一枚硬币，然后我们躲起来观察他发现这件事后的反应。"学生照做了，随后他们俩都躲进了旁边的树丛。

　　那个穷人不一会儿就干完了活，穿过田间回到了他放衣服和鞋子的小道上。他一边穿衣服，一边把脚伸进了一只鞋里，但感到鞋里有个硬邦邦的东西，他弯下腰去摸了一下，竟然发现了一枚硬币。他的脸看上去充满着惊讶和疑惑的表情，他捧着硬币，翻来覆去地看，随后又望了望四周，没有发现任何人。于是他把钱放进了自己的口袋，继续去穿另一只鞋，他又一次惊喜地发现了另一枚硬币。

　　他激动地仰望着天空，大声地表达了炽热的感激之情，他的话语中谈及了生病和无助的妻子、没有面包吃的孩子，感谢那来自未知处的及时救助，这救助将他们一家人从困顿中拯救出来。

　　站在树丛后的学生被深深地感动了，他的眼中充满了泪花。他对教授说道："我感觉到了以前我从来都不曾懂得的这句话的意味——给予比接受更快乐。谢谢您。"

47. 鞋子是谁的？

　　A 学生

　　B 教授

　　C 穷人

　　D 孩子

48. 穷人发现第一枚硬币后，怎么了？

　　A 把钱放进口袋里

　　B 寻找硬币的主人

　　C 感谢上帝的帮助

　　D 回家给孩子吃的

49. 根据上文，下列哪项正确？

    A 穷人被学生做了捉弄

    B 穷人的妻子在家做面包

    C 穷人一共得到了2枚硬币

    D 学生和教授在田间干活

50. 这个故事想说明什么？

    A 要帮助穷人

    B 给予比接受快乐

    C 一枚硬币也非常有用

    D 不要把自己的快乐建立在穷人身上

MEMO

다락원 홈페이지 접속

新 HSK 급소공략 – 6급 독해

지은이 강주영, 왕러
펴낸이 정규도
펴낸곳 (주)다락원

초판 1쇄 발행 2011년 6월 10일
초판 5쇄 발행 2020년 11월 23일

기획·편집 이상윤, 오혜령, 이진아
디자인 박나래, 김금주

다락원 경기도 파주시 문발로 211
전화 (02)736-2031(내선 250~252/내선 430~439)
팩스 (02)732-2037
출판등록 1977년 9월 16일 제406-2008-000007호

Copyright ⓒ 2011, 강주영, 왕러

저자 및 출판사의 허락 없이 이 책의 일부 또는 전부를 무단 복제·전재·발췌할 수 없습니다. 구입 후 철회는 회사 내규에 부합하는 경우에 가능하므로 구입처에 문의하시기 바랍니다. 분실·파손 등에 따른 소비자 피해에 대해서는 공정거래위원회에서 고시한 소비자 분쟁 해결 기준에 따라 보상 가능합니다. 잘못된 책은 바꿔 드립니다.

정가 21,000원 (본책+해설서)
ISBN 978-89-277-2073-7 14720
ISBN 978-89-277-2056-0(set)

www.darakwon.co.kr
다락원 홈페이지를 방문하시면 상세한 출판 정보와 함께 동영상 강좌, MP3 자료 등 다양한 어학 정보를 얻으실 수 있습니다.

新HSK 급소공략 6급 독해

해설서

강주영, 왕러 저

다락원

이 책의 순서

I 제1부분: 오류가 있는 문장 고르기
1. 명사, 대사   4
~12. 혼란스러운 구조, 비논리적인 서술   29

II 제2부분: 빈칸에 들어갈 알맞은 단어 고르기
1. 유의어   32
2. 성어 및 4자 결구   37
3. 기타   43

III 제3부분: 알맞은 문장 골라 빈칸 채우기
1. 연결어법   49
2. 키워드법   51
3. 의미 추론법   54
4. 소거법   57

IV 제4부분: 지문 읽고 질문에 답하기
1. 세부 문제   60
2. 주제 문제   68
3. 인과관계 문제   77

V 모의고사
1. 모의고사 1   87
2. 모의고사 2   108
3. 모의고사 3   130

I : 오류가 있는 문장 고르기

1 명사, 대사 p.21

정답 1 A   2 C   3 B   4 A   5 B

---

1 A. 随着"神七"载人飞船的胜利升空，这无疑成为中国航天史上的又一里程碑。
B. "什么都是浮云"，意思是什么都不值得一提，有抱怨感叹之意。
C. 男子发型变化不及女子多，但通过修剪或烫发也能梳理出多种多样的发型。
D. 打拳和使用兵器的技术，是中国传统的体育项目。武术又称国术或武艺。

1 A. 유인우주선 '선저우 7호' 발사 성공은 중국 우주비행 역사의 이정표가 될 것임이 틀림없다.
B. '모두 뜬구름 잡는 소리다'는 거론할 가치도 없다는 뜻으로, 원망과 탄식의 감정을 담고 있다.
C. 남자는 여자보다 헤어스타일의 변화가 많지 않다. 하지만 커트와 파마로도 다양한 헤어스타일을 연출할 수 있다.
D. 권법 연마와 병기를 사용한 기술은 중국 전통 스포츠이다. 우슈는 '궈슈' 또는 '우이'라고도 한다.

神七 Shénqī [고유] 선저우 7호 | 浮云 fúyún [명] 뜬구름 | 打拳 dǎquán [동] 권법을 연마하다

---

1 A 随着"神七"载人飞船的胜利升空，这无疑成为中国航天史上的又一里程碑。
→ "神七"载人飞船的胜利升空，无疑成为中国航天发展史上的又一里程碑。

뒷절의 의미로 보았을 때 주어는 명사구인 "神七"载人飞船的胜利升空"이다. 하지만 앞에 '随着'가 붙으면서 앞절이 부사어가 되어버렸다. 또한 뒷절에 있는 지시대사 '这'를 사용해 주어가 되게 했지만 이 문장에는 무엇인가를 지시하는 내용이 없으므로 주어가 불분명해졌다. 그러므로 '随着'와 '这'를 삭제해야 한다.

---

2 A. 中国人民银行决定，从2011年2月起，上调存款类金融机构人民币存款准备金率。
B. 我们的政府有信心、有能力保持物价总水平基本稳定。
C. 出版社出版了一本小说，精装本与普及本的定价悬殊一百多块。
D. 我曾经很认真的和梁朝伟讨论过，专门为他做一个电影，背景是在纽约。

2 A. 중국인민은행은 2011년 2월부터 (모든) 예금기관의 지급준비율을 인상하기로 했다.
B. 우리 정부는 물가안정을 유지할 자신과 능력이 있습니다.
C. 출판사에서 소설을 출간했는데 양장본과 보급판의 가격 차이가 100위앤도 넘는다.
D. 나는 예전에 량차오웨이와 뉴욕을 배경으로 한 그를 위한 영화 제작에 대해 진지하게 논의한 바 있다.

存款准备金率 cúnkuǎn zhǔnbèi jīnlǜ [명] 지급준비율 | 悬殊 xuánshū [형] 차이가 크다

---

2 C 出版社出版了一本小说，精装本与普及本的定价悬殊一百多块。
→ 出版社出版了一本小说，精装本与普及本的定价相差一百多块。

뒷절의 주어는 '精装本与普及本的定价'이고, '一百多块'는 목적어이다. 주어와 목적어 사이에는 서술어인 동사가 필요한데, '悬殊'는 형용사이므로 이 문장의 서술어로 적합하지 않다.

---

3 A. 在先进工作者代表大会上，他们两个人又在一起交流经验。
B. 中国在近几十年的社会主义建设时候需要大批杰出的科学家。
C. 参加"火星-500"项目的中国志愿者在俄医学生物问题研究所开始模拟"登陆火星"。
D. 身为知名导演，他在游历欧美多年后，萌生了一个念头：试图用中国神话精神净化人心。

3 A. 선진 근무자 대표 총회에서 그들 두 사람은 또 한 번 경험을 교류했다.
B. 수십 년의 사회주의 구축 기간에 중국은 뛰어난 과학자가 많이 필요했다.
C. '화성-500' 프로젝트에 참가한 중국 지원자들은 러시아 의학생물문제연구소에서 '화성착륙' 시뮬레이션을 시작했다.
D. 그는 유명한 감독으로서 수년간 구미지역을 돌아다니며 중국의 신화를 바탕으로 사람들의 마음을 정화하는 시도를 구상했다.

杰出 jiéchū 형 출중한, 뛰어난 | 模拟 mónǐ 명 모의 실험, 시뮬레이션 | 游历 yóulì 여러 곳을 돌아다니다 | 萌生 méngshēng 동 발생하기 시작하다, 움트다, 싹트다 | 念头 niàntóu 명 생각, 마음, 의사 | 净化 jìnghuà 동 정화하다

3 B 中国在近几十年的社会主义建设**时候**需要大批杰出的科学家。
→ 中国在近几十年的社会主义建设**时期**需要大批杰出的科学家。

명사 '时候' 사용에 문제가 있다. 문장 중 '近几十年的社会主义建设'에서 수십 년은 굉장히 긴 시간이나, '时候'는 '때'라는 의미로 짧은 시간을 의미하므로 적합하지 않다. 그러므로 '时候'를 '时期'로 바꿔야 한다.

---

4 A. 有些电脑设计得很小巧，甚至可以放一个很薄的文件袋里。
B. 快乐有助于延长寿命，有助于增加食欲，有助于提高工作效率。
C. 草原上的天气变幻莫测，早上还是晴空万里，中午就乌云密布了。
D. 当今世界农业发展的新趋势就是重新认识农业，开拓农业的新领域。

4 A. 심지어 어떤 컴퓨터는 얇은 서류 봉투 안에 들어갈 정도로 작게 디자인된 것도 있다.
B. 즐거움은 수명 연장, 식욕 증가, 업무 효율을 높이는 데 도움이 된다.
C. 초원의 날씨는 변화무쌍해서 예측할 수가 없다. 아침만 해도 맑게 개어있던 하늘이 점심이 되자 먹구름으로 가득 찼다.
D. 현재 세계 농업 발전의 새로운 추세는 농업을 새롭게 인식하고 새로운 영역을 개척하는 것이다.

变幻莫测 biànhuàn mòcè 성 변화무쌍하여 예측할 수가 없다 | 乌云 wūyún 명 먹구름 | 密布 mìbù 동 짙게 덮이다, 빽빽하게 들어차다

4 A 有些电脑设计得很小巧，甚至可以**放**一个很薄的文件袋里。
→ 有些电脑设计得很小巧，甚至可以**放在**一个很薄的文件袋里。

방위사 구문이 장소, 범위 등을 나타낼 때, 개사 '在, 从, 中' 등은 일반적으로 생략할 수 없다. 그러므로 뒷절의 구조는 '동사(放)+在+일반명사(一个很薄的文件袋)+방위사(里)'의 순서가 되어야 한다.

I-1. 명사, 대사 **5**

5. A. 说实话，我非常理解他能在这个时候做出这样的一个艰难的决定。
   B. **我们要精心把你打造成一个很中国的国际巨星。**
   C. 叶圣陶和丰子恺先生在民国年间联手创作的这一套教材，为孩子展开了一个诗意的世界。
   D. 俗话说，店大欺客，客大欺店。再有名的明星在央视春晚面前，也不得不低下"高贵"的头。

5. A. 사실 나는 그가 이러한 시기에 이처럼 어려운 결정을 한 것을 충분히 이해한다.
   B. **우리는 당신을 세계적인 중국 스타로 만들기 위해 노력할 것이다.**
   C. 예성타오와 펑쯔카이가 민국 연간에 함께 편찬한 이 교재는 아이들에게 시의 세계를 맛보게 해 주었다.
   D. '고급 매장에 가면 손님이 주눅 들고 손님의 위세가 거세면 매장의 점원이 손님에게 쩔쩔맨다'는 말이 있다. 아무리 유명한 연예인이라도 CCTV 춘절완회에서는 '빳빳한' 고개를 숙일 수밖에 없다.

艰难 jiānnán 형 곤란하다, 어렵다, 힘들다 | 打造 dǎzào 동 만들다, 기르다, 키우다

5 **B** 我们要精心把你打造成一个很中国的国际巨星。
→ 我们要精心把你打造成一个很中国化的国际巨星。

'很'은 정도부사로, 주로 형용사를 수식할 때 쓰인다. 이 문장에서 '很中国'는 중심어인 '国际巨星'을 수식하고 있는데, '中国'는 명사이므로 형용사화시켜 '中国化'로 고쳐야 한다.

2 수사, 양사 p.30

| 1 B | 2 B | 3 A | 4 B | 5 C |

1. A. 我们医院的外科治愈率已由80%增加到93%。
   B. **这个单位职工福利好，收入高，每月工资至少一千八百元以上。**
   C. 最近，收音机的价格一涨再涨，有的甚至涨了一倍。
   D. 由于这个失误，他们赔给对方公司两万多美元。

1. A. 우리 병원의 외과 완치율은 이미 80%에서 93%로 높아졌다.
   B. **이 회사는 직원 복지가 잘 되어 있고, 수입도 높다. 월급이 최소한 1,800위앤은 된다.**
   C. 최근 라디오의 가격이 계속 오르면서 어떤 것은 2배나 올랐다.
   D. 이 실수 때문에, 그들은 상대편 회사에 2만 달러 이상을 배상했다.

治愈率 zhìyùlǜ 완치율 | 福利 fúlì 명 복지, 복리, 후생 복지 | 失误 shīwù 명 실수, 실책

1 **B** 这个单位职工福利好，收入高，每月工资至少一千八百元以上。
→ 这个单位职工福利好，收入高，每月工资至少一千八百元。
/ 这个单位职工福利好，收入高，每月工资一千八百元以上。

'最多'와 '至少'는 각각 최대한도와 최저한도를 나타내며 뒤에 범위를 나타내는 '以上, 以下' 등의 어휘와 함께 쓸 수 없다. 그러므로 이 문장에서는 '以上'과 '至少' 중 하나를 삭제해야 한다.

2 A. 一缕阳光透过窗帘，温暖地照在我的身上。
   B. 今天上午，小李吃了二个馒头和一碗粥。
   C. 快轮到我的面试了，我的手里紧紧地攥着一把汗。
   D. 电门一关，就可以阻止电流再通过。

2 A. 햇빛 한 줄기가 커튼을 뚫고 나와 따뜻하게 나의 몸을 비췄다.
   B. 오늘 아침에 샤오리는 찐빵 두 개와 죽 한 그릇을 먹었다.
   C. 곧 나의 면접 차례이다. 손에는 긴장의 땀방울이 맺혔다.
   D. 스위치를 끄면 전류의 흐름을 막을 수 있다.

缕 lǚ 양 줄기, 가닥 | 窗帘 chuānglián 명 커튼 | 攥 zuàn 동 꽉 쥐다, 잡다 | 阻止 zǔzhǐ 동 저지하다, 막다

2 B 今天上午，小李吃了二个馒头和一碗粥。
   → 今天上午，小李吃了两个馒头和一碗粥。

수사가 한 자리 숫자일 경우에는 양사 앞에 '两'(도량형 제외)을 쓰고, 두 자리 숫자일 경우에는 '二'을 쓴다. 그러므로 '二个馒头'가 아니라 '两个馒头'가 되어야 한다.

3 A. 生活是一把镜子，你对它笑，它就对你笑；你对它哭，它也对你哭。
   B. 剪纸是一种民间艺术，在中国已经有上千年的历史。
   C. 一个人的快乐，不在于他得到多少，而是在于他付出了多少。
   D. 臭氧层能阻挡太阳百分之九十九的紫外线辐射，成为地球的保护伞。

3 A. 삶은 거울과 같다. 당신이 웃으면 삶도 당신에게 웃음을 보이고, 당신이 울면 삶도 당신을 보고 눈물짓는다.
   B. 종이 오리기 공예는 민간 예술로, 중국에서 이미 수천 년의 역사를 가지고 있다.
   C. 한 사람의 기쁨은 그 사람이 얼만큼 얻었는지가 아니라 그가 얼만큼 노력했는지에 달렸다.
   D. 오존층은 태양으로부터 오는 자외선의 99%를 막아주어 지구의 보호막이 된다.

剪纸 jiǎnzhǐ 명 종이 오리기 공예 | 臭氧层 chòuyǎngcéng 명 오존층 | 阻挡 zǔdǎng 동 저지하다, 가로막다

3 A 生活是一把镜子，你对它笑，它就对你笑；你对它哭，它也对你哭。
   → 生活是一面镜子，你对它笑，它就对你笑；你对它哭，它也对你哭。

거울의 양사는 '面'이다. 따라서 '把'를 '面'으로 고쳐야 한다.

4 A. 长时间面对电脑和电视、睡眠不规律不利于身体健康。
   B. 我在北京工作了五年，觉得这是一座座既现代又古老的城市。

4 A. 장시간 동안의 컴퓨터 사용이나 TV 시청, 불규칙한 수면은 건강에 해롭다.
   B. 베이징에서 5년간 근무하면서 나는 베이징이 현대적이면서도 고풍스러운 도시라고 느꼈다.

C. 感冒初期不要吃西瓜，因为西瓜是凉性食物，可能会加重感冒。
D. 这一圈小山在冬天景色非常迷人，好象是一幅水墨画。

C. 감기 초기 때는 수박을 먹으면 안 된다. 왜냐하면 수박은 찬 성질의 음식이기 때문에 먹으면 감기가 더 심해진다.
D. 이 작은 산은 겨울 경관이 특히 빼어나서 마치 한 폭의 수묵화 같다.

规律 guīlǜ 혱 규칙적이다, 규율에 맞다 | **加重** jiāzhòng 동 가중하다, 심해지다 | **水墨画** shuǐmòhuà 명 수묵화

4 B 我在北京工作了五年，觉得这是一<u>座座</u>既现代又古老的城市。
→ 我在北京工作了五年，觉得这是一<u>座</u>既现代又古老的城市。

양사 중첩은 '모든, 전부'라는 의미를 나타내므로, 여러 개로 이루어진 하나의 덩어리 전체를 가리킬 때 쓴다. 그러나 베이징은 여러 도시의 묶음이 아니라 하나의 도시이므로 '一座座'라는 양사 중첩이 아닌 '一座'를 쓰는 것이 옳다.

5 A. 这个就是最新款的，没有比它再好看实用的了。
B. 有两种人我们应该多交往：一是良师，二是益友。
C. 北京私家车拥有的数量已经占到汽车销售总量的将近80%以上。
D. 西藏的自然风光雄奇壮美，具有典型的高原特色，民俗风情也独特迷人。

5 A. 이것이 최신 모델입니다. 이것보다 실용적이고 예쁜 디자인은 없습니다.
B. 우리는 두 종류의 사람과 많이 왕래해야 한다. 첫 번째는 좋은 스승이고, 두 번째는 좋은 친구이다.
C. 베이징의 자가용 구매량이 이미 자동차 총판매량의 80% 이상을 차지하고 있다.
D. 티베트의 자연경관은 웅장하고 수려하다. 전형적인 고원지대의 특징을 지니고 있고 민속적인 풍취 역시 사람을 매료시킨다.

新款 xīnkuǎn 명 새로운 스타일 | **私家车** sījiāchē 명 자가용 | **雄奇** xióngqí 동 웅대하고 기이하다

5 C 北京私家车拥有的数量已经占到汽车销售总量的<u>将近</u>80%以上。
→ 北京私家车拥有的数量已经占到汽车销售总量的80%以上。

'将近'은 '不到'의 의미이고, '以上'은 '超过'의 의미이므로 함께 사용할 수 없다.

3 동사, 형용사 p.40

| 1 D | 2 B | 3 B | 4 A | 5 C |

1 A. 金乌炭雕是一种新型室内环保艺术品，它能吸附空气中的有毒有害气体。

1 A. 진우탄디아오는 새로운 형태의 실내 친환경 예술품으로, 공기 중의 유독물질과 유해가스를 흡수할 수 있다.

B. 村委会会议室挤满了前来听课的村民，他们迫切想学到农业知识。
C. 水墨画通过墨汁的浓淡绘制景色，生动形象，被国人称为"墨宝"。
D. 据报道，有关成员国已一致达成意见，同意成立临时指挥部。

B. 마을위원회 회의실은 수업을 들으러 온 마을 사람들로 가득 찼으며, 그들은 농업에 대한 지식을 공부하기를 갈망했다.
C. 수묵화는 먹물의 농담 효과를 이용하여 풍경과 생동감을 나타내기 때문에 '묵보'라고 불린다.
D. 보도에 따르면 관련 회원국들은 이미 임시지휘부 설립에 대해 의견을 같이 했다.

挤满 jǐmǎn 가득 차다 | 绘制 huìzhì 동 제도하다, (도면, 도표 따위를) 제작하다 | 墨宝 mòbǎo 명 묵보 [남의 서화를 높여 이르는 말]

---

1 D 据报道，有关成员国已一致达成意见，同意成立临时指挥部。
→ 据报道，有关成员国已达成一致意见，同意成立临时指挥部。
'一致意见'은 '일치된 견해'라는 의미의 고정화된 상용어구이므로 동사 '达成'을 그 사이에 쓸 수 없다.

---

2 A. 失败是成功之母，我们要从失败中吸取教训。
B. 他连续一个星期加班没有收拾家，所以屋子里显得很乱糟糟的。
C. 积极的人在困难中看到机会，而消极的人则在机会中看到困难。
D. 毛主席说：我们的目的一定要达到，而且我们的目的肯定能够达到。

2 A. 실패는 성공의 어머니이다. 우리는 실패 속에서 교훈을 얻어야 한다.
B. 그는 일주일 내내 야근을 해서 집안 청소를 하지 못했다. 그래서 집안이 엉망진창이다.
C. 긍정적인 사람은 역경 속에서도 기회를 본다. 하지만 부정적인 사람은 기회 속에서도 역경을 본다.
D. 마오 주석은 "우리의 목표는 달성되어야 하며 또 분명히 달성될 것이다."라고 말했다.

吸取 xīqǔ 동 흡수하다, 받아들이다, 얻다 | 教训 jiàoxùn 명 교훈 | 连续 liánxù 동 연속하다, 계속하다

---

2 B 他连续一个星期加班没有收拾家，所以屋子里显得很乱糟糟的。
→ 他连续一个星期加班没有收拾家，所以屋子里显得乱糟糟的。
형용사 중첩에는 정도를 나타내는 부사를 쓸 수 없다. 그러므로 '很'을 삭제해야 한다.

---

3 A. 到北京不吃北京烤鸭，不算来北京。这道菜如今已成为世界闻名的美食。
B. 公司第四季度赢利达15.7亿元，十分超出了分析人士此前的预期。
C. 《清明上河图》生动地记录了中国在清朝时期的城市生活面貌。
D. 幽默有时候能起到很大的作用，拥有了它，我们与别人的交谈就会变得更有味道，相处也会变得非常融洽。

3 A. 베이징에 와서 베이징 오리구이를 먹지 않는다면, 베이징에 왔다고 할 수 없다. 베이징 오리구이는 이제 세계적인 요리가 되었다.
B. 회사의 사사분기 이윤은 분석가들의 종전 예상을 훨씬 초과한 15억 7천만 위앤에 달했다.
C. 「청명상하도」는 중국 청조 시대 도시의 삶을 생동감 있게 기록했다.
D. 유머는 때로 아주 커다란 역할을 한다. 유머가 있기 때문에 사람들 간의 교류는 더욱 유쾌하고 사이좋게 변한다.

北京烤鸭 Běijīng kǎoyā 고유 베이징 오리구이 | 赢利 yínglì 명 이윤, 이익 | 融洽 róngqià 형 사이가 좋다, 조화롭다, 융화하다

3 B 公司第四季度赢利达15.7亿元，十分超出了分析人士此前的预期。
→ 公司第四季度赢利达15.7亿元，远远超出了分析人士此前的预期。
／公司第四季度赢利达15.7亿元，大大超出了分析人士此前的预期。

'十分'은 정도를 나타내는 부사로, 동사인 '超出'를 수식할 수 없다. 그러므로 '远远超出' 또는 '大大超出'로 고쳐야 한다.

4 A. 明天要变天了，你得穿多点衣服。
   B. 他在妈妈的鼓励下，顺利通过考试。
   C. 昨天我们开会，所以不能参加你的生日晚会。
   D. 想要预防在野外活动中迷路，可以带一个指南针。

4 A. 내일은 날씨가 흐리다니까 옷을 좀 더 챙겨 입도록 해.
   B. 그는 어머니의 격려로 시험에 순조롭게 합격했다.
   C. 어제 우리는 회의를 했어. 그래서 네 생일 파티에 가지 못한 거야.
   D. 야외활동 중 길을 잃지 않으려면, 나침반을 가져가야 한다.

变天 biàntiān 동 (주로 맑은) 날씨가 변하다 | 指南针 zhǐnánzhēn 명 나침반

4 A 明天要变天了，你得穿多点衣服。
→ 明天要变天了，你得多穿点衣服。

'穿多点'에서 '多'는 보어로 이미 발생한 결과에 쓰이나, 이 문장의 앞뒤 문맥을 따져보면 동작이 아직 발생하지 않았으므로 '多穿点'의 형태로 '多'를 부사어로 사용해야 한다.

5 A. 无论是风寒感冒还是风热感冒，多喝水都对身体有好处。
   B. 端午节不仅能吃粽子，还能看到热闹的龙舟赛。
   C. 要想讲讲清楚语言层面的问题，真的是非常难。
   D. 春节和国庆节两个大假都是出游的高峰期。

5 A. 풍한 감기건 풍열 감기건 간에 모두 물을 많이 먹는 것이 좋다.
   B. 단오절에는 쫑즈를 먹을 수 있을 뿐만 아니라 시끌벅적한 용선 경기도 볼 수 있다.
   C. 언어적 차원의 문제를 명확하게 설명하기는 정말 매우 어렵다.
   D. 설과 국경절 연휴 모두 여행 성수기이다.

5 C 要想讲讲清楚语言层面的问题，真的是非常难。
→ 要想讲清楚语言层面的问题，真的是非常难。

중첩한 동사는 보어를 가질 수 없다. 이 문장에서 '讲'은 '清楚'라는 보어를 수반하므로 중첩을 해서는 안 된다.

4 부사, 개사 p.54

| 정답 | 1 C | 2 C | 3 B | 4 B | 5 A |

1
A. 从下周开始，我国大部分地区将出现一次强降雨天气。
B. 生姜不仅是炒菜的原料，还能对降低胃癌发生率有一定作用。
C. 现在已经10点半了，我估计他今天一定不会来学习画画了。
D. 20个月的欣欣简直是个天生的模仿家，所以做父母的要多注意自己的言行举止。

1
A. 다음 주부터 우리나라 대부분 지역에는 한차례 강한 비가 쏟아지겠습니다.
B. 생강은 볶음 요리의 재료일 뿐만 아니라 암 발병률을 낮추는 역할도 한다.
C. 벌써 10시 반이다. 내 생각에 그는 오늘 그림을 배우러 오지 않을 것 같다.
D. 20개월 된 신신은 그야말로 타고난 흉내쟁이라서, 부모로서 언행을 더욱 조심해야 한다.

生姜 shēngjiāng 명 생강 | 原料 yuánliào 명 원료, 감 | 言行举止 yánxíng jǔzhǐ 언행

1 C 现在已经10点半了，我估计他今天一定不会来学习画画了。
→ 现在已经10点半了，我估计他今天不会来学习画画了。
'估计'는 대략적인 추측을 나타내는 표현이지만 '一定'은 확실한 사실을 의미하므로 '一定'을 삭제해야 한다.

2
A. 我工作的最大动力在于用自己的双手努力创造去改善我目前的生活。
B. 壁虎长得像干树枝，为了躲避天敌的追杀，它能够和周围环境巧妙地融合在一起，足以以假乱真。
C. 总部希望以后能够在国内，而且会向海外分公司也推广使用这套管理系统。
D. 琴棋书画样样精通，意思是说古琴、围棋、书法、绘画这四门技艺每一门都很出色。

2
A. 내가 일을 하는 가장 큰 원동력은 스스로의 힘으로 내 현재의 삶을 바꿔나간다는 것에 있다.
B. 도마뱀붙이는 마른 나뭇가지처럼 생겼으며 천적을 피하려고 주변의 사물과 교묘하게 섞여 있어 마치 그 사물의 일부인 것처럼 보인다.
C. 본사에서는 앞으로 국내뿐만 아니라 해외지사에서도 이 운영시스템을 사용할 수 있게 되기를 바란다.
D. 각종 문예에 정통하다는 말은 칠현금 타기, 바둑 두기, 서예, 그림 등 4가지 분야에 뛰어난 재능을 갖고 있다는 뜻이다.

壁虎 bìhǔ 명 도마뱀붙이 | 躲避 duǒbì 동 숨다 | 琴棋书画 qín qí shūhuà 성 각종 문예 특기 | 古琴 gǔqín 명 칠현금

2 C 总部希望以后能够在国内，而且会向海外分公司也推广使用这套管理系统。
→ 总部希望以后能够在国内，而且也会向海外分公司推广使用这套管理系统。
부사의 위치가 틀렸다. 일반 부사는 주로 개사구 앞에 위치한다.

3 A. 大家都知道吸烟有害身体健康，而且女性吸烟还会影响到下一代的健康。
B. 国际上通常设计时速在200公里以上的列车称为高速列车。
C. 如果用户在苹果iPad的使用过程中出现问题，可拨打我们的服务电话，我们会尽快为您解决。
D. 一只罕见的全身黑色的企鹅被一群野生动植物观察家们发现了。

3 A. 사람들은 흡연이 건강에 해로우며, 여성 흡연은 다음 세대(태아)에게도 안 좋은 영향을 미친다는 것을 알고 있다.
B. 국제적으로 시속 200km 이상으로 설계된 열차를 고속철도라고 부른다.
C. 애플 iPad를 사용하시다가 문제가 생기면 저희 서비스전화로 연락 주십시오. 신속하게 해결해 드리겠습니다.
D. 몸 전체가 까만 보기 드문 펭귄이 야생동식물 관찰자들에 의해 발견됐다.

高速列车 gāosùlièchē 몡 고속철도 | 拨打 bōdǎ 동 전화를 걸다 | 罕见 hǎnjiàn 혱 보기 드물다 | 企鹅 qǐ'é 몡 펭귄

3 B 国际上通常设计时速在200公里以上的列车称为高速列车。
→ 国际上通常**把**设计时速在200公里以上的列车称为高速列车。

개사 '把'가 빠졌다. '把 A 称为 B'는 'A를 B라고 부르다'라는 의미이다.

4 A. 翻开莎士比亚的戏剧集，每一本都像是一个百宝箱，使人眼花缭乱。
B. 醋是很多女士们的最爱，因为它里面含有丰富的氨基酸。把皮肤吸收后能够使皮肤变得更白。
C. 可燃冰就像是上天赐予人类的珍宝，它的分布的范围约占海洋总面积的10%，是海底极有价值的矿产资源。
D. 网络游戏并不简单，如果想得到更好的"战绩"，就需要花钱购买强大的装备和道具。

4 A. 셰익스피어의 희곡집을 들여다보면 한 권 한 권이 모두 마치 보석상자와 같이 사람의 눈길을 사로잡는다.
B. 식초에는 아미노산이 풍부하게 함유되어 있기 때문에 많은 여성이 좋아한다. 피부에 흡수된 후에 피부를 더욱 하얗게 만든다.
C. 메탄 수화물은 자연이 인간에게 준 보물이다. 분포 범위가 전체 해양 면적의 10%를 차지하고 있는 메탄 수화물은 매우 귀중한 가치를 지닌 바닷속 광산 자원이다.
D. 온라인 게임은 그리 간단하지 않다. 더 좋은 '점수'를 얻기 위해서는 돈을 써서 더욱 강력한 장비와 무기를 구매해야 한다.

莎士比亚 Shāshìbǐyà 고유 셰익스피어 | 百宝箱 bǎibǎoxiāng 몡 보석상자 | 眼花缭乱 yǎnhuā liáoluàn 셩 눈이 부시다, 눈을 현혹시키다 | 氨基酸 ānjīsuān 몡 아미노산 | 可燃冰 kěránbīng 몡 메탄 수화물

4 B 醋是很多女士们的最爱，因为它里面含有丰富的氨基酸。**把**皮肤吸收后能够使皮肤变得更白。
→ 醋是很多女士们的最爱，因为它里面含有丰富的氨基酸。**被**皮肤吸收后能够使皮肤变得更白。

피부'를' 흡수하는 것이 아니라 피부'에' 흡수되는 것이므로 '把'를 '被'로 고쳐야 의미가 통한다.

5 A. 我很庆幸自己总是能从父母得到强有力的支持。
B. 世界上已知的最小的鸟类是蜂鸟。
C.《西游记》是中国四大古典小说之一，主要讲了唐僧师徒四人西天取经的故事。

5 A. 다행히 나는 언제나 부모님의 든든한 지원을 받았다.
B. 세상에 알려진 가장 작은 새는 벌새이다.
C.『서유기』는 중국 4대 고전소설 중 하나로, 당나라 스님이 4명의 제자를 데리고 서천(인도)에 가서 불경을 구해오는 내용을 담고 있다.

D. 经常与人沟通，善于倾听，对我来说是获得某种知识、经验和思想启迪的机会。

D. 나에게 있어 항상 다른 사람들과 소통하고 그들의 의견을 경청하는 것은 지식과 경험 그리고 사상적 깨달음을 얻는 기회이다.

庆幸 qìngxìng 통 (예상보다 결과가 좋아) 축하할 만하다, 다행스러워하다 | 蜂鸟 fēngniǎo 명 벌새 | 取经 qǔjīng 스님이 인도에 가서 불경을 구해 오다 | 倾听 qīngtīng 통 경청하다 | 启迪 qǐdí 명 깨우침, 깨달음

5 A 我很庆幸自己总是能**从**父母得到强有力的支持。
→ 我很庆幸自己总是能**从**父母**那儿**得到强有力的支持。

'从'은 기점을 나타내는 장소나 시간을 수반한다. 그러므로 일반명사인 '父母' 다음에 '这儿'이나 '那儿'을 붙여 장소를 나타내는 말로 바꿔주어야 한다.

5 조사 p.62

| 정답 | 1 B 2 D 3 A 4 A 5 D |

1 A. 人就像一部汽车，而期望就像汽车的变速档。
B. 广东农村正在掀起了科学种田的新高潮。
C. 成功是每个人达到自己理想之后一种自信的状态和一种满足的感觉。
D. 任何人都会遇到不如意的事，每个人都难免产生烦恼、悲哀、内疚、失望等情绪。

1 A. 사람은 한 대의 자동차와 같고, 기대는 자동차의 액셀러레이터와 같다.
B. 광동 농촌에는 과학적 영농 열풍이 불고 있다.
C. 성공은 모든 사람이 자신의 이상에 도달한 후 느끼는 일종의 자신감과 만족감이다.
D. 누구든 만족하지 못하는 상황에 부닥치면 번뇌, 비애, 죄책감, 실망 등의 감정을 피할 수 없다.

变速档 biànsùdàng 액셀러레이터 | 掀起 xiānqǐ 통 불러일으키다 | 内疚 nèijiù 형 (양심의) 가책을 느끼다

1 B 广东农村**正在**掀起**了**科学种田的新高潮。
→ 广东农村**正在**掀起科学种田的新高潮。
/ 广东农村掀起**了**科学种田的新高潮。

진행을 나타내는 '正在'와 완료를 나타내는 '了'가 상충하므로 상황에 맞게 둘 중 하나를 삭제해야 한다.

2 A. 我佩服这一种人：他或许很穷，但是他很懂得做人，在人格上是顶天立地的。
B. 做事不要"怕"，选择了一件事，就要去坚持做，这样成功才会离你很近。

2 A. 내가 탄복하는 사람은 가난할지라도 사람의 도리를 알고 인격적으로 성숙한 사람이다.
B. 일을 할 때에는 '두려워' 말라. 일을 선택했으면 끝까지 해야 한다. 그래야 성공이 당신의 가까운 곳에 있게 된다.

C. 人之所以有一张嘴，而有两只耳朵，原因是听的要比说的多一倍。
D. 连用的词语，在内容上前后不能重复，否则，将会犯了画蛇添足的毛病。

C. 사람에게 입은 하나이고 귀는 둘인 까닭은 말하기보다 듣기를 많이 해야 하기 때문이다.
D. 이어서 사용하는 어휘는 앞뒤 내용이 중복되면 안 된다. 그렇지 않으면 사족을 붙이는 셈이 된다.

顶天立地 dǐng tiān lì dì 셍 하늘을 떠받치고 땅에 우뚝 서다. 기골이 우람하고 장대하며 기개가 범상치 않다 | 画蛇添足 huà shé tiān zú 셍 쓸데없는 짓을 하여 도리어 일을 잘못되게 하다. 재주를 피우려다 일을 망치다. 사족을 가하다

2 **D** 连用的词语，在内容上前后不能重复，否则，将会犯了画蛇添足的毛病。
→ 连用的词语，在内容上前后不能重复，否则，将会犯画蛇添足的毛病。
미래를 나타내는 '将'과 완료를 나타내는 '了'가 서로 상충하므로 '了'를 삭제해야 한다.

3 A. 我国向太平洋预定海域发射的首枚运载火箭圆满成功。
B. 孩子几乎每天都要吃做糊了的饭菜，穿没有洗干净的衣服。
C. 我曾经爱过她，可惜这十多年来她一直不知道。
D. 积极的人在每一次忧患中都看到一个机会，而消极的人则在每个机会中都看到某种忧患。

3 A. 우리나라의 태평양 해역을 향한 첫 로켓 발사가 원만히 성공했다.
B. 아이는 거의 매일 죽으로 끼니를 때우고 지저분한 옷을 입는다.
C. 나는 한때 그녀를 사랑했다. 하지만 안타깝게도 그녀는 10년 넘게 모르고 있다.
D. 긍정적인 사람은 고난 속에서도 기회를 보고 부정적인 사람은 기회가 올 때마다 그 속에서 고난을 본다.

运载 yùn zài 동 탑재 운반하다 | 火箭 huǒ jiàn 명 로켓 | 糊 hú 명 죽 | 忧患 yōu huàn 명 우환, 위기

3 **A** 我国向太平洋预定海域发射的首枚运载火箭圆满成功。
→ 我国向太平洋预定海域发射首枚运载火箭圆满成功。
/ 我国向太平洋预定海域发射的首枚运载火箭获得圆满成功。
원래 주술구조였던 주어(我国向太平洋预定海域发射首枚运载火箭)가 '的' 때문에 명사 주어(首枚运载火箭)가 되어 서술어(圆满成功)와 호응하지 않는다. 즉, 첫 로켓이 성공한 것이 아니라 로켓의 발사가 성공한 것이므로 '的'를 삭제해야 한다.

4 A. 大家都说最近流行染发，所以她去美发厅把头发染着棕色。
B. 人非圣贤，孰能无过。失败的确令人沮丧，有人从此以后丧失了信心，迷失了方向。
C. 我现在能和孩子每天面对面地交流，这在以前是做不到的。
D. 环境不会改变，解决之道在于改变自己。

4 A. 모두들 최근 염색이 유행이라고 해서, 그녀는 미용실에 가서 갈색으로 염색했다.
B. 성인이 아닌 이상, 그 누군들 잘못이 없겠는가. 실패는 실로 사람을 낙심하게 한다. 어떤 사람은 실패 후 자신감을 잃고 삶의 방향을 잃어버린다.
C. 나는 지금은 아이들과 매일 개인적으로 만나 교류를 한다. 이것은 예전에는 못 했던 것이다.
D. 환경은 변하지 않는다. 해결하는 방법은 자신이 변하는 것이다.

棕色 zōngsè 몡 갈색 | 人非圣贤, 孰能无过 rén fēi shèng xián, shú néng wú guò 좀 성인이 아닌 이상, 그 누군들 잘못이 없겠는가 | 沮丧 jǔsàng 통 낙심하게 하다, 실망케 하다

4 A 大家都说最近流行染发, 所以她去美发厅把头发染**着**棕色。
→ 大家都说最近流行染发, 所以她去美发厅把头发染**成**棕色。
머리를 갈색으로 염색한 '결과'가 생긴 것이므로 동태조사 '着'가 아니라 결과보어 '成'으로 고쳐야 한다.

5 A. 听了他的话, 妻子气得晕倒在地上。
B. 现代科学技术是一个极其庞大而复杂的立体结构体系。
C. 人物画发展到北宋末、南宋初, 起了新的变化。
D. 众所周知, 中国经济越来越发展得很快, 影响力也越来越大。

5 A. 그의 말을 듣고 아내는 화가 나서 길에서 기절했다.
B. 현대 과학 기술은 매우 방대하고 복잡한 입체적 구조의 시스템이다.
C. 인물화는 북송 말, 남송 초에 이르러 새로운 변화가 생겼다.
D. 알다시피 중국 경제는 점점 빨리 발전하고 있으며 영향력도 점점 커지고 있다.

5 D 众所周知, 中国经济越来越发展得很快, 影响力也越来越大。
→ 众所周知, 中国经济发展得越来越快, 影响力也越来越大。
'越来越'는 정도부사나 정도보어의 수식을 받을 수 없으며, 일반적으로 동사를 수반할 수 없다. 따라서 '发展得越来越快'와 같이 고쳐야 한다.

6 접속사, 복문 p.75

| 정답 | 1 D | 2 C | 3 B | 4 B | 5 C |

1 A. 机会错过了就很难再找回来了, 所以做个有准备的人, 才能及时抓住机会。
B. 他成为了纪录片的导演, 并在电影节上获了奖。
C. 据鉴定, 这幅画出自著名画家齐白石之手, 非常值得收藏。
D. "地球村"之所以能成为现实, 主要出于互联网技术的快速发展。

1 A. 기회는 놓치면 다시 잡기 어렵다. 그러므로 준비된 자만이 바로 기회를 잡을 수 있다.
B. 그는 다큐멘터리 감독이 되었고, 영화제에서 상도 탔다.
C. 감정에 따르면 이 그림은 유명한 화가인 치바이스의 작품으로, 소장 가치가 매우 높다.
D. '지구촌'이 현실이 될 수 있었던 것은 인터넷 기술의 빠른 발전 때문이다.

纪录片 jìlùpiàn 몡 다큐멘터리 영화 | 鉴定 jiàndìng 통 감정하다 | 收藏 shōucáng 통 수장하다, 소장하다

1 **D** "地球村"之所以能成为现实，主要出于互联网技术的快速发展。
  → "地球村"之所以能成为现实，主要是因为互联网技术的快速发展。

앞절의 '之所以'와 호응하는 접속사는 '是因为'이다. 그러므로 '出于'를 '是因为'로 고쳐야 한다.

2 A. 如果你有机会到台湾旅游，一定要到花莲坐一坐蒸汽小火车，体会一下旧时的感觉。
   B. 微笑就像温暖的阳光，它蕴涵着一种神奇的力量。
   C. 胡同不仅是城市的脉搏，即是北京普通老百姓生活居住的地方。
   D. 人类对事物的认识总是要经过一个个不断盘旋上升的过程。

2 A. 만약 타이완에 놀러 갈 기회가 생기면 화리앤에 가서 작은 증기기관차를 타고 옛 정취를 한번 느껴봐.
   B. 미소는 따뜻한 햇볕처럼 신기한 힘을 갖고 있다.
   C. 후통은 도시의 맥박일 뿐만 아니라, 베이징 서민들의 삶의 터전이기도 하다.
   D. 사물에 대한 사람들의 인식은 언제나 계속해서 맴돌며 상승하는 과정을 거쳐야 한다.

花莲 Huālián 고유 화리앤(지명) | 蕴涵 yùnhán 동 내포하다, 함유하다 | 脉搏 màibó 명 맥박 | 盘旋 pánxuán 동 선회하다, 맴돌다

2 **C** 胡同不仅是城市的脉搏，即是北京普通老百姓生活居住的地方。
  → 胡同不仅是城市的脉搏，也是北京普通老百姓生活居住的地方。

'不仅'과 호응하는 접속사는 '也(而且)'이다. 그러므로 '即是'를 '也是'로 고쳐야 한다.

3 A. 顾客可以通过网络聊天工具与我们联系，咨询产品信息。
   B. 太阳能设备不需要使用燃料，不会带来污染，因为安全可靠。
   C. 世界小麦种植的总面积，占粮食作物种植总面积的第一位。
   D. 作为一名管理者，你不仅要知道下属的优点，也要知道下属的缺点。

3 A. 고객은 메신저를 통해 우리 회사에 연락하여 제품 정보를 문의할 수 있다.
   B. 태양에너지 장비는 연료가 필요 없고 오염을 일으키지 않기 때문에 안전하고 믿을만하다.
   C. 세계 곡물 재배 면적에서 밀 재배 면적이 차지하는 비중이 가장 크다.
   D. 당신은 경영자로서 부하 직원의 장점뿐만 아니라 단점 또한 알아야 한다.

咨询 zīxún 동 자문하다, 의논하다 | 燃料 ránliào 명 연료 | 下属 xiàshǔ 명 부하, 하급 직원

3 **B** 太阳能设备不需要使用燃料，不会带来污染，因为安全可靠。
  → 太阳能设备不需要使用燃料，不会带来污染，因而安全可靠。

문맥상 원인을 나타내는 '因为'가 아니라 결과를 나타내는 '因而'을 써야 한다.

4 A. 创新和模仿并不矛盾，有了模仿能够更好地创新。
   B. 不管大家强烈反对，他仍然坚持自己的观点。
   C. 镜子照到的只是你的外貌，而生活照到的却是你的心灵。
   D. 他是去年毕业的大学生，所以工作经验不如其他设计师丰富。

4 A. 혁신과 모방은 서로 상충하는 것이 아니다. 모방이 있기에 혁신이 더 잘 되는 것이다.
   B. 사람들이 어떤 반대를 하든 그는 여전히 자신의 관점을 견지하고 있다.
   C. 거울은 단지 당신의 모습만을 비추지만, 삶은 당신의 마음을 비춘다.
   D. 그는 작년에 대학을 졸업해서, 업무 경력이 다른 디자이너들만큼 풍부하지 못하다.

模仿 mófǎng 동 모방하다, 본뜨다 | 外貌 wàimào 명 외모, 용모, 생김새 | 心灵 xīnlíng 명 마음, 정신

4 B 不管大家强烈反对，他仍然坚持自己的观点。
   → 不管大家如何反对，他仍然坚持自己的观点。
   '不管, 不论, 无论' 뒤에는 의문대사나 정반의문문이 온다.

5 A. 只有在深秋，才能看到北京满山的红叶。
   B. 你不能决定晴天还是下雨，但你可以尝试改变自己的心情。
   C. 不但他喜欢京剧脸谱，而且喜欢和京剧有关的各种服饰。
   D. 羊的胆子很小，遇到点儿响动就会惊慌失措，四下奔逃。

5 A. 가을이 깊어야만 온 산에 가득한 베이징의 단풍을 볼 수 있다.
   B. 맑은 날이든 비 오는 날이든 당신이 날씨를 결정할 수는 없다. 하지만 마음가짐을 변화시키려는 시도는 할 수 있다.
   C. 그는 경극의 분장뿐만 아니라 경극과 관련된 다양한 복장과 장신구도 좋아한다.
   D. 양은 담이 작아서 작은 소리에도 깜짝 놀라 이리저리 도망 다닌다.

京剧 jīngjù 명 경극 | 脸谱 liǎnpǔ 명 중국 전통극에서 일부 배역들의 얼굴 화장(분장) | 响动 xiǎngdong 명 기척, 소리 | 惊慌失措 jīnghuāng shīcuò 성 놀라고 당황하여 어찌할 바를 모르다 | 奔逃 bēntáo 동 도망가다

5 C 不但他喜欢京剧脸谱，而且喜欢和京剧有关的各种服饰。
   → 他不但喜欢京剧脸谱，而且喜欢和京剧有关的各种服饰。
   이 문장의 주어는 하나이므로 '他'는 '不但' 앞에 와야 한다.

7 보어 p.86

정답 1 A   2 A   3 A   4 C   5 A

1. A. 我非常高兴，因为刚才我听中文广播懂了。
   B. 爷爷听说孙子考了满分，笑得嘴都合不拢了。
   C. 他在战场上受了伤，回到营地时已经疼得昏了过去。
   D. 如果双方都同意这个条件，那么下个星期就可以签合同了。

1. A. 방금 중국어 방송을 알아들어서 나는 매우 기쁘다.
   B. 할아버지는 손자가 만점을 받았다는 소식에 기뻐서 입을 다물지 못했다.
   C. 그는 전쟁터에서 다쳐 진영에 돌아왔을 때 고통이 너무 심해 기절했다.
   D. 양측이 모두 이 조건에 동의한다면, 다음 주에 바로 계약할 수 있다.

合不拢 hébulǒng 동 (눈과 입을) 다물지 못하다 | 营地 yíngdì 명 주둔지, 숙영지 | 签合同 qiān hétong 계약하다

1 A 我非常高兴，因为刚才我**听**中文广播**懂**了。
→ 我非常高兴，因为刚才我**听懂**中文广播了。
동사 뒤에서 보충 설명을 하는 결과보어 '懂'의 위치가 잘못되었다.

2. A. 他是一个胆子很小的人，一到晚上，他就吓得胆小如鼠，不敢出门。
   B. 小明因为家庭贫困而辍学，他多么渴望得到一个学习机会呀！
   C. 这次大会上，职工和领导层对工资问题广泛地交换了意见。
   D. 虽然每天工作很忙，但他还是抓紧时间和同学研究或自己看书。

2. A. 그는 담이 작아서, 저녁만 되면 무서워 밖을 나가지 못한다.
   B. 샤오밍은 가난해서 학업을 중단했다. 그는 얼마나 공부할 기회를 얻고 싶어 했는지 모른다.
   C. 이번 회의에서 직원과 임원들은 임금 문제에 대해 광범위하게 의견을 교환했다.
   D. 그는 언제나 일이 많지만 짬을 내서 동료와 연구를 하거나 독서를 한다.

辍学 chuòxué 동 중퇴하다, 학업을 중단하다 | 渴望 kěwàng 동 갈망하다 | 抓紧 zhuājǐn 동 꽉 쥐다, 단단히 잡다

2 A 他是一个胆子很小的人，一到晚上，他就吓得**胆小如鼠**，不敢出门。
→ 他是一个胆子很小的人，一到晚上，他就吓得**胆战心惊**，不敢出门。
보어와 중심어 간에 호응이 안 된다. '胆小如鼠'는 '사람의 천성'을 의미하는 것이지 '吓'의 정도를 나타내는 것은 아니므로 '吓'의 보어가 될 수 없다. '吓'의 정도를 나타내는 '胆战心惊(담이 떨리고 심장이 놀라다)'으로 고쳐야 한다.

3. A. 从我的个人简历中你可以了解到，以前我做过推销员三年。
   B. 创造力与一般能力的最大区别在于它的独创性和新颖性。
   C. 蘑菇是一种有丰富的营养成分的植物，而且它的热量很低，常吃也不会发胖。
   D. 真诚意味着尊重却不恭维别人的缺点，但不意味着一定要指责别人的缺点。

3. A. 제 이력서를 보시면 제가 예전에 3년간 영업 사원을 했었다는 것을 아실 수 있을 것입니다.
   B. 창조력과 일반적인 능력의 가장 큰 차이점은 독창성과 참신성이다.
   C. 버섯은 영양 성분이 풍부한 식물인데다가 열량이 낮아 자주 먹어도 살이 찌지 않는다.
   D. 진심이라는 것은 다른 사람의 단점을 존중하면서도 아첨하지 않는 것이다. 하지만 그렇다고 반드시 다른 사람의 단점을 지적해야 한다는 것을 의미하지도 않는다.

新颖 xīnyǐng 형 신선하다, 참신하다 | 蘑菇 mógu 명 버섯 | 恭维 gōngwéi 동 아첨하다, 치켜세우다

3 A 从我的个人简历中你可以了解到，以前我做过推销员三年。
→ 从我的个人简历中你可以了解到，以前我做过三年的推销员。
시량보어의 위치가 잘못되었다. '동사+시량보어+목적어'의 순이 되어야 한다.

4 A. 只要你坚持走自己的路，就不要怕路途艰辛。
B. 广州的冬天一点儿也不算冷，下雪天就很罕见了。
C. 父亲对我严格要求，他的全部希望寄托我身上。
D. 最后，他凭借领先对手0.1秒的优势成功地获得了第一名。

4 A. 네가 자신의 길을 견지해 나가려면 가는 길이 험난할지라도 두려워해서는 안 된다.
B. 광저우의 겨울은 전혀 춥지 않기 때문에 눈이 내리는 경우가 매우 드물다.
C. 아버지는 굉장히 엄격하셨고, 나에게 모든 기대를 거셨다.
D. 마지막에 그는 0.1초 차이로 라이벌을 앞서며 1등을 거머쥐었다.

艰辛 jiānxīn 형 고생스럽다 | 寄托 jìtuō 동 (이상·희망·감정 등을 다른 사람이나 어떤 사물에) 걸다, 두다

4 C 父亲对我严格要求，他的全部希望寄托我身上。
→ 父亲对我严格要求，他的全部希望寄托在我身上。
방위사 구문이 장소, 범위 등을 나타낼 때, 개사 '在, 从, 中' 등은 일반적으로 생략할 수 없다. 그러므로 뒷절의 구조는 '동사(寄托)+在+일반명사(我身)+방위사(上)'의 순서가 되어야 한다.

5 A. 这个城市有三千多名志愿者积极投入到各项环保活动。
B. 张经理决定明天上午开会讨论促销方案是否要提高成本。
C. 今天是我们结婚10周年的纪念日，我们应该出去吃顿大餐。
D. 蜜蜂是最勤劳的动物，它们的性格很温和，只有在感觉受到威胁时，它才会攻击敌人。

5 A. 이 도시에는 3천 명이 넘는 자원봉사자가 적극적으로 환경보호 프로젝트에 참여하고 있다.
B. 장 사장은 내일 오전에 회의를 열어 마케팅 관련 비용 제고 여부를 논의하기로 했다.
C. 오늘은 우리 결혼 10주년 기념일이니 나가서 근사한 저녁을 먹어야지.
D. 꿀벌은 가장 부지런한 동물이다. 꿀벌의 성격은 매우 온순해서 위협을 느꼈을 때에만 적을 공격한다.

促销 cùxiāo 동 판매를 촉진하다 | 勤劳 qínláo 동 열심히 일하다, 부지런히 일하다 | 威胁 wēixié 동 위협하다

5 A 这个城市有三千多名志愿者积极投入到各项环保活动。
→ 这个城市有三千多名志愿者积极投入到各项环保活动中。

> 방위사 구문이 장소, 범위, 대상 등을 나타낼 때, 개사 '在, 从, 中' 등은 일반적으로 생략할 수 없다. 보어로 개사 '到'가 쓰였으므로 '各项环保活动'에 방위사 '中'을 수반하여 대상임을 확실하게 밝혀야 한다.

8 관형어, 부사어의 어순 p.97

정답 1 B 2 A 3 A 4 D 5 C

1 A. 以前人们常以为"边吃边谈"不好。但有位法国专家提出，"边吃边谈有益健康"。
   B. 通过这次会议，我们了解了许多李老师爱护学生帮助学生的动人事迹。
   C. 石景山游乐园是占地二百四十亩的现代化大型游乐园。
   D. 这座博物馆对外开放，欢迎各界朋友随时光临。

1 A. 예전에 사람들은 '식사하면서 대화하는 것'이 안 좋다고 생각했다. 하지만 프랑스의 한 전문가는 '식사하면서 대화를 하는 것이 건강에 유익하다'고 밝혔다.
   B. 이번 회의를 통해 우리는 이 선생님께서 수많은 학생을 보호하며 도와주고 있다는 사실을 알게 되었다.
   C. 스징산 놀이 공원은 전용 면적이 240묘에 달하는 현대식 대형 놀이 공원이다.
   D. 이 박물관을 외부에 개방하오니 여러분의 많은 관람 바랍니다.

爱护 àihù 동 소중히 하다, 잘 보살피다 | 动人 dòngrén 형 감동적이다 | 事迹 shìjì 명 사적, 업적

 1 B 通过这次会议，我们了解了许多李老师爱护学生帮助学生的动人事迹。
→ 通过这次会议，我们了解了李老师许多爱护学生帮助学生的动人事迹。
'许多'는 관형어이므로 수식 성분인 '爱护学生帮助学生的动人事迹' 앞에서 수식해야 한다.

2 **A. 数学这门课对于我不感兴趣。**
   B. 法国的科学考察队在非洲的原始森林中获得惊人发现。
   C. 母亲心脏不好，不能激动，所以她把一切看得很淡。
   D. 不久前她满怀希望地参加了"气功减肥"的行列。

2 **A. 나는 수학에 흥미가 없다.**
   B. 프랑스 과학 사찰단이 아프리카 원시림에서 놀라운 발견을 했다.
   C. 엄마는 심장이 안 좋아서 흥분하면 안 되기 때문에 매사에 침착하다.
   D. 얼마 전 그녀는 부푼 기대를 안고 '기공 다이어트'에 참여했다.

激动 jīdòng 형 (감정이) 충동적이다 | 淡 dàn 형 냉담하다, 쌀쌀하다 | 气功 qìgōng 명 기공 | 行列 hángliè 명 행렬, 대열

2 A 数学这门课对于我不感兴趣。
→ 我对于数学这门课不感兴趣。

주격이 전도되었다. 주어인 '我'가 부사어 '对于数学这门课' 앞에 있어야 한다.

---

3 A. 它每年的发电量，除了供给杭州使用外，还向上海、南京等地输送。
B. 获得博士学位，我第一个告诉老师，老师在电话里哭了。
C. 这世界有人忙得发愁，也有人闲得发愁。
D. 丈夫出差去了，妻常望着那枚黄澄澄的金戒指出神。

3 A. 매년 그곳에서 생산된 전력은 항저우 외에도 상하이, 난징 등에서도 사용한다.
B. 박사 학위를 딴 뒤 나는 가장 먼저 선생님께 이 사실을 전했고 선생님께서는 전화를 받고는 우셨다.
C. 어떤 사람은 바빠서 걱정이고, 또 어떤 사람은 한가해서 걱정이다.
D. 남편이 출장을 가자 아내는 그 번쩍이는 금반지를 자주 넋을 잃고 바라보았다.

发愁 fāchóu 동 걱정하다, 근심하다 | **黄澄澄** huángdēngdèng 동 금빛 찬란하다 | **出神** chūshén 동 넋이 나가다

3 A 它每年的发电量，除了供给杭州使用外，还向上海、南京等地输送。
→ 它每年发的电，除了供给杭州使用外，还向上海、南京等地输送。

주어와 서술어 간의 호응이 맞지 않다. 그곳의 매년간의 발전량을 사용하는 것이 아니라, 매년 그곳에서 생산된 전기를 사용하는 것이다. 따라서 '它每年发'가 주어인 '电'을 수식하도록 고쳐야 한다.

---

4 A. 人瘦一点没什么，但营养要跟上。
B. 我们现在不动手，以后万一没有这个机会了，这责任谁来承担？
C. 我这时才猛醒，原来每天负责开门的，正是小明。
D. 他是一位优秀的有二十多年教学经验的县城中学的语文老师。

4 A. 사람이 조금 야위는 것은 별문제가 안 된다. 다만 그만큼 영양 보충은 해야 한다.
B. 지금 시작하지 않는데 나중에 만에 하나 이런 기회가 또다시 주어지지 않는다면, 그 책임은 누가 집니까?
C. 나는 매일 개점을 담당했던 사람이 샤오밍이었다는 사실을 이제야 깨달았다.
D. 그는 20년 경력의 우수한 현성(현 정부 소재지) 중등학교의 국어 교사이다.

承担 chéngdān 동 부담하다, 책임지다 | **猛醒** měngxǐng 동 갑자기 깨닫다

4 D 他是一位优秀的有二十多年教学经验的县城中学的语文老师。
→ 他是有二十多年教学经验的一位优秀的县城中学的语文老师。
/ 他是一位有二十多年教学经验的优秀的县城中学的语文老师。

관형어의 어순은 ①소유+②시간/장소+③주술구+④개사/동사구(有二十多年教学经验的)+⑤지시대사/수량사(一位)+⑥2음절 형용사/형용사구(优秀的)+⑦성질/재료(县城中学的)+명사(语文老师)이다. 이때, 수량사의 위치는 비교적 자유롭다.

5　A. 列车的停靠，给古黄色的南山城紫阳带来了一片绿色，一片生机。
　　B. 他动作麻利地将一整箱啤酒抱起来稳稳地放在车上。
　　C. 在新闻发布中心许多记者昨天都和这位篮球教练热情地交谈。
　　D. 随着科学的发展和新成就的开发利用，医学将进入第三次技术革命。

5　A. 열차가 정차하면서 누렇던 난산 성 쯔양 현에 녹색의 생기를 가져다 주었다.
　　B. 그는 민첩하게 맥주 상자를 안고 안전하게 차에 실었다.
　　C. 뉴스 브리핑센터에서 수많은 기자들이 어제 이 농구 코치와 열띤 회견을 했다.
　　D. 과학기술의 발전과 새로운 성과의 개발 및 이용으로 의학은 3차 기술혁명에 진입했다.

停靠 tíngkào 동 (기차·배 등이) 잠시 머물다 정거하다 ｜ 麻利 máli 부 신속하게

5　C　在新闻发布中心许多记者昨天都和这位篮球教练热情地交谈。
　　→ 许多记者昨天在新闻发布中心都和这位篮球教练热情地交谈。
부사어의 어순은 ①시간(昨天)+②어기+③동작자 묘사+④장소/방향(在新闻发布中心)+⑤대상/목적/의거(和这位篮球教练)+⑥동작 묘사(热情地)이다.

9 특수구문 p.112

정답

1 D　2 D　3 C　4 C　5 D

1　A. 地球上的生命有30多亿年的发展史，其中85%以上的时间是在海洋中度过的。
　　B. 经过长期的实践，中国建筑在运用色彩方面积累了丰富的经验，并形成了南北不同的地域色彩风格。
　　C. 人的精力是有限的，我们不可能一个人做所有的事，所以作为一个企业领导，必须学会把权力授予适当的人。
　　D. 南京，古称金陵，已有近2500年的历史。它既有自然山水之胜，又有历史文物之雅，兼具古今文明的园林化城市。

1　A. 지구에 생명체가 존재한 지 30억 년이 넘었다. 그중 85% 이상의 시간을 바다에서 보냈다.
　　B. 오랜 실천을 통해 중국의 건축은 색채 분야에 풍부한 경험을 쌓았으며, 남부와 북부 지역 간에 서로 다른 스타일의 색채를 띠게 되었다.
　　C. 사람의 능력에는 한계가 있다. 한 사람이 모든 일을 다 할 수는 없다. 그러므로 기업을 이끄는 사람으로서 적당한 사람에게 권력을 부여하는 방법을 배워야 한다.
　　D. 난징은 예전에는 진링이라고 불렀으며, 이미 2,500년에 달하는 역사를 지니고 있다. 난징은 수려한 자연환경과 고상한 역사적 문물을 지니고 있으며, 과거와 현재가 공존하는 정원화된 도시이다.

度过 dùguò 동 (시간을) 보내다, 지내다 ｜ 积累 jīlěi 동 쌓이다, 축적되다 ｜ 授予 shòuyǔ 동 수여하다, 주다 ｜ 园林 yuánlín 명 원림, 정원

1　D　南京，古称金陵，已有近2500年的历史。她既有自然山水之胜，又有历史文物之雅，兼具古今文明的园林化城市。
　　→ 南京，古称金陵，已有近2500年的历史。她既有自然山水之胜，又有历史文物之雅，是兼具古今文明的园林化城市。

문장 전체가 주어인 '南京'을 설명하고 있는데, 마지막 문장인 '兼具古今文明的园林化城市'는 명사구이므로, '南京=……城市'가 되려면 서술어 '是'가 필요하다.

---

2 A. 我们做事要做到"恰到好处"，任何事情恰到好处才是最好的，过与不及都不好甚至有害。
   B. 自古以来，江浙一带就是有名的"才子之乡"，明清两朝一共产生了202名状元，仅苏州地区就有35名。
   C. 对于工作繁忙的人来说，时间似乎总是不够，因此如何合理安排、控制时间成为许多人需要学习的内容。
   D. **怀疑自己，导致我们内心受挫，总是生活在失败的阴影里；怀疑别人，则缺乏安全感让我们，总是生活在自己假想的危险中。**

2 A. 우리는 '적당히' 일해야 한다. 어떤 일이든 적당히 하는 것이 가장 좋지, 과하거나 덜하게 되면 오히려 해가 된다.
   B. 예로부터 저장 일대는 '인재의 고향'으로 유명하다. 명나라와 청나라 때만 해도 202명의 장원이 배출됐으며, 쑤저우 지역만 해도 35명이나 된다.
   C. 바쁘게 일하는 사람들은 언제나 시간이 부족한 것 같다. 그래서 어떻게 시간을 합리적으로 분배하고 조절할 것인가가 많은 사람이 공부해야 할 내용이 되었다.
   D. **자신을 의심하면 심적으로 좌절하게 되어 언제나 실패의 그림자 속에서 생활하게 된다. 또, 다른 사람을 의심하면 안전 부족으로 인해 언제나 가상의 위험 속에서 생활하게 된다.**

恰到好处 qià dào hǎo chù 웹 (말, 행동 등이) 꼭 들어맞다, 매우 적합하다 | **才子** cáizǐ 명 재능이 출중한 사람 | **状元** zhuàngyuán (과거에서의) 장원 | **繁忙** fánmáng 형 일이 많고 바쁘다 | **阴影** yīnyǐng 명 음영, 그림자 | **假想** jiǎxiǎng 명 가상, 허구

---

2 **D** 怀疑自己，导致我们内心受挫，总是生活在失败的阴影里；怀疑别人，则缺乏安全感<u>让我们</u>，总是生活在自己假想的危险中。
  → 怀疑自己，导致我们内心受挫，总是生活在失败的阴影里；怀疑别人，则<u>让我们</u>缺乏安全感，总是生活在自己假想的危险中。

이 문장은 겸어문으로, 겸어가 되는 '让我们'의 위치가 잘못되었다.

---

3 A. 海拔每上升1000米，气温下降6摄氏度。
   B. 一个人的交际圈在很大程度上影响着他的消费。
   C. **有时候，一个人做事比三个人一起做一件事情十分容易。**
   D. 梅兰芳是中国的京剧大师，他的京剧表演艺术独具风格，世称"梅派"。

3 A. 해발이 1,000m씩 높아질 때마다 기온은 6°C씩 떨어진다.
   B. 한 사람의 사교 범위는 그 사람의 소비에 많은 영향을 끼친다.
   C. **때로는 혼자 일하는 것이 세 사람이 함께 일하는 것보다 더 쉬울 때도 있다.**
   D. 메이란팡은 중국 경극의 대부이다. 그의 경극 연기는 그만의 독특한 매력을 풍겨 세간에서는 '매파'라고 불렸다.

梅兰芳 Méi Lánfāng 고유 메이란팡 [청나라 말부터 중화민국, 중화인민공화국에 걸쳐 활동한 경극 배우]

---

3 **C** 有时候，一个人做事比三个人一起做一件事情<u>十分</u>容易。
  → 有时候，一个人做事比三个人一起做一件事情<u>更</u>容易。

'比'를 이용한 비교문에서는 '更, 还'와 같이 상대적인 의미를 나타내는 정도부사만 사용할 수 있다.

4 A. 成熟的苹果下坠，是由于地球对它的引力作用。
   B. 看到白衣天使们为抗震救灾而忘我工作，我很受教育。
   C. 该书的出版把"名人"出书热掀起一个高潮。
   D. 老师把没有批改的作业都带回了家。

4 A. 잘 익은 사과가 떨어지는 것은 지구의 만유인력이 작용했기 때문이다.
   B. 흰옷을 입은 천사들의 지진 구조 활동을 보고 나는 내가 할 일을 잊었고, 많은 것을 깨달았다.
   C. 이 책의 출판은 '유명 인사'의 출판 열기를 불러일으켰다.
   D. 선생님은 수정이 안 된 숙제를 집으로 가져왔다.

下坠 xiàzhuì 동 물체가 아래로 떨어지다 | 引力 yǐnlì 명 '万有引力(만유인력)'의 약칭 | 救灾 jiùzāi 동 이재민을 구제하다

4 **C** 该书的出版<u>把</u>"名人"出书热<u>掀起</u>一个高潮。
   → 该书的出版<u>掀起了</u>"名人"出书热<u>的</u>一个高潮。

'把'자문은 목적어에 구체적인 행동을 가해 이로 인해 생긴 결과를 설명할 때 쓰인다. 그러므로 이 문장에 '把'자문을 쓰는 것은 알맞지 않다.

5 A. 印度洋海啸发生后，中国政府进行了迄今为止最大规模的对外救援行动。
   B. 弟弟又在妈妈面前把自己表扬了一顿。
   C. 山上的水很宝贵，我们把它留给年纪大的人喝。
   D. 一个学生遭到同学的无故殴打，结果竟被以赔偿1000元钱而私下了结。

5 A. 인도양 쓰나미 발생 후 중국 정부는 사상 최대 규모의 대외 원조를 단행했다.
   B. 남동생은 엄마 앞에서 또 자기 자랑을 늘어놓았다.
   C. 산 위에서는 물이 귀하기 때문에 우리는 물을 연세가 높은 분들을 위해 남겨두었다.
   D. 한 학생이 동급생에게 아무런 이유도 없이 구타를 당했고, 결국 1,000위앤의 보상금으로 당사자끼리 해결했다.

海啸 hǎixiào 명 해일, 쓰나미 | 救援 jiùyuán 동 구원하다, 지원하다 | 无故 wúgù 부 까닭 없이 | 殴打 ōudǎ 동 구타하다 | 私下了结 sīxiàliǎojié 시담 [민사상의 분쟁을 재판 이외에 당사자 간에 해결하는 일 또는 그 화해 계약]

5 **D** 一个学生遭到同学的无故殴打，结果<u>竟被以赔偿1000元钱而私下了结</u>。
   → 一个学生遭到同学的无故殴打，结果<u>这件事竟私下了结了，打人者赔了1000元钱</u>。

'被……了结'의 구조는 성립되지 않는다. '了结'는 자동사로 일이 평정되거나 결과를 얻은 것을 말하는데, 자동사는 '被'자문에 쓸 수 없다.

10 부적절한 호응 관계 p.121

 정답 1 D 2 A 3 A 4 C 5 D

1
A. 大白鲨和巨型乌贼都是令人谈之色变的海洋怪物，人们唯恐避之不及。
B. 据英国的《泰晤士报》报道，英国科学家最近发现了世界上寿命最长的生命，这是一种细菌。
C. 王阿姨除了饮食起居外，她还特地请假三天为儿子送考。
D. 语言的使用，促进了人类的思维，使得大脑更加发达。

1
A. 백상아리와 거대한 쇠갑오징어는 사람의 기분을 오싹하게 하는 해양 동물로, 사람들은 이런 동물을 만나게 되었을 때 제때 피하지 못할까 봐 두려워한다.
B. 영국 「타임즈지」에 따르면 영국 과학자가 최근 세계에서 가장 오래 사는 생명체가 세균의 일종이라는 것을 발견했다고 보도했다.
C. 왕 아주머니는 아들의 모든 일상을 보살펴 줄 뿐만 아니라 아들을 위해 3일간 휴가를 내고 시험 보는 곳에 데려다 주었다.
D. 언어의 사용은 인류의 사고력 발달을 촉진해 대뇌를 더욱 발달하게 만든다.

大白鲨 dàbáishā 명 백상아리 | 乌贼 wūzéi 명 쇠갑오징어의 일종 | 唯恐 wéikǒng 동 두렵다 | 饮食起居 yǐnshíqǐjū 일상생활

1 D 语言的使用，促进了人类的思维，使得大脑更加发达。
→ 语言的使用，促进了人类思维的发展，使得大脑更加发达。
동사 '促进'은 '추진하다(推进), 속도를 내다(加快)'라는 뜻으로, 뒤에는 '发展, 正常化' 등과 같은 목적어를 수반해야 한다.

2
A. 全场所有人的眼睛都集中到大会主席台上。
B. 制作药片的包衣材料是不同的，所以颜色也各不相同。
C. 青少年是上网人群中的主力军，最近，在发达国家中60岁以上的老年人也纷纷"触网"，老年人"网虫"的人数激增。
D. 革新技术以后，不但加快了生产速度，而且提高了产品的质量。

2
A. 모든 사람의 이목이 회의 의장석에 집중되었다.
B. 제약품을 코팅하는 재료는 모두 달라서 색깔도 모두 다르다.
C. 인터넷 사용의 주요 소비자는 청소년이었다. 하지만 최근 선진국에서는 60세 이상 노인들의 '인터넷 접속'이 늘고 있으며 노인 '인터넷 중독자'도 급증하고 있다.
D. 기술혁신 이후 생산 속도가 빨라졌을 뿐만 아니라 제품의 품질도 좋아졌다.

主力军 zhǔlìjūn 명 중심이 되는 세력 | 网虫 wǎngchóng 명 인터넷 중독자 | 激增 jīzēng 동 급격히 증가하다

2 A 全场所有人的眼睛都集中到大会主席台上。
→ 全场所有人的目光都集中到大会主席台上。
주어와 서술어의 호응에 오류가 있다. 이 문장의 주어인 '眼睛'과 동사 '集中'이 어울리지 않으므로, '眼睛'을 '目光'으로 바꿔야 한다.

3
A. 有没有坚定的意志，是一个人在事业上能够取得成功的关键。
B. 作为倾诉对象，我们不需要发表自己的观点，认真倾听就够了。
C. 有一位哲学家曾经说过："金钱是最好的仆人，也是最坏的主人。"

3
A. 성공의 열쇠는 확고한 의지이다.
B. 다른 사람의 말을 들어주는 사람으로서 우리는 자신의 의견을 제시하는 것이 아니라 진지하게 들어주기만 하면 된다.
C. 한 철학자는 "돈은 좋은 하인이기도 하지만 나쁜 주인이기도 하다."라고 말한 적이 있다.

D. 人们追逐时尚，不是因为它符合自己的气质，而只是因为大家都是如此。

D. 사람들이 유행을 좇는 것은 자신에게 맞기 때문이 아니라 단지 다른 사람들이 모두 그렇게 하기 때문이다.

坚定 jiāndìng 형 결연하다, 확고하다 | 倾诉 qīngsù 동 이것저것 다 말하다 | 仆人 púrén 명 하인, 고용인

3 A 有没有坚定的意志，是一个人在事业上<u>能够</u>取得成功的关键。
→ 有没有坚定的意志，是一个人在事业上<u>能否</u>取得成功的关键。

단면적 성질의 단어와 양면적 성질의 단어의 호응 오류이다. 앞절의 '有没有'에 호응하기 위해서는 뒷절의 '能够'를 '能否'로 고쳐야 한다.

4 A. 梁羽生是公认的新派武侠小说的开山祖师。
   B. 牡丹别名木芍药，是花中之王，素有"国色天香"之称。
   C. **为了避免今后不再发生类似事故，我们必须尽快健全安全制度。**
   D. 拉萨的天空总是那么湛蓝、透亮，好像用清水洗过的蓝宝石一样。

4 A. 량위성은 신 무협 소설의 개척자이다.
   B. 모란은 목작약이라고도 부르며 꽃의 왕이자 '절세미인'으로도 불린다.
   C. **앞으로 비슷한 사건이 재발하지 않도록 우리는 최대한 빨리 안전시스템을 구축해야 한다.**
   D. 라싸의 하늘은 마치 맑은 물에 씻은 사파이어처럼 언제나 푸르고 투명하다.

开山祖师 kāishānzǔshī 명 창시자 | 牡丹 mǔdan 명 모란 | 木芍药 mùsháoyao 명 목작약 | 国色天香 guósè tiānxiāng 절세미인이다 | 湛蓝 zhànlán 형 짙푸르다 | 透亮 tòuliàng 형 밝다, 투명하다 | 蓝宝石 lánbǎoshí 명 사파이어

4 C 为了避免今后<u>不再</u>发生类似事故，我们必须尽快健全安全制度。
→ 为了避免今后<u>再</u>发生类似事故，我们必须尽快健全安全制度。

'避免'과 '不'가 함께 쓰이면서 이중부정이 되어 문장의 의미가 완전히 반대로 바뀌었다. 그러므로 '不'를 삭제해야 한다.

5 A. 尊重自己最重要的是尊重别人，所以我们要学会宽容别人。
   B. 要想快乐，必须要有一个健康的心态。
   C. 李小龙这个出生于1940年11月27日的中国人，虽然不是第一个登上好莱坞的华人，但是他是第一个成为国际巨星的功夫演员。
   D. **大禹治水是家喻户晓的故事，其实大禹最大的功能是他是中国第一个民族国家——夏王朝的奠基人。**

5 A. 자신을 존중하는 데 있어 가장 중요한 것은 다른 사람을 존중하는 것이다. 그러므로 우리는 다른 사람에게 관대해지는 법을 배워야 한다.
   B. 즐기고 싶으면 반드시 건강한 마음을 지녀야 한다.
   C. 리샤오룽은 중국인으로, 1940년 11월 27일에 태어났다. 그는 비록 처음으로 할리우드에 진출한 중국인은 아니었지만 처음으로 국제적으로 인정받는 무술연기자가 되었다.
   D. **우 임금의 치수는 모두가 아는 이야기이다. 사실 우 임금의 가장 큰 업적은 그가 중국의 첫 번째 왕조인 하 왕조의 창시자라는 것이다.**

好莱坞 hǎoláiwù 명 할리우드 | 华人 huárén 명 중국인, 거주국의 국적을 가진 중국인 | 奠基人 diànjīrén 명 (주로 큰 사업의) 창시자

5 D 大禹治水是家喻户晓的故事，其实大禹最大的功能是他是中国第一个民族国家 — 夏王朝的奠基人。
→ 大禹治水是家喻户晓的故事，其实大禹最大的功绩是他是中国第一个民族国家 — 夏王朝的奠基人。

'功能'은 어떤 사물 혹은 방법이 유리한 작용을 한다는 뜻으로, 사람에게는 사용할 수 없다. 문장에서는 우 임금의 업적을 강조하는 것이므로 '功绩'로 고쳐야 한다.

11 문장성분의 부족, 잉여 p.128

| 1 C | 2 B | 3 B | 4 C | 5 B |

1 A. 她气急败坏地拿起包，推着婴儿车走了。
B. 我从来不认为他是个有思想有主见的人。
C. 我们是多年的朋友，我遇到什么事都喜欢和她聊聊天、征求意见。
D. 我把拾到的钱包交给他，他竟感动得流下了眼泪。

1 A. 그녀는 화가 나서 씩씩거리며 가방을 들고 유모차를 밀고 갔다.
B. 나는 여태까지 그가 생각과 주관이 있는 사람이라고는 생각하지 않았다.
C. 우리는 오랜 친구로, 나는 무슨 일이 생기면 그녀와 이야기하고 의견을 물어본다.
D. 내가 주운 지갑을 그에게 주자 그는 감동해서 눈물을 흘렸다.

气急败坏 qì jí bài huài 혱 무척 화가 나다 | 婴儿 yīngér 명 갓난아기, 젖먹이 | 征求 zhēngqiú 동 탐방하여 구하다, 묻다

1 C 我们是多年的朋友，我遇到什么事都喜欢和她聊聊天、征求意见。
→ 我们是多年的朋友，我遇到什么事都喜欢和她聊聊天、向她征求意见。

'和她'는 '聊天'과는 호응할 수 있어도 '征求意见'과는 호응할 수 없다. 즉, '征求意见'과 호응하는 개사구 '向她'가 빠진 것이다.

2 A. 你要最大程度地发挥想象力。
B. 在这部作品中，并没有给人们多少正面的鼓励和积极的启示。
C. 他潜心研究，终于成功开发了治疗胃肠病的药粥系列产品。
D. 艾滋病是一种传染病，其病毒通过性接触、血液、母婴等途径传播。

2 A. 너는 상상력을 최대한 발휘해야 한다.
B. 이 작품에는 사람들을 격려하거나 긍정적인 시사점을 주는 요소가 별로 없다.
C. 그는 심혈을 기울여 연구하여 마침내 위장병을 치료하는 죽 시리즈 개발에 성공했다.
D. 에이즈는 일종의 전염병으로, 에이즈 바이러스는 성관계, 혈액, 모유 등을 통해 전염된다.

潜心 qiánxīn 동 전심하여 연구하다 | 艾滋病 àizībìng 명 에이즈(AIDS) | 途径 tújìng 명 경로, 과정

2 **B** 在这部作品中，并没有给人们多少正面的鼓励和积极的启示。
→ 这部作品并没有给人们多少正面的鼓励和积极的启示。

개사구의 남용으로 주어가 없어졌다. 따라서 '在……中'을 삭제해야 한다.

3 A. 何教授的调查经媒体报道后，引起了社会的广泛关注。
B. 他这个人除了有点固执之外，还有不少让人值得佩服。
C. 医院坐落在小山之上，是一座典型的中国古代园林式建筑。
D. 那里是休闲度假的好地方，更是难得的天然浴场，吸引着大量游客。

3 A. 허 교수의 조사는 매스컴을 통해 보도된 후 많은 사회적 관심을 불러일으켰다.
B. 그는 약간 고집스러운 면 외에 감탄할만한 면도 꽤 있다.
C. 병원은 작은 산 위에 있는 전형적인 중국 고대의 정원식 건축물이다.
D. 그곳은 휴가를 보내기에 좋은 곳이다. 더욱이 보기 어려운 천연 욕장을 갖추고 있어서 많은 여행객을 매료시키고 있다.

媒体 méitǐ 명 대중매체, 매스컴 | **固执** gùzhí 형 완고하다, 고집스럽다 | **佩服** pèifú 동 탄복하다, 감탄하다

3 **B** 他这个人除了有点固执之外，还有不少让人值得佩服。
→ 他这个人除了有点固执之外，还有不少地方让人佩服。

뒷절은 '有'자문으로 '有' 다음에 명사 혹은 명사구가 필요하다. 하지만 이 문장에서는 '还有'의 뒤에 동사만 있을 뿐 목적어가 되는 명사가 없다. 그러므로 뒷절을 '还有不少地方让人佩服'로 고쳐야 한다.

4 A. 如果一个人热爱自己所从事的工作，那么他就会在工作的过程中获得快乐。
B. 我家就在海边，小时候，父亲常常带着我到海边散步，一边走一边给我讲故事。
C. 除了拥有广告设计文凭外，我还上过一个与旅游有关的课程，相信这些知识一定对这份工作能有帮助。
D. 现代社会面临的一个重要课题，是如何让低收入阶层从经济的发展中有所收益，如何更有效地保护他们的权益。

4 A. 자신이 좋아하는 일을 하면 그 사람은 일을 하면서 기쁨을 느낄 수 있게 된다.
B. 우리 집은 해변에 있다. 어렸을 적에 아빠는 자주 나를 데리고 해변을 산책하며 이야기를 들려주곤 하셨다.
C. 저는 광고디자인 자격증을 보유하고 있고, 이 외에도 관광 관련 수업을 들은 적이 있습니다. 이러한 지식이 일에 도움이 될 것이라고 믿습니다.
D. 현대 사회가 직면한 중요한 과제는 경제 발전 속에서 저소득 계층의 소득과 그들의 권익을 더욱 효과적으로 보호하는 것이다.

文凭 wénpíng 명 졸업 증서, 자격증 | **面临** miànlín 동 (문제나 상황에) 직면하다, 앞에 놓여 있다 | **权益** quányì 명 권익

4 **C** 除了拥有广告设计文凭外，我还上过一个与旅游有关的课程，相信这些知识一定对这份工作能有帮助。
→ 除了拥有广告设计文凭外，我还上过一个与旅游有关的课程，相信这些知识一定对这份工作有帮助。

'一定'은 단정을 나타내므로 추측을 나타내는 '能'과 함께 호응할 수 없다.

5 A. 人生就是这样，没有人为你等待，没有机会为你停留，只有与时间赛跑，你才有可能会赢。
   B. 今天，我们去了北京郊区的地方，游览了很多著名的景点，如十三陵、青龙峡、黑龙潭等。
   C. 王永民发明的"五笔字型"汉字输入法，在古老的汉字和现代化电子计算机之间，架起了一座畅通无阻的桥梁。
   D. 自由职业带来的"自由"是相对而言的，自由职业者虽然可以自主选择工作内容、方式等，却不等于可以随心所欲。

5 A. 당신을 위해 기다려 주는 사람도, 당신을 위해 머물러 있는 기회도 없다. 오직 시간과 경주를 해야 이길 수 있다. 이것이 바로 인생이다.
   B. 오늘 우리는 베이징 교외로 나가 스싼링, 칭룽샤, 헤이룽탄 등 유명한 여행지를 돌아다녔다.
   C. 왕용민이 발명한 '우비쯔싱' 중국어 입력법은 고전적인 중국어와 현대화된 컴퓨터 사이에 막힘 없는 다리를 놓아주었다.
   D. 자유로운 직업이 가져다 주는 '자유'는 상대적인 것이다. 프리랜서는 자유롭게 업무의 내용과 방법을 선택할 수는 있지만 이것이 무엇이든 원하는 대로 한다는 뜻은 아니다.

停留 tíngliú 동 머물다, 정체하다 | 畅通无阻 chàngtōng wúzǔ 막힘없이 잘 통하다 | 随心所欲 suíxīn suǒ yù 성 하고 싶은 대로 하다

5 **B** 今天，我们去了北京郊区的地方，游览了很多著名的景点，如十三陵、青龙峡、黑龙潭等。
   → 今天，我们去了北京郊区，游览了很多著名的景点，如十三陵、青龙峡、黑龙潭等。
   어의의 중복이다. '北京郊区'는 이미 '地方'의 의미를 포함하고 있다.

12 혼란스러운 구조, 비논리적인 서술 p.136

정답 1 D   2 B   3 B   4 D   5 B

1 A. 我们要认识和掌握事物的客观规律，尽量避免犯错误或少犯错误。
   B. "神舟号"飞船发射成功，谁能否认中国有进入国际载人航天技术领域的能力？
   C. 在访美期间，美方以不安全为由，试图劝阻江主席不去顾老师家，但江主席决意登门拜访。
   D. 无数事实告诉我们，不是没有不能克服的困难，所以应当满怀信心，去争取胜利。

1 A. 우리는 사물의 객관적인 규율을 파악하고 실수를 피하거나 최소화해야 한다.
   B. '선저우' 우주선 발사에 성공했다. 과연 누가 중국의 세계 유인우주선 기술 영역 진입 능력을 부인할 수 있을 것인가?
   C. 미국 방문 기간에 미국 측은 위험하다는 이유로 장 주석의 고 선생 자택 방문을 만류했지만, 장 주석은 결연히 방문을 단행했다.
   D. 극복할 수 없는 역경은 없으니 자신 있게 승리를 쟁취해야 한다고 수많은 일이 우리에게 말해준다.

劝阻 quànzǔ 동 그만두게 말리다 | 登门 dēngmén 동 방문하다 | 满怀 mǎnhuái 동 가슴에 꽉 차다

1 **D** 无数事实告诉我们，**不是**没有不能克服的困难，所以应当满怀信心，去争取胜利。
→ 无数事实告诉我们，没有不能克服的困难，所以应当满怀信心，去争取胜利。

이 문장은 삼중부정이다. 부정사가 너무 많이 쓰여 의미를 제대로 파악할 수 없을 뿐만 아니라 비논리적이다. '不是'를 삭제해야만 의미가 통한다.

2 A. 我们培养"四有"新人，是关系到我们国家前途命运的大事，也是教育战线的根本任务。
B. 保持艰苦朴素的生活作风是关系到广大干部能否继承并发扬革命传统的大问题。
C. 电子工业能否迅速发展，并广泛渗透到各行各业中去，关键在于能不能加速训练并造就一批专业技术人才。
D. 这个文化站已成为教育和帮助后进青年的场所，多次受到上级领导的表彰。

2 A. '사유' 신인을 양성하는 것은 우리 국가의 운명이 걸린 중대사이자 교육계의 근본적인 임무이다.
B. 근검하고 소박한 생활양식 보존의 여부는 임원들이 혁명 전통을 계승하고 발전시켜 나갈 수 있을지 없을지에 달렸다.
C. 전자 산업의 발전 및 각 산업에서의 응용의 핵심은 전문 기술 인재의 양성에 달렸다.
D. 이 문화센터는 낙오된 청년들을 교육하고 돕는 곳으로 고위급 인사들의 표창을 여러 차례 수상했다.

艰苦朴素 jiānkǔ pǔsù 형 고통과 어려움을 잘 참고 견디며, 생활이 근검하고 소박하다 | 表彰 biǎozhāng 동 표창하다

2 **B** 保持艰苦朴素的生活作风是关系到广大干部能否继承并发扬革命传统的大问题。
→ **是否**保持艰苦朴素的生活作风是关系到广大干部能否继承并发扬革命传统的大问题。

단면적 성질의 어휘(保持)와 양면적 성질의 어휘(能否继承并发扬)의 결합은 비논리적이므로, 앞에 양면적 성질의 어휘인 '是否'를 첨가해야 한다.

3 A. 由人民艺术剧院推出的话剧《蔡文姬》定于5月1日在首都剧场上演。目前，演员正在紧张地排练之中。
B. 近年来，我国加快了高等教育事业发展的速度和规模，高校将进一步扩大招生，并重点建设一批高水平的大学和学科。
C. 不难看出，这起明显的错案迟迟得不到公正判决，其根本原因是党风不正。
D. 我哪里会想到，出版一本译作需要那么多人的努力。

3 A. 인민예술극장이 선보일 연극「채문희」는 5월 1일 수도극장에서 상영된다. 현재 연극 단원들이 긴장하며 연습에 임하고 있다.
B. 몇 년 전부터 우리나라는 고등교육 사업 발전의 속도와 규모 확대에 박차를 가해왔고, 수준 높은 대학 건설 및 학과 개설에 중점을 두었다.
C. 이 명확한 오판 사건이 지지부진하며 공정한 판결을 받지 못하고 있는 근본적인 원인은, 바로 당의 기풍이 바로 서지 않았기 때문임을 어렵지 않게 알 수 있다.
D. 한 권의 번역서가 출판되는데 그렇게나 많은 사람의 노력이 필요할지 내가 상상이나 했겠는가.

3 **B** 近年来，我国加快了高等教育事业发展的速度和规模，高校将进一步扩大招生，并重点建设一批高水平的大学和学科。
→ 近年来，我国加快了高等教育事业发展的速度和规模，并重点建设一批高水平的大学和学科。

'重点建设一批高水平大学(수준 높은 대학 건설)'의 주어는 '我国(국가)'이지 '高校(대학)'가 아니다.

4 A. "世博会"是世界博览会的简称。
   B. 多吃胡萝卜和大蒜，能保护胃。
   C. 纪晓岚是清朝第一才子，他的故居位于北京市珠市口，他在那里居住的时间最长。
   D. 跳绳是一项非常有益的运动，能有效训练人们的耐力和协调力的提高。

4 A. '世博会'는 세계박람회의 약칭이다.
   B. 당근과 마늘을 많이 먹으면 위를 보호할 수 있다.
   C. 기효강은 청나라 제일의 인재였다. 그가 예전에 살았던 집은 베이징 주스커우에 있으며, 그곳에서 거주한 시간이 가장 길다.
   D. 줄넘기는 운동하는 사람의 인내력과 조화성을 효과적으로 높일 수 있는 굉장히 유익한 운동이다.

简称 jiǎnchēng 명 약칭 | 跳绳 tiàoshéng 명 줄넘기 | 耐力 nàilì 명 지구력, 인내심

---

4 D 跳绳是一项非常有益的运动，能有效训练人们的耐力和协调力的提高。
   → 跳绳是一项非常有益的运动，能有效训练人们的耐力和协调力。
   / 跳绳是一项非常有益的运动，能有效提高人们的耐力和协调力。

   구조가 뒤섞여 있어서 명확한 의미를 알 수 없다. 어휘의 가감을 통해 문장을 바로 잡아야 한다.

---

5 A. 地质学家们认为，水在人类生存的地球上普遍存在。
   B. 田野里的杂草很难去除，最有效的方法措施就是在上面种上庄稼。
   C. 呼伦贝尔市面积很大，达到26.3万平方公里，相当于山东与江苏两个省的面积之和。
   D. 高学历的人在求职的时候，要有好的心态，不要认为只有研究生、博士才能找到好工作。

5 A. 지질학자들은 물이 인류가 사는 지구에 전체적으로 분포되어 있다고 여기고 있다.
   B. 논과 밭의 잡초는 없애기가 어렵다. 잡초를 없애는 가장 효과적인 방법은 바로 위에 농작물을 심는 것이다.
   C. 후룬베이얼 시의 면적은 굉장히 넓다. 26만 3천㎢에 달하며, 이는 산둥성과 장쑤성을 합한 면적과 같다.
   D. 고학력자는 구직할 때 석사나 박사는 되어야 좋은 직장에 갈 수 있다는 생각을 버리고 긍정적인 생각을 해야 한다.

去除 qùchú 동 제거하다, 없애다 | 庄稼 zhuāngjia 명 (농)작물 | 平方公里 píngfānggōnglǐ 양 제곱킬로미터(㎢)

---

5 B 田野里的杂草很难去除，最有效的方法措施就是在上面种上庄稼。
   → 田野里的杂草很难去除，最有效的方法就是在上面种上庄稼。

   '方法'와 '措施' 중 하나만 주어로 선택하여 의미의 중복을 피해야 한다.

Ⅱ 빈칸에 들어갈 알맞은 단어 고르기

1 유의어 p.173

| 정답 | 1 B | 2 B | 3 A | 4 C | 5 C | 6 A | 7 A | 8 C | 9 C | 10 B |

---

1 甜食是治疗和控制抑郁、<u>放松</u>心情的灵丹妙药。大多数人在<u>犒劳</u>自己的时候喜欢来一点儿甜的，忘记减肥、忘记塑身、忘记那些紧身的<u>华丽</u>衣服。一般而言，习惯吃甜食的人，<u>脾气</u>都不坏，他们的坏心情完全可以用巧克力、蛋糕、布丁、奶酪等甜美的食物来<u>消除</u>。

　A. 发挥(×)　奖赏(×)　豪华(×)　气氛(×)
　　　取消(×)
　B. 放松(○)　犒劳(○)　华丽(○)　脾气(○)
　　　消除(○)
　C. 解放(○)　奖励(○)　繁华(×)　胃口(○)
　　　消灭(×)
　D. 轻松(×)　欣赏(×)　完美(×)　语气(×)
　　　消失(×)

1 단 음식은 우울함을 치료하고 마음을 <u>편안하게</u> 해주는 묘약이다. 대부분의 사람들은 자신을 <u>위로할</u> 때 단 음식을 먹으면서 다이어트, 몸매 가꾸기, 몸을 꽉 조이는 <u>화려한</u> 옷을 잊곤 한다. 일반적으로 단 음식을 자주 먹는 사람은 <u>성격</u>이 나쁘지 않다. 그들은 우울한 마음을 초콜릿, 케이크, 푸딩, 치즈 등 달콤한 음식으로 <u>해소할</u> 수 있기 때문이다.

　A. 발휘하다　포상하다　호화롭다　분위기　취소하다
　B. 느슨하게 하다　위로하다　화려하다　성격　해소하다
　C. 해방되다　장려하다　번화하다　식욕　소멸되다
　D. 홀가분하다　감상하다　완벽하다　어투　사라지다

抑郁 yìyù 형 우울하다, 울적하다 ｜ **灵丹妙药** líng dān miàoyào 성 만병통치약 ｜ **犒劳** kàoláo 동 (음식 따위로) 위로하다 ｜ **脾气** píqi 명 성격, 성질 ｜ **布丁** bùdīng 명 푸딩 ｜ **奶酪** nǎilào 명 치즈

---

1 B 첫 번째 빈칸에는 목적어인 '心情'을 수반하는 동사가 들어가야 한다. 따라서 동사인 '放松(B)'과 '解放(C)'이 답이 될 가능성이 있다.
두 번째 빈칸은 앞의 '甜食是……灵丹妙药'와 뒤의 '喜欢来一点儿甜的'를 감안할 때 '자신을 위로(犒劳-B)하거나 격려(奖励-C)한다'라는 의미가 와야 함을 알 수 있다. '奖赏(A)'은 뒤에 목적어를 수반할 수 없으므로 제외된다.
세 번째 빈칸에는 목적어 '衣服'와 호응할 수 있는 '华丽(B)'가 들어가야 한다. '豪华(A)'는 주로 건물, 시설, 차 등과 호응하고, '繁华(C)'는 길, 거리에 주로 사용된다.
다섯 번째 빈칸에는 앞에 나온 '坏心情'을 '없애다'라는 의미가 와야 하므로 '消除(B)'가 적합하다. (cf> 消除: 消除疾病, 消除误会 / 消灭: 消灭苍蝇, 消灭战争 / 消失: 逐渐消失, 慢慢消失)

---

2 中国民族音乐家刘天华，<u>吸取</u>了西洋小提琴演奏技巧的一些长处，特别是高把位演奏，对二胡演奏技巧进行了<u>改革</u>，从而使二胡从一种伴奏乐器<u>上升</u>为独奏乐器。

2 중국의 민족음악가 리우티앤화는 서양의 바이올린 연주 기법의 강점, 특히 (고음을 낼 때의) 높은 포지션의 연주 기법을 <u>받아들여</u> 얼후의 연주 기법에 <u>개혁</u>을 가져왔다. 그리고 이를 통해 얼후를 반주에 사용하는 악기에서 독주 악기로 (한 단계) <u>끌어올렸다</u>.

32

A. 吸收(○)	革命(×)	晋升(×)
B. 吸取(○)	**改革(○)**	**上升(○)**
C. 吸引(×)	改正(×)	提升(×)
D. 采纳(×)	改良(○)	飙升(×)

A. 흡수하다	혁명	승진하다
B. 받아들이다	**개혁**	**상승하다**
C. 끌어당기다	개정하다	발탁하다
D. 채택하다	개량하다	급증하다

演奏 yǎnzòu 통 연주하다 | **二胡** Èrhú 고유 얼후 [호금(胡琴)의 일종으로, 현이 두 줄임] | **晋升** jìnshēng 통 승진하다, 진급하다 | **吸取** xīqǔ 통 흡수하다, (교훈이나 경험을) 받아들이다 | **飙升** biāoshēng 통 (가격이나 수량이) 급증하다

2　B　첫 번째 빈칸에는 목적어 '长处'와 호응하는 동사 '吸收(A)'와 '吸取(B)'가 답이 될 수 있다. (cf> 吸收: 吸收知识, 吸收新会员 / 吸取: 吸取教训, 吸取经验 / 吸引: 吸引着青年人, 吸引注意力)
두 번째 빈칸에는 앞에 나온 '技巧'와 호응할 수 있는 '改革(B)'와 '改良(D)'이 답이 될 수 있다.
세 번째 빈칸의 보기는 모두 '升'이라는 공통분모를 가지고 있다. 하지만 문맥상 '끌어올리다'라는 의미가 들어가야 하므로 '上升(B)'만이 답이 된다. (cf> 晋升: 晋升一级, 晋升部长 / 上升: 上升地位, 上升体温 / 提升: 提升为部长, 提升机 / 飙升: 科技股近期连续飙升)

3　金属加热到一定温度后，浸入水中进行冷却<u>处理</u>，由此得到的金属工具的<u>性能</u>更好、更稳定。由此联想到在平时的教学中，对那些长期受到表扬的学生，<u>不妨</u>设置一点小小的障碍，施以"挫折教育"，几经磨练，其心理会更加<u>成熟</u>，心理承受能力随之会更强。

3　금속을 가열하여 온도가 어느 정도까지 올라가면 물 속에 넣어 냉각<u>처리</u> 한다. 이렇게 만들어진 금속 공구의 <u>성능</u>은 더욱 견고하고 안정적이다. 이를 평상시 공부에 적용해 보면, 오랫동안 칭찬을 받아온 학생에게 조금은 어려운 문제를 내서 '좌절'을 경험하게 해 보는 것도 <u>나쁘지 않다</u>. 여러 차례 단련을 하다 보면 심적으로 더욱 <u>성숙해지고</u> 어려움을 이겨내는 능력도 그만큼 강해지기 때문이다.

A. 处理(○)	**性能(○)**	**不妨(○)**	**成熟(○)**
B. 办理(×)	职能(×)	不必(×)	熟练(×)
C. 治理(×)	功能(×)	何必(×)	脆弱(×)
D. 清理(×)	技能(×)	何况(×)	严肃(×)

A. 처리하다	**성능**	**~해도 무방하다**	**성숙하다**
B. 수속을 밟다	직능	~할 필요가 없다	숙련되다
C. 다스리다	효능	~할 필요가 있겠는가	취약하다
D. 깨끗이 정리하다	기능	하물며	엄숙하다

金属 jīnshǔ 명 금속 | **冷却** lěngquè 통 냉각하다, 냉각되다 | **障碍** zhàng'ài 통 방해하다, 막다 | **磨练** móliàn 통 단련하다, 연마하다

3　A　첫 번째 빈칸에서 앞에 나온 '冷却'와 어울리는 것은 '处理(A)'이다. (cf> 办理: 办理手续, 办理签证 / 治理: 治理国家, 治理河水 / 清理: 清理仓库, 清理债务)
두 번째 빈칸에서 '金属工具'와 호응하는 것은 '性能(A)' 밖에 없다. (cf> 职能: 大脑的职能, 货币的职能 / 功能: 肝功能, 消化功能 / 技能: 生产技能, 掌握技能)
세 번째 빈칸에는 '没有关系'의 의미로, 빈칸에 가장 적합한 '不妨(A)'이 들어가야 한다.
네 번째 빈칸에는 '心理'와 어울리는 '成熟(A)'가 답이다. '熟练(B)'은 '기술 등이 몸에 익어 숙련되다'의 의미이므로 적합하지 않다.

4 踢毽子在中国属于一种民间体育游戏，它不需要设置专门的场地和设备，运动量可大可小，老幼皆宜。尤其有助于培养人的灵敏性和协调性，有助于身体的全面发展，增强体质。

   A. 装备(×)　灵活(○)　充分(×)　实质(×)
   B. 机械(○)　敏捷(○)　体面(×)　素质(×)
   C. 设备(○)　灵敏(○)　全面(○)　体质(○)
   D. 设施(○)　敏锐(×)　健全(×)　品质(×)

4 중국에서 제기차기는 민간 스포츠 게임에 속한다. 제기차기는 전용 체육관이나 설비를 설치할 필요가 없고, 운동량을 많게도 적게도 할 수 있기 때문에 어린아이부터 노인들까지 모두 즐길 수 있다. 특히 순발력과 협동성을 길러주며 전신운동이 되기 때문에 체력 강화에도 도움이 된다.

   A. 장비　민첩하다　충분히　실질
   B. 기계　민첩하다　체면　소질
   C. 설비　재빠르다　전면적인　체력
   D. 시설　예민하다　완비하다　품성

踢毽子 tī jiànzi 제기를 차다 | 老幼皆宜 lǎo yòu jiē yí 노인과 어린아이 모두에게 알맞다 | 灵敏 língmǐn 혱 영민하다, 재빠르다

4 C 첫 번째 빈칸에 들어갈 보기 중 '装备(A)'는 주로 군사 방면의 무기, 탄약 등에 쓰이지만 '设备(C)'는 냉난방 설비, 교실 설비, 장비 등 여러 분야에 쓸 수 있다.
두 번째 빈칸에서 '灵活(A), 敏捷(B), 灵敏(C)'은 행동, 사고, 반응에 쓰일 수 있으나 '敏锐(D)'는 느낌, 눈빛 등에 주로 쓰인다. (cf> 目光敏锐, 敏锐的政治眼光, 他对这件事的感觉格外敏锐)
세 번째 빈칸 앞에 나온 '身体'와 호응할 수 있는 것은 '全面(C)' 뿐이다.
네 번째 빈칸 역시 앞에 나온 '身体'와 호응할 수 있는 것은 '体质(C)'이다.

5 假如让你选择，是同快乐的人还是与忧伤的人呆在一起，我想你一定会选择前者。假如你希望人们乐于和你相处，那么你就要保持快乐的心情。

   A. 理智(×)　交换(×)　维持(×)
   B. 吝啬(×)　联络(×)　主持(×)
   C. 忧伤(○)　相处(○)　保持(○)
   D. 崇尚(×)　配合(×)　坚持(×)

5 만약 유쾌한 사람과 함께 있을지 고뇌에 잠긴 사람과 함께 있을지 선택해야 한다면, 당신은 유쾌한 사람을 선택할 것이다. 만약 사람들이 당신과 함께 지내기를 바란다면 당신은 즐거운 마음을 유지해야 한다.

   A. 이지적이다　교환하다　유지하다
   B. 인색하다　연락하다　주관하다
   C. 고뇌에 잠기다　함께 잘 지내다　유지하다
   D. 숭상하다　서로 잘 맞다　견지하다

吝啬 lìnsè 혱 쩨쩨하다, 인색하다 | 忧伤 yōushāng 혱 근심으로 비통해하다, 고뇌에 잠기다 | 崇尚 chóngshàng 동 존중하다, 받들다

5 C 첫 번째 빈칸부터 보면, 선택문은 주로 상반되는 2개의 대상을 제시하기 마련이므로 '快乐'와 상반되는 개념인 '忧伤(C)'이 답이 된다.
두 번째 빈칸에는 '함께 잘 지내다'라는 의미인 '相处(C)'가 문맥상 가장 적합하다.
세 번째 빈칸 뒤의 '快乐的心情'과 호응하는 것은 '保持(C)'이다. (cf> 维持: 维持秩序, 维持生命 / 主持: 主持家务, 主持会议 / 保持: 保持联系, 保持卫生 / 坚持: 坚持原则, 坚持到底)

6 中国很多人一直推崇以和为贵，真正意义上的"和"是什么？就是在<u>承认</u>不同声音、不同观点的前提下，对于他人的一种<u>宽容</u>，一种融入。说到底这就是<u>所谓</u>的君子之道。

A. 承认(○)　宽容(○)　所谓(○)
B. 承受(×)　容忍(○)　合理(×)
C. 承诺(×)　容纳(○)　传统(×)
D. 承担(×)　谅解(×)　讲述(×)

6 중국 사람들은 화합을 중시해 왔다. 그렇다면 진정한 의미의 '화합'이란 무엇인가? 바로 다양한 목소리와 다양한 관점을 <u>인정한다</u>는 전제하에 다른 사람에 대한 <u>관용</u>과 융합이다. 결론적으로 말하자면 <u>소위</u> 군자의 도리라는 것이다.

A. 인정하다　관용　소위
B. 받아들이다　용인하다　합리적이다
C. 약속하다　수용하다　전통
D. 감당하다　양해하다　진술하다

推崇 tuīchóng 통 추앙하다, 찬양하다 | 容忍 róngrěn 통 용인하다, 참고 견디다 | 容纳 róngnà 통 수용하다, 넣다

6 A 첫 번째 빈칸에는 '인정하다, 승인하다'라는 의미인 '承认(A)'이 답이 된다. (cf> 承认: 承认错误, 没有承认 / 承受: 承受损失, 承受风险 / 承诺: 妈妈承诺, 承诺不再使用 / 承担: 承担工作, 承担责任)
두 번째 빈칸에는 모든 보기가 답이 될 수 있다. (cf> 宽容: 学会宽容, 对人宽容 / 容忍: 不能容忍浪费现象, 容忍坏人是对人民的犯罪 / 容纳: 容纳不同意见, 能容纳三千人)
세 번째 빈칸에는 '소위 ～라는 것은'이라는 의미인 '所谓(A)'가 가장 적합하다.

7 《清明上河图》画卷，北宋风俗画作品，作者张择端。以<u>精致</u>的工笔记录了北宋末叶，徽宗时代首都汴京郊区和城内汴河两岸的建筑和人民的生活情景。<u>描绘</u>了清明时节北宋汴梁以及汴河两岸的繁荣景象和自然风光。是汴京当年<u>繁华</u>的见证，是北宋都城东京市民的生活<u>状况</u>的真实写照。

A. 精致(○)　描绘(○)　繁华(○)　状况(○)
B. 细致(○)　模仿(×)　繁忙(×)　现状(×)
C. 奇妙(×)　描写(×)　豪华(×)　形状(×)
D. 美妙(×)　叙述(×)　华丽(×)　状态(○)

7 「청명상하도」는 북송시대의 풍속화로, 화가는 장택단이다. <u>정교한</u> 필체로 북송시대 말, 휘종 때의 수도 변경 인근과 성 내의 변수가의 건축물 및 서민들의 생활을 기록하고 있으며, 청명절 때 북송의 수도와 강가의 번화한 모습과 풍경을 <u>그려냈다</u>. 「청명상하도」는 당시 수도 변경의 <u>번화함</u>을 보여주는 증거이자, 북송시대 서민들의 생활<u>상</u>을 보여주는 사실적인 기록이다.

A. 정교하다　그리다　번화하다　상황
B. 세밀하다　모방하다　바쁘다　현황
C. 신기하다　묘사하다　호화롭다　형상
D. 아름답다　서술하다　화려하다　상태

汴京 Biànjīng 고유 변량(汴梁), 변경(汴京) [허난(河南)성의 카이펑(开封)에 있는 옛날 지명] | 汴河 Biànhé 고유 변수(汴水) [허난성에 있는 옛날 강 이름] | 见证 jiànzhèng 명 증거물품, (현장) 증인 | 写照 xiězhào 명 묘사, 서술

7 A 첫 번째 빈칸 뒤에 나온 '工笔'는 '동양화의 밀화(密画) 화법'으로 이와 가장 잘 어울리는 형용사를 고르면 된다. 수공(手工)과 호응할 수 있는 것은 '精致(A)'와 '细致(B)'이다.
두 번째 빈칸에는 '묘사해서 그리다'라는 의미인 '描绘(A)'가 가장 적합하다.
세 번째 빈칸에는 앞에 나온 '繁荣'과 어울릴 뿐 아니라 지문의 내용에도 맞는 '繁华(A)'가 가장 적합하다.
네 번째 빈칸 앞에 '生活'가 있으므로 '状况(A)'이 가장 적합하다. '生活状况'은 '생활의 상황, 모습'이라는 의미이다. (cf> 状况: 政治状况, 家庭状况 / 现状: 安于现状, 改变现状 / 形状: 形状不一, 形状独特 / 状态: 心理状态, 液体状态)

8 在演讲中，设置一个好的悬念不但能够使演讲者成为听众注目的 <u>中心</u>，而且能够活跃在场 <u>气氛</u>，激发听众聆听与 <u>参与</u> 的兴趣。因此，在演讲中制造出一个个悬念，可以有效地吸引听众的注意力，使演讲内含的 <u>信息</u> 和情感得以准确传达。

A. 要点(×)　志气(×)　赋予(×)　信仰(×)
B. 核心(×)　气概(×)　授予(×)　信念(×)
C. 中心(○)　气氛(○)　参与(○)　信息(○)
D. 焦点(×)　风气(×)　寄予(×)　信号(×)

8 연설을 할 때 적절한 서스펜스를 설정해 두면 연설자가 청중이 주목하는 <u>중심</u>이 될 수 있을 뿐 아니라 현장 <u>분위기</u>를 고조시켜 청중의 집중력과 <u>참여도</u>를 높일 수 있다. 때문에 연설을 할 때 서스펜스 요소를 만들어 내면 효과적으로 주의를 끌 수 있고, 연설에 담긴 <u>정보</u>와 감정을 명확하게 전달할 수 있게 된다.

A. 요점　패기　부여하다　신앙
B. 핵심　기개　수여하다　신념
C. 중심　분위기　참여하다　정보
D. 초점　풍조　보내다　신호

> 悬念 xuánniàn 몡 서스펜스 | 活跃 huóyuè 동 활성화하다, 활발하게 하다 | 激发 jīfā 동 (감정을) 불러일으키다 | 聆听 língtīng 동 경청하다, 자세히 듣다 | 赋予 fùyǔ 동 부여하다, 주다 | 寄予 jìyǔ 동 (관심·동정 등) 주다, 보내다

8 **C** 첫 번째 빈칸에 들어갈 보기 중 '点'과 '心'은 모두 'point'의 의미이다. 하지만 문맥상 가장 알맞은 말은 '中心(C)'이다. (cf> 要点: 抓住要点, 据守要点 / 核心: 核心人物, 问题的核心 / 中心: 中心思想, 购物中心 / 焦点: 问题的焦点, 照相机焦点)
두 번째 빈칸에는 '장소, 현장의 분위기'에 해당하는 '气氛(C)'이 가장 적합하다.
세 번째 빈칸 앞의 '听众'과 어울리는 것은 '参与(C)'이다.
네 번째 빈칸 앞의 '演讲'과 호응할 수 있는 것은 '信息(C)'이다. (cf> 信仰: 信仰自由, 政治信仰 / 信念: 坚定的信念, 必胜的信念 / 信息: 新信息, 重要信息泄露 / 信号: 识别信号, 信号灯)

---

9 很多心理学家指出：只有人生目标 <u>明确</u>，才能找到自己奋斗的方向；只有清楚地 <u>衡量</u> 自己现在所处的位置与目标之间的差距，才有可能在奋斗时，享受"成功的喜悦"。这样的感觉将 <u>促使</u> 他们在充分挖掘自己的潜能去克服重重困难的同时，激发他们追求成功的欲望，进而 <u>达到</u> 目标。

A. 真实(×)　体会(×)　监督(×)　实现(○)
B. 明白(×)　体谅(×)　激励(×)　到达(×)
C. 明确(○)　衡量(○)　促使(○)　达到(○)
D. 鲜明(×)　体验(×)　督促(×)　抵达(×)

9 인생의 목표가 <u>명확해야</u> 자신이 나아가야 할 방향을 찾을 수 있다고 말하는 심리학자들이 많다. 자신의 현 위치와 목표 사이의 차이를 정확하게 <u>파악해야</u>만 목표를 향해 나아갈 때 '성공의 희열'을 느낄 수 있다는 것이다. 이러한 감정은 자신의 잠재력을 발굴하고 수많은 역경을 극복할 수 <u>있도록 해줌</u>과 동시에, 성공하고자 하는 욕망을 자극하여 목표에 <u>도달할</u> 수 있도록 해준다고 한다.

A. 진실하다　체험하다　감독하다　실현하다
B. 이해하다　이해하다　격려하다　도착하다
C. 명확하다　평가하다　~하도록 하다　도달하다
D. 선명하다　체험하다　독촉하다　도착하다

> 衡量 héngliang 동 측정하다, 평가하다 | 喜悦 xǐyuè 형 기쁘다, 유쾌하다 | 挖掘 wājué 동 찾아내다, 발굴하다 | 体谅 tǐliàng 동 (남의 입장에서) 이해하다, 양해하다 | 督促 dūcù 동 독촉하다, 재촉하다 | 抵达 dǐdá 동 도착하다, 도달하다

9 **C** 첫 번째 빈칸에는 '目标'와 호응할 수 있는 '明确(C)'가 가장 적합하다.
두 번째 빈칸에는 '평가하다, 가늠하다'의 의미인 '衡量(C)'이 문맥상 가장 알맞다.
세 번째 빈칸에는 제시문의 내용상 부정적인 의미는 없으므로 '监督(A)'나 '督促(D)'는 적합하지 않다.
네 번째 빈칸에는 목적어 '目标'와 호응하는 '实现(A)'과 '达到(C)'가 답이 될 수 있다.

10 我们看到夜晚天上的星星一闪一闪，这不是因为星星**本身**的亮度出现变化，而是与大气的**遮挡**有关。大气隔在我们与星星之间，当星光通过大气层时，会受到大气的**密度**和厚薄的影响。大气不是绝对**透明**的，所以我们在地面透过它来看星星，就会感觉星星好像在**闪烁**。

- A. 唯一(×)　覆盖(×)　风度(×)　鲜明(×)　跳跃(×)
- **B. 本身(○)　遮挡(○)　密度(○)　透明(○)　闪烁(○)**
- C. 亲身(×)　掩饰(×)　幅度(×)　光明(×)　颤抖(×)
- D. 强烈(×)　回避(×)　程度(×)　分明(×)　飘扬(×)

10 우리는 밤이면 하늘에서 반짝이는 별을 본다. 하지만 이것은 별 **자체**의 밝기에 변화가 생기는 것이 아니라 대기의 **차단**과 관련이 있다. 대기는 우리와 별 사이를 가로막고 있다. 별빛이 대기층을 통과할 때는 대기의 **밀도**와 두께의 영향을 받는다. 대기는 절대적으로 **투명한** 것이 아니고, 우리는 지면에서 대기를 통해 별을 바라보기 때문에 별이 **반짝인다**고 느끼는 것이다.

- A. 유일한　덮다　품격　선명하다　도약하다
- **B. 그 자체　차단하다　밀도　투명하다　반짝이다**
- C. 손수　감추다　폭　밝게 빛나다　벌벌 떨다
- D. 강렬하다　회피하다　정도　분명하다　펄럭이다

> 闪 shǎn 동 반짝이다 | 遮挡 zhēdǎng 동 막다, 차단하다 | 闪烁 shǎnshuò 동 반짝이다 | 掩饰 yǎnshì 동 (결점·실수 따위를) 덮어 숨기다, 감추다 | 颤抖 chàndǒu 동 벌벌 떨다 | 飘扬 piāoyáng 동 (바람에) 펄럭이다

10 **B** 첫 번째 빈칸에는 '그 자체'라는 의미인 '本身(B)'이 들어가는 것이 문맥상 가장 알맞다.
두 번째 빈칸의 보기는 모두 '가리다, 덮다, 감추다, 피하다' 등 부정적인 의미이나 쓰임은 모두 다르다. '大气'와 호응할 수 있는 것은 '遮挡(B)' 뿐이다. (cf> 覆盖: 地上覆盖着厚厚的白雪. 바닥은 두터운 흰 눈으로 덮여 있었다. / 遮挡: 请找个东西遮挡一下阳光. 뭔가로 햇볕을 가려주세요. / 掩饰: 当时我掩饰不住内心的喜悦. 당시 나는 마음 속의 기쁨을 감출 수 없었다. / 回避: 不能回避眼前的困难. 눈 앞의 어려움을 피할 수 없다.)
세 번째 빈칸도 '大气'와 호응할 수 있는 '密度(B)'가 답이다.
네 번째 빈칸 역시 '大气'와 호응할 수 있는 '透明(B)'이 답이다.
다섯 번째 빈칸은 글의 처음에 나온 '夜晚天上的星星一闪一闪'에서 힌트를 얻을 수 있다. 따라서 답은 '闪烁(B)'이다.

2 성어 및 4자 결구   p.195

| 정답 | 1 D | 2 B | 3 C | 4 A | 5 C | 6 D | 7 C | 8 C | 9 C | 10 D |

1 九寨沟是四川旅游的必去之处。九寨沟的水是人间最**清澈**的水，无论是宁静的湖泊，还是飞泻的瀑布，都是那么神奇迷人，令人**流连忘返**。水构成了九寨沟最具魅力的景色，是九寨沟的**灵魂**。

1 지우자이거우는 쓰촨 여행에서 빼놓을 수 없는 장소이다. 세상에서 가장 **맑고 깨끗한** 지우자이거우의 물은 잔잔한 호수에서든 시원하게 쏟아지는 폭포에서든 너무나 매혹적이어서 **발길을 돌릴 수 없게** 한다. 물은 지우자이거우의 가장 매력적인 경관을 만들어 내는 지우자이거우의 **영혼**이다.

A. 清洁(×)　络绎不绝(×)　精神(×)
B. 清晰(×)　川流不息(×)　灵感(×)
C. 透明(○)　锲而不舍(×)　心灵(×)
D. 清澈(○)　流连忘返(○)　灵魂(○)

A. 청결하다　(사람·수레·배 따위의) 왕래가 빈번해 끊이지 않다　정신
B. 선명하다　(행인·차량 등이) 냇물처럼 끊임없이 오가다　영감
C. 투명하다　나태함 없이 끈기 있게 끝까지 해내다　마음
D. 맑고 깨끗하다　아름다운 경치에 빠져 떠나기 싫다　영혼

宁静 níngjìng 혱 조용하다, 평온하다 | 泻 xiè 동 매우 빠르게 흐르다, 쏟아지다 | 锲而不舍 qiè ér bù shě 성 나태함 없이 끈기 있게 끝까지 해내다 | 清澈 qīngchè 혱 맑고 깨끗하다 | 流连忘返 liú lián wàng fǎn 성 아름다운 경치에 빠져 떠나기 싫어하다

1 D 첫 번째 빈칸에는 '水'와 호응할 수 있는 '清澈(D)'가 들어가야 한다. '澈'의 '삼수 변(氵)'을 보고 물과 관련된 단어라는 것을 쉽게 연상할 수 있다. (cf> 清洁: 清洁工, 清洁剂 / 清晰: 发音清晰, 记忆清晰 / 透明: 玻璃透明, 透明度 / 清澈: 水很清澈, 清澈的潭水)
'都是那么神奇迷人, 令人……'으로 보아 두 번째 빈칸에 들어갈 수 있는 것은 '流连忘返(D)' 뿐이다.
세 번째 빈칸에는 앞 두 빈칸의 정답이 D이므로 '灵魂(D)'이 들어갈 수 있다. 또한 '灵魂'은 '주도적이고 결정적인 작용을 하는 사람이나 사물'을 비유하기도 한다.

2 许多有理想有抱负的人都忽视了积少成多的道理，一心只想<u>一鸣惊人</u>，而不去埋头耕作。直到有一天，他发现比自己起步晚的、比自己天资差的，都已经有了<u>可观</u>的收获，才发现自己这片园地上还是<u>一无所有</u>。这时他才幡然醒悟，不是老天没有给他理想，而是他一心只等待收获，却忘了<u>播种</u>。

A. 一帆风顺(×)　壮观(×)　半途而废(×)　酝酿(×)
B. 一鸣惊人(○)　可观(○)　一无所有(○)　播种(○)
C. 一如既往(×)　宏观(×)　有条不紊(×)　照料(×)
D. 一丝不苟(×)　美观(×)　众所周知(×)　培育(×)

2 원대한 꿈과 포부를 지닌 사람 중에는 티끌 모아 태산이라는 원리를 간과하는 사람들이 많아서, <u>사람들을 깜짝 놀라게 할</u> 성과를 얻을 생각만 하며 열심히 노력하지 않는다. (이런 사람들은) 어느 날 자신보다 늦게 시작하고 소질도 없는 사람이 <u>우수한</u> 성과를 얻은 것을 발견한 후에야 자신이 <u>가진 것이 아무것도 없다</u>는 것을 깨닫는다. 그리고 그제야 하늘이 그에게 원대한 꿈을 주지 않은 것이 아니라 자신이 <u>파종하는</u> 것도 잊고, 그저 수확만 기다렸다는 것을 깨닫게 된다.

A. 일이 순조롭게 진행되다　장관　중도에 포기하다　양성하다
B. 뜻밖에 사람을 놀라게 하다　훌륭하다　아무것도 가진 것이 없다　파종하다
C. 지난날과 다름없다　거시적　(말·행동이) 조리 있고 질서 정연하다　돌보다
D. 조금도 빈틈이 없다　아름답다　모두들 알고 있다　양성하다

抱负 bàofù 명 포부, 큰 뜻 | 耕作 gēngzuò 동 경작하다 | 一鸣惊人 yì míng jīng rén 성 뜻밖에 사람을 놀라게 하다 | 幡然 fānrán 부 불현듯이 | 醒悟 xǐngwù 동 깨닫다, 각성하다 | 照料 zhàoliào 동 돌보다, 보살피다

2 B 첫 번째 빈칸에는 앞의 '积少成多'와 상반되는 의미로 대구를 이루는 '一鸣惊人(B)'이 들어가야 한다.
두 번째 빈칸에는 '收获'와 호응하는 '可观(B)'이 들어가야 한다.
세 번째 빈칸은 '자신보다 뒤떨어진다고 생각한 이는 훌륭한 성과를 거두었고 자신은 아무 것도 이룬 바 없다'라는 의미이므로 '一无所有(B)'가 문맥상 적당하다.
네 번째 빈칸에는 '收获'와 대구를 이루는 '播种(B)'이 들어가야 한다.

3 在众多民族里，纳西族其实不是一个大民族，但是它的东巴文化却<u>名扬中外</u>，引起众多人的兴趣和<u>关注</u>。东巴文化包含象形文字、东巴经、东巴绘画、音乐、舞蹈等。其中东巴象形文字被<u>誉</u>为目前世界唯一存活着的象形文字。

  A. 博大精深(○)　注视(×)　耸(×)
  B. 得天独厚(×)　注重(×)　竖(×)
  C. 名扬中外(○)　关注(○)　誉(○)
  D. 难能可贵(×)　关怀(×)　称(○)

3 수많은 민족 중에서 나시족은 사실 큰 민족이 아니다. 하지만 그들의 동파문화는 <u>세계적으로 유명해서</u> 많은 사람의 흥미와 <u>관심</u>을 불러일으킨다. 동파문화에는 상형문자, 동파경, 동파회화, 음악, 춤 등이 포함된다. 그중에서도 동파 상형문자는 현재 세상에 남아 있는 유일한 상형문자라고 <u>불린다</u>.

  A. 사상·학식이 넓고 심오하다　주시하다　우뚝 솟다
  B. 특별히 좋은 조건을 갖추다　중시하다　곧게 세우다
  C. 세계적으로 유명하다　주시하다　칭찬하다
  D. 쉽지 않은 일을 해내어 대견스럽다　배려하다　~라고 부르다

耸 sǒng 동 치솟다, 우뚝 솟다 | 竖 shù 동 곧게 세우다 | 誉 yù 동 칭찬하다, 찬양하다

3 C 나시족이 소수민족이지만 그의 동파문화는 '뜻밖에(却) ~하다'라는 의미이므로, 첫 번째 빈칸에는 '名扬中外(C)'가 들어가야 한다.
두 번째 빈칸에는 서술어인 '引起'와 호응하는 '关注(C)'가 적합하다.
세 번째 빈칸에는 '~라고 불리다'라는 의미인 고정격식 '被誉为, 被称为' 등이 들어가야 하므로 '誉(C)'가 정답이다.

4 耳听为虚，眼见为实，我们每个人都只相信自己亲眼看到的东西，认为只有亲眼<u>所</u>见，才是真实<u>可靠</u>的。然而有些时候我们亲眼看到的却常常与真实相悖，有时视觉上的错觉也经常会欺骗许多<u>自以为是</u>的头脑。

  A. 所(○)　可靠(○)　自以为是(○)
  B. 可(×)　依赖(×)　一丝不苟(×)
  C. 亦(×)　踏实(×)　称心如意(×)
  D. 愈(×)　周密(×)　有条不紊(×)

4 귀로 들은 것은 진실이 아니고, 눈으로 본 것만이 확실하다. 우리는 자신이 직접 목격한 것만 믿으면서 직접 본 <u>것</u>만이 진실이고 <u>믿을 만하다고</u> 생각한다. 하지만 때로는 우리가 직접 목격한 것이 진실과 상반되는 경우도 있으며, 또 어떤 경우에는 착시현상으로 인해 <u>자신이 옳다고 착각하기</u>도 한다.

  A. ~한 바　믿을 수 있다　자신이 옳다고 여기다
  B. ~할 수 있다　의존하다　조금도 빈틈이 없다
  C. 또한　성실하다　자기 마음에 완전히 부합되다
  D. ~보다 낫다　치밀하다　(말·행동이) 조리 있고 질서 정연하다

相悖 xiāngbèi 동 어기다, 위배하다, 거스르다 | 欺骗 qīpiàn 동 속이다, 사기치다

4 A 첫 번째 빈칸에는 '所(A)'가 '见'과 함께 쓰여 명사적 성분이 된다. '所'는 주로 단음절동사 앞에 '……+동사'의 형태로 쓰여 그 동사와 함께 명사적 성분이 된다.
두 번째 빈칸에는 앞의 '真实'와 어울리는 '可靠(A)'가 들어가야 한다.
세 번째 빈칸에는 지문의 요지가 '진실과 자신이 보고 듣고 느낀 것'이므로 문맥상 옳은 것은 '自以为是(A)'이다.

5 随着环保概念的不断深入人心，动物皮草已经不再是有些人炫耀奢华的<u>装饰</u>，<u>取而代之</u>的是同样具有高贵气质的仿皮草材料。仿真的材质、适中的价格，加以最<u>时尚</u>的款式，仿皮草成为更多爱美<u>人士</u>的新宠。

5 환경보호에 관한 인식이 퍼지면서 동물의 가죽으로 만든 제품은 더는 일부 사람들의 부를 과시하는 <u>장식품</u>이 아니다. (요즘에는) 질 좋은 인조가죽이 동물의 가죽<u>을 대신하고</u> 있다. 진짜 같은 소재와 합리적인 가격에 최신 <u>유행</u> 디자인이 더해져 인조가죽은 패션을 사랑하는 <u>사람</u>들의 사랑을 듬뿍 받고 있다.

A. 时装(×) 优胜劣汰(×) 完美(○) 人物(×)	A. 유행 의상 적자생존 완벽하다 인물
B. 潮流(×) 供不应求(○) 时髦(○) 人员(×)	B. 추세 공급 부족 유행이다 인원
C. 装饰(○) 取而代之(○) 时尚(○) 人士(○)	**C. 장식품 그것을 대신하다 유행이다 인사**
D. 象征(○) 层出不穷(×) 新颖(○) 人才(×)	D. 상징 끊임없이 나타나다 참신하다 인재

皮草 pícǎo 명 모피, 가죽 제품 | **炫耀** xuànyào 통 자랑하다, 뽐내다, 과시하다 | **奢华** shēhuá 형 호화스럽다

5 C 첫 번째 빈칸 문장의 주어는 '动物皮草', 관형어는 '炫耀奢华', 목적어는 빈칸이다. 따라서 빈칸에 알맞은 것은 '装饰(C)'와 '象征(D)'이다.
두 번째 빈칸은 '仿皮草材料'가 '动物皮草'를 '대신하는 것'이므로 '取而代之(C)'가 적합하다.
세 번째 빈칸의 보기는 중심어인 '款式'와 모두 어울린다.
'爱美人士'는 이미 고정된 단어로, '패션을 좋아하는 사람, 패셔니스타, 멋쟁이'라는 뜻이므로 네 번째 빈칸에는 '人士(C)'가 들어가야 한다. (cf> 人物: 领袖人物, 英雄人物 / 人员: 人员调动, 机关工作人员 / 人士: 知名人士, 爱国人士 / 人才: 人才辈出, 一表人才)

---

6 宜兴紫砂陶有着悠久的历史和极高的艺术**成就**，并以其**独特**的原料材质，精湛的**手工**技艺，古朴的自然色泽和**千姿百态**的造型艺术，在工艺美术苑林中独占鳌头，经久不衰。

6 이싱의 자사자기는 유구한 역사와 높은 예술적 **가치**를 지니고 있다. 또한 그 **독특한** 원료의 특성과 정교한 **수공**예, 소박한 자연의 색감과 **다양한** 디자인은 공예품 시장에서 두각을 나타내며 인기가 식을 줄 모르고 있다.

A. 成果(×) 罕见(○) 人工(○) 物美价廉(×)	A. 성과 드물다 인공 품질은 뛰어나고 가격은 합리적이다
B. 财富(×) 坚固(×) 制作(○) 喜闻乐见(○)	B. 재산 견고하다 제작하다 기쁜 마음으로 듣고 보다
C. 风格(×) 特殊(○) 操作(×) 朝气蓬勃(×)	C. 품격 특수하다 조작하다 생기발랄하다
D. 成就(○) 独特(○) 手工(○) 千姿百态(○)	**D. 성과 독특하다 수공 모양이 제각각이고 서로 다르다**

紫砂 zǐshā 자사 [굽고 난 뒤의 색깔이 적갈색 혹은 자흑색을 띔] | **精湛** jīngzhàn 형 (기예가) 뛰어나다, 훌륭하다 | **古朴** gǔpǔ 형 수수하면서 고풍스럽다 | **色泽** sèzé 명 색깔과 광택 | **独占鳌头** dú zhàn áo tóu 성 일등을 차지하다

6 D 첫 번째 빈칸의 보기인 '成果(A)'는 '일이나 사업상의 수확'을 말하며 '成就(D)'는 일반적으로 '건설, 과학기술, 예술 등 중대한 일, 사업상에서 얻은 좋은 성과'를 말한다. 그러므로 정답은 '成就(D)'이다.
두 번째 빈칸에는 '原料材质'와 호응할 수 있는 '罕见(A), 特殊(C), 独特(D)'가 들어갈 수 있다.
세 번째 빈칸에는 뒤의 '技艺'와 어울리지 않는 '操作(C)'만 답에서 제외된다.
네 번째 빈칸에는 '造型艺术'와 가장 잘 어울리는 '千姿百态(D)'가 적합하다.

---

7 人们通常所说的所谓幽默，是智者在洞悉人情冷暖之后，传达出一种认识**独特**、角度别致、形式上**喜闻乐见**的信息，随之引起大家会心一笑。可见，幽默是一种乐观的人生态度、机智的**思维**方式、轻松的心态和宽容的**胸怀**。

7 사람들이 흔히 말하는 유머는 슬기로운 누군가가 사람들을 자세히 통찰한 후 전달하는 일종의 **독특한** 인식이자 특이한 각도이며 **즐겨 듣고 보는** 정보로, 사람들은 이를 통해 한바탕 웃게 된다. 이러한 관점에서 봤을 때, 유머는 삶에 대한 낙천적인 태도이자 기지가 넘치는 **사고**방식, 가벼운 기분과 너그러운 **마음**이라고 할 수 있다.

A. 特殊(×)　循序渐进(×)　思想(×)　心灵(×)
B. 特定(×)　兴致勃勃(×)　思念(×)　气魄(×)
C. 独特(○)　喜闻乐见(○)　思维(○)　胸怀(○)
D. 神奇(×)　一丝不苟(×)　思考(○)　视野(×)

A. 특수하다　순차적으로 진행하다　사상　마음
B. 특정한　흥미진진하다　그리워하다　기백
C. 독특하다　즐겨 듣고 보다　사유　마음
D. 신기하다　조금도 빈틈이 없다　사고　시야

洞悉 dòngxī 图 통찰하다 | 別致 biézhì 형 색다르다, 특이하다 | 气魄 qìpò 명 패기, 기백

7 C 첫 번째 빈칸 앞의 '认识'와 호응할 수 있는 것은 '独特(C)'이다.
　　두 번째 빈칸에는 '幽默'와 호응하는 '기쁜 마음으로 듣고 보다, 즐겨 듣고 즐겨 보다'의 의미인 '喜闻乐见(C)'이 들어갈 수 있다.
　　세 번째 빈칸의 보기인 '思维(C)'는 분석, 종합, 판단, 추리 등 인식활동의 과정이며, '思想(A)'은 '思维'의 결과를 말과 글로 표현한 것이므로, '思维(C)'가 답으로 적합하다. (cf> 思想: 解放思想, 思想境界 / 思念: 思念家人, 思念祖国 / 思维: 理性思维, 思维敏捷 / 思考: 独立思考, 思考问题)
　　네 번째 빈칸에는 '宽容'과 호응하는 '胸怀(C)'가 들어갈 수 있다.

---

8 流传于世的女娲补天这个神话<u>家喻户晓</u>，但女娲的活动区域却<u>众说纷纭</u>。陕西省文物工作者在对女娲庙遗址进行文物调查时发现了三块与女娲<u>有关</u>的石碑，这些石碑与古代书籍相印证，<u>证实</u>了女娲文化的发源地在陕西省平利县。

A. 妇孺皆知(○)　众口一词(×)　关联(○)　论证(×)
B. 尽人皆知(○)　众口难调(×)　相关(○)　更正(×)
C. 家喻户晓(○)　众说纷纭(○)　有关(○)　证实(○)
D. 众所周知(○)　人云亦云(×)　相连(×)　证明(○)

8 여와 여신이 하늘에 뚫린 구멍을 막았다는 신화는 <u>모두에게 잘 알려진</u> 이야기이다. 하지만 여와가 활동했던 곳에 대해서는 <u>의견이 분분하다</u>. 산시성의 문화재 관련자는 여와 묘 유적에 대한 유물 조사를 진행하면서 여와와 <u>관련된</u> 비석 3개를 발견했다. 이들 비석을 고대의 서적과 대조하여 검증한 결과, 여와 문화의 발원지는 산시성 핑리현이라는 <u>사실을 증명했다</u>.

A. 모든 사람이 알고 있다　이구동성이다　관련이 있다　논증하다
B. 모든 사람이 알고 있다　모든 사람들을 다 만족시키기가 어렵다　상관되다　정정하다
C. 모든 사람이 알고 있다　의견이 분분하다　관련이 있다　사실로 증명하다
D. 모든 사람이 알고 있다　주관이 없다　연결되다　증명하다

遗址 yízhǐ 명 유적, 옛 터 | 印证 yìnzhèng 동 검증하다, 증명하다

8 C 첫 번째 빈칸의 보기는 모두 '다 알고 있다'라는 의미로 보기 4개가 모두 답이 될 수 있다.
　　두 번째 빈칸은 문장의 '但'이 힌트이다. '모두 다 알고 있으나 이견이 있다'라는 의미이므로 '众说纷纭(C)'이 적합하다.
　　세 번째 빈칸의 보기는 '相连(D)'만을 제외하고 모두 '서로 관련 있다'라는 의미이므로 모두 답이 될 가능성이 있다.
　　네 번째 빈칸에는 '사실을 증명하다'라는 의미인 '证实(C)'와 '证明(D)'이 적합하다.

9 用平常之心面对每一天，用感恩之心对待眼前的生活，一个人才能真正理解生活的<u>美妙</u>！生活并不会使我们当中每个人<u>称心如意</u>，但人生的意义不单单在于要获得多少成功，更多的是要<u>享受</u>一路走来的点点滴滴。

  A. 美观(×)　苦尽甘来(○)　感受(○)
  B. 美满(○)　锦绣前程(×)　忍受(×)
  C. 美妙(○)　称心如意(○)　享受(○)
  D. 美丽(○)　齐心协力(×)　遭受(×)

9 언제나 평상심을 갖고 감사하는 마음으로 살아야 삶의 진정한 <u>아름다움</u>을 이해할 수 있게 된다. 삶이 언제나 <u>마음먹은 대로</u> 이루어지는 것은 아니다. 하지만 인생의 의미는 단순히 얼마나 성공했느냐에 있는 것이 아니라 소소한 즐거움을 <u>누리는</u> 데 있다.

  A. 아름답다　고진감래　느끼다
  B. 아름답고 원만하다　전도 유망하다　견디다
  C. 아름답다　마음에 꼭 들다　누리다
  D. 아름답다　한마음 한뜻으로 함께 노력하다　(불행한 일을) 당하다

点滴 diǎndī 형 아주 작다, 소소하다 | 锦绣前程 jǐnxiù qiánchéng 성 유망한 전도

9 C 첫 번째 빈칸 앞의 '生活'라는 추상적 사물과 쓸 수 있는 것은 '美满(B), 美妙(C), 美丽(D), 美好' 등이다. (cf> 美观: 美观大方, 设计美观 / 美满: 美满婚姻, 美满的生活 / 美妙: 歌声美妙, 美妙的图景 / 美好: 美好的前途, 生活美好 / 美丽: 美丽的姑娘, 长得美丽)
두 번째 빈칸에는 문맥상 적합한 '称心如意(C)'가 들어가야 한다.
세 번째 빈칸에는 '작은 것을 누릴 줄 알아야 한다'라는 의미가 들어가야 하므로 '享受(C)'가 적합하다. (cf> 感受: 感受风寒, 感受到压力 / 忍受: 忍受痛苦, 忍受困难 / 享受: 享受公费出国进修, 享受忙中偷闲的乐趣 / 遭受: 遭受突然袭击, 遭受灾难)

10 周文王姬昌有一次出外<u>打猎</u>，行至渭水南<u>岸</u>遇到了一位正在垂钓鱼的老人，那位老人<u>滔滔不绝</u>地阐述了治国安邦的见解。周文王认为这是一个难得的奇才，就封他为太师。这个老人就是带有传奇<u>色彩</u>的姜子牙。

  A. 游览(○)　岛(×)　博大精深(×)　习俗(×)
  B. 进攻(×)　区(×)　津津有味(×)　光彩(×)
  C. 打仗(○)　疆(×)　各抒己见(×)　神色(×)
  D. 打猎(○)　岸(○)　滔滔不绝(○)　色彩(○)

10 어느 날 주나라 문왕 희창이 <u>사냥</u>을 나갔다가 위수 남쪽 <u>강가</u>에서 낚싯줄을 드리우고 고기를 낚고 있던 노인과 마주쳤다. 노인은 나라를 다스리고 안정시키는 방법에 대한 자신의 견해를 <u>막힘없이</u> 이야기했고 문왕은 그를 귀중한 인재라고 여겨 그를 태사에 봉했다. 이 노인이 바로 비범한 <u>분위기</u>를 풍기던 강자아이다.

  A. 유람하다　섬　사상・학식이 넓고 심오하다　풍속
  B. 공격하다　구역　흥미진진하다　빛
  C. 전쟁하다　국경　각자 자기의 의견을 발표하다　표정
  D. 사냥하다　물가　쉴새 없이 말하다　분위기

滔滔不绝 tāo tāo bù jué 성 끊임없이 계속되다, 쉴새 없이 말하다 | 阐述 chǎnshù 동 상세히 논술하다 | 安邦 ānbāng 동 나라를 평안하게 다스리다 | 津津有味 jīnjīn yǒuwèi 성 흥미진진하다 | 疆 jiāng 명 국경, 경계 | 神色 shénsè 명 표정, 기색

10 D 첫 번째 빈칸 앞 '出外'와 어울리지 않는 것은 '进攻(B)' 뿐이다.
두 번째 빈칸이 있는 문장에는 낚시를 하는 노인이 언급되었다. 낚시를 하려면 물이 필요한데, 물과 관련된 것은 '岛(A)'와 '岸(D)'이다. 그런데 계속 걸어 남쪽 강가에 이르렀다는 의미이므로 '岸(D)'이 적합하다.
세 번째 빈칸에는 '阐述'와 어울리는 '滔滔不绝(D)'가 들어가야 한다.
네 번째 빈칸에는 '색채, 경향'의 의미인 '色彩(D)'가 적합하다.

3 기타 p.204

| 정답 | 1 B | 2 A | 3 C | 4 A | 5 D | 6 D | 7 A | 8 C | 9 B | 10 A |

1 一个热气球的操作员能做的只是调整气球的高度以**捕捉**不同的风向，而气球的**具体**航线和落点，就只能顺其自然了。这正是乘坐热气球的魅力所在：有控制的可能性，同时又保留了不确定性，所以比任何精确设定的飞行都来得**刺激**。其实人生的**乐趣**也是如此，全在这定与不定之间。

A. 感觉(×)　立体(×)　痛快(○)　欢乐(×)
B. 捕捉(○)　具体(○)　刺激(○)　乐趣(○)
C. 欣赏(×)　全面(×)　爽快(×)　趣味(×)
D. 抓住(○)　稳定(×)　热烈(×)　娱乐(×)

1 열기구를 조정하는 사람이 할 수 있는 것은 풍향에 **따라** 기구가 떠 있는 높이를 조절하는 것 뿐이고, 기구의 **구체적인** 항로와 낙하지점은 순리에 맡길 수밖에 없다. 그리고 이것이 바로 열기구의 매력이다. 통제할 수 있는 부분이 있으면서도 불확실성이 동시에 존재하기 때문에 어떤 비행보다도 **자극적이다**. 사실 인생의 **기쁨**도 이와 마찬가지로 정해진 것과 정해지지 않은 것 사이에 있다.

A. 느끼다　입체적이다　통쾌하다　즐겁다
B. 잡다　구체적이다　자극적이다　기쁨
C. 감상하다　전면적이다　상쾌하다　취미
D. 붙잡다　안정적이다　열렬하다　오락

气球 qìqiú 몡 기구 ｜ 航线 hángxiàn 몡 배의 항로, 비행기의 항(공)로 ｜ 顺其自然 shùn qí zìrán 솅 순리를 따르다

> **1 B** 첫 번째 빈칸의 중심어인 '风向'과 조합될 수 있는 어휘는 '捕捉(B)'와 '抓住(D)'이다.
> 두 번째 빈칸에는 문맥상 '구체적인, 실제의, 특정의'라는 의미인 '具体(B)'가 적합하다.
> 세 번째 빈칸은 독해력이 필요한 문제이다. '열기구는 불확실성을 가지고 있으므로, 어떤 정확하게 설정된 비행보다도 ~하다'에서 빈칸에는 '짜릿하다, 스릴 넘치다' 등의 의미를 가진 어휘가 와야 한다. 그러므로 '刺激(B)'가 가장 적합하다.
> 네 번째 빈칸의 보기는 비슷해 보이지만, 모두 다른 의미를 지니고 있다. 이중 가장 적합한 것은 '乐趣(B)'이다.

2 如果没有在部队的自学**经历**，就没有后来名满天下的二月河。他曾经在仅仅21岁的时候跌入了人生最低谷，又在不惑之年渐入巅峰，从一个超龄留级生到一位著名作家，其间的机缘转折，似乎有些歪打正着。但二月河不这么**理解**，他说："人生好比一口大锅，当你走到了锅底时，只要你肯**努力**，不论朝哪个**方向**，都是向上的。"

A. 经历(○)　理解(○)　努力(○)　方向(○)
B. 学历(×)　分析(×)　加油(×)　方面(×)
C. 阶段(○)　认为(○)　付出(○)　目标(×)
D. 课程(×)　思考(×)　攀登(×)　范围(×)

2 군대에서의 독학 **경력**이 없었다면 훗날 이름을 만천하에 알린 얼위에허는 없었을 것이다. 그는 고작 21세의 나이에 인생의 나락으로 떨어졌다. 그리고 40세가 되던 해에 인생의 절정을 맛보았다. 인생의 낙오자에서 유명 작가가 되기까지 그간의 인생 역정에는 어느 정도 운도 따랐다. 하지만 그의 **생각**은 다르다. 그는 "인생은 커다란 솥에 비유할 수 있습니다. 솥의 바닥까지 갔을 때 **노력**만 하면 어느 **방향**으로 가든 결국에는 위로 올라가게 되어 있습니다."라고 말한다.

A. 경력　이해하다　노력하다　방향
B. 학력　분석하다　기운을 내다　방면
C. 단계　여기다　바치다　목표
D. 과정　사고　오르다　범위

名满天下 míng mǎn tiān xià 성 명성이 뛰어나 천하에 널리 알려지다 | 跌 diē 동 떨어지다, 낙하하다 | 低谷 dīgǔ 명 밑바닥, 최저점 | 巅峰 diānfēng 명 최고봉, 절정 | 留级生 liújíshēng 명 유급생 | 歪打正着 wāi dǎ zhèng zháo 성 뜻밖에 좋은 결과를 얻다, 요행히 성공하다 | 攀登 pāndēng 동 (어려움을 두려워하지 않고 적극적으로) 기어오르다, 나아가다 [추상적인 사물에 쓰임]

2 A 첫 번째 빈칸의 보기 중 '自学'와 어울리지 않는 것은 '学历(B)'이므로 B의 그룹을 배제할 수 있다.
두 번째 빈칸에는 '想'의 의미인 '理解(A)'와 '认为(C)'가 들어갈 수 있다.
세 번째 빈칸에 문맥상 적합한 것은 '努力(A)'와 '付出(C)'이다.
네 번째 빈칸은 뒤의 '都是向上的'에서 힌트를 주고 있다. 즉, '위로 올라간다'는 것은 방향을 나타내는 것이므로 '方向(A)'이 답이 된다.

3 一个人的自立就像支撑我们身体的骨架，能够让我们站立。能<u>自由</u>行走，而不需要别人的<u>搀扶</u>：依赖则像一个正常人<u>拄</u>拐杖，虽然可以借助拐杖的力量而让自己舒服，但是功夫一长，你的骨架就会退化，我们可能将<u>永远</u>无法自己站立。

A. 任意(○) 陪伴(○) 扛(×) 终究(○)
B. 主动(○) 帮忙(○) 使(○) 逐渐(×)
C. 自由(○) 搀扶(○) 拄(○) 永远(○)
D. 独立(○) 引导(○) 捧(×) 始终(×)

3 한 사람의 자립은 우리의 몸을 지탱하고 있는 골격처럼 우리를 설 수도 있게 하고, <u>마음대로</u> 걸을 수도 있게 한다. 하지만 다른 사람의 <u>부축</u>은 필요 없다. 누군가에게 기댄다는 것은 정상적인 사람이 지팡이를 <u>짚는</u> 것이나 마찬가지이다. 지팡이에 기대어 걸으면 자신은 편할지 모르나 시간이 흐르면 골격이 퇴화하기 때문에 혼자서는 <u>영원히</u> 설 수 없게 될지도 모른다.

A. 마음대로 함께 하다 (어깨에) 메다 결국
B. 능동적인 돕다 부리다 서서히
C. 자유롭게 부축하다 (지팡이로 몸을) 지탱하다 영원히
D. 독립하다 인도하다 두 손으로 받쳐 들다 한결같이

支撑 zhīchēng 동 버티다, 지탱하다 | 站立 zhànlì 동 서다, 일어서다 | 搀扶 chānfú 동 부축하다 | 拐杖 guǎizhàng 명 지팡이

3 C 첫 번째 빈칸의 보기는 모두 가능성이 있으므로 다른 빈칸에서 힌트를 찾아야 한다.
두 번째 빈칸의 보기 역시 첫 번째 빈칸과 마찬가지로 모두 가능성이 있다.
세 번째 빈칸에는 '拐杖'과 호응하는 '拄(C)'가 적합하다. 이 문제를 풀기 위해서는 동작을 나타내는 여러 행위동사를 알아야 한다. 평상시 동사와 명사를 조합하여 통째로 외우는 습관을 들이자.
네 번째 빈칸에는 '영원하다, 늘, 언제까지나'라는 뜻인 '永远(C)'이 적합하다. '永远'이 부정문에 쓰이면 '전혀 변화의 여지가 없다'라는 의미를 지닌다.

4 有很多数事实证明，调皮的孩子往往比老实的孩子更具创造力，究其原因就是淘气的孩子接触面<u>广</u>，大脑受到的<u>刺激</u>多，这样就可以激活他们的<u>智力</u>。因为创造需要一定的时间和空间，我们做家长也应该给自己的孩子更多的时间和空间，允许他们淘气一点，让他们<u>自由</u>地去遐想、去活动、去创造。

4 짓궂은 아이들이 진지한 아이들에 비해 창의력이 더 있다는 사실이 밝혀졌다. 그 원인을 살펴본 결과, 장난기가 많은 아이들은 접촉하는 것이 <u>많고</u> 대뇌에서 받는 <u>자극</u>이 많은데, 이렇게 되면 그들의 <u>지능</u>을 활성화시킬 수 있다. 창의력 향상을 위해서는 어느 정도의 시간과 공간이 필요하다. 학부모들은 아이들에게 더 많은 시간과 공간을 주어야 한다. 아이들이 장난을 칠 수 있도록 해 주고, <u>자유롭게</u> 상상의 나래를 펼치고 뛰어놀며 창의력을 발휘하도록 해야 한다.

A. 广(○)　刺激(○)　智力(○)　自由(○)
B. 阔(×)　激励(×)　想象(○)　活泼(×)
C. 大(○)　激发(×)　智慧(○)　疯狂(×)
D. 浅(×)　打击(×)　见解(×)　合理(○)

A. 넓다　자극하다　지능　자유롭다
B. 광활하다　격려하다　상상　활발하다
C. 크다　(감정을) 불러일으키다　지혜　미치다
D. 얕다　공격하다　견해　합리적이다

调皮 tiáopí 형 장난이 심하다, 짓궂다 | 淘气 táoqì 형 장난이 심하다, 말을 잘 듣지 않다 | 激活 jīhuó 동 활성화하다, 반응을 촉진하다 | 允许 yǔnxǔ 동 허가하다, 허락하다 | 遐想 xiáxiǎng 동 끝없이 상상하다, 자유롭게 연상하다

4 A 첫 번째 빈칸은 '接触面'이 힌트이다. '广(A)'은 주로 '넓이'에 쓰이고 '阔(B)'는 '폭', '大(C)'는 '크기', '浅(D)'은 '깊이'에 쓰이므로, 정답은 '广(A)'이다.
두 번째 빈칸은 '大脑'가 힌트이다. 대뇌가 받는 것은 '자극(刺激-A)'이지 '격려(激励-B), 분발(激发-C), 공격(打击-D)'은 아닙니다.
세 번째 빈칸의 서술어인 '激活'와 어울리는 것은 '见解(D)'를 제외한 나머지 모두이다.
네 번째 빈칸의 문장은 '장난치는 아이들에게 장난치게 내버려 두라'는 것이 요지이므로, 문맥상 가장 알맞은 것은 '自由(A)'이다.

5 现在流行在网络的语言中，"雷"是一个比较新鲜而又特别的词语，大概<u>来源</u>于江浙一带，尤其是在浙江东北部，使用比较<u>广泛</u>，指听到别人的话后感觉非常诧异，很<u>惊奇</u>，或者<u>令</u>人难以理解。

A. 来自(○)　广阔(×)　惊讶(○)　所(×)
B. 成长(×)　普及(×)　震惊(○)　凭(×)
C. 起源(○)　频繁(○)　神奇(×)　命(×)
D. 来源(○)　广泛(○)　惊奇(○)　令(○)

5 현재 인터넷에서 유행하는 말 중에 '엽기적이다, 장난 아니다'는 꽤 신선하고 독특한 단어이다. 장쑤성과 저장성 일대에서 <u>시작된</u> 것으로, 특히 저장성 동북부지역에서 <u>광범위하게</u> 사용된다. 이 말은 다른 사람이 한 이야기를 듣고 정말 이상하거나 <u>놀라울</u> 때, 또는 이해하기 <u>어렵게 할</u> 때 사용된다.

A. ~로부터 오다　광활하다　놀랍다　~하는 바
B. 성장하다　보급되다　놀랍다　~에 근거하여
C. 기원하다　빈번하다　신기하다　명령
D. 유래하다　광범위하다　이상하여 놀라다　~로 하여금

江浙 JiāngZhè 고유 장쑤성과 저장성 | 诧异 chàyì 동 의아해하다, 이상해하다 | 震惊 zhènjīng 동 놀라게 하다

5 D 첫 번째 빈칸 다음 보어로 쓰인 '于'는 '출처, 시작, 원인, 대상, 비교' 등을 나타내는데, 여기에서는 '출처'를 나타내므로 '来源(D)'이 적합하다.
두 번째 빈칸은 어휘(雷)의 사용 범위를 나타내므로 '广泛(D)'이 가장 적합하다.
세 번째 빈칸에는 앞에 나온 '이상하다, 의아해하다'라는 의미인 '诧异'에 어울리는 어휘가 뒤따라야 하므로 '惊奇(D)'가 들어가야 한다.
네 번째 빈칸에는 '사람들로 하여금 이해할 수 없게 하다'라는 의미가 되어야 하므로 사역동사 '令(D)'이 필요하다.

6 李时珍在博览众多医药书，并仔细研究了一系列的"本草"之后，一方面<u>固然</u>佩服前代大师们的辉煌业绩，另一方面也发现他们在观察上和理论上的错误，是需要加以<u>整理</u>、订正的。因

6 이시진은 수많은 의학 책을 읽으면서 '본초'에 관해 자세히 연구했다. 그런 후에 역대 선조의 찬란한 업적에 감탄<u>하면서도</u>, 한편으로는 선조들의 관찰이나 이론에 착오가 있어 <u>정리</u>와 수정이 필요하다는 사실 또한 발견했다. 그리하여 그는 이 책임을 <u>맡았다</u>.

而他就将这个责任担负起来。从1552年开始，直到1578年，经过整整27年采集草药和编书的生活，他的《本草纲目》巨著终于完成。

A. 毅然(×) 挖掘(×) 负责(×) 咨询(×)
B. 果然(×) 解释(×) 承受(×) 访问(×)
C. 自然(○) 整顿(×) 承担(○) 采访(×)
D. **固然(○) 整理(○) 担负(○) 采集(○)**

1552년부터 1578년까지 장장 27년을 (관련된 자료를) 수집하고 편집하는 생활을 한 결과 『본초강목』이라는 대작이 완성되었다.

A. 의연히 발굴하다 책임지다 자문하다
B. 과연 설명하다 받아들이다 방문하다
C. 자연히 정돈하다 맡다 인터뷰하다
D. **~은 물론 정리하다 맡다 수집하다**

博览 bólǎn 통 폭넓게 보다, 두루 다독하다 | 订正 dìngzhèng 통 (글의 오류나 오자 등을) 수정하다 | 毅然 yìrán 부 의연히, 결연히

6 D 첫 번째 빈칸은 접속사 유형의 문제로, 빈칸 뒷절의 '也'와 호응할 수 있는 것은 '固然(D)'이다. '固然A也B / 固然A但是B 也(물론 A이거니와 B도 ~하다 / 물론 A하지만 B도 ~하다)'의 형식으로 쓰인다.
두 번째 빈칸에는 '错误'와 호응할 수 있는 '整理(D)'가 적합하다.
세 번째 빈칸에는 '责任'과 호응할 수 있는 '承担(C)'과 担负(D)'가 들어가야 한다.
네 번째 빈칸 뒤 '草药'의 서술어 역할을 할 수 있는 것은 '采集(D)'이다.

7 每当下雨的时候，汽车司机的视线会受到影响，尤其是下暴雨时雨刷器不能有效地刮净挡风玻璃上的雨水，让司机眼前模糊不清。同时，因为气温降低，挡风玻璃上会出现雾气。这时，要立即打开冷气和后挡风玻璃加热器以尽快消除雾气。

A. **视线(○) 模糊(○) 同时(○) 消除(○)**
B. 眼色(×) 混乱(×) 反而(×) 消耗(×)
C. 视野(○) 含糊(×) 总之(×) 消失(×)
D. 眼神(×) 疲倦(×) 因而(×) 消化(×)

7 비가 오면 운전기사의 시선도 영향을 받는다. 특히 폭우가 내리면 와이퍼가 앞 유리창의 빗물을 효과적으로 닦아내지 못해 앞이 제대로 보이지 않는다. 게다가 온도가 떨어지기 때문에 앞 유리창에 습기가 낀다. 이럴 때는 바로 에어컨과 뒤 유리창의 가열기를 켜서 습기를 없애야 한다.

A. **시선 흐리게 하다 동시에 없애다**
B. 눈짓 혼란하다 오히려 소모하다
C. 시야 모호하다 요컨대 사라지다
D. 눈빛 피곤하다 따라서 소화하다

雨刷器 yǔshuāqì 명 와이퍼 | 挡风玻璃 dǎngfēng bōli 명 (자동차) 바람막이용 유리 | 雾气 wùqì 명 안개 | 混乱 hùnluàn 형 혼란하다, 어지럽다 | 消耗 xiāohào 통 소모하다, 소모시키다 | 疲倦 píjuàn 형 피곤하다, 노곤하다

7 A 첫 번째 빈칸에는 비가 와서 영향을 끼치는 것을 찾으면 된다. 그것은 바로 '视线(A)'과 '视野(C)'이다.
두 번째 빈칸은 뒤의 '不清'이 힌트이다. '모호하다'의 의미를 가진 단어는 '模糊(A)'와 '含糊(C)'이지만 사용 대상이 다르다. '模糊'는 '화면, 필적, 경계선 혹은 사람의 느낌, 인상, 기억 등이 정확하지 않다'라는 의미이고 '含糊'는 '언행이나 태도가 명확하지 않고 진지하지 못하다'라는 의미이므로 '模糊(A)'가 적합하다.
세 번째 빈칸은 접속사 문제이다. 앞뒤 문장이 점층관계이므로 '同时(A)'가 들어가야 한다.
네 번째 빈칸은 '雾气'를 없애는 것이므로 '消除(A)'가 적합하다.

8 人往往都有一种倾向：喜欢按照别人对自己的<u>期待</u>去生活。<u>假设</u>有人像对待成功人士那样对待一个人，那么这个人也会<u>表现</u>出与成功者一样的能力。

A. 期望(○)　设想(×)　发表(×)
B. 渴望(×)　假使(○)　演变(×)
C. 期待(○)　假设(○)　表现(○)
D. 指望(×)　一旦(○)　表明(×)

8 사람은 다른 사람이 자신에게 <u>기대하는</u> 바에 따라 생활하는 경향이 있다. <u>만약</u> 누군가에게 성공한 사람 대하듯 한다면 그 사람 역시 성공한 사람과 같은 능력을 <u>발휘한다</u>.

A. 기대하다　상상하다　발표하다
B. 갈망하다　만약　변천하다
C. 기대하다　가정하다　나타내다
D. 소망하다　일단　표명하다

倾向 qīngxiàng 몡 경향, 추세, 성향 | **渴望** kěwàng 동 갈망하다, 간절히 바라다 | **演变** yǎnbiàn 동 변화 발전하다

8 C 첫 번째 빈칸에는 '기대하다'의 의미인 '期望(A)'과 '期待(C)'가 적합하다.
두 번째 빈칸에는 가정의 관계를 설명하는 접속사가 필요하다.
세 번째 빈칸에는 '能力'와 호응하고 '出'의 보어를 수반할 수 있는 '表现(C)'이 들어가야 한다.

9 我们在年轻的时候普遍喜欢流行音乐，但随着年龄的不断增长，我们似乎被这个世界<u>抛弃</u>了。不知道也不懂得如今流行什么音乐，和年轻人没有共同的<u>话题</u>，这些都是困扰父母的难题。如果你不愿意让自己衰老得更快，何不去<u>尝试</u>听听当今的流行音乐？<u>或许</u>在聆听中你也许会发现自己变得年轻了。

A. 打击(×)　题目(×)　挑战(×)　哪怕(×)
B. 抛弃(○)　话题(○)　尝试(○)　或许(○)
C. 流浪(×)　课题(×)　试图(○)　仿佛(×)
D. 淘汰(○)　题材(×)　体验(×)　难怪(×)

9 젊을 때는 대부분 유행가를 좋아한다. 하지만 나이가 들면서 마치 이 세상에서 <u>버림받는</u> 것 같다. 최근 유행하는 음악도 모르고 이해도 안 되니 젊은이들과 공통된 <u>화제</u>가 없다. 그래서 이런 문제들이 부모를 괴롭힌다. 만약 더 빨리 늙기를 바라지 않는다면 최근에 유행하는 음악을 <u>들어보는</u> 것은 어떨까? 열심히 듣다 보면 좀 더 젊어진 자신을 발견할 수 <u>있을지도 모른다</u>.

A. 공격하다　제목　도전하다　비록 ~라 할지라도
B. 버리다　화제　시도해보다　혹시 ~일지도 모른다
C. 방랑하다　과제　시도하다　마치 ~인 듯하다
D. 도태하다　소재　경험하다　어쩐지

困扰 kùnrǎo 동 귀찮게 굴다, 성가시게 하다 | **聆听** língtīng 동 경청하다 | **淘汰** táotài 동 도태하다, 제거하다

9 B 첫 번째 빈칸에는 나이가 들면서 느끼는 감정이므로 '抛弃(B)'나 '淘汰(D)'가 들어갈 수 있다.
두 번째 빈칸에는 젊은이들과 공통된 것이므로 '话题(B)'가 적합하다.
세 번째 빈칸에는 문맥상 '시도해보다'라는 의미의 단어가 들어가야 하므로, '尝试(B)'와 '试图(C)'가 답이 될 수 있다.
네 번째 빈칸에 문맥상 가장 알맞은 것은 가정을 나타내는 '或许(B)'이다.

10 每当你身心愉悦，对这个世界 <u>充满</u> 善意时，很多美好的东西就被你所吸引。反之，当你 <u>悲观</u>、郁闷、觉得什么都不合自己心意时，负面的一切也就相继来 <u>报到</u> 了。因为你是一块磁铁，吸引的是你相信的东西，所以快乐的你会吸引让你快乐的人和事，烦恼的你 <u>则</u> 吸引让你烦恼的人和事。

A. <u>充满</u>(○)　<u>悲观</u>(○)　<u>报到</u>(○)　<u>则</u>(○)
B. 盛行(×)　愤怒(○)　报名(×)　皆(×)
C. 存在(×)　急躁(○)　预报(×)　颇(×)
D. 充当(×)　悲哀(○)　报答(×)　勿(×)

10 기쁨을 느끼고 세상에 대해 선의가 <u>가득하면</u> 아름다운 세상이 보인다. 반대로 <u>비관적이고</u> 우울하며 마음에 드는 것이 하나도 없다고 생각하면 모든 것이 부정적으로 <u>다가온다</u>. 당신은 자석과도 같아서 자신이 믿는 대로 끌어당긴다. 그러므로 유쾌한 당신은 좋은 사람과 기분 좋은 일을 자신의 것으로 만든다. <u>그러나</u> 번뇌에 가득 찬 당신은 우울한 사람과 일을 자신의 것으로 만든다.

A. 가득하다　비관적이다　도착했음을 알리다　그러나
B. 성행하다　분노하다　등록하다　모두
C. 존재하다　조바심 내다　예보하다　꽤
D. 충당하다　비통해하다　보답하다　~해서는 안 된다

愉悦 yúyuè 형 기쁘다, 유쾌하다 ｜ 郁闷 yùmèn 형 우울하다, 울적하다 ｜ 磁铁 cítiě 명 자석

10 A 첫 번째 빈칸에는 '善意'를 목적어로 수반할 수 있는 '充满(A)'이 적합하다. '充满'은 '希望, 信心, 热情' 등과 같은 추상적인 사물이 가득하다는 의미이다.
두 번째 빈칸 뒤 '郁闷、觉得什么都不合自己心意'를 보면 빈칸에 부정적인 의미의 단어가 와야 한다는 것을 알 수 있다.
세 번째 빈칸에 의미상 알맞은 것은 '报到(A)'밖에 없다.
네 번째 빈칸의 문장에서는 '快乐的你……'와 '烦恼的你……'가 서로 대구를 이룬다. '则(A)'는 접속사로 대비, 역접의 관계에 쓰일 수 있다.

III. 알맞은 문장 골라 빈칸 채우기

1 연결어법   p.214

정답	1 B	2 E	3 C	4 A	5 D
	6 E	7 A	8 C	9 B	10 D

1~5

　　人的智力并不全是由遗传因素所决定，但与遗传有一定关系。它主要取决于遗传、环境两方面的因素。一般认为，(1)**B遗传发挥着很大的作用**，环境则决定了另外40%。有人长期研究过一群智商在140分以上的孩子，从中发现这些孩子长大后一直保持优秀的才智，他们的孩子的智商平均为128分，(2)**E远远超过一般孩子的水平**。而那些精神缺陷者，他们的孩子当中有59%的人有精神缺陷或智力迟钝。

　　在智力遗传中，不仅包括智商，(3)**C还包括情商**。所谓的情商，是指人的个性、脾气、处事能力、交际能力等方面。比如，有些孩子在处事能力、交际能力方面像爸爸，而另外一些方面，如个性、脾气与母亲相像。

　　另外，孩子的智力与环境也有很大的关系，(4)**A智力的实际表现还要受后天的极大影响**，因此我们提倡早教。从胎儿开始，脑细胞发育的第一高峰出现在10~18周，第二高峰出现在孩子出生后的3~6个月。(5)**D如果期望孩子智力发育好**，就要在第一高峰期即孕期注意摄取营养，在第二高峰期注意进行母乳喂养，这样就会使孩子的智力很好地发育。

A. 智力的实际表现还要受后天的极大影响
B. 遗传发挥着很大的作用
C. 还包括情商
D. 如果期望孩子智力发育好
E. 远远超过一般孩子的水平

　　인간의 지능을 유전적인 요소가 완전히 결정하지는 않지만 유전과 일정한 연관이 있는 것은 사실이다. 지능은 주로 유전과 환경 두 가지 요인에 달려 있다. 일반적으로는 (1)**B유전이 큰 역할을 하고** 환경적인 요인이 나머지 40%를 결정한다. 어떤 사람이 IQ(지능지수)가 140 이상인 아이들을 대상으로 장기간 연구를 진행한 결과 그들은 성장한 후에도 총명한 두뇌를 유지했으며, 그들 자녀의 평균 IQ도 128로 (2)**E일반 아이들의 수준을 훨씬 뛰어넘었다**. 그러나 정신질환자의 경우 그들의 자녀 중 59%가 정신질환을 앓거나 지능저하가 있는 것으로 나타났다.

　　지능의 유전은 IQ뿐 아니라, (3)**CGQ(감성지수)도 포함된다**. 소위 말하는 GQ란 사람의 개성, 성격, 일 처리 능력, 사교 능력 등을 지칭한다. 예를 들어 어떤 아이는 일 처리와 사교 능력 측면에 있어서는 아빠를 닮고 다른 측면인 개성이나 성격은 엄마를 닮는 것이다.

　　이밖에 아이의 지능과 환경은 아주 큰 연관이 있어서 (4)**A실질적인 지능은 후천적인 영향을 가장 많이 받는다**. 그래서 우리는 조기교육의 중요성을 주장하는 것이다. 태아 시기부터 시작해서 뇌세포 발육의 제1절정기는 10~18주, 제2절정기는 생후 3~6개월이다. (5)**D만약 아이의 지능 발육이 좋기를 바란다면**, 제1절정기인 임신 시기에 영양 섭취에 주의하고, 제2절정기에는 모유 수유에 신경을 쓰면 아이의 지능을 발달시킬 수 있다.

A. 실질적인 지능은 후천적인 영향을 가장 많이 받는다
B. 유전이 큰 역할을 한다
C. GQ(감성지수)도 포함된다
D. 만약 아이의 지능 발육이 좋기를 바란다면
E. 일반 아이들의 수준을 훨씬 뛰어넘는다

智力 zhìlì 몡 지력, 지능 | 遗传 yíchuán 동 유전하다 | 发挥 fāhuī 동 발휘하다 | 智商 zhìshāng 몡 지능지수(IQ) | 才智 cáizhì 몡 재능과 지혜, 기지 | 缺陷 quēxiàn 몡 결함, 결점, 부족한 점 | 迟钝 chídùn 형 (생각·감각·행동·반응 등이) 둔하다, 느리다, 굼뜨다 | 情商 qíngshāng 몡 감성지수(GQ) | 脾气 píqì 몡 성격, 성질, 기질 | 相像 xiāngxiàng 형 비슷하다, 서로 닮다 | 提倡 tíchàng 동 제창하다 | 胎儿 tāiér 몡 태아 | 细胞 xìbāo 몡 세포 | 发育 fāyù 동 자라다, 성장하다, 발육하다 | 孕期 yùnqī 몡 임신 기간 | 摄取 shèqǔ 동 (영양 등을) 흡수하다, 섭취하다 | 母乳 mǔrǔ 몡 모유 | 喂养 wèiyǎng 동 양육하다, 키우다

1 B 키워드법 앞문장에서 지능은 '유전'과 '환경'이라는 2가지 요인이 결정한다고 했고, 뒷절에서 '환경'이 나머지 40%를 결정한다고 했으므로 빈칸에는 당연히 유전을 언급해야 한다. 보기 B만이 '유전'이라는 단어가 포함되어 있으므로 답이 된다.

2 E 연결어법 빈칸 뒤에 나온 접속사 '而'은 앞뒤 문장이 전환관계임을 설명하고 있다. 뒷문장에서 정신질환자의 자녀는 IQ가 비교적 낮고 정신질환이 있다고 설명하고 있으므로, IQ가 높은 사람의 자녀는 일반인의 아이보다 IQ가 높다는 내용이 나와야 한다.

3 C 연결어법 '~뿐만 아니라 ~도'라는 의미인 '不仅……还是……'는 고정된 짝꿍이다. 앞절에 '不仅'이 나왔으므로 보기 중 '还'가 들어 있는 C를 빈칸에 넣어보면 앞뒤 문맥상 문제가 없다.

4 A 의미 추론법 빈칸은 문장 중간에 있고 뒷절은 연결어인 '그래서(因此)'로 연결되어 있으므로, 빈칸과 앞절은 긴밀한 관계임을 알 수 있다. 앞절에서 '지능'과 '환경'의 관계를 언급하고 있으므로 빈칸에는 A가 가장 적합하다.

5 D 연결어법 빈칸이 문장의 맨 앞이므로 뒷절과 직접적인 관련이 있을 것이다. '만약 ~한다면(如果……就……)'이라는 연결어 짝꿍을 통해 이 문장이 가정·조건관계임을 알 수 있다. 또한, 마지막 절에서 '이렇게 하면 아이의 지능을 발달시킬 수 있다'고 했으므로 우리가 고른 보기의 내용과도 일치한다.

6~10

一个青年翻山越岭，背着一个大包找到智者，他说："大师，我感到那么的孤独、痛苦和寂寞，长时间的艰难跋涉让我苦不堪言。我的鞋子磨破了，手也受伤了，流血不止，嗓子因为长久的呼喊而沙哑……(6)**E 为什么我还不能找到心中的阳光？**"

智者问："你的大包里装了什么东西？"青年说："都是对我十分重要的东西。里面是我每一次跌倒时的哭泣、每一次受伤后的烦恼、每一次孤寂时的痛苦……(7)**A 靠着它们，我才能走到您这儿来。**"

智者把青年领到河边，他们坐船过了河。上岸后，智者说："你扛了船赶路吧。"青年很惊讶："它那么沉，我怎么能扛得动呢？""是的，孩子，你扛不动它。"智者微微一笑，"过河的时候，船是有用的。但过了河，(8)**C 我们就要放下船赶路**。否则，它会变成我们的包袱。孤独、寂寞、眼泪、灾难、痛苦，这些对人生都是有用的，它们能使生命得到升华。但如果你总也忘不掉的

한 청년이 큰 가방을 메고 험준한 산과 고개를 넘어 성인을 찾아갔다. 그 청년은 "사부님, 고독함과 슬픔, 적막감을 느낀 제가 겪어 왔던 그 오랜 시간의 고생스러움은 차마 말로 할 수 없습니다. 신발이 닳아 없어지고, 손도 상처투성이에 피도 멈추지 않고, 또 오랫동안의 고함으로 목도 잠겨서…… (6)**E 저는 왜 아직도 마음속의 빛을 찾지 못했을까요?**"

성인은 물었다. "네 가방에 무엇이 들어 있느냐?", "모두 제가 굉장히 아끼는 물건들입니다. 제가 넘어졌을 때마다 흘린 눈물, 매번 다치고 난 후의 걱정, 고독할 때마다의 고통…… (7)**A 그것들에 기대야만 저는 당신에게 올 수 있습니다.**"라고 청년은 대답했다.

성인은 청년을 강변으로 데리고 갔고, 그들은 배를 타고 강을 건넜다. 강기슭에 닿은 후 성인이 "네가 배를 밀어 길을 빨리 재촉해 가자꾸나."라고 하자 청년은 놀라며 "배가 이렇게 무거운데 제가 밀어서 꿈쩍이나 하겠어요?"라고 되물었다. 성인은 "그렇지. 얘야, 네가 밀면 움직이지 않을 게다."라며 미소를 머금은 채 말했다. "강을 건널 때 배는 유용하지. 하지만 강을 건넌 후, (8)**C 우리는 배를 내려놓고 길을 재촉해야 한다**. 그렇지 않으면 그것은 우리에게 짐이 되어버리지. 고독, 적막감, 눈물, 재난, 고통과 같은 것들은 인생에 모두 유용한 것이다. 이것들이 너의 생명을 승화시킨단다. 하지만 네가 그것을 잊지 못한다면, (9)**B 인생의 짐이 될 것이다**. 다 내려놓아라. 얘야, 인

话，(9)**B 就成了人生的包袱**。放下它吧，孩子，生命不能负重太多!"

青年听了智者的话后，放下包袱，继续赶路。他发觉自己的步子轻松了许多，比以前快得多，心情也变得愉悦起来。原来，(10)**D 生命是可以不必如此沉重的**。

A. 靠着它们，我才能走到您这儿来
B. 就成了人生的包袱
C. 我们就要放下船赶路
D. 生命是可以不必如此沉重的
E. 为什么我还不能找到心中的阳光

생은 그렇게 무거운 짐을 지지 못한단다!"

청년은 성인의 말을 듣고 짐을 내려놓은 채 계속 길을 재촉해 가는데, 자신의 발걸음이 이전보다 한결 가벼워지고 기분도 아주 많이 좋아진 것을 발견했다. 원래 (10)**D 인생이 그리 무거워야 할 필요는 없다**.

A. 그것들에 기대야만 저는 당신에게 올 수 있습니다
B. 인생의 짐이 될 것이다
C. 우리는 배를 내려놓고 길을 재촉해야 한다
D. 인생이 그리 무거워야 할 필요는 없다
E. 저는 왜 아직도 마음속의 빛을 찾지 못했을까요

翻山越岭 fān shān yuè lǐng 성 산 넘고 재를 넘다, 가는 길이 멀고 험하다 | **智者** zhìzhě 명 지자, 성인 | **孤独** gūdú 형 고독하다, 외롭다, 쓸쓸하다 | **寂寞** jìmò 형 외롭다, 쓸쓸하다, 적막하다 | **艰难** jiānnán 형 어렵다, 힘들다 | **跋涉** báshè 동 고생스럽게 먼길을 가다, 여정이 고되다 | **苦不堪言** kǔ bù kān yán 성 고생을 이루 말로 다 표현할 수 없다 | **磨破** mópò 동 닳다 | **嗓子** sǎngzi 명 목소리, 목청 | **呼喊** hūhǎn 동 외치다, 소리치다 | **沙哑** shāyǎ 형 목이 잠기다, 쉬다 | **哭泣** kūqì 동 흐느껴 울다 | **孤寂** gūjì 형 외롭고 쓸쓸하다 | **领** lǐng 동 인도하다, 이끌다 | **岸** àn 명 물가, 해안 | **扛** káng 동 메다, 걸머지다 | **惊讶** jīngyà 형 의아스럽다, 놀랍다 | **沉** chén 형 무겁다 | **包袱** bāofu 명 부담, 짐 | **升华** shēnghuá 동 승화되다, 새로운 단계로 올라서다 | **发觉** fājué 동 알아차리다, 깨닫다 | **愉悦** yúyuè 형 기쁘다, 즐겁다 | **沉重** chénzhòng 형 우울하다, 울적하다

6 E 연결어법 빈칸 뒤에 물음표가 있으므로 빈칸에는 의문문이 들어가야 함을 알 수 있다. 보기 중 E에만 의문사 '为什么'가 있다.

7 A 의미 추론법 빈칸 앞문장에서는 청년이 넘어졌을 때마다 흘린 눈물, 매번 다치고 난 후의 걱정, 고독할 때마다의 고통을 이야기했다. 그럼 그 물건이 어쨌기에? 바로 이 물건들이 청년에게는 힘이고, 이 힘에 기대어 성인을 찾아올 수 있었다는 의미이다.

8 C 연결어법 연결어 '但'은 전환관계를 나타낸다. 앞에서 배가 유용하다고 했으므로, 뒤에는 그 반대 내용 즉, 배를 내려놓아야 한다는 내용이 나오는 것이 맞다.

9 B 키워드법 앞문장에서 고독, 적막감, 눈물, 재난, 고통이 나온 것으로 보아 빈칸에는 이들과 관련된 내용이 나온다는 것을 알 수 있다. 뒤에서는 성인이 청년에게 그 무거운 짐을 내려놓으라고 충고하고 있으므로, 보기 B에서 말한 짐이 바로 청년의 고독과 같은 감정임을 알 수 있다.

10 D 의미 추론법 빈칸은 문단의 맨 마지막에 있고 완벽한 하나의 문장이다. 빈칸은 바로 앞문장에 대한 보충이며, 청년이 발견하고 느낀 감정이라는 것을 알 수 있다. 인생의 짐을 내려놓자 가볍고 유쾌해졌다는 내용을 보충하는 것은 보기 D이다.

2 키워드법 p.221

정답					
	1 D	**2** B	**3** E	**4** C	**5** A
	6 A	**7** E	**8** D	**9** B	**10** C

1~5

夏天的夜晚萤火虫一明一暗的发光是人们很早就认识的自然生物现象。这类非常奇特的能够发光的生物，(1)**D 除了萤火虫之外**，在自然界中还有不少，甲壳类、放射虫类、直至细菌，也有能发出可见光的种类，而且已知的有十余种。我们把这些天然存在，在正常生理条件下能够发射可见荧光的细菌，统称为"发光细菌"。

由于发光细菌形体微小，(2)**B 肉眼根本看不见它们**。但是，当发光细菌成千上万地生长聚集在一起，如果聚成一小点或一小片，则就可以在黑暗的环境中看到这一小点或一小片绿荧荧的光。如果发光菌在某个物体表面长成一片，则在黑暗可以看到一片荧荧绿光。海洋中就有这种现象发生，(3)**E 海水整个都变成绿色的发光体**，闪现着绿荧荧的波浪，这就是所谓的"海火"。当然，毕竟发光细菌所发光的亮度是很低的，因此只有在黑暗的环境中才能看到它们的发光，(4)**C 在白天较亮的地方是看不到它们发光的**。

在自然状态中，发光细菌有的是自由生存的，也有附着于海洋生物如鱼、虾、乌贼、鱿鱼等身体上生存的，(5)**A 更有生存在生物的消化道内的**，这几种情形中发光菌是寄生生活。

A. 更有生存在生物的消化道内的
B. 肉眼根本看不见它们
C. 在白天较亮的地方是看不到它们发光的
D. 除了萤火虫之外
E. 海水整个都变成绿色的发光体

여름밤 반딧불이가 뿜어내는 불빛은 사람들이 아주 오래 전부터 알고 있던 자연적인 생물 현상이다. 빛을 방출하는 이 특이한 발광생물은 (1)**D 반딧불이 이외에**, 자연계에서는 많은 생물이 빛을 내뿜고 있는데, 갑각류, 방사충류, 심지어 세균도 있다. 이 중 가시광선을 방출하는 생물도 있고, 이미 알려진 10여 종이 더 있다. 우리는 자연적으로 존재하고 정상적인 생리 조건하에서 형광을 방출하는 물질을 '발광세균'이라 통칭한다.

발광세균의 형체가 미세하기 때문에 (2)**B 육안으로는 그것들을 볼 수 없다**. 하지만 발광세균이 거대하게 운집해서 성장했을 때, 만약 작은 점이나 조각의 형태로 모이면 어두운 주변 환경에서도 이 작은 점이나 녹색의 반짝이는 불빛을 관찰할 수 있다. 발광세균이 어떤 생물체의 표면에서 자란다면 어둠 속에서 희미하게 반짝이는 녹색 불빛을 발견할 수 있다. 바다에서도 이런 현상이 발생하는데 (3)**E 바닷물 전체가 녹색의 발광체로 변하는 것이다**. 파도에 녹색 불빛이 언뜻언뜻 비치는 것이 소위 말하는 '바닷물이 발광하는 현상'이다. 물론 발광세균이 방출하는 빛의 밝기는 아주 낮아서 주변이 어두울 때만 발광현상을 목격할 수 있고, (4)**C 낮에 밝은 곳에서는 그것들이 발광하는 모습을 볼 수 없다**.

자연계에서 발광세균은 독립적으로 서식하거나 물고기, 새우, 쇠갑오징어, 오징어 등의 몸에 붙어 서식하고, (5)**A 생물의 소화기 내에 더 많이 생존한다**. 이런 몇 가지의 형태로 발광세균은 기생 생활을 한다.

A. 생물의 소화기 내에 더 많이 생존한다
B. 육안으로는 그것들을 볼 수 없다
C. 낮에 밝은 곳에서는 그것들이 발광하는 모습을 볼 수 없다
D. 반딧불이 이외에
E. 바닷물 전체가 녹색의 발광체로 변하는 것이다

萤火虫 yínghuǒchóng 명 반딧불이 | 发光 fāguāng 동 빛을 내다, 광채를 발하다 | 奇特 qítè 형 이상하다, 독특하다 | 甲壳 jiǎqiào 명 갑각 | 放射 fàngshè 동 방사하다, 뿜어내다 | 细菌 xìjūn 명 세균 | 天然 tiānrán 형 자연의, 천연의 | 生理 shēnglǐ 명 생리 | 发射 fāshè 동 쏘다, 발사하다, 방출하다 | 荧光 yíngguāng 명 형광 | 形体 xíngtǐ 명 신체, 외관 | 肉眼 ròuyǎn 명 육안, 맨눈 | 成千上万 chéng qiān shàng wàn 성 대단히 많다 | 聚集 jùjí 동 합류하다, 한데 모이다, 집중하다 | 荧荧 yíngyíng 형 (별빛이나 등불이) 희미하게 반짝이는 모양 | 闪现 shǎnxiàn 동 갑자기 나타나다 | 波浪 bōlàng 명 파도, 물결 | 亮度 liàngdù 명 밝기, 광도 | 乌贼 wūzéi 명 쇠갑오징어의 일종 | 消化道 xiāohuàdào 명 (동물의) 소화관 | 寄生 jìshēng 동 일하지 않고 남을 착취하여 생활하다, 기생하다

---

1 **D** 연결어법 '除了……还有……'는 점진관계를 나타내는 상용 연결사이다. 빈칸의 앞절이 말하고 있는 대상은 반딧불이이므로 원래 문장은 '除了萤火虫以外，还有能发光的动物'이다.

2 **B** 연결어법/의미 추론법 앞절에 연결어인 '由于'가 이유를 설명해 주고 있으므로 빈칸에는 결과가 나와야 한다. 언뜻 보면 B와 C 모두 답처럼 보일 수 있다. 그러나 발광세균이 너무 미세하여 육안으로 볼 수 없는 것이지, 낮에 밝은 곳에서는 크다고 해도 볼 수 없으므로 정답은 B이다.

3 E 키워드법 빈칸 앞뒤에서 '바다, 파도, 바닷물이 발광하는 현상'과 같은 어휘들이 나오므로 키워드는 '바다'라고 볼 수 있다. 보기 중 바다와 관련된 것은 E뿐이다.

4 C 의미 추론법 빈칸 바로 앞절에서 발광의 밝기가 아주 낮아서 어둠 속에서만 볼 수 있다는 내용이 나왔으므로, 빈칸에는 이와 대조하여 낮에 밝은 곳에서의 밝기는 어떤지 나와야 한다.

5 A 키워드법 이 단락은 발광세균의 서식에 대해 설명하고 있다. 여기에서는 '서식'이 핵심 키워드이므로, 세균은 동물의 '몸'이나 '소화기'에 서식할 수 있다는 내용이 들어가는 것이 적합하다.

6~10

　　冬天到了，刘太太带着孩子去温哥华与先生团聚，把孩子送进了一所公立学校念书。
　　温哥华的冬天实在是太冷了，(6)**A暴风雪几乎就是家常便饭**。有时几尺厚的积雪使部分单位和商家不得不暂时歇业，可是公立小学却依旧照常开课。接送小学生的公车艰难地爬行在风雪路上，(7)**E按时将孩子们接来送往**。
　　刘太太像许多家长一样对校方的这种做法很不理解：有必要在这样恶劣的天气里非要让孩子们去学校吗？(8)**D她忍不住打电话给学校**，打算向校方提出停课的建议。当刘太太说明原因后，校方的答复却令她感动良久："正如您所知，纽约是富人的天堂，穷人的地狱。不少穷人家庭冬天甚至用不起暖气，把那些孩子接到学校来上学，他们不仅能拥有一整天的温暖，还能在学校里享受到免费的营养午餐。"
　　感动之余，刘太太灵机一动，想出一个两全其美的法子，她又打了一个电话："为什么在有暴风雪的时候，(9)**B让家庭条件好的孩子们待在温暖的家里**，只接送那些贫穷人家的小孩去学校呢？"这一次，校方的回答令刘太太终生难忘。
　　校方回答说："(10)**C施恩的最高境界应该是保持人的尊严**。我们不能在帮助那些贫穷孩子的同时，践踏他们的自尊。"

A. 暴风雪几乎就是家常便饭
B. 让家庭条件好的孩子们待在温暖的家里
C. 施恩的最高境界应该是保持人的尊严
D. 她忍不住打电话给学校
E. 按时将孩子们接来送往

　　추운 겨울이 오자 리우 씨 부인은 아이를 데리고 밴쿠버로 가서 남편을 만나 아이를 공립초등학교에 보냈다.
　　밴쿠버의 겨울은 살이 에이도록 추워서, (6)**A눈 폭풍이 밥 먹듯이 내린다**. 어떤 때는 적설량이 몇십 센티미터가 되어 상가나 일부 기관들은 어쩔 수 없이 임시 휴업을 한다. 그러나 공립초등학교는 학사 일정대로 수업을 진행한다. 스쿨버스는 눈보라가 휘몰아치는 길을 힘겹게 기어 다니며 (7)**E시간에 맞춰 아이들을 등·하교시킨다**.
　　리우 씨 부인은 다른 학부모들과 마찬가지로 이런 학교 방침이 도저히 이해가 되지 않았다. 이런 악천후에 아이들을 꼭 등교시켜야 하나? (8)**D그녀는 참지 못하고 학교에 전화를 걸었다**. 학교에 휴교 요청을 하기로 마음먹은 것이었다. 리우 씨 부인이 이유를 설명한 후 돌아온 학교 측의 대답은 그녀에게 진한 감동을 주었다. "부인도 잘 아시겠지만 뉴욕은 부자들의 천국, 거지에게는 지옥인 곳이죠. 빈곤한 가정의 많은 사람들은 겨울에 난방기조차 틀지 못하는데, 아이들을 학교에 등교시키면 하루 종일 온기 속에서 지낼 수 있고, 학교에서 제공하는 영양가 있는 무료 급식도 먹을 수 있죠."
　　감동이 가시기 전에 리우 씨 부인은 갑자기 좋은 생각이 떠올랐고, 일석이조의 방법을 고안해냈다. 그녀는 다시 전화를 걸어 "눈 폭풍이 몰아칠 때 (9)**B가정 형편이 좋은 아이들은 따뜻한 집에 있게 하고**, 가난한 집의 아이들만 스쿨버스로 등·하교시켜주면 되지 않나요?"라고 묻자 학교 측의 대답은 리우 씨 부인이 평생 잊지 못할 명언이었다.
　　학교 측은 "(10)**C은혜를 베푸는 최고의 미덕은 인간의 존엄성을 지켜주는 것입니다**. (그렇게 한다면) 우리는 가난한 학생을 돕지 못함과 동시에 그들의 존엄성을 짓밟게 되는 것이죠."

A. 눈 폭풍이 밥 먹듯이 내린다
B. 가정 형편이 좋은 아이들은 따뜻한 집에 있게 하고
C. 은혜를 베푸는 최고의 미덕은 인간의 존엄성을 지켜주는 것이다
D. 그녀는 참지 못하고 학교에 전화를 걸었다
E. 시간에 맞춰 아이들을 등·하교시키다

温哥华 Wēngēhuá 고유 밴쿠버 | 团聚 tuánjù 동 한자리에 모이다, 한데 모이다 | 公立 gōnglì 동 국가나 공공 기관에서 설립하다 | 暴风雪 bàofēngxuě 명 폭풍설 | 家常便饭 jiāchángbiànfàn 명 지극히 평범한 일, 흔히 있는 일 | 积雪 jīxuě 명 쌓인 눈, 적설 | 歇业 xiēyè 동 휴업하다, 영업을 잠시 쉬다 | 依旧 yījiù 부 여전히 | 照常 zhàocháng 동 평소대로 하다, 평소와 같다 | 爬行 páxíng 동 기어가다, 기다 | 恶劣 èliè 형 몹시 나쁘다, 열악하다 | 停课 tíngkè 동 수업을 중지하다, 휴강하다 | 良久 liángjiǔ 형 아주 오래다 | 纽约 Niǔyuē 고유 뉴욕 | 天堂 tiāntáng 명 천당, 천국 | 地狱 dìyù 명 지옥 | 灵机一动 língjī yídòng 성 영감이 탁 떠오르다, 갑자기 어떤 생각을 떠올리다 | 两全其美 liǎng quán qí měi 성 쌍방이 모두 좋은 결과를 얻도록 하다 | 施恩 shī'ēn 동 은혜를 베풀다 | 境界 jìngjiè 명 경계, 경지 | 尊严 zūnyán 명 존엄성 | 践踏 jiàntà 동 밟다, (함부로) 짓밟다 | 自尊 zìzūn 동 자존하다, 자기의 품위를 스스로 지키다

6 A 소거법 빈칸 앞절에서 겨울이 너무 춥다고 했고 뒷절에서는 눈이 쌓였다고 했다. 그렇다면 빈칸에는 날씨와 관련된 사항이 나와야 한다. 그러므로 날씨와 관련이 없는 다른 4개의 보기는 소거할 수 있다.

7 E 키워드법 빈칸 앞절에 학생들의 등·하교를 책임지는 스쿨버스(接送小学生的公车)가 나왔고, 보기 E에서 '接来送往'은 앞에서 말한 '등·하교를 책임지는 것'과 같은 의미로 이 문장의 키워드이다.

8 D 의미 추론법 빈칸 뒷절에 주어가 없고 빈칸은 문장의 맨 앞 부분에 나왔으므로, 리우 씨 부인이 학교에 전화를 걸어 건의했다는 것을 알 수 있다.

9 B 연결어법 빈칸 뒷절의 '只接送……呢'에서 '只'로 보아 빈칸의 내용과 전환관계임을 알 수 있다. 따라서 '贫穷人家'와 반대 개념인 '家庭条件好的孩子'가 있는 보기 B가 정답이다.

10 C 키워드법 빈칸 뒷문장의 '自尊'이 핵심 키워드로, 보기 C의 '尊严'과도 일맥상통한다.

3 의미 추론법 p.228

| 정답 | 1 C | 2 E | 3 D | 4 B | 5 A |
| | 6 E | 7 B | 8 D | 9 A | 10 C |

1~5

我们在商场购物时，经常碰到推销员在推销商品，有时他们并不会直接让你买商品，而是先提出试用化妆品或试穿衣服等要求。(1)**C 当这些要求实现之后**，才会进一步建议你购买。

心理学家认为，如果突然向陌生人提出一个较大的要求，人们一般不能接受，但如果要求是逐步提的，而且不断缩小差距，(2)**E 人们就比较容易接受**。原因是人们在不断满足小要求的过程中已经慢慢适应，感觉不到逐渐提高的要求已经和自己的最初想法偏离了。

在人们的心中，总是希望能给别人留下一个比较一致的形象，(3)**D 不希望别人把自己看做"喜

우리는 시장에서 물건을 살 때 상인이 상품을 판매하는 광경을 자주 목격한다. 그들은 곧바로 물건을 사라고 하지 않고, 먼저 화장품을 발라 보라고 하고, 옷을 입어 보라고 권한 다음 (1)**C 이 요구가 실현된 후에야** 비로소 당신에게 구매를 권유한다.

갑자기 생면부지의 사람이 엄청난 요구를 하면 일반적으로 거부 반응을 일으키지만, 만약 요구치가 점점 커지면서 그 격차가 줄어든다면 (2)**E 사람들은 비교적 쉽게 받아들인다**고 심리학자들은 말한다. 원래 사람들은 소소한 요구를 만족시키는 과정에서 천천히 적응을 해나가기 때문에 점점 높아진 요구치와 자신의 원래 요구치 사이의 차이를 느끼지 못한다.

사람의 심리에는 항상 타인에게 일관적인 이미지를 남기고 싶어하는 경향이 있고, (3)**D 다른 사람이 자신을 '변덕스러운' 사람으로 보는 것을 원치 않아서** 다른 사람의 요구를 받아들여 도움을 준 후 다시 거절을

怒无常"的人。所以，在接受别人的要求，给别人提供帮助之后，再拒绝别人就会变得十分困难了。要是这种要求给自己造成的损失不太大，人们往往会有一种(4)B"**反正都已经帮了，再帮一次又何妨**"的心理。

在教育教学管理中，我们也可以对老师、学生先提出较低的要求，如果他们按照要求做了，(5)A**要予以肯定、表扬乃至奖励**，然后逐渐提高要求，使每个人都有积极奋发向上的动力。对年龄较小的孩子的教育引导，非常适合用目标分解法，遵守循序渐进原则。

할 때 굉장히 곤란해한다. 만약 이런 요구가 자신에게 끼치는 손해의 정도가 그다지 크지 않다면, 사람들은 종종 (4)B'**어쨌든 이미 도와줬는데 또 한 번 도와주는 것은 아무 상관 없다**'는 심리를 갖게 된다.

누구를 가르치거나 수업을 관리할 때도 우리는 교사, 학생에게 먼저 작은 요구를 한다. 만약 그들이 요구대로 움직인다면 (5)A**긍정해주고 칭찬하고 상을 줘야 한다**. 그런 후 요구치를 점점 높이면 이는 모든 사람이 능동적으로 전진할 수 있는 원동력이 된다. 나이가 어린 아이들 교육지도에는 단계적 목표 설정법이 굉장히 적합한 교육 방식이며, 순서 원칙을 지켜야 한다.

A. 要予以肯定、表扬乃至奖励
B. 反正都已经帮了，再帮一次又何妨
C. 当这些要求实现之后
D. 不希望别人把自己看做"喜怒无常"的人
E. 人们就比较容易接受

A. 긍정해주고 칭찬하고 상을 줘야 한다.
B. 어쨌든 이미 도와줬는데 또 한 번 도와주는 것은 아무 상관 없다
C. 이 요구가 실현된 후
D. 다른 사람이 자신을 '변덕스러운' 사람으로 보는 것을 원치 않아서
E. 사람들은 비교적 쉽게 받아들인다

推销 tuīxiāo 동 내다 팔다, 마케팅하다 | 试用 shìyòng 동 (물건을) 사용하다, 시험 삼아 써보다 | 缩小 suōxiǎo 동 축소하다, 줄이다 | 差距 chājù 명 격차, 차이, 갭 | 偏离 piānlí 동 벗어나다, 이탈하다 | 一致 yīzhì 형 일치하다 | 喜怒无常 xǐ nù wú cháng 성 변덕스럽다, 정서 변화가 너무 잦다 | 何妨 héfáng 동 ~해도 무방하다, 괜찮다 | 表扬 biǎoyáng 동 칭찬하다 | 奖励 jiǎnglì 동 칭찬하다, 장려하다 | 奋发 fènfā 형 분발하다 | 向上 xiàngshàng 동 발전하다, 향상하다 | 动力 dònglì 명 동력, 원동력 | 引导 yǐndǎo 동 인솔하다, 이끌다 | 分解 fēnjiě 동 분해하다 | 遵守 zūnshǒu 동 준수하다, 지키다 | 循序渐进 xúnxù jiànjìn 성 순차적으로 진행하다

1 **C** 의미 추론법 빈칸 앞절은 먼저 요구를 한다는 내용이고 뒷절은 구매를 권유한다는 내용이다. 따라서 그 중간에 있는 빈칸에는 요구, 구매와 관련된 내용이 나와야 한다. 또한 '먼저 권하고, 그다음에야 비로소(先提出……之后, 才会)'라는 부분에서 이 문장의 선후 관계를 알려주고 있다.

2 **E** 연결어법 빈칸 앞부분에서 '거부반응을 일으킨다'는 내용이 나왔고, 이어서 전환관계를 나타내는 '但'이 나왔으므로 빈칸에는 상반되는 내용(쉽게 받아들인다)이 나와야 함을 알 수 있다.

3 **D** 의미 추론법/키워드법 앞에서 사람들은 '~을 바란다(希望)'라고 했으므로, 뒤에는 '바라지 않는다(不希望)'가 이어서 나오는 것이 문장의 논리 관계에 맞다.

4 **B** 의미 추론법 이미 타인에게 도움을 준 상태에서 또 다른 요구가 자신에게 끼치는 손해의 정도가 그다지 크지 않다면 한 번 더 도와달라는 요구에도 동의한다는 내용을 유추할 수 있다.

5 **A** 소거법 앞에 나왔던 문제들에 대한 답을 다 찾은 후, 남은 문장을 빈칸에 넣어서 한 번 읽어보고 의미와 논리 관계가 맞는지를 살펴보도록 한다.

6~10

白马受伤以前，是草原上的骏马中跑得最快的马，它喜欢尽情奔跑时的那种风驰电掣般的

백마는 다치기 전에는 초원의 준마 중에서 가장 빠른 말이었다. 백마는 온 힘을 다해 달릴 때 번개같이 빠른 그 속도감을 좋아했다. 그

감각. 可白马受伤后，(6)**E 它再也没有夺得过一次赛马大会的冠军**，更不用说去体会那种奔跑时闪电般的快感了。

虽然白马在受伤期间去看过最好的医生，用过最好的药材，做过最好的康复，伤愈后，还比别的马花更多的时间，练更多次的奔跑。(7)**B 但在做过所有的努力之后**，它仍然无法恢复以前的速度。在经过许多次打击之后，白马变得消沉了，许多次比赛它都放弃了。(8)**D 它渐渐地淡出了人们的视线**。

但一年后，白马再一次亮相，并最终获得草原上最能负重之马的荣誉，这着实让大家大吃一惊。

大家对白马的转型感到很吃惊，惊讶于以前的快乐与自信又回到它的身上。"当我丧失了速度快的特点后，(9)**A 我发现了自己能负重的特长**。经过一年时间的不懈努力，我把我的这个特点也发挥到了极致。"白马说。

白马的一席话解开了它转型的疑团。

"可你怎么又变得自信与快乐了呢？"一个声音问。

"在我经受过多次打击后，我明白了一个道理，"白马说，"那就是，(10)**C 与自卑为伴，必定与失败为伍**：与自强联姻，必定与成功结亲！"

A. 我发现了自己能负重的特长
B. 但在做过所有的努力之后
C. 与自卑为伴，必定与失败为伍
D. 它渐渐地淡出了人们的视线
E. 它再也没有夺得过一次赛马大会的冠军

러나 다친 이후, (6)**E 백마는 경주마 대회에서 다시는 우승을 거머쥐지 못했다**. 내달릴 때 번개가 휘감는 듯한 쾌감을 맛본다는 것은 더 말할 필요조차 없이 불가능한 일이었다.

백마는 부상기간 동안 최고의 의사를 찾아가고, 최고의 약재도 써보고, 최고의 재활도 했다. 회복 후에도 다른 말보다 더 많은 시간을 할애하며 달리는 연습을 더 많이 했다. (7)**B 하지만 모든 노력을 다 해 본 후에도** 백마는 이전의 속도를 여전히 회복하지 못했다. 여러 번 충격을 받은 후 백마는 더욱 의기소침해졌고, 수많은 경기를 모두 포기하고 말았다. (8)**D 백마는 사람들의 시야에서 점점 멀어져 갔다**.

그러나 1년 후, 백마는 다시 두각을 나타내기 시작해 초원에서 무거운 물건을 가장 잘 드는 말로서 영예의 1위를 차지했고, 이것은 모두를 놀라게 했다.

모두 백마의 변화에 매우 놀라는 눈치였고, 이전의 쾌활하고 자신감 넘치던 모습을 회복한 것에 더욱 의아해했다. "빠르다는 나의 장점을 잃은 후, (9)**A 나는 내게 무거운 물건을 드는 특기가 있음을 발견했어**. 1년간의 피땀 어린 노력으로 나의 장점을 절정으로 끌어 올렸지."라며 백마가 말했다.

백마의 말 한마디로 그의 변화에 대한 의문점이 싹 해소되었다.

"그런데 어떻게 쾌활하고 자신감 넘치는 성격이 된 거야?"라고 누군가 물었다.

"여러 번 충격을 받은 후 나는 하나의 진리를 깨달았어. 그것은 바로 (10)**C 열등감에 사로잡히면 무조건 실패하게 되어 있고**, 강한 나 자신과 언제나 함께 하면 성공은 자연히 따라온다는 거야!"라고 백마는 대답했다.

A. 나는 내게 무거운 물건을 드는 특기가 있음을 발견했다
B. 하지만 모든 노력을 다 해 본 후
C. 열등감에 사로잡히면 무조건 실패하게 되어 있고
D. 백마는 사람들의 시야에서 점점 멀어져 갔다
E. 백마는 경주마 대회에서 다시는 우승을 거머쥐지 못했다

骏马 jùnmǎ 몡 준마, 명마 | 尽情 jìnqíng 凰 하고 싶은 바를 다하여, 한껏 | 奔跑 bēnpǎo 동 질주하다, 내달리다 | 夺得 duódé 동 달성하다, 이룩하다, 얻다 | 冠军 guànjūn 몡 우승, 1등 | 风驰电掣 fēng chí diàn qíng 성 번개같이 빠르다, 질풍같이 달리다 | 闪电 shǎndiàn 몡 번개 | 快感 kuàigǎn 몡 쾌감 | 药材 yàocái 몡 약재, 약종 | 康复 kāngfù 동 건강을 회복하다 | 伤愈 shāngyù 동 부상이 회복되다, 다친 것이 낫다 | 消沉 xiāochén 동 의기소침하다, 기가 죽다 | 亮相 liàngxiàng 동 (사람 또는 사물이) 모습을 드러내다 | 负重 fùzhòng 동 무거운 짐을 짊어지다 | 荣誉 róngyù 몡 명예, 영예 | 转型 zhuǎnxíng 동 전환하다, 바꾸다 | 特长 tècháng 몡 특기, 장점, 특색 | 不懈 búxiè 휑 게으르지 않다, 꾸준하다 | 极致 jízhì 몡 극치, 최고의 경지 | 解开 jiěkāi 동 해체하다 | 疑团 yítuán 몡 의심덩어리, 의문 덩어리 | 自强 zìqiáng 동 스스로 강해지다 | 联姻 liányīn 동 (혼인을 통해) 인척 관계를 맺다, 통혼하다 | 结亲 jiéyīn 동 혼인하다, 결혼하다

6 E 의미 추론법 첫 번째 단락은 백마의 부상 전후를 대조해서 설명하고 있다. 부상 전에는 빨리 달렸지만 부상 후에는 1위에 다시 오르지 못했으며, 빨리 달릴 때의 쾌감을 느낄 수 없다고 말하고 있으므로 정답은 E이다.

7 B 연결어법 '虽然……但是……'는 전환관계를 나타내는 연결어의 고정 짝꿍이다. 그러나 주의해야 할 것은 이 두 어휘는 각 절의 맨 앞에 나와야 한다는 것이다. '看过, 用过, 做过, 花, 练' 등의 단어는 백마가 엄청난 노력을 기울였음을 설명하고 있다. 그러나 의미가 갑자기 확 바뀌어 이것들이 백마가 예전의 속도를 회복하는 데 소용이 없었음을 보여주므로 정답은 B이다.

8 D 의미 추론법 빈칸은 독립된 문장으로, A와 D가 조건에 부합한다. 하지만 빈칸 앞문장은 백마가 의기소침해지고 포기했다는 내용이고, 뒷문장은 '但一年后'를 도입부로 백마의 상황 변화를 환기시켜주고 있다. 그러므로 백마가 근 1년 동안 대중의 눈에서 사라졌고 사람들의 시야에서 점점 멀어져 갔음을 유추할 수 있다.

9 A 키워드법 이 단락은 백마가 자신이 왜 변했는지를 말하는 것이 주요 내용이다. 백마의 말에서 '特点'이라는 어휘가 나오고, 백마는 이 '特点'을 엄청나게 잘 발휘했다고 했다. 보기 A의 '特长'은 '特点'과 같은 의미로 쓰이고 있으며, A를 빈칸에 넣어보면 앞뒤가 매끄럽다.

10 C 의미 추론법 빈칸 뒷절을 보면 문장의 구조가 보기 C와 완전히 일치한다는 것을 알 수 있다. '열등감=실패, 자신감=성공'이라는 의미의 병렬구조이다.

4 소거법 p.235

정답
| 1 B | 2 E | 3 A | 4 D | 5 C |
| 6 C | 7 E | 8 D | 9 A | 10 B |

1~5

"世界地球日"活动起源于美国。作为现代环保运动的开端，"地球日"活动推动了多个国家环境法规的建立。1990年4月22日，全球140多个国家、2亿多人同时在世界各地举行形式多样的环境保护宣传活动，(1)**B呼吁改善全球整体环境**。这项活动得到了联合国的肯定，并将每年的4月22日定为"世界地球日"。20世纪90年代，"地球日"的发起人创立了"地球日网络"组织，(2)**E将环保者联合起来推动"地球日"活动的开展**。

(3)**A地球是人类的共同家园**，但人类的活动却对地球造成了严重的破坏。生物赖以生存的森林、湖泊、湿地等正以惊人的速度消失；煤炭、石油、天然气等不可再生能源因过度开采而面临枯竭；(4)**D能源燃烧排放的温室气体导致全球气候变暖**，由此引发的极地冰盖融化、海平面上升等问题威胁到人类的生存发展。(5)**C人类保护地球资源环境的任务刻不容缓**。

在今年"世界地球日"来临之际，"地球日网络"发起"绿色一代"计划。该计划呼吁人类：消除人类对化石能源的依赖，促进可再生能源的开发利用，创造一个"无炭"的未来，从而尽快建立"绿色经济"。

'세계 지구의 날' 활동은 미국에서 시작되었다. 현대 환경보호운동의 효시인 '지구의 날' 활동은 다수 국가의 환경 법규 제정에 촉매제 역할을 담당했다. 1990년 4월 22일 전 세계 140여 개 국가와 2억 명의 사람이 세계 각지에서 동시다발적으로 다양한 환경보호 홍보 활동을 펼쳤고, (1)**B지구의 전체적인 환경 개선을 호소했다**. 이 활동은 UN의 인정을 받았고, UN은 매년 4월 22일을 '세계 지구의 날'로 지정했다. 1990년대, '지구의 날' 창시자는 '지구의 날 공식 사이트'를 정식으로 개설하고, (2)**E환경보호주의자와 연합하여 '지구의 날' 활동을 추진했다**.

(3)**A지구는 인류 공동의 터전이다**. 그러나 인류의 활동은 오히려 지구를 심각하게 파괴하고 있다. 생물이 생존하는 삼림, 호수, 습지 등이 엄청난 속도로 사라지고 있으며, 석탄, 석유, 천연가스 등 재생 불가능한 에너지도 과도한 개발로 고갈위기에 처했다. (4)**D에너지 연소로 배출되는 온실가스는 지구 온난화를 가져왔다**. 이로써 야기된 극지방 빙하의 해빙 현상, 해수면 상승 등의 문제가 인류의 생존과 발전을 위협하고 있다. (5)**C인류의 지구 및 자연환경 보호 임무는 한시도 지체할 수 없다**.

올해 '세계 지구의 날'을 맞이하여 '지구의 날 사이트'는 '녹색 세대(Green generation)' 프로젝트를 출범시켰다. 이 프로젝트는 인류의 화석에너지에 대한 의존을 없애고, 재생 가능한 에너지의 개발과 이용을 추진함으로써 '석탄이 없는' 미래를 창조하여 '녹색 경제'의 신속한 실현을 인류에게 호소하는 것이다.

A. 地球是人类的共同家园
B. 呼吁改善全球整体环境
C. 人类保护地球资源环境的任务刻不容缓
D. 能源燃烧排放的温室气体导致全球气候变暖
E. 将环保者联合起来推动"地球日"活动的开展

A. 지구는 인류 공동의 터전이다
B. 지구의 전체적인 환경 개선을 호소했다
C. 인류의 지구 및 자연환경 보호 임무는 한시도 지체할 수 없다
D. 에너지 연소로 배출되는 온실가스는 지구 온난화를 가져왔다
E. 환경보호주의자와 연합하여 '지구의 날' 활동을 추진했다

起源 qǐyuán 동 기원하다 | 开端 kāiduān 명 발단, 시작, 처음 | 推动 tuīdòng 동 추진하다, 나아가게 하다 | 法规 fǎguī 명 법규 | 宣传 xuānchuán 동 선전하다, 홍보하다 | 呼吁 hūyù 동 (동정이나 지지를) 구하다, 호소하다 | 联合国 Liánhéguó 고유 국제 연합, 유엔(UN) | 发起 fāqǐ 동 발동하다, 개시하다, 시작하다 | 创立 chuànglì 동 창설하다, 창립하다 | 赖以 làiyǐ 동 의지하다, 믿다, 의존하다 | 湖泊 húpō 명 호수 | 湿地 shīdì 명 습지, 습한 곳 | 消失 xiāoshī 동 사라지다, 없어지다 | 煤炭 méitàn 명 석탄 | 再生 zàishēng 동 재생하다, 재생시키다 | 能源 néngyuán 명 에너지(원) | 过度 guòdù 형 과도하다, 지나치다 | 开采 kāicǎi 동 채굴하다, 발굴하다 | 枯竭 kūjié 형 (수원이) 고갈되다, 바싹 마르다 | 燃烧 ránshāo 동 연소하다, 타다 | 排放 páifàng 동 배출하다, 방류하다 | 温室气体 wēnshìqìtǐ 온실가스 | 导致 dǎozhì 동 (어떤 사태를) 초래하다, 야기하다 | 消除 xiāochú 동 없애다, 해소하다 | 依赖 yīlài 동 의지하다, 기대다 | 促进 cùjìn 동 촉진하다, 재촉하다

1 B 의미 추론법/소거법 빈칸 앞절의 주어는 '국가'와 '사람'이므로 우선 B와 E를 답으로 추릴 수 있다. 그러나 뒷문장에서 이 활동이 UN의 인정을 받은 후에야 비로소 '지구의 날'로 제정되었다고 했으므로, 1990년 당시는 '지구의 날'이라는 명칭이 없었음을 알 수 있다. 그러므로 E는 답이 될 수 없다.

2 E 의미 추론법 이 문장은 '지구의 날'의 창시자가 주어이고, 그는 환경보호주의자와 연합하여 '지구의 날' 활동을 전개할 수 있었으므로 정답은 E이다.

3 A 연결어법 빈칸 뒷절에 연결어 '但'이 있으므로 앞뒤가 전환관계임을 알 수 있다. '인류의 활동은 지구를 심각하게 파괴하고 있다'라는 문장은 지구가 원래 완전한 존재였고 인류 공동의 터전이었다는 것을 설명하므로 정답은 A이다.

4 D 키워드법 이 문장에서 나온 '破坏, 消失, 枯竭, 威胁'와 같은 단어는 인류가 지구에 심각한 파괴를 자행했음을 설명하고 있다. 빈칸 앞부분은 모두 세미콜론(;)으로 연결되어 병렬관계이므로, 빈칸에도 지구가 입은 영향에 관한 내용이 와야 한다. 따라서 정답은 D이다.

5 C 소거법 이 문장은 완전히 독립된 문장이기 때문에 B와 E는 소거할 수 있다. 빈칸 앞문장에서 많은 문제들이 인류의 발전을 위협하기 때문에 우리는 환경을 보호해야 한다고 설명하고 있다. D는 4번의 정답이고, A를 대입할 경우 앞뒤 문장의 의미와 맞지 않는다. 따라서 정답은 C이다.

6~10

牧场主发现最近常常有狼到牧场叼羊。他只好请猎手围猎狼群，经过一个冬天的努力，狼患总算解除了。可是过了一段时间，羊群开始流行一种疾病，原本健壮的羊纷纷死掉，比遭受狼患的损失还大。(6)**C 牧场主又请来医生防疫治病**。但是，不知为什么，疫病仍然不断地发生，没办法，牧场主只好请来一批专家会诊。专家的结论却是去请几只狼来，(7)**E 放到附近的山里去**。

因为狼先前的骚扰，其实он对羊群起到天然的"优生优育"作用。羊群害怕狼的追逐，所以常

목장 주인은 최근 목장에 이리가 나타나 양을 무는 것을 자주 발견했다. 주인은 어쩔 수 없이 사냥꾼을 불러 이리 떼를 포위해 사냥했다. 겨우내 공을 들인 결과, 이리로 인한 걱정은 사라진 듯 했다. 그러나 얼마가 지난 후 양 떼에 유행병이 돌아 건강했던 양들이 죽어 나갔고, 이리 떼의 공격으로 인해 없어진 양의 수보다 훨씬 많았다. (6)**C 목장 주인은 또 의사를 불러 방역치료를 했다**. 그러나 유행성 돌림병의 지속적인 발병 원인을 도무지 알 방법이 없던 목장 주인은 전문가를 초빙하여 진단을 청했다. 전문가들의 결론은 오히려 몇 마리의 이리를 데리고 와서 (7)**E 부근의 산에 방목하라**는 것이었다.

전에 이리가 소란을 피운 것 같아 보였지만, 사실 양 떼의 '건강한 발육'에 자연스럽게 큰 도움을 주고 있었던 것이다. 양 떼는 이리가

常惊慌奔跑，(8)**D 羊群因之格外健壮**，老弱病残填入狼口，疫病源也就不复存在了。

这个故事，值得人思考。在生物链中，狼是羊的天敌，没有了狼这个对手，(9)**A 羊群就面临着灾难**。现在，人类之所以保护生物，就是为了不让生物链断掉，换句话说，就是让每种生物都有对手。有对手，保有警惕，便不失活力。这个道理对人类也同样适用。

在人生的漫漫征途中，对手是同行者，也是挑战者，(10)**B 是对手唤起我们挑战的冲动和渴望**。失去对手，我们可能将失去一切。从这个意义上，我们不妨说一声："你好，对手。"

A. 羊群就面临着灾难
B. 是对手唤起我们挑战的冲动和渴望
C. 牧场主又请来医生防疫治病
D. 羊群因之格外健壮
E. 放到附近的山里去

추격하는 것이 무서워 항상 분주히 뛰어다녔고, (8)**D 양 떼는 이 때문에 유달리 건장했던 것이다**. 늙고 약하고 병들고 장애를 가진 양들은 이리의 먹이가 되었고, 돌림병의 근원 역시 사라지게 된 것이다.

이 이야기는 우리에게 시사하는 바가 크다. 생태계 먹이사슬에서 이리는 양의 천적이고, 이리라는 천적이 없으면 (9)**A 양 떼는 재난을 당한다**. 지금 인류가 생물을 보호하는 이유는 생태계 먹이사슬의 단절을 방지하기 위해서이다. 다시 말하면 모든 생물에는 적수가 있어야 한다. 적수가 있으면 경계 태세를 갖추며 생명력을 잃지 않게 된다. 이 규율은 인류에게도 똑같이 적용된다.

길고 긴 인생 여정에서 적수는 동반자이기도 하면서 도전자이기도 하며, (10)**B 적수는 우리의 도전하려는 충동과 갈망을 불러일으킨다**. 적수를 잃는 순간 우리도 모든 것을 잃고 만다. 이런 의미에서 우리는 "안녕하신가, 나의 적수!"라는 한마디를 던져도 무방할 듯하다.

A. 양 떼는 재난을 당한다
B. 적수는 우리의 도전하려는 충동과 갈망을 불러일으킨다
C. 목장 주인은 또 의사를 불러 방역치료를 했다
D. 양 떼는 이 때문에 유달리 건장했던 것이다
E. 부근의 산에 방목하다

牧场 mùchǎng 몡 목장, 목초지 | 叼 diāo 동 입에 물다 | 猎手 lièshǒu 몡 사냥꾼 | 围猎 wéiliè 동 포위하여 사냥하다 | 解除 jiěchú 동 없애다, 제거하다 | 疾病 jíbìng 몡 병, 질병 | 健壮 jiànzhuàng 톙 건장하다 | 遭受 zāoshòu 동 (불행 또는 손해)를 입다, 당하다 | 防疫 fángyì 동 전염병을 예방하다, 방역하다 | 疫病 yìbìng 몡 역병, 유행성 전염병 | 会诊 huìzhěn 동 (두 명 이상의 의사가) 합동 진찰하다 | 骚扰 sāorǎo 동 소란을 피우다, 폐를 끼치다 | 优生优育 yōushēngyōuyù 우량하게 낳아 건강하게 기르다 | 追逐 zhuīzhú 동 뒤쫓다, 추구하다 | 惊慌 jīnghuāng 톙 놀라 허둥대다 | 老弱病残 lǎo ruò bìng cán 몡 노인·어린이·환자·장애인 | 填入 tiánrù 삽입 | 生物链 shēngwùliàn 몡 생물학적 사슬, 생태계 먹이사슬 | 天敌 tiāndí 몡 천적 | 对手 duìshǒu 몡 상대, 적수 | 警惕 jǐngtì 동 경계하다, 경계심을 갖다 | 活力 huólì 몡 활력, 생기, 원기 | 征途 zhēngtú 몡 출정의 길, 정도 | 同行 tóngháng 몡 동일 업종 | 唤起 huànqǐ 동 불러일으키다, 끌어내다 | 挑战 tiǎozhàn 몡 도전 | 冲动 chōngdòng 몡 충동 | 渴望 kěwàng 동 간절히 바라다, 갈망하다 | 不妨 bùfáng 부 무방하다, ~하는 것도 괜찮다

---

6 C 의미 추론법 빈칸 앞문장에서 이리가 자주 나타나 양을 물어서 사냥꾼을 불러 이리떼를 사냥했는데, 지금은 양 떼에 유행병이 돌아 양들이 죽었다고 했다. 따라서 빈칸에는 의사를 불러 병을 치료했다는 내용이 들어가는 것이 맞다.

7 E 의미 추론법 앞 내용에서 목장 주인은 사냥꾼을 불러 이리를 사냥했지만, 전문가의 결론은 이리 몇 마리를 데리고 오라는 것이었다. 데려온 이리를 어떻게 처리했을지를 생각하면 답을 쉽게 찾을 수 있다.

8 D 연결어법 양 떼는 이리의 추격이 두려워 뛰었고 그래서 몸이 건장해졌다. 결론을 말할 때 연결어인 '因此'를 생략했지만 보기 D의 '因之'가 대신 힌트를 주고 있다.

9 A 소거법 앞에서 생태계 먹이사슬 중 이리와 양의 관계를 언급하며 '이리가 없다면'이라고 했으므로, 자연히 빈칸에는 '양이 어떠하다'의 내용이 나와야 한다. 따라서 B, C, E를 소거할 수 있다. 또한 D는 문맥상 의미가 연결되지 않으므로 역시 답이 아니다.

10 B 키워드법 빈칸 앞절에서 적수는 동반자이자 도전자라고 말했고, 뒷절에서 적수를 잃으면 모든 것을 잃는 것이라고 말하고 있으므로 '적수'가 바로 키워드이다.

IV. 지문 읽고 질문에 답하기

1 세부 문제 p.244

정답										
	1 B	2 D	3 C	4 A	5 C	6 A	7 B	8 D	9 B	10 C
	11 D	12 D	13 B	14 B	15 D	16 A	17 A	18 B	19 A	20 C

1~4

舞蹈《千手观音》是聋哑女孩邰丽华领着20位聋哑演员排练出来的。她曾以表演舞蹈《雀之灵》被广大观众熟知，也是中国唯一一登上两大世界顶级艺术殿堂———美国纽约卡内基音乐厅和意大利斯卡拉大剧院的舞蹈演员。《千手观音》的编导是总政歌舞团团长张继钢。由于聋哑人听不到声音，又要求动作统一协调，所以在演出的现场，有四位艺术团的手语老师分别位于舞台四角用手语指挥聋哑人演出，虽然她们听不到音乐，**[1] 但是手语老师就是她们的耳朵**，她们随着音乐的节奏用优美的手语传达给观众。

[2] 2004年9月，在雅典残疾人奥运会的闭幕式上，《千手观音》一舞世界惊。该节目正式接受春节联欢晚会是一个月前，时间很短，为了保持好的演出状态，聋哑人每天都要早起跑步，很多演员刚从南方回来，在瑟瑟的寒风中脸被吹得生疼，每天都从早上排练到深夜。

在中国残疾人艺术团，聋哑女演员邰丽华绝对是个"大腕"，她是《千手观音》的领舞。如果说《千手观音》是春节晚会的一个高潮，邰丽华绝对称得上是高潮的"灵魂"。邰丽华来自湖北宜昌，两岁时因高烧注射链霉素失去了听力。此后，她虽然生活在无声的世界里，自己却茫然不知。**[3] 直到五岁**，幼儿园的小朋友轮流蒙着眼睛，玩辨别声音的游戏，她才意识到自己和别人不一样。七岁时，邰丽华进入聋哑小学。学校有一门特殊的课程叫律动课。老师踏响木地板上的象脚鼓，把震动传达给学生。"嘭、嘭、嘭"，有节奏的震动通过双脚传遍小丽华的全身。邰丽华说，一刹那，她震颤了———一种从来没有过的幸福体验撞击着她的心。她趴在地板上，用整个身体去感受这最美妙的声音！从此，舞蹈成了她看得见的彩色音乐，也成为她表达内心世界的美丽语言。

무용 『천수관음』은 농아인 타이리화가 20명의 농아 무용수를 선도하며 추는 춤이다. 그녀는 이미 『참새의 혼』이라는 무용으로 대중에게 널리 알려진 무용수로, 중국인으로서 유일하게 세계 최고 예술의 전당인 미국 뉴욕의 카네기홀과 이탈리아 스카라 대극장 무대에 선 무용수이다. 『천수관음』의 각색과 연출은 중국인민해방군총정치부 가무단 단장 장지강이 맡고 있다. 농아들은 소리를 듣지 못하고, 무용에는 동작의 통일성이 요구되므로 공연 현장에는 4명의 예술단 수화 교사가 무대의 네 군데 모서리에서 각각 수화로 농아들의 공연을 지휘한다. 비록 그녀들이 음악을 듣지는 못하지만 **[1]** 수화 교사가 그녀들의 귀가 되어주고 그녀들은 음악의 리듬에 따라 아름다운 수화로 관중에게 **무용을** 선보인다.

[2] 2004년 9월 아테네 장애인올림픽 폐막식에서 『천수관음』은 세계를 경악시켰다. 이때는 그 프로그램이 정식으로 춘절 완회(설날 생방송되는 중국 관영 CCTV 프로그램)에 선보이기 한 달 전이었고, 시간이 촉박했기 때문에 더욱 더 좋은 공연을 위해 농아 무용수들은 매일 일찍 기상해서 조깅을 했다. 많은 무용수가 남쪽 지방에서 막 돌아와, 솔솔 부는 찬바람에 얼굴이 따갑고 아프기도 했지만 매일 아침부터 깊은 밤까지 연습에 매진했다.

중국장애인예술단에서 농아 무용수 타이리화는 절대적인 '권위자'이다. 그녀는 『천수관음』의 리더 무용수이다. 만약 『천수관음』이 춘절 완회의 클라이맥스라면, 타이리화는 그 클라이맥스의 '영혼'이라고 불릴 만하다. 그녀는 후베이 이창 출신으로, 2살 때 심한 고열로 인해 스트렙토마이신 주사를 맞고 청력을 상실했다. 그 후 그녀는 소리 없는 세상에서 살아야 했지만 정작 자신은 아무것도 몰랐다. **[3]** 5살이 되어 유치원의 친구들이 돌아가며 눈을 가리고 소리 찾기 놀이를 하고 있을 때에서야 그녀는 자신이 다른 사람과 다르다는 것을 깨달았다. 7살이 되던 해, 타이리화는 농아학교에 입학했다. 학교 수업에 율동시간이라는 특수한 교과 과정이 있었는데, 선생님이 마루 위의 상각고를 밟아 소리를 내면 그 진동이 아이들에게 전달되었다. '쿵, 쿵, 쿵'하는 리듬이 실린 진동은 양다리를 지나 그녀의 온몸으로 전달되었다. 타이리화는 그 순간 온몸에 전율이 왔고, 지금까지 느껴보지 못한 행복감이 그녀의 마음을 두드렸다고 말했다. 그녀는 마루 위에 엎드려서 온몸을 사용하여 이 미묘한 소리를 느꼈고, 그때부터 무용은 그녀가 볼 수 있는 색채음악이 되었고 그녀의 마음을 전 세계에 표현할 수 있는 아름다운 언어가 되었다.

迄今邰丽华已到30多个国家演出过。前年，她和一位电脑工程师组成了幸福的家庭。邰丽华说，失去了听力令她不便，⁴但拥有了艺术，舞蹈就是她和外界沟通的语言。

지금까지 타이리화는 30여 개 국가에서 공연했고, 재작년 컴퓨터 엔지니어와 행복한 가정을 이루었다. 타이리화는 청력의 상실은 그녀에게 불편을 주었지만, ⁴예술과 무용은 그녀와 외부 세계가 소통할 수 있는 언어를 주었다고 말했다.

1 《千手观音》的舞者靠什么来随着音乐跳舞？
　　A. 自己的耳朵
　　B. 手语老师
　　C. 音乐的感觉
　　D. 领舞的人

1 『천수관음』의 무용수들은 무엇에 의지하여 음악에 따라 춤을 추는가?
　　A. 자신의 귀
　　B. 수화 교사
　　C. 음악적 감각
　　D. 리더 무용수

2 《千手观音》第一次出现在公众的视线中是哪里？
　　A. 美国纽约卡内基音乐厅
　　B. 意大利斯卡拉大剧院
　　C. 春节联欢晚现场
　　D. 雅典残疾人奥运会的闭幕式

2 『천수관음』이 처음으로 대중에게 선보였던 곳은 어디였는가?
　　A. 미국 뉴욕 카네기홀
　　B. 이탈리아 스칼라 대극장
　　C. 춘절 완회 현장
　　D. 아테네 장애인올림픽 폐막식

3 邰丽华是什么时候知道自己与众不同？
　　A. 两岁　　B. 三岁
　　C. 五岁　　D. 七岁

3 타이리화는 자신이 남과 다르다는 것을 언제 알았는가?
　　A. 2살　　B. 3살
　　C. 5살　　D. 7살

4 舞蹈在邰丽华的生活中起什么作用？
　　A. 她和外界沟通的语言
　　B. 带来经济收益
　　C. 满足自己的愿望
　　D. 可以领导他人

4 무용은 타이리화의 생활에 어떤 영향을 끼쳤는가?
　　A. 그녀와 외부 세계와의 소통 언어
　　B. 경제적 이익을 가져옴
　　C. 자신의 소망을 이룸
　　D. 다른 사람을 리드할 수 있게 됨

舞蹈 wǔdǎo 명 무용 | 聋哑 lóngyǎ 명 농아 | 排练 páiliàn 동 무대 연습을 하다, 리허설을 하다 | 表演 biǎoyǎn 명 공연 | 熟知 shúzhī 동 잘 알다 | 唯一 wéiyī 형 유일한 | 顶级 dǐngjí 명 최정상급 | 殿堂 diàntáng 명 전당 | 卡内基音乐厅 Kǎnèijī yīnyuètīng 고유 카네기홀 | 斯卡拉大剧院 Sīkǎlā dàjùyuàn 고유 스카라 대극장 | 编导 biāndǎo 각색하고 연출하다 | 协调 xiétiáo 동 조화롭게 하다 | 手语 shǒuyǔ 명 수화 | 指挥 zhǐhuī 동 지휘하다 | 节奏 jiézòu 명 리듬 | 优美 yōuměi 형 우아한 | 传达 chuándá 동 전달하다, 나타내다 | 雅典 Yǎdiǎn 고유 아테네 | 残疾 cánjí 명 장애인 | 奥运 àoyùn 명 올림픽 | 闭幕式 bìmùshì 명 폐막식 | 联欢 liánhuān 동 함께 모여 즐기다 | 晚会 wǎnhuì 명 이브닝 파티 | 瑟瑟 sèsè 의성 솨, 살랑살랑 [가벼운 바람 등의 경미한 소리] | 吹 chuī 동 바람이 불다 | 大腕 dàwàn 명 권위자, 실력자 | 领舞 lǐngwǔ 동 리드해 춤추다 | 高潮 gāocháo 명 클라이맥스 | 称得上 chēngdeshàng 동 ~라고 불릴 자격이 있다 | 灵魂 línghún 명 영혼, 마음, 정신 | 宜昌 Yíchāng 고유 이창 | 注射 zhùshè 동 주사하다 | 链霉素 liànméisù 명 스트렙토마이신 [결핵 치료용 항생 물질] | 听力 tīnglì 명 청력 | 茫然不知 máng rán bù zhī 잘 알지 못한다 | 轮流 lúnliú 동 차례로 ~하다 | 蒙 méng 동 가리다, 덮어 쓰다 | 辨别 biànbié 동 판별하다 | 律动 lǜdòng 동 율동하다 | 踏响 tàxiǎng 밟아 소리 내다 | 象脚鼓 xiàngjiǎogǔ 명 상각고 [코끼리 다리를 닮은 북의 일종] | 震动 zhèndòng 동 진동하다 | 一刹那 yíchànà 명 그 순간 | 震颤 zhènchàn 동 떨다, 진동시키다 | 幸福 xìngfú 형 행복한 | 撞击 zhuàngjī 동 충돌하다, 세게 부딪치다 | 趴 pā 동 엎드리다 | 美妙 měimiào 형 아름답다, 훌륭하다 | 迄今 qìjīn 동 지금까지 이르다 | 沟通 gōutōng 명 소통

---

1 B 세부 문제 4명의 예술단 수화 교사가 무대의 네 군데 모서리에서 수화를 이용하여 농아들의 공연을 지휘한다고 했다.

2 D 세부 문제 두 번째 단락에서 아테네 장애인올림픽 폐막식에서 『천수관음』이 세계를 경악시켰다고 했다. 이는 춘절 완회보다 한 달 전이라고 했으므로 답은 D이다.

3 C 세부 문제 청력을 잃은 것은 2살 때였지만, 자신은 그 사실을 모르고 있다가 5살이 되어서야 알게 되었다고 했다.

4 A 세부 문제 본문 마지막 문장에 예술과 무용은 그녀와 외부 세계가 소통할 수 있는 언어를 주었다고 했다.

5~8

　　在中国，端午节是为了纪念伟大诗人屈原而设立的。屈原，是春秋时期楚怀王的大臣。他倡导举贤授能，富国强兵，力主联齐抗秦，遭到贵族们的强烈反对，屈原被免去官职，流放到沅、湘流域。他在流放中，写下了忧国忧民的《离骚》、《天问》、《九歌》等不朽诗篇，独具风貌，影响深远。公元前278年，秦军攻破楚国京都。屈原眼看自己的祖国被侵略，心如刀割，但是始终不忍舍弃自己的祖国，于五月五日，**8**在写下了绝笔作《怀沙》之后，抱石投汨罗江身死，以自己的生命谱写了一曲壮丽的爱国主义乐章。

　　传说屈原死后，楚国百姓哀痛异常，纷纷涌到汨罗江边去凭吊屈原。渔夫们划起船只，在江上来回打捞他的真身。**5**有位渔夫拿出为屈原准备的饭团、鸡蛋等食物，"扑通、扑通"地丢进江里，说是让鱼龙虾蟹吃饱了，就不会去咬屈大夫的身体了。人们见后纷纷仿效。一位老医师则拿来一坛雄黄酒倒进江里，说是要药晕蛟龙水兽，以免伤害屈大夫。后来为怕饭团为蛟龙所食，人们想出用楝树叶包饭，外缠彩丝，发展成粽子。

　　我国民间过端午节是较为隆重的，庆祝的活动也是各种各样。赛龙舟，是端午节的主要习俗。相传起源于古时楚国人因舍不得贤臣屈原投江死去，许多人划船追赶拯救。他们争先恐后，追至洞庭湖时不见踪迹。之后**6**每年农历五月五日划龙舟以纪念之。借划龙舟驱散江中之鱼，以免鱼吃掉屈原的身体。竞渡之习，盛行于吴、越、楚。

　　此外，**6**划龙舟也先后传入邻国日本、越南等及英国。1980年，**6**赛龙舟被列入中国国家体育比赛项目，并每年举行"屈原杯"龙舟赛。**7**1991年6月16日（农历五月初五），在屈原的第二故乡中国湖南岳阳市，举行首届国际龙舟节。**6**在竞渡前，举行了既保存传统仪式又注入新的现代因素的"龙头祭"。"龙头"被抬入屈子祠内，由运动员给龙头"上红"（披红带）后，主祭人宣读祭文，并为龙头"开光"（即点睛）。然后，参加祭龙的全体人员三鞠躬，龙头即被抬去汨罗江，奔向龙舟赛场。此次参加比赛、交易会和联欢活动

중국에서 단오절은 위대한 시인 굴원을 기리기 위해 시작되었다. 춘추시대 초회왕의 신하인 굴원은 현인을 천거하고 능력 있는 자에게 권력을 줘야 한다고 주장했다. 부국강병을 부르짖는 동시에 연합하여 진나라에 대항해야 한다고 강력히 주장했다. 귀족들의 강력한 반대에 부딪힌 굴원은 삭탈관직을 당하고 원강·상강지역으로 유배당했다. 그는 유배 중에 우국충정을 노래한 『이소』, 『천문』, 『구가』 등 불후의 서사시를 남겼으며, 독특한 그의 풍모는 지대한 영향을 끼쳤다. 기원전 278년, 진나라 군대가 초나라의 수도로 쳐들어왔다. 굴원은 조국이 침략당하는 광경에 살을 칼로 에이는 듯한 고통을 느꼈지만 차마 조국을 등지지 못하고 있다가, 5월 5일 **8**『회사의 부』라는 생전 최후의 시를 남기고는 돌을 끌어안고 멱라수에 투신자살했다. 자신의 생명을 희생하여 장엄한 애국주의 시편의 새로운 지평을 연 것이다.

전해지는 바에 따르면, 굴원이 죽은 후 초나라 백성들은 비통함에 울부짖으며 모두 멱라수로 모여들어 굴원을 추모했다고 한다. 어부들은 배를 몰고 와 강 위에서 굴원의 시체를 끌어올렸다. **5**어떤 어부는 굴원을 위해 준비한 주먹밥, 계란 등을 꺼내서 던졌고, 그것은 '풍덩, 풍덩' 소리를 내며 물속으로 빠져들었다. 이는 물고기, 새우, 게의 배를 부르게 해서 더 이상 굴원의 시체를 뜯지 못하게 하기 위해서라고 했다. 사람들은 너도나도 이에 동참했다. 나이 든 한 의사는 도수가 센 황주를 강에 부었는데, 이는 교룡이나 수상생물을 기절시켜 굴원의 시체가 상하는 것을 막기 위함이라고 했다. 이후에 사람들은 교룡이 주먹밥을 먹어 치울까 봐 멀구슬나무잎으로 밥을 싸고 색깔 실로 밖을 둘둘 감았는데 이것이 쫑즈가 되었다.

중국의 민간에서는 단오절을 비교적 성대하게 지내며, 이를 기리기 위한 활동도 각양각색이다. 용머리로 뱃머리를 장식하고 벌이는 배 경주는 단오절의 가장 중요한 풍속이다. 고대 초나라 사람들이 현명한 신하인 굴원이 강에 투신한 것이 너무나 섭섭하고 슬퍼 수많은 백성들이 배를 타고 그를 구하러 쫓아간 것이 기원이라고 한다. 남에게 뒤질세라 앞다투어 동정호까지 쫓아 갔을 때, 그의 종적은 찾을 수 없었다. 그 후 **6**매년 음력 5월 5일 그를 기념하기 위해 용선을 탄다. 용선을 타서 강 아래 물고기를 분산시키는 것은 물고기가 굴원의 시체를 먹지 못하도록 하기 위한 것이다. 배를 타는 풍속은 오나라, 월나라, 초나라에서도 성행했다.

이밖에 **6**용선타기는 인근의 일본, 베트남에서 영국까지 전해졌다. 1980년 **6**용선 시합은 중국국가체육경기의 정식 종목으로 채택되었으며, 매년 '굴원배(屈原杯)' 용선타기 시합이 열리고 있다. **7**1991년 6월 16일(음력 5월 5일), 굴원의 제2의 고향인 중국 후난 웨에양시에서 제1회 '국제용선제(Dragon Boat Festival)'가 개최되었다. **6**시합 전, 전통 의식을 보존하고 현대적인 요소를 가미한 '용두제'가 거행된다. '용

的多达60余万人，可谓盛况空前。尔后，湖南便定期举办国际龙舟节。赛龙舟也将盛传于世。

두(용의 머리)'는 굴원의 사당으로 모셔지고, 경기 참가 선수들이 용두에 '붉은 띠를 매고', 제사장이 제문을 낭독하며 용두에 묶인 '붉은 띠를 푼다'.(즉, 점안(点睛)하는 것) 그 후 용선제 참가자 모두가 세 번 절을 하고 용두는 멱라수쪽으로 들어 올려져 용선 경기장을 향하게 된다. 이번 시합, 박람회, 연합활동에 참가한 인원은 60여만 명으로 전에 없는 성황을 이루었다. 그 후 후난에서는 정기적으로 국제용선절 축제가 거행되고, 용선 시합 역시 전 세계로 알려졌다.

5 人们把饭团、鸡蛋等食物扔到江里的原因是：
A. 它们都坏了
B. 增加水里面的食物
C. 避免屈原的身体被吃
D. 舍不得让屈原死去

5 사람들이 주먹밥과 계란 등의 음식물을 강으로 던진 원인은:
A. 나쁜 사람들이라서
B. 강물 안에 음식물을 늘리기 위해
C. 굴원의 시체가 상하는 것을 방지하려고
D. 굴원의 죽음에 미련이 남아서

6 通过文章，可以知道赛龙舟：
A. 已传入英国
B. 每年6月16日举行
C. 在比赛后有龙头祭
D. 是民间活动，不是体育比赛项目

6 글에 따르면 용선 시합은:
A. 이미 영국에 전해졌다
B. 매년 6월 16일에 거행된다
C. 시합 후에 용두제가 거행된다
D. 민간 활동으로 체육경기 종목이 아니다

7 第一届国际龙舟节在什么时候举行?
A. 1980年
B. 1991年
C. 公元前278
D. 每年五月初五

7 제1회 국제용선제는 언제 거행되었는가?
A. 1980년
B. 1991년
C. 기원전 278년
D. 매년 5월5일

8 屈原最后的作品名称是：
A.《九歌》
B.《离骚》
C.《天问》
D.《怀沙》

8 굴원의 마지막 작품의 이름은:
A.「구가」
B.「이소」
C.「천문」
D.「회사의 부」

端午节 Duānwǔjié 고유 단오절 | 屈原 Qūyúan 고유 굴원 [BC 340~BC 278. 중국 전국시대 초나라의 시인] | 设立 shèlì 동 설립하다, 건립하다 | 大臣 dàchén 명 대신 [군주 국가의 고급 관리] | 倡导 chàngdǎo 동 앞장서서 제창하다 | 富国强兵 fùguó qiángbīng 성 부국강병, 나라를 부유하게 하고 군대를 강하게 하다 | 力主 lìzhǔ 동 강력히 주장하다 | 贵族 guìzú 명 귀족 | 强烈 qiángliè 형 강렬하다, 맹렬하다 | 官职 guānzhí 명 관직 | 流放 liúfàng 동 유배가다, 귀양가다 | 流域 liúyù 명 유역 | 忧国忧民 yōu guó yōu mín 성 우국충정, 국가와 백성의 운명을 걱정하다 | 攻破 gōngpò 동 쳐부수다, 돌파하다 | 侵略 qīnlüè 동 침략하다 | 心如刀割 xīn rú dāo gē 성 심장이 칼로 에이는 듯하다 | 舍弃 shěqì 동 버리다, 포기하다 | 绝笔 juébǐ 명 생전 최후의 작품 | 汨罗江 Mìluójiāng 고유 멱라수 [장시(江西)성에서 발원하여 후난(湖南)성으로 흘러 들어가는 강 이름] | 谱写 pǔxiě 동 지평을 열다, 창작하다 | 壮丽 zhuànglì 형 웅장하고 아름답다 | 乐章 yuèzhāng 명 악장 | 哀痛 āitòng 동 애통하다 | 凭吊 píngdiào 동 회상하다, 추모하다 | 打捞 dǎlāo 동 (물 속에서) 건져 내다 | 扑通 pūtōng 의성 풍덩, 첨벙 | 仿效 fǎngxiào 동 모방하다, 흉내내다 | 雄黄酒 Xiónghuángjiǔ 고유 웅황주 [단오에 액막이를 위해 마시거나 몸에 바르던 술] | 楝 liàn 명 멀구슬나무 | 缠 chán 동 둘둘 말다, 휘감다 | 隆重 lóngzhòng 형 성대한 | 赛龙舟 Sàilóngzhōu 고유 용선 시합 | 习俗 xísú 명 풍속, 습속 | 起源于 qǐyuányú ~에서 기원하다 | 拯救 zhěngjiù 동 구출하다, 구조하다 | 争先恐后 zhēng xiān kǒng hòu 성 뒤질세라 앞다투어 | 洞庭湖 Dòngtínghú 고유 동정호 [후난성 북부에 있는 호수] | 踪迹 zōngjì 명 종적, 행적, 자취 | 驱散 qūsàn 동 쫓아내다, 몰아내다 | 竞渡 jìngdù 동 보트 경기를 하다 | 盛行于 shèngxíngyú 성행하다 | 邻国 línguó 명 이웃 나라 | 仪式 yíshì 명 의식 | 祠 cí 명 사당 | 鞠躬 jūgōng 동 허리를 굽혀 절하다 | 龙头 lóngtóu 명 용두 | 盛况空前 shèng kuàng kōng qián 성 전에 없는 성황을 이루다 | 尔后 ěrhòu 명 그 후, 이후

5 **C** 인과관계 문제 문장에서 주먹밥, 계란이 등장하는 부분을 찾아보면, 물고기, 새우, 게를 배불리 먹여 더는 굴원의 시체를 뜯지 못하게 하기 위해서라고 했다.

6 **A** 세부 문제 키워드는 용선 시합이다. 문장에서 '划龙舟也先后传入邻国日本、越南等及英国'라는 부분이 있으므로 정답은 A이다. 용선 시합은 매년 음력 5월 5일에 열리는데 1991년에는 6월 16일이었던 것이고(B), '경기 전'에 용두제가 거행된다고 했으며(C), 중국국가체육경기 종목으로 채택되었다고 했다(D).

7 **B** 세부 문제 이 문제는 시간 관련 문제이다. 1991년 6월 16일(음력 5월5일)에 굴원의 제2의 고향인 중국 후난 위에양시에서 제1회 국제용선제가 개최되었다고 했으므로 답은 B이다. 여기에서 '第一届'는 '首届'와 같은 의미임을 알아야 한다.

8 **D** 세부 문제 보기에서 《 》(书名号)를 볼 수 있다. 그러므로 원문에서 《 》가 나온 부분을 찾아 정답을 골라 낼 수 있다. 『회사의 부』라는 생전 최후의 시를 남기고 돌을 끌어안고 투신자살했다는 부분에서 '绝笔'는 최후에 쓴 문장이나 편지의 내용을 말한다.

9~12

2003年11月6日，在北京南三环万柳桥附近，一只小狗遭遇不幸。它在三环主路上，被来来往往的车压死了。但是谁也没有想到，**9**它旁边的三个同伴，居然不顾正是高峰的滚滚车流，忠实地守护着死去的小狗，舍不得将它丢弃。

过往的司机都惊呆了。本来匆忙赶路的车，开过三只小狗身边时都纷纷绕行，或者干脆停车。交通为之阻塞，两辆车因为躲避小狗而追尾。**10**平时在路上遇到堵车，所有的人都心急，谁都想快点走，互相挤来挤去，要是剐着一点蹭着一点，吵架是不可避免的。但是，那一天，所有人都不再埋怨，也没有彼此责难。大家看着那三只围在自己死去伙伴身边的小脏狗，心里有的只是感动。

想起另外一个故事。1928年3月，纽约繁忙的百老汇和沃尔克大街上，**11**一只名叫"小黑人"的母猫阻塞了交通，因为它有五只小猫需要救护。警察詹姆斯·卡德莫尔拦住了过往汽车和行人，让"小黑人"把五只小猫一一叼过了马路。有人拍下了这一动人的情景，题名为《为小猫让路》。

很多时候，我们这些情感复杂的人类常常把爱藏在自己内心最深处，因为害怕把它拿出来，会被嘲讽，会被伤害，会不被接受。但是，三只小狗和母猫"小黑人"不懂这些，**12**它们只知道自由地表达自己的悲伤，或者，对同类的爱。这种爱，最原始、最粗糙，却也最纯净。在这个世界上，任何人都没有资格嘲笑它。

2003년 11월 6일 베이징 남쪽 싼환완리우 다리 부근에서 개 한 마리가 사고를 당했다. 그 개는 싼환대로 위에 오가는 차에 압사하고 말았다. 하지만 그 누가 생각이나 했겠는가? **9**죽은 개 옆에 개 세 마리가 러시아워의 수많은 차량 행렬은 신경도 쓰지 않은 채 죽은 친구를 버리고는 발걸음이 떨어지지 않는 양 그 곁을 충성스럽게 지키고 있었다.

길을 지나던 운전자들은 놀라 얼이 빠졌다. 본래 매우 바쁘게 차로를 지나가던 차들이 개 세 마리 옆을 지날 때면 너도나도 빙 돌아서 지나가거나 차를 멈추기도 했다. 이들 때문에 차가 막혔고, 차량 두 대는 이 개들을 피하려다 추돌 사고를 일으켰다. **10**평상시 차량이 혼잡하면 모두 마음이 급하고 빨리 가고 싶어, 서로 차량 행렬이 꼬리를 물고 조금만 닿거나 뭉그적거리기만 해도 싸움을 피할 수 없는 것이 현실이다. 하지만 그날만큼은 모든 사람이 원망하지 않고 서로 남 탓도 하지 않았다. 모두 자신의 죽은 동료 옆을 지키고 있는 더러운 작은 개 세 마리를 응시하며 마음속으로 진한 감동을 느끼고 있었다.

다른 이야기가 생각났다. 1928년 3월 뉴욕의 혼잡하고 바쁜 브로드웨이와 워릭 애비뉴에 **11**'꼬마 흑인'이라는 이름의 어미 고양이가 자신의 새끼 고양이 다섯 마리를 보호하기 위해 차들을 막아섰다. 경찰 제임스 카더모르는 다가오는 차량과 행인을 막아서고, '꼬마 흑인'이 새끼 고양이 다섯 마리를 하나하나 물어 옮기도록 했다. 사람들은 이 감동스러운 광경에 박수갈채를 보냈고, 『새끼 고양이를 위해 길을 막아서다』라고 제목을 붙였다.

감정이 복잡한 우리네 사람들은 자신의 속내를 마음속 가장 깊은 곳에 숨겨둘 때가 많다. 그 마음을 꺼내면 웃음거리가 될까 봐, 상처받을까 봐, 거절당할까 봐 두려워서이다. 하지만 개 세 마리와 어미 고양이 '꼬마 흑인'은 이런 것을 이해하지 못한다. **12**그들은 그저 자유롭게 자신의 슬픔 혹은 동족에 대한 사랑을 표현한 것뿐이다. 이런 사랑은 가장 원시적이고 가장 어설퍼 보이지만, 가장 순결한 것이기도 하다. 이 세상에서 그 누구도 그들을 비웃을 자격이 없다.

9 小狗遭遇不幸后，它的同伴：
 A. 把它丢弃
 B. 守护着它
 C. 也被车撞死
 D. 求人类救它

9 개가 사고를 당한 후 그 개의 친구들은:
 A. 그 개를 버렸다
 B. 그 개의 곁을 지켰다
 C. 역시 차에 치여 죽었다
 D. 그 개를 구해달라고 사람에게 요청했다

10 根据文章，如果人们碰到堵车，一般会怎样？
 A. 绕道而行
 B. 取消行程
 C. 非常心急
 D. 改骑自行车

10 글에 따르면 사람들은 차가 막히면 일반적으로 어떻게 되는가?
 A. 빙 둘러 천천히 간다
 B. 가던 길을 포기한다
 C. 마음이 급해진다
 D. 자전거로 갈아탄다

11 为什么母猫阻碍了交通？
 A. 受伤了
 B. 走错路
 C. 同情小狗
 D. 救护小猫

11 왜 어미 고양이는 차를 막아섰는가?
 A. 다쳐서
 B. 길을 잘못 들어서
 C. 새끼 고양이를 동정해서
 D. 새끼 고양이를 보호하려고

12 作者写这两个故事的目的是什么？
 A. 得到读者的同情
 B. 开车时应避免撞伤小动物
 C. 人们应饲养宠物
 D. 人们应表达自己内心的爱

12 작가가 이 두 이야기를 쓴 목적은 무엇인가?
 A. 독자의 동정을 얻으려고
 B. 운전을 할 때는 작은 동물들을 치지 않도록 해야 한다
 C. 애완동물을 키워야 한다
 D. 자신의 마음속 사랑을 드러내야 한다

遭遇 zāoyù 동 만나다 | 压死 yāsǐ 동 압사 | 同伴 tóngbàn 명 동무, 벗 | 高峰 gāofēng 명 정점, 최고 | 滚滚 gǔngǔn 형 끊임없는 모양 | 忠实 zhōngshí 형 충실한 | 守护 shǒuhù 동 지키다 | 丢弃 diūqì 동 버리다, 포기하다 | 惊呆 jīngdāi 동 놀라 얼이 빠지다 | 匆忙 cōngmáng 형 매우 바쁘다 | 绕行 ràoxíng 동 돌아가다 | 干脆 gāncuì 형 차라리, 아예 | 阻塞 zǔsè 동 막다 | 躲避 duǒbì 동 숨다, 회피하다 | 追尾 zhuīwěi 동 추돌하다 | 剐 guǎ 동 할퀴다, 찢다 | 蹭 cèng 동 꾸물대다, 우물쭈물하다 | 责难 zénàn 동 비난하다 | 百老汇 Bǎilǎohuì 고유 브로드웨이 | 救护 jiùhù 동 구조하다, 구호하다 | 拦住 lánzhù 동 가로막다 | 叼 diāo 동 입에 물다 | 拍 pāi 동 손뼉 치다 | 题名 tímíng 동 이름을 짓다 | 藏 cáng 동 숨기다, 감추다 | 嘲讽 cháofěng 동 비웃다, 비꼬다 | 悲伤 bēishāng 형 마음이 상하다, 몹시 슬퍼하다 | 原始 yuánshǐ 형 원시의, 원래의 | 粗糙 cūcāo 형 어설픈, 조잡한 | 纯净 chúnjìng 형 순수하고 깨끗하다, 청정하다 | 资格 zīgé 명 자격 | 嘲笑 cháoxiào 동 비웃다, 조롱하다

---

9 B 세부 문제 첫 문단에서 '개 세 마리가 친구를 버리고는 발걸음이 떨어지지 않는 양 그 곁을 충성스럽게 지키고 있었다'라는 문장을 보면 정답이 B인 것을 알 수 있다.

10 C 세부 문제 이 문제의 키워드는 '차가 막히면'이다. '平时在路上遇到堵车'의 뒷절에 사람들의 심리가 잘 묘사되어 있다.

11 D 인과관계 문제 이 문제는 문장에서 바로 답을 찾아낼 수 있다. '꼬마 흑인'이라는 이름의 어미 고양이가 자신의 새끼 고양이 다섯 마리를 보호하기 위해 차들을 막아섰다'라는 문장에서 D가 답임을 알 수 있다.

12 D 주제 문제 두 이야기는 각각 2003년, 1928년으로 일이 벌어진 시간이 다른데, 작가는 왜 두 이야기를 같이 서술하고 있는 것일까? 우리는 마지막 단락을 통해 작가가 우리에게 하고 싶은 말이 무엇인지 알 수 있다. 개와 고양이는 자유롭게 자신의 슬픔 혹은 친구에 대한 가장 원초적이고 순수한 사랑을 표현한 것이다.

13~16

¹⁴2005年12月23日的美国《商业周刊》¹³评选出了中国十大新建筑奇迹，包括北京奥运主会场、国家游泳中心(水立方)、北京首都国际机场、上海世界金融中心、国家大剧院、中央电视台、上海崇明东滩生态城、当代MOMA、长城脚下的公社、东海大桥(上海)。其中地处北京的建筑就有七家之多。

"中国正逐步成为当今最具有创意性建筑和工程设计的舞台。"当全球瞩目北京2008年8月的奥运会的同时，新一代创新建筑也正在北京的土地上拔地而起。从评价与介绍中可以看到评选者对追求环保自然的推崇。¹⁵"水立方"国家游泳中心，是节能环保型的建筑。游泳池内的水将由太阳能加热，泳池的双重过滤装置可实现水的再利用，就连多余的雨水也能储存在地下的水池中。有着91000个座位的¹⁵北京奥运会主会场"鸟巢"，可能是至今最大的环保型体育场，建筑师从自然中获得了灵感，独创了一个未完全密封，但同样能为观众和运动员遮风挡雨、¹⁶获得自然通风的外壳。¹⁵北京"当代MOMA"采用世界上最大的最为节能的方式——地源热泵系统，用来帮助这个由第20层的咖啡馆、干洗店等系列服务设施连接起来的8幢建筑组成的小区。住宅单元的另一大亮点，就是可再利用废水，将厨房和洗脸盆的废水过滤，卫生间循环利用。

¹⁴2005년 12월 23일 미국의 『비즈니스 위크(Business Week)』는 ¹³중국 10대 새로운 건축물의 기적을 선정했다. 베이징올림픽 체육관, 국가 수영센터(워터큐브), 베이징 서우두국제공항, 상하이 세계금융센터, 국가대극장, 중앙TV 방송국, 상하이 숭명도 동탄 생태도시, 당다이 MOMA, 만리장성 아래의 인민공사, 상하이 동해대교가 그 주인공이다. 그중 베이징에 있는 건축물이 7개나 된다.

"중국은 점점 가장 창의적인 건축물과 디자인을 지닌 무대가 되어 가고 있다." 2008년 8월 전 세계인의 이목이 베이징올림픽에 집중되었을 때, 새로운 세대의 건축물이 베이징에서 준공에 착수하고 있었다. 이 잡지의 평가와 소개를 보면 선정자가 환경보호와 자연을 숭상한다는 것을 알 수 있다. ¹⁵'워터큐브'라 불리는 국가 수영센터는 에너지 절약형 환경보호 건축물이다. 풀(pool)의 물은 태양에너지로 가열되고, 풀의 이중여과장치는 물을 재활용하며, 여분의 빗물도 지하의 풀에 저장할 수 있다. 91,000명을 수용할 수 있는 ¹⁵베이징올림픽 주경기장 '냐오차오'는 현재까지 최대 규모의 환경보호형 체육관으로, 건축가가 자연으로부터 영감을 얻어 완전히 밀폐되지 않은 독창적인 설계를 고안했다. 그런데도 관중과 운동선수들은 비바람을 피할 수 있고, ¹⁶자연통풍도 가능한 외관을 지니고 있다. ¹⁵베이징의 '당다이 MOMA'는 세계 최대의 에너지 절약 방식인 지열펌프시스템을 채택하고 있다. 20층의 카페, 세탁소 등 서비스 시설이 연결된 8개 동의 단지가 이 시스템의 도움을 받고 있다. 이 주택단지의 가장 뛰어난 점은 폐수를 재활용하여 주방과 화장실 오수를 여과하여 화장실에서 재순환 이용한다는 것이다.

13 以下中国十大新建筑奇迹中，不属于北京的建筑是：
 A. 国家大剧院   **B. 世界金融中心**
 C. 长城脚下的公社 D. 中央电视台

14 此文发表距离奥运会还有多长时间？
 A. 三年多   **B. 不到三年**
 C. 五年多   D. 不到五年

15 文中第二段提到三个建筑奇迹他们共有的特点是什么？
 A. 费工费料
 B. 建设速度快
 C. 国家投资建设
 D. 节能环保

16 能够使空气的自然流通的建筑是：
 A. 鸟巢   B. 水立方
 C. 当代MOMA   D. 首都国际机场

13 다음 중국의 10대 새로운 건축물의 기적 중 베이징에 소재한 것이 아닌 것은:
 A. 국가대극장   **B. 세계금융센터**
 C. 만리장성 아래의 인민공사 D. 중앙TV 방송국

14 이 글이 발표되었을 때는 베이징올림픽 개최가 얼마나 남았을 때인가?
 A. 3년 넘게   **B. 3년이 안 되게**
 C. 5년 넘게   D. 5년이 안 되게

15 본문의 두 번째 단락에서 언급한 세 개 건축물의 공통된 특징은 무엇인가?
 A. 자재와 인력이 많이 소모되었다
 B. 시공 속도가 빨랐다
 C. 국가가 투자해서 건축했다
 D. 에너지 절약과 환경보호

16 공기의 자연통풍이 가능한 건물은:
 A. 냐오차오   B. 워터큐브
 C. 당다이 MOMA D. 서우두국제공항

| 评选 píngxuǎn 통 선정하다 | 奇迹 qíjì 명 기적 | 创意 chuàngyì 명 창의적 생각 | 瞩目 zhǔmù 통 주목하다 | 拔地而起 bá dì ér qǐ 셍 땅 위에 우뚝 솟다, 준공에 착수하다 | 推崇 tuīchóng 통 추앙하다 | 节能环保 jiénéng huánbǎo 명 에너지 절약, 환경보호 | 太阳能 tàiyángnéng 명 태양에너지 | 过滤 guòlǜ 통 여과하다 | 储存 chǔcún 통 저장하다 | 灵感 línggǎn 명 영감 | 独创 dúchuàng 통 독창적으로 하다 | 密封 mìfēng 통 밀폐하다, 밀봉하다 | 遮风挡雨 zhēfēng dǎngyǔ 비바람을 가리다 | 通风 tōngfēng 통 환기시키다 | 外壳 wàiké 명 껍데기, 외관 | 热泵 rèbèng 명 열펌프 | 亮点 liàngdiǎn 명 빼어난 점 | 废水 fèishuǐ 명 폐수

13 B 세부 문제 베이징에 소재한 것이 '아닌' 건축물을 고르는 문제이므로, 상하이 소재인 건축물을 고르면 된다. 본문에서 세계 금융센터는 '상하이'라는 말이 앞에 있었으므로 정답은 B이다.

14 B 세부 문제 시간을 묻는 문제이므로 추측이 필요하다. 베이징올림픽이 2008년 8월에 개막되었다는 것을 알면 바로 추측이 가능하다. 그러나 몰랐다 해도 문장에서 제시한 2가지 시간(2008년 8월의 베이징올림픽, 2005년의 12월 23일)에서 정답인 B를 골라낼 수 있다.

15 D 세부 문제 문제에서 두 번째 단락이라고 범위를 정해주었다. 여기에서 설명한 건축물에는 공통적으로 '환경보호, 에너지 절약'이라는 말이 나온다는 것을 알 수 있다.

16 A 세부 문제 본문의 '自然通风'과 문제의 '自然流通'이 같은 의미임을 알면 답을 쉽게 찾을 수 있다.

17~20

17有一只狼，在狼群里找不到吃的，于是它就去找绵羊。看到绵羊身上那一团好肉，狼馋得口水直流。它对羊说："喂，我想吃你身上的肉，成不？"羊说："我每天要跑很远的路才能吃到草，我活得不容易啊！"狼说："说那么多干吗？我是狼，要解决肚子饿的问题，我不吃你吃谁呀！"说着猛扑上去咬下了羊的一条腿。

绵羊少了一条腿，气愤地去找狐狸大律师讨公道。狐狸说："这好办，你让我先吃你另一条腿，好让我有力气去为你办事呀！我这会儿肚子正饿着呢，再说我也没有白吃你呀，对不？"绵羊为了告倒狼，所以只好忍痛舍掉一条腿给狐狸。

18狐狸帮绵羊把状子递到了狮子法官那儿。狮子对绵羊说："这案子看起来理是在你一边，但是要告倒狼也不那么简单，**19**狼是比你高一级的动物，社会关系又多，如想打赢官司，你是否可以再牺牲一条羊腿，让我好去打点打点？"

到了这个份儿上，绵羊也顾不得是否又少了一条腿，心一横就把另一条腿交给了狮子……

20后来，这场官司真的打赢了，狼被判故意伤害罪锒铛入狱！可是绵羊一点儿也高兴不起来，因为它只剩下一条腿了……

17이리 한 마리가 이리 떼 속에서 먹이를 찾지 못하자 양을 찾아 나섰다. 오동통 살이 오른 양을 보고 이리는 군침을 흘리며 양에게 말했다. "이봐! 내가 네 몸에 붙은 살들을 먹고 싶은데, 괜찮겠어?" 그러자 양은 "나도 매일 먼 길까지 나가서 풀을 겨우 뜯어 먹는다고. 나도 살기 쉽지 않아!", "무슨 말이 그렇게 많아? 나는 이리고, 배고픈 것을 해결하려는데 내가 안 먹으면 누가 널 먹겠어!"라고 말하며 이리는 사납게 양에게 달려들어 양의 다리 하나를 뜯어먹었다.

양은 다리 하나가 없어진 후 분노에 차서 공정한 판정을 해달라며 변호사인 여우를 찾아갔다. 여우는 "이 일을 잘 해결하려면 네가 나한테 다른 다리 하나를 먼저 먹게 해줘야 해. 그래야 내가 힘이 생겨서 네 일을 잘 봐주지! 마침 내가 지금 배가 좀 고픈데, 다시 한번 말하지만 나는 네 다리를 공짜로 먹는 거 아니다. 맞지?" 양은 이리와의 소송에서 이기려고 고통을 참아내며 다리 하나를 여우에게 주었다.

18여우는 양을 도와 소장을 법관인 사자에게 제출했다. 사자는 양에게 "이번 건은 보아하니 승소 가능성이 너한테 있는 것 같다. 하지만 이리를 이기기가 그렇게 쉽지는 않아. **19**이리는 너보다 한 단계 높은 동물이고, 사회적인 관계도 많으니 소송에서 이기려면 너의 다리 하나를 더 희생해서 내가 잘 할 수 있게 하지 않을래?"

이 지경까지 오자 양은 다리 하나를 더 잃는 것은 생각할 겨를도 없이, 정상이 아닌 상태에서 다른 다리 하나를 사자에게 줘버리고 말았다.

20후에 양은 정말로 승소했고, 이리는 고의 상해죄로 쇠사슬에 묶여 감옥에 갔다. 하지만 양은 조금도 기쁘지 않았다. 왜냐하면 그에게는 다리가 하나밖에 남지 않았기 때문이다.

17 狼为什么要吃羊?
   A. 肚子饿
   B. 狐狸帮羊讨公道
   C. 狐狸和狮子都吃了羊一条腿
   D. 羊活得太不容易了

18 狐狸帮绵羊做什么了?
   A. 调查事情   **B. 递交状子**
   C. 找狼算账   D. 进行辩护

19 狮子觉得谁比绵羊高一级?
   A. 狼   B. 狐狸
   C. 他自己   D. 人类

20 官司的最后结果是什么?
   A. 绵羊少了一只腿
   B. 绵羊提供的证据不足
   C. 狼被判故意伤害罪
   D. 狐狸被判故意伤害罪

---

17 이리는 왜 양을 먹으려 했는가?
   A. 배가 고파서
   B. 여우가 양을 도와 공정한 판정을 해서
   C. 여우와 사자 모두 양의 다리를 하나씩 먹어서
   D. 양이 살기가 쉽지 않아서

18 여우는 양을 도와 무엇을 했는가?
   A. 정황 조사   **B. 소장 제출**
   C. 이리를 찾아 시비를 가림   D. 변호함

19 사자는 누가 양보다 한 단계 높은 동물이라고 했는가?
   A. 이리   B. 여우
   C. 자기 자신   D. 사람

20 소송의 결과는 무엇인가?
   A. 양은 다리를 하나 잃었다
   B. 양이 제공한 증거가 부족했다
   C. 이리는 고의 상해죄 판결을 받았다
   D. 여우는 고의 상해죄 판결을 받았다

绵羊 miányáng 명 면양 | 馋 chán 동 군침이 돌다 | 猛扑 měngpū 동 맹렬하게 돌진하다 | 气愤 qìfèn 형 분개하다, 화내다 | 讨公道 tǎogōngdào 동 공정한 처리를 위해 노력하다 | 告倒 gàodǎo 동 승소하다 | 忍痛 rěntòng 동 인내하다 | 状子 zhuàngzi 명 소장(訴狀) | 官司 guānsī 명 소송 | 牺牲 xīshēng 동 희생하다 | 打点 dǎdiǎn 동 잘 처리하다, 뇌물주다 | 顾不得 gùbude 동 생각조차 못하다 | 锒铛入狱 lángdāng rùyù 쇠사슬에 묶여서 감옥에 들어가다 | 证据 zhèngjù 명 증거

---

17 **A** 인과관계 문제 이리는 이리 떼 속에서 먹이를 찾지 못했다고 했으므로 배가 고파서 양을 먹으려 했음을 알 수 있다.

18 **B** 세부 문제 여우의 직업은 변호사라고 했고, 양을 도와 법관인 사자에게 소장을 제출했다고 했다.

19 **A** 세부 문제 이 문제의 키워드는 '高一级'이다. 문장에서 사자는 '이리는 너보다 한 단계 높은(高一级) 동물'이라고 말하고 있으므로 정답은 A이다.

20 **C** 세부 문제 문장에서 '후에 양은 정말로 승소했고 이리는 고의 상해죄(狼被判故意伤害罪)로 쇠사슬에 묶여 감옥에 갔다'라는 부분은 직접적으로 정답이 C라는 것을 알려주고 있다.

---

2 주제 문제 p.257

정답										
	1 B	2 B	3 C	4 D	5 B	6 D	7 C	8 C	9 D	10 B
	11 D	12 C	13 B	14 C	15 C	16 B	17 A	18 B	19 C	20 D

1~4

　　他原先在一家外企供职，**¹但因为一次意外，他的左眼突然失明。**为此，他失去了工作，到处求职都因"形象问题"连连碰壁。**²"挣钱养家"**的担子落在了他那"白领"妻子的肩上。妻子逐渐感到他的老父亲是个负担，不止一次跟他商量把老人送到老年公寓去，他都没同意。一天晚上，他们因此争吵起来，妻子嚷："不把你爸送走，咱们就离婚！"第二天父亲说："我想跟你们商量一下，你们每天上班，孩子又上学，家里太冷清，我想去老年公寓住，那里都是老人，……"他本想说些挽留的话，但看着妻子瞪着的眼睛，又把话吞了回去。

　　第二天，父亲就住进了老年公寓。星期天，他去看父亲。父亲问他工作怎么样，身体好不好……他好像被人打了一记耳光，脸上发起烧来。"你别过意不去，我在这里挺好……"父亲看上去很满足，可眼睛里却渐渐涌起一层雾。

　　几天来，他因父亲的事寝食难安。挨到星期天，又去看父亲，刚好碰到市卫生局的同志在向老人们宣传无偿捐献遗体器官的意义，问他们有谁愿意捐，很多老人都摇头。父亲站了起来，问了两个问题：一是捐给自己的儿子行不行？二是趁活着捐可不可以？**³"我的儿子为了失明的眼睛，失去了很多工作机会，如果我能捐给他，我就是死在手术台上，心里也是甜的……"**

　　所有人都停止了谈笑，把震惊的目光投向父亲。儿子忍不住了，他满脸泪水，迈着沉重的步子，一步步走到父亲身边，和父亲紧紧地抱在一起……父亲用手给他捋了捋衬衣上的皱褶，疼爱的目光像一张网。他再次哽咽，感受着父爱。当天，他不顾父亲的反对，把父亲接回了家。至于妻子，他已做好最坏的打算。

1 第一段中的"形象问题"，指的是：

　A. 身高矮小

　B. 左眼失明

　C. 意外毁容

　D. 长相难看

2 关于妻子，我们知道什么？

　A. 对老人有爱心

　B. 是家里的收入来源

　C. 每个星期天去看父亲

　D. 喜欢穿白色领子的衣服

1 첫 번째 단락의 '이미지 문제'가 가리키는 것은:

　A. 키가 왜소하다

　B. 왼쪽 눈이 실명됐다

　C. 뜻밖에 얼굴이 망가졌다

　D. 못생겼다

2 아내에 대해 우리는 무엇을 알고 있는가?

　A. 노인을 사랑한다

　B. 집안의 수입원이다

　C. 매주 일요일마다 아버지를 뵈러 간다

　D. 하얀 칼라의 옷을 입는 것을 좋아한다

3 谁愿意无偿捐献遗体器官呢?
   A. 我　　　　　　　B. 妻子
   C. 父亲　　　　　D. 卫生局的同志

4 根据上下文,下面哪个词最适合形容父亲?
   A. 英俊　　　　　　B. 健康
   C. 聪明　　　　　　**D. 伟大**

3 누가 시체·장기를 무상으로 기증하기 원하는가?
   A. 나　　　　　　　B. 아내
   C. 아버지　　　　D. 위생국 직원

4 전체 글을 읽었을 때, 다음 중 아버지를 가장 잘 형용한 것은 무엇인가?
   A. 재능이 출중한　　B. 건강한
   C. 총명한　　　　　**D. 위대한**

原先 yuánxiān 형 본래, 이전 | 外企 wàiqǐ '外商投资企业(외자기업)'의 약칭 | 供职 gòngzhí 동 근무하다, 일하다 | 意外 yìwài 형 의외의 | 失明 shīmíng 동 실명하다, 눈이 멀다 | 碰壁 pèngbì 동 퇴짜맞다, 거절당하다 | 担子 dànzi 명 부담, 책임 | 白领 báilǐng 명 화이트칼라 | 肩 jiān 명 어깨 | 逐渐 zhújiàn 부 점점, 점차 | 争吵 zhēngchǎo 동 말다툼하다 | 嚷 rǎng 동 고함치다, 외치다 | 冷清 lěngqīng 형 적막하다, 쓸쓸하다 | 公寓 gōngyù 명 아파트 | 挽留 wǎnliú 동 만류하다 | 吞 tūn 동 삼키다 | 过意不去 guòyìbúqù 동 미안해하다, 죄송하게 생각하다 | 涌 yǒng 동 솟아나다, 샘솟다 | 寝食难安 qǐnshí nán ān 성 먹고 마실 수 없다 | 无偿 wúcháng 형 무상의 | 捐献 juānxiàn 동 기부하다 | 遗体 yítǐ 명 유체, 시신 | 器官 qìguān 명 (생물체의) 기관 | 捐 juān 동 기부하다, 헌납하다 | 停止 tíngzhǐ 동 멈추다, 중지하다 | 谈笑 tánxiào 동 담소하다 | 震惊 zhènjīng 동 놀란 | 泪水 lèishuǐ 명 눈물 | 迈 mài 동 내딛다, 나아가다 | 沉重 chénzhòng 형 몹시 무겁다 | 捋 lǚ 동 쓰다듬다, 어루만지다 | 衬衣 chènyī 명 와이셔츠 | 皱褶 zhòuzhě 명 주름 | 哽咽 gěngyè 동 흐느껴 울다 | 毁容 huǐróng 동 얼굴을 망가뜨리다 | 来源 láiyuán 명 근원, 출처 | 英俊 yīngjùn 형 재능이 출중하다

---

1 B 세부 문제 첫 번째 단락에서 뜻밖의 사고로 왼쪽 눈을 잃었고, '이 때문에(为此)' 일자리를 구할 때 번번이 퇴짜를 맞았다고 했으므로 여기에서 '이미지 문제'란 실명을 의미한다.

2 B 인과관계 문제 그의 실명 후 돈을 벌어 식구를 먹여 살리는 책임은 고스란히 화이트칼라였던 그의 아내에게 지워졌다고 했는데, 여기에서 화이트칼라란 직장인을 의미하므로 정답은 B이다.

3 C 세부 문제 이 문제의 키워드는 '无偿捐献'이다. 세 번째 단락에서 아버지는 아들에게 기증할 수만 있다면 수술대 위에서 죽어도 좋다고 말하고 있으므로 정답은 C이다.

4 D 주제 문제 전체 글을 보면 아버지가 아들에게 짐이 될까 봐 스스로 실버타운에 갔고, 아들을 위해 살아 있을 때 눈의 각막을 아들에게 기증할 결심을 한다는 것도 알 수 있다. 이 모두가 아버지의 위대함을 보여주는 예이다.

5~8

相传在两千年前,燕国寿陵地方有一位少年,⁵不愁吃不愁穿,论长相也算得上中等人材,可他就是自信心不足,经常无缘无故地感到事事不如人,低人一等——衣服是人家的好,饭菜是人家的香,站相坐相也是人家高雅。他见什么学什么,学一样丢一样,虽然花样翻新,却始终不能做好一件事,不知道自己该是什么模样。

家里的人劝他改一改这个毛病,他认为是家里人管得太多。亲戚、邻居们说他是狗熊掰棒子,他也根本听不进去。日久天长,他竟怀疑自己该不该这样走路,越看越觉得自己走路的姿势太笨、太丑了。

有一天,他在路上碰到几个人说说笑笑,只

2,000년 전에 연나라 쇼우링 지방에 소년 한 명이 있었다. ⁵먹고 입는 걱정도 없고 생김새 또한 중간은 되었지만, 자신감이 부족하여 항상 아무런 이유 없이 자신이 남보다 못하고, 다른 사람보다 한 수 아래라고 여겼다. 옷도 남의 것이 좋고, 밥도 남의 것이 맛있고, 앉은 품이나 선 품이나 모두 남이 더 우아하다고 생각했다. 그는 보기만 하면 바로 배웠지만 배우나 안 배우나 똑같았다. 새로운 것을 끊임없이 시도해도 오히려 항상 일 하나 제대로 하는 것이 없었고, 자신이 어떤 모양새인지도 모를 지경이었다.

집안사람들은 소년에게 그 나쁜 버릇을 고치라고 권유했지만 소년은 집안사람들의 간섭이 너무 심하다고 생각했다. 친척과 이웃들도 배우고 돌아서면 까먹는 멍청한 놈이라고 호도했고, 그 역시 전혀 들을 생각이 없었다. 오랜 세월이 흐른 후, 그는 문득 이런 걸음걸이를 유지해야 하는지 의문이 들었고, 보면 볼수록 자신의 걷는 자세가 바보 같고 밉다는 생각이 들었다.

听得有人说邯郸人走路姿势很美。邯郸人走路的姿势究竟怎样美呢？他怎么也想象不出来，这成了他的心病。终于有一天，他瞒着家人，跑到遥远的邯郸学走路去了。

一到邯郸，他感到处处新鲜，简直令人眼花缭乱。看到小孩走路，他觉得活泼、美，学；看见老人走路，他觉得稳重，学；**7 看到妇女走路，摇摆多姿**，学。就这样，不到半个月光景，他连走路也不会了，路费也花光了，只好爬着回去了。

어느 날 그는 길을 걷다가 몇 사람이 흥미진진하게 나누는 담소를 듣게 되었다. 귀에 들린 말은 한단 사람들의 걸음걸이가 예쁘다는 것이었다. 한단 사람들의 걸음걸이가 도대체 어떻기에? 그는 도저히 상상이 가지 않았고, 이는 마음의 병이 되고 말았다. 결국 그는 가족을 속이고는 멀고도 먼 한단에 걷는 법을 배우러 가고 말았다.

한단에 도착하자 그는 모든 곳이 신선하게 느껴졌고 그야말로 시선을 빼앗겼다. 그는 어린아이가 걷는 모습을 보고 활발하고 아름다워서 배울 만하다고 생각했고, 노인이 걷는 모습을 보고는 안정적이어서 배울 만하다고 생각했다. **7 부녀자가 걷는 모습을 보고는 하늘하늘 여러 가지 자세가 배울 만하다**고 여겼다. 이런 식으로 보름도 채 안 되었을 때, 그는 걷지도 못하고 여비도 모두 써버려 기어서 돌아가는 수밖에 없었다.

5 为什么他见什么学什么？
A. 长得不好看
B. 缺乏自信心
C. 家里没有钱
D. 充满新鲜感

6 根据文章，狗熊掰棒子可能是什么意思？
A. 学无止境
B. 学习要坚持
C. 学邯郸人走路
D. 学一样丢一样

7 邯郸的女人怎么走路？
A. 活泼
B. 稳重
C. 摇摆多姿
D. 爬着走路

8 这个故事说明了什么道理？
A. 生命贵在学习
B. 学习狗熊掰棒子
C. 不要机械地模仿别人
D. 住到邯郸才能领悟如何走路

5 그는 왜 보는 대로 바로 배우는가?
A. 못생겨서
B. 자신감이 부족해서
C. 집에 돈이 없어서
D. 신선한 기운으로 넘쳐서

6 글에 따르면 배우고 돌아서면 바로 잊어버린다는 것은 무슨 의미인가?
A. 배움에는 경계가 없다
B. 계속 배워야 한다
C. 한단 사람들의 걸음걸이를 배운다
D. 배워 봤자 안 배운 것이나 매한가지이다

7 한단의 여인들은 어떻게 걷는가?
A. 활발하게
B. 안정적으로
C. 하늘거리는 여러 가지 자세로
D. 기면서 걷는다

8 이 이야기는 어떤 이치를 설명하는가?
A. 배움에 생명의 고귀함이 있다
B. 배워도 안 배운 것 같은 그의 행태를 배워라
C. 기계적으로 다른 사람을 모방하지 말라
D. 한단에 살아봐야 어떻게 걷는지 비로소 깨달을 수 있다

相传 xiāngchuán 동 ~라고 전해 오다 | 愁 chóu 동 걱정하다, 근심하다 | 长相 zhǎngxiàng 명 외모 | 无缘无故 wú yuán wú gù 성 아무런 이유도 없다 | 低人一等 dī rén yìděng 성 다른 사람보다 한수 아래이다 | 高雅 gāoyǎ 형 고상한 | 花样 huāyàng 명 스타일, 모양새 | 翻新 fānxīn 동 새롭게 변화되다 | 日久天长 rìjiǔ tiān cháng 오랜 세월이 흐르다 | 姿势 zīshì 명 자태 | 丑 chǒu 형 추하다, 못생기다 | 瞒着 mánzhe 동 속이다 | 遥远 yáoyuǎn 형 아득히 멀다, 까마득하다 | 眼花缭乱 yǎnhuā liáoluàn 성 눈을 현혹시키다 | 稳重 wěnzhòng 형 신중한, 사려 깊은 | 摇摆 yáobǎi 동 흔들거리다 | 光景 guāngjǐng 명 시간, 세월

---

5 B 인과관계 문제 글의 첫 단락에서 소년은 자신감 부족으로 항상 자신이 남보다 못하다고 생각한다고 했다. '不足'와 '缺乏'는 같은 의미이므로 정답은 B이다.

6 **D** 인과관계 문제 이 단어가 나온 위아래 문장을 살펴봐야 한다. '狗熊掰棒子'가 나온 문장에서 이것은 그의 나쁜 버릇이며, 가족이 그에게 고치라고 권유한 결점이기도 하다. 그럼 그의 나쁜 버릇은 무엇인가? 바로 앞 단락에서 말한 그의 배워도 배우지 않은 것 같은 모습으로 항상 제대로 일을 해내지 못하는 것이다.

7 **C** 세부 문제 문제의 키워드는 한단의 여인이다. A는 아이들, B는 노인들의 걸음걸이였고, D는 그 모든 걸음걸이를 배우려 하다가 원래의 걸음걸이마저 잊고 기어서 돌아온 소년 자신의 이야기이다.

8 **C** 주제 문제 이 글은 실제 상황은 고려하지 않고 남의 경험이나 방법 등을 기계적으로 적용하고 모방하면, 다른 사람의 장점을 배우지 못할 뿐만 아니라 자신의 장점이나 본성까지 잃어버린다는 교훈을 주고 있다.

9~12

1965年，一位韩国学生到剑桥大学主修心理学。他常到学校的咖啡厅或茶座听一些成功人士聊天。这些成功人士包括诺贝尔奖获得者，某一些领域的学术权威和一些创造了经济神话的人，他们幽默风趣，举重若轻，把自己的成功都看得非常自然和顺理成章。时间长了，他发现，在国内时，他被一些成功人士欺骗了。**9**那些人为了让正在创业的人知难而退，普遍把自己的创业艰辛夸大了，也就是说，他们在用自己的成功经历吓唬那些还没有取得成功的人。 作为心理系的学生，他认为很有必要对韩国成功人士的心态加以研究。

1970年，**10**他把《成功并不像你想像的那么难》作为毕业论文，提交给现代经济心理学的创始人威尔·布雷登教授。教授读后，大为惊喜，他认为这是个新发现，这种现象虽然在东方甚至在世界各地普遍存在，但还没有一个人把它提出来并加以研究。他写信给了他的剑桥校友，当时正坐在韩国政坛第一把交椅上的人，朴正熙。他在信中说，"我不敢说这部著作对你有多大的帮助，但我敢肯定它比你的任何一个政令都能产生震动。"后来这本书果然伴随着韩国的经济起飞了。这本书鼓舞了许多人，因为他们从一个新的角度告诉人们，成功与"劳其筋骨，饿其体肤"、"三更灯火五更鸡"、"头悬梁，锥刺股"没有必然的联系。**11**只要你对某一事业有兴趣，长久地坚持下去就会成功，因为上帝赋予你的时间和智慧够你圆满做完一件事情。后来，**12**这位青年也获得了成功，他成了韩国某汽车公司的总裁。人世中的许多事，只要想做，都能做到，该克服的困难，也都能克服，用不着什么钢铁般的意志，更用不着什么技巧或谋略。

1965년 한국 학생 한 명이 케임브리지대학에서 심리학을 전공했다. 그는 학교의 카페나 찻집에서 성공한 사람들과 이야기를 나누었다. 이들 중에는 노벨상 수상자, 어떤 학술 분야의 권위자, 경제적인 신화를 이뤄낸 명사들이 포함되어 있었다. 그들은 모두 유머러스하고 위트가 넘쳤으며, 큰일도 가볍게 넘기고 자신의 성공을 아주 자연스럽고 순조롭게 말로 풀어낼 줄 알았다. 시간이 지나 그는 한국에 있을 때 성공한 사람들에게 속았다는 것을 발견했다. **9**그들은 막 창업한 사람들이 어려운 상황임을 알고 물러나게 하려고 보통 자신의 힘들었던 창업담을 과장했다. 그들은 자신의 성공 경험담으로 아직 성공을 거두지 못한 사람에게 겁을 주는 것이었다. 심리학과 학생으로서 그는 성공한 한국인들의 심리 상태에 대해 깊이 연구를 해야겠다고 생각했다.

1970년에 **10**그는 현대 경제심리학의 창시자 윌 브리튼 교수에게『성공은 당신이 상상하는 것만큼 어렵지 않다』를 졸업논문으로 제출했다. 교수는 논문을 읽고 그의 새로운 발견에 흥분을 감추지 못했다. 이는 동양이나 전 세계에 보편적으로 존재하는 현상인데, 여태까지 아무도 이를 끄집어 내어 심도 있게 연구한 적이 없었기 때문이다. 교수는 케임브리지대학 동창이자 당시 한국 정치계의 일인자인 박정희에게 편지를 썼다. 그는 편지에서 "나는 이 논문이 자네에게 얼마나 도움이 될지 감히 말하지 못하지만, 이 논문이 다른 어떤 정부 법령보다 큰 반향을 일으킬 것인지는 단언할 수 있네."라고 썼다. 아니나 다를까, 후에 이 논문은 한국의 경제성장과 함께 이슈가 되었다. 이 책은 많은 사람에게 용기를 북돋아 주었다. 왜냐하면 새로운 각도로 '부지런해야 성공한다', '사당오락', '각고의 노력으로 공부하다'와 성공은 필연적인 관계가 없다고 말했기 때문이다. 하느님이 당신에게 주신 시간과 지혜는 어떤 일에 성공을 거두기에 충분하기 때문에 **11**당신이 어떤 일에 흥미가 있고 오랫동안 계속해 나간다면 바로 성공할 것이라고 말하고 있다. 이후 **12**이 청년 역시 성공을 거두어 한국의 모 자동차 회사의 회장이 되었다. 인생에는 수많은 일이 펼쳐진다. 우리가 하고 싶다는 생각만 하면 모두 할 수 있고, 극복해야 할 역경은 모두 극복할 수 있으니 강철과 같은 굳은 의지나 요령, 대단한 지략 따위는 필요하지 않다.

9 根据第一段，为什么韩国学生觉得被骗了？
   A. 他自己一直不成功
   B. 不应该学习心理学
   C. 学校的教授并不成功
   D. 成功人士夸大了创业的艰辛

10 教授有什么观点？
   A. 幽默的人更容易成功
   B. 成功并不像想象的那么难
   C. 成功人士不希望别人也成功
   D. 韩国人的心态和外国人不一样

11 韩国学生认为如何才能成功？
   A. 要坚持锻炼
   B. 每天学习到半夜
   C. 要知道别人的成功史
   D. 对事业有兴趣并坚持

12 青年获得什么样的成就？
   A. 成为教授
   B. 诺贝尔奖获得者
   C. 当了汽车公司的总裁
   D. 成为韩国政坛第一人

9 첫 번째 단락에 따르면, 왜 한국 학생은 속았다고 느꼈는가?
   A. 자신이 계속 성공하지 못해서
   B. 심리학을 공부하면 안 되서
   C. 학교의 교수님이 성공하지 못했으니까
   D. 성공한 사람들이 창업의 어려움을 과장해서

10 교수는 어떤 관점을 가지고 있는가?
   A. 유머러스한 사람이 더 쉽게 성공한다
   B. 성공은 상상한 것만큼 어렵지 않다
   C. 성공한 사람은 다른 사람이 성공하기를 바라지 않는다
   D. 한국인들과 외국인의 마음가짐은 다르다

11 한국 학생은 어떻게 해야 성공한다고 생각하는가?
   A. 꾸준히 단련해야 한다
   B. 한밤중까지 공부한다
   C. 다른 이의 성공이야기를 알아야 한다
   D. 일에 흥미가 있어야 하고, 이를 끝까지 밀고 나가야 한다

12 청년은 어떤 성과를 거두었는가?
   A. 교수가 되었다
   B. 노벨상을 받았다
   C. 자동차 회사의 회장이 되었다
   D. 한국 정계의 일인자가 되었다

剑桥大学 Jiànqiáo Dàxué [고유] 케임브리지대학 | 主修 zhǔxiū [동] 전공하다 | 茶座 cházuò [명] 찻집 | 诺贝尔奖 Nuòbèiěrjiǎng [고유] 노벨상 | 权威 quánwēi [명] 권위 | 幽默 yōumò [형] 유머러스한 | 风趣 fēngqù [형] 유머러스한 | 举重若轻 jǔ zhòng ruò qīng [성] 큰일을 가볍게 처리하다 | 成章 chéngzhāng [동] 조리가 있다 | 欺骗 qīpiàn [동] 속이다, 기만하다 | 知难而退 zhī nán ér tuì [성] 형세가 불리함을 알고 물러서다 | 艰辛 jiānxīn [형] 힘든 | 吓唬 xiàhu [동] 겁주다, 무섭게 하다 | 政坛 zhèngtán [명] 정계 | 交椅 jiāoyǐ [명] 지위, 서열 | 政令 zhènglìng [명] 정부 법령 | 震动 zhèndòng [동] 진동하다, 반향을 불러일으키다 | 伴随 bànsuí [동] 함께 가다, 동행하다 | 筋骨 jīngǔ [명] 근육과 뼈 | 头悬梁，锥刺股 tóu xuánliáng, zhuī cìgǔ 상투를 대들보에 매달고 송곳으로 허벅지를 찌르다, 각고의 노력으로 공부하다 | 赋予 fùyǔ [동] 주다, 부여하다 | 圆满 yuánmǎn [형] 원만한 | 总裁 zǒngcái [명] (기업의) 총수, 회장 | 钢铁 gāngtiě [명] 강철, 견고함 | 意志 yìzhì [명] 의지 | 技巧 jìqiǎo [명] 기교, 기예 | 谋略 móulüè [명] 모략

---

9 **D** 인과관계 문제 한국에 있을 때 성공한 사람에게 속았다는 것을 발견했다고 언급하고 있다. 바로 뒷문장에서 왜 그가 이렇게 생각했는지를 알려주고 있다.

10 **B** 주제 문제 브리튼 교수는 학생의 논문을 보고 감탄하면서 자신의 동창이자 당시 한국 정계의 거물이었던 박정희에게 소개했다. 이는 교수가 학생의 관점을 지지한다는 것을 나타낸다. 학생의 졸업논문 제목이 바로 그의 관점이다.

11 **D** 주제 문제 일반적으로 성공하려면 부지런해야 하고 각고의 노력으로 공부해야 한다고 생각하지만, 그는 이것들이 성공과 큰 관계가 없고, 어떤 일에 흥미가 있고 오랫동안 계속해 나간다면 곧 성공할 것이라고 말하고 있다.

12 **C** 세부 문제 문제의 '获得什么样的成就'가 본문의 '获得了成功'과 일치한다. 그는 한국의 모 자동차 회사의 회장이 되었으므로 정답은 C이다.

13~16

兄弟俩年纪越来越大了，已经到了谈婚论嫁的时候。但是父亲并不感到欣慰，因为 **13**他们的家庭不那么富裕。**14**兄弟俩时常为一些小利益产生口角，一旦到分家产那天，还真不知道会发生怎样的争执。

有一天，父亲生病倒下了。兄弟俩还算孝顺，他们一起给父亲端药送水。父亲把兄弟俩叫到身边，跟他们说："其实这病我也不担心，我想自己能应付过去；可我害怕如果你们兄弟俩将来反目，那就成了我们家庭的'病'了，谁都没法应付。"

父亲坐起来下了床，指着院子里的几只鸡说："看看它们，蹲在那里相安无事，这不很好吗？"然后父亲到屋子里端出了一盆谷子，悄悄走到房屋后面，把大部分谷撒在地上，只留了十几粒回到院子里，扔向那些鸡。**15**鸡们看见来了谷子，腾地跳起身，一起上前争夺，翅膀挥舞，咯咯乱叫，原本清静的世界，因为这几粒谷子而"硝烟弥漫"。兄弟俩笑了，他们终于明白了父亲的意思。父亲又说："你们都看见了，其实更多的谷子在屋后……"其实，人生中的许多麻烦，又何尝不是因为上帝在我们眼前撒了几粒谷子呢？

13 他家的经济情况如何？
A. 非常富裕
B. 不太富裕
C. 非常贫穷
D. 不太贫穷

14 兄弟俩为什么经常争吵？
A. 鸡
B. 家产
C. 小利益
D. 父亲的病

15 文中的"硝烟弥漫"是什么意思？
A. 谷物燃烧引起了硝烟
B. 因为鸡们的争强有了浓烟
C. 鸡们争强食物的情况很激烈
D. 食物被撒到空气里，到处是气味

16 父亲希望兄弟俩能做到：
A. 挣很多钱
B. 和睦相处
C. 养好家里的鸡
D. 孝顺照顾老人

형제 둘이 점점 나이가 들어 결혼에 대해 이야기할 때가 되었다. 하지만 아버지는 기쁜 눈치가 아니었다. 왜냐하면 **13**그들의 가정 형편이 부유한 편이 아니라 **14**형제 둘은 작은 이익 때문에 자주 언성을 높였고, 정말 재산 분배를 하는 그날에는 어떤 말다툼이 벌어질지 모르기 때문이었다.

어느 날 아버지가 병으로 쓰러지고 말았다. 형제는 효도를 하겠다고 약을 가져다 드리는 등 병시중을 했다. 아버지는 두 아들을 곁으로 부른 후 말했다. "사실 내 병은 걱정할 필요 없다. 나는 내가 잘 이겨낼 것이라 생각한다. 하지만 나는 너희 둘이 나중에 서로 반목할까 봐 두렵다. 그것은 우리 집안의 '병'이라서 그 누구도 대처할 방법이 없으니 말이다."

아버지가 자리에서 일어나 병상을 내려오며 뜰의 닭 몇 마리를 가리키며 말했다. "저 닭들을 봐라. 평온하게 아무 일 없이 지내는 것이 좋아 보이지?" 그런 후 아버지는 방에서 양푼에 잘 만큼의 조를 내오더니, 조용히 집 뒤쪽으로 가서는 대부분을 땅 위에 뿌리고 열 몇 개밖에 남지 않은 낱알을 뜰에 있는 닭들에게 던져주었다. **15**닭들은 조를 보더니 펄쩍 몸을 일으키고 한꺼번에 앞으로 달려들어 날개를 퍼덕이고 소리를 마구 질러댔다. 원래 조용하던 세계가 이 몇 알의 조 때문에 '연기가 자욱한' 아수라장이 된 것이다. 형제는 웃었고 아버지의 뜻을 알아차렸다. 아버지는 "너희도 봤겠지만 사실 더 많은 조는 집 뒤편에……"라며 말꼬리를 흐렸다. 사실 인생의 많은 고민은 하느님이 우리 눈앞에 몇 알의 조를 뿌려주셨기 때문이 아니겠는가？

13 그들 집안의 경제 상황은 어떠한가?
A. 매우 부유하다
B. 그다지 부유하지 않다
C. 매우 가난하다
D. 그다지 가난하지 않다

14 형제간에 무엇 때문에 자주 부딪치는가?
A. 닭
B. 집안 재산
C. 작은 이익
D. 아버지의 병

15 글에서 '연기가 자욱한'은 무슨 뜻인가?
A. 곡물이 타면서 내는 연기
B. 닭들의 치열한 서열 다툼 때문에 연기가 남
C. 닭들이 먹을 것을 두고 싸우는 상황이 매우 격렬함
D. 먹을 것이 공기 중에 뿌려져 곳곳에 냄새가 남

16 아버지는 두 아들이 어떻기를 바라는가?
A. 돈을 많이 벌기를
B. 화목하기를
C. 집의 닭을 잘 키우기를
D. 노인을 잘 모시고 효도하기를

谈婚论嫁 tán hūn lùn jià 결혼에 대해 이야기하다 | 欣慰 xīnwèi 형 기쁘고 안심이 되는 | 富裕 fùyù 형 부유한 | 口角 kǒujué 통 말다툼하다, 언쟁하다 | 争执 zhēngzhí 통 논쟁하다 | 孝顺 xiàoshùn 통 효도하다 | 端 duān 통 받쳐 들다 | 反目 fǎnmù 통 반목하다 | 蹲 dūn 통 웅크리고 앉다 | 相安无事 xiāng ān wú shì 성 화목하게 아무 탈 없이 지내다 | 谷子 gǔzi 명 조의 낟알 | 腾 téng 통 (하늘로) 오르다 | 争夺 zhēngduó 통 다투다, 쟁탈하다 | 翅膀 chìbǎng 명 날개 | 挥舞 huīwǔ 팔을 들어 휘두르다 | 咯咯 gēgē 의성 꽥꽥 | 清静 qīngjìng 형 조용하다, 고요하다 | 硝烟弥漫 xiāo yān mí màn 연기가 자욱하다 | 何尝 hécháng 부 결코 ~가 아니다 | 燃烧 ránshāo 통 타다, 연소하다 | 硝烟 xiāoyān 명 연기 | 和睦相处 hémù xiāngchǔ 화목하게 함께 지내다

13 B 세부 문제 첫 번째 단락에서 그들의 가정 형편이 그다지 부유하지 않다고 했으므로 정답은 B이다.

14 C 세부 문제 형제가 작은 이익 때문에 자주 다툰다는 내용이 나와 있으므로 정답은 C이다. 집의 재산 때문이라고 헷갈릴 수 있지만, 아버지는 이후에 형제가 재산 분배를 할 때 갈등이 있을까 봐 걱정하는 것으로, 아직은 이 상황이 발생하지 않았으므로 B는 답이 아니다.

15 C 인과관계 문제 닭들이 조를 보더니 서로 먹으려고 달려들어 원래 조용했던 세계가 조 몇 알 때문에 '연기가 자욱해'졌다고 했으므로 정답은 C이다.

16 B 주제 문제 아버지는 작은 이익 때문에 자주 다투는 형제가 반목하는 것을 걱정하여 닭의 예를 보여주며 깨우치기를 바라고 있다. 그러므로 아버지는 형제가 화목하기를 바란다고 볼 수 있다.

17~20

一天，一条小泥鳅从淤泥里探出头来，想到清水里自在地畅游一会儿。恰在这个时候，一群鲤鱼从它身边游过。小泥鳅向鲤鱼们打招呼："你们好啊，鲤鱼姐姐!"鲤鱼们仔细一看，原来是一条丑陋的小泥鳅!

17 它们先是一阵哄笑，继而争相嘲讽小泥鳅说："瞧那个丑陋不堪的小家伙，整天把自己憋在淤泥里，一身脏臭，简直丢我们鱼类的脸!"

小泥鳅正想搭话，其余的鲤鱼又说："它哪属于我们鱼类呀? **18** 它整天生活在黑暗的淤泥里，吃的是淤泥，喝的也是淤泥，根本是一条臭虫!"

小泥鳅悲伤地回到了家里，茶饭不思。泥鳅妈妈看到这些，就知道自己的孩子肯定在外面受了委屈，于是就上前问个究竟。小泥鳅就把白天的鲤鱼之辱告诉了妈妈。它原本以为自己的妈妈肯定会痛骂那些道貌岸然的鲤鱼，为自己出口气。

哪知道妈妈不但没有骂它们，反倒微笑着对它说："孩子，难道别人的几句话就能把你气成这样吗? 那你的度量也就太小了吧? 你要知道，**19** 我们鱼类之所以能够在水中生活，是因为我们拥有独特的呼吸系统。呼吸系统越发达的鱼就越优秀。那些嘲笑你的鲤鱼，它们只能在水中呼吸。而你呢，不光能在水中畅快地游泳，即使是

어느 날 작은 미꾸라지 하나가 진흙에서 머리를 내밀더니 맑은 물에서 잠시 노닐고 싶은 생각이 들었다. 마침 이때 잉어 떼가 미꾸라지 옆을 헤엄쳐 지나갔다. 작은 미꾸라지는 "안녕하세요! 잉어 누님들!"이라며 인사를 건넸다. 잉어들은 자세히 한번 보았는데, 알고 보니 못생긴 꼬마 미꾸라지였다.

17 그들은 한바탕 웃어대더니 이윽고 앞다투어 미꾸라지를 비꼬며 말했다. "거기 못 봐주게 못생긴 꼬마야. 하루 종일 자신을 진흙 속에 감추고 있으니 온몸에서 지독한 냄새가 나잖아. 정말 우리 어류의 수치야!"

미꾸라지가 막 대꾸하려 할 때 다른 잉어가 또 말했다. "쟤가 어디 어류에 속하니? **18** 온종일 어두컴컴한 진흙에서 생활하고 먹는 것은 진흙이고 마시는 것도 진흙인데, 원래부터 빈대였어!"

꼬마 미꾸라지는 슬픔에 차 집으로 돌아왔고 아무런 입맛도 없었다. 미꾸라지 엄마가 이를 보고는 자신의 아이가 분명 밖에서 설움을 당했음을 알아챘다. 그리고는 앞에 와서 그 이유를 물었다. 꼬마 미꾸라지는 낮에 잉어들에게 모욕을 당했던 일을 엄마에게 털어놓았다. 그는 분명히 엄마가 위엄 있는 척 거들먹거렸던 잉어들에게 욕을 퍼붓고 자신을 위해 화풀이를 해줄 것이라고 생각했다.

누가 알았겠는가? 엄마는 잉어들을 욕하지 않고, 오히려 웃으면서 그에게 말했다. "애야, 설마 다른 사람의 몇 마디가 너를 이렇게 화나게 만들었니? 그럼 너도 속이 좁은 것이랑 같은 거야. 너는 **19** 우리 어류들이 물에서 생활할 수 있는 이유는 독특한 호흡기 계통을 가졌기 때문이라는 것을 알아야 해. 호흡기가 더 발달한 물고기일수록 더 우수하지. 너를 비웃었던 그 잉어들은 물에서만 숨을 쉴 수 있단다. 하지만 너는 물에서 자유롭게 수영을 할 수 있을 뿐만 아니라 진득한

到了糊状的淤泥里也能游刃有余地生活。这才是你的优秀所在! 鲤鱼们之所以嘲笑你，正是因为它们羡慕你的本领! 鲤鱼的颜色怎么会是红的呢? 正是它们喜欢眼红别人所致呀! 当再有人嘲笑你时，你要知道这是一种别人对自己的妒忌和羡慕。试想，它们为什么不嘲笑别人，却单单嘲笑你呢?" 小泥鳅听了妈妈的解释后，甜美地笑了。

其实，在这个世界上，大家往往不是被水和淤泥淹死，而是被别人的口水淹死的! [20]何必在乎别人的流言呢? 假如你只是条泥鳅，只要做好自己就行了。

진흙에서도 자유자재로 생활할 수 있잖니. 이게 바로 네 장점이 아니고 뭐겠니! 잉어들이 너를 비웃은 것은 너의 선천적인 능력을 질투해서야! 잉어 피부가 왜 빨간색인지 아니? 그 애들이 다른 사람 가지고 있는 능력을 눈이 벌게지도록 봐서 그래! 누가 또 너를 비웃으면 그것은 바로 다른 애들이 너에 대해 가진 질투와 부러움이라는 것을 알아야 해! 생각해봐. 그 애들이 왜 다른 것은 비웃지 않는데 너만 비웃었을까?" 꼬마 미꾸라지는 엄마의 설명을 듣고는 편안하게 웃었다.

사실 이 세상에서 사람들은 물이나 진흙에 빠져 죽는 것이 아니라, 다른 사람의 침에 빠져 죽고 만다. [20]다른 사람의 근거 없는 말 때문에 신경 쓸 필요가 뭐 있는가? 만약 당신이 미꾸라지라면 자기 할 일만 잘하면 된다.

17 小泥鳅受了什么委屈?
 A. 被鲤鱼嘲笑又脏又丑
 B. 没办法在清水里游泳
 C. 妈妈没有为自己出气
 D. 必须在淤泥里面生活

18 小泥鳅在什么样的生活环境里生存?
 A. 清水里
 B. 淤泥中
 C. 空气里
 D. 河岸边

19 根据文章，我们可以知道鲤鱼和泥鳅的相同点是:
 A. 能在泥里呼吸
 B. 身体是红颜色
 C. 呼吸系统发达
 D. 喜欢嘲笑别人

20 泥鳅妈妈告诉我们什么道理?
 A. 要善于解释
 B. 要勤于锻炼呼吸系统
 C. 不要妒忌、嘲笑别人
 D. 不要在乎流言，做好自己

17 꼬마 미꾸라지는 어떤 설움을 받았는가?
 A. 잉어에게 더럽고 못생겼다고 비웃음을 당했다
 B. 맑은 물에서 수영할 방법이 없다
 C. 엄마가 자신을 위해 화풀이를 해주지 않았다
 D. 무조건 진흙 속에서만 생활해야 한다

18 꼬마 미꾸라지는 어떤 생활 환경에서 사는가?
 A. 맑은 물속에서
 B. 진흙에서
 C. 공기 중에서
 D. 강변에서

19 글에 비추어 보아 우리가 알 수 있는 잉어와 미꾸라지의 공통점은:
 A. 진흙에서 호흡할 수 있다
 B. 몸이 붉은색이다
 C. 호흡기 계통이 발달했다
 D. 다른 사람 비웃기를 좋아한다

20 미꾸라지 엄마는 우리에게 어떤 이치를 알려주는가?
 A. 해석을 잘해야 한다
 B. 호흡기 계통을 열심히 단련시켜야 한다
 C. 다른 이를 비웃거나 질투하지 말아야 한다
 D. 근거 없는 말에 신경 쓸 필요 없이 자신의 일을 잘하면 된다

泥鳅 níqiū 뎽 미꾸라지 | 淤泥 yūní 뎽 진흙 | 畅游 chàngyóu 통 마음껏 헤엄치다 | 鲤鱼 lǐyú 뎽 잉어 | 丑陋 chǒulòu 혱 못생기다 | 哄笑 hōngxiào 통 떠들썩하게 웃어 대다 | 争相 zhēngxiāng 분 서로 다투어 | 嘲讽 cháofěng 통 조롱하다 | 憋 biē 통 답답하게 하다 | 搭话 dāhuà 통 대꾸하다 | 臭虫 chòuchóng 뎽 빈대 | 茶饭不思 cháfàn bù sī 식욕이 없다 | 委屈 wěiqu 뎽 억울함 | 辱骂 rǔmà 통 욕, 수치 | 痛骂 tòngmà 매섭게 욕설을 퍼붓다 | 道貌岸然 dào mào àn rán 혱 표정이나 태도가 위엄 있고 엄숙하다 | 度量 dùliàng 뎽 도량 | 畅快 chàngkuài 혱 상쾌하다, 통쾌하다 | 游刃有余 yóu rèn yǒu yú 혱 식은죽먹기이다 | 羡慕 xiànmù 부러워하다 | 眼红 yǎnhóng 통 샘이 나다 | 嫉妒 jídù 통 질투하다 | 淹死 yānsǐ 통 익사하다 | 流言 liúyán 뎽 근거없는 말 | 河岸 héàn 뎽 강가, 강기슭 | 勤于 qínyú 통 ~에 열심이다

17 A 세부 문제 문장의 두 번째, 세 번째 단락을 보면 미꾸라지가 잉어에게 인사를 건네자 그들은 못생기고 더럽다며 미꾸라지를 비웃고 조롱했다.

18 B 세부 문제 '生活环境'이 바로 키워드이다. 잉어는 미꾸라지가 어두 컴컴한 진흙에서 생활하고, 먹고 마시는 것이 모두 진흙이라며 비웃었다.

19 C 인과관계 문제 미꾸라지 엄마의 '우리 어류들이 물에서 생활할 수 있는 이유는 독특한 호흡기 계통을 가졌기 때문'이라는 말에서 미꾸라지와 잉어 모두 어류이며, 이들의 호흡계통이 독특하다는 것을 알 수 있다. B와 D는 잉어와 관련된 보기이고, A는 미꾸라지와 관련된 보기이다.

20 D 주제 문제 미꾸라지 엄마가 어떤 이치에 대해 말하고 있는지 분석하는 문제이자 문장의 주제를 찾는 문제이다. 답은 사실 가장 마지막 문장인 '다른 사람의 근거 없는 말 때문에 신경 쓸 필요가 뭐 있는가? 자기 할 일만 잘하면 된다'에 있다.

3 인과관계 문제 p.269

정답

| 1 C | 2 B | 3 D | 4 B | 5 A | 6 B | 7 D | 8 C | 9 A | 10 B |
| 11 C | 12 D | 13 B | 14 C | 15 A | 16 B | 17 B | 18 C | 19 B | 20 D |

1~4

一场台风，把这座小城变成了汪洋大海。忽然，楼群中间晃晃悠悠摇出一条小船，上面挤满了人，随时都有沉没的危险。有人提议得下去两个人，不然的话大家都会被淹死。可是让谁下去呢？船上的人没有人说话。

小船已经开始进水了，眼看就要沉没。一位白发的老人说："我下去吧，我已70多岁了，你们年轻人活着比我用处大。"说着就要往水里跳。他的话音刚落，又有一位瘦得皮包骨头的小伙子说："我也下去，**2**我得了绝症，医生说没有多长时间了。"说着也要往水里跳。

正在这时，一个胖胖的中年人伸手把他们两人拉住了。他问老人："您的体重是多少？"**1**老人说："100斤左右。"中年人又问小伙子的体重，小伙子说："只有80斤。"中年人说："那你们两个都别下去，**3**我一个人下去就行了。我180斤，正好是你们两人的体重之和，一样的重量，我下去只死一个人，你俩下去两个性命就完了。这么简单的算式你们不会算吗？"说着跳进了汹涌的洪水中，一个巨浪打来，中年人再也没有露出头。

全船人好似回到了小学时代。望着中年人跳水的地方，就像盯着黑板上老师出的数学题：

한차례 태풍은 이 작은 도시를 망망대해로 만들어 버렸다. 갑자기 주택 밀집 지역에서 흔들거리는 작은 배 한 척이 모습을 드러냈다. 배 위에는 사람들로 가득 찼고, 자칫 침몰될 것처럼 위태로워 보였다. 누군가 두 사람은 내려야 한다는 의견을 내며 그렇지 않으면 모두 익사할 것이라고 말했다. 그러나 누가 내리겠는가? 배 위의 사람들은 모두 침묵을 지켰다.

작은 배에 이미 물이 들어차기 시작해 곧 침몰될 기세였다. 한 백발 노인이 "내가 내리겠소. 나는 이미 70년이나 살았으니 젊은이들이 사는 것이 나보다 쓸모가 많겠지."라고 말하고는 물속으로 뛰어들려고 했다. 노인의 목소리가 귓전에서 가실 때쯤 또 한 명의 피골이 상접한 젊은 청년이 "저도 내릴게요. **2**저는 불치병에 걸려 의사선생님이 살 날이 얼마 안 남았다고 했어요."라고 말하고 역시 물속으로 뛰어들려고 했다.

이때 한 뚱뚱한 중년 남성이 손을 뻗어 두 사람을 끌어당겼다. 그는 노인에게 물었다 "체중이 얼마나 나가십니까?" **1**노인이 대답했다. "100근(50kg) 정도 나가오." 이 남자는 젊은 청년에게도 체중을 물었다. 청년은 "저는 80근(40kg)밖에 안 됩니다."라고 대답했다. 중년 남성은 "그럼 두 분은 내리지 마십시오. **3**저 혼자 내리면 되겠군요. 저는 180근(90kg)이니 두 분의 체중을 합친 것과 같습니다. 같은 무게라면 제가 내리면 목숨 하나지만, 두 분은 두 개의 목숨이 없어지는 것 아닙니까? 이렇게 간단한 것도 셈이 안 되십니까?"라며 거친 홍수 속으로 뛰어들었고, 거대한 물살이 밀려오자 중년 남성도 물 밖으로 더는 머리를 내밀지 못했다.

180=100+80……100+80=180……⁴后来人们打开中年人留下的黑皮包，得知他正是一位小学数学老师。

배 안의 사람들은 모두 초등학교로 돌아간 듯, 중년 남성이 뛰어든 곳을 바라보는 모습이 칠판에 선생님이 낸 수학 문제를 보는 듯 했다. 180=100+80……100+80=180……⁴사람들은 중년 남성이 남긴 검은색 가방을 열어본 후, 그가 초등학교 수학 교사였다는 사실을 알게 되었다.

1 老人的体重大概是多少斤?
A. 70　　　　　　B. 80
C. 100　　　　　D. 180

2 小伙子要跳下船的原因是什么?
A. 尊敬老人
B. 他快死了
C. 长得太瘦
D. 船上没有位子

3 中年人跳下水的依据是什么?
A. 他会游泳
B. 他身强体壮
C. 应该尊老爱幼
D. 他的体重是老人和年轻人之和

4 根据文章，中年人的职业可能是什么?
A. 医生
B. 数学老师
C. 科学家
D. 退休工人

1 노인의 체중은 대략 몇 근인가?
A. 70　　　　　　B. 80
C. 100　　　　　D. 180

2 젊은 청년이 배에서 뛰어내리려고 한 이유는 무엇인가?
A. 노인을 공경해서
B. 곧 죽을 것이기 때문에
C. 너무 말라서
D. 배에 자리가 없어서

3 중년 남성이 물로 뛰어내린 근거는 무엇인가?
A. 그가 수영을 할 줄 알아서
B. 그의 체격이 건장해서
C. 노인을 공경하고 어린아이를 위해야 하므로
D. 그의 체중이 노인과 청년의 합과 같으므로

4 글에 따르면 중년 남성의 직업은 무엇인가?
A. 의사
B. 수학 교사
C. 과학자
D. 퇴직한 노동자

台风 táifēng 명 태풍 | 汪洋大海 wāngyáng dàhǎi 성 망망대해 | 晃晃悠悠 huànghuangyōuyōu 형 흔들거리다, 휘청거리다 | 随时 suíshí 부 수시로, 아무 때나 | 沉没 chénmò 동 침몰하다, 가라앉다 | 危险 wēixiǎn 명 위험 | 提议 tíyì 동 제의하다 | 淹死 yānsǐ 동 물에 빠져 죽다 | 用处 yòngchu 명 용도, 용처 | 话音 huàyīn 명 이야기 소리, 말소리 | 皮包骨头 píbāo gǔtóu 피골이 상접하다, 몹시 여위다 | 绝症 juézhèng 명 불치병, 죽을 병 | 性命 xìngmìng 명 생명, 목숨 | 算式 suànshì 명 계산식 | 汹涌 xiōngyǒng 형 물이 용솟음치다 | 洪水 hóngshuǐ 명 홍수 | 巨浪 jùlàng 명 거대한 파도 | 黑板 hēibǎn 명 칠판 | 得知 dézhī 동 알게 되다, 이해하다

---

1 C 세부 문제 이 문제는 숫자 문제로, 글에 직접적으로 답안이 제시되어 있으므로 바로 풀린다. 노인의 몸무게는 100근(50kg)정도라고 했으므로 정답은 C이다.

2 B 인과관계 문제 젊은 청년은 불치병에 걸려 얼마 살지 못할 것이라는 진단을 받았다고 말하며 물로 뛰어들려고 했다. D는 배에서 누군가 내려야만 하는 근본적인 이유이므로, 더 구체적인 이유인 B가 정답이다.

3 D 인과관계 문제 중년 남성의 말에서 답을 찾을 수 있다. 그는 목숨 하나로 두 개를 바꾼 것인데, 이유는 그의 체중이 180근이므로 그 둘(노인 100근+청년 80근)을 합친 것과 같았기 때문이다.

4 B 세부 문제 글에서 직업이라는 단어가 직접적으로 나오지는 않았지만, 마지막 단락에 중년 남성이 남긴 가방을 열어보고 그가 수학 교사였다는 것을 알았다고 했으므로 정답은 B이다.

5~8

　　北京胡同历经了数百年的风雨苍桑，它是老北京人生活的象征，是北京古老文化的体现，现如今国家非常重视北京胡同的文化发展，北京旅游局在一些保护较好的胡同中，开辟出了游览专线，旅游者可乘坐旧式三轮车游览胡同，还可到住在胡同里的百姓家作客。北京的胡同文化就这样传播到了全世界。

　　胡同，是北京特有的一种古老的城市小巷。在北京，胡同浩繁有几千条，它们围绕在紫禁城周围，大部分形成于中国历史上的元、明、清三个朝代，到现在已经经过了几百年的演变发展。北京胡同的走向多为正东正西，宽度一般不过九米。胡同里的建筑几乎都是四合院。四合院是一种由东西南北四座房屋以四四方方的对称形式围在一起的建筑物。大大小小的四合院一个紧挨一个排列起来，它们之间的通道就是胡同。

　　别看这胡同从外表上看模样都差不多，但它们的特色却各不相同。在北京城西部有个胡同叫九道弯，原因是一个小小的胡同竟要拐九个弯。有的胡同如果曾住过一个有名的人，那这条胡同就会以这个人的名字命名，比如石老娘胡同和王皮匠胡同。还有的胡同是⁷按照其形状命名的，像羊尾巴胡同和耳朵眼胡同，听起来就这么生动形象。⁵北京的胡同真是数也数不尽，有句俗话不是这么说吗："有名的胡同三千六，没名的胡同赛牛毛"。不少胡同里的一片砖、一片瓦都有几百年的历史了。

　　胡同不仅是城市的脉搏，更是⁶北京普通老百姓生活的场所。北京人对胡同有着特殊感情，它不仅是百姓们出入家门的通道，更是一座⁶民俗风情博物馆，烙下了许多社会生活的印记。胡同一般都距离闹市很近，打个酱油买斤鸡蛋什么的很方便。胡同里没有车水马龙的喧闹，⁸有的是亲切融洽的邻里关系。

　　胡同这种北京特有的古老的城市小巷已成为⁶北京文化的载体。⁶老北京的生活气息就在这胡同的角落里，在这四合院的一砖一瓦里，在居民之间的邻里之情里。只有身处其中才有最深体会。

　　베이징 후통은 수백 년의 세월을 지나온 베이징 토박이의 생활의 상징이자 베이징 고대문화의 산실이다. 현재 중국 정부는 베이징 후통의 문화 발전을 대단히 중시하고 있다. 베이징 여행국은 보존이 비교적 잘된 후통에 관광 코스를 새로이 개발하여 관광객들이 구식 삼륜자전거를 타고 후통 유람을 할 수 있게 했고, 또한 실제 후통 거주민의 집에 묵을 수도 있도록 했다. 베이징의 후통 문화는 이런 방식으로 전 세계에 전파되고 있다.

　　후통은 베이징 특유의 오래된 작은 골목이다. 베이징에서 후통은 몇천 갈래에 이를 정도로 많은데, 그것은 자금성을 둘러싸고 있고 대부분이 원, 명, 청나라 시대에 형성되어 지금까지 수백 년의 변천과 발전을 거듭해왔다. 베이징 후통 길은 주로 정동쪽과 정서쪽 방향으로 나 있으며, 그 폭이 일반적으로 9미터를 넘지 않는다. 후통 내의 건축물은 거의 다 쓰허위앤이다. 쓰허위앤은 동서남북의 정방형 가옥이 네모 반듯한 대칭의 형태로 함께 어우러진 건축물이다. 크고 작은 쓰허위앤이 인접하여 배열되어 있고, 이 쓰허위앤 사이의 통로가 바로 후통이다.

　　외관상 후통은 모두 엇비슷해 보이지만 후통의 특색은 각양각색이다. 베이징성 서쪽에 지우따오완이라 불리는 후통이 있는데, 그 이유는 작은 후통이 9개의 곡선으로 구부려져 있기 때문이다. 만약 어떤 후통에 유명 인사가 살았으면, 그 후통에는 이 사람의 이름이 붙여졌다. 스라오냥후통과 왕피장후통이 그 실례이다. 또 다른 후통은 ⁷그 형태에 따라 이름이 붙여지는데 양꼬리후통과 귓구멍후통 같은 이름은 들으면 그 전해지는 생동감을 느낄 수 있다. ⁵베이징의 후통은 셀 레야 셀 수 없을 만큼 많아, 옛 속담에는 '유명한 후통은 3,600개, 유명하지 않은 후통은 쇠털만큼 많다'라는 말이 있을 정도이다. 수많은 후통의 벽돌과 기와는 몇백 년의 역사를 가지고 있다.

　　후통은 도시의 살아 숨 쉬는 맥박이고, ⁶베이징 일반 시민들의 생활 터전이다. 베이징 사람들은 후통에 특별한 감정이 있는데, 후통이 시민의 출입 통로일 뿐 아니라 ⁶민속·풍속 박물관으로 수많은 사회 생활의 흔적을 담고 있다고 여긴다. 후통 대부분은 번화한 시장에서 가까워 간장이나 계란을 사는 데도 아주 편리하다. 후통에서는 연일 들리는 시끌벅적한 소리는 찾아볼 수 없지만, ⁸친절하고 사이 좋은 이웃은 흔히 볼 수 있다.

　　후통이라는 베이징 특유의 오래된 골목은 이미 ⁶베이징 문화의 매개체가 되었다. ⁶베이징 토박이들의 생활 숨결이 후통 모퉁이 하나하나에, 쓰허위앤의 벽돌 하나 기와 하나에, 이웃 간의 정에 녹아있다. 실제 그곳에 있어야만 체득할 수 있는 것들이다.

5 "有名的胡同三千六"是指什么?

　A. 北京的胡同很多
　B. 胡同的历史比较悠久
　C. 没名的胡同比有名的更多
　D. 很多胡同都曾出过一些有名的人

5 '유명한 후통은 3,600개이다'는 무엇을 가리키는가?

　A. 베이징에 후통이 많다
　B. 후통은 비교적 유구한 역사를 가지고 있다
　C. 유명하지 않은 후통이 유명한 후통보다 많다
　D. 많은 후통에 일부 유명 인사가 살았었다

6 胡同集民俗风情、文、史于一体，是因为：
  A. 是四合院的一部分
  B. 承载着北京人的生活
  C. 体现居民之间的邻里之情
  D. 一片砖一片瓦都有几百年历史

7 羊尾巴胡同的名字因何得名？
  A. 房子的主人叫羊尾巴
  B. 老北京人的口头语
  C. 以前这里是养羊的地方
  D. 形状像羊的尾巴

8 关于北京胡同说法正确的是：
  A. 胡同都一样
  B. 都是南北方向的
  C. 胡同里的邻居间关系亲密
  D. 胡同里比较吵闹

6 후통에서 민속적 풍정, 문화, 역사가 혼연일체를 이루는 원인은:
  A. 쓰허위앤의 일부라서
  B. 베이징 사람들의 생활을 계승해서
  C. 거주민 간 이웃의 정이 깊다는 특징이 있어서
  D. 벽돌 하나, 기와 하나가 모두 몇백 년의 역사를 지녀서

7 양꼬리후통이라는 이름은 무엇 때문에 붙여진 것인가?
  A. 집주인의 이름이 양꼬리여서
  B. 베이징 토박이들이 쓰는 말이어서
  C. 이전에 이곳이 양을 기르던 곳이어서
  D. 형태가 양의 꼬리를 닮아서

8 베이징 후통에 관한 설명 중 옳은 것은:
  A. 후통은 모두 같다
  B. 모두 남북방향이다
  C. 후통의 이웃 주민 간의 관계는 친밀하다
  D. 후통은 비교적 시끌벅적하다

象征 xiàngzhēng 명 상징 | 开辟 kāipì 통 개척하다, 개발하다 | 作客 zuòkè 통 객지에 머물다 | 传播 chuánbō 통 전파하다, 널리 퍼뜨리다 | 浩繁 hàofán 형 (수량이) 엄청나게 많다 | 围绕 wéirào 통 둘러싸다 | 演变 yǎnbiàn 통 변화 발전하다, 변천하다 | 宽度 kuāndù 명 폭, 너비 | 对称 duìchèn 형 대칭이다 | 紧挨 jǐnāi 가까이 인접한 | 排列 páiliè 통 배열하다 | 通道 tōngdào 명 통로 | 命名 mìngmíng 통 이름짓다, 명명하다 | 形状 xíngzhuàng 명 형상, 생김새 | 数不尽 shǔbújìn 통 다 셀 수 없다 | 脉搏 màibó 명 맥박 | 场所 chǎngsuǒ 명 터전, 장소 | 博物馆 bówùguǎn 명 박물관 | 烙下……印记 làoxià……yìnjì ~한 흔적을 남기다 | 车水马龙 chē shuǐ mǎ lóng 성 차량의 왕래가 끊이지 않다 | 喧闹 xuānnào 통 왁자지껄하게 떠들다 | 融洽 róngqià 형 사이가 좋은, 조화로운 | 邻里 línlǐ 명 동네 이웃 | 古老 gǔlǎo 형 오래된 | 载体 zàitǐ 명 매개체 | 气息 qìxī 명 숨결, 정취 | 角落 jiǎoluò 명 구석, 모퉁이 | 身处其中 shēn chǔ qízhōng 실제 그곳에 있다 | 体会 tǐhuì 통 체득하다 | 口头语 kǒutóuyǔ 명 입버릇, 말버릇

---

5 **A** 인과관계 문제 이 문제는 속담의 의미를 어떻게 이해하는가에 달렸다. 문장에서 '三千六, 塞牛毛, 数也数不尽'이라는 3개의 힌트를 찾을 수 있는데, 모두 '셀 수 없이 매우 많음'을 의미한다.

6 **B** 인과관계 문제 원인을 묻고 있으므로 결과를 찾아야 한다. 넷째, 다섯째 단락에서 '民俗风情博物馆, 北京文化的载体'의 앞뒤에 '北京普通老百姓生活的场所, 老北京的生活气息'가 나오므로 공통된 키워드는 '生活'라는 것을 알 수 있다.

7 **D** 인과관계 문제 세 번째 단락에서 후통의 이름이 대단히 많으며 어떤 유래를 가졌는지 알 수 있다. 어떤 후통은 형태에 따라 이름이 붙는데, 그 예로 '양꼬리후통'과 '귓구멍후통'을 들었으므로 정답은 D임을 알 수 있다.

8 **C** 세부 문제 후통의 특색은 각양각색이라고 했고(A), 후통 길은 주로 정동쪽, 정서쪽 방향으로 나 있으며(B), 연일 들리는 시끌벅적한 소리는 찾아 볼 수 없다(D)고 했으므로 A,B,D를 소거할 수 있다. 친절하고 사이좋은 이웃은 흔히 볼 수 있다고 했으므로 정답은 C이다.

9~12

　　澳大利亚农夫沃辛顿最近有点烦。**9 他编了个鸟笼，打算养鹦鹉，可哪想到早晨却发现它被两只乌鸦占用了。**这两只乌鸦不知何时飞进鸟笼，便喜欢上了这里，除了有时一只乌鸦会飞出去捕食外，其他时间它俩都呆在里面，不论沃辛顿怎样恐吓、诱骗也不离开。**10 动物协会还告诫沃辛顿不能伤害乌鸦**，这可急坏了他。两只乌鸦耽误了养鹦鹉不说，更可气的是它们还不时地发出难听嘶哑的叫声，真是糟透了。

　　不得已，沃辛顿只能四处讨教让乌鸦自行离开的办法，有位名叫丽莎的心理医生答应帮忙。**11 从那以后，每天丽莎早早地带着两只碗来到沃辛顿家**，里面装满了提前准备好的谷物和昆虫。她将它们放进笼里，安静地站在一边观察。

　　乌鸦发现笼里多了两只碗，开始有些害怕，后来确信是美食，便津津有味地吃起来。接连十天下来，他们每天都能得到两碗食物，而且乌鸦连飞出去捕食的工夫也省了，成天除了吃就是睡。沃辛顿忍不住问："你这样做真的能让乌鸦离开吗？"

　　丽莎示意沃辛顿不要急，她照例给乌鸦送来食物。不过这以后，她只盛了一碗半的谷物和昆虫。乌鸦吃完了食物，显然发现数量变少了，"哇哇"地叫起来，像在抗议，可它俩还是没有离开鸟笼去捕食的意思，整天吃光了食物就呆在里面。

　　渐渐地，丽莎送来的食物越变越少，到后来减到只有一碗的谷物。两只乌鸦发现谷物又少了，叽叽喳喳地叫起来，相互啄打着对方争抢，可仍没有哪只乌鸦愿意飞出鸟笼去捕食。

　　如此又过了五天，丽莎再慢慢地减少谷物。到她把一只装了半碗的谷物放进去后，出乎意料的是，这次两只乌鸦很快就注意到食物变得更少了，不停地朝人"哇哇"尖叫。然后生气地掀翻了那只碗，相互对望着像作过交流后，一前一后地飞出了鸟笼。

　　沃辛顿静静地望着这一幕，立刻把鸟笼笼门关上，问："它们真的飞走了吗？"丽莎点了点头说："它们是去找其他有两碗食物的鸟笼了。"

　　原来，要让乌鸦飞出笼子找食，最好的方法是，把它的胃口和欲望撑大，然后，不再给它喂食。

　　호주의 농부 워싱턴은 요새 골치를 앓고 있다. **9그는 앵무새를 기를 심산으로 새장을 만들었는데, 새벽에 보니 생각지도 못하게 두 마리의 까마귀가 떡하니 그곳을 차지하고 있는 것이 아닌가?** 이 두 마리가 언제 새장으로 들어갔는지는 모르지만, 이곳이 꽤 마음에 드는지 한 마리가 먹이를 구하러 나갔을 때를 뺀 다른 시간에는 두 마리 모두 그 안에서 계속 머무는 것이었다. 워싱턴이 어떻게 위협을 하든 유인을 해서 속이든 절대 떠나지 않았다. **10까마귀를 해쳐서는 안 된다는 동물협회의 훈령이 내려왔기 때문에** 그는 더 애가 탔다. 두 마리 까마귀 때문에 앵무새를 기르려던 계획이 무산되었고, 더 화가 나는 것은 시도 때도 없이 '까악까악' 듣기 힘든 이상한 소리를 낸다는 것이었다. 정말 최악이었다.

　　어쩔 수 없이 워싱턴은 까마귀 스스로 떠나게 하는 방법을 백방으로 수소문할 수밖에 없었고, 리사라는 정신과 의사가 그를 돕겠다고 나섰다. **11그날 이후 리사는 매일 아침 미리 준비해온 곡물과 곤충이 가득 담긴 그릇 두 개를 워싱턴의 집으로 들고 왔다.** 그녀는 그릇 두 개를 새장 안에 넣은 후 조용히 앉아 관찰했다.

　　까마귀는 새장 안에 그릇 두 개가 많아진 것을 발견하고 약간 겁을 먹기 시작했지만, 결국 음식인 것을 확인하고는 아주 맛있게 먹기 시작했다. 10일 동안 까마귀들은 두 그릇의 음식을 거저 얻었고, 나가서 먹이를 구해오는 일도 줄어들었다. 온종일 먹는 것을 제외하고는 잠만 잤다. 워싱턴은 결국 참지 못하고 "이렇게 하면 진짜 까마귀를 쫓아낼 수 있는 거 맞아요?"라고 물었다.

　　리사는 워싱턴에게 급할 필요 없다면서 하던 대로 까마귀에게 음식을 날랐다. 그러나 그날 이후, 그녀는 한 그릇 반만큼의 곡물과 곤충만을 그릇에 담았다. 까마귀는 음식을 다 먹은 후 양이 적어진 것을 발견하고 항의라도 하듯 '까악까악' 소리를 지르기 시작했다. 그러나 까마귀 둘은 여전히 새장을 떠나 먹이를 구하러 갈 마음이 없었고, 매일 음식을 먹어 치우고는 안에서 계속 머무르기만 했다.

　　점점 리사가 나르는 음식의 양이 줄어들어 나중에는 한 그릇의 곡물만 그들의 몫이 되었다. 두 마리 까마귀는 양이 또 적어진 것을 보고 재잘재잘 소리를 내기 시작했고, 서로 부리로 쪼으며 상대방의 것을 빼앗았다. 하지만 여전히 그 어떤 까마귀도 새장 밖으로 나가 먹이를 구할 마음은 없었다.

　　이렇게 5일이 지났고, 리사는 천천히 먹이를 더 줄여 나갔다. 반 정도 밖에 차지 않은 곡물 그릇이 새장 안으로 들어가자, 예상외로 이번에는 두 마리가 음식이 더 적어진 것을 보고는 쉬지도 않고 날카롭게 '까악까악' 울어대는 것이었다. 그런 후 화가 난 듯 그릇을 엎어버리, 사전에 이미 약속이 된 듯 서로 마주 보더니 차례로 새장 밖으로 날아가버렸다.

　　워싱턴은 이 광경을 멍하니 바라보다 바로 새장 문을 닫아버리고 물었다. "정말 가버린 거 맞아요?" 리사는 고개를 끄덕였다. "그들은 두 그릇의 밥을 주는 다른 새장을 찾아간 거예요."

　　알고 보니 까마귀에게 새장 밖으로 나가 먹이를 구하게 하는 가장 좋은 방법은 그의 식욕과 욕망을 늘려놓은 후, 다시는 먹이를 주지 않는 것이었다.

9 为什么农夫有点烦?
  A. 乌鸦进到鸟笼里
  B. 编鸟笼缺少材料
  C. 鸟笼被乌鸦弄坏了
  D. 鹦鹉被乌鸦吃掉了

10 谁不让农夫伤害乌鸦?
  A. 鹦鹉
  B. 动物协会
  C. 心理医生
  D. 农夫自己

11 乌鸦一开始能得到多少食物?
  A. 半碗的谷物
  B. 一碗半的谷物
  C. 两碗谷物
  D. 没有食物

12 下面哪一项适合做本文的标题?
  A. 乌鸦与鹦鹉
  B. 农夫的烦恼
  C. 心理医生和农夫
  D. 怎样让乌鸦飞出鸟笼

9 왜 농부는 골치를 앓고 있었는가?
  A. 까마귀가 새장 안으로 들어가서
  B. 새장을 만드는데 재료가 모자라서
  C. 까마귀가 새장을 못 쓰게 만들어서
  D. 까마귀가 앵무새를 잡아먹어서

10 농부에게 까마귀를 해하지 못하도록 한 사람은 누구인가?
  A. 앵무새
  B. 동물협회
  C. 정신과 의사
  D. 농부 자신

11 까마귀는 처음에 얼마만큼의 음식을 얻었는가?
  A. 반 그릇의 곡물
  B. 한 그릇 반의 곡물
  C. 두 그릇의 곡물
  D. 없다

12 다음 중 어떤 보기가 본문의 주제에 적합한가?
  A. 까마귀와 앵무새
  B. 농부의 고민
  C. 정신과 의사와 농부
  D. 새장에서 까마귀를 어떻게 나가게 했는가

澳大利亚 Àodàlìyà 고유 오스트레일리아 | 编 biān 동 짓다, 엮다 | 鸟笼 niǎolóng 명 새장 | 鹦鹉 yīngwǔ 명 앵무새 | 占用 zhànyòng 동 점용하다 | 捕食 bǔshí 동 먹이를 잡다 | 恐吓 kǒnghè 동 겁주다 | 诱骗 yòupiàn 동 유인하여 속이다 | 告诫 gàojiè 동 훈계하다, 타이르다 | 可气 kěqì 동 화나다, 속상하다 | 嘶哑 sīyǎ 동 목이 잠기다 | 糟透 zāotòu 형 엉망진창이다 | 讨教 tǎojiào 동 가르침을 청하다 | 自行 zìxíng 부 스스로 | 谷物 gǔwù 명 곡물, 곡식 | 昆虫 kūnchóng 명 곤충 | 确信 quèxìn 동 확신하다 | 津津有味 jīnjīn yǒuwèi 성 흥미진진하다 | 成天 chéngtiān 명 온종일, 하루 종일 | 照例 zhàolì 부 예전대로 하여 | 抗议 kàngyì 동 항의하다 | 叽叽喳喳 jījizhāzhā 의성 재잘재잘, 지지배배 | 啄 zhuó 동 부리로 쪼다 | 争抢 zhēngqiǎng 동 쟁탈하다 | 出乎意料 chū hū yì liào 성 예상 밖이다, 생각지도 못하다 | 尖叫 jiānjiào 동 날카로운 소리를 내다 | 掀翻 xiānfān 동 뒤집다

---

9 **A** 인과관계 문제 농부가 새장을 만들고 앵무새를 기르려 했으나, 까마귀에게 새장을 빼앗겼음을 알 수 있다.

10 **B** 세부 문제 '伤害乌鸦'가 이 문제의 키워드이다. 동물협회가 워싱턴에게 까마귀를 해치지 못하도록 훈령을 내렸다고 했으므로 정답은 B이다.

11 **C** 세부 문제 문제에 '一开始'가 있기 때문에 주의해서 답을 골라야 한다. 까마귀에게 제공된 음식은 '두 그릇 → 한 그릇 → 반 그릇' 순으로 줄어들었다.

12 **D** 주제 문제 세 번째 단락부터 마지막까지의 내용은 정신과 의사가 까마귀를 새장에서 내보내기 위해 조치를 취한 전 과정을 설명한 것이다. 따라서 정답은 D이다.

13~16

　　¹³提起响水桥，在扬州无人不知。小桥位于南门外街，猪草坡下，桥下小溪，北通旧城河，经小虹桥，大虹桥，¹³与瘦西湖相连；南达古运河。由于地势的高低，桥下流水形成约2米左右的水位落差。为此，潺潺流水，常年响声不断。响水桥也由此得名。

　　响水桥的流水响声，当然会给周围群众的学习生活和休息带来影响，特别是夜晚，万籁俱静，响声干扰尤重。但奇怪的是，有人发觉这响声会时有时无，时轻时重，甚至近处的居民听不到，反而远处的居民听得清。殊不知，这都是声音传播的"怪癖"所造成的。

　　¹⁴声音是靠空气传播的。顺风比逆风传得远，风向改变、风力增强，都会影响声音的传播。所以，离桥较远的居民，听到水响声会断断续续，起伏无常。

　　¹⁵声音的传播还与温度有关，它总是从温度高的地方，向温度低的地方走，如果各处气温不同，声音就会拐弯。夏天，阳光曝晒，地面温度很高，而高空温度较低，所以声音弯向上空，传播不远。尤其是夏日的沙漠地带，地面与高空温度极大，人们对话，尽管相距较近，却常常是"只见嘴在动，不听声音响"。相反，在冬天，特别是在满天繁星的冬夜，地面和高空温度基本趋于一致，声音就传得较远了。在北极，地面温度较低，高空温度高，故声音传得更远。在那里，狗叫一声，几十里以外的人，都能听得见。由此可知，响水桥流水声的传播，是随季节而变化的。即使在同一季节，比如夏季，也常因气候的剧烈变化，造成各处温差悬殊，声音也随区域的温差而多次拐弯，传播的路径呈现弧形曲线。所以，夏天的夜晚，离桥很远的居民纳凉时，常能听到响水桥流水的响声，而较近居民却听不到，其原因就在此。

　　¹⁶如今，响水桥已经不"响"了。那是因为上游的旧运河已被堵塞，有的地方已填平，砌了居民新村。您如果再到响水桥一观，¹⁶桥下小溪，近乎枯竭，但仍可看到片片水流，发出那潺潺的微音。

¹³샹쉐이챠오는 양저우에서는 모르는 사람이 없는 곳이다. 남문 외가에 있는 작은 다리로, 돼지풀 언덕 아래 다리 밑으로 작은 개울이 흐르고, 북쪽은 지우청허와 통하고, 샤오홍챠오, 따홍챠오를 지나 ¹³쇼우시후와 연결되며, 남쪽은 구원허까지 뻗어 있다. 지형의 높낮이 때문에 다리 아래로 흐르는 물살의 수위는 약 2미터 정도 낙차를 형성한다. 이 때문에 물이 졸졸 흘러내리며, 일 년 내내 울리는 소리가 그치지 않는다. 샹쉐이챠오(물소리가 울리는 다리)라는 이름은 이런 이유로 붙여졌다.

　샹쉐이챠오의 흐르는 물소리는 물론 주변 거주인의 공부와 휴식에 영향을 끼친다. 특히 세상 모든 것이 고요하고 조용한 늦은 밤에 울리는 소리는 심히 거슬린다. 그런데 이상한 점은 이 울리는 소리가 들렸다가도 안 들리고 소리가 작아졌다 커졌다 하며, 심지어는 근거리 거주민에게는 들리지 않는데 반해 원거리 거주민에게는 똑똑히 들린다는 것이다. 누가 알았겠는가. 이 모든 것이 소리 전파의 '이상 현상'이 야기한 것이라는 것을 말이다.

　¹⁴소리는 공기에 의해 전파되는 것이다. 순풍을 타면 역풍보다 멀리 전달되고 풍향의 변화, 풍력의 세기는 모두 소리의 전파에 영향을 미친다. 그래서 다리에서 멀리 사는 주민들이 끊어졌다 이어졌다 항상 기복이 있는 물소리를 들은 것이다.

　¹⁵소리의 전파는 온도와도 관련이 있다. 소리는 고온지대에서 저온지대로 이동하며, 만약 각 지역의 온도가 다르면 소리는 굴절된다. 여름에 작렬하는 태양 빛에 지온은 높은데 공중의 공기온도는 상대적으로 낮기 때문에 소리가 하늘로 향하고 전파 거리가 멀지 않다. 특히 여름의 사막지대는 지면과 공중의 온도 차가 매우 커서, 사람들이 매우 가까운 거리에서 대화하더라도 '입술의 움직임을 관찰할 뿐, 소리를 듣지 못하는 경우'가 많다. 반대로 겨울, 특히 하늘에 별이 가득한 겨울밤에는 지면과 공중의 온도가 비슷하여 소리가 더 멀리 퍼져나간다. 북극은 지면온도가 낮고 공중의 온도는 높아, 소리를 내면 더 멀리 간다고 한다. 그곳에서 개가 한번 짖으면 몇십 리 밖의 사람도 들을 수 있다. 여기에서 샹쉐이챠오 물소리의 전파는 계절에 따라 변화하는 것임을 알 수 있다. 설령 같은 계절이라 하더라도, 예를 들어 여름이라 기후의 급격한 변화로 곳곳의 온도가 현격히 차이를 보이면, 소리 역시 구역의 온도 차에 따라 여러 차례 굴절되며, 전파 경로가 활형 곡선을 그린다. 그래서 여름밤이면 다리를 기준으로 원거리 주민들이 바람을 쐴 때 샹쉐이챠오의 물소리를 들을 수 있다. 그러나 근거리 주민은 오히려 못 듣게 되는 원인이 바로 여기에 있다.

　¹⁶지금 샹쉐이챠오는 이미 '울리지' 않는다. 상류의 지우청허가 막혀버렸기 때문이다. 어떤 지역은 땅을 평평히 골라내고 새로운 주민 주택단지가 들어섰다. 당신이 만약 샹쉐이챠오에 간다면 ¹⁶다리 아래의 작은 개울이 말라 버린 것을 보겠지만, 여전히 물이 약간 흐르면서 내는 작은 졸졸 소리를 들을 수는 있을 것이다.

13 瘦西湖在什么地方？
A. 响水桥下
B. 扬州
C. 古运河
D. 南门外街

13 쇼우시후는 어디에 있는가?
A. 샹쉐이챠오 아래
B. 양저우
C. 구원허
D. 남문외가

14 为什么离桥较远的居民听到的水声会断断续续?
  A. 距离远听不清
  B. 夜晚响声特别重
  C. 风影响空气传播的声音
  D. 声音会拐弯，随季节变化

15 温度影响声音传播的情况是怎么样的?
  A. 从温度高的地方往低走
  B. 各处气温相同，声音就会拐弯
  C. 高空温度较低，声音传播地很远
  D. 夏天声音传得远

16 响水桥现在如何?
  A. 被堵塞
  B. 几乎枯竭
  C. 仍然很"响"
  D. 被政府推倒，盖新居

14 왜 다리를 기준으로 원거리 주민은 끊어졌다 이어졌다하는 소리를 듣는가?
  A. 거리가 멀면 잘 안 들리므로
  B. 밤에는 울리는 소리가 특히 더 커져서
  C. 바람이 공기 전파에 영향을 준 소리라서
  D. 소리는 굴절되고 계절에 따라 변화하므로

15 온도가 소리 전파에 끼치는 영향은 어떠한가?
  A. 고온지대에서 저온지대로 이동한다
  B. 곳곳의 기온이 같으면 소리는 굴절된다
  C. 공중의 온도가 낮으면 소리는 더 멀리 전파된다
  D. 여름에는 소리가 멀리 전파된다

16 샹쉐이챠오는 지금 어떠한가?
  A. 막혔다
  B. 거의 말라간다
  C. 여전히 '크게 울린다'
  D. 정부에 의해 철거되어 새로운 주택단지가 조성되었다

相连 xiānglián 동 연결되다, 이어지다 | 地势 dìshì 명 땅의 형세 | 落差 luòchà 명 낙차 | 潺潺 chánchán 의성 졸졸, 돌돌 [물이 흐르는 소리] | 常年 chángnián 명 일년 내내 | 万籁俱寂 wàn lài jù jì 성 주위가 매우 조용하다 | 干扰 gānrǎo 동 간섭받다 | 殊不知 shūbùzhī 뜻밖이다, 전혀 모르다 | 怪僻 guàipì 형 이상한 | 逆风 nìfēng 명 역풍, 맞바람 | 起伏 qǐfú 동 변동되다, 불안정하다 | 拐弯 guǎiwān 동 굽이를 돌다, 방향을 틀다 | 曝晒 pùshài 동 햇볕에 쬐다 | 沙漠 shāmò 명 사막 | 相距 xiāngjù 동 서로 떨어지다 | 满天繁星 mǎn tiān fán xīng 잔별이 총총히 뜬 하늘 | 趋于 qūyú 동 ~로 향하다 | 剧烈 jùliè 형 격렬하다 | 悬殊 xuánshū 형 동떨어진 | 路径 lùjìng 명 통로, 방법 | 弧形 húxíng 명 활형 | 纳凉 nàliáng 동 시원한 바람을 쐬다 | 砌 qiè 동 둘러쌓다 | 枯竭 kūjié 동 고갈되다

13 **B** 인과관계 문제 양저우에서 샹쉐이챠오를 모르는 이가 없다고 했으니, 그럼 샹쉐이챠오와 쇼우시후는 관련이 있으며, 자연히 쇼우시후가 양저우에 있음을 알 수 있다. 동시에 이 문제는 지리상식 문제에도 해당된다. 모두 중국에 '하늘에는 천당이 있고 지상에는 항저우와 쑤저우가 있다'라는 속담을 들어봤을 것이다. 또한 항저우에서 가장 유명하고 자랑스럽게 여기는 것이 '시후(西湖)'이다. 하지만 문장에서는 '쇼우시후(瘦西湖)'라고만 나와서 헷갈릴 수 있으나, '쇼우시후'는 양저우에 있고 역시 유명한 관광지이다.

14 **C** 인과관계 문제 세 번째 단락에서 소리는 공기에 의해 전파되는 것으로, 순풍을 타면 역풍보다 멀리 전달되며 풍향의 변화, 풍력의 세짐은 모두 소리의 전파에 영향을 미친다고 했다.

15 **A** 세부 문제 네 번째 단락의 첫 문장에서 소리의 전파는 온도와 관련이 있다고 말했고, 그 뒷문장에서는 소리는 고에서 저로 움직인다고 설명하고 있다.

16 **B** 세부 문제 마지막 단락의 '如今'이라는 말에서 현황을 설명할 것임을 알 수 있다. 보기 A와 D는 상류의 지우청허의 현황을 설명하고 있는데, 이는 현재 샹쉐이챠오가 이미 말라버렸음을 설명하기 위해서이다. 또한 지금 샹쉐이챠오는 '이미 울리지 않는다'라는 말과 마지막 문장의 '작은 졸졸 소리를 들을 수 있다'라는 말을 통해 샹쉐이챠오가 거의 말라간다는 것을 알 수 있다.

17~20

在一个茫茫沙漠的两边，有两个村庄。到达对方，如果绕过沙漠走，至少需要马不停蹄地走上二十多天；**17**如果横穿沙漠，那么，只要三天就能抵达，但横穿沙漠实在太危险了，许多人试图横穿却无一生还。

有一天，有位智者经过这里，让村里人找来了几万枝胡杨树苗，每半里一棵，从这个村庄一直栽到了沙漠那端的村庄。智者告诉大家说："如果这些胡杨有幸成活了，你们可以沿着胡杨树来来往往；如果没有成活，那么，每一个行者经过时，**18**都将枯树苗拔一拔，插一插，以免被流沙给淹没了。"果然，这些胡杨树苗栽进沙漠后，全都给烈日烤死了，成了路标。沿着"路标"，这条路大家平平安安地走了几十年。

一年夏天，村里来了一个僧人，他坚持要一个人到对面的村庄化缘去。大家告诉他说："你经过沙漠之路的时候，遇到要倒的路标一定要向下再插深些，遇到就要被淹没的树标，一定要将它向上拔一拔。"

僧人点头答应了，然后就上路了。遇到一些就要被沙尘彻底淹没的路标，这个僧人想："反正我就走这一次，淹没就淹没吧。"他没有伸出手去，将这些路标向上拔一拔。遇到一些被风暴卷得遥遥欲倒的路标，这个僧人也没有伸出手去将这些路标向下插一插。

但就在僧人走到沙漠深处时，静谧的沙漠突然飞沙走石，许多路标被淹没在厚厚的流沙里，许多路标被风暴卷走了，没有了影踪。僧人十分懊悔：**19**如果自己能按照大家吩咐的那样做，那么即使没有了进路，还可以拥有一条平平安安的退路啊！

끝없는 사막 양쪽 끝에 두 개의 마을이 있었다. 상대방 마을에 갈 때, 만약 사막을 돌아서 잠시도 쉬지 않고 계속 걸어가면 20여 일이 걸린다. **17**만약 사막을 가로질러 간다면, 3일이면 도착할 수 있다. 하지만 사막을 가로지르는 것은 너무 위험했다. 수많은 사람이 시도했지만 무사히 귀환한 사람은 하나도 없었다.

어느 날 어떤 지혜로운 사람이 여기를 지났다. 그는 마을 사람들을 시켜 몇만 가지의 포플러 묘목을 찾아오라고 했다. 이쪽 마을에서 반 리(里)마다 한 그루씩 계속 심어나가 반대편 마을까지 심었다. 그 지혜로운 사람은 말했다. "만약 이 포플러들이 운 좋게 자라난다면, 여러분은 이 포플러를 따라 왕래할 수 있을 것입니다. 만약 포플러들이 죽는다면, 매번 행인이 지날 때마다 **18**고사된 묘목을 위로 뽑았다가 다시 잘 꽂아서 사막의 모래에 덮이지 않도록 해주세요." 과연 이 포플러 묘목들은 사막에 심어졌고, 모두 작렬하는 태양에 말라 죽었지만 길의 이정표가 되었다. '이정표'를 따라 사람들은 편안하게 이 길을 몇십 년 동안 걸어 다녔다.

어느 해 여름, 한 스님이 마을에 찾아왔다. 그는 혼자서 반대편 마을에 가서 동냥을 해 와야 한다고 주장했다. 모두 스님에게 "사막을 건너실 때 쓰러지려고 하는 이정표를 보시면 반드시 아래로 더 깊게 꽂아 주시고, 모래에 덮여있는 이정표를 보시면 반드시 위로 뽑아 주셔야 해요."라고 말했다.

스님은 그러겠다고 고개를 끄덕이고는 길을 떠났다. 사막의 모래에 완전히 덮여 있는 이정표를 본 스님은 '어쨌든 나는 이번 한 번만 가는 거니까 덮여 있든 말든 내 알 바 아니지.'라고 생각했다. 그는 손을 뻗어 그 이정표들을 위로 뽑아내지 않았다. 폭풍에 저 멀리 뒤집어져 말려 쓰러진 이정표를 보고는, 역시 손을 뻗어 아래로 꽂지 않았다.

하지만 스님이 사막 깊숙이 들어왔을 때, 조용했던 사막에 갑자기 모래가 휘날리고 돌이 뒹굴기 시작했다. 수많았던 이정표들이 흔적 하나 없이 깊은 모래에 덮이고 바람에 쓸려가 버렸다. 스님은 크게 뉘우쳤다. **19**만약 내가 마을 사람들의 당부대로 했다면, 앞으로 갈 길은 없어졌다 하더라도 무사하게 되돌아갈 수 있는 길이 있었을 것을!

17 两个村庄之间，最快多长时间能够到达？
A. 两天
B. 三天
C. 十天
D. 二十天

18 为什么智者提醒村里人要把枯树苗拔一拔？
A. 这是沙漠里的种树方法
B. 担心树苗被风吹走
C. 不让流沙淹没枯树枝
D. 拔一拔枯树苗才长得高

17 두 개의 마을 사이는 가장 빠르면 얼마 만에 도달할 수 있는가?
A. 이틀
B. 사흘
C. 열흘
D. 스무날

18 지혜로운 사람은 왜 마을 사람들에게 고사된 묘목을 위로 뽑으라고 했는가?
A. 그것이 사막의 재배방식이므로
B. 묘목이 바람에 날아갈까 염려되어
C. 모래가 마른 나뭇가지를 덮지 못하게 하려고
D. 고사된 묘목을 위로 뽑아주면 더 잘 자라서

19 根据文章，僧人可能： A. 伸手拔胡杨 **B. 没有走出沙漠** C. 回到了出发的村子 D. 风暴后，被村里人救出	19 글에 따르면 스님은 아마: A. 손을 뻗어 포플러를 뽑았을 것이다 **B. 사막에서 빠져나오지 못했을 것이다** C. 출발한 마을로 돌아갔을 것이다 D. 사막 폭풍이 분 후에 마을 사람들에게 구출되었을 것이다
20 下面哪个选项适合做本文的标题？ A. 智者 B. 僧人的选择 C. 胡杨树的作用 **D. 沙漠之路**	20 다음 중 어떤 보기가 문장의 제목에 가장 적합한가? A. 현명한 사람 B. 스님의 선택 C. 포플러 나무의 역할 **D. 사막 길**

村庄 cūnzhuāng 명 마을, 촌락 | 绕过 rào 동 돌다 | 马不停蹄 mǎ bù tíng tí 성 잠시도 쉬지 않고 계속 나아가다 | 横穿 héngchuān 동 가로지르다 | 抵达 dǐdá 동 도착하다, 도달하다 | 试图 shìtú 동 시도하다 | 生还 shēnghuán 동 살아 돌아오다 | 胡杨 húyáng 명 포플러 | 树苗 shùmiáo 명 묘목 | 成活 chénghuó 동 살아남다 | 流沙 liúshā 명 모래 | 淹没 yānmò 동 덮이다 | 烈日 lièrì 명 작렬하는 태양 | 路标 lùbiāo 명 이정표 | 僧人 sēngrén 명 승려, 스님 | 化缘 huàyuán 동 보시를 청하다, 탁발하다 | 沙尘 shāchén 명 흙먼지 | 静谧 jìngmì 형 고요하다, 잠잠하다 | 飞沙走石 fēi shā zǒu shí 성 모래가 날리고 돌이 뒹굴다 | 踪影 zōngyǐng 명 흔적 | 懊悔 àohuǐ 동 후회하다 | 吩咐 fēnfù 동 분부하다, 명령하다 | 退路 tuìlù 명 퇴로, 후퇴할 길

17 B 세부 문제 사막을 돌아가면 20여 일이 걸리고, 가로질러 가면 3일이 걸린다고 했으므로 정답은 B이다.

18 C 인과관계 문제 문제에서 핵심 단어는 '拔一拔'이며, 둘째 단락에서 사막의 모래에 덮이지 않도록 위로 뽑았다가 다시 잘 꽂으라는 문장을 잘 봐야 한다. 여기에서 '~하지 않도록(以免)'이라는 단어에 특히 유의해야 한다.

19 B 인과관계 문제 스님은 마을 사람들 말대로 했다면 앞으로 갈 길은 없어졌다 하더라도 무사하게 되돌아 갈 수 있는 길이 있었을 것이라는 것을 깨달았다. 즉, 스님은 사람들의 말을 듣지 않아 전진할 길과 후퇴할 길을 모두 잃고 말았으므로, 분명히 사막을 빠져나오지 못했을 것이다.

20 D 주제 문제 '현명한 사람'과 '스님의 선택'은 문장에 있어 반반씩의 비중을 차지하고 있으므로 제목으로 삼기에 부족하다. 또, 문장 전체에서 '포플러 나무'를 이야기하고 있지만, 그것은 사막을 건너기 위해 도움을 준 매개체에 불과하다. 따라서 가장 타당한 제목은 '사막 길'인데, 사막은 현명한 사람, 스님, 포플러 나무 모두와 연관되어 있기 때문이다.

V. 모의고사

1 모의고사 1 p.276

정답									
1 A	2 C	3 B	4 D	5 C	6 A	7 C	8 D	9 C	10 A
11 D	12 B	13 C	14 C	15 A	16 B	17 A	18 B	19 A	20 D
21 A	22 D	23 B	24 C	25 E	26 D	27 B	28 E	29 A	30 C
31 C	32 D	33 B	34 A	35 A	36 A	37 D	38 B	39 B	40 D
41 B	42 A	43 C	44 D	45 A	46 B	47 D	48 A	49 D	50 C

1 A. 指南针是中国古代的四大发明。
　　B. 这并不是一件什么大不了的事情，却很令我感动。
　　C. 北斗七星由7颗星组成，连在一起时形状像一个勺子。
　　D. 医学研究结果显示，女性的平均寿命通常要比男性长5至10年。

1 A. 나침반은 중국 고대의 4대 발명품 중 하나이다.
　　B. 별것도 아닌 일에 나는 감동받았다.
　　C. 북두칠성은 7개의 별로 이루어져 있으며, 이 별들을 서로 연결하면 마치 국자 같이 생겼다.
　　D. 의학계의 연구 결과에 따르면, 여성의 평균 수명이 남성에 비해 5~10년 가량 긴 것으로 나타났다.

指南针 zhǐnánzhēn 명 나침반 | **北斗七星** Běidǒuqīxīng 고유 북두칠성 | **勺子** sháozi 명 국자

1 **A** 指南针是中国古代的四大发明。
　→ 指南针是中国古代的四大发明**之一**。
　주어와 목적어의 호응에 오류가 있다. 주어는 '指南针', 서술어는 '是', 목적어는 '四大发明'인데, '指南针'은 '四大发明' 중 하나일 뿐이므로 문장 끝에 '之一'를 붙여야 한다.

2 A. 孟子名轲，是继孔子之后的又一位儒学大师。
　　B. 上海车展逢单年举办，与逢双年举办的北京车展南北辉映。
　　C. 他们俩是在地下通道结识的，共同的爱好使他们决定一起合作成功。
　　D. 每座城市都有它的文化记忆，这种记忆在老建筑上体现得尤为明显。

2 A. 맹자의 본명은 맹가로, 공자 이후의 또 한 명의 유교의 대가이다.
　　B. 상하이모터쇼는 홀수 연도에, 베이징모터쇼는 짝수 연도에 각각 남쪽 지역과 북쪽 지역에서 화려하게 개최된다.
　　C. 그들은 지하 터널에서 알게 되었는데, 공통된 취미로 인해 그들은 협력을 결정하게 되었다.
　　D. 모든 도시마다 문화적 기억이 있다. 이러한 기억은 오래된 건축물에서 확연하게 드러난다.

辉映 huīyìng 동 (빛이나 광채가) 눈부시게 비치다, 눈부시게 빛나다 | **结识** jiéshí 동 사귀다, 친분을 맺다

2 C 他们俩是在地下通道结识的，共同的爱好使他们决定一起合作成功。
→ 他们俩是在地下通道结识的，共同的爱好使他们决定一起合作。

겸어문은 '주어1+서술어1(사역동사)+목적어1(주어2)+서술어2+목적어2'의 형식이고 밑줄 친 뒷절은 반드시 완벽한 문장이 되어야 한다. 그런데 C의 내용을 살펴보면, '使他们决定了(그들로 하여금 결정하게 했다)+一起合作成功(함께 합작해서 성공했다)'이다. 그런데 '成功'은 구체적인 행동의 결과이므로 '决定'의 목적어가 될 수 없다.

3
A. 他再三叮嘱我要为他保守秘密。
B. 在训练过程中，他为年轻队员们做好了带头作用。
C. 每个人都有选择自己生活道路，决定自己生活方式的权利。
D. 每到农历新年时，小孩子们都期盼着得到长辈们给的压岁钱。

3
A. 그는 나에게 비밀을 지켜야 한다며 여러 차례 신신당부했다.
B. 훈련 과정에서 그는 젊은 대원들을 위해 선봉장 역할을 했다.
C. 모든 사람들은 자신의 삶의 방향과 생활 방식을 선택하고 결정할 권리가 있다.
D. 매년 음력 설이면 아이들은 어른들이 주는 세뱃돈을 기대한다.

叮嘱 dīngzhǔ 동 신신당부하다 | 期盼 qīpàn 동 기대하다, 바라다 | 压岁钱 yāsuìqián 명 세뱃돈

3 B 在训练过程中，他为年轻队员们做好了带头作用。
→ 在训练过程中，他为年轻队员们起到了带头作用。

동사와 목적어 간의 호응에 오류가 있다. 즉, '做……作用'이 아니라 '起……作用'으로 바꿔야 한다.

4
A. 在标准大气压下，气温低于0℃时，水就会结成冰。
B. 实际上，世上没有绝望的处境，只有对处境绝望的人。
C. 在李大钊短暂的一生中，其言其行，都饱含着深沉的爱国情怀。
D. 多读好书，就像和充满智慧的人聊天一样，可以丰富和提高我们的知识。

4
A. 표준 대기압에서 기온이 0℃ 이하일 때 물은 얼음이 된다.
B. 사실 세상에 절망적인 상황은 없다. 다만 상황에 절망한 사람만이 있을 뿐이다.
C. 리따자오의 짧은 생애에서 그의 말과 행동에는 조국을 사랑하는 깊은 마음이 담겨 있었다.
D. 좋은 책을 많이 읽으면 지혜로운 사람과 이야기를 나누는 것과 마찬가지로 우리의 지식을 풍부하게 하고 소양을 높일 수 있다.

处境 chǔjìng 명 처지, 환경, 상황 | 饱含 bǎohán 동 충만하다 | 深沉 shēnchén 형 (정도가) 깊고 심하다

4 D 多读好书，就像和充满智慧的人聊天一样，可以丰富和提高我们的知识。
→ 多读好书，就像和充满智慧的人聊天一样，可以丰富我们的知识，提高我们的素养。

동사와 목적어 간의 호응 오류 문제이다. 문장에서 '丰富和提高'의 목적어는 '知识'이다. 그런데 '丰富'는 '知识'와 호응이 되지만, '提高'는 '知识'와 호응이 되지 않는다. 그러므로 '提高'와 호응이 될 수 있는 목적어 '素养'을 써서 위와 같이 고쳐야 한다.

5 A. 穿衣服不必一味追求名牌，但一定要注意搭配。
   B. 美酒配佳肴，古来有之，就是节日餐桌上的必备品。
   C. 这是我同事小李的女儿，不仅年纪小，而且非常懂事。
   D. 这场雨断断续续一直下到第二天上午9点左右才结束。

5 A. 옷을 입을 때 무조건 명품만 추구할 필요는 없지만, 잘 어울리게 입는 것은 중요하다.
   B. '좋은 술에는 좋은 안주가 있어야 한다'는 말은 자고로 명절 상의 필수품이라는 뜻이다.
   C. 이 아이는 제 회사 동료 샤오리의 딸입니다. 나이는 어려도 제법 어른스럽죠.
   D. 이번 비는 오다 말다를 반복하다가 다음날 오전 9시쯤에야 그쳤다.

一味 yíwèi 单 단순히, 무턱대고 | 佳肴 jiāyáo 명 맛있는 요리, 훌륭한 안주

5 C 这是我同事小李的女儿，不仅年纪小，而且非常懂事。
   → 这是我同事小李的女儿，虽然年纪小，但是非常懂事。

접속사 관련 문제로, 복문의 관계에 맞게 접속사를 고쳐야 한다. '年纪小'와 '非常懂事'는 '전환관계'이므로 '虽然……, 但是……'를 써야 한다.

6 **A. 因为身上没带多少钱，所以他今天在书店里只买了两本书籍。**
   B. 李白是中国唐代伟大的浪漫主义诗人，被后人尊称为"诗仙"。
   C. 瑜伽进入中国已有多年，人们对于瑜伽的认识却仍然存在误区。
   D. 年画是祈福迎新的民间工艺品，承载了人们对未来的美好憧憬。

6 **A. 돈을 얼마 안 가지고 와서 그는 오늘 서점에서 책을 두 권밖에 못 샀다.**
   B. 이백은 중국 당나라 때의 위대한 낭만주의 시인으로, 후대 사람들은 그를 '시선'이라고 부른다.
   C. 중국에 요가가 들어온 지도 이미 몇 년이나 지났다. 하지만 사람들은 아직도 요가에 대해 잘못 알고 있는 점이 있다.
   D. 세화는 새해를 맞이하며 복을 기원하는 민간 공예로, 미래에 대한 사람들의 동경을 담고 있다.

瑜伽 yújiā 명 요가 | 年画 niánhuà 명 세화 [설날 때 실내에 붙이는 즐거움과 상서로움을 나타내는 그림] | 祈福 qífú 동 복을 기원하다 | 承载 chéngzài 동 지탱하다, 견디다 | 憧憬 chōngjǐng 동 동경하다, 지향하다

6 A 因为身上没带多少钱，所以他今天在书店里只买了两本书籍。
   → 因为身上没带多少钱，所以他今天在书店里只买了两本书。

'书籍'는 집합명사이다. 집합명사의 앞에는 구체적인 숫자(两本)가 올 수 없으므로 '书'로 바꿔야 한다.

7 A. 女人因为可爱而更美丽，因为成熟而更有魅力。
   B. 希望能带给人们无穷的力量，激励他们去克服困难。
   C. 别等他了，他这两天挺忙的，他今天估计一定不会来。

7 A. 여자는 사랑스럽기 때문에 더욱 아름답고, 성숙하기 때문에 더욱 매력 있는 것이다.
   B. 사람들에게 무궁한 힘을 주고, 그들이 역경을 극복하도록 격려할 수 있기를 바랍니다.
   C. 그를 기다리지 말아라. 그는 요 며칠 매우 바빠서 아마 오늘 못 올 것이다.

D. 秋冬是流感高发季节，接种流感疫苗是预防流感最为有效的措施。

D. 가을과 겨울은 감기가 유행하는 계절이다. 예방접종을 하는 것이 감기를 예방하는 가장 효과적인 방법이다.

魅力 mèilì 명 매력 | 激励 jīlì 동 격려하다, 북돋워 주다 | 接种 jiēzhòng 동 접종하다 | 疫苗 yìmiáo 명 백신

7 C 别等他了，他这两天挺忙的，他今天估计一定不会来。
→ 别等他了，他这两天挺忙的，他今天一定不会来。 / 别等他了，他这两天挺忙的，估计他今天不会来。

'가정'을 나타내는 '估计'와 '필연성'을 나타내는 '一定'은 의미상 상충되므로 둘 중 하나만 써야 한다.

8 A. 在千家万户的欢声笑语中，在千言万语的祝福声中，我们迎来了兔年春节。
B. 网络语言，顾名思义，就是由网民创造，在网络上流行的语言，是网民约定俗成的表达方式。
C. 对联，俗称对子，上下两联对仗工整，平仄协调，是中国特有的一种语言艺术，被国务院列入国家非物质文化遗产。
D. 许多人一生都在等待一个可以改变他命运的机会。事实上，机会无所不在，而关键在于，当机会出现时，你已经是否准备好了。

8 A. 수많은 가정의 웃음소리에서, 또 수많은 축복 속에서 우리는 신묘년을 맞이했습니다.
B. 인터넷 언어는 이름에서 알 수 있듯이 네티즌이 만들어 낸 것으로, 인터넷에서 유행하는 말이자 네티즌이 사용하면서 일반화된 표현 방식이다.
C. 대련, 속칭 짝을 맞춘다는 것은 윗구절과 아랫구절이 서로 대구를 이루고, 평측이 조화를 이루는 중국 특유의 언어 예술로서, 국무원은 대련을 무형문화재로 지정했다.
D. 수많은 사람이 인생에서 운명을 바꿀 기회가 오기를 기다린다. 하지만 사실 기회는 언제나 있다. 다만 관건은 기회가 왔을 때 그것을 잡을 준비가 되어 있느냐는 것이다.

顾名思义 gù míng sī yì 성 이름을 보고 그 뜻을 짐작할 수 있다 | 平仄 píngzè 명 평측 [시문의 운율(韻律)]

8 D 许多人一生都在等待一个可以改变他命运的机会。事实上，机会无所不在，而关键在于，当机会出现时，你已经是否准备好了。
→ 许多人一生都在等待一个可以改变他命运的机会。事实上，机会无所不在，而关键在于，当机会出现时，你是否已经准备好了。

'已经'은 부사로서 문장에서 '准备'를 수식하므로 '你是否已经准备好了'로 고쳐야 한다.

9 A. 正是这样的艰苦环境，磨练了他的意志，使他从一个天真的孩子成长为一个男子汉。
B. 走进乌镇，走在那用青石板铺成的街道上，看着两边的居民和乡民，我感到格外亲切。
C. 相比两个月前，他的身体状况有了很大的改善，他对自己这段时间的恢复情况还是十分满意的。

9 A. 바로 이와 같은 열악한 환경이 그의 의지를 굳건하게 만들었고, 그를 순진한 어린아이에서 진정한 남자로 성장하게 한 것이다.
B. 우전에서 청석판으로 만들어진 길을 걸으며 길가의 사람들을 보면서, 나는 굉장히 친숙함을 느꼈다.
C. 두 달 전에 비해 그의 몸 상태는 매우 호전되었다. 그는 자신의 회복 상황에 대해 굉장히 만족해했다.

D. "世博会"被誉为世界经济、科技、文化的"奥林匹克"盛会，其特点是举办时间长、展出规模大、参展国家多、影响深远。

D. '세계박람회'는 세계 경제, 과학기술, 문화의 '올림픽'이라고 불린다. 그 특징은 개최 기간이 길고, 규모가 크며, 참여국이 많고 영향력이 막강하다는 것이다.

磨练 móliàn 图 단련하다, 연마하다 | 青石 qīngshí 명 (건축·비석 등에 쓰이는) 청석 | 板铺 bǎnpù 명 판자 침대

9 **C** 相比两个月前，他的身体状况有了很大的改善，他对自己这段时间的恢复情况还是十分满意的。
→ 与两个月前相比，他的身体状况有了很大的改善，他对自己这段时间的恢复情况还是十分满意的。

고정격식을 잘못 사용했다. A와 B를 서로 비교할 때는 'A与(和/跟)B相比'의 형식을 사용해야 한다. (=与B相比, A = A和B比起来 = A比起B来 = A比起B = A比起来B = A和B比较之下)

10 A. 一个有生活情趣的人，是能够不断发现生活中的新乐趣，并且分享和感染身边其他人。
B. 一杯清水会因滴入一滴污水而变得污浊，一杯污水却不会因一滴清水的存在而变清澈。
C. 战斗机是一种主要用于与其他飞机进行作战的军用飞机，具有体积小、飞行速度快、机动性强等特点。
D. 情侣之间产生争执的主要原因，是他们把爱当成一把雕刻刀，时时刻刻都想用这把刀把对方塑造得符合自己心中的理想。

10 A. 삶에 관심이 있는 사람은 생활 속에서 끊임없이 새로운 즐거움을 발견하고, 또 그것을 주변 사람들과 함께 나눌 수 있는 사람이다.
B. 맑은 물 한 잔은 한 방울의 더러운 물로 혼탁해지지만, 더러운 물 한 잔은 맑은 물 한 방울로 깨끗해지지 않는다.
C. 전투기는 주로 다른 비행기와 전투를 할 때 사용되는 군용 비행기로, 체적이 작고, 비행 속도가 빠르며, 기동성이 강하다는 특징이 있다.
D. 연인 사이에 갈등이 발생하는 주원인은 사랑을 조각칼로 생각하고, 언제나 이 칼로 상대방을 자신의 마음 속에 있는 이상형에 맞춰 조각하려 들기 때문이다.

污浊 wūzhuó 형 (공기, 물 등이) 더럽다, 혼탁하다 | 清澈 qīngchè 형 맑고 투명하다 | 争执 zhēngzhí 동 서로 자기의 의견을 고집하다 | 雕刻刀 diāokèdāo 명 조각칼 | 塑造 sùzào 동 조소하다, 빚어서 만들다

10 **A** 一个有生活情趣的人，是能够不断发现生活中的新乐趣，并且分享和感染身边其他人。
→ 一个有生活情趣的人，是能够不断发现生活中的新乐趣，并且感染身边其他人的(人)。

강조의 '是……的'구문에서 '的'는 생략할 수 없다. 또, 이 문장의 주어는 '人', 서술어는 '是', 목적어는 '的(人)'이다. '其他人'이 목적어가 될 수는 없다. 또한 '分享'은 '身边其他人'과 조합할 수 없으므로 삭제해야 한다.

11 相对于年轻人来说，老年人更乐于回忆<u>往事</u>，他们不再<u>尝试</u>获得新的知识，而是专注于昔日的经历，为一生的<u>岁月</u>做一个总结。

A. 传说(×) 试验(×) 事迹(○)
B. 从前(○) 品尝(×) 时光(○)
C. 现状(×) 摸索(×) 事业(○)
D. 往事(○) 尝试(○) 岁月(○)

11 젊은 사람들에 비해 나이 든 사람들은 <u>지난 일</u>을 떠올리는 것을 더 좋아한다. 그들은 더 이상 새로운 지식을 얻<u>으려 하지</u> 않고, 남은 <u>세월</u>을 마무리하기 위해 과거의 경험에 집중한다.

A. 전설 실험하다 종적
B. 예전 시식하다 시간
C. 현황 모색하다 사업
D. 지난 일 시도해 보다 세월

尝试 chángshì 图 시도해 보다, 경험해 보다 | 昔日 xīrì 图 옛날 | 摸索 mōsuǒ 图 (방법 따위를) 모색하다

11 D 첫 번째 빈칸에는 서술어 '回忆'와 호응하는 '从前(B)'과 '往事(D)'가 답이 될 수 있다.
두 번째 빈칸에서 목적어 '获得新的知识'와 호응할 수 있는 것은 '尝试(D)'이다.
세 번째 빈칸에는 '事迹(A), 时光(B), 事业(C), 岁月(D)' 모두가 '做一个总结'와 호응한다.

---

12 为了保证种族不被灭绝，在长期自然选择的<u>进化</u>过程中，海参拥有了超强的繁殖能力。一只成年海参，一次可排卵约500万<u>枚</u>。即便只有万分之一的成活率，也可以保证种族的<u>延续</u>。

A. 进展(×)　副(×)　持续(×)
B. 进化(○)　枚(○)　延续(○)
C. 转变(×)　颗(○)　蔓延(×)
D. 转化(×)　支(×)　延伸(×)

12 오랫동안 자연 선택적으로 <u>진화하는</u> 과정에서 해삼은 종족 보존을 위해 강력한 번식능력을 갖게 되었다. 다 자란 해삼 한 마리는 한 번에 약 500만 <u>개</u>를 배란할 수 있어, 생존율이 만분의 일이라고 해도 종족 <u>보존</u>이 가능하다.

A. 진전되다　벌　지속되다
B. 진화하다　개　계속되다
C. 변하다　알　만연하다
D. 전환하다　자루　확장하다

灭绝 mièjué 图 절멸하다, 완전히 없애다 | 海参 hǎishēn 圆 해삼 | 繁殖 fánzhí 图 번식하다, 불어나다 | 排卵 páiluǎn 图 배란하다

12 B 첫 번째 빈칸에는 생물학적으로 발전한다는 의미가 들어가야 하므로 '进化(B)'가 적당하다.
두 번째 빈칸에는 '卵'과 같이 둥글고 작은 데 쓰는 양사인 '枚(B)'와 '颗(C)'가 들어갈 수 있다. (cf> 副: 한 벌 또는 한 쌍으로 되어 있는 물건에 쓰이거나 얼굴 표정을 나타낼 때 쓰는 양사 / 枚: 주로 형체가 작고 동글납작한 물건을 세는 양사 / 颗: 둥글고 작은 알맹이 모양과 같은 것을 세는 양사 / 支: 부대, 노래, 촉광을 나타낼 때 쓰는 양사)
세 번째 빈칸에는 '种族'와 어울리는 '延续(B)'가 답이다. '持续(A)'는 상황이 지속될 때 쓰인다.

---

13 做生意总是有一些企业或者个人只知道坚持自己的立场，<u>一旦</u>制定了基本方针，就一步都不打算<u>妥协</u>。这样的公司及个人由于太<u>固执</u>，很难有大的发展。

A. 倘若(○)　撤退(×)　顽固(○)
B. 万一(○)　协商(×)　仁慈(×)
C. 一旦(○)　妥协(○)　固执(○)
D. 假如(○)　让步(○)　顽强(×)

13 사업을 하다 보면 언제나 자신의 입장만을 견지하는 기업이나 개인이 있게 마련이다. (이들은) <u>일단</u> 기본 방침을 정하면 한 치의 <u>타협</u>도 하려 하지 않는다. 이런 기업이나 개인은 너무 <u>고집이 강해서</u> 발전하기 힘들다.

A. 만약　물러나다　완고하다
B. 만일　협상하다　인자하다
C. 일단　타협하다　고집스럽다
D. 만약　양보하다　완강하다

方针 fāngzhēn 圆 방침 | 妥协 tuǒxié 图 타협하다 | 撤退 chètuì 图 (어떤 곳에서) 떠나다, 물러가다

13 **C** 첫 번째 빈칸에는 '가정'을 나타내는 접속사가 필요하므로 보기 4개가 모두 답이 될 수 있다.
두 번째 빈칸에는 '做生意, 一步'와 호응할 수 있는 '妥协(C)'와 '让步(D)'가 답이 될 수 있다.
세 번째 빈칸은 '坚持自己的立场'과 '一步都不打算妥协'에서 고집스러움(固执)을 유추할 수 있다.

14 黄果树瀑布群位于贵州省境内，这里山峦众多，河宽水急，瀑布群景色异常<u>壮观</u>。黄果树大瀑布是其中最大的瀑布，实际高度<u>达到</u>78米，游客可从上，下，左，右，前，后6个不同的方位游览观赏。另外，瀑布周围有许多<u>天然</u>溶洞，这就是著名的贵州"地下世界"具有极高的旅游<u>观光</u>价值。

A. 壮烈(×)　接近(○)　稀有(○)　开发(○)
B. 宏伟(○)　现实(×)　人工(○)　欣赏(○)
C. 壮观(○)　达到(○)　天然(○)　观光(○)
D. 开阔(×)　抵达(×)　隐蔽(×)　体验(○)

14 황귀수폭포 군락은 구이저우성 경내에 있다. 이곳은 첩첩산중에 있는데, 강폭이 넓고 물살도 세서 폭포 군락이 <u>장관</u>을 이룬다. 황귀수대폭포는 그중에서도 가장 큰 폭포로, 실제 높이는 78미터에 <u>달하는데</u>, 여행객은 폭포의 상하, 좌우, 전후 등 6개의 지점에서 폭포수를 감상할 수 있다. 이 외에도 폭포 주변에는 수없이 많은 <u>천연</u>종유굴이 있는데, 이것이 바로 그 유명한 구이저우성의 '지하세계'로, <u>관광</u> 가치가 매우 높다.

A. 장렬하다　근접해 있다　희귀하다　개발하다
B. 웅장하다　현실적이다　인공의　감상하다
C. 장관이다　도달하다　천연의　관광하다
D. 광활하다　도착하다　은폐하다　체험하다

瀑布 pùbù 몡 폭포(수) | 山峦 shānluán 몡 연산(連山), 죽 잇대어 있는 산 | 溶洞 róngdòng 몡 종유동(종유굴) | 隐蔽 yǐnbì 동 은폐하다

14 **C** 첫 번째 빈칸에는 '景色'와 어울리는 '宏伟(B)'와 '壮观(C)'이 답이 될 수 있다.
두 번째 빈칸에는 '78米'와 조합할 수 있는 '接近(A)'과 '达到(C)'가 적합하다.
세 번째 빈칸에는 '溶洞' 자체가 숨겨져 있는 것이므로, 굳이 '隐蔽(D)'를 쓸 필요가 없다.
네 번째 빈칸에는 4개의 보기가 모두 '旅游'와 호응할 수 있다.

15 "团购"就是团体购物，指的是认识的不认识的消费者<u>联合</u>起来，来提升买家与商家的议价能力，以求得最优价格的一种购物<u>方式</u>。根据薄利多销，最大优惠的<u>原理</u>，商家可以给出低于零售价格的团购折扣，并提供<u>单独</u>购买得不到的优质服务。

A. 联合(○)　方式(○)　原理(○)　单独(○)
B. 结合(×)　渠道(○)　心理(×)　孤独(×)
C. 联络(×)　手段(○)　观念(×)　独特(×)
D. 合并(×)　途径(○)　真理(×)　特殊(×)

15 '공동구매'는 단체로 구매하는 것이다. 즉, 서로 아는 혹은 모르는 소비자들끼리 <u>연합해서</u> 판매자와의 가격 협상력을 높임으로써 가장 싼 가격으로 물건을 구매하는 <u>방식</u>을 가리킨다. 박리다매를 통해 최대의 혜택을 받는 <u>원리</u>로, 판매자는 소매가보다 낮은 가격을 제시할 수 있고, <u>혼자서</u> 살 때는 받을 수 없는 양질의 서비스를 제공하기도 한다.

A. 연합하다　방식　원리　단독으로
B. 결합하다　방법　심리　홀로
C. 연락하다　수단　관념　독특한
D. 합병하다　경로　진리　특수한

团购 tuángòu 몡 공동구매 | 议价 yìjià 동 가격을 협상(흥정)하다 | 薄利多销 bó lì duō xiāo 솅 박리다매 | 渠道 qúdào 몡 경로, 방법

15 **A** 첫 번째 빈칸에는 소비자들끼리 모여 물건을 구매하는 것이므로 '联合(A)'가 적합하다.

두 번째 빈칸에는 4개의 보기가 모두 '购物'와 호응할 수 있다.
세 번째 빈칸에 들어갈 보기 중 문맥상 옳은 것은 '原理(A)'이다.
네 번째 빈칸에는 '团体, 联合' 등 지문에 나온 '공동구매' 관련 단어들과 대비되는 '单独(A)'가 적합하다.

---

16 沈括，是北宋时期著名的科学家，对天文、立法、音乐、医药、数学等都很<u>精通</u>。他所著的《梦溪笔谈》一书中，<u>记载</u>了他的许多研究成果。<u>此外</u>，书中还记录了当时许多发明<u>创造</u>，例如毕升发明的活字印刷术等。

  A. 擅长(×)　描写(×)　与其(×)　创新(×)
  B. 精通(○)　记载(○)　此外(○)　创造(○)
  C. 突出(×)　登记(×)　因而(×)　体现(×)
  D. 警惕(×)　宣传(×)　从此(×)　生产(×)

16 심괄은 중국 북송 시기의 유명한 과학자로서 천문, 입법, 음악, 의학, 수학 등에 모두 <u>정통했다</u>. 그가 저술한 『몽계필담』에는 수많은 그의 연구 성과가 <u>기재되어</u> 있다. <u>그 외에도</u> 책에는 필승이 발명한 활자 인쇄술 등 당시의 수많은 발명 <u>창조물</u>도 많이 기록되어 있다.

  A. 뛰어나다　묘사하다　~하기보다는　혁신하다
  B. 정통하다　기재하다　그 외에　창조하다
  C. 특출나다　등록하다　따라서　구현하다
  D. 경계하다　홍보하다　그로부터　생산하다

> 精通 jīngtōng 동 정통하다, 통달하다 | 警惕 jǐngtì 동 경계하다, 경계심을 갖다

---

16 **B** 첫 번째 빈칸에는 '~에 정통하다, 어떤 사물에 깊고 자세히 통하다'라는 의미인 '精通(B)'이 '对天文、立法、音乐、医药、数学'와 호응한다.
두 번째 빈칸에서 목적어 '研究成果'와 호응하는 것은 '记载(B)'이다.
세 번째 빈칸에는 뒤에 나온 '还'를 보면 점층관계라는 것을 알 수 있다. 따라서 '此外(B)'가 답이 된다.
네 번째 빈칸에는 '새로운 것을 만들어 내다'라는 의미인 '发明'과 호응하는 '创造(B)'가 적합하다.

---

17 银杏是树中的"老寿星"。它生长非常<u>缓慢</u>, 寿命极长，从栽树到结果要20多年，中国是银杏的<u>故乡</u>。全国很多地区都<u>种植</u>银杏。在山东，有一颗大银杏树，虽然已有3500多年历史了，却<u>依然</u>枝叶繁茂，果实累累。

  A. 缓慢(○)　故乡(○)　种植(○)　依然(○)
  B. 漫长(×)　家乡(○)　培养(×)　依旧(○)
  C. 迟缓(○)　土地(×)　播种(×)　始终(○)
  D. 曲折(×)　领域(×)　灌溉(×)　终究(×)

17 은행나무는 나무 중에서 '장수 노인'이다. 은행나무는 생장이 매우 <u>느리고</u> 수명이 길어서, 나무를 심은 후 열매가 맺기까지 20년도 넘게 걸린다. 중국은 은행의 <u>본고장</u>으로, 전국적으로 많은 지역에서 은행나무를 <u>심는다</u>. 산둥지역에는 커다란 은행나무가 한 그루 있는데, 3500년 이상이나 되었는데도 <u>여전히</u> 가지와 잎이 무성하고 열매가 주렁주렁 열린다.

  A. 느리다　고향　심다　여전히
  B. (시간이) 길다　고향　배양하다　여전히
  C. 지연하다　토지　파종하다　시종일관
  D. 구불구불하다　영역　관개하다　결국

> 银杏 yínxìng 명 은행나무 | 栽树 zāishù 나무를 심다 | 枝叶 zhīyè 명 가지와 잎 | 繁茂 fánmào 형 (초목이) 무성하다, 우거지다

---

17 **A** 첫 번째 빈칸에는 '生长'과 호응하며, '느리다'라는 의미를 가진 '缓慢(A)'이 들어가야 한다.
두 번째 빈칸에는 '中国'와 '银杏'의 관계를 나타내는 '故乡(A)'과 '家乡(B)'이 답이 될 수 있다.

세 번째 빈칸은 '银杏'을 '심고 기른다'라는 의미이므로 '种植(A)'와 '播种(C)'이 적합하다. '培养(B)'은 주로 사람과 함께 쓰이므로 적합하지 않다.

네 번째 빈칸 앞절에서 '已有3500多年历史了'로 시간이 오래되었음을 강조하고 있다. 오랜 시간이 지났음에도 여전히 건재하다는 것을 나타내므로 '依然(A), 依旧(B), 始终(C)'이 적합하다.

---

18 出租车在什么时候最危险？答案是没乘客时，因为有乘客时，司机有<u>目标</u>，他会<u>全神贯注</u>于驾驶，<u>想方设法</u>尽快达到目的；而没乘客时，他是<u>盲目</u>的，走到十字路口左转右转往往犹豫不定，<u>精力</u>就被分散了。

A. 标志(×)　迫不及待(×)　齐心协力(×)
　　茫然(×)　意识(×)
**B. 目标(○)　全神贯注(○)　想方设法(○)
　　盲目(○)　精力(○)**
C. 对象(×)　专心致志(○)　小心翼翼(×)
　　冲动(×)　活力(×)
D. 焦点(×)　聚精会神(○)　千方百计(○)
　　急躁(○)　意志(×)

18 택시는 언제가 가장 위험할까? 정답은 승객이 없을 때이다. 이유는 승객이 있으면 기사는 <u>목표</u>가 있기 때문에 운전에 <u>집중할</u> 수 있고, <u>온갖 방법을 다 동원해서</u> 최대한 빨리 목적지에 닿기 위해 노력한다. 하지만 승객이 없으면 <u>무작정</u> 가기 때문에 사거리에 도달하면 오른쪽으로 갈지 왼쪽으로 갈지 정하지 못하게 되고 <u>신경</u>이 분산된다.

A. 표지　잠시도 늦출 수 없다　한마음으로 노력하다
　　망연하다　의식
**B. 목표　온 정신을 집중하다　온갖 방법을 다 동원하다
　　무작정　정력**
C. 대상　전심전력으로 모두다　조심조심하다
　　충동적이다　활동
D. 초점　정신을 집중하다　온갖 방법을 다 동원하다
　　조바심 내다　의지

危险 wēixiǎn 형 위험하다 | **犹豫** yóuyù 형 주저하다, 망설이다 | **盲目** mángmù 형 맹목적(인), 무작정

18 B 첫 번째 빈칸에서 승객이 가고자 하는 '목적지'는 택시 기사가 가는 '목표(目標)'가 될 수 있다.
두 번째 빈칸에는 '집중해서 목적지로 가다'라는 의미이므로 '정신을 집중하다'에 해당되는 '全神贯注(B), 专心致志(C), 聚精会神(D)'이 모두 답이 될 수 있다.
세 번째 빈칸에는 최대한 빨리 목적지를 향해 가려고 여러 방법을 강구하는 것이므로 '想方设法(B)'와 '千方百计(D)'가 적합하다.
네 번째 빈칸 뒤의 '犹豫不定'과 어울리는 것은 '盲目(B)'이다.
다섯 번째 빈칸에는 '分散'의 주어가 될 수 있는 '精力(B)'가 와야 한다.

---

19 人们常说："三岁看大，七岁看老"。这句话<u>并非</u>毫无根据。一项最新研究<u>结果</u>显示，人的性格在儿童时期就已经<u>形成</u>，因此从6,7岁孩子身上可以<u>预测</u>出他成年以后的一些行为。

A. 并非(○)　结果(○)　形成(○)　预测(○)
B. 除非(×)　后果(×)　合成(×)　预料(○)
C. 无非(×)　版本(×)　奠定(×)　预算(×)
D. 是非(×)　把戏(×)　塑造(×)　预报(×)

19 사람들은 종종 '세 살 때 어른이 되었을 때를 미리 볼 수 있고, 일곱 살에 늙었을 때를 미리 볼 수 있다'고 말하곤 한다. 이 말은 전혀 근거가 없는 말<u>이 아니다</u>. 최근 연구 <u>결과</u>에 따르면, 사람의 성격은 아동기 때 이미 <u>형성되며</u>, 때문에 6, 7세의 아이의 행동으로 그 아이가 성인이 된 후의 행동을 일부 <u>예측할</u> 수 있는 것으로 나타났다.

A. 결코 ～이 아니다　결과　형성되다　예측하다
B. ～을 제외하고　악영향　합성하다　예상하다
C. ～밖에 없다　판본　다지다　예산하다
D. 시비　속임수　만들다　예보하다

奠定 diàndìng 동 다지다 | 把戏 bǎxì 명 수단, 수작, 속임수 | 塑造 sùzào 동 (진흙 등으로) 빚어서 만들다, 조소하다

19 A 첫 번째 빈칸은 의미상 긍정이므로 이중부정을 만들어야 한다. '并非(A)'는 '결코 ~이 아니다'의 의미로 강한 부정을 나타낸다.
두 번째 빈칸에서 '研究'와 어울리는 것은 '结果(A)'이다.
세 번째 빈칸에서 '性格'와 호응하는 것은 '形成(A)'이다.
네 번째 빈칸에는 '미리 알 수 있다'라는 의미가 들어가야 하므로 '预测(A)'와 '预料(B)'가 답이 될 수 있다. (cf> 预测: 정확한 계산을 통한 것 / 预料: 미래의 상황과 결과에 대한 생각 / 预算: 미리 계산하다 / 预报: 미리 알려주다)

20 "华谊兄弟"宣布，拟在上海建立"华谊兄弟文化城"。这是"华谊兄弟"首个文化旅游项目，意味着公司正式进军文化旅游市场。该项目规划占地1000亩，主要用于建设影视基地，包括摄影棚和其他配套设施。

20 '화이브라더스'는 상하이에 '화이브라더스 문화도시'를 조성할 계획이라고 선포했다. 이는 '화이브라더스'의 첫 번째 문화 여행 프로젝트로, 화이브라더스의 문화 여행 시장 정식 진출을 의미한다. 이 프로젝트의 전용면적 1,000묘는 주로 영화 촬영 세트장 및 관련 설비 등 영화 인프라 구축에 쓰인다.

A. 声明(○)　忍不住(×)　区域(×)　集团(×)
B. 宣扬(×)　不见得(×)　建筑(×)　机构(×)
C. 公布(×)　恨不得(×)　大厦(×)　装备(×)
D. 宣布(○)　意味着(○)　基地(○)　设施(○)

A. 성명하다　참을 수 없다　구역　집단
B. 선양하다　~라고는 할 수 없다　건축　기구
C. 공표하다　어쩐지　빌딩　장비
D. 선포하다　의미하다　기지　설비

拟 nǐ 동 계획하다, 설계하다 | 基地 jīdì 명 근거지, 거점, 기지 | 摄影棚 shèyǐngpéng 명 영화 촬영 세트, 스튜디오

20 D 첫 번째 빈칸에는 '사람들에게 말하여 알리다'라는 의미가 와야 하므로 '声明(A), 公布(C), 宣布(D)'가 들어갈 수 있는데, 이중 '公布(C)'는 '정부의 법률, 명령이나 사회단체의 통지를 공개하여 발표하는 것'이므로 답에서 제외된다.
두 번째 빈칸에 의미상 알맞은 것은 '意味着(D)'뿐이다.
세 번째 빈칸에는 '인프라를 구축하다'라는 의미이므로 '基地(D)'가 들어가야 한다.
네 번재 빈칸에는 '配套'와 어울리는 '设施(D)'가 답이 된다.

21~25

造纸术和印刷术是中国古代的两项重要发明。造纸术，为文明传承带来了新的载体：印刷术，(21)**A造就了文明传播的新媒介**。它们对人类政治、经济、文化等诸多方面产生了重要影响，促进了世界文明的传播与发展。

中国发明印刷术有着得天独厚的技术条件与物质基础。印刷术发明的基本前提是纸和墨的应用。(22)**D中国很早就已发现并使用墨**。秦晚期已有调制成型的墨丸；汉代已从松烟中提取炭黑制

제지술과 인쇄술은 중국 고대의 중요한 두 가지 발명이다. 제지술은 문명 전승의 새로운 운반체였고, 인쇄술은 (21)**A문명 전파의 새로운 매개체를 만들어 냈다**. 제지술과 인쇄술은 인류의 정치, 경제, 문화 등 수많은 분야에 큰 영향을 미쳤으며, 세계 문명의 전파와 발전을 촉진했다.

중국이 인쇄술을 발명하게 된 것은 남보다 우월한 기술 요건과 물질적 기반을 갖추고 있었기 때문이다. 인쇄술 발명의 기본 전제는 종이와 묵의 응용이다. (22)**D중국은 일찍이 먹을 발견하고 이를 사용하고 있었다**. 진나라 말기에 이미 제조를 거쳐 형태를 갖춘 먹으로 만들어진 환과 한나라 때 숯먹에서 검은 재를 추출해 만든 먹이었다. 남

成墨。南北朝时期，中国已掌握了成熟的制墨技术。中国还发明了纸，早在印刷术发明以前，中国的造纸术就经历了辉煌的发展历程。中国在西汉时期，已发明了纸。东汉元兴元年(公元105年)蔡伦总结前人经验，(23)**B** 改进造纸工艺，使用废旧麻料、树皮等作为造纸原料，首次使用了皮纸制造技术，使造纸技术有了很大的飞跃。随着造纸技术的发展，纸慢慢融入到人类生活中。魏晋南北朝时期，中国纸张的使用进入转折时期。公元404年，东晋豪族桓玄颁布"以纸带简"令，结束了简牍书写的历史，(24)**C** 纸终于成为主要的书写材料，掀开了人类书写材料的新纪元。人们选用麻、藤、树皮、竹等作为造纸原料，并运用施胶、涂布、染色等造纸加工技术，使纸张制造变得物美价廉。造纸术的发明，(25)**E** 带来了书写材料的根本性变革，更为印刷术的发明提供了重要的承印材料。

북조 시대에 중국은 이미 발달한 먹 제조 기술을 보유하고 있었다. 중국은 종이도 발명했는데, 일찍이 인쇄술이 발명되기 전, 중국의 제지술은 눈부신 발전 가도를 걸어왔다. 서한 시기에 이미 종이가 발명되었고, 동한 원흥 원년(서기 105년) 채륜이 선조의 경험을 종합하여 (23)**B**제지 가공 작업을 개선했다. 낡아서 못 쓰게 된 삼베나 나무껍질 등을 제지 원료로 한 피지(皮紙) 제조 기술을 최초로 사용하여, 제지 기술은 비약적인 발전을 거두게 된다. 제지 기술의 발전에 따라 종이는 점점 인류 생활과 함께 발전했고, 위진남북조 시기 종이의 사용은 전환점을 맞이하게 되었다. 서기 404년 동진의 호족 환현이 '종이가 죽간(대나무 조각)을 대신한다'라는 내용의 법령을 반포하여 죽간을 사용하던 시대는 막이 내렸다. (24)**C**종이는 마침내 문자 표기의 주재료가 되어, 인류 문자 표기 재료상의 신기원을 열게 되었다. 사람들은 삼베, 덩굴, 나무껍질, 대나무 등을 제지 원료로 하고, 아교를 바르거나 진흙 도포, 염색 등 제지 가공 기술을 사용하여, 종이의 질은 더욱 좋아지고 가격은 저렴해지게 되었다. 제지술의 발명은 (25)**E**문자 표기 재료의 근본적인 변혁을 불러왔고, 인쇄술 발명에서 중요한 인쇄 재료를 공급하게 되었다.

A. 造就了文明传播的新媒介
B. 改进造纸工艺
C. 纸终于成为主要的书写材料
D. 中国很早就已发现并使用墨
E. 带来了书写材料的根本性变革

A. 문명 전파의 새로운 매개체를 만들어 냈다
B. 제지 가공 작업을 개선했다
C. 종이는 마침내 문자 표기의 주재료가 되었다
D. 중국은 일찍이 먹을 발견하고 이를 사용하고 있었다
E. 문자 표기 재료의 근본적인 변혁을 불러왔다

传承 chuánchéng 동 전승하다, 전수하고 계승하다 | **载体** zàitǐ 명 운반체 | **传播** chuánbō 동 전파하다, 널리 퍼뜨리다 | **得天独厚** dé tiān dú hòu 성 특별히 좋은 조건을 갖추다 | **前提** qiántí 명 전제, 전제 조건 | **辉煌** huīhuáng 형 눈부시다, 돋보이다 | **历程** lìchéng 명 경로, 과정 | **总结** zǒngjié 동 총괄하다, 총정리하다 | **飞跃** fēiyuè 명 비약 | **融入** róngrù 동 융합되어 들어가다, 유입되다 | **物美价廉** wù měi jià lián 성 상품의 질이 좋고 값도 저렴하다 | **承印** chéngyìn 인쇄를 맡다

21 A 연결어법 문장 중 연결어가 등장하지는 않았지만, 세미콜론(;)이 앞뒤가 병렬관계임을 보여준다. 앞문장과 형태상 일치하는 보기가 A와 E이고, 그 중 A의 '媒介'는 '载体'와 같이 문명의 발전을 가져다준 것이다.

22 D 의미 추론법 앞에서는 '종이와 묵의 응용', 뒤에서는 '먹의 제조 기술'에 대한 설명이 나온다. 앞뒤 모두 먹과 연관이 있다.

23 B 키워드법 이 문장이 말하고 있는 것은 제지술이 어떻게 발명되었는가이다. 뒤에서 채륜이 처음으로 피지 제조 기술을 사용한 것이 제지 기술의 역사상 중요한 첫걸음이라 언급하고 있다. 이 모든 것이 제지 분야와 연관되며, 키워드는 '제지'이다.

24 C 키워드법 빈칸 앞에서의 '막을 내렸다(结束), 열게 되었다(掀开)' 등의 정보를 주는 단어가 나온다. 두 문장 모두 새로운 문자 표기 재료에 대해 언급하고 있고, 그것은 바로 종이이다.

25 E 의미 추론법 뒷절에서 제지술 발명의 의의를 설명하고 있으므로, 빈칸에도 제지술 발명의 의의가 나와야 한다.

26~30

在上世纪初，利比里亚商人哈桑碰到了一件奇怪的事情。他在挪威买了12000吨鲜鱼，运回利比里亚的首都后，一过秤，鱼突然一下少了47吨！哈桑回想起他是亲眼看着鱼老板过秤的，不可能少秤啊。(26)**D归途上平平安安**，无人动过鱼。现在少了47吨，这么多重量都哪儿去了呢？哈桑怎么也想不通。

后来，终于有人破解了这桩怪事。(27)**B原来这是地球的重力"偷"走了鱼**。地球重力是指地球引力与地球离心力的合力。地球的重力值会随地球纬度的增加而增加，赤道处最小，两极最大。如果同一个物体在两极的重量是190公斤，但在赤道的话，就会减少1公斤。挪威所处纬度高，靠近北极；利比里亚的纬度低，靠近赤道，(28)**E地球的重力值也随之减少**。哈桑的鱼丢失了分量，就是因不同地区的重力差异造成的。

(29)**A地球重力的地区差异**也为1980年墨西哥奥运会连破多项世界纪录这一奇迹找到了合理的解释。墨西哥城位于北纬不到20度、海拔2240米处，(30)**C比一般城市远离地心1500米以上**。由于地心引力相对较小，运动健儿们接二连三地打破了男子100米、200米、400米、4×400接力赛、男子跳远和三级跳远等多项世界纪录，那一年也因此成为奥运会历史上的最辉煌的年代之一。

A. 地球重力的地区差异
B. 原来这是地球的重力"偷"走了鱼
C. 比一般城市远离地心1500米以上
D. 归途上平平安安
E. 地球的重力值也随之减少

지난 세기 초, 라이베리아(Liberia) 상인 하산은 아주 기괴한 일을 경험했다. 그가 노르웨이에서 12,000톤의 생선을 사서 라이베리아의 수도로 운송한 후, 무게를 쟀더니 47톤이나 줄어든 것이었다. 하산은 생선 판매업자가 무게 다는 모습을 직접 본 장면을 떠올리며 '적게 쟀을 리가 없는데, (26)**D돌아오는 길에도 아무 일 없었는데**, 아무도 생선을 옮기지도 않았고, 47톤이나 줄었다니, 이렇게 큰 무게가 어디로 사라졌다는 말인가?' 하산은 아무리 생각해도 이해할 수가 없었다.

그 후 어떤 사람이 드디어 이 불가사의한 일을 해결해 냈다. (27)**B알고 보니 지구의 중력이 생선을 '훔쳐'간 것이었다**. 지구의 중력은 지구의 인력과 지구의 원심력이 합쳐진 힘이다. 지구 중력의 크기는 지구의 위도에 따라 증가하고 또 증가하여, 적도에서 가장 작고, 양극 지방에서 가장 크다. 만약 한 물체의 무게가 양극 지방에서 190kg이었다면, 적도에서는 1kg이 줄어든다. 노르웨이는 북극에 가까운 고위도에 있고, 반대로 라이베리아의 위도는 낮고, 적도에 가까이 있으니, (28)**E지구 중력 크기 역시 따라서 줄어든다**. 하산의 생선의 무게가 줄어든 것은 바로 다른 지역 간의 중력 차이에서 빚어진 것이었다.

(29)**A지구 중력의 지역적 차이**는 1980년 멕시코올림픽에서 계속된 세계 기록 경신에 합리적인 설명도 가능하게 한다. 멕시코시티는 북위 20도 채 안 되는 해발 2,240m의 고도에 있어, (30)**C일반 도시보다 지심에서 1,500m 이상 멀리 있다**. 지심 인력이 상대적으로 작아, 운동선수들이 남자 100m, 200m, 400m, 4인 400m 계주, 남자 멀리뛰기, 삼단뛰기 등 여러 종목에서 세계기록을 경신했고, 그 해는 올림픽 역사상 가장 눈부신 성적을 거둔 회로 기록되었다.

A. 지구 중력의 지역적 차이
B. 알고 보니 지구의 중력이 생선을 '훔쳐'간 것이었다
C. 일반 도시보다 지심에서 1,500m 이상 멀리 있다
D. 돌아오는 길에도 아무 일 없었다
E. 지구 중력 크기 역시 따라서 줄어든다

| **亲眼** qīnyǎn 🔖 직접 자신의 눈으로 (보다) | **过秤** guòchèng 🔖 저울에 (무게를) 달다 | **破解** pòjiě 🔖 파헤치다, 풀다 | **重力** zhònglì 🔖 중력 | **引力** yǐnlì 🔖 만유인력 | **离心力** líxīnlì 🔖 원심력 | **纬度** wěidù 🔖 위도 | **赤道** chìdào 🔖 적도 | **两极** liǎngjí 🔖 양극 [남극과 북극] | **挪威** Nuówēi 🔖 노르웨이 | **墨西哥** Mòxīgē 🔖 멕시코 | **地心** dìxīn 🔖 지심, 지구의 중심 |

---

26 D 의미 추론법 앞절에서 '무게를 잴 때 적게 잰 것도 아니고'라고 말했고, 뒷절에서는 '아무도 옮긴 적이 없다'라고 말하고 있다. 이는 돌아오는 과정이 순탄하고 아무 문제가 없었다는 것을 설명한다.

27 B 연결어법 빈칸은 독립된 문장이므로, 먼저 보기 중 A, C, D를 소거한다. B의 연결어 '原来'는 앞문장과 대응하여 불가사의한 일을 해결한 상황의 변화를 말해주고 있다. E의 '따라서 줄어든다'를 보면 앞문장에서 그와 관련된 내용을 전혀 찾을 수가 없다.

28 E 키워드법 '적도(赤道), 줄어든다(减少)'가 키워드이다. 이 단락은 지구 중력 때문에 생선의 무게가 감소했음을 설명하고 있다.

29 **A** 소거법 지금까지 남은 보기는 A와 C이다. 먼저 단락의 첫 문장인 빈칸은 문장 전체의 전반부로, 주어가 필요하다. 그러므로 C는 문맥상 부적합하고, A를 원문에 넣어보면 의미가 통한다.

30 **C** 키워드법 앞절의 해발 2,240m는 고도를 설명하는 것이다. C 또한 고도를 설명하며 두 도시를 비교하고 있고, 앞뒤 문장과 의미도 잘 통한다.

31~34

　　著名影星英格丽18岁时，从监护人奥图叔叔那里争取到一个机会，**31去参加皇家戏剧学院的考试。若考不上，就必须服从叔叔的安排，当一个售货员或秘书，这是她不愿意的。**考试前，她给了学院一个棕色信封和一个白色信封。如果失败了，把棕色信封退回来；如果通过了，就用白信封告知好消息。

　　她扮演的是一个快乐大胆的农家少女，要逗弄一个憨厚的小伙子。她上台后，说了两句台词，眼睛的余光就发现评判员们在聊天，比划着什么，似乎根本没在意她，她的心一下子冷了，连后面的台词也要忘掉了。果然，评判团主席打断说："停吧！谢谢你，小姐。下一位！"**32才30秒钟就断送了理想！**她什么人也看不见，什么声音也听不见，她只想着一件事：**32投河了断。**

　　她来到河边，看见那水是暗黑色的，发着油光，肮脏得很。她想，别人把我捞上来，身上沾满污物，肚里全是脏水，多难看……她犹豫着，离开了河岸，回归到痛苦中。

　　第二天，有人告诉她到办公室去取信，白色的。天哪，她拿到了白信封？！是真的。

　　后来她遇到了一个当时的评判员，便追问："那天是怎么回事啊？你们的表现几乎害死了我……"评判员听完后瞪大了眼睛："你真是疯了！在你从舞台侧翼跳出来，站在中央向我们笑，说出第一句台词时，我们就转身商量了：**33看看她多么自信！表演得很到位！**不需要再浪费一秒钟了，后面还有十几个考生呢！"这个回答几乎使英格丽晕过去。**34"还好，"**评判员又说，**"在决定放弃自己的关键时刻，你犹豫了一会儿。"**

　　유명한 영화배우 잉그리드는 18살 때, 후견인 오페이유(Auteui) 삼촌이 있는 곳에서 기회를 잡아 **31황실희극아카데미에 시험을 보러 갔다. 만약 합격하지 못하면 그녀는 삼촌의 계획대로 판매원이나 비서로 일해야 했다. 이것이 그녀가 원하는 삶이 아니었다.** 시험을 치기 전, 그녀는 아카데미 측에 갈색과 흰색 봉투 하나씩을 건넸다. 불합격이면 갈색 봉투가 돌아올 것이고, 합격이면 흰색 봉투가 그녀에게 희소식을 알려줄 것이었다.

　　그녀가 연기한 배역은 순박한 총각을 가지고 노는, 즐거움에 들뜬 농촌 소녀였다. 그녀는 무대에 올라 몇 마디 대사를 하고는 곁눈질로 보았는데, 심사위원들이 잡담을 하고 있었다. 그녀가 무슨 손짓을 하든 그들은 그녀를 볼 생각이 전혀 없는 것 같았다. 그녀의 가슴은 철렁 내려앉아 다음 대사조차 모두 잊어버렸다. 아니나 다를까 심사위원단장은 저지하며, "됐어요! 고마워요, 아가씨. 그 다음!"이라고 말했다. **32 30초 만에 꿈이 사라져 버리다니!** 그녀는 아무도 보이지 않았고, 어떤 소리도 들리지 않았다. 그저 하나만 생각했다. **32바로 강에 뛰어드는 것이었다.**

　　그녀가 강변에 도착해서 보니, 강물은 어두운 색에 번지르르하니 더럽기 짝이 없었다. 그녀는 다른 사람이 나를 건져내면 온몸에 오물이 묻어 있고, 뱃속에는 전부 더러운 물로 가득할 텐데, 얼마나 흉할까……그녀는 망설이다 강가를 떠났고, 괴로운 현실로 돌아갔다.

　　다음 날, 누가 사무실에서 편지를 찾아가라고 했다. 흰색이었다. 세상에, 그녀가 흰색 봉투를 받았다고?! 그것은 사실이었다.

　　그 후 당시 심사위원과 마주치자 그녀는 꼬치꼬치 캐물었다. "그 날은 도대체 어떻게 된 거예요? 정말 당신들은 거의 나를 죽일 뻔했다고요……." 심사위원은 그녀의 말을 듣고 경악을 금치 못하며, "너 완전 정신 나갔구나! 네가 무대 옆에서 뛰어나와 중앙에 서서 우리를 보고 웃으며 첫 마디 대사를 했을 때, 우리는 모두 돌아서서 논의를 했지. **33저 자신감 있는 자태 봐라! 연기도 훌륭하고!** 더 이상 시간 낭비할 필요 없지 않나, 뒤에 아직 몇십 명의 응시생이 대기하고 있는데!"라고 말하는 것이 아닌가. 이 말을 듣고 잉그리드는 기절할 뻔했다. **34심사위원은 또 "괜찮아. 자신을 버리려는 결심을 하는 중요한 순간에 망설였으니까."라고 말했다.**

31 下面属于英格丽想做的事情是：

A. 当秘书
B. 卖东西
C. 学表演
D. 做评委

31 다음 중 잉그리드가 하고 싶었던 일은:

A. 비서 되기
B. 물건 팔기
C. 연기 배우기
D. 심사위원 되기

32 为什么她曾经想投河自杀?
   A. 她不会表演考试内容
   B. 她收到了棕色的信封
   C. 她突然看不见、听不见
   D. 她觉得自己没有通过考试

33 评判们对英格丽的表演有什么看法?
   A. 非常糟糕
   B. 非常出色
   C. 希望她放弃表演
   D. 不是很满意

34 根据文章,你觉得最适合做本文标题的是:
   A. 关键的犹豫
   B. 如何增加自信心
   C. 成为影星的必经之路
   D. 评判员与考试

32 그녀는 왜 강에 뛰어들어 자살하려 했었는가?
   A. 시험 내용을 연기하지 못해서
   B. 갈색 봉투를 받아서
   C. 갑자기 보이지도 들리지도 않아서
   D. 자신이 시험에 통과하지 못했다고 생각해서

33 심사위원들은 잉그리드의 연기를 보고 어떤 생각을 했는가?
   A. 너무 엉망이다
   B. 출중하다
   C. 그녀가 연기를 포기하기를 바랐다
   D. 만족스럽지 않다

34 이 글에 근거하여 가장 적합한 제목은:
   A. 중요한 망설임
   B. 어떻게 자신감을 키우는가
   C. 영화배우가 되는 필수 코스
   D. 심사위원과 시험

监护人 jiānhùrén 명 후견인 | 服从 fúcóng 동 따르다, 복종하다 | 扮演 bànyǎn 동 ~역을 맡아 하다, 출연하다 | 憨厚 hānhòu 형 소박하고 정직하다, 성실하고 우직하다 | 比划 bǐhuá 손짓하다 | 肮脏 āngzāng 형 더럽다, 지저분하다 | 到位 dàowèi 형 딱 들어맞다, 매우 적격이다 | 关键 guānjiàn 형 결정적인 작용을 하는, 매우 중요한 | 犹豫 yóuyù 형 머뭇거리다, 망설이다

31 **C** 세부 문제 첫 단락에서 판매원이나 비서가 되기 싫다고 명확하게 말하고 있으므로 A와 B를 소거한다. 그녀가 황실희극아카데미 시험에 참여했으니 당연히 연기를 배우고 싶은 것이다. D는 혼동을 주려는 보기이다.

32 **D** 인과관계 문제 '바로 강에 뛰어드는 것이었다'와 '30초 만에 꿈이 사라지다니', 이 두 문장이 직접적인 원인을 말해주고 있다. 그녀는 심사위원이 자신을 불합격시킬 것이라고, 자신은 분명히 시험에 통과하지 못했을 것이라고 생각했기 때문이다.

33 **B** 세부 문제 심사위원이 한 말 중에 '저 자신감 있어 보이는 자태 봐라! 연기도 훌륭하고!'라는 문장에서 그녀의 연기가 출중했고 모두가 만족했음을 알 수 있다.

34 **A** 주제 문제 이 글은 영화배우 잉그리드가 시험을 쳤을 때, 심사위원이 너무 빨리 결정을 내려서 그녀는 떨어졌다고 오해를 하고 자살할 뻔한 사실에 대해 이야기하고 있다. 마지막에는 그녀가 망설였기 때문에 괜찮다는 내용이 나온다. 여기에서 키워드는 '망설임'이다. 이 단어는 짧지만 본문의 핵심 의미를 모두 드러내고 있다.

35~38

我们经常听到赞美蝴蝶破茧而出的歌。蝴蝶非常有魅力,但是它的美丽却是一种挣扎的过程。它要使自己的翅膀强壮,最终才可能飞向天空。如果蝴蝶很容易就从茧中爬了出来,那它的身体就会很臃肿,翅膀非常小,就算它十分努力,也无法让自己跟别的蝴蝶那样飞舞。一定的

우리는 나비가 누에고치를 뚫을 때 나는 소리를 찬미하는 말을 자주 듣게 된다. 나비는 정말 매력이 넘치지만, 그 매력은 일종의 몸부림치는 과정이다. 나비는 자신의 날개를 건장하게 키워야만 하늘을 날 수 있다. 만약 나비가 누에고치에서 쉽게 기어 나온다면, 몸은 아주 비대할 것이고, 날개 역시 아주 작을 것이며, 나비 자신은 아주 노력을 했다손 치더라도 다른 나비처럼 춤을 추지는 못할 것이다. 적

压力水平，才让美丽的蝴蝶在破茧而出以后可以自由飞舞。

对人类来说，压力也有最佳水平。^{35,37}合适的压力不仅能成为我们前进的动力，还会促使我们在工作中发挥出最佳水平。过重或过轻的压力则会对人的健康与发展不利。人们在过高的心理压力下，会感到不快乐，甚至可能进一步带来经济损失和严重的社会影响。那么，如果在没有压力的极乐世界，是不是最好的呢？³⁶研究发现，世界上没有完全不存在心理压力的情况。我们假定存在这样的情形，那一定比有巨大心理压力的情景更可怕。因为，³⁷没有压力本身就是一种压力，它的名字叫做"空虚"。过去，曾有无数文学艺术作品描述过这种空虚感，那是一种比死亡更没有生气的状况，一种活着却感觉不到自己存在的巨大悲哀。

心理学研究表明，一个人的动机强度与活动绩效的关系呈倒U字型，即中等强度动机的活动绩效最高，³⁷而动机水平过低与过高，都会导致活动绩效水平下降。人在压力与生活相协调一致时，可以保持警醒、敬畏的心态，形成自我保护机制，并产生催人奋发向上的动力。

³⁷生活中的压力无处不在，但心理压力也可以成为我们的好朋友。只要调节得当，学会适当减压，那么压力就会转变成前进的动力。我们就能够像蝴蝶那样，在破茧而出的时候，扇动强壮有力的翅膀，自由地飞向天空。

35 第二段中画线句子的主要意思是：
  A. 压力要适度
  B. 压力对人的健康有利
  C. 只有人类会调节压力
  D. 压力有助于将工作做得更好

36 作者认为，没有压力的极乐世界：
  A. 不存在
  B. 缺少生机
  C. 存在于文学作品中
  D. 存在于每个人的心中

37 根据上文，下列哪项正确？
  A. 压力即动力
  B. 压力随处可见
  C. 压力会带来空虚感
  D. 动机越高活动绩效越高

당한 스트레스는 매력적인 나비가 누에고치에서 나온 후 자유로이 춤을 출 수 있게 한다.

사람에게는 가장 적당한 스트레스의 레벨이 있다. ^{35,37}적당한 스트레스는 전진할 수 있는 원동력이 될 뿐 아니라, 최고의 업무 능력을 발휘할 수 있도록 촉진한다. 너무 과도하거나 너무 약한 스트레스는 오히려 사람의 건강과 발전에 불리하다. 사람들은 극도의 심리적 압박감에 시달릴 때, 불쾌함을 느끼고 심지어 경제적 손실을 보거나 사회에 부정적인 영향을 끼친다고 한다. 그렇다면 스트레스가 없는 극락세계가 가장 좋다는 말인가? ³⁶연구 결과, 세계에서 심리적인 스트레스가 존재하지 않는 곳은 없는 것으로 밝혀졌다. 이런 세계가 있다고 가정한다면, 그곳은 분명히 거대한 심리적 스트레스가 있는 상황보다 더 무서울 것이다. 왜냐하면 ³⁷스트레스가 없는 것 자체가 바로 일종의 스트레스이기 때문이다. 그것의 이름은 바로 '공허함'이다. 과거에 무수한 문학예술 작품에서 이런 공허함을 죽음보다도 더 생기 없고, 살아 있어도 자신의 존재를 느낄 수 없는 거대한 비극으로 묘사했다.

심리학 연구에서 보면, 한 사람이 가진 동기의 강도와 그 성과의 관계는 거꾸로 된 U자형을 보인다고 밝혔다. 즉, 동기 강도가 중간인 사람의 성과가 가장 높으며, ³⁷동기가 너무 약하거나 강하면 성과의 수준이 떨어지는 것으로 나타났다. 사람은 스트레스와 생활이 조화를 이룰 때 자각심, 경외심을 유지할 수 있으며, 자아보호기제를 형성하고 함께 분발하여 전진할 수 있는 원동력을 생성한다.

³⁷생활 속 스트레스는 언제나 존재한다. 하지만 심리적 스트레스 역시 나의 좋은 친구가 될 수 있다. 적절히 조절만 잘하고 적당히 낮추는 법만 배우면 스트레스는 전진의 원동력이 될 것이다. 우리는 나비처럼 누에고치에서 나왔을 때, 세찬 날갯짓을 하며 자유롭게 하늘을 날 수 있을 것이다.

35 두 번째 단락에서 밑줄 친 문장의 의미는:
  A. 스트레스는 적당해야 한다
  B. 스트레스는 사람의 건강에 유리하다
  C. 사람만이 스트레스를 조절할 수 있다
  D. 스트레스는 업무 성과를 높이는 데 도움이 된다

36 작가가 생각하기에 스트레스가 없는 극락세계는:
  A. 존재하지 않는다
  B. 생기가 없다
  C. 문학 작품에 존재한다
  D. 모든 사람의 마음에 존재한다

37 윗글에 따르면 다음 중 어떤 보기가 타당한가?
  A. 스트레스는 원동력이다
  B. 스트레스는 어디서에나 볼 수 있다
  C. 스트레스는 공허함을 가져온다
  D. 동기가 강할수록 성과도 높다

38 最适合做上文标题的是：
A. 有力的翅膀
B. 破茧方可成蝴蝶
C. 什么比压力更可怕
D. 有一种压力叫"空虚"

38 윗글의 제목으로 가장 적합한 것은:
A. 힘있는 날개
B. 누에고치를 뚫어야 나비가 될 수 있다
C. 스트레스보다 다른 것들이 훨씬 더 무섭다
D. '공허함'이라고 불리는 스트레스가 있다

赞美 zànměi 통 찬미하다, 찬양하다 | 茧 jiǎn 명 누에고치 | 魅力 mèilì 명 매력 | 挣扎 zhēngzhá 통 발버둥치다, 몸부림치다 | 翅膀 chìbǎng 명 날개 | 臃肿 yōngzhǒng 형 너무 크다, 매우 뚱뚱하다 | 飞舞 fēiwǔ 통 춤추며 날다, 춤추듯이 공중에 흩날리다 | 极乐世界 jílè shìjiè 명 극락세계 | 空虚 kōngxū 형 허전하다, 공허하다 | 悲哀 bēi'āi 형 슬프고 애통하다 | 动机 dòngjī 명 동기 | 绩效 jìxiào 명 업적과 성과 | 敬畏 jìngwèi 통 경외하다 | 扇动 shāndòng 통 부치다, 흔들다

---

35 **A** 세부 문제 이 문장 뒤에 바로 이어진 문장이 밑줄 친 부분을 설명하고 있다. '적당한 스트레스는 전진할 수 있는 원동력이 될 뿐 아니라 최고의 업무 능력을 발휘할 수 있도록 촉진한다'에서 적당한 스트레스라고 범위를 한정했으므로 정답은 A이다.

36 **A** 세부 문제 글에 직접적인 답이 나와 있다. 연구 결과, 세계에서 심리적 스트레스가 존재하지 않는 곳은 없는 것으로 밝혀졌다고 했으므로 정답은 A이다.

37 **B** 세부 문제 적당한 스트레스는 전진할 수 있는 원동력이라고 말하고 있지, 스트레스가 곧 원동력이라고 말하지는 않으므로 A는 정답이 아니다. '스트레스가 없는 것 자체가 바로 일종의 스트레스이기 때문이다. 그것의 이름은 바로 공허함이다'에서 C를 소거할 수 있다. 또, '동기가 너무 강하거나 너무 약하면 업무의 성과가 떨어진다'에서 D를 소거할 수 있다. 마지막 단락의 '생활 속 스트레스는 언제나 존재한다'를 보면 정답은 B이다.

38 **B** 주제 문제 A는 특별한 의미도 없고, 본문이 설명하는 스트레스와 아무런 관련이 없다. C가 강조하는 것은 '더 무섭다'이므로 문장의 의미와 상통하지 않는다. D가 강조하는 것은 공허함이다. 문장에서 공허함을 언급한 것은 스트레스가 없는 상황이 어떤지를 설명하기 위해서이지 문장 전체와는 관련이 없다. B가 말하는 대상이 비록 나비이긴 하지만 본문에서 나비가 누에고치를 뚫고 나오는 예를 들면서 우리에게 스트레스가 무엇인지, 적당한 스트레스는 어떤 것인지 설명하고 있다.

39~42

39有一只老鼠在一个青黄不接的初夏里，跑到一个农家仓库里觅食，它一不小心掉进了还有半缸子米的缸里。老鼠喜出望外，高兴地要命，它先是警惕地环顾了一下周围，确定不会有危险之后，它开始狂吃一通，吃完就在缸里睡觉。

老鼠就这样无忧无虑地在米缸里吃了睡，睡了吃，过着快乐的日子。老鼠有的时候也考虑过要跳出米缸，不过它一想到白花花大米，终究还是禁不住美味的诱惑。突然有一天它发现米缸里的米快没了，才明白以米缸现在的高度，自己就是想跳出去，也无能为力了。

40对于老鼠而言，这半缸米就是一块试金石。要是它想全部占为己有，有可能换走的是自己的生命。所以，**42**管理学家把老鼠能跳出缸外

39쥐 한 마리가 춘궁기인 초여름에 한 농가의 창고에서 먹이를 찾다가 잠깐의 부주의로 쌀이 반이나 차 있는 독 안으로 떨어졌다. 쥐는 뜻밖의 횡재에 신이 나서 어쩔 줄 몰랐다. 먼저 경계하면서 주변을 한 번 둘러보고 위험 요소가 없는 것을 확인한 후, 미친 듯이 먹기 시작했고 먹은 후 그 안에서 잠이 들었다.

쥐는 쌀독에서 이렇게 호의호식하며 먹고 자고, 자고 먹으면서 편안한 날들을 보냈다. 쥐는 어떨 때 쌀독을 뛰쳐나갈까 생각도 해봤지만, 새하얀 쌀만 생각하면 결국 맛있는 쌀의 유혹을 뿌리치지 못했다. 어느 날 갑자기 쥐는 쌀독에 쌀이 거의 다 떨어진 것을 발견하고서야 쌀독의 지금 높이는 자기가 나가고 싶어도 나갈 능력이 안 된다는 것을 깨달았다.

40쥐의 입장에서 보면 이런 쌀독은 하나의 '시금석'이다. 모든 것을 가지려고 한다면 자신의 생명과 바꿔야 한다. 그래서 **42**관리학자들은 쥐가 쌀독에서 뛰쳐나갈 수 있는 높이를 '생명의 높이'라고 부른

的高度称为"生命的高度"。不过这个高度就掌握在老鼠自己的手里，它多留恋一天，多贪吃一粒，就离死亡近了一步。

在现实生活中的大部分人都能做到在明显有危险的地方止步，不过想要能清楚地认识潜在的危机，并及时跨越"生命的高度"，就没有想象得那么容易了。

举个例子来说，员工的培训在公司管理中的占有很重要的位置，是任何一个公司都明白的道理，不过通过本公司内部培训或外出学习等手段来提高员工尤其是中坚员工的专业素质，就需要花费大量的人力、物力、财力以及时间，并且经常会与公司各项工作有一定的冲突。所以 41员工培训对于公司来说也就变成了"说起来重要，办起来次要，忙起来不要"的口号，导致许多员工无法系统地接触到新事物、新方法、新观念。我们仔细分析一下，公司眼前的利益不就是那半缸米吗？

다. 그러나 이 높이는 쥐 자신이 통제할 수 있는데도 불구하고, 미련이 남아 하루를 더 살고, 욕심에 한 알을 더 먹음으로써 죽음에 한 발 가까이 가게 되는 것이다.

현실 생활에서 대부분의 사람은 위험 요소가 분명한 곳에서 멈출 수 있다. 그러나 잠재해 있는 위기를 정확히 알고, 제때 '생명의 높이'를 뛰어넘는 것은 생각처럼 그렇게 쉽지 않다.

예를 들어, 회사 관리에서 직원 교육은 아주 중요하며, 이는 모든 회사가 다 정확히 이해하는 이치이다. 그러나 해당 회사가 내부 교육 혹은 외부 학습 등의 수단을 동원해 직원들, 특히 중견급 사원들의 전문적 소양을 양성하려면 엄청난 인적, 물적, 재정적 자원이 소요되며 시간도 오래 걸린다. 또한 회사의 각종 업무와 마찰을 빚게 된다. 그래서 41직원 교육은 회사의 입장에서 볼 때, '말로는 최선, 할 때는 차선, 바쁠 때는 불필요한' 구호로 퇴색되어 가고, 많은 직원이 체계적으로 새로운 사물, 방법, 생각을 접촉할 수 없게 되어 버린다. 자세히 한번 분석해 보자. 회사에게 있어 현재의 이익이 바로 그 쌀독과 같은 맥락이 아닐까?

39 老鼠为什么喜出望外？
A. 发现没有猫
B. 找到了许多大米
C. 找到一个农家仓库
D. 没有别的老鼠和它抢米吃

40 第三段中"试金石"的意思最可能是：
A. 一个教训
B. 深刻的道理
C. 很值钱的石头
D. 可靠的检验方法

41 根据上文，公司存在的问题是：
A. 员工缺乏素质
B. 忽视对员工的培训
C. 忽视了管理的重要性
D. 缺少培训员工的手段

42 最适合做上文标题的是：
A. 生命的高度
B. 幸福的标准
C. 幸运的老鼠
D. 慷慨的代价

39 쥐는 무엇 때문에 신이 나서 어쩔 줄 몰랐는가?
A. 고양이가 없어서
B. 많은 쌀을 찾아서
C. 농가의 창고를 찾아서
D. 쌀을 먹으려고 자신과 싸울 다른 쥐가 없어서

40 세 번째 단락의 '시금석'의 의미는：
A. 하나의 교훈
B. 의미심장한 이치
C. 값나가는 돌
D. 믿을 만한 검사 방법

41 윗글에 따르면 회사에 존재하는 문제는：
A. 직원의 소양 부족
B. 직원 교육을 대수롭지 않게 여김
C. 관리의 중요성을 간과함
D. 직원 교육 방법이 부족함

42 윗글의 제목으로 가장 적절한 것은：
A. 생명의 높이
B. 행복한 기준
C. 운이 좋은 쥐
D. 호의호식의 대가

青黄不接 qīng huáng bù jiē 혱 보릿고개, 춘궁기 | **仓库** cāngkù 몡 창고, 곳간 | **觅食** mìshí 동 (새·짐승 등이) 먹이를 찾다 | **警惕** jǐngtì 동 경계하다 | **环顾** huángù 동 사방을 둘러보다 | **无忧无虑** wú yōu wú lǜ 혱 아무런 근심(걱정)이 없다 | **无能为力** wú néng wéi lì 혱 능력이 없다 | **试金石** shìjīnshí 몡 시금석, 정확하고 신뢰할 수 있는 검사 방법과 근거 | **潜在** qiánzài 동 잠재하다 | **跨越** kuàyuè 동 뛰어넘다 | **接触** jiēchù 동 접촉하다, 접근하다

39 B 세부 문제 '초여름 춘궁기'는 곳곳에 먹을 식량이 없다는 의미이다. 쥐가 갑자기 쌀이 있는 독 안에 떨어졌으니 당연히 기뻤을 것이다.

40 D 세부 문제 문자 표면상으로 보면 '시금석'의 의미는 황금의 함유 여부를 측정하는 것이지만, 하나의 도구로써 본다면 먼저 C는 소거할 수 있다. 쥐가 쌀독에 빠진 이야기를 통해 우리는 하나의 이치를 깨달을 수 있지만, 반이 차 있는 쌀독은 그 이치가 아니며 다른 어떤 교훈도 없다. 그러므로 A와 B도 소거할 수 있다. 시금석은 확실히 믿을 수 있는 검사 방법이라는 비유의 의미로 자주 쓰인다.

41 B 세부 문제 직원 교육은 회사의 입장에서 볼 때, 말로는 최선, 할 때는 차선, 바쁠 때는 불필요한 관례로 퇴색되어 가고 있다고 했으므로, 회사가 직원 교육의 중요성을 소홀히 한다는 것을 알 수 있다.

42 A 주제 문제 첫 번째, 두 번째 단락은 쥐의 사례이고, 세 번째 단락에서 '관리학자들은 쥐가 쌀독에서 뛰쳐나갈 수 있는 높이를 생명의 높이라고 부른다'라는 문장이 나온다. 네 번째와 다섯 번째 단락에서 이 사례를 통해 회사 관리 교육의 중요성을 설명하고 있으므로 정답은 A이다.

43~46

从前有一户人家的菜园里摆着一颗很大的石头，**45**它的宽度大约有四十公分，高度有十公分。到菜园的人，不小心就会踢到那一颗大石头，不是跌倒就是擦伤。儿子感到很奇怪问道："爸爸，那颗讨厌的石头，为什么不把它挖走？"爸爸这么回答："你说那颗石头啊？**45**从你爷爷那个年代，就一直放到现在了，**43**它的体积那么大，不知道要挖到什么时候才能清理掉。没事无聊挖石头的话，还不如走路小心一点，还可以训练一下你的反应能力。"

过了几年，这颗大石头留到下一代。当时的儿子娶了媳妇，也当了爸爸。有一天媳妇非常气愤地说："老公，菜园那颗大石头，我越看越不顺眼，改天请人把它搬走好了。"当时的儿子回答说："算了吧！那颗大石头很重的，可以搬走的话在我小时候就搬走了，哪会把它留到现在啊？"媳妇心底非常不是滋味，那颗大石头不知道让她跌倒多少次了。终于，有一天早上，媳妇带着锄头和一桶水，把整桶水倒在大石头的四周。十几分钟以后，**44**媳妇用锄头把大石头四周的土松了松。媳妇已经做好充分的心理准备，也许要挖一天，也许更久，可没想到几分钟就把石头挖起

옛날에 어떤 집 채마밭에 큰 돌이 하나 있었다. **45**돌의 너비는 약 40cm, 높이가 10cm였다. 채마밭에 온 사람은 조심하지 않으면, 그 큰 돌에 걸려 넘어지거나 찰과상을 입었다. 아들은 이상한 듯 물었다. "아버지, 그 짜증 나는 돌을 왜 파내지 않는 거죠?" 아버지는 "그 돌을 말하는 게냐? **45**네 할아버지 때부터 계속 거기에 있던 것이란다. **43**부피가 너무 커서 언제까지 파야 깨끗이 파질지도 모를 노릇이고, 아무 일도 없는데 무의미하게 파는 것보다는 차라리 좀 조심하면서 걷는 것이 낫지. 또 반사신경도 기를 수 있고 말이야."라고 말했다.

몇 년이 지나고 이 돌은 다음 세대에까지 남겨졌고, 그 당시의 아들이 장가를 가서 아버지가 되었다. 어느 날 부인이 화가 머리끝까지 나서 말했다. "여보, 채마밭에 그 돌 말이죠. 제가 보면 볼수록 눈에 거슬리는 게, 나중에 사람을 시켜서 옮겨야겠어요!" 그 당시의 아들은 "뭐요! 그 돌은 너무 무거워요. 옮길 수 있었으면 내가 어렸을 때 진작에 옮겼죠. 뭐 하러 지금까지 거기에 놔뒀겠어요?"라고 말했다. 부인은 정말 기분이 좋지 않았다. 그 돌이 그녀를 몇 번이나 넘어지게 했는지 모른다. 결국 어느 날 아침, 부인은 호미와 물을 들고 와서 통 안의 물을 돌의 네 군데에 나누어 부었다. 10분 후, **44**부인은 호미로 돌의 네 부분에 있는 흙을 파 뒤집었다. 부인은 파는데 하루가 걸리거나 혹 더 걸릴 수도 있다고 이미 마음의 준비를 단단히 했다. 그런데 생각지도 못하게 몇 분 만에 돌을 다 파낸 것이 아닌가. **45**크기를 보니 이 돌은 생각했던 것만큼 그렇게 크지 않았다. 모두 거대한 겉모양에 속은 것이었다.

来，⁴⁵看看大小，这颗石头根本没有预想的那么大，都是被那个巨大的外表蒙骗了。
　　⁴⁶心中的顽石常常阻碍我们去发现、去创造的，仅仅是我们心理上的障碍和思想中的顽石。想要改变你的世界，必先改变你自己的心态。

⁴⁶마음의 돌은 종종 우리가 새로운 것을 발견하고 창조하는 것을 가로막는데, 그것은 단지 우리 마음속의 장애물, 생각의 돌일 뿐이다. 당신의 세계를 바꿔보고 싶다면, 우선 자신의 마음가짐부터 고쳐야 한다.

43 为什么爸爸不把那个石头搬走？
A. 爷爷不让搬
B. 他不会踢到石头
C. 担心花费太长时间
D. 石头在菜园正合适

43 아버지는 왜 그 돌을 치우지 않았는가?
A. 할아버지가 못하게 해서
B. 아버지는 돌을 못 차서
C. 시간이 너무 오래 걸릴까 하는 걱정에
D. 돌이 채마밭에 딱 어울리므로

44 最后，谁把那颗大石头搬走了？
A. 爷爷
B. 爸爸
C. 儿子
D. 儿媳妇

44 마지막에 누가 이 돌을 치웠는가?
A. 할아버지
B. 아버지
C. 아들
D. 며느리

45 根据文章，我们知道，这颗石头：
A. 不太大
B. 是祖传的宝物
C. 在菜园里不影响别人
D. 高度大约有四十公分，宽度有十公分

45 글에 따르면 이 돌이 어떻다는 것을 알 수 있는가?
A. 그리 크지 않다
B. 선조로부터 전해져 온 보물이다
C. 채마밭에서 다른 사람에게 영향을 주지 않는다
D. 높이는 약 40cm, 너비는 10cm이다

46 下列哪个选项最适合做本文标题？
A. 爸爸的教导
B. 心中的顽石
C. 搬石头的诀窍
D. 儿媳妇和石头

46 다음 중 어떤 보기가 이 글의 제목과 가장 적합한가?
A. 아버지의 가르침
B. 마음의 돌
C. 돌을 옮기는 고수되기 팁
D. 며느리와 돌

| 跌倒 diēdǎo 통 넘어지다, 자빠지다 | 擦伤 cāshāng 통 찰과상을 입다 | 清理 qīnglǐ 통 깨끗이 정리하다 | 不顺眼 bùshùnyǎn 형 눈에 거슬리다 | 滋味 zīwèi 명 속마음, 기분 | 锄头 chútou 명 호미 | 预想 yùxiǎng 통 예상하다 | 蒙骗 méngpiàn 통 속이다, 기만하다 | 障碍 zhàng'ài 명 장애물, 방해물 | 顽石 wánshí 명 돌(멩이) | 心态 xīntài 명 심리 상태 | 诀窍 juéqiào 명 비법, 요령 |

---

43 **C** 인과관계 문제 아버지의 대답에서 답을 찾을 수 있다. 아버지는 '부피가 너무 커서 언제까지 파야 깨끗이 파질지도 모를 노릇'이라고 말하고 있다.

44 **D** 세부 문제 아버지도, 아들도 모두 옮기려 하지 않았지만, 아들의 부인 즉, 며느리는 공구를 직접 들고 금방 돌을 옮겨버렸다.

45 **A** 세부 문제 채마밭의 돌은 겉보기에는 커 보이지만 실제로는 그리 크지 않았다(A). 조상 대대로 전해지는 보물이 아니고, 그저 할아버지 때부터 거기에 있었던 것이다(B). 또, 밭에 온 사람들을 걸려 넘어지게 만들었으므로 사람들에게 영향을 준다고 할 수 있다(C). 너비가 40cm이고, 높이가 10cm이다(D). 따라서 정답은 A이다.

46 **B** 주제 문제 마지막 단락에서 '마음의 돌'을 들어 요점을 말하고 있으며, 작가의 관점도 드러내고 있다.

47~50

　　随着经济的迅猛发展，到2009年底，中国家庭年收入10万以上的"新富家庭"已达2600多万，由此催生了2000多万个"富二代"孩子。47这些90后和00后出生的孩子，很多不知道感恩、不孝顺父母、不自强自立、没有爱心，但却好逸恶劳、狂妄自私、任性骄横、欺辱凌弱，以"飙车、攀比、炫富、摆阔……"为荣，由此成为新一代"寄生虫"。

　　于是，人们不禁会问：现代家长该如何教子？"富二代"该怎样教育？

　　有鉴于此，48东子经过多年的调查研究，结合自己的教子体会，专门为现代家长打造了全国首部原创性"富养、富教"手册——《好父母教好"富二代"》。本书所及的"富二代"不仅仅是指"富一代"的子女，还包括虽然家庭不是很富有，但是肯在未成年子女身上"花钱"，让孩子"富有"的家长的孩子。49这些家长的一个共同特点是：期望用金钱买到最好的教育，使孩子有个好的未来。可往往事与愿违，这种"砸钱"的所谓精英教育，不仅"买"不来好孩子，而且还为其成长带来很多负面影响。大把钞票的投入，"回收"的却是孩子的懒散、自私、没有责任感等一系列问题。于是，"富二代"家长们困惑了：自己升官了、钱有了、日子好过了，可孩子却不知怎么教育了。

　　"富二代"是2009年至今的一个"热词"。"富二代"不差钱，差的是教育。再多的钱也买不来一个好孩子，50要教育好孩子，家长必须要有个正确的认识，具有科学而理性的教子观念，掌握适合自己孩子的教育方法。提高自身的素质，否则，有多少钱也是没有用的，孩子将来带给你的烦恼，很可能要超过你当初缺钱时的烦恼。

경제의 급격한 발전에 따라, 2009년 말 중국은 연소득이 10만 위앤이 넘는 '신흥 부자'가 2,600만 가구에 육박했고, 2,000여 만의 '부자 2세'가 생겨났다. 471990년생과 2000년생은 감사가 뭔지도 모르고, 부모에게 효도하지도 않고, 독립심도 없으며, 사랑하는 마음도 없다. 오히려 편한 것만 추구하고 일하기를 싫어하며, 거만하고 이기적이고, 제멋대로에 난폭하며, 남을 깔보고 약자를 괴롭히는 아이들이 태반이다. 또한 '차를 빨리 몰고, 허세를 부리며, 돈을 자랑하고 겉치레를 좋아하는 것'을 자랑으로 여기는 새로운 '기생충' 세대가 되었다.

그래서 사람들은 '지금의 부모들은 어떻게 아이를 교육해야 하는가? '부자 2세'를 어떻게 교육시켜야 하는가?'라고 묻지 않을 수 없다.

이런 점을 고려하여 48둥쯔는 몇 년간에 걸친 조사와 연구를 자신의 훈육 경험과 결합해, 현대의 부모를 위한 중국 국내 최초의 '부자 기르기, 부자 가르치기' 길잡이 책인 『좋은 부모는 '부자 2세'를 잘 키운다』를 출간했다. 이 책에서 언급한 '부자 2세'는 '부자 1세'의 자녀뿐만이 아니라, 가정이 많이 부유하지는 않지만 미성년 자녀의 '소비'에 동의하여 아이가 '부유해진' 부모의 아이들도 포함한다. 49이 부모들의 공통점은 돈을 들여 최고의 교육을 해서 아이가 좋은 미래를 누리기를 원한다는 것이다. 그러나 일이 바라는 대로 되지 않는 경우가 많아, 소위 엘리트 교육이라고 불리는 이런 '돈을 들이붓는' 방식은 좋은 아이를 '만들어 내지도' 못하고, 그들의 성장에 많은 악영향을 끼친다. 엄청난 돈을 들이고도 '회수하는 것은 오히려 자녀의 나태함, 이기심, 무책임 등과 관련된 문제들이다. 그래서 '부자 2세'의 부모들은 '나는 승진하고, 돈을 벌고, 편안한 세월은 보내는데, 도대체 아이는 어떻게 교육해야 할지 모르겠다.'라고 토로한다.

'부자 2세'는 2009년부터 지금까지 '유행하는 신조어'이다. '부자 2세'는 돈은 모자라지 않지만 교육이 모자라다. 더 많은 돈도 좋은 아이를 만들어 내지는 못한다. 50아이를 잘 교육시키려면 부모들은 올바른 인식을 수립하고, 과학적이고 이성적인 자녀관을 가지고 자신의 아이에게 어울리는 교육 방법을 파악해야 한다. 자신의 소양을 높이지 않는다면 돈이 많은들 아무런 소용도 없고, 아이가 나중에 사고를 친다면 당신이 애초 돈이 없었던 시절에 가졌던 고민거리보다 더 골머리를 앓게 될 것이다.

47 作者对"富二代"孩子持什么态度？

A. 赞成
B. 反对
C. 无所谓
D. 不知道

48 通过阅读，我们能够知道这篇文章是：

A. 一篇新书介绍
B. 关于"富二代"的演讲稿
C. 写给"富二代"孩子的书
D. 社会心理学论题

47 작가는 '부자 2세' 아이들에게 어떤 태도를 보이고 있는가?

A. 찬성
B. 반대
C. 상관없음
D. 모름

48 글을 읽은 후 우리는 이 글이 어떤 글인지 알 수 있는가?

A. 새로 나온 책 한 권을 소개하는 글이다
B. '부자 2세'에 대한 연설 원고이다
C. '부자 2세' 아이들에게 주는 책이다
D. 사회심리학 논제이다

49 "富二代"家长的共同特点是什么?
   A. 培养的孩子都是精英
   B. 家庭年收入2000多万
   C. 虽然不太富有，但舍得花钱
   D. 期望用金钱买到最好的教育

50 通过这篇文章，作者希望:
   A. 解决缺钱的烦恼
   B. 家长给孩子挣更多的钱
   C. 家长用合适的教育方法教育孩子
   D. 砸钱给孩子提供精英教育

49 '부자 2세' 부모의 공통된 특징은 무엇인가?
   A. 키우는 아이가 모두 엘리트이다
   B. 가정의 연소득이 2,000만 위앤이 넘는다
   C. 그렇게 부유하지는 않지만, 돈을 쓰는 데 인색하지 않다
   D. 돈을 들여 최고의 교육을 하기 바란다

50 이 글을 통해 작가가 바라는 것은:
   A. 돈이 없는 고민을 해결하기를
   B. 부모가 아이들에게 더 많은 돈을 벌어다 주기를
   C. 부모가 적합한 교육 방식을 통해 자녀를 교육하기를
   D. 돈을 들이부어 아이들에게 엘리트 교육을 하기를

迅猛 xùnměng 형 빠르고 맹렬하다, 급격하다 | 好逸恶劳 hǎo yì wù láo 성 편한 것만 꾀하고 일하기를 싫어하다 | 狂妄 kuángwàng 형 아주 거만하다, 안하무인격이다 | 自私 zìsī 형 이기적이다 | 任性 rènxìng 형 제멋대로 하다 | 骄横 jiāohèng 형 거만하고 난폭하다 | 欺辱 qīrǔ 동 괴롭히다, 업신여기다 | 攀比 pānbǐ 동 허세를 부리다, 비교하다 | 炫富 xuànfù 명 재물을 뽐내는 현상 | 摆阔 bǎikuò 동 겉치레를 좋아하다, 잘사는 티를 내다 | 寄生虫 jìshēngchóng 명 기생충 | 打造 dǎzào 동 (환경·상황을) 만들다, 조성하다 | 事与愿违 shì yǔ yuàn wéi 성 일이 바라는 대로 되지 않다 | 懒散 lǎnsǎn 형 나태하고 산만하다, 게으르다 | 升官 shēngguān 동 승진하다, 출세하다 | 素质 sùzhì 명 소질, 자질

---

47 B 주제 문제 첫 번째 단락에서 작가는 '부자 2세'를 묘사하고 있다. '기생충'이라고까지 말하는 것을 보면, 작가가 그들을 매우 탐탁지 않아 하는 것을 알 수 있다.

48 A 주제 문제 세 번째 단락을 보면, 두 번째 단락에서 생긴 의문 때문에 둥쯔가 『좋은 부모는 '부자 2세'를 잘 키운다』라는 책을 집필했다고 말하고 있다. 따라서 뒤의 내용은 그 책에 대한 소개라고 볼 수 있다.

49 D 세부 문제 세 번째 단락에서 '이런 부모들의 공통점은 돈을 들여 최고의 교육을 해서 아이가 좋은 미래를 누리기를 원한다는 것'이라고 말하고 있다.

50 C 주제 문제 이 글의 작가는 '부자 2세'의 교육 현황이 그다지 낙관적이지 않다고 여기고 있고, 좋은 교육 방식의 부재를 주로 묘사하고 있다. 그는 이런 가장들이 이 책을 본 후, 현재 상황을 바꿔서 아이들이 더 잘 성장하고 발전하기를 희망하고 있다.

2 모의고사 2 p.293

정답

1 B	2 D	3 C	4 B	5 C	6 D	7 A	8 C	9 A	10 C
11 B	12 A	13 C	14 B	15 D	16 A	17 B	18 A	19 A	20 C
21 D	22 B	23 E	24 A	25 C	26 D	27 A	28 E	29 B	30 C
31 A	32 C	33 B	34 D	35 B	36 C	37 C	38 A	39 B	40 B
41 B	42 A	43 C	44 B	45 D	46 C	47 D	48 A	49 D	50 A

---

1 A. 一个人只要真挚诚实，就一定能打动人。
   B. 关于母亲的身体健康，他一直很关心。
   C. 他特别喜欢游泳，一到周末就会去体育馆游一两个小时。
   D. 树的年轮可以当指南针，年轮宽的一面是南，窄的一面是北。

1 A. 진실하고 성실하면 사람의 마음을 움직일 수 있다.
   B. 그는 줄곧 어머니의 건강에 많은 관심을 기울였다.
   C. 그는 수영을 매우 좋아해서, 주말이면 체육관에 가서 1~2시간은 수영을 한다.
   D. 나무의 나무테는 나침반도 될 수 있다. 나이테의 폭이 넓은 부분은 남쪽이고, 좁은 부분은 북쪽이다.

真挚 zhēnzhì 형 참된, 진실한 | **打动** dǎdòng 동 감동시키다, 마음을 움직이다 | **年轮** niánlún 명 (식물의) 나이테

1 B 关于母亲的身体健康，他一直很关心。
   → 对于母亲的身体健康，他一直很关心。

개사의 사용이 잘못되었다. '关于'는 동작이 미치는 범위를 나타내고, '对于'는 대상을 나타낸다. '母亲的身体健康'은 범위가 아니라 대상이다.

---

2 A. 当我上小学的时候，就能认出上百种昆虫。
   B. 如果你想去帮助别人，就不要计较别人能不能、会不会报答你。
   C. 相传古时候天上有十个太阳，后羿射掉了九个，就只剩下现在这一个。
   D. 你不努力学习，那怎么可能有好的成绩是可想而知的。

2 A. 내가 초등학교에 다녔을 때는 수백 가지의 곤충을 알아맞혔다.
   B. 네가 다른 사람을 돕고 싶다면, 그 사람이 너에게 보답을 할 수 있을지 없을 지는 따지지 말아라.
   C. 전설에 따르면 옛날에는 하늘에 10개의 태양이 있었는데, 후에 예(羿)가 그중 9개를 쏘아 떨어뜨려 지금의 1개만 남게 되었다고 한다.
   D. 노력하지 않는다면 어찌 좋은 성적을 낼 수 있겠는가.

昆虫 kūnchóng 명 곤충 | **羿** Yì 고유 예 [하(夏)대 유궁국(有窮國)의 군주로, 활을 잘 쏘았다고 함]

2 D 你不努力学习，那怎么可能有好的成绩是可想而知的。
   → 你不努力学习，那怎么可能有好的成绩。
   / 你不努力学习，得不到好成绩是可想而知的。

내용이 뒤섞여서 명확한 의미를 알 수 없는 혼란스러운 구조이다. 첨삭을 통해 의미가 통하게 바꿔야 한다.

3 A. 那篇小说不算很长，我用了一个小时就看完了。
B. 民间二十四节气是中国古代时期制定的一种用来指导农业生产的补充历法。
C. 虽然所有事情都正在按部就班地进行，但她依然很担心能不能按期完工。
D. 健身时一定要选择合适的场所和舒适的设备，只有这样才能充分享受到运动带来的乐趣。

3 A. 그 소설은 길지 않아서 나는 한 시간만에 다 봤다.
B. 24절기는 중국 고대에 제정된 것으로, 농업을 지도하기 위한 보충적인 역법이다.
C. 모든 일이 순서대로 차근차근 진행되고 있는데도, 그녀는 여전히 기한 내에 일을 마치지 못할까 봐 걱정한다.
D. 운동을 할 때는 반드시 적당한 장소와 편한 운동기구를 선택해야 한다. 그래야만 운동이 주는 재미를 충분히 느낄 수 있다.

按部就班 àn bù jiù bān 图 순서대로 하나씩 나아가다, 확실하게 한 걸음 한 걸음 나아가다 | 舒适 shūshì 형 편안하다, 쾌적하다

3 C 虽然所有事情都正在按部就班地进行，但她依然很担心**能不能**按期完工。
→ 虽然所有事情都正在按部就班地进行，但她依然很担心**不能**按期完工。

양면적 성질의 단어가 있으면 항상 주의해야 한다. 그녀가 걱정하는 것은 제 시간에 완공할 수 없는 것(不能)이지, 할 수 있을지 없을지(能不能)를 걱정하는 것은 아니다.

4 A. 人生虽然可以没有很多东西，但是不能没有希望。
B. 由于剪纸材料和所用的工具决定了剪纸的艺术风格。
C. 尽管在科学领域取得了非凡的成绩，但从外表上看，他很普通不过。
D. 在激烈竞争社会上，一个想不甘于平庸的人，唯一的选择就是加倍努力和进取。

4 A. 인생에 많은 것이 없을 수는 있어도, 희망이 없을 수는 없다.
B. 전지 공예 재료와 공예에 사용되는 도구에 전지 공예의 예술성이 달려 있다.
C. 그는 과학 분야에서 뛰어난 성과를 거두었지만, 겉모습으로 봤을 때는 아주 평범하기 그지없다.
D. 치열한 경쟁 사회에서 평범해지지 않으려면, 더 많이 노력하고 진취적으로 나아가는 길밖에 없다.

非凡 fēifán 형 보통이 아니다, 뛰어나다 | 甘于 gānyú 동 기꺼이 ~하다, ~을 감수하다 | 平庸 píngyōng 형 평범하다

4 B 由于剪纸材料和所用的工具决定了剪纸的艺术风格。
→ 剪纸材料和所用的工具决定了剪纸的艺术风格。

접속사가 남용되었다. 문맥상, 어법상 전혀 관계없는 '由于'를 삭제해야 한다.

5 A. 一旦发现自己错了，就要立即改正过来。
B. 麻雀的翅膀不耐远飞，一般情况下它的活动范围只有2.5至3千米。
C. 中国民间传说数量众大，内容丰富，而且充满艺术魅力。
D. 在我们生活中碳酸饮料也称之为汽水，是充入二氧化碳气体的一种软饮料。

5 A. 일단 자신의 실수를 발견했다면, 즉시 고쳐야 한다.
B. 참새는 날개가 약해서 오래 날지 못하기 때문에 일반적인 경우 활동 반경이 고작 2.5~3km 밖에 안 된다.
C. 중국의 민간 전설은 양도 많고 내용도 풍부하며, 예술적인 매력이 넘친다.
D. 우리는 일상생활에서 탄산음료를 청량음료라고도 부르는데, (그것은) 이산화탄소를 함유한 일종의 소프트드링크이다.

翅膀 chìbǎng 몡 (새의) 날개 | 碳酸 tànsuān 몡 탄산 | 软饮料 ruǎnyǐnliào 몡 소프트드링크, 알코올 성분이 없는 음료

5 **C** 中国民间传说数量众大，内容丰富，而且充满艺术魅力。
→ 中国民间传说数量庞大，内容丰富，而且充满艺术魅力。

어휘의 사용이 잘못되었다. '众大'는 사람의 수에 쓰이는 형용사이므로, 여기에서는 수량, 조직, 규모 등을 나타내는 '庞大'로 고쳐야 한다.

6 A. 选择恰当的企业文化对企业今后长足的发展至关重要。
B. 随着时代的不断发展，人们的服饰也在悄然发生着变化。
C. 如果说影响一个人快乐的，有时并不只是困境及磨难，而是一个人的心态。
D. 昨天下班的时候，外面下起了大雨，我一直到晚上8点半才能回到家。

6 A. 알맞은 기업 문화의 선택은 기업의 향후 발전에 매우 중요하다.
B. 시대가 끊임없이 발전하면서 사람들의 복장에도 조용히 변화가 나타나고 있다.
C. 사람의 기쁨에 영향을 주는 것은 때로는 역경이나 시련이 아니라, 그 사람의 마음가짐이다.
D. 어제 퇴근할 때 밖에 폭우가 내려서 나는 저녁 8시 반에야 집에 도착했다.

服饰 fúshì 몡 복식, 복장 | 悄然 qiǎorán 혱 조용하다 | 困境 kùnjìng 몡 곤경, 궁지 | 磨难 mónàn 몡 고난, 시련

6 **D** 昨天下班的时候，外面下起了大雨，我一直到晚上8点半才能回到家。
→ 昨天下班的时候，外面下起了大雨，我一直到晚上8点半才回到家。

불필요한 '能'을 사용했다. 이 문장에서 '才'는 '시간이 오래 걸리다, 늦었다'라는 의미로 쓰인 것이다.

7 **A.** 故宫旧称紫禁城，是北京最标志性的建筑。
B. 少说话，多做事，是刚刚进入职场者的"金科玉律"。
C. "五行"指的是金、木、水、土、火五种基本物质。
D. "己所不欲，勿施于人"是说自己不希望得到的，同时也不要强加于他人。

7 **A. 예전에 자금성이라고 불리던 고궁은 베이징의 가장 대표적인 건축물이다.**
B. 말은 적게 하고 일을 많이 하라는 말은 막 입사한 사람이 '반드시 지켜야 할 규칙'이다.
C. '오행'은 금, 목, 수, 토, 화 5가지 기본 물질을 가리킨다.
D. '기소불욕물시어인'이라는 말은 자신이 원하지 않는 것은 다른 사람에게도 강요하지 말라는 뜻이다.

金科玉律 jīn kē yù lǜ 혱 반드시 지켜야 하며 변경할 수 없는 법칙이나 규정 | 强加 qiángjiā 통 남에게 강요하다

7 **A** 故宫旧称紫禁城，是北京最标志性的建筑。
→ 故宫旧称紫禁城，是北京最具标志性的建筑。

부사는 동사나 형용사를 수식한다. '最'는 정도부사로, 명사인 '标志性'을 수식할 수 없으므로, 동사(具)를 첨가해야 한다.

8 A. 写日记能够健康有效地释放压力，让你从中解脱，变得更加宽容、更富激情。
   B. 苏州的苏绣、湖南的湘绣、四川的蜀绣和广东的粤绣，在当今被誉为中国的四大名绣。
   C. 周四之前，你们先把这个问题研究，周四上午向公司董事会做一个全面的介绍。
   D. 大量而广泛地阅读古今中外优秀的文学作品，不单纯可以增加你的见识，还能够提高你的表达能力。

8 A. 일기를 쓰면 건전하고 효과적으로 스트레스를 풀 수 있어, 더욱 관대하고 열정이 넘치게 될 것이다.
   B. 쑤저우의 자수, 후난의 자수, 쓰촨의 자수, 광둥의 자수는 중국의 4대 자수로 유명하다.
   C. 우선 목요일 전까지 이 문제를 연구해 보고, 목요일 오전에 사장님께 보고하도록 하세요.
   D. 동서고금의 우수한 문학작품을 많이 읽으면, 견문을 넓힐 수 있을 뿐만 아니라 표현력도 높일 수 있다.

释放 shìfàng 동 방출하다, 내보내다 | **解脱** jiětuō 동 벗어나다, 해방되다 | **激情** jīqíng 명 격정, 열정적인 감정

---

8 C 周四之前，你们先把这个问题研究，周四上午向公司董事会做一个全面的介绍。
→ 周四之前，你们先把这个问题研究**完**，周四上午向公司董事会做一个全面的介绍。

'把'자문의 서술어는 단독으로 쓰이지 않고 항상 보충 성분과 함께 쓰여야 하므로 '完'을 추가해야 한다. [주어(你们)+把(将)+목적어(这个问题)+(给)+동사(研究)+보충 성분(完)]

---

9 **A. 《绿色通道》这套系列丛书的读者对象主要是面向高一年级的老师和学生。**
   B. 那个小伙子说，舞蹈不一定会成为自己的职业，但它一定会是自己一生的最爱。
   C. 经常去图书馆，随意阅览，都会有收获。所以，如果大学四年你不常去图书馆的话，就等于浪费了一大笔应得的财富。
   D. 老鼠适应环境的能力非常强，从赤道到两极，都有它们的踪迹。据说目前人类只有两三百万年的历史，而老鼠至少则有四五千万年的历史了。

9 **A. 「녹색통도」 총서의 타겟 독자는 주로 고등학교 1학년 교사와 학생이다.**
   B. 그 아이는 춤이 자신의 직업이 될 것이라고 확신할 수는 없지만, 평생 가장 좋아하는 것이 될 것임은 확실하다고 말했다.
   C. 도서관에 자주 가서 아무 책이나 본다 해도 얻는 것이 있을 것이다. 그러므로 대학 4년 동안 도서관에 가지 않는다면, 수많은 재산을 낭비하는 것이나 마찬가지이다.
   D. 쥐는 환경 적응력이 매우 뛰어나다. 적도에서부터 남극, 북극까지 어디에서든 쥐의 종적을 찾을 수 있다. 현재 인류는 겨우 2~3백만 년의 역사가 됐지만, 쥐는 최소한 4~5천만 년의 역사를 가지고 있다고 한다.

丛书 cóngshū 명 총서 [같은 종류의 책을 한데 모아 놓은 전집] | **踪迹** zōngjì 명 종적, 발자취

---

9 A 《绿色通道》这套系列丛书**的读者对象**主要是面向高一年级的老师和学生。
→ 《绿色通道》这套系列丛书主要是面向高一年级的老师和学生的。

의미의 중복이다. '面向+대상'에는 '对象'의 의미가 포함되어 있으므로 '读者对象'을 삭제해야 한다.

10 A. 处于困境中的人，只有从压抑与抱怨中解放出来，才能竭尽全力地追求新生活。
B. 面对"舍"与"得"两种选择，我想大多数人可能都会选择"得"，却往往忽略了在"得"的同时同样会付出代价。
C. 尽管夏季烈日曝晒，冬季寒风扫荡，却海洋的温度变化很小。
D. 旅行时有机会让我们得以观察别人的生活，去看场电影则让我们身临其境地体验另一种人生。两者的相似之处在于，都是在看别人生活的同时，丰富我们的人生。

10 A. 곤경에 처한 사람은 억압과 원망을 떨쳐 내야만 전력을 다해 새로운 삶을 추구할 수 있게 된다.
B. '버리는 것'과 '얻는 것' 중 하나를 선택해야 한다면, 대부분의 사람들은 아마 '얻는 것'을 선택할 것이다. 하지만 그들은 종종 '얻는 것'과 동시에 그만큼의 대가를 치러야 한다는 사실은 간과한다.
C. 여름에는 뜨거운 햇살이 내리쬐고 겨울에는 차가운 바람이 불기는 하지만, 해양의 온도는 오히려 변화가 매우 작다.
D. 여행을 하다 보면 다른 사람의 생활을 관찰할 수 있는 기회가 주어지고, 영화를 보면 마치 또 다른 인생을 경험하는 듯한 기분을 느끼게 된다. 여행과 영화의 공통점은 다른 사람의 삶을 보는 것과 동시에 나 자신의 삶이 풍부해진다는 것이다.

压抑 yāyì 동 억누르다, 억압하다 | 竭尽全力 jiéjìn quánlì 온 힘을 기울이다 | 烈日 lièrì 명 작열하는 태양 | 曝晒 pùshài 동 햇볕에 말리다 | 扫荡 sǎodàng 동 소탕하다 | 身临其境 shēn lín qí jìng 성 어떤 장소에 직접 가서 체험하다, 어떤 입장에 서다

10 C 尽管夏季烈日曝晒，冬季寒风扫荡，却海洋的温度变化很小。
→ 尽管夏季烈日曝晒，冬季寒风扫荡，海洋的温度变化却很小。
접속사의 위치가 틀렸다. '却'는 '오히려, 뜻밖에'라는 의미를 지닌 부사로, 복문을 연결할 때 주로 쓰인다. 이는 반드시 주어(海洋的温度变化) 다음에 위치해야 한다.

11 在我们的生活中，有的人在面对别人的<u>挑衅</u>和责难时，<u>往往</u>选择退避，但这并不是因为懦弱，而是为了能够集中全部<u>精力</u>去实现心中更远大的理想。

A. 轻视(○)　反复(×)　力量(○)
B. 挑衅(○)　往往(○)　精力(○)
C. 征服(×)　一再(○)　能量(×)
D. 挑战(○)　时常(×)　利益(×)

11 살다 보면 어떤 사람들은 다른 사람의 <u>도전</u>과 비난에 직면했을 때 <u>종종</u> 회피하려 한다. 하지만 이것은 나약해서가 아니라, 자신의 모든 <u>힘</u>을 원대한 꿈을 이루는 데 집중할 수 있도록 하기 위함이다.

A. 무시하다　반복하다　역량
B. 도전하다　종종　정력
C. 정복하다　반복해서　에너지
D. 도전하다　늘　이익

挑衅 tiǎoxìn 동 도전하다, 도발하다 | 退避 tuìbì 동 물러나다, 회피하다 | 懦弱 nuòruò 형 연약하다, 나약하다

11 B 첫 번째 빈칸에는 뒤에 나온 '退避'와 호응할 수 있는 '轻视(A), 挑衅(B), 挑战(D)'이 답이 될 수 있는데, 그중 '생트집을 잡아 도전, 도발하다'라는 의미를 지닌 '挑衅(B)'이 의미상 가장 적합하다.
두 번째 빈칸에는 '어떤 상황과 조건(在面对别人的挑衅和责难时)에서 자주 그러하다'라는 의미로 쓰이는 '往往(B)'이 답이 된다.
세 번째 빈칸에는 '力量(A)'과 '精力(B)'가 모두 답이 될 가능성이 있으나, 의미상 '精力(B)'가 더욱 적합하다.

12 玄奘所写的《大唐西域记》一书，记载了他西行取经的见闻，介绍了沿途各国的历史沿革、风土人情、宗教信仰、地理山川、物产生活等情况。近百年来这部书被译成多国文字，深受研究者的青睐。

A. 见闻(○)　风土人情(○)　青睐(○)
B. 情形(○)　博大精深(×)　款待(×)
C. 见解(×)　深情厚谊(×)　爱戴(×)
D. 情节(×)　锦绣前程(×)　着迷(×)

12 현장법사가 쓴 『대당서역기』는 그가 서역으로 불경을 얻으러 가며 보고 들은 바를 기록한 것으로, 여행하면서 거친 각국의 역사, 풍습, 종교, 지리, 생활 등을 소개하고 있다. 100년이 가까운 시간 동안 이 책은 다양한 언어로 번역되어 연구자들의 사랑을 받고 있다.

A. 견문　지방의 특색과 풍습　인기
B. 상황　사상·학식이 넓고 심오하다　환대하다
C. 견해　깊고 돈독한 정　추대하다
D. 줄거리　유망한 전도　몰두하다

沿途 yántú 뵘 길을 따라 | 沿革 yángé 몡 연혁 | 青睐 qīnglài 몡 총애, 호감, 인기 | 着迷 zháomí 툉 몰두하다, 빠져들다

12 A 첫 번째 빈칸에서 '他西行取经'과 어울리는 것은 '见闻(A)'과 '情形(B)'이다. '见解(C)'는 '어떤 일에 대한 생각'이므로 답이 될 수 없고, '情节(D)'는 '줄거리'라는 의미이므로 답과 거리가 멀다.
두 번째 빈칸은 앞에 나온 '沿途各国'가 힌트이다. '각 나라의 특색과 풍습'이라는 의미에서 '风土人情(A)'이 답으로 가장 알맞다.
'受……青睐'는 '사랑을 받다, 인기 있다'라는 의미의 상용격식이므로, 세 번째 빈칸에는 '青睐(A)'가 들어가야 한다.

13 每一个机会都是公平的，但是需要你向前踏一步。别一味期待礼贤下士，不要等着什么三顾茅庐，其实，人人可以铸就历史。与其在幻想中自傲、现实中失落，不如主动争取一次，或许你就会创造奇迹。

A. 等候(×)　除非(×)　容忍(×)
B. 请求(×)　何况(×)　争夺(×)
C. 期待(○)　与其(○)　争取(○)
D. 盼望(○)　即便(×)　采取(×)

13 모든 기회는 공평하다. 하지만 한 걸음씩 앞으로 나아가야지, 무턱대고 자신을 알아보고 삼고초려를 할 사람이 있을 것이라고 기대하면 안 된다. 사실 사람은 누구나 역사를 창조할 수 있다. 하지만 환상에 사로잡혀 자만에 빠져 있거나 현실에 낙담해 있기보다는 적극적으로 나서서 노력하는 것이 낫다. 누가 알겠는가? 당신이 바로 기적을 만들 사람이 될지.

A. 기다리다　~을 제외하고는　용인하다
B. 요구하다　하물며　쟁탈하다
C. 기대하다　~하기보다는　실현하기 위해 노력하다
D. 간절히 바라다　설령 ~라 하더라도　채택하다

礼贤下士 lǐ xián xià shì 젱 신분이 높은 사람이 인재를 중시하다 | 铸就 zhùjiù 툉 주조하다 | 自傲 zìào 톙 거만하다, 오만하다

13 C 첫 번째 빈칸에 '等候(A)'는 '기대를 가지고 기다리다'라는 의미가 없으므로 안 되고, '期待(C)'와 '盼望(D)'은 모두 '기대를 가지고 간절히 바라다'라는 의미이므로 답이 될 가능성이 있다.
두 번째 빈칸은 접속사 유형의 문제이다. '与其A,不如B(A할 바에는 차라리 B하겠다)'는 '선택관계'의 복문에서 사용된다.
세 번째 빈칸에는 '쟁취하다, 노력하여 목적을 달성하다'라는 의미인 '争取(C)'가 답이 된다. '争取'는 '争取时间, 争取机会' 등으로 쓰인다.

14 布老虎是一种古代就已在中国广大民间广为<u>流传</u>的工艺品，它还是很好的儿童玩具、居家摆设、馈赠礼品及个人<u>收藏</u>品。在很多中国人心里，老虎是驱邪避灾、平安<u>吉祥</u>的象征，而且还能保护财富，它<u>寄托</u>着人们对美好生活的向往与追求。

A. 播放(×)　储存(×)　欢乐(×)　反馈(×)
B. 流传(○)　收藏(○)　吉祥(○)　寄托(○)
C. 传播(×)　继承(×)　慈祥(×)　依靠(×)
D. 流通(×)　遗传(×)　如意(○)　依托(×)

14 호랑이 인형은 고대부터 중국 민간에 <u>전해 내려오는</u> 공예품이다. 그것은 아이들의 장난감이자 집안의 장식품, 선물용 및 개인 <u>소장품</u>이기도 하다. 많은 중국인들에게 호랑이는 악귀를 쫓아내고 액운을 막아주며, 집안에 평온과 <u>행운</u>을 가져오는 상징이자 재산을 보호해주는 동물이다. 호랑이는 아름다운 삶에 대한 사람들의 동경과 소망을 <u>담고 있는</u> 것이다.

A. 방송하다　모아 두다　유쾌하다　피드백
B. 전해 내려오다　소장하다　행운이다　걸다
C. 전파하다　계승하다　자상하다　의지하다
D. 유통하다　유전하다　뜻대로 되다　의지하다

摆设 bǎishe 몡 진열품, 장식품 | 馈赠 kuìzèng 통 선물하다 | 驱邪 qūxié 통 악귀를 쫓다 | 反馈 fǎnkuì 몡 피드백

14 B 첫 번째 빈칸에는 '문학작품, 민간고사, 문물 등이 전해 내려 오다'라는 의미를 지닌 '流传(B)'이 답이 된다.
두 번째 빈칸에는 '좋거나 귀하게 여겨 수집, 보존하다'라는 의미인 '收藏(B)'이 들어가야 한다.
호랑이는 상서롭고 길한 동물이므로, 세 번째 빈칸에는 '吉祥(B)'이 알맞다.
네 번째 빈칸에서 '寄托(B)'는 '기대, 희망, 감정 등을 걸다, 의탁하다'라는 의미이므로, 뒤에 나온 '向往与追求'와 호응할 수 있다. '의지하다'라는 의미인 '依托(D)'와 혼동해서는 안 된다.

---

15 九寨沟和黄龙是四川很有名气的景点，慕名前来旅游的众多中外游客<u>络绎不绝</u>。九寨沟<u>位于</u>四川省南坪县中南部，素有"人间仙境、童话世界"的美誉，它以翠海瀑布、彩林、云峰等奇观<u>闻名于世</u>。与九寨沟毗邻的"人间瑶池"——黄龙也是世界自然<u>遗产</u>，以彩池、雪山、峡谷、森林"四绝"著称。

A. 与日俱增(○)　至于(×)　难能可贵(×)　资产(×)
B. 有条不紊(×)　属于(×)　举足轻重(×)　产业(×)
C. 空前绝后(×)　对于(×)　举世瞩目(○)　遗憾(×)
D. 络绎不绝(○)　位于(○)　闻名于世(○)　遗产(○)

15 지우자이거우와 황룽은 쓰촨성에서 매우 유명한 관광지여서, 명성을 듣고 찾아오는 국내외 관광객들이 <u>끊이지 않는다</u>. 지우자이거우는 쓰촨성 난핑현의 중남부 지역에 <u>위치해 있으며</u>, '인간 세상의 신선이 노니는 곳이자 동화 속 세계'라는 찬사를 듣는 곳이다. 이곳은 추이하이폭포, 차이린, 윈펑 등의 기이한 풍경이 <u>유명하다</u>. 지우자이거우 근처에 있는 '인간 세상의 신선이 노니는 연못'인 황룽 역시 세계자연<u>유산</u>으로서, 차이츠, 설산, 협곡, 삼림 등 '4대 절경'으로 유명하다.

A. 날이 갈수록 많아지다　~에 관해서는
　　쉽지 않은 일을 해내어 대견스럽다　자산
B. 조리 있고 질서 정연하다　~에 속하다　매우 중요하다
　　산업
C. 전무후무하다　~에 대해　전 세계 사람들이 주목하다
　　유감이다
**D. 내왕이 빈번하다　~에 위치하다　세계에 널리 알려져 있다
　　유산**

慕名 mùmíng 통 명성을 흠모하다 | 络绎不绝 luòyì bùjué 셍 왕래가 빈번해 끊이지 않다 | 奇观 qíguān 몡 기이한 풍경 | 毗邻 pílín 통 (지역이) 인접하다 | 美誉 měiyù 몡 명성, 명예 | 瑶池 yáochí 몡 신선이 있는 곳 | 著称 zhùchēng 통 유명하다, 이름나다

15 D 문맥상 손님들이 많아지고 있다(众多中外游客)는 의미이므로, 첫 번째 빈칸에는 '与日俱增(A)'과 '络绎不绝(D)'가 적당하다.
두 번째 빈칸에는 문맥상 '~에 위치하다'라는 의미를 지닌 '位于(D)'만이 답이 될 수 있다.
세 번째 빈칸에 들어갈 보기 중 '세계적으로 유명하다'라는 의미를 가진 것은 '举世瞩目(C)'와 '闻名于世(D)'이다.
네 번째 빈칸은 '世界自然_____(세계자연유산)'이 되어야 하므로 '遗产(D)'이 들어가야 한다.

---

16 大概许多人知道苹果有抗击癌症的**功效**。其抗癌的**秘密**藏在果皮中。很多专家建议，为了最大限度地**发挥**苹果的抗癌作用，**最好**洗净苹果后连皮一起吃，或者连皮打成苹果汁喝。

A. 功效(○)　秘密(○)　发挥(○)　最好(○)
B. 功能(○)　隐私(×)　发动(×)　尽力(×)
C. 效益(×)　机密(×)　挥霍(×)　幸好(×)
D. 效果(○)　奥秘(○)　发扬(×)　尽量(○)

16 사과에 항암 **효과**가 있으며 항암의 **비밀**은 껍질에 있다는 것을 아는 사람이 많을 것이다. 전문가들은 사과의 항암 작용을 최대한 **발휘하기** 위해서는 사과를 깨끗이 씻은 후, 껍질째 먹거나 껍질째 즙을 내서 마시는 것이 **가장 좋다**고 제안한다.

A. 효과　비밀　발휘하다　가장 좋다
B. 기능　사적인 비밀　발동하다　전력을 다하다
C. 이익　기밀　돈을 헤프게 쓰다　다행히
D. 효과　신비　(전통을) 드높이다　가능한 한

抗击 kàngjī 동 저항하며 반격하다 | 挥霍 huīhuò 동 돈을 헤프게 쓰다, 돈을 물 쓰듯 하다

16 A 첫 번째 빈칸의 보기 중 '효과, 작용, 기능'이라는 의미를 지닌 것은 '功效(A), 功能(B), 效果(D)'이다.
두 번째 빈칸에는 '비밀, 신비'라는 의미를 지닌 '秘密(A)'와 '奥秘(D)'가 들어가야 한다.
세 번째 빈칸의 보기 중 '抗癌作用'과 호응할 수 있는 것은 '发挥(A)'뿐이다.
문맥상 네 번째 빈칸에 들어갈 보기는 '最好(A)'와 '尽量(D)'이다.

---

17 猎豹是世界上跑得最快的动物。当它捕捉动物时，首先会选中其中一只作为目标，**竭尽全力**地捕捉，直到抓住为止。虽然还会有许多其他的动物出现在猎豹的**视野**中，甚至有些比正在捕捉的**对象**更容易抓到，但猎豹从不会改变**路线**，或者放弃以选中的目标捕捉。

A. 急于求成(×)　边界(×)　敌人(×)　程序(×)
B. 竭尽全力(○)　视野(○)　对象(○)　路线(○)
C. 不择手段(○)　境界(×)　对手(×)　方案(×)
D. 力所能及(×)　目光(○)　成果(×)　线索(×)

17 치타는 세상에서 가장 빠른 동물이다. 치타가 먹잇감을 잡을 때는 우선 한 마리만 목표로 삼고, **최선을 다해서** 잡힐 때까지 쫓아간다. 설령 다른 동물이 **시야**에 잡힌다고 해도, 심지어 그 동물이 지금 잡으려고 하는 **대상**보다 더 쉽게 잡을 수 있다고 해도, 치타는 가던 **길**을 바꾸거나 선택한 표적을 포기하지 않는다.

A. 서둘러 목적을 달성하려 하다　경계　적　순서
B. 모든 힘을 다 기울이다　시야　대상　노선
C. 수단과 방법을 가리지 않다　경계　적수　방안
D. 힘 닿는 데까지　시선　성과　실마리

猎豹 lièbào 명 치타 | 捕捉 bǔzhuō 동 잡다 | 抓住 zhuāzhù 잡다 | 放弃 fàngqì 동 (권리나 주장 등을) 버리다, 포기하다

17 **B** 첫 번째 빈칸에서 서술어 '捕捉'와 호응하는 것은 '竭尽全力(B), 不择手段(C)'이다.
두 번째 빈칸에는 치타의 시야에 다른 먹잇감이 나타나는 것이므로, '시야'에 해당되는 '视野(B)'와 '目光(D)'이 가능성이 있다.
세 번째 빈칸에는 '잡을 대상'이므로 '对象(B)'이 답이 된다.
네 번째 빈칸에는 서술어 '改变'과 호응하고, 문맥상도 적합한 '路线(B)'이 답이다.

---

18 可再生能源指可以持续利用的能源，由于成本过高是其发展的最大障碍。而就电力而言，风力发电和太阳能发电的成本都比火力发电的成本要高出很多。因此，降低成本在推广使用可再生能源中显得异常重要，这就是其规模化发展的关键。

A. 持续(○) 比喻(○) 推广(○) 规模(○)
B. 延续(×) 矛盾(×) 推荐(×) 模式(○)
C. 连续(×) 故障(×) 普及(○) 规范(×)
D. 陆续(×) 毛病(×) 推销(×) 规格(×)

18 재생 가능 에너지는 지속적으로 이용할 수 있는 에너지이다. 하지만 비용이 너무 많이 든다는 점이 재생 가능 에너지 개발을 저해하는 가장 큰 장애물이다. 전력으로 말하자면, 풍력발전과 태양에너지발전 비용은 화력발전에 비해 비용이 몇 배나 많이 든다. 때문에 비용을 낮추는 것이 재생 가능 에너지 사용 보급에 있어 굉장히 중요하고, 이것이 바로 재생 가능 에너지 규모 확대의 관건이다.

A. 지속하다 장애 널리 보급하다 규모
B. 연장하다 모순 추천하다 모델
C. 연속적으로 고장 보급하다 규범
D. 잇따라 결함 마케팅하다 규격

可再生能源 kězàishēngnéngyuán 명 재생 가능 에너지 | 成本 chéngběn 명 원가, 자본금 | 异常 yìcháng 형 대단히, 몹시

18 **A** 첫 번째 빈칸에는 뒤에 나온 '利用的能源'과 가장 잘 어울리는 '持续(A)'가 답이 된다. (cf> 持续: 한가지 일이나 상황이 어떤 시간 내에 중단 없이 지속됨 / 延续: 계속하다, 연속하다, 연장하다 / 连续: 사물이나 행동이 연달아 발생하며, 중간에 끊기지 않음 / 陆续: 끊임없이, 잇달아, 속속)
두 번째 빈칸에는 '문제점'에 해당되는 말인 '障碍(A)'가 들어가야 한다.
원가를 줄이면 재생 가능 에너지 사용에 어떤 장점이 있을까? 당연히 이 에너지를 더 많은 사람들에게 보급할 수 있을 것이다. 그러므로 세 번째 빈칸에는 '推广(A)'과 '普及(C)'가 답으로 적합하다.
네 번째 빈칸 '_____化发展(규모 있는 발전)'에 들어갈 단어는 '规模(A)'가 가장 적합하다.

---

19 "冰冻三尺，非一日之寒"说的是水结成三尺厚的冰，不是只有一天的寒冷就能形成。这句话常常被用来比喻某一个事态或情况的形成，绝不是一朝一夕之故，而是需要经过长期积累的结果。

A. 结(○) 比喻(○) 夕(○) 积累(○)
B. 凝(×) 描绘(×) 昼(×) 刺激(×)
C. 冻(○) 描写(×) 夜(×) 酝酿(○)
D. 晾(×) 形容(×) 旦(×) 提炼(×)

19 '빙동삼척, 비일일지한'이라는 말은 물이 세 척이나 되는 두께로 엉긴 얼음은 한나절의 추위로 만들어진 것이 아니라는 뜻이다. 이 말은 어떤 사태나 상황의 발생이 결코 한 순간이 원인이 될 것이 아니라, 오랜 기간 동안 쌓여온 결과임을 비유할 때 자주 쓰인다.

A. 엉기다 비유하다 저녁 때 쌓이다
B. 응결되다 그리다 낮 자극하다
C. 얼다 묘사하다 밤 양성하다
D. 말리다 형용하다 아침 추출하다

凝 níng 동 엉기다, 응결되다 | 昼 zhòu 명 낮 | 晾 liàng 동 (물건을 햇볕에) 쪼이다, 말리다 | 提炼 tíliàn 동 추출하다, 정련하다

19 **A** 첫 번째 빈칸에는 '물이 얼어 얼음이 되는' 것이므로, '结(A)'와 '冻(C)'이 답이 될 수 있다.
속담이나 격언은 묘사(描绘, 描写, 形容)하는 것이 아니라 비유(比喻)하는 것이므로, 두 번째 빈칸에는 '比喻(A)'가 답이 된다.
세 번째 빈칸에서 '朝'와 호응하는 것은 '夕(A)'이다.
네 번째 빈칸에는 '오랫동안 쌓이고 성숙하다'라는 의미를 지닌 '积累(A)'와 '酝酿(C)'가 답이 될 수 있다.

20 那些枯死的大树也是森林之中的重要成员。倒在地上的树干能<u>吸收</u>雨水，保持土壤的<u>湿润</u>。落叶和果实也很容易在倒在地上树干的周围聚集，在它们<u>腐烂</u>后，其含有的营养素就会逐渐释放进土壤，因此枯死树干周围的土壤变得十分<u>肥沃</u>，掉在那里的<u>种子</u>特别容易生根发芽。

A. 收获(×)　清洁(×)　腐败(○)　充足(×)
　　树枝(×)
B. 吸取(○)　潮湿(○)　腐蚀(○)　富裕(×)
　　花瓣(×)
**C. 吸收(○)　湿润(○)　腐烂(○)　肥沃(○)
　　种子(○)**
D. 采集(×)　清晰(×)　腐朽(○)　优越(×)
　　树根(×)

20 말라 죽은 나무도 숲을 구성하는 중요한 요소이다. 땅에 쓰러진 나무줄기는 빗물을 <u>흡수하여</u> 토양이 <u>촉촉하게</u> 유지될 수 있도록 해준다. 낙엽과 열매도 땅에 쓰러진 나무줄기 주변에 모이는데, 이들이 <u>부식된</u> 후에는 그 안에 있던 양분이 서서히 토양으로 흡수된다. 때문에 말라 죽은 나무줄기 주변의 토양은 아주 <u>비옥해</u>져서 그곳에 떨어진 <u>씨앗</u>은 싹이 잘 튼다.

A. 수확하다　청결하다　부패하다　충분하다　나뭇가지
B. 흡수하다　습하다　부식하다　부유하다　꽃잎
C. 흡수하다　촉촉하다　부식하다　비옥하다　씨앗
D. 채집하다　또렷하다　썩다　우월하다　나무뿌리

> 湿润 shīrùn 형 촉촉하다, 습윤하다 | 腐烂 fǔlàn 동 부패하다, 부식하다 | 肥沃 féiwò 형 비옥하다 | 腐败 fǔbài 동 썩다, 부패하다 | 腐蚀 fǔshí 동 부식하다 | 清晰 qīngxī 형 또렷하다, 분명하다 | 腐朽 fǔxiǔ 동 썩다, 부패하다

20 **C** 첫 번째 빈칸에는 목적어 '雨水'와 호응할 수 있는 '吸取(B)'와 '吸收(C)'가 답이 될 수 있다.
두 번째 빈칸에는 '축축해지다'라는 의미를 가진 '潮湿(B)'와 '湿润(C)'이 적합하다.
세 번째 빈칸에는 '腐' 자체에 '썩다, 부식하다'라는 의미가 있으므로, 보기 4개가 모두 답의 가능성이 있다.
네 번째 빈칸은 앞의 내용(其含有的营养素就会逐渐释放进土壤)을 보면 양분이 토양에 흡수되어 주변의 토양이 비옥해진다는 것을 알 수 있다. 따라서 답은 '肥沃(C)'이다.
다섯 번째 빈칸은 '生根发芽'가 힌트이다. 싹이 나는 것은 '种子(C)'이다.

21~25

美国旧金山的金门大桥横跨1900多米的金门海峡，连接北加利福尼亚与旧金山半岛，(21)**D** <u>由于出行车辆很多</u>，金门大桥上经常堵车。
原先金门大桥的车道设计为"4+4"模式，即往返车道都为4道，(22)**B** <u>这是非常传统的设计</u>。当地政府为堵车的问题迟迟不能解决感到头疼，如果筹资建第二座金门大桥，(23)**E** <u>那必定得耗资</u>

미국 샌프란시스코의 골든게이트교는 1,900여 미터나 되는 골든게이트 해협을 가로질러 북캘리포니아와 샌프란시스코 반도를 연결하며, (21)**D** <u>통행 차량이 많아서</u>, 골든게이트교는 항상 교통 체증에 시달린다.
원래 골든게이트교의 차선은 왕복 4차선 도로인 '4+4' 형식으로 설계되었고, (22)**B** <u>이것은 매우 전통적인 설계이다</u>. 현지 정부는 교통 체증 문제가 시간이 지나도록 해결되는 기미가 없자 문제의 심각성을 느꼈다. 만약 자금을 조달하여 제2의 골든게이트교를 건설하면,

上亿美元．当地政府决定以重金1000万美元向社会征集解决方案。

　　最终一个年轻人的方案得到当地政府的认可，他的解决方案是将原来的"4+4"车道改成"6+2"车道：上午左边车道为6道，右边车道为2道，下午则相反，右边为6左边为2。他的方案试行之后，立即取得了显著的效果，(24)**A 困扰多时的堵车问题迎刃而解**。

　　传统的"4+4"车道忽略了高峰期车辆出行的方向：上午市民上班造成左边车道拥挤，下午市民下班造成右边车道拥挤。而"6+2"车道恰到好处地利用车辆出行的时间差，(25)**C 合理地利用另一半车辆少的车道**。这样，同样是8条车道，"6+2"明显取得了大于"4+4"的效果。

A. 困扰多时的堵车问题迎刃而解
B. 这是非常传统的设计
C. 合理地利用另一半车辆少的车道
D. 由于出行车辆很多
E. 那必定得耗资上亿美元

(23)**E 그럼 1억 달러 이상을 지출해야 했으므로**, 현지 정부는 거금 1,000만 달러를 사회에서 거둬들이는 해결 방안을 채택했다.

　　최종적으로는 한 청년의 방안이 현지 정부의 인가를 얻었는데, 그의 방안은 원래 '4+4'이던 차선을 '6+2'차선으로 변경하는 것이었다. 오전에는 좌측 6차선, 우측 2차선으로, 오후에는 반대로 우측 6차선, 좌측 2차선으로 운행하는 것이었다. 이 방안이 시행된 후 즉각 눈에 띄는 효과를 거두었으며, (24)**A 줄곧 괴롭혀 왔던 장시간의 교통 체증 문제가 차례대로 해결되었다**.

　　전통적인 '4+4'차선은 러시아워 때 차량 통행의 방향을 간과했다. 오전에는 시민의 출근으로 좌측 차선이 혼잡하고, 오후에는 시민의 퇴근으로 우측 차선이 혼잡했다. '6+2'차선은 바로 이 차량 통행의 시차를 적절히 이용하여, (25)**C 다른 쪽의 차량 통행이 적은 차선을 합리적으로 이용했다**. 이런 방식은 똑같은 8차선 도로이지만, '6+2'차선제가 '4+4'차선제의 효과보다 훨씬 컸다.

A. 줄곧 괴롭혀 왔던 장시간의 교통 체증 문제가 차례대로 해결되었다
B. 이것은 매우 전통적인 설계이다
C. 다른 쪽의 차량 통행이 적은 차선을 합리적으로 이용했다
D. 통행 차량이 많아서
E. 그럼 1억 달러 이상을 지출해야 했으므로

横跨 héngkuà 동 강, 하천 등을 건너다 | **海峡** hǎixiá 명 해협 | **堵车** dǔchē 동 교통이 체증되다, 차가 막히다 | **往返** wǎngfǎn 동 왕복하다, 오가다 | **筹资** chóuzī 동 (자금) 대책을 세워 조달하다 | **征集** zhēngjí 동 구하다, 모집하다 | **迎刃而解** yíng rèn ér jiě 성 순리적으로 문제가 해결되다 | **忽略** hūlüè 동 소홀히 하다, 등한시하다 | **高峰期** gāofēngqī 명 절정기, 극성기 | **拥挤** yōngjǐ 형 붐비다, 혼잡하다 | **恰到好处** qià dào hǎo chù 성 꼭 들어맞다, 아주 적절하다

---

21 D 연결어법 뒷문장에서 '골든게이트교는 항상 교통 체증에 시달린다'고 했고, D의 '~때문에(由于)'라는 연결어는 정답의 힌트를 주고 있다. 교통 체증이 발생하는 주원인은 통행 차량이 많기 때문이다.

22 B 키워드법 차선은 '4+4' 형식으로 설계되었고, 뒷부분에 이에 대한 추가 설명이 나오고 있다. 보기 B만이 설계에 대해 언급하고 있고, 원문에 대입해도 의미가 통한다.

23 E 의미 추론법 빈칸 앞에서 두 번째 다리의 자금 조달이 언급되었고, 뒷부분에 정부가 거금을 거둬들이는 방안에 대해 말하고 있다. 이것은 모두 자금 투입에 관한 것이고, E에서 1억 달러를 투자한다는 내용이 나오므로 E가 정답이다.

24 A 의미 추론법 청년의 방안을 이용하여 눈에 띄는 효과를 거두었다면 그 효과는 무엇일까? 그것은 바로 더는 차가 막히지 않아 교통 체증 문제를 해결했다는 것이다.

25 C 키워드법 앞문장의 '利用'과 C의 '利用'이 대응되고 있다. 또한 뒤에 나온 '这样'을 보면, 앞문장이 뒷문장을 설명하기 위한 것임을 알 수 있다.

26~30

在欧洲西班牙的历史上，有一位名叫彼得罗一世的国王。他办事十分的公正认真，所以对于很多人来说，(26)**D 他是正义的化身**。一天西班牙的法官不幸去世了，于是彼得罗一世向全国宣布，他将公开选拔法官。

有三个人来向国王毛遂自荐：一个是宫廷里很有名望的贵族，一个是曾经陪伴国王南征北战的勇敢武士，还有一个是很普通的中学老师。宫廷人员和国王离开王宫，率领众人来到城中。城中百姓纷纷前来观看国王是如何考查这三位候选人的，(27)**A 同时也想看看未来的法官是如何经受考验的**。

(28)**E 国王与众人来到一个池塘边**，忽然停下了，只见池塘上漂浮着几个橙子。

考验开始了，国王首先问贵族："你说池塘里一共漂着几个橙子啊？"贵族走到池塘边，数了数，然后答道："一共是六个，陛下。"

国王没有表态，(29)**B 继续向武士问同样的问题**："池塘里一共漂着几个橙子啊？"

"我也看到了，是六个，陛下。"武士甚至没有走近池塘就直接回答了国王的问题。

围观的群众开始窃窃私语，纷纷议论国王怎么会用这么简单的问题来考验未来的法官呢？

"池塘里一共有几个橙子啊？"国王最后也问了老师同样的问题。老师什么也没说，脱掉鞋子，跳到水里，把橙子拿了上来。"陛下，一共是三个橙子。(30)**C 它们都被从中间切开了**。"

"你知道如何执法。"国王宣布说，"法官就是你了。"

A. 同时也想看看未来的法官是如何经受考验的
B. 继续向武士问同样的问题
C. 它们都被从中间切开了
D. 他是正义的化身
E. 国王与众人来到一个池塘边

유럽 스페인 역사상 페드로 1세로 불린 국왕이 있었다. 그는 사무를 굉장히 공명정대하고 착실히 처리했으므로, 많은 사람들에게 (26)**D 그는 정의의 화신이었다**. 어느 날 스페인의 법관이 불행히도 세상을 떠나자, 페드로 1세는 공개적으로 법관을 선발하겠다고 선포했다.

세 명이 국왕에게 와서 자신을 추천했다. 한 명은 궁궐 안의 아주 명망 높은 귀족이었고, 다른 한 명은 국왕을 보좌하여 각지를 다니며 전쟁을 치른 용감한 무사였다. 또 다른 한 명은 일반 중등학교 교사였다. 궁궐 사람과 국왕이 모두 왕궁을 떠나 대중을 인솔하여 성안으로 들어갔다. 성안의 백성은 모두 모여들어 국왕이 이 세 후보자를 어떻게 시험할지, (27)**A 동시에 미래의 법관은 시험을 어떻게 치르는지 보고 싶어 했다**.

(28)**E 국왕이 사람들과 한 연못가로 가다가** 갑자기 멈췄다. 연못 위에는 몇 개의 오렌지만 둥둥 떠 있었다.

시험이 시작되었다. 국왕은 먼저 귀족에게 물었다. "연못 안에 총 몇 개의 오렌지가 떠 있는가?" 귀족은 연못가로 가서 숫자를 세더니 "총 6개입니다. 폐하."라고 대답했다.

국왕은 아무런 표정 없이 (29)**B 계속해서 같은 문제를 무사에게 물었다**. "연못 안에 총 몇 개의 오렌지가 떠 있는가?"

"저도 보았습니다만, 총 6개입니다. 폐하." 무사는 심지어 연못가에 가보지도 않은 채 바로 국왕의 물음에 답했다.

주위에서 지켜보던 관중은 소곤소곤 속삭이기 시작하며, 국왕이 어떻게 이런 간단한 문제를 가지고 미래의 법관을 시험하는지 의견이 분분했다.

"연못에 총 몇 개의 오렌지가 있는가?" 국왕은 마지막으로 교사에게 같은 문제를 물었다. 교사는 아무 말도 없이 신발을 벗더니, 물속으로 들어가서 오렌지를 건져 올라왔다. "폐하, 오렌지는 총 3개입니다. (30)**C 오렌지가 모두 중간이 잘려 있습니다**."

"너는 법을 어떻게 집행하는지 아는구나." 국왕은 "법관은 바로 너다."라고 선포했다.

A. 동시에 미래의 법관은 시험을 어떻게 치르는지 보고 싶어 했다
B. 계속해서 같은 문제를 무사에게 물었다
C. 오렌지가 모두 중간이 잘려 있습니다
D. 그는 정의의 화신이었다
E. 국왕이 사람들과 한 연못가로 갔다

不幸 búxìng 혱 불행히도 | **选拔** xuǎnbá 동 (인재를) 선발하다 | **毛遂自荐** máo suí zì jiàn 성 스스로 자기를 추천하다 | **名望** míngwàng 명 명망, 명성과 인망 | **南征北战** nán zhēng běi zhàn 성 각지를 다니면서 많은 전쟁을 치르다 | **率领** shuàilǐng 동 이끌다, 거느리다 | **漂浮** piāofú 동 (물이나 액체 위에) 뜨다 | **池塘** chítáng 명 (비교적 작고 얕은) 못 | **橙子** chéngzi 명 오렌지 | **陛下** bìxià 명 폐하 | **窃窃私语** qiè qiè sī yǔ 성 몰래 소곤소곤 속삭이다 | **执法** zhífǎ 동 법을 집행하다

26 **D** 연결어법 '所以'라는 연결어를 보아, 이 문장은 인과관계임을 알 수 있다. 또한 앞부분의 '공정하고 성실하다(公正认真)'와 D의 '정의(正义)'는 의미가 상통한다.

27 **A** 키워드법 키워드는 '考验'이며, 앞에서 '국왕이 어떻게 시험을 치르는지 보다'가 나와 있고, 뒤에는 세 사람이 어떻게 시험을 치르는지 본다'가 나와 있다. 두 문장은 보기에 나온 '同时'로 연결되어 있다.

28 **E** 의미 추론법 빈칸이 단락의 맨 앞부분이므로, 뒷부분에서 힌트를 찾아야 한다. '연못 위에는 몇 개의 오렌지만 둥둥 떠 있었다'라는 문장은 그들이 연못가에 있다는 것을 설명한다. E를 원문에 대입해보면 문장의 의미가 잘 맞는다.

29 **B** 의미 추론법 처음에 귀족에게 물어보았고, 뒤에는 교사에게 질문한 것이 나오므로, 이번에는 무사에게 물어본 것이며, 종전과 같은 질문을 했음을 알 수 있다.

30 **C** 의미 추론법 교사는 오렌지가 3개라고 했다. 그럼 3개의 오렌지가 어째서 다른 사람 눈에는 6개로 보였을까? 그 이유는 반이 잘려 있었기 때문이다.

31~34

从小我们都认为向日葵的名字是因为它总是向着太阳的方向生长而得来的。过去人们一直认为这是植物生长素在起作用，是生长素分布在花盘和茎部的背阳部分，促进了那个部位的细胞分裂增长，而向阳面的生长相应地慢了，所以植株就弯曲起来，葵花的花盘也因此朝着太阳打转了。

可是最近，**31**植物生理学家发现，在葵花的花盘基部，向阳和背阳处的生长素基本相等。由此可以推断出，葵花向阳就不是植物生长素在起作用了。那究竟是什么原因使葵花向阳呢？有人做了实验，在温室里，用冷光(就是日光灯)代替太阳光模拟阳光方向对葵花花盘进行照射。虽然早晨从东方照来，傍晚从西方照来，葵花始终都没转动。不过，他们用火盆代替太阳，遮挡住火光，花盘就会一反常态，不分白天黑夜，也不管东西南北，一个劲儿朝着火盆转动。**32,33**原来，向日葵花盘的转动并不是由于光线的直接影响，而是由于阳光把向日葵花盘中的管状小花晒热了，基部的纤维会发生收缩，这一收缩就使花盘能主动转换方向来接受阳光。

34所以，向日葵还可以称做"向热葵"。

31 根据植物学家的发现，说明葵花向阳：

A. 与生长素无关
B. 受时间的影响
C. 可加速细胞分裂
D. 可以放慢生长速度

우리는 어렸을 때부터 해바라기가 항상 태양 방향으로 자라서 그런 이름이 붙여진 것이라고 생각했다. 과거에 사람들은 이것이 식물생장호르몬의 작용 때문이라고 여겼다. 꽃받침과 줄기의 음지 부분에 분포해 있는 생장호르몬이 그 부분의 세포분열을 촉진하지만, 양지 방향의 성장은 상대적으로 느리므로 결국 식물은 곡선으로 자라게 되고, 해바라기의 꽃받침 역시 이로 인해 태양을 따라 왔다 갔다 하는 것이다.

그러나 최근 **31**식물생리학자는 해바라기 꽃받침 기부(기초 부분)는 양지와 음지의 생장호르몬이 기본적으로 같다는 것을 발견했다. 이로써 해바라기가 양지를 향하는 것은 식물생장호르몬의 작용이 아님을 추측할 수 있다. 그럼 도대체 어떤 원인이 해바라기를 양지로 향하게 하는 것인가? 어떤 사람이 온실에서 냉광(형광등)으로 태양광을 대신해 햇빛을 모방하여 해바라기 꽃받침을 비추는 실험을 했다. 새벽에는 동쪽에서 빛을 비추고 저녁 무렵에는 서쪽에서 비춰 주었지만, 해바라기는 시종일관 움직임이 없었다. 그러나 화로를 태양처럼 사용하고 불빛을 가리니, 꽃받침은 평상시와 매우 다르게 밤낮, 동서남북을 가리지 않고 계속해서 화로 방향으로 움직였다. **32,33**원래 해바라기 꽃받침의 움직임은 빛의 직접적인 영향이 아니라, 햇빛이 해바라기 꽃받침의 작은 관 모양 꽃에 햇볕을 내리쬐기 때문에 기부의 섬유가 수축되는 것이고, 이 수축은 꽃받침이 능동적으로 방향을 바꾸게 하여 햇빛을 받게 하는 것이다.

34그러므로 해바라기를 '열바라기'라고 부를 수도 있다.

31 식물학자의 발견에 따르면 해바라기가 햇빛을 향하는 것은:

A. 생장호르몬과 무관하다
B. 시간의 영향을 받는다
C. 세포분열을 가속한다
D. 생장 속도를 늦출 수 있다

32 通过实验，向日葵花盘转动主要和什么有关系?
  A. 形状
  B. 天气
  C. 热量
  D. 阳光

33 关于向日葵，下面选项正确的是：
  A. 是一种耐寒植物
  B. 花盘中有管状小花
  C. 生长素分布不均匀
  D. 花盘转动不受阳光的影响

34 下列选项中，最适合做本文题目的是：
  A. 日光灯的秘密
  B. 神奇的生长素
  C. 生命在于运动
  D. 向日葵是向热葵

32 실험을 통해 해바라기 꽃받침의 움직임은 무엇과 가장 관계가 있다는 것을 알 수 있는가?
  A. 형태
  B. 날씨
  C. 열
  D. 햇빛

33 해바라기에 관하여 다음 보기 중 타당한 것은:
  A. 일종의 내한성 식물이다
  B. 꽃받침에 작은 관 모양의 꽃이 있다
  C. 생장호르몬의 분포가 불균등하다
  D. 꽃받침의 움직임은 햇빛의 영향을 받지 않는다

34 다음 보기 중 이 글의 제목에 가장 적합한 것은:
  A. 형광등의 비밀
  B. 신비한 생장호르몬
  C. 생명은 운동에 달렸다
  D. 해바라기는 열바라기이다

向日葵 xiàngrìkuí 명 해바라기 | 生长素 shēngzhǎngsù 명 생장호르몬 | 花盘 huāpán 꽃받침 | 茎 jīng 명 식물의 줄기 | 分裂 fēnliè 동 분열하다 | 弯曲 wānqǔ 동 구부리다, 휘다 | 模拟 mónǐ 동 모방하다 | 照射 zhàoshè 동 비치다, 비추다 | 火盆 huǒpén 명 화로 | 遮挡 zhēdǎng 동 막다, 가리다 | 一反常态 yī fǎn chángtài 성 태도를 매우 달리하다 | 管状 guǎnzhuàng 튜뷸러, 관 | 纤维 xiānwéi 명 섬유 | 收缩 shōusuō 동 수축하다

31 **A** 세부 문제 해바라기가 태양을 향하는 것이 생장호르몬의 작용이 아니라는 과학자들의 발견임을 찾아야 한다. '~의 작용이 아니다(不是……作用了)'와 A의 '~와 관계없는(无关)'은 같은 의미이다.

32 **C** 인과관계 문제 '원래(原来)'라는 연결어를 통해 실험의 결과를 말해주고 있다. 해바라기 꽃받침의 움직임은 빛의 직접적인 영향이 아니라, 햇빛이 해바라기 꽃받침의 작은 관 모양 꽃에 햇볕을 내리쬐기 때문이라는 것을 알 수 있다.

33 **B** 세부 문제 해바라기를 열바라기라고 해도 된다고 말하고 있으므로 차가운 것과는 전혀 관련이 없으며, 해바라기는 내한성 식물이 아니므로 A는 소거한다. '해바라기 꽃받침의 작은 관 모양 꽃에 햇볕을 내리쬔다'라고 말하고 있으므로 B가 정답이다. 생장호르몬이 꽃받침과 줄기의 양지 부분에 분포해 있지만, 고르게 분포하는지는 알 수 없으므로 C는 소거한다. 꽃받침의 움직임이 햇빛의 직접적인 영향을 받는 것은 아니지만, 해바라기 내부가 햇빛을 받기 때문에 기부의 섬유도 영향을 받는 것이므로 D도 정답이 아니다.

34 **D** 주제 문제 마지막 단락이 단독으로 쓰인 것은 전체 문장에 대한 정리와 요약이라는 의미이다. 이 문장을 제목으로 쓰면 된다.

35~38

　　[38]楼兰王国最早的发现者是瑞典探险家斯文·赫定。1900年3月初，赫定探险队沿着干枯的孔雀河左河床来到罗布荒原，在穿越一处沙漠时才发现了一座废墟。1901年3月，斯文·赫定探险队挖掘废墟时发现了一座佛塔和三个殿堂以及带有希腊艺术文化的木雕建筑构件、五铢钱、一封卢文书信等大批文物。[35]随后他们又在这片废墟东南部发现了许多烽火台一直延续到罗布泊西岸的一座被风沙掩埋的古城，这就是楼兰古城。

　　自公元前二世纪见载于历史典籍的楼兰，到公元四世纪已沦为沙漠。公元399年，[38]东晋高僧法显去印度求法，路经楼兰，这里已是"上无飞鸟、下无走兽，遍望极目，欲望度处则莫知所拟，唯以死人枯骨为标识耳"。一个具有数百年历史的王国不复存在了，一个融汇东西方文化精华的文明失落了。[38]考古学家在楼兰找到的最晚有年代的汉文木简是建兴18年，即公元330年。[36]木简提到的最后一位楼兰国国王伐色摩那，在位约为公元321~334年。楼兰文明大约失落于此时。

　　[38]走丝绸之路必经楼兰，[37]那它为什么会失落呢？至今没有人能够给出一个明晰的答案。大致有三种推测比较有代表性：

　　自然环境变化。斯坦因是此说最先提出者，本世纪初他从楼兰考察回国后，就发表了冰山退缩导致河流流量减少，土地沙漠化，楼兰废弃。

　　政治经济中心的转移。丝绸之路使楼兰兴盛，也使楼兰衰落。两晋以后，丝绸之路改走北道，中原在楼兰的驻兵和屯田事业向北转移，楼兰转向衰弱，最终废弃。

　　人类活动破坏了自然的和谐，在创造高度发达的文明同时，也以惊人的速度制造着沙漠。青年考古学家林梅村认为这是"世界古文明的共同悲剧"。林梅村例举埃及、美索不达米亚这些古文明的发祥地，如今都是盐碱泛滥流沙纵横的不毛之地的实例来比照楼兰。

35 楼兰古城遗址在哪里？

A. 罗布荒原里
B. 罗布泊西岸
C. 挖掘到木雕构件处
D. 这座废墟的东部

---

　　[38]누란 왕국의 최초 발견자는 스웨덴 탐험가 스벤 헤딘(Hedin, Sven Anders)이다. 1900년 3월 초, 헤딘 탐험대는 메마른 공작강(몽고자치주 약강현 북쪽에 라포박 호수 서쪽의 강) 왼쪽의 하상을 따라 로프누르 황야에 도착했고, 사막을 지나갈 때 폐허를 발견했다. 1901년 3월 스벤 헤딘 탐험대는 폐허를 발굴하면서 불탑 하나와 전당 세 개, 그리스 예술문화의 특색을 지닌 목조 구조재, 오수전(한나라 화폐), 카로슈티 문자로 쓰인 편지 한 통 등 문물을 대량 발견했다. [35]그 후 그들은 이 폐허의 동남부에서 수많은 봉화대와 로프누르 호수 서안까지 이어진 모래에 덮여 있던 고성을 발견했다. 이것이 바로 누란 고성이다.

　　역사 서적에서 BC 2세기부터 기록이 보이는 누란은 4세기에 이미 사막으로 변해버렸다. 서기 399년 [38]동진의 고승 법현이 인도로 불법을 연구하러 가는 도중 누란을 지날 때, '하늘에 나는 새가 없고, 땅에는 지나는 동물도 없다. 언제 이 길을 가다가 죽었는지 알 수 없으나, 오직 죽은 사람의 유골만이 갈 길을 가리키는 지표가 되어 준다.'라고 묘사하고 있다. 수백 년의 역사를 지닌 왕국이 더는 존재하지 않고, 동양과 서양 문화를 융합시킨 찬란했던 문명이 사라지고 만 것이다. [38]고고학자가 누란에서 발견한 가장 늦은 시기의 한자 목간은 건흥 18년으로, 서기 330년이다. [36]목간에서 언급한 누란 최후의 왕은 파써모나 국왕으로, 재위 기간은 서기 321~334년이었다. 누란 문명은 대략 이때 소실되었다.

　　[38]실크로드를 횡단하려면 누란을 지나야 하는데, [37]왜 누란국이 사라졌을까? 지금까지 어느 하나 명확한 답을 내리지 못하고 있다. 대략 3가지의 대표적인 이유를 추측할 수가 있다.

　　자연환경 변화. 스타인(Marc Aurel Stein)이 이 가설을 가장 먼저 주장한 사람이다. 이번 세기 누란을 답사한 후 귀국한 그는 빙산의 축소가 강의 유량 감소를 불러와 토지가 사막화되어 누란 왕국이 폐허가 되었다고 주장했다.

　　정치 경제 중심의 이동. 실크로드는 누란의 번성과 쇠락을 가져왔다. 서진과 동진 이후 실크로드의 중심이 북쪽으로 옮겨 가고, 누란에서 주둔하던 군대와 그들의 둔전 사업이 북으로 옮겨 가면서 누란국은 쇠락의 길로 들어섰고, 결국 멸망했다는 것이다.

　　인류의 활동이 자연과의 조화를 파괴하고 고도의 발달된 문명을 창조할 때, 무서운 속도로 사막화가 진행된다. 청년 고고학자 린메이춘은 이것이 '세계 고대 문명의 공통된 비극'이라고 말했다. 그는 이집트, 메소포타미아와 같은 고대 문명의 발원지가 지금 염지화되어 토사가 마구 범람하는 불모의 땅이 된 것을 예로 들며 누란과 비교 대조하였다.

35 누란 고성의 유적은 어디에 있는가?

A. 로프누르 황야
B. 로프누르 호수 서안
C. 목조건물을 발견한 곳
D. 발견된 폐허의 동쪽

36 楼兰王国大约在什么时候消失?
　　A. 公元5世纪
　　B. 公元前2世纪
　　C. 公元321～334年之间
　　D. 公元334～399年之间

37 楼兰古国为什么会消失?
　　A. 冰山退缩
　　B. 政治中心转移
　　C. 目前没有人能确定
　　D. 人类破坏了自然的和谐

38 下列说法中正确的一项是?
　　A. 楼兰位于丝绸之路上
　　B. 晋代木简是楼兰最后发现的文物
　　C. 瑞典探险家为寻找楼兰去的罗布泊
　　D. 晋高僧法显去印度时楼兰古国正繁华

36 누란 왕국은 대략 언제 사라졌는가?
　　A. 서기 5세기
　　B. 기원전 2세기
　　C. 서기 321～334년 사이
　　D. 서기 334～339년 사이

37 누란 왕국은 왜 사라졌는가?
　　A. 빙산의 축소로
　　B. 정치 중심의 이동으로
　　C. 현재 아무도 단언하지 못함
　　D. 인류가 자연과의 조화를 파괴해서

38 다음 보기 중 타당한 것은?
　　A. 누란은 실크로드에 위치해 있다
　　B. 진나라 시기의 목간은 최후에 발견된 누란 문물이다
　　C. 스웨덴 탐험가는 누란을 찾기 위해 로프누르 호수에 갔다
　　D. 진나라 고승 법현이 인도에 갔을 때, 누란 왕국은 번성한 국가였다

> 瑞典 Ruìdiǎn 고유 스웨덴 | 探险家 tànxiǎnjiā 명 탐험가 | 干枯 gānkū 형 마르다, 고갈되다 | 穿越 chuānyuè 동 통과하다, 지나가다 | 废墟 fèixū 명 폐허 | 挖掘 wājué 동 찾아 내다, 발굴하다 | 殿堂 diàntáng 명 전당 | 希腊 Xīlà 고유 그리스 | 烽火台 fēnghuǒtái 명 봉화대 | 延续 yánxù 동 계속하다, 지속하다 | 沙漠 shāmò 명 사막 | 欲求 yùqiú 동 욕구하다, 바라다 | 融汇 rónghuì 동 융합하다 | 失落 shīluò 동 잃다, 잃어버리다 | 明晰 míngxī 형 명백하다, 명료하다 | 推测 tuīcè 동 추측하다, 헤아리다 | 退缩 tuìsuō 동 뒷걸음질치다, 위축되다 | 废弃 fèiqì 동 폐기하다 | 兴盛 xīngshèng 흥성하다, 번창하다 | 衰落 shuāiluò 동 쇠락하다, 몰락하다 | 屯田 túntián 명 둔전 [주둔하여 개간한 토지] | 发祥地 fāxiángdì 명 발상지, 발원지 | 泛滥 fànlàn 동 (물이) 범람하다 | 不毛之地 bú máo zhī dì 성 불모지 | 实例 shílì 명 실례, 실제의 예

35 **B** 세부 문제 첫 단락의 마지막 문장에 따르면, 누란 유적이 로프누르 호수 서안에 있다고 했다.

36 **C** 세부 문제 두 번째 단락의 첫 문장에서 서기 4세기에 이미 사막으로 변했다고 했는데, 누란 문명이 소실된 구체적인 시간은 서기 321～334년이다.

37 **C** 세부 문제 세 번째 단락에서 누란국이 왜 사라졌는지 지금까지 아무도 명확한 답을 내리지 못한다고 답을 직접 말해 주고 있다.

38 **A** 세부 문제 '실크로드를 지나려면 누란을 꼭 거쳐야 한다'라는 문장이 누란이 실크로드에 있다는 것을 설명하고 있다(A). 고고학자가 누란에서 발견한 가장 늦은 시기의 한자 목간은 건흥 18년이고(B), 탐험가는 누란을 찾기 위해서 로프누르에 간 것은 아니다(C). 또, 진나라의 고승이 인도에 갔을 때, 누란 왕국은 이미 사라지고 없었다(D). 따라서 정답은 A이다.

39~42

　　猴山有一群猴子，数量不算多，只有七只。它们唯一的食物是饲养员每天送来的一桶粥。可是这些猴子的食量太大，每天的粥都不能填饱它们的肚子。于是，猴子们觉得有必要坐下来研讨一下这个问题。

　　猴甲曾经看见山下的村民在做一些重要决定时，往往采取抓阄儿的方法，于是建议引进人类这一方法，众猴一致同意。

　　一连几天，猴乙都没抓中阄儿。猴乙心想：抓中阄儿的猴子能够利用自己手中的权力多分一瓢粥。万一我一直不能抓中阄儿，岂不亏了？于是它建议采取轮换制度。猴乙的建议说到了众猴的心坎上了。**39**大家都想利用自己分粥的那一天混个"肚儿圆"。这样一来，每只猴子只有一天是吃饱喝足的，那就是自己履行神圣职责的那一天。

　　这样过了几个星期，群猴激愤。猴丙建议说，还是选个领头的吧。你看山下的人，乡里有个乡长，村里有个村长，一桌人吃饭时还要选个"桌长"呢！猴丙的话得到了众猴的一致拥护。于是它们推选出德高望重、见多识广的猴丁担任猴山的"山长"，具体负责分粥事宜。

　　猴丁宣誓就职后，猴山就热闹了。**40**众猴为了多分一口粥，纷纷使出浑身解数，拼命地去巴结"山长"，结果搞得猴山乌烟瘴气，怨声载道。

　　众猴痛定思痛，意识到权力过大容易产生强权思想，强权思想容易产生腐败。大家不甘心就这样被自己捧上台的猴子折磨自己，最后一致决定罢免"山长"，**41**实行民主化管理。由三只猴子组成分粥委员会，由四只猴子组成监督委员会，两个委员会各司其职。谁知好景不长，监督委员会认为分粥委员会假公济私，集体权力部门用，部门权力个人用；分粥委员会指责监督委员会仗着人多势众，恃强欺弱，无理取闹。双方就这样互相攻击，无休止地扯皮，等到闹够了，粥早已凉了。

　　猴子们再次坐下来开"圆桌会议"。它们最终做出决议：七只猴子轮流分粥，但分粥的那只猴子要等其他猴子挑完后才能拿剩下的最后一碗。**42**为了不让自己吃到最少的，每只猴子在分粥时都尽量分得平均。

　　从此以后，猴子们再也不用担心自己吃不饱了，都快快乐乐、和和气气地过日子。

　　원숭이 산에 원숭이 한 무리가 있었다. 수는 그렇게 많지 않아서, 겨우 7마리뿐이었다. 그들의 유일한 식사는 사육사가 매일 가져다주는 죽 한 통이 전부였다. 하지만 원숭이들이 먹는 양이 매우 많아서 매일 먹는 죽으로는 배를 채울 수가 없었다. 그래서 원숭이들은 모두 앉아 이 문제를 연구할 필요성을 느꼈다.

　　원숭이 갑은 산 아래의 마을 사람들이 중요한 결정을 할 때, 종종 제비뽑기하는 것을 본 적이 있었다. 그래서 사람이 쓰는 이 방법을 도입하는 것이 어떻겠냐고 건의했고 모두 동의했다.

　　요 며칠 계속 원숭이 을은 제비를 잘못 뽑았다. 원숭이 을은 '제비에서 뽑힌 원숭이는 수중의 권력을 이용해서 죽을 더 가져갈 거야. 만약 내가 계속 뽑히지 않는다면 내 손해가 아닌가?'라고 생각했고 그는 순번 제도를 제안했다. 원숭이 을의 제안은 다른 모든 원숭이의 마음에 꼭 들었다. **39**모두 자신이 죽을 분배하는 그날의 '두둑한 배'를 상상했다. 그 이후로 모든 원숭이는 자신의 신성한 직무를 수행하는 그날 딱 하루만 배불리 먹게 되었다.

　　이렇게 몇 주가 지나자 원숭이 무리는 크게 화가 났다. 원숭이 병은 리더를 뽑는 것이 좋겠다고 말했다. "산 아래 사람들을 봐. 향에는 향장이 있고, 촌에는 촌장이 있고, 한 상에서 밥을 먹을 때도 '밥상어른'을 뽑아야 하는 거라고!" 원숭이 병의 말은 모든 원숭이의 지지를 받았다. 그래서 그들은 덕망 있고 너그러우며 박학다식한 원숭이 정을 추대하여 원숭이 산 '산장'의 임무를 맡겼고, 죽을 분배하는 책임도 맡겼다.

　　원숭이 정이 취임 선서를 한 후, 원숭이 산은 시끄러워졌다. **40**원숭이들은 죽을 한 입 더 먹겠다고 온갖 수단을 동원하여 '산장'의 비위를 맞추기 위해서 사력을 다했다. 결과적으로 원숭이 산은 난장판인 암흑의 사회가 되어 원성이 자자하게 되었다.

　　원숭이들은 뼈저리게 반성을 하고, 권력이 너무 크면 강권의식이 생기고, 강권의식은 쉽게 부패로 이어진다는 것을 알게 되었다. 자신이 추대한 원숭이가 자신에게 고통을 주는 상황을 모두가 원치 않았다. 결국 '산장'을 파면하기로 하고, **41**민주적인 관리를 도입했다. 3마리의 원숭이로 구성된 죽 분배 위원회, 4마리의 원숭이로 구성된 감독 위원회는 각자 맡은 바 임무를 완수했다. 죽 분배가 순조롭지 않다는 것을 그 누구라도 알게 되면, 감독 위원회는 죽 분배 위원회가 공적인 자리를 이용해 잇속을 챙기고, 집단의 권력을 부처가 남용하고, 또 부처의 권력을 개인이 사용했다고 여겼다. 죽 분배 위원회는 감독 위원회가 수가 많고 세력이 강성한 것에만 의지해, 힘만 믿고 약자를 괴롭히며 제멋대로 군다고 질책했다. 양측이 이렇게 서로 공격하며 쉬지 않고 옥신각신해서 다 싸울 때까지 기다리면 죽은 식어버렸다.

　　원숭이들은 다시 '원탁회의'를 소집했다. 그들은 7마리의 원숭이가 교대로 죽을 분배하고, 죽을 나눠 준 원숭이는 다른 원숭이가 죽을 다 퍼 간 후 남은 마지막 죽 그릇을 가져갈 수 있었다. **42**자신이 먹을 양이 적어지는 것을 원하지 않던 모든 원숭이는 죽을 분배할 때 평균적인 양을 분배하려고 온 힘을 다하게 되었다.

　　이때 이후로 원숭이들은 자신이 배불리 먹지 못할까 봐 걱정하지 않게 되었고, 즐겁고 화목한 날을 보냈다.

39 第三段中的"肚儿圆"，意思是：
A. 肚子长得圆
B. 可以抢到粥
C. 吃得非常饱
D. 掌管分粥大权

40 下面符合"山长"管理时的情况的选项是：
A. 经常开会讨论如何分粥
B. 众猴纷纷抢着拍"山长"马屁
C. 有的猴子一连几天吃不到
D. 只有分粥的猴子能吃饱

41 众猴组成的委员会采取的是什么管理？
A. 轮换制度管理
B. 民主化管理
C. 集权化管理
D. 会议制度管理

42 "圆桌会议"的最后决议有什么效果？
A. 分粥都很平均
B. 猴子们会了巴结
C. 担心自己吃不饱
D. 所有的猴子都很生气

39 세 번째 단락의 '두둑한 배'의 의미는:
A. 배가 둥글게 생겼다
B. 죽을 뺏을 수 있다
C. 매우 배불리 먹다
D. 죽을 분배하는 권력을 관리한다

40 다음 보기 중 '산장'이 관리하던 시절에 속하는 상황은:
A. 회의를 자주 열어 죽 분배에 대해 토론했다
B. 모든 원숭이가 '산장'에게 아첨하려 달려들었다
C. 어떤 원숭이는 며칠 내내 먹지 못했다
D. 죽을 나눠 준 원숭이만 배불리 먹었다

41 여러 원숭이로 구성된 위원회는 어떤 관리 방식을 채택했는가?
A. 순번 제도 관리 방식
B. 민주화 관리 방식
C. 집권화 관리 방식
D. 회의 제도 관리 방식

42 '원탁회의'에서의 마지막 결정은 어떤 효과를 가져왔는가?
A. 죽 배분이 아주 균등하게 이루어졌다
B. 원숭이들이 아첨할 줄 알게 되었다
C. 자신이 배불리 먹지 못할까 봐 걱정했다
D. 모든 원숭이가 화가 났다

| 饲养员 sìyǎngyuán 몡 사육사 | 抓阄 zhuājiū 동 제비 뽑다 | 轮换 lúnhuàn 동 교대로, 순번대로 | 心坎 xīnkǎn 몡 마음속, 심중 | 履行 lǚxíng 동 이행하다, 실행하다 | 德高望重 dé gāo wàng zhòng 성 덕망이 높다 | 见多识广 jiàn duō shí guǎng 성 박학다식하다 | 乌烟瘴气 wū yān zhàng qì 성 엉망진창이 되다, 난장판을 이루다 | 巴结 bājie 동 아첨하다, 아부하다 | 怨声载道 yuàn shēng zǎi dào 성 원성이 거리에 가득하다 | 腐败 fǔbài 형 타락하다, 낡고 뒤떨어지다 | 折磨 zhémó 동 고통스럽게 하다, 괴롭히다 | 罢免 bàmiǎn 동 파면하다, 해임하다 | 各司其职 gè sī qí zhí 각자 맡은 바 임무를 완수하다 | 假公济私 jiǎ gōng jì sī 성 공적인 명의를 빌어서 자기 잇속을 채우다

---

39 C 세부 문제 모두 자신이 죽을 분배하는 그날의 두둑한 배를 상상했다는 말은 곧, 죽을 분배하는 그날 더 많이 먹을 수 있으니 자연히 많이 먹게 될 것이고, 배가 나와 두둑해 질 것임을 설명하고 있다.

40 B 세부 문제 '산장'과 관련한 내용을 찾아야 한다. 산장이 선출된 이후, 수많은 원숭이들이 죽을 한 입이라도 더 먹기 위해 사력을 다해 산장에게 아부를 했다는 내용이 나온다.

41 B 세부 문제 여러 원숭이가 2개의 위원회를 구성했는데, 바로 앞문장에서 민주적인 관리를 도입했다고 말하고 있다.

42 A 세부 문제 자신이 가장 적은 양을 먹지 않기 위해 모든 원숭이가 죽을 분배할 때 평균적인 양을 주려고 최대한 애를 썼다고 했으므로, 죽 배분이 균등하게 이루어졌음을 알 수 있다.

43~46

他在一个普通的美国家庭出生，从小家境贫寒，当他上完大学后，家里就无法再供他继续学业了。于是毕业以后，他在一家杂志社找了一份工作。在工作之余，他开始在报纸上发表文章，因为他有远大的梦想，想要成就一番大事业。

几年过去了，他发表了不少文章，但仍然没有成名。46他认为整天写豆腐块没出息，于是考虑写长篇小说。28岁那年，他终于写出了一部作品，43但出版后的销量不尽如人意，既没有赚到钱，也没有获得期望中的名声。他的心一下子沉下去，他开始怀疑自己的能力。

恰逢此时，44他和杂志社老板闹意见，老板一怒之下，炒了他的鱿鱼。此处不留人，自有留人处，他气愤之至，卷起被铺盖就离开了杂志社。他开始了求职之路，但四处碰壁，而且身上的钱已花得不多，工作还没着落，他越来越穷困潦倒。偏偏这时，一场人生的灾难骤然降临，他病倒了。45医生告诉他，这种病在短期内没办痊愈，需要长期住院观察。当他听到这个消息时，感到人生从此被划上一个圆圈，他彻底绝望了。

日子在一天天过去，病情仍未见好转，他躺在床上什么都不做，感到全身空洞洞的。他开始胡思乱想起来。一天他忽然想，成天在病床上什么也不干，为什么不找些轻松的书籍来阅读，譬如推理小说之类的呢？说看就看，他真的找来几本看起来。46两年后，他出院了，竟在不知不觉间看了两千多册。或许是潜移默化，或许是其他原因，总之，他渐渐喜欢上推理小说。最后，他干脆写起推理小说。让他感到惊讶的是，他觉得自己竟然很适合写推理小说。

不久，他就写出一篇小说。他小心翼翼地把作品送到编辑手上。但让人深感意外的是，这篇名叫《班森杀人事件》的推理小说，一出版就大受欢迎，他由此迅速走红。46他就是范达因，美国推理小说之父。他创作的46《菲洛·万斯探案集》，成为了世界推理小说史上的经典巨著，全球销售量达8000万册。

贫穷、失业、患病、失意，这些看上去很可怕，其实对我们来说未必是件坏事。许多时候，只有当一个人跌到了人生的谷底，远离了欲望喧嚣，才能彻底看清自己，知道自己要走什么路。而一个人知道了自己要走什么路的时候，他就更加容易成功。挫折是一种转换，也是另一个机会。

그는 아주 평범한 미국 가정에서 출생했다. 어렸을 때부터 가난했던 집안은 그가 대학을 마친 후 더는 학업을 계속할 수 있도록 뒷바라지를 할 수가 없었다. 그래서 졸업 후에 그는 한 잡지사에 일자리를 얻었다. 그는 업무시간 이외의 시간에 신문사에 글을 기고하기 시작했다. 왜냐하면 그는 나중에 큰 사업을 이루고 싶은 원대한 꿈이 있었기 때문이다.

몇 년이 지났고, 그는 적지 않은 문장을 발표했지만, 여전히 이름을 날리지 못했다. 46그는 온종일 짧은 조각 같은 문장을 쓰는 것은 장래성이 없다고 판단하고 장편소설을 쓰기로 마음먹었다. 28세가 되던 해에 그는 마침내 작품 한 편을 완성했다. 43그러나 판매량이 생각보다 부진해, 돈도 벌지 못하고 기대하던 명성도 얻지 못했다. 그는 풀이 죽었고, 자신의 능력을 의심하기 시작했다.

이때 마침 44잡지사 사장과 의견 충돌이 생겼고, 사장은 화가 나서 그를 해고해 버렸다. 이곳에서 나를 받아주지 않더라도 나를 받아 줄 곳이 있다며 그도 화가 끝까지 나서 해고되자마자 잡지사를 떠나버렸다. 그는 일자리를 찾기 시작했지만 사방에서 난관에 부딪혔고, 수중에 가진 돈도 거의 바닥난 상태였다. 일자리가 나올 구석도 없고 그는 점점 더 가난해졌다. 바로 이때 인생의 재난이 불현듯 밀려왔다. 그가 병으로 쓰러진 것이다. 45의사는 이 병은 단기간에 완쾌가 어려우며, 장기간 병원에서 상태를 관찰해야 한다는 소견을 내렸다. 그는 이 소식을 들었을 때, '인생은 여기에서 점을 찍는구나'라며 매우 낙담하고 말았다.

하루하루가 지나고 병세에 호전의 기미도 없었다. 그는 침대에 누워 아무것도 할 수가 없었고, 온몸이 휑하니 빈 느낌이었다. 그는 터무니없는 잡생각만 하기 시작했다. 어느 날, 그는 갑자기 '온종일 병상에서 왜 아무것도 안 하는가, 읽기 편한 추리소설 같은 책도 왜 읽지 않는가?'라는 생각이 불쑥 들었다. 그는 정말 책 몇 권을 찾아 읽기 시작했다. 462년 후 그는 퇴원했고, 자기도 모르는 사이 읽은 책이 2,000권이 넘었다. 은연중에 감화가 되었는지, 아니면 다른 이유에서인지 그는 점점 더 추리소설에 빠져들었고, 결국 그는 추리소설을 쓰기 시작했다. 그가 놀란 것은 자신이 추리소설 창작에 꽤 잘 맞는다는 것이었다.

얼마 후, 그는 추리소설 한 권을 썼고 매우 조심스럽게 소설을 편집자에게 보냈다. 의외인 것은 『벤스 살인 사건』이라 이름 붙여진 이 추리소설이 출판되자마자 큰 사랑을 받고, 큰 성공을 기록했다는 것이다. 46그가 바로 미국 추리소설의 아버지인 반다인이다. 그가 창작한 46『필로 밴스 시리즈』는 세계 추리소설 역사상 공전의 대작으로, 전 세계 판매 부수가 8,000만 권에 달한다.

가난, 실업, 병마, 실의, 이 모든 것들이 보기에는 두려워 보이지만, 사실 우리에게 그렇게 나쁜 일만은 아니다. 한 사람이 인생의 좌절을 맞보고 욕망의 늪에서 멀어질 때, 비로소 자기 자신을 분명히 알게 되고 어떤 길을 가야 할지 알게 된다. 그리고 자신이 어떤 길을 가야 하는지 알게 될 때, 더 쉽게 성공할 수 있다. 좌절은 하나의 전환점이자 기회이다.

43 他第一次出版的小说，怎么样？
A. 非常受欢迎
B. 赚到很多钱
C. 销量很一般
D. 给他增加了名望

44 他和杂志社老板闹意见后，发生了什么事情？
A. 他把老板炒了
B. 老板把他辞退了
C. 他找到了一份工作
D. 他的第一部小说出版了

45 为什么他彻底绝望了？
A. 找不到工作
B. 不能继续上大学
C. 他的书销量不好
D. 他的病需要长期治疗

46 下列选项中，正确的是：
A. 他的病无法痊愈
B. 他刚毕业就写长篇小说
C. 他是美国推理小说之父
D. 《班森杀人事件》销售量达8000万册

43 그의 첫 번째 출판된 소설은 어땠는가?
A. 매우 환영을 받았다
B. 큰돈을 벌었다
C. 판매량이 보통이었다
D. 큰 명성을 가져다주었다

44 그가 잡지사 사장과 문제가 생긴 후, 어떤 일이 발생했는가?
A. 그는 사장을 해고했다
B. 사장은 그를 해고했다
C. 그는 일자리를 찾았다
D. 그의 첫 번째 소설이 출판되었다

45 그는 왜 처절한 실망감을 맛보았는가?
A. 일자리를 찾지 못해서
B. 계속 대학을 다닐 수 없어서
C. 그의 책 판매량이 적어서
D. 그의 병은 장기간 치료를 해야 했으므로

46 다음 보기 중 정확한 것은:
A. 그의 병은 완치될 수 없다
B. 그는 졸업 후 바로 장편소설을 썼다
C. 그는 미국 추리소설의 아버지이다
D. 『벤슨 살인 사건』의 판매량은 8,000만 권에 달했다

贫寒 pínhán 형 빈곤하다, 가난하다 | 出息 chūxi 명 전도, 장래성 | 不尽如人意 bú jìn rú rén yì 성 사람들의 뜻대로만 되지는 않는다 | 恰逢 qiàféng 동 때마침 만나다, 재때 마주치다 | 炒鱿鱼 chǎo yóuyú 해고하다 | 铺盖 pùgài 명 요와 이불, 침구 | 穷困潦倒 qióng kùn liáo dǎo 빈곤하다, 가난해지다 | 骤然 zhòurán 부 돌연히, 홀연히 | 痊愈 quányù 동 치유되다, 완쾌되다 | 空洞洞 kōngdòngdòng 형 텅 비다, 훵하다 | 譬如 pìrú 동 예를 들다 | 潜移默化 qián yí mò huà 성 은연중에 감화되다 | 小心翼翼 xiǎo xīn yì yì 형 엄숙하고 경건하다 | 编辑 biānjí 명 편집자 | 走红 zǒuhóng 동 인기가 있다, 환영 받다 | 谷底 gǔdǐ 명 밑바닥, 최저점 | 喧嚣 xuānxiāo 동 시끄럽다, 소란스럽다

43 C 세부 문제 두 번째 단락에서 '생각보다 부진했다(不尽如人意)'가 바로 '좋지 않았다, 예상한 만큼 좋지 않았다'는 의미이다. 판매량이 그저 그랬고(C), 돈도 못 벌었고(B), 명성도 얻지 못했다(D)는 것은 자연히 그다지 환영을 받지 못했다(A)는 의미이다.

44 B 세부 문제 사장과 의견 충돌이 생긴 후, 사장이 화가 나서 그를 해고해 버렸다는 말이 나온다. C와 D는 사장과 의견 충돌이 있기 전에 발생한 상황이다.

45 D 세부 문제 보기 A, B, C 역시 그를 곤란하게 만든 당시의 상황이기는 하지만, 정말 그를 절망으로 이끈 것은 이렇게 어려운 상황에 자신이 장기간 치료를 해야 한다는 것이었다.

46 C 세부 문제 그는 2년 후 퇴원을 했고(A), 졸업 후 몇 년간 짧은 문장을 썼지만 명성을 얻지 못했고, 나중에서야 장편소설을 쓰기 시작했다(B). 또, 판매 부수가 8,000만 권에 달한 것은 『필로 밴스 시리즈』이다(D). 그는 미국 추리소설의 아버지인 반다인이라고 했으므로 정답은 C이다.

47~50

　　从古代哲学家到今天的教育家，文学家和医学家们一直关心有关于"心"、"心灵"、"意识"和"人性"等心理学问题。但是在科学心理学诞生之前，心理学就象一个流浪汉，**47**时而敲敲生理学的门，时而敲敲论理学的门，时而敲敲认识论的门。直到今天，提起心理学，还是有人觉得它玄虚奥妙，深不可测。也有人认为心理学就是猜测别人的思想。其实心理学与算命占卜等根本不同，它是一门正宗科学。

　　心理学主要研究人的心理现象，**48**为了了解人类心理的起源和发展，也对动物心理进行研究。即使是变形虫这样的原生动物，也具有最简单的感觉，假如碰到有害刺激，就会收缩身体，一旦遇到食物便会吞掉。而猴子这类的灵长类动物，行为非常灵活，它们可以学会打开水笼头，用杯子接水，最后用水浇灭炉中的火，从而取得炉子下面藏着的水果。当然只有具备初步的思维能力，才会有这样复杂的行为。

　　人和动物的心理活动完全不同，除了感知觉、记忆、思维都比动物复杂以外，**49**人类还有语言，能通过语言表达自己的愿望，与他人交流思想，形成人的主观世界。人的心理现象是世界上最复杂的现象之一，它存在于人的各种活动中。只要人处于觉醒状态，一定在进行学习、工作、娱乐等活动，而在活动的同时就会有这样或那样的心理活动。在各种活动中，**50**人总是要搞清楚与自己打交道的客观对象究竟是什么。所以，人就需要不断地注意着，观察着，思考着，并且时刻记下这些周围事物和对象。

47 第一段中画线句子的意思主要是：

A. 心理学很玄虚奥妙
B. 心理学研究的范围很窄
C. 很多领域的专家关心心理学
D. 心理学没有特定的研究领域

48 作者列举变形虫、猴子的例子，主要是为了说明：

A. 心理学也研究动物心理
B. 心理学与认识论的关系
C. 动物的心理是不断进化的
D. 动物的心理非常复杂

고대 철학자에서 오늘날의 교육가, 문학가, 의학가에 이르기까지 그들은 항상 '마음, 영혼, 의식, 인성'이라는 심리학 문제에 관심을 가졌다. 그러나 과학 심리학 탄생 이전에 심리학은 방랑자처럼 **47**어떤 때는 생리학의 문을 두드리고, 어떤 때는 논리학의 문을 두드리고, 또 어떤 때는 인식론의 문을 두드렸다. 오늘날 심리학을 언급하면 신비롭고 오묘해 깊이를 가늠할 수 없다고 생각한다. 또, 어떤 사람들은 심리학은 다른 사람의 생각을 추측하는 것이라 생각한다. 사실 심리학과 점술은 근본적으로 다르지만, 둘 다 정통 과학 분야에 속한다.

심리학은 사람들의 심리 현상을 주로 연구한다. **48**사람 심리의 기원과 발전을 이해하기 위해 동물심리에 대해 연구를 진행하기도 한다. 설령 아메바 같은 그런 원생동물도 아주 간단한 감성을 가지고 있다. 예를 들어, 해로운 자극을 받으면 몸을 수축하고, 음식물을 만나기만 하면 곧 삼켜버린다. 원숭이 같은 영장동물의 행동은 굉장히 민첩해서 수도꼭지를 돌려 컵으로 물을 받고, 이 물을 뿌려 화로 속의 불을 끌 수 있다. 그래서 화로 밑에 숨겨진 과일을 얻어낸다. 당연히 초보 단계의 사고력이 있어야 이런 복잡한 행동을 할 수 있다.

사람과 동물의 심리 활동은 완전히 다르다. 감각, 지각, 기억, 사유가 모두 동물보다 복잡한 것 이외에도, **49**인간은 언어를 가지고 있어 이를 통해 자신이 원하는 바를 표현하고, 타인과 생각을 교류하면서 주관적인 세계를 형성한다. 사람의 심리 현상은 이 세상에서 가장 복잡한 현상 중의 하나이며, 사람의 각종 활동에 모두 존재한다. 사람의 각성 상태는 학습, 업무, 오락 등의 활동을 하고 있는 것을 말하며, 사람은 이런 활동을 함과 동시에, 이런저런 심리 활동도 동시에 하고 있는 것이다. 이 과정 중 **50**사람은 자신이 인사를 건네는 객관적인 대상이 무엇인지 항상 분명히 하고 싶어한다. 그래서 사람들은 끊임없이 주의를 기울이고, 관찰하고, 생각해야 하며 이런 주위 사물과 대상을 즉각 기억해야 한다.

47 첫 번째 단락의 밑줄 친 문장의 의미는:

A. 심리학은 오묘하고 신비롭다
B. 심리학 연구의 범위는 아주 좁다
C. 많은 분야의 전문가가 심리학에 관심이 있다
D. 심리학은 특정한 연구 분야가 없었다

48 작가가 아메바나 원숭이의 예를 든 것은 무엇을 설명하기 위함인가?

A. 심리학은 동물 심리도 연구한다
B. 심리학과 인식론의 관계
C. 동물 심리는 계속 진화한 것이다
D. 동물의 심리는 굉장히 복잡하다

49 根据上文，人与动物心理活动的本质区别是:
   A. 记忆能力
   B. 思维能力
   C. 感知觉能力
   D. 语言表达能力

50 为了了解客观对象，人们需要:
   A. 不断注意、观察、思考
   B. 进行心理活动
   C. 丰富自己的客观世界
   D. 增强记忆力

49 윗글에 따르면 사람과 동물의 심리 활동상의 본질적 차이는:
   A. 기억 능력
   B. 사유 능력
   C. 감각·지각 능력
   D. 언어 표현 능력

50 객관적인 대상을 이해하기 위해 사람들은 무엇이 있어야 하는가?
   A. 계속 주의하고 관찰하고 생각해야 한다
   B. 심리 활동을 해야 한다
   C. 자신의 객관적인 세계를 풍부하게 해야 한다
   D. 기억력을 증강시켜야 한다

流浪汉 liúlánghàn 몡 유랑자, 방랑자 | 时而 shíér 囝 때때로 | 玄虚 xuánxū 휑 심오하다, 오묘하다 | 深不可测 shēn bù kě cè 졩 깊이를 헤아릴 수 없다 | 算命 suànmìng 图 점치다 | 占卜 zhānbǔ 图 점치다 | 正宗 zhèngzōng 휑 정통의 | 变形虫 biànxíngchóng 아메바 | 吞掉 tūndiào 图 집어 삼키다, 삼켜 (먹어)버리다 | 灵活 línghuó 휑 민첩하다, 날렵하다 | 初步 chūbù 휑 처음 단계의, 초보적인 | 思维 sīwéi 图 사유하다, 생각하다 | 觉醒 juéxǐng 图 각성하다, 깨닫다

---

47 D 세부 문제 밑줄 친 문장에 대한 분석이 문제로 나오면, 앞뒤 문장을 살펴보고 정답을 고르면 된다. 밑줄 친 문장은 세 개의 '时而'이 있다. 이것은 특정한 연구 분야가 없다는 것을 설명하는 것이다.

48 A 인과관계 문제 A를 문제에 대입시켜보면, '심리학도 동물 심리를 연구한다는 것을 설명하기 위해 작가는 몇 개의 예를 들었다'가 된다. 원문의 내용과 정확히 일치한다.

49 D 세부 문제 사람과 동물의 심리 활동이 문제의 핵심이다. 세 번째 단락의 첫 문장에서 강조하는 것은 언어적 구별이며, 이것이 사람과 동물의 심리 활동에서 본질적인 차이라고 말하고 있다.

50 A 인과관계 문제 객관적인 대상이 무엇인지 분명히 하기 위해 계속 주의를 기울이고(注意), 관찰하고(观察), 생각한다(思考)고 했다.

3 모의고사 3 p.310

정답										
	1 C	2 C	3 A	4 C	5 B	6 B	7 D	8 C	9 A	10 B
	11 B	12 C	13 B	14 B	15 C	16 A	17 B	18 C	19 A	20 D
	21 B	22 A	23 E	24 C	25 D	26 D	27 B	28 E	29 A	30 C
	31 D	32 D	33 A	34 C	35 C	36 B	37 D	38 B	39 D	40 D
	41 C	42 A	43 D	44 B	45 D	46 C	47 C	48 A	49 C	50 B

1
A. 她不仅容貌出众，还能写得一手好文章。
B. 这幅画用丰富的色彩勾勒出了金秋的收获情景。
C. 这件衣服的样子不是不好看，而是颜色不好。
D. 有关中草药，我懂得很少，不过我可以找个内行帮你请教。

1
A. 그녀는 미모가 출중할 뿐만 아니라 글도 잘 쓴다.
B. 이 그림은 풍부한 색채를 사용하여 가을의 수확 풍경을 묘사했다.
C. 이 옷은 디자인이 안 좋은 것이 아니라 색이 안 예쁘다.
D. 나는 한약재에 관해서는 잘 모른다. 하지만 그 방면의 전문가를 찾아 너를 가르치게 할 수는 있다.

出众 chūzhòng 형 출중하다. 뛰어나다 | 勾勒 gōulè 동 스케치하다. 묘사하다 | 请教 qǐngjiào 동 가르침을 청하다

1 C 这件衣服的样子**不是**不好看，而是颜色不好。
→ 这件衣服**不是**样子不好看，而是颜色不好。

접속사의 위치에 관련된 문제이다. '不是A，而是B' 구문을 사용했는데, 여기에서 A가 가리키는 것은 '样子'이고, B가 가리키는 것은 '颜色'이다. 그러므로 '不是'는 '样子' 앞에 와야 한다.

2
A. 拥有资源的人不一定能取得成功，善于合理利用资源的人才会成功。
B. 晚唐诗人中，诗歌天赋最高的，是擅长写爱情诗的李商隐。
C. 有些植物的花朵因吸收金属元素而改变颜色，这也能成为找到地下矿藏。
D. 今天是上海世博会开园后的第二个周末，前来参观的人数达到开园以来最高峰。

2
A. 자원을 가졌다고 해서 꼭 성공하리라는 보장은 없다. 자원을 합리적으로 이용하는 사람만이 성공할 수 있다.
B. 만당의 시인 중에 시가에 천부적인 재능을 지녔으며, 사랑을 주제로 한 시를 잘 썼던 사람은 이상은이다.
C. 어떤 식물의 꽃은 금속원소를 흡수하면 색이 변하기 때문에 지하자원을 찾는 수단이 되기도 한다.
D. 오늘은 상하이세계박람회가 시작된 지 2주째 되는 주말로, 관람객 수가 박람회 시작 이래 최고에 달했다.

天赋 tiānfù 동 천부적이다. 타고나다 | 擅长 shàncháng 동 (어떤 방면에) 뛰어나다. 잘하다 | 矿藏 kuàngcáng 명 지하자원

2 **C** 有些植物的花朵因吸收金属元素而改变颜色，这也能成为找到地下矿藏。
→ 有些植物的花朵因吸收金属元素而改变颜色，这也能成为找到地下矿藏的途径。

목적어가 빠진 문장이다. 뒷절에 목적어가 없으므로 적절하게 첨가해야 한다.

---

3 A. 孩子们正在教练的指导下学习游泳了。
B. 他老爸是京剧界的泰山北斗，在中国可以说是家喻户晓。
C. 许多作家习惯于夜深人静时写作，因为安静的环境更适合创作。
D. 逆水行舟，不进则退。你要么一直在前面领跑，要么甘于位居人后。

3 A. 아이들은 코치의 지도하에 수영을 배우고 있다.
B. 그의 아버지는 경극계의 대가로서, 중국에서는 모르는 사람이 없다.
C. 작가들 중에는 깊은 밤 조용할 때 글을 쓰는 것이 습관이 된 사람이 많다. 이는 조용한 환경이 창작에 더 적합하기 때문이다.
D. 물을 거슬러 배를 몰 때, 앞으로 나아가지 못하면 뒤로 밀리게 된다. 계속 선두에 서든지 아니면 기꺼이 다른 사람의 뒤에 서든지 해야 한다.

泰山北斗 tàishān běidǒu 명 대가(大家), 일인자 | 逆水行舟，不进则退 nìshuǐxíngzhōu, bújìnzétuì 물을 거슬러 배를 몰 때, 앞으로 나아가지 못하면 뒤로 밀리게 된다

---

3 **A** 孩子们正在教练的指导下学习游泳了。
→ 孩子们正在教练的指导下学习游泳。

'正在'는 동작의 진행을 나타내고, '了'는 동작의 완료를 나타내므로 둘을 함께 쓸 수 없다. 그러므로 '了'를 삭제해야 한다.

---

4 A. 大概在两年前，父亲带我去认识了他的一位老朋友。
B. 互联网提供的搜索功能可以让用户更便捷地搜索到他们想得到的信息。
C. 放心吧，你的事就是我的事，我一定会尽量的，下星期三我给你答复。
D. 白鹿洞书院是中国最著名的四大书院之一，中国历史上的很多文人墨客都曾在此讲学。

4 A. 약 2년 전, 아버지는 나를 데리고 가셨고, (그 자리에서 나는) 아버지의 오랜 친구를 뵙게 되었다.
B. 인터넷이 제공하는 검색 기능은 사용자가 더욱 빠르고 편리하게 자신이 원하는 정보를 찾도록 해 준다.
C. 안심해. 너의 일이 바로 나의 일이야. 최선을 다 해 볼게. 다음 주 수요일에 대답해 줄게.
D. 백록동서원은 중국 4대 서원 중 하나로, 중국 역사상 많은 문인들이 이곳에서 가르친 적이 있다.

搜索 sōusuǒ 동 (인터넷에) 검색하다 | 便捷 biànjié 형 빠르고 편리하다, 간편하다 | 文人墨客 wénrén mòkè 명 문인, 묵객

---

4 **C** 放心吧，你的事就是我的事，我一定会尽量的，下星期三我给你答复。
→ 放心吧，你的事就是我的事，我一定会尽力的，下星期三我给你答复。

어휘의 사용이 적절하지 못하다. '尽量'은 동사를 수식하는 부사이므로 문장 끝에 위치해서는 안 된다. 따라서 '尽量'을 동사인 '尽力'로 고쳐야 한다.

5
A. 3月29号凌晨，北京终于迎来了新年的第一场瑞雪。
B. **我看见张原扶着一位老人走下车来，手上提着一个黑色提包。**
C. 因为文化差异诸多因素，《三国演义》是一部翻译起来难度极高的著作。
D. 早在唐代，陆羽的《茶经》中就有关于茶叶分等级及品质高低的鉴别方法及有关记载。

5
A. 3월 29일 새벽, 베이징에는 새해 들어 처음으로 눈이 내렸다.
B. **나는 손에 검은 가방을 들고 있는 노인을 부축해 차에서 내리는 장 위앤을 보았다.**
C. 『삼국연의』는 문화적 차이가 심해 번역하기 매우 어려운 작품이다.
D. 일찍이 당나라 때 루위가 쓴 『차경』에는 차의 등급, 품질 감별법 및 관련 기록이 있다.

瑞雪 ruìxuě 명 상서로운 눈 | 扶 fú 동 부축하다, 떠받치다 | 鉴别 jiànbié 동 감별하다, 식별하다 | 记载 jìzǎi 동 기사, 기록

5 B 我看见张原扶着一位老人走下车来，手上提着一个黑色提包。
→ 我看见张原扶着一位老人走下车来，老人手上提着一个黑色提包。

앞뒷절의 주어가 불분명하다. '손에 검은 가방을 들고 있는 사람(手上提着一个黑色提包)'은 도대체 누구인가? 주어를 확실히 하여 불필요한 혼란을 없애야 한다.

6
A. 儿童节的晚会上，孩子们展示了自己精心编排的节目。
B. **时间是治理心灵创伤的大师，但绝不是解决问题的高手。**
C. 多年以来我一直坚持跑步锻炼，不单纯是为了减肥，同时也是为了磨砺自己的意志。
D. 在很多图书市场上，将《孙子兵法》应用在工商管理领域的作品不在少数。

6
A. 어린이날 저녁, 아이들은 자신이 직접 심혈을 기울여 준비한 작품을 보여주었다.
B. **시간은 마음의 상처를 치료하는 선생님이다. 하지만 절대로 문제를 해결해주는 고수는 아니다.**
C. 나는 몇 년 동안 줄곧 달리기를 해왔다. 이는 단순히 다이어트를 위한 것이 아니라, 내 자신의 의지를 단련시키기 위한 것이기도 하다.
D. 도서 시장에는 『손자병법』을 경영학에 응용한 책이 적지 않다.

编排 biānpái 동 (일정한 순서에 따라) 배열하다, 편성하다 | 磨砺 mólì 동 연마하다, 단련하다, 갈고 닦다

6 B 时间是治理心灵创伤的大师，但绝不是解决问题的高手。
→ 时间是治疗心灵创伤的大师，但绝不是解决问题的高手。

어휘의 사용이 적절하지 못하다. '治理'는 국가나 환경 등을 관리한다는 의미로 쓰이는 동사이므로, 상처를 치료한다는 의미인 '治疗'로 고쳐야 한다.

7   A. 美丽的春城昆明四季如春，空气清新，是一个适宜人类居住的城市。
　　B. 关于牛郎织女的动人故事，在中国民间有很多不同的版本。
　　C. 这个年龄段的孩子逆反心理很强，家长们特别要注意教育孩子的方式。
　　D. 我住院期间，她无微不至，从那时起，我就对她产生了好感。

7   A. 아름다운 봄의 도시 쿤밍은 사계절이 봄처럼 따뜻하고, 공기가 맑아서 사람이 살기 좋은 곳이다.
　　B. 중국에는 견우와 직녀에 대한 여러 가지 이야기가 민간에 전해지고 있다.
　　C. 이 나이 또래의 아이들은 반항심이 강하므로, 학부모님들은 아이들 교육 방법에 각별한 주의를 기울여 주셔야 합니다.
　　D. 내가 병원에 입원했을 때, 그녀는 나를 세심하게 보살펴 주었다. 그 때부터 나는 그녀에게 호감을 느끼게 되었다.

逆反心理 nìfǎn xīnlǐ 명 역반응(적) 심리 | 无微不至 wú wēi bú zhì 성 배려하고 보살핌이 세심하고 주도면밀하다

---

7 D   我住院期间，她无微不至，从那时起，我就对她产生了好感。
　　→ 我住院期间，她**对我**无微不至，从那时起，我就对她产生了好感。

'无微不至'의 대상이 불분명하여 혼동을 초래할 수 있으므로, '她对我无微不至'로 고쳐 대상을 확실히 해야 한다.

---

8   A. 人之不自知，正如"目不见睫"，就是说人可以看见百步以外的东西，却看不见离自己最近的睫毛。
　　B. 往往在通货膨胀的情况下，如果工人的工资没有相应的提高，人们的生活成本就会随之增加，生活水平相对就会下降。
　　C. 宽容是一种为人处世的哲学。只有宽容他人的过错，与人才能建立起良好的人际关系，赢得别人的钦佩与尊敬。
　　D. "冬至"节源于汉代，盛于唐宋，沿袭到现在。《清嘉录》甚至有"冬至大如年"之说，这表明古人对冬至十分重视。

8   A. '등잔 밑이 어둡다'는 말처럼 사람들은 자기 자신에 대해 잘 모른다. 다시 말해, 멀리 있는 물건은 잘 보면서 자기와 가장 가까운 곳에 있는 속눈썹은 보지 못한다는 말이다.
　　B. 인플레이션 때 노동자의 임금이 그만큼 오르지 않으면, 사람들의 생활비가 그에 따라 증가하면서 생활수준이 상대적으로 하락하게 된다.
　　C. 관용은 일종의 처세술이다. 다른 사람의 잘못에 관대해져야 원만한 인간관계를 형성할 수 있고, 사람들의 존경을 받을 수 있다.
　　D. '동지'는 한나라 때 시작되어 당나라와 송나라 때 전성기를 이루다가 지금까지 이어지고 있다. 심지어 『청가록』에는 '동지는 설만큼 큰 명절이다'라는 말이 있을 정도이다. 이를 통해 옛 선조들이 동지를 얼마나 중시했는지 알 수 있다.

目不见睫 mù bú jiàn jié 성 등잔 밑이 어둡다, 자기 허물을 자기가 모른다 | 睫毛 jiémáo 명 속눈썹 | 通货膨胀 tōnghuòpéngzhàng 명 통화 팽창, 인플레이션 | 钦佩 qīnpèi 동 탄복하다 | 沿袭 yánxí 동 답습하다, 따르다, 전례를 좇다

---

8 C   只有宽容他人的过错，与人**才能**建立起良好的人际关系，赢得别人的钦佩与尊敬。
　　→ 只有宽容他人的过错，**才能**与人建立起良好的人际关系，赢得别人的钦佩与尊敬。

'只有A, 才能B'는 '단지 A해야만 B할 수 있다'라는 의미로, 조건관계에 쓰인다. 이 문제에서 관련부사 '才'의 위치는 부사로 쓰인 개사구(与人) 앞에 와야 한다.

9 A. 调查显示，多数女性喜欢有责任心、成熟、认真、幽默的男性最受女性欢迎。
   B. 颜真卿的书法，在魏晋之后开辟了一种新的境界，典型的代表了唐代书法的第二次高峰。
   C. 这款手表物美价廉，款式别具一格，还有5多种不同的颜色供消费者选择，是这里销量最好的手表。
   D. 敦煌位于古代中国通往西域、中亚和欧洲的交通要道——丝绸之路上，那时曾经拥有繁荣的商贸活动。

9 A. 조사에 따르면, 여자들은 책임감 있고 성숙하며, 진지하고 유머스한 남자를 좋아하는 것으로 나타났다.
   B. 안진경은 위진시대 이후 새로운 서체의 세계를 개척했다. 그의 서체는 당나라 서체의 2차 전성기를 보여주는 대표적인 사례이다.
   C. 이 손목시계는 품질이 좋고 가격도 합리적이다. 게다가 디자인도 독특하고 5가지 컬러가 있어 소비자의 취향에 따라 선택이 가능하여, 여기에서 가장 인기가 좋은 상품이다.
   D. 둔황은 고대 중국에서 서역, 중앙아시아, 유럽을 잇는 교통의 요지인 실크로드에 자리잡고 있어, 당시 무역 활동이 매우 활발하게 이루어졌다.

开辟 kāipì 동 개척하다, 개발하다 | 典型 diǎnxíng 형 전형적인 | 别具一格 bié jù yī gé 성 남다른 색채를 띠다

9 A 调查显示，多数女性喜欢有责任心、成熟、认真、幽默的男性最受女性欢迎。
   → 调查显示，多数女性喜欢有责任心、成熟、认真、幽默的男性。
   / 调查显示，有责任心、成熟、认真、幽默的男性最受多数女性的欢迎。

마무리가 깔끔하지 못하다. 같은 이야기를 2번 하여 의미가 중첩되고, 혼란스런 구조가 되어 버렸으므로 위와 같이 고쳐야 한다.

10 A. 苦瓜虽苦，如果和别的食材搭配时并不会将苦味渗入别的材料中，所以被人们称为"君子菜"。
   B. 天气的变化，直接影响着动物的生活，往往能及时察觉到天气的变化，并预先做好相应的准备。
   C. 在中国，酒主要以粮食为原料酿制而成。其中由谷物酿造的酒一直处于领先位置，相对而言果酒所占的份额只有很小一部分。
   D. 经研究证明，一个人缓解压力的能力与他的社会经验有自己接关系，30岁以下的上班族的减压能力明显弱于资深上班族。

10 A. 여주는 쓴맛은 있지만 다른 음식 재료와 함께 넣었을 때 쓴맛이 다른 재료에 섞이지는 않는다. 때문에 '군자채소'라고 불린다.
   B. 날씨의 변화는 동물의 생활에 직접적인 영향을 준다. 동물들은 바로 날씨의 변화를 알아채고, 미리 그에 따른 준비를 한다.
   C. 중국에서 술은 주로 음식물을 원료로 하여 만들어진다. 그중에서 곡물을 원료로 한 술이 대부분이고, 과실주는 상대적으로 차지하는 비중이 적다.
   D. 연구에 따르면, 스트레스를 해소하는 능력과 그 사람의 사회 경력 간에는 직접적인 상관관계가 있으며, 30세 이하 샐러리맨의 스트레스 해소 능력이 경력이 오래된 베테랑 샐러리맨에 비해 현저히 떨어지는 것으로 나타났다.

苦瓜 kǔguā 명 여주, 고과 | 酿制 niàngzhì 동 양조하다 | 资深 zīshēn 형 경력이 오래된, 베테랑의

10 B 天气的变化，直接影响着动物的生活，往往能及时察觉到天气的变化，并预先做好相应的准备。
    → 天气的变化，直接影响着动物的生活，它们往往能及时察觉到天气的变化，并预先做好相应的准备。

앞절의 주어는 날씨의 변화이지만, 뒷절의 주어는 동물들이 되어야 한다. 앞뒷절의 주어를 확실하게 하여 의미의 혼돈을 막아야 한다.

11 总会有一些人，只会抱怨环境；有的人，知道首先要适应环境，然后<u>改造</u>环境，<u>即便</u>不能改变环境，也可以改变自己的心境。生活态度不同，<u>人生</u>就可能不同。

　　A. 改良(×)　　与其(×)　　人格(×)
　　B. 改造(○)　　即便(○)　　人生(○)
　　C. 包装(×)　　何况(×)　　情形(×)
　　D. 否定(×)　　哪怕(○)　　命运(○)

11 어떤 사람들은 환경 탓만 하고, 어떤 사람은 먼저 환경에 적응한 후 그 환경을 <u>변화시킨다</u>. <u>설사</u> 환경을 변화시키지 못<u>하더라도</u> 자신의 마음을 변화시킬 수도 있다. 생활 태도에 따라 <u>인생</u>도 달라질 수 있다.

　　A. 개량하다　　~하기 보다는　　인격
　　B. 변화시키다　　설령 ~라 하더라도　　인생
　　C. 포장하다　　하물며　　상황
　　D. 부정하다　　설사 ~한다 해도　　운명

心境 xīnjìng 명 심경, 마음의 상태 ｜ 改良 gǎiliáng 동 개선하다, 개량하다 ｜ 命运 mìngyùn 명 운명

11 B 첫 번째 빈칸에는 '环境'을 목적어로 수반할 수 있는 '改造(B)'가 들어가야 한다.
　　　두 번째 빈칸에는 뒷절의 '也'와 호응하는 '가정관계'에 쓰이는 접속사 '即便(B)'과 '哪怕(D)'가 들어갈 수 있다.
　　　세 번째 빈칸에는 '生活'의 상위 개념이 와야 하므로 '人生(B)'이나 '命运(D)'이 와야 한다.

12 地震的发生在时间上具有一定的<u>周期</u>性。在一定时间段内，地震活动很频繁，强度也很大，称为地震<u>活跃</u>期；而在另一时间段里，地震活动<u>相对</u>较少，强度相对也小，常常被称为地震平静期。

　　A. 阶段(×)　　缓和(×)　　明显(×)
　　B. 预言(×)　　踊跃(×)　　相当(×)
　　C. 周期(○)　　活跃(○)　　相对(○)
　　D. 规划(×)　　灵活(×)　　常年(×)

12 지진의 발생은 시간적으로 일정한 <u>주기</u>성을 띤다. 일정 기간 동안 지진의 활동이 매우 빈번해지고 강도도 세지는데, 이를 지진 <u>활동</u>기라고 부른다. 그리고 다른 기간에는 지진의 활동이 <u>상대적으로</u> 적고 강도도 약한데, 이 시기는 종종 지진 평온기라고 불린다.

　　A. 단계　　따뜻하다　　명확하다
　　B. 예언　　껑충 뛰어오르다　　상당히
　　C. 주기　　활동　　상대적으로
　　D. 기획　　유연한　　평년

频繁 pínfán 형 잦다, 빈번하다 ｜ 活跃 huóyuè 형 활동적이다, 활기 있다 ｜ 踊跃 yǒngyuè 형 활기차다, 적극적이다

12 C 첫 번째 빈칸에는 '시간적인 일정한 규칙성'을 나타내는 '周期(C)'가 답으로 가장 적합하다.
　　　두 번째 빈칸은 뒤에 나온 '平静期'와 대비될 수 있는 '活跃期'가 되어야 한다.
　　　세 번째 빈칸에서 '相当(B)'이 답이 될 수 없는 이유는 뒤에 '较'가 있기 때문이다.

13 滴水之所以能够穿石，我想至少有两个原因：一是在于它们<u>目标</u>专一，每一滴水都朝着同一方向，落在一个定点上；二是在于它们<u>持之以恒</u>，在<u>漫长</u>的岁月中，它们就从来没有间断过这种努力。

A. 言论(×)　络绎不绝(×)　艰难(×)
B. 目标(○)　持之以恒(○)　漫长(○)
C. 信仰(×)　全力以赴(○)　辉煌(×)
D. 目光(×)　一如既往(×)　和谐(×)

13 내 생각에 한 방울씩 떨어지는 물방울이 돌을 뚫을 수 있는 이유는 두 가지이다. 첫째는 <u>목표</u>가 하나이기 때문이다. 즉, 물 한 방울 한 방울이 모두 같은 방향과 지점을 향해 떨어지기 때문이다. 둘째는 <u>오랫동안 지속되기</u> 때문이다. 즉, <u>길고 긴</u> 세월 동안 물방울이 끊이지 않고 떨어지기 때문이다.

A. 언론　끊이지 않다　어렵다
B. 목표　오랫동안 견지하다　길다
C. 신앙　최선을 다 하다　휘황찬란하다
D. 이목　지난날과 다름없다　화합하다

滴水 dīshuǐ 명 낙숫물 ｜ 持之以恒 chí zhī yǐ héng 성 오랫동안 견지하다 ｜ 一如既往 yì rú jì wǎng 성 지난날과 다름없다

13 B 첫 번째 빈칸에는 문맥상 '目标(B)'가 들어가야 한다.
두 번째 빈칸은 뒤에 나온 '岁月'가 힌트이므로, '오랜 시간 끊임없이 지속하다'라는 의미인 '持之以恒(B)'이 답이다.
세 번째 빈칸 역시 '岁月'와 함께 쓸 수 있는 것을 골라야 하므로 답은 '漫长(B)'이다.

14 用白水煮青菜是一种对人类非常健康的吃法，白水煮整颗青菜是更加健康的吃法。科学家发现，把土豆整个烹煮比切块烹煮能多<u>保留</u>50%的钾元素。不仅如此，整个烹煮的食物比切碎后烹煮的食物更<u>可口</u>，把胡萝卜切碎后烹煮，<u>意味着</u>构成胡萝卜味道的重要元素——糖、酸等<u>物质</u>已经析出并渗入到水中而影响养分。

A. 保管(×)　可观(×)　看样子(×)　事物(×)
B. 保留(○)　可口(○)　意味着(○)　物质(○)
C. 保养(×)　可行(×)　无所谓(×)　素质(×)
D. 保障(×)　可靠(×)　说不定(×)　要素(×)

14 채소를 물에 삶아 먹는 것은 건강에 매우 좋은 방법이다. 특히 채소를 통째로 삶아 먹으면 더욱 좋다. 과학자들은 감자를 통째로 조리하면 칼륨을 50%는 더 <u>보존할</u> 수 있다는 것을 발견했다. 뿐만 아니라 통째로 조리하는 것이 썰어서 조리한 음식보다 <u>맛</u>도 더 <u>좋다</u>. 당근을 썰어서 조리한다는 것은 당근의 맛을 구성하는 중요한 원소인 당과 산 등의 <u>물질</u>이 추출되면서 물 속에 녹아, 영양에도 영향을 미친다는 것을 <u>의미한다</u>.

A. 보관하다　상당하다　보아하니　사물
B. 보존하다　맛있다　의미한다　물질
C. 보양하다　통하다　상관없다　소질
D. 보장하다　믿을 수 있다　확실히 단언하기 어렵다　요소

白水 báishuǐ 명 (끓인) 맹물 ｜ 钾 jiǎ 명 칼륨 ｜ 切碎 qiēsuì 동 잘게 자르다 ｜ 析出 xīchū 동 분리해 내다, 추출하다

14 B 첫 번째 빈칸에는 '50%의 칼륨을 잃지 않고 더 간직할 수 있다'라는 의미이므로 '保留(B)'가 들어가야 한다.
두 번째 빈칸은 음식에 관한 것이므로 '可口(B)'가 가장 적합하다.
세 번째 빈칸은 의미상 '意味着(B)'가 답이다.
네 번째 빈칸은 '糖, 酸'이 물질에 속하므로 답은 '物质(B)'이다.

15 据传说有一年的除夕，王羲之连续写了多<u>副</u>春联都被喜欢墨宝的人揭走，最后只得撰一联<u>贴</u>于门上："福无双至，祸不单行。"因联语不<u>吉利</u>才没被人揭走，晚上，王羲之又在上下联后各<u>添</u>了三字。初一的早上，大家看到，他家贴在门上的的春联已经变成了"福无双至今日至，祸不单行昨夜行"。

A. 套(×)　盖(×)　福利(×)　铺(×)
B. 册(×)　扛(×)　美观(×)　涨(×)
C. 副(○)　贴(○)　吉利(○)　添(○)
D. 串(×)　粘　吉祥(○)　挪(×)

15 전해오는 이야기에 따르면, 어느 해인가 섣달 그믐날, 서화를 좋아하는 사람이 왕희지가 쓴 춘련 몇 <u>장</u>을 뜯어가서, 결국 문 앞에는 '복은 겹쳐서 오지 않고, 재앙은 겹쳐 오게 마련이다'라는 글만 남게 되었다. 글의 내용이 불<u>길</u>했기 때문에 가져가지 않은 것이다. 그날 저녁, 왕희지는 각 구절에 세 글자씩을 <u>추가했다</u>. 그리고 음력 초하루 아침, 사람들은 그의 집 문 앞에 붙어 있던 춘련의 글귀가 '복은 겹쳐서 오지 않으나 오늘 왔고, 재앙은 겹쳐 오게 마련이나 어제 저녁에 나갔다'라고 바뀌어 있는 것을 보았다.

A. 세트　덮다　복지　펴다
B. 권　메다　예쁘다　오르다
C. 폭　붙이다　길하다　덧붙이다
D. 꿰미　끈끈하다　상서롭다　옮기다

春联 chūnlián 명 춘련 [음력설에 문이나 기둥에 붙이는 대련(對聯)] | 墨宝 mòbǎo 명 진귀한 친필 서화 | 揭 jiē 동 떼다, 뜯다

15 C 첫 번째 빈칸에는 '春联'의 양사가 와야 한다. '春联'은 쌍으로 구성된 경우가 많은데, 쌍의 양사가 되는 것은 '套(A), 册(B), 副(C)'이다. 그러나 이 중 '春联'의 양사는 '副(C)'이다.
'春联'은 붙여 두는 것이므로, 두 번째 빈칸에는 '贴(C)'가 와야 한다.
'春联'의 역할은 '상서로운 기운'을 불러들이는 것이므로, 세 번째 빈칸에는 '吉利(C), 吉祥(D)'이 들어갈 수 있다.
네 번째 빈칸에 들어갈 보기 중 '(글자를) 더하다'에 해당되는 것은 '添(C)'이다.

---

16 一个精神世界丰富的人一定是读过大量书籍的人。阅读不是讲大<u>道理</u>，而是一种精神<u>熏陶</u>。一个人喜爱阅读，他就会从中得到<u>心灵</u>的安慰，去寻找到生活的<u>榜样</u>。反之，不喜欢读书、不重修养的人，往往是不幸福、不快乐的人。

A. 道理(○)　熏陶(○)　心灵(○)　榜样(○)
B. 原理(×)　激发(×)　灵感(○)　例子(×)
C. 学问(○)　启发(×)　灵魂(○)　见闻(×)
D. 真理(○)　感染(×)　良心(×)　寄托(○)

16 정신세계가 풍부한 사람은 책을 많이 읽은 사람이다. 독서는 <u>도리</u>를 강조하는 것이 아니라 정신적인 <u>수양</u>이기 때문이다. 독서를 좋아하는 사람은 책을 통해 <u>마음</u>의 위안을 얻고, 삶의 <u>귀감</u>을 찾기도 한다. 이와 반대로 독서를 싫어하고, 수양을 게을리 하는 사람은 불행하고 우울한 경우가 많다.

A. 도리　수양하다　마음　귀감
B. 원리　불러일으키다　영감　예
C. 학식　계발하다　영혼　견문
D. 진리　전염되다　양심　맡기다

熏陶 xūntáo 동 훈도하다, (점차) 영향을 주다 [주로 좋은 의미로 쓰임] | 榜样 bǎngyàng 명 모범, 본보기, 귀감 | 修养 xiūyǎng 명 수양

16 A 첫 번째 빈칸에는 의미상 '道理(A)'가 들어가는 것이 가장 적합하다.
두 번째 빈칸에는 독서를 통해 점차 영향을 받는 것이므로 '熏陶(A)'가 알맞다.
'독서는 마음을 위로하는 것'이므로, 세 번째 빈칸에는 '心灵(A)'과 '灵魂(C)'이 적합하다.
네 번째 빈칸에는 '귀감, 본보기, 롤모델'의 의미인 '榜样'이 들어가야 '독서를 통해 생활의 귀감을 얻을 수 있다'라는 지문의 내용에 상응하게 된다.

17 在地球上的生物种群中，同大象、狮子、蓝鲸等 <u>庞然大物</u> 比起来，蟑螂简直是不值一提的小东西。可就是这种微不足道的小昆虫，却 <u>创造</u> 出了生命的奇迹， <u>以至于</u> 数百万年来，人类冥思苦想、 <u>想方设法</u> 要消灭它们，但最终还是没有办法将蟑螂从整个地球上赶走。

A. 东道主(×)　发明(×)　甚至于(×)　小心翼翼(×)
B. 庞然大物(○)　创造(○)　以至于(○)　想方设法(○)
C. 飞禽走兽(×)　生产(×)　要不然(×)　一丝不苟(×)
D. 风土人情(×)　产生(×)　要不是(×)　千方百计(○)

17 지구상의 생물 개체군 중 바퀴벌레는 코끼리, 사자, 흰긴수염고래처럼 <u>덩치 큰 동물</u>들에 비하면 정말 작고 보잘것없다. 하지만 이 별 것 아닌 작은 벌레가 생명의 기적을 <u>만들어 냈다</u>. 수백만 년 <u>동안</u> 인류는 바퀴벌레 박멸을 위해 고심하며 <u>온갖 방법을 다 동원했지만</u>, 여전히 이 지구상에서 바퀴벌레를 쫓아 낼 방법은 없다.

A. 주최측　발명하다　심지어　조심조심하다
B. 거대한 물건　창조하다　~에 이르다　모든 방법을 생각하다
C. 금수　생산하다　그렇지 않으면　조금도 빈틈이 없다
D. 지방의 풍토와 인심　나타나다　~이 아니었다면　모든 방법을 생각하다

种群 zhǒngqún 명 개체군 | 蓝鲸 lánjīng 명 흰긴수염고래 | 蟑螂 zhāngláng 명 바퀴벌레 | 微不足道 wēi bù zú dào 성 하찮아서 언급할 가치도 없다 | 以至于 yǐzhìyú ~에 이르기까지, ~까지 | 冥思苦想 míng sī kǔ xiǎng 성 골똘히 생각하다

17 B 첫 번째 빈칸에는 작고 보잘것없는 '蟑螂'과 비교하여 '大象, 狮子, 蓝鲸'이 어떠한가를 생각하면 답은 '庞然大物(B)'가 된다.
두 번째 빈칸에는 목적어인 '奇迹'와 호응하는 '创造(B)'가 들어가야 한다.
세 번째 빈칸은 수사 앞에서 '~에 이르기 까지'라는 의미로 쓰이는 '以至于(B)'가 답이다.
네 번째 빈칸에는 '온갖 방법을 강구하다'라는 의미인 '想方设法(B)'와 '千方百计(D)'가 답이 될 수 있다.

18 攀岩是一项 <u>刺激</u> 又不失优雅的运动，被称为"峭壁上的芭蕾"。但是 <u>对于</u> 很多攀岩爱好者来说，户内攀岩的挑战难度太低，已经远远不够 <u>满足</u> 他们的要求。他们更 <u>倾向</u> 于驾驶着越野车到荒郊野外中去，挑战更具有高难度的岩壁。

A. 简陋(×)　按照(×)　充满(×)　偏向(×)
B. 激烈(×)　鉴于(×)　达到(○)　发扬(×)
C. 刺激(○)　对于(○)　满足(○)　倾向(○)
D. 独特(×)　作为(×)　知足(×)　致力(×)

18 암벽등반은 <u>자극적이지만</u> 우아함을 잃지 않는 운동으로, '절벽 위의 발레'라고 불린다. 하지만 암벽등반 애호가들<u>에게 있어</u> 실내 암벽등반은 너무 쉽기 때문에 그들의 요구를 <u>만족시킬</u> 수 없다. 때문에 그들은 차를 몰고 야외로 나가, 고난도의 암벽등반에 도전하는 <u>경향</u>이 있다.

A. 초라하다　~에 따라　가득 차 있다　~에 쏠리다
B. 치열하다　~에 비추어 보아　도달하다　발전시키다
C. 자극하다　~에 대해　만족시키다　~한 쪽으로 기울다
D. 독특하다　~으로서　만족스럽게 여기다　힘쓰다

攀岩 pānyán 명 암벽등반, 암벽타기 | 优雅 yōuyǎ 형 우아하다, 고상하다 | 峭壁 qiàobì 명 가파른 절벽, 낭떠러지 | 越野车 yuèyěchē 명 지프, 레저용 차량 | 岩壁 yánbì 명 암벽 | 简陋 jiǎnlòu 형 초라하다, 누추하다

18 C 첫 번째 빈칸에는 문맥상 '刺激(C)'가 가장 적합하다.
'对于……来说'는 '~에게 있어'라는 의미의 상용격식이므로, 두 번째 빈칸에는 '对于(C)'가 들어가야 한다.
세 번째 빈칸의 보기 중 '要求'와 호응하는 것은 '满足(C)'이다.
네 번째 빈칸에는 '于'와 함께 '~하는 편이다, ~하는 경향이다'라는 의미로 쓰이는 '倾向(C)'이 와야 한다.

---

19 "向日葵法"是一种资产配置方式，它有助于任何家庭或任何个人投资理财并且获得较高回报。花心指核心的投资组合，可投资于绩效稳定、波动低的资产；花瓣喻指外围的非核心资产组合，可投资预期收益相高、风险相对也较高的资产。

A. 回报(○) 稳定(○) 非(○) 风险(○)
B. 报酬(○) 固定(×) 勿(×) 危害(×)
C. 报答(×) 协调(×) 亦(×) 威胁(×)
D. 赔偿(×) 慎重(×) 否(×) 冒险(×)

19 '해바라기법'은 일종의 자산 분배 방식이다. 그것은 한 가정이나 개인이 재테크를 하고, 비교적 높은 수익을 얻는 데 도움이 된다. 수술과 암술은 핵심 투자를 일컫는 것으로, 성과가 안정적이고 기복이 적은 자산에 투자할 수 있다. 그리고 꽃잎은 주변의 비핵심 자산을 일컫는 것으로, 예상 수익이 상대적으로 높고 리스크도 비교적 큰 자산에 투자할 수 있다.

A. 수익 안정적인 비(아니다) 리스크
B. 수당 고정 ~하지 마라 손해
C. 보답하다 조화롭게 하다 또한 위협
D. 배상하다 신중하다 부정하다 모험하다

向日葵 xiàngrìkuí 명 해바라기 | 理财 lǐcái 통 재산을 관리하다 | 花心 huāxīn 명 수꽃술과 암꽃술(花蕊)의 낮은말 | 绩效 jìxiào 명 업적과 성과 | 波动 bōdòng 명 파동 | 花瓣 huābàn 명 꽃잎, 화판

19 A 첫 번째 빈칸에는 '投资理财'와 호응할 수 있는 '回报(A)'와 '报酬(B)'가 답이 될 수 있다.
두 번째 빈칸은 '波动低'와 같은 개념인 '稳定(A)'이 답이다.
세 번째 빈칸에서는 '花心'이 '核心'이라면 '花瓣'은 '非核心'이라 할 수 있다.
네 번째 빈칸에서 '投资'에 어울리는 것은 '위험, 리스크'가 있다는 의미인 '风险(A)'이다.

---

20 乐于、善于学习的好习惯一旦养成，这样一些不良习惯就会败下阵去。人的潜力是无限的，但每个人的精力是有限的。在"八小时之外"，假如能习惯性地坐下来去多读几页书，去多思考一些问题，其他的应酬自然会少了很多。

A. 至今(×) 翼(×) 力量(○) 况且(×)
   章程(×)
B. 即将(×) 坡(×) 前景(×) 倘若(○)
   奥秘(×)
C. 一向(×) 巷(×) 品德(×) 除非(×)
   支出(×)
D. 一旦(○) 阵(○) 潜力(○) 假如(○)
   应酬(○)

20 공부를 즐기고 좋아하는 습관을 일단 기르면, 이러한 안 좋은 습관들은 없어진다. 사람의 잠재력은 무궁무진하지만, 체력은 한계가 있다. 만약 '잠을 자는 8시간 이외'에 습관적으로 앉아서 책을 조금 더 읽는다든가 어떤 문제에 대해 생각을 한다면, 다른 모임은 자연스럽게 많이 줄어들 것이다.

A. 지금까지 날개 힘 게다가 규정
B. 곧 비탈 전망 만일 ~한다면 신비
C. 줄곧 골목 품성 ~을 제외하고는 지출
D. 일단 전쟁 잠재력 만약 모임

败阵 bàizhèn 동 지다, 패하다 | 潜力 qiánlì 명 잠재력 | 章程 zhāngchéng 명 장정, 규정 | 奥秘 àomì 명 신비, 비밀

20 D 첫 번째 빈칸은 뒤에 나온 '这样, 就会'와 호응하는 가정관계의 접속사인 '一旦(D)'이 답이 된다.
'패전하다'라는 의미인 '败阵'이 방향보어 '下去'와 함께 쓰인 것이므로, 두 번째 빈칸에는 '阵(D)'이 들어가야 한다.
세 번째 빈칸에는 뒤에 나온 '精力'와 대비되는 '力量(A), 潜力(D)'가 답이 될 수 있다.
네 번째 빈칸에는 뒤에 나온 '会'와 호응하는 가정관계의 접속사가 필요하다. 따라서 '만약 ~한다면'이라는 의미인 '倘若(B), 假如(D)'가 답이 될 수 있다.
다섯 번째 빈칸에 문맥상 가장 적합한 것은 '모임, 연회'라는 뜻의 '应酬(D)'이다.

21~25

在暴风雨后的一个早晨，一个男人来到海边散步。他一边沿海边走着，一边注意到，在沙滩的浅水洼里，有许多被昨夜的暴风雨卷上岸来的小鱼。(21)**B 它们被困在浅水洼里**，回不了大海了，虽然近在咫尺。被困的小鱼，也许有几百条，甚至几千条。用不了多久，浅水洼里的水就会被沙粒吸干，被太阳蒸干，(22)**A 这些小鱼都会干死的**。

男人继续朝前走着。他忽然看见前面有一个小男孩，走得很慢，而且不停地在每一个水洼旁弯下腰去——他在捡起水洼里的小鱼，(23)**E 并且用力把它们扔回大海**。这个男人停下来，注视着这个小男孩，看他拯救着小鱼们的生命。

终于，这个男人忍不住走过："孩子，这水洼里有几百几千条小鱼，你救不过来的。"

"我知道。"小男孩头也不抬地回答。

"哦? 那你为什么还在扔? 谁在乎呢?"

"这条小鱼在乎!"

男孩儿一边回答，一边拾起一条鱼扔进大海。

"这条在乎，这条也在乎! 还有一条，这一条、这一条……"

今天，你们在这里开始大学生活。你们每一个人，都将成为一名医生，都将在这里学会如何去拯救生命。(24)**C 虽然你们救不了全世界的人**，救不了全中国的人，甚至救不了一个省一个市的人。但是，你们还是可以救一些人，你们可以减轻他们的痛苦。因为你们的存在，他们的生活从此有所不同——你们可以使他们的生活变得更加美好。(25)**D 这是你们能够并且一定会做得到的**。

폭풍우가 친 후의 새벽, 한 남자가 해변에 산책을 나왔다. 해변을 따라 걸으면서, 모래의 얕은 웅덩이와 간밤의 폭풍우에 해안가에 쓸려온 수많은 물고기를 보았다. (21)**B 물고기들은 작은 웅덩이에 갇혀 있었고**, 지척인데도 바다로 돌아갈 수 없었다. 갇힌 작은 물고기들은 몇백 마리, 아니 몇천 마리는 되어 보였다. 얼마 지나지 않아, 얕은 웅덩이의 물은 모래알에 흡수되고 태양에 증발되어, (22)**A 이 물고기들은 말라 죽을 수도 있다**.

남자는 앞으로 계속 걸어갔다. 그는 앞에 어린 남자아이 하나가 아주 천천히 걸을 뿐 아니라, 계속 모든 물웅덩이의 옆에서 허리를 구부리고 있는 것을 보았다. 아이는 물웅덩이 안의 작은 물고기를 집어서 (23)**E 힘을 다해 물고기를 바다로 던지고 있었다**. 이 아이가 행동을 멈췄고, 아이를 주시하고 있던 남자는 그 아이가 작은 물고기의 생명을 구하고 있는 것을 보았다.

결국 이 남자는 참지 못하고 다가갔다. "애야, 여기 수백, 수천 마리의 물고기를 다 구해낼 수는 없어."

"저도 알아요." 남자아이는 고개도 들지 않고 대답했다.

"어? 그럼 알면서 왜 계속 던지고 있니? 누가 신경이나 쓰니?"

"이 물고기가 신경 써요!"

남자아이는 물고기 한 마리를 바다로 던지며 대답했다.

"애도 신경 쓰고, 애도 신경 쓴다고요! 또 애도, 애도, 애도……."

오늘 여러분은 여기에서 대학 생활을 시작합니다. 여러분 모두가 의사가 돼서 앞으로 여기에서 어떻게 생명을 구하는지 배우게 될 것입니다. (24)**C 비록 여러분이 전 세계인을 구하지는 못하지만**, 모든 중국인을 구할 수는 없지만, 어떤 성의 어떤 도시에 사는 사람조차도 구하지 못하지만, 그러나 여러분은 여러 사람을 구할 수 있고, 그들의 고통을 덜어줄 수 있습니다. 왜냐하면 여러분이 있기에 그들의 생활이 달라지기 때문입니다. 여러분은 그들의 생활을 더 아름답게 해 줄 수 있습니다. (25)**D 이것은 여러분이 할 수 있고, 또 해야 하는 일입니다**.

저는 이 자리에서 여러분이 부지런하게 열심히 공부하기를 바라며, 영원히 포기하지 않기를 바랍니다! 기억해두세요. "애도 신경 쓰고, 애도 신경 쓴다고요! 또 애도, 애도, 애도……."라는 이 말을.

在这里，我希望你们勤奋、努力地学习，永远不要放弃！记住："这条小鱼在乎！这条小鱼也在乎！还有这一条、这一条、这一条……"

A. 这些小鱼都会干死的
B. 它们被困在浅水洼里
C. 虽然你们救不了全世界的人
D. 这是你们能够并且一定会做得到的
E. 并且用力把它们扔回大海

A. 이 물고기들은 말라 죽을 수도 있다
B. 물고기들은 작은 웅덩이에 갇혀 있었다
C. 비록 여러분이 전 세계인을 구하지는 못하지만
D. 이것은 여러분이 할 수 있고, 또 해야 하는 일입니다
E. 힘을 다해 물고기를 바다로 던지고 있었다

| 暴风雨 bàofēngyǔ 폭풍우 | 沙滩 shātān 명 모래사장 | 洼 wā 명 웅덩이 | 近在咫尺 jìn zài zhǐ chǐ 성 거리가 아주 가깝다 | 蒸 zhēng 동 증발하다 | 注视 zhùshì 주시하다, 주의 깊게 살피다 | 拯救 zhěngjiù 동 구조하다, 구출하다 | 在乎 zàihū 동 (유쾌하지 않은 일을) 마음속에 두다, 신경 쓰다 | 勤奋 qínfèn 형 꾸준하다, 부지런하다 |

21 B 의미 추론법 앞문장에서 '얕은 웅덩이에 폭풍우로 해안가에 쓸려온 수많은 물고기가 있다'라고 하고 있으며, 뒷문장에서 '바다로 돌아갈 수 없었다'라고 하고 있다. 이를 통해 물고기들이 얕은 웅덩이에 갇혀 나오지 못하고 있음을 알 수 있다.

22 A 키워드법 '吸干, 蒸干'이라는 단어가 키워드이다. A는 빈칸 바로 앞부분과 일치하며, 문장의 의미와 맞는다.

23 E 의미 추론법 빈칸은 문장의 끝부분이며, 바로 앞절의 주어는 '그'이다. 보기 중 주어와 어울리는 것은 E밖에 없다.

24 C 연결어법 빈칸 뒷문장에 전환사인 '但是'가 있다. 이는 앞뒤 문장의 관계가 전환관계라는 것을 알려준다. C에 있는 연결어인 '虽然'이 '但是'와 호응되므로 정답은 C이다.

25 D 의미 추론법 빈칸은 독립된 문장으로, 이 앞문장의 주어는 '你们'이다. D의 주어 역시 '你们'이고 앞뒤 문장의 뜻도 통한다.

26~30

千百年来，人类超然于自然而存在，我们拥有那么多美丽的传说，拥有深刻地对生命的敬畏与神秘感。然而似乎仅仅在一夜之间，(26) **D 我们的遗传秘密大白于天下**，你我都成了生物学家眼里"透明的人"。

其实，我们大可不必为自然奥秘的暂时丧失而忧心忡忡。当你看清了挡在眼前的一片叶子，一棵未知的大树将会占据你的视野，(27) **B 而当你了解了这棵大树**，眼前出现的又将是一片未知的莽莽丛林。人类对世界的认识就像一个半径不断延伸的圆，随着我们科学知识的不断丰富，(28) **E 我们所接触的未知世界也在不断拓展**，它们无疑会激发我们更加丰富的神秘想像和探索的欲望！当阿姆斯特朗走出登月舱，迈出他那"个人一小步，人类一大步"的时候，当他怀着满腔喜

수천 수백 년 동안, 인류는 자연에 초연해오며 아름다운 전설을 가지게 되었고, 생명에 대해 깊은 경외심과 신비감을 가지게 되었다. 그러나 단지 하룻밤 사이에, (26) **D 우리의 유전적 비밀이 만천하에 공개되면서**, 당신과 나는 생물학자의 눈에 '투명인간'이 되었다.

사실, 자연의 신비가 잠시 사라지는 것에 대해 우리는 크게 우려할 필요는 없다. 당신 눈앞을 가리고 있는 잎 하나, 미지의 큰 나무가 당신의 시야를 막을 것임을 분명히 알 때나 (27) **B 당신이 이 나무를 이해했을 때**, 눈앞에 나타나는 것은 또 미지의 무성한 숲이다. 인류의 세계에 대한 인식은 계속 커지는 반지름과 같아서, 우리의 과학적 지식이 풍부해 짐에 따라 (28) **E 우리가 접촉하는 미지의 세계 역시 계속 넓어지게 된다**. 그것들은 우리가 더 신비한 상상을 하도록 우리의 탐험 욕구를 자극한다. 암스트롱이 달 탐사선에서 나와 '개인의 작은 한 걸음이자 인류의 큰 발자국'을 내디뎠을 때, 그가 희열이 가득 찬 가슴으로 눈앞 저 멀리 보이는 것을 의심했을 때, 혹은 전혀 새로운 시각으로 우리의 녹색 터전을 바라봤을 때, (29) **A 그것을 바라본 느낌과 마음속 충격이 얼마나 강렬했겠는가?**

悦极目远眺，或者以一个全新的视角回望我们的蓝色家园时，(29)**A 那种视觉和心灵的冲击该是何等强烈**。

人类应该坚信，当科学家测定了人类基因组的所有序列后，我们对生命的探索不会减退。科学的发展过程中产生过核弹威胁、生态问题，(30)**C 而今又产生了基因恐惧和基因绝望**，但这些并不是科学本身造成的，其根源，恰恰是人文精神的缺乏。

A. 那种视觉和心灵的冲击该是何等强烈
B. 而当你了解了这棵大树
C. 而今又产生了基因恐惧和基因绝望
D. 我们的遗传秘密大白于天下
E. 我们所接触的未知世界也在不断拓展

인류는 과학자들이 인류의 유전자 서열을 밝혀낸 이후, 우리의 생명에 대한 탐험이 후퇴해서는 안 된다는 것을 굳게 믿어야 한다. 과학의 발전 과정 중 핵폭탄 위협, 생태계 문제가 생겨났고, (30)**C 또 유전자 테러와 유전자 절망 문제를 양산해 냈다**. 그러나 이것은 과학 자체가 양산해 낸 것이 아니라, 그 근원인 인문 정신의 부족이 만들어 낸 것이다.

A. 그것을 바라본 느낌과 마음속 충격이 얼마나 강렬했겠는가?
B. 당신이 이 나무를 이해했을 때
C. 또 유전자 테러와 유전자 절망 문제를 양산해 냈다
D. 우리의 유전적 비밀이 만천하에 공개되면서
E. 우리가 접촉하는 미지의 세계 역시 계속 넓어지게 된다

超然 chāorán 혱 초탈하다, 초연하다 | **神秘感** shénmìgǎn 몡 신비감 | **奥秘** àomì 몡 신비, 수수께끼 | **忧心忡忡** yōu xīn chōng chōng 솅 근심 걱정에 시달리다 | **莽莽** mǎngmǎng 혱 (풀이) 무성하다 | **延伸** yánshēn 동 펴다, 뻗다 | **扩展** kuòzhǎn 동 확장하다 | **探索** tànsuǒ 동 탐색하다, 찾다 | **远眺** yuǎntiào 동 멀리 바라보다, 조망하다 | **基因** jīyīn 몡 유전자 | **序列** xùliè 몡 서열

---

26 D 연결어법 빈칸 앞에서 사람들은 생명에 신비감을 가지고 있다고 말하고 있으며, 전환사인 '然而'을 통해 앞뒤의 변화를 말해주고 있다. 이는 지금은 신비하지 않다는 것이다. D의 '大白于天下'는 사람들이 모두 이 상황을 알고 있다는 의미이다.

27 B 키워드법 '叶子, 大树, 丛林'이 키워드이다. 잎 하나, 큰 나무가 우리의 시야를 막아서 우리가 그것을 이해한 후에 무성한 숲을 보게 된다는 의미이다.

28 E 연결어법 빈칸 앞절의 주어는 '我们'이고, 연결어인 '随着'가 있다. E의 주어 역시 '我们'이고, 이 문장 앞에 '随着'를 넣어 보면 의미가 통한다. 또한 빈칸과 앞절은 구조가 같고, 의미도 병렬되고 있다.

29 A 소거법 이미 보기 3개가 정답이므로 남은 것은 A와 C이다. 빈칸 앞절의 '저 멀리 보이는 것을 의심했을 때, 전혀 새로운 시각으로 바라봤을 때', 이 두 부분과 A의 '바라본 느낌과 마음속 충격'이 서로 대응하고 있다. 또, 이를 원문에 넣어 보면 위아래 의미가 통한다.

30 C 의미 추론법 앞에서 말한 '과학 발전 과정 중에 생겨난 문제'와 일치하는 것은 '지금 또 생겨나고 있는 유전자 문제들'이다.

31~34

古时候的一天，鲁班到山上去砍树。他一不留神，被丝茅草划破了手。他觉得非常惊讶，为什么一棵小草能这么厉害呢？于是他蹲下来，仔细观察眼前的小草。**31, 32** 原来丝茅草叶子边缘上的许多锋利细齿是划破手的"元凶"。鲁班赶快回到家，画出图纸，发明了木工用的锯子。

我们平时不会留意路边的小草，但**32** 最近，一种路边草地上常见的车前草变得非常有名。因

옛날 옛적 어느 날, 루반은 산에 올라 나무를 팼다. 그는 잠시 한눈을 판 사이 얇은 풀에 손을 베이고 말았다. 조그만 풀 하나가 이렇게 큰 상처를 낼 수 있다니 그는 깜짝 놀랐다. 그래서 쭈그리고 앉아 눈앞의 작은 풀을 자세히 관찰했다. **31, 32** 알고 보니 얇은 풀잎 주변에 수많은 날카로운 톱니 같은 것이 손을 베게 한 '원흉'이었다. 루반은 집으로 돌아가 도면을 그리고는 목공용 톱을 발명했다.

우리는 평상시 도로 주변에 작은 풀에 관심을 두지 않지만, **32** 최근 도로 주변 잔디 위에 자주 보이는 질경이가 큰 주목을 받고 있다. 건

为，建筑师在它身上发现了一个秘密：它的叶子按螺旋形排列，每两片叶子的夹角都是137°30'。**32**这种结构使所有的叶子都能享受到充足的阳光。人类的普通住房，如果是南北方向，总有房间阳光少些，甚至没有阳光。人们根据车前草叶子的排列特点，**32**设计建造了一幢螺旋形的13层大楼，它在一年四季里，都能被阳光照到。这对人的健康多么有利啊。

人类的智慧无人能及，人类用灵巧的双手，造出了种种工具，逐渐实现自己对世界的征服和改造，成为万物之灵。可是，大自然虽然默默无语，却也蕴藏着无穷无尽的智慧。**33**就算人类再聪明，我们的设计，比起动植物身体的巧妙构造来，<u>依然有很多望尘莫及之处</u>。所以，学无止境。**34**人类需要虚心向动植物学习，从这个巨大的生物界"博物馆"中搜寻更多更神奇的技术设计蓝图。

축설계사가 질경이의 비밀을 발견했기 때문이다. 질경이의 잎은 나선형으로 배열되어 있고, 잎 2개마다 끼인각이 137°30'인데, **32**이 구조가 모든 잎이 충분한 햇빛을 받게 하고 있다. 인류의 일반 주택이 만약 남북 방향이라면, 항상 일조량이 부족할 것이고, 심지어 햇빛이 안 들어 오기도 할 것이다. 사람들은 질경이 잎의 배열 특징에 착안하여 **32**나선형의 13층 건물을 디자인했고, 1년 사계절 내내 일조량이 충분했다. 이는 인류의 건강에 굉장히 유익했다.

인류의 지혜는 무한하다. 인류는 뛰어난 양손을 활용해서 각종 도구를 만들어 냈고, 점점 세계를 정복하고 개조해서 만물의 영장이 되었다. 그러나 묵묵히 말이 없는 대자연에 오히려 더 무궁무진한 지혜가 잠재되어 있다. **33**인류가 아무리 똑똑하다 하더라도 동식물의 오묘한 구조와 인간의 디자인을 비교하면 <u>여전히 한참 뒤쳐져 있다</u>. 그러므로 배움에는 끝이 없다. **34**인류는 겸손하게 동식물로부터 배우고, 이 거대한 생물계의 '박물관'에서 더 많은 신비한 기술 디자인의 청사진을 찾아야 한다.

---

31 根据第一段，什么是划破手的"元凶"：
- A. 锯子
- B. 车前草
- C. 砍倒的树
- **D. 叶子上的锋利细齿**

32 关于车前草，下列哪项正确？
- A. 只有13片叶子
- B. 叶子有锋利细齿
- C. 是种十分珍稀的植物
- **D. 叶子能吸收充足的阳光**

33 与第三段中画线句子意思最接近的是：
- **A. 还相差很远**
- B. 包含很多智慧
- C. 永远都无法赶上
- D. 仍有许多不解之谜

34 上文主要想告诉我们什么？
- A. 车到山前必有路
- B. 做事情要计划周密
- **C. 我们要向大自然学习**
- D. 人的创造力是无限的

31 첫 번째 단락에서 무엇이 손을 베게 한 '원흉'인가:
- A. 톱
- B. 질경이
- C. 베어버린 나무
- **D. 잎 주변의 날카로운 톱니 같은 것**

32 질경이에 관해 다음 중 어떤 보기가 타당한가?
- A. 13개의 잎밖에 없다
- B. 잎 주변에 날카로운 톱니 같은 것이 있다
- C. 굉장히 귀한 식물이다
- **D. 잎이 충분한 햇빛을 흡수한다**

33 세 번째 단락의 밑줄 친 부분과 의미상 가장 근접한 것은:
- **A. 아직 많이 모자라다**
- B. 아주 많은 지혜를 포함하고 있다
- C. 영원히 추월할 수 없다
- D. 아직 풀리지 않은 수수께끼가 많다

34 윗글이 우리에게 하고자 하는 말은 무엇인가?
- A. 뜻이 있는 곳에 길이 있다
- B. 일은 계획적으로 꼼꼼히 해야 한다
- **C. 우리는 대자연에게서 배워야 한다**
- D. 인간의 창조력은 무한하다

留神 liúshén 통 조심하다, 주의하다 | 边缘 biānyuán 명 가장자리 부분, 가 | 锋利 fēnglì 형 (공구·무기 등이) 날카롭다, 뾰족하다 | 图纸 túzhǐ 명 도화지, 도면지 | 锯子 jùzi 명 톱 | 螺旋 luóxuán 명 나선 | 夹角 jiājiǎo 명 협각 | 默默无语 mò mò wú yǔ 묵묵하다 | 蕴藏 yùncáng 통 잠재하다, 간직하다 | 望尘莫及 wàng chén mò jí 셍 앞사람이 일으키는 먼지만 바라볼 뿐 따라잡지 못하다 | 虚心 xūxīn 형 겸손하다 | 搜寻 sōuxún 통 도처에 찾아다니다, 물으며 찾다 | 蓝图 lántú 명 (미래의) 계획(구상), 청사진

31 **D** 세부 문제 이미 답이 첫 번째 단락에 있다고 범위를 정해주었으므로 B는 소거한다. '元凶'이 나온 문장의 위치를 찾아 앞의 수식 부분을 제거해 버리면, 바로 '날카로운 톱니 같은 것이 원흉이었다'만 남는다. 다른 보기는 모두 혼동을 주기 위한 것이다.

32 **D** 세부 문제 나선형의 13층 건물을 지었다는 것이 13개의 잎을 가졌다는 말은 아니다(A). 날카로운 톱니가 있는 풀은 루반이 발견한 풀이지 질경이가 아니다(B). 질경이는 도로변에서 자주 볼 수 있는 식물이라고 했다(C). 건축설계사가 잎의 구조가 충분한 햇빛을 받을 수 있도록 디자인된 질경이의 비밀을 알아냈으므로 정답은 D이다.

33 **A** 세부 문제 앞뒤 문장에서 단서를 찾아내야 한다. '인류가 아무리 똑똑하다 하더라도 인간이 한 디자인은 다른 동식물의 오묘한 구조와 비교하면'을 보면, 작가는 인류가 아직 동식물과 큰 격차가 있으므로, 자연에게 더 배워야 한다고 생각하고 있음을 알 수 있다.

34 **C** 주제 문제 마지막 부분에서 배움에는 끝이 없으며, 마음을 비우고 동식물에게 배워야 한다고 말하고 있다.

35~38

新年临近，邮局工作人员黛妮西尼·罗茜在阅读所有寄给圣诞老人的1000封信件时，发现只有一个名叫约翰的10岁儿童在信中没有向圣诞老人要他自己的礼物。

信中写道："亲爱的圣诞老人，**35**我想要的惟一的一样礼物就是给我妈妈一辆电动轮椅。**38**她不能走路，两手也没有力气，不能再使用那辆两年前慈善机构赠予的手摇车。我是多么希望她能到室外看我作游戏呀！你能满足我的愿望吗？爱你的约翰。"

罗茜读完信，禁不住落下泪来。她立即决定为居住在巴宁市的约翰和他的母亲——39岁的维多莉亚尽своим力。于是，她拿起了电话。接着奇迹般的故事就发生了。**36,38**她首先打电话给加州一家名为"行动自如"的轮椅供应商店。商店的总经理袭迪·米伦达又与位于纽约州布法罗市的轮椅制造厂取得了联系。**38**这家公司当即决定赠送一辆电动轮椅并且在星期四运送到。并在车身上放一个圣诞礼物的红蝴蝶结。显然，他们是圣诞老人的支持者。

星期五，这辆价值3000美元的轮椅送到了约翰和他妈妈居住的一座小公寓门前。在场的有10多位记者和前来祝福的人们。妈妈哭了。她说道："这是我度过的最美好的圣诞节。今后，我不再终日困居在家中了。"**38**她和儿子都是在1981年的一次车祸中致残的。由于她的脊骨骨节破裂，她得依靠别人扶着坐上这辆灰白色的新轮椅，在附近的停车场上进行试车。

赠送轮椅的公司的代表奈克·彼得斯说："**37**这是一个一心想到妈妈而不只是自己的孩子。我

새해가 다가올 무렵, 우체국 직원 데니시아·로지가 산타 할아버지에게 보내는 1,000통의 편지를 읽고 있을 때, 존이라는 10살 아이의 편지에만 자신이 산타 할아버지에게 받고 싶은 선물이 적혀 있지 않았음을 발견했다.

편지에는 "친애하는 산타 할아버지, **35**제가 갖고 싶은 유일한 선물은 저희 엄마의 전동 휠체어예요. **38**엄마는 걸을 수가 없고, 두 손에는 힘이 없어서 2년 전에 자선 단체에서 준 수동차를 탈 수가 없어요. 저는 엄마가 밖에 나와서 제가 게임을 하는 것을 봤으면 정말 좋겠어요! 제 소원 들어주실 수 있나요? 산타 할아버지를 사랑하는 존 올림."이라고 적혀 있었다.

그녀는 편지를 다 읽고, 흐르는 눈물을 멈출 수가 없었다. 그녀는 바닝시에 사는 존과 39살의 그 어머니 빅토리아를 힘닿는 만큼 돕기로 했다. 그래서 그녀는 전화기를 들었고, 바로 기적 같은 일이 벌어졌다. **36,38**그녀는 우선 캘리포니아의 '자유로운 움직임'이라는 휠체어 공급상에 전화를 걸었다. 상점 지배인 미란다는 다시 뉴욕 주 버팔로시의 휠체어 제조상과 연락을 취했다. **38**이 회사는 당장 전동 휠체어 하나를 기증하고 목요일에 보내주기로 했다. 또한 이 휠체어에는 크리스마스 선물이라는 빨간 나비넥타이를 매 놓기로 했다. 분명히 그들은 산타 할아버지의 지지자가 될 것이다.

금요일 3,000달러나 하는 휠체어가 존과 그의 어머니가 사는 작은 아파트의 문 앞에 배달되었다. 그 자리에는 10여 명의 기자와 축하하러 온 사람들이 있었다. 존의 엄마는 눈물을 흘리며 말했다. "정말 제 생애 최고의 크리스마스예요. 오늘 이후로 더는 집에 갇혀 있지 않아도 되겠네요." **38**그녀와 아들은 1981년 차 사고로 불구가 되었다. 그녀는 척추관절이 파열됐기 때문에 다른 사람에게 의지해 부축을 받아 회백색의 휠체어에 앉았고, 주변 주차장에서 시승을 해보았다.

휠체어를 기증한 회사 대표 나이키 피터스는 "**37**자기만 생각하는 것이 아닌 엄마를 생각할 줄 아는 아이군요. 저는 할 일을 했을 뿐입니다. 돈이 전부가 아닐 때도 있으니까요."라고 말했다. **38**우체국 직원들도 그들에게 음식과 현미경, 제트비행기 모형, 전자 게임기 등을 선물했다. 존은 그 중 일부 음식을 상자에 싸서, 같은 동에 사는 이웃

们感到，应该为他做些事。有时，金钱并不意味着一切。" ³⁸邮局工作人员同时也赠送他们食品以及显微镜、喷气飞机模型、电子游戏机等礼物。约翰把其中一些食品装在匣内，包起来送给楼内的一个邻居。对此，约翰解释说："把东西赠给那些需要的人们，会使我们感到快乐。"妈妈说，应该时时如此，也许天使就是这样来考验人们的。

에게 주었다. 이에 대해 존은 "물건을 필요한 사람에게 주는 것은 저를 더 행복하게 만들거든요."라고 설명했고, 존의 엄마는 항상 그래야 하며, 아마 천사도 이런 식으로 우리를 시험할 것이라고 말했다.

35 约翰的心愿是什么？
 A. 给圣诞老人写信
 B. 自己使用手摇车
 C. 给妈妈电动轮椅
 D. 帮助需要帮助的人

35 존이 원하는 것은 무엇인가?
 A. 산타 할아버지께 편지 쓰기
 B. 수동차를 자신이 사용하기
 C. 엄마에게 전동 휠체어 주기
 D. 도움이 필요한 사람 돕기

36 "行动自如"的意思可能是：
 A. 走得很快
 B. 像正常人一样
 C. 要多活动活动
 D. 行动起来，有利于健康

36 '자유로운 움직임'의 의미는:
 A. 빠르게 걷는
 B. 정상인 같은
 C. 더 많은 활동을 하는
 D. 움직이면 건강에 좋다

37 人们为什么会被"约翰的心愿"感动？
 A. 他要的礼物很容易买到
 B. 他才十岁就能想到自己
 C. 他把得到的礼物转送给别人
 D. 他是个只想到妈妈而不是自己的孩子

37 사람들은 왜 '존의 소원'에 감동했는가?
 A. 그가 원하는 선물은 쉽게 살 수 있는 것이라서
 B. 10살밖에 안 된 아이가 자신을 생각할 줄 알아서
 C. 받은 선물을 다른 사람에게 주어서
 D. 그가 자신이 아닌 엄마만 생각하는 아이라서

38 以下选项中，符合文章的选项是：
 A. 妈妈的手摇车坏了
 B. 约翰是个残疾小孩
 C. 罗茜给妈妈买了电动轮椅
 D. 约翰在邮局订购了食品

38 다음 보기 중 글과 일치하는 것은:
 A. 엄마의 수동차는 고장 났다
 B. 존은 장애인 어린이다
 C. 로지는 엄마에게 전동 휠체어를 사주었다
 D. 존은 우체국에서 식품을 주문했다

轮椅 lúnyǐ 몡 휠체어 | 慈善机构 císhàn jīgòu 몡 자선 단체 | 赠予 zèngyǔ 동 증여하다 | 当即 dāngjí 부 즉시, 곧 | 赠送 zèngsòng 동 증정하다 | 车祸 chēhuò 몡 차 사고, 교통 사고 | 致残 zhìcán 동 불구가 되다 | 脊 jǐ 몡 척추 | 显微镜 xiǎnwēijìng 몡 현미경 | 匣 xiá 몡 함, 작은 상자 | 天使 tiānshǐ 몡 천사

35 **C** 세부 문제 존이 산타에게 쓴 편지에는 '제가 갖고 싶은 유일한 선물은 저희 엄마의 전동 휠체어예요'라고 쓰여 있었다.

36 **B** 인과관계 문제 휠체어가 장애인이 움직이기 위한 도구로 사용되기 때문에 휠체어 공급상의 명칭이 그렇게 지어졌다. 휠체어가 있기 때문에 일반 사람처럼 걸을 수 있고, 자유로이 활동할 수 있는 것이다.

37 **D** 인과관계 문제 10살밖에 안 된 어린아이가 자신보다는 엄마를 더 생각하고, 엄마를 위한 소원을 빌었기 때문에 사람들이 감동받은 것이다.

38 **B** 세부 문제 수동차가 고장난 것이 아니라, 엄마의 손에 힘이 없어 사용할 수 없다고 했다(A). 존과 엄마 모두 1981년 차 사고로 불구가 되었다(B). 로지는 휠체어 공급상에 그들을 도와달라고 연락을 한 것이지 그녀가 직접 휠체어를 산 것은 아니다(C). 존은 우체국 직원들이 보낸 음식을 선물로 받은 것이지 주문한 것이 아니다(D). 따라서 정답은 B이다.

39~42

³⁹中国人的姓氏是按照父系传承的。这一点恰恰与遗传学中的Y染色体的传递方式相一致。除了极为罕见的异常，一代代的只要是男性，就会一直传下去。⁴²姓的传递，就是Y染色体的传递。这真是人世与自然神奇的同构。我甚至认为姓氏是我们中国人的一项不亚于四大发明的伟大发明。

中国人在传统上特别看重生男孩。男孩是染色体Y的承载者，而人体其他的45条染色体在人类一代一代的繁殖过程中被反复地打乱重组，加之配偶的染色体不断地补充进来，基因被逐渐地"稀释"。但是除了少数的突变外，Y染色体躲过了被"稀释"的命运，它将随着这个家族的男性成员一直延续下去。

"姓"告诉我们的，不仅是传承，更重要的还有竞争。⁴²今天新百家姓排行榜上的前19个姓，包括了汉族人口数的一半。但是⁴²中国人的姓氏现今仍在使用的有4000多个，也就是说，不到0.5%的姓，占据了50%的人口。中国历史上曾经存在过23000多个姓。如果把姓氏看做是物种，那么那些消失的姓氏就是灭绝了的物种，留存下来的则是成功者。⁴⁰最"成功"的是那些大姓，比如张、王、李、刘、赵、朱等，如今前3个姓每一个姓的人数都超过了总人口的7%。刘姓人数超过5%，赵姓超过2%，朱姓超过1%。刘、李、赵、朱这几个大姓不正是中国几大王朝（汉、唐、宋、明）皇帝的姓吗？⁴²皇权使这几个姓发展成为中国的常见姓，这可以归结为姓氏发展的"皇室效应"。

同时，姓氏也是一笔珍贵的资源，尤其是那些小姓、奇姓、罕见的姓更是一种珍稀的资源。在漫长的历史惊涛骇浪中，这些小姓、奇姓没有借助任何权势的力量，竟然在姓氏的竞争中走了过来，给我们保存了一份珍贵的独一无二的Y染色体的遗产。多一个姓，不仅多了一份家族史，更多了一份基因史。

然而在今天，这些小姓和奇姓，有的正在消失，有的正处于濒危的边缘。⁴¹国家应该制定相关政策保护不常见的它们。因为一个不常见姓的文化价值和生物学价值并不比大熊猫差。

³⁹중국인의 성씨는 부계를 따라 계승된다. 이 점은 공교롭게도 유전학의 Y염색체가 전달되는 방식과 일치하며, 이상이 있는 아주 드문 경우를 제외하고, 한 세대 한 세대가 바로 남성만을 필요로 하며 계속 이어진다. ⁴²성씨의 전승이 바로 Y염색체의 전달이며, 이것이 사람과 자연 사이의 신비한 동일 고리이다. 나는 성씨가 4대 발명품에 절대 뒤지지 않는 중국인의 위대한 발명품이라고 생각한다.

전통적으로 중국인은 특별히 남아를 중시한다. 남자아이는 Y염색체의 계승자이고, 인체의 기타 45개 염색체는 인류의 대를 거친 번식 과정 중에 반복적으로 혼합되고 재구성되며, 여기에 배우자의 염색체까지 보충되면서 점점 '희석'된다. 하지만 소수의 돌연변이 이외에, Y염색체는 '희석'되는 운명을 피해 갔고, 그것은 가족의 남자 구성원들을 통해 계속 이어질 것이다.

'성씨'는 계승되는 것일 뿐만 아니라 경쟁이 더 중요하다는 것을 말해 준다. ⁴²오늘날 새로운 백가성(중국인의 성씨를 적은 책)의 목록 중 가장 많은 19개의 성씨에는 한족 인구의 절반이 포함된다. 그러나 ⁴²지금까지 사용하는 중국인의 성씨는 4,000여 개이다. 다시 말해 0.5%의 성씨가 인구의 50%를 차지하는 것이다. 중국 역사상 23,000여 개의 성씨가 존재했었다. 만약 성씨를 생물로 본다면, 사라진 성씨들은 생물이 멸종한 것과 같고, 남아 있는 것들은 성공한 자라고 할 수 있다. ⁴⁰가장 '성공'을 거둔 것은 다수의 성씨로, 장, 왕, 리, 리우, 자오, 주 씨 등이 있으며, 오늘날 가장 많은 3개 성씨의 인구수는 모두 총인구의 7%를 초과한다. 또, 리우 씨는 5%, 자오 씨는 2%, 주 씨는 1%를 넘어서고 있다. 리우, 리, 자오, 주, 이 몇 개의 다수 성은 중국의 역대 왕조(한, 당, 송, 명) 황제의 성이 아닌가? ⁴²황권은 이 몇 개의 성이 중국에서 가장 흔한 성으로 발전하게 해 주었고, 이것은 성씨 발전의 '황실효과'로 나타났다.

성씨 역시도 고귀한 자원이다. 특히 소수 성씨, 특이 성씨, 희귀 성씨는 더욱 소중한 자원이다. 유구한 역사의 거친 격랑 속에서 이 소수 성씨와 특이 성씨들은 다른 권력의 힘에 기대지 않고 성씨 경쟁에서 살아남아, 이 세상에 하나밖에 없는 진귀한 Y염색체를 보존했다. 성씨가 하나 더 많으면 가족의 역사 하나가 더 추가되는 것이고, 유전의 역사 하나가 더 추가되는 것이다.

그러나 오늘날 이런 소수 성씨와 특이 성씨 중에 사라지고 있는 것이 있으며, 사라질 위험에 처한 것들도 있다. ⁴¹국가는 관련 보호정책을 제정하여 소수의 성씨를 보호해야 한다. 희귀한 성씨가 가진 문화적, 생물학적 가치가 판다보다 작지 않을 것이기 때문이다.

39 中国的姓氏有什么特点?
 A. 按父系传承
 B. 张、王、李一直是大姓
 C. 只有少数民族有小姓、奇姓
 D. 姓代表了基因史

40 张、王、李这三个大姓的人数可能超过总人口的多少?
 A. 超过1%
 B. 超过5%
 C. 超过15%
 D. 超过21%

41 姓氏是宝贵的资源,小姓、奇姓:
 A. 极为罕见
 B. 已经消失
 C. 应受到保护
 D. 属皇室专有

42 根据文章,下面选项正确的是:
 A. 姓的传递,就是Y染色体的传递
 B. 百家姓排行榜上都是汉族的姓
 C. 皇权促进了小姓的发展
 D. 中国的姓,现今仍有23000多个

---

39 중국의 성씨에는 어떤 특징이 있는가?
 A. 부계를 따라 계승된다
 B. 장, 왕, 리 씨가 항상 다수의 성씨였다
 C. 소수민족만이 소수 성씨, 특이 성씨를 갖고 있다
 D. 성은 유전의 역사를 대표한다

40 3개의 다수 성씨인 장, 왕, 리 씨는 총인구의 얼마를 초과하는가?
 A. 1% 초과
 B. 5% 초과
 C. 15% 초과
 D. 21% 초과

41 성씨는 소중한 자원이고, 소수 성씨와 특이 성씨는:
 A. 매우 드물다
 B. 이미 사라졌다
 C. 보호받아야 한다
 D. 황실의 전유물에 속한다

42 윗글에 따르면 다음 보기 중 타당한 것은:
 A. 성씨의 전승이 곧 Y염색체의 전달이다
 B. 백가성 목록에는 한족의 성씨만 있다
 C. 황권은 소수의 성씨 발전을 촉진했다
 D. 중국의 성씨는 현재 23,000여 개가 넘는다

传承 chuánchéng 통 전승하다, 계승하다 | 传递 chuándì 통 (차례차례) 전달하다, 전하다 | 染色体 rǎnsètǐ 명 염색체 | 罕见 hǎnjiàn 형 보기 드물다, 희한하다 | 繁殖 fánzhí 통 번식하다 | 打乱 dǎluàn 통 엉망으로 만들다, 뒤죽박죽되다 | 重组 chóngzǔ 통 재편성하다, 개편하다 | 配偶 pèi'ǒu 명 배우자, 반려자 | 稀释 xīshì 통 희석하다 | 排行榜 páihángbǎng 명 순위 차트 | 归结 guījié 통 귀결시키다 | 惊涛骇浪 jīng tāo hài làng 성 매우 위험한 경지(처지) | 濒危 bīnwēi 통 위험에 처하다 | 边缘 biānyuán 명 직전, 위기

---

39 A 세부 문제 독해를 할 때, 단락의 첫 부분을 주의하라고 누차 강조했다. 이 글의 첫 번째 단락이 바로 이 문제의 답이다.

40 D 세부 문제 '다수의 성씨로 장, 왕, 리, 리우, 자오, 주 씨 등이 있으며, 오늘날 가장 많은 3개 성씨(장, 왕, 리)의 인구수는 모두 총인구의 7%를 초과한다'라는 문장에서 장, 왕, 리 씨 3개 성씨를 가진 사람을 더하면 인구의 21%를 넘는다는 것을 추측할 수 있다.

41 C 세부 문제 성씨는 소중한 자원으로, 소수 성씨, 특이 성씨 모두 중요시해야 하며, 어떤 것은 사라지고 있다고 언급하고 있다. 글 마지막에 작가는 국가가 관련 보호정책을 제정하여 소수의 성씨를 보호해야 한다고 주장하고 있다.

42 A 세부 문제 첫 번째 단락에서 성씨의 전승이 곧 Y염색체의 전달이라고 했다(A). 백가성 목록 중 가장 많은 19개의 성씨에 한족 인구의 절반이 포함된다는 말은 다른 민족도 있다는 의미이다(B). 황권은 이 몇 개의 성씨가 중국에서 가장 흔한 성씨로 발전하게 해 주었고, 이것이 바로 다수의 성씨가 되었다(C). 중국의 성씨는 이전에 23,000여 개가 있었으나, 지금은 4,000여 개라고 했다(D). 따라서 정답은 A이다.

43~46

　　"现在，人们看待海归的眼光越来越理性化。海归在事业起步时期的处境相比过去要艰难许多，心理落差不可避免，甚至出现了'海待'。⁴³海归们对自身期望值过高，其实相当于把回国创业的门槛也垫高了，为自己设了道障碍，最终导致难以跨越。⁴⁵在我所接触到的留学生圈子里，80%的人都希望回来，中国人'寻根'的思想从某种程度上说是与生俱来的。"说上述话的人名叫杜振宁，10年前赴新西兰留学，现在已是烟台塔斯曼生物技术有限公司的总裁。

　　另一方面，有些海归由于旅居海外多年，对中国国情的印象渐渐淡化，缺乏对文化、社会以及商务规则的认识，创业时容易陷入偏离市场需求并与国情相悖的尴尬境地。⁴⁴加拿大加达国际商务投资集团总裁闫长明犀利地指出，海归在创业探索中过多套用国外模式，没有结合中国实际，是创业过程中的硬伤；而无法融入现代中国的文化氛围，不会处理身边的人际关系和社会关系，则是海归创业者的隐痛。

　　海归创业要解决的首要问题就是资金，如何拿到更多的钱，是海归面临的一大挑战。项目与资金对接不只需要政府的资助和扶持，更重要的是要有好的项目和团队。如今，越来越多的海归选择以团队的形式强强联手，优势互补。

　　据了解，⁴⁶国内支持海归创业的资金渠道主要有政府类投资、民间类投资以及部分风险投资。虽然目前风投机构已经把钱投给了不少海归企业，但它对于成千上万的海归企业来说，无疑是杯水车薪。同样，民间资本作为海归创业的另一笔资金支持，处境却还是尴尬。"民间资本通常按照自己的游戏规则来运作，海归要取得民间资本支持从而达到有效运作的目的还是有一定难度的，必须形成共同的商务规则并采取一整套的配合举措，不然就好像英语和温州话交流一样，非常别扭。"闫长明说，"这时，可行性报告和市场调研就出现了，双方需要共同探讨出一种合理的合作方式：海归要拿到操作资金，投资人要保证投资收益，共同控制风险。"

　　海归创办企业单指望政府和有关部门的扶持和资助，是不理智的，也是难以为继的。海归只有把自己的产品和项目投入市场的洪流中去，经过一轮轮地洗刷和考验后，那些能够存活下来的才是有价值的，才是值得投资的。

　　"요즘 사람들이 해외 유학파를 바라보는 시선이 점점 이성적으로 변해가고 있어요. 유학파들의 사업 초창기에, 그들의 처지는 많이 힘들었고, 심리적 격차도 어쩔 수 없었고, 심지어 '귀국 후 일자리를 찾지 못하는 대기자'들까지 등장했죠. ⁴³귀국한 해외 유학파들은 자신에 대한 기대치가 높은데, 높디 높은 창업 문턱은 자신에게 걸림돌이 되고, 결국 뛰어넘을 수 없게 되는 거죠. ⁴⁵제가 만나본 유학생 집단의 80%가 돌아오기를 원하는데, 여기에는 중국인의 '뿌리를 찾자'라는 어느 정도 태생적인 측면의 사상도 있죠." 이 대화를 한 사람은 10년 전 뉴질랜드로 유학을 떠나, 지금은 옌타이 타스만바이오주식회사의 회장직에 오른 두전닝이다.

　　다른 한편, 일부 해외 유학파들은 외국에 수년간 체류해 왔기 때문에 중국 사정에 대한 이미지들이 점점 희미해지고, 문화, 사회 및 비즈니스 규율 등에 관한 인식이 부족해서, 창업할 때 시장의 수요와 괴리되고 국내 사정에 어긋나 곤란한 처지에 빠지기 쉽다. ⁴⁴캐나다 지아다국제비지니스투자그룹의 회장 옌창밍은 유학파들이 창업을 모색할 때 해외 모델을 기계적으로 모방하고, 중국의 실정과 결합하지 못하는 것이 그들의 착오라고 날카롭게 지적했다. 또한, 현대 중국 문화의 분위기에 융합하지 못하고, 주변의 인간관계나 사회관계에서 처신을 잘 못하는 것 역시 해외 유학파들의 말 못할 고통이라는 점도 언급했다.

　　해외 유학파 창업의 최우선 해결 과제는 자금이다. 어떻게 목돈을 마련하는가가 그들에게 있어서 하나의 도전이다. 프로젝트와 자금은 정부의 후원이나 지원뿐만이 아니라 좋은 창업 프로젝트와 팀이 있어야 효과를 낼 수 있다. 요즘 갈수록 많은 해외 유학파가 팀의 형식으로 강자끼리 연합하여 서로 보완관계를 유지하고 있다.

　　이해한 바로는 ⁴⁶국내의 해외 유학파 창업 지원 자금 루트는 정부 투자 유형, 민간투자 유형 및 부분적인 벤처 캐피털이 있다. 비록 벤처 캐피털 기구가 적지 않은 해외 유학파 기업에 자금을 투자했음에도 불구하고, 수많은 해외 유학파 기업의 입장에서 보면, 이것은 계란으로 바위 치기와 같다. 이와 비슷하게 민간투자 역시 해외 유학파 창업에 자금을 지원했으나, 그 상황도 여의치 않다. 옌창밍은 "민간자본은 자기가 가진 게임의 법칙에 따라 운용됩니다. 해외 유학파가 민간자본의 지원을 받아 효율적인 회사 운영이라는 목적을 달성하는 데는 어려움이 존재합니다. 반드시 공동으로 비즈니스 규칙을 만들고, 합리적인 조치를 채택해야지, 그렇지 않으면 마치 영어와 원저우어로 소통하는 것처럼 잘 통하지 않을 것입니다."라고 말하며 "이때, 실행가능성 관련 보고, 시장조사와 연구가 시작되고, 양측은 공동으로 합리적인 합작 방식을 모색하게 되는 것입니다. 유학파에게 운용 자금이 필요하면, 투자를 한 투자자는 수익을 보장받고 위험을 공동으로 방어하는 것이죠."라고 설명을 덧붙였다.

　　해외 유학파 기업들이 정부와 관련 부처의 지원 및 자금 조달을 바라는 것은 합리적이지 못하며, 지속될 수도 없다. 자신의 상품과 프로젝트를 시장의 큰 흐름에 방출하고 계속된 검증과 시험을 통과하여 살아남은 것들만이 가치가 있는 것이며, 투자할 만한 것들이다.

43 根据文章内容，"海待"是什么意思？
A. 同海带，海里的一种植物
B. 到海里待着，捕鱼为生
C. 在海边等待事业机会
D. 海外归来，在家待业

44 下面属于海归们在创业中所犯的错误的是哪项？
A. 海归的眼光理性化
B. 没有结合中国实际
C. 不敢冒险
D. 认为国外创业门槛高

45 为什么大部分留学生想回国创业？
A. 回国能捞到金子
B. 得不到国外人的认可
C. 在国外举步维艰
D. 中国人"落叶归根"的思想

46 下列哪项属于海归创业资金的主要来源？
A. 父母支持
B. 朋友借钱
C. 民间集资
D. 银行贷款

43 윗글의 내용에 따르면, '海待'는 무슨 의미인가?
A. 미역과 같은 일종의 바닷속 식물
B. 바닷속에서 물고기를 잡아 사는 것
C. 해변에서 사업 기회를 기다리는 것
D. 귀국하여 집에서 취업을 기다리는 것

44 다음 보기 중 해외 유학파가 창업 시 저지르는 실수에 속하는 것은?
A. 유학파의 안목이 이성화되었다
B. 중국의 실정과 결합하지 못했다
C. 모험하지 못했다
D. 해외 창업의 문턱이 높다고 생각했다

45 유학생 대부분은 왜 귀국해서 창업하고 싶어 하는가?
A. 귀국하면 돈을 긁어 모을 수 있다고 생각해서
B. 외국인의 인정을 못 받아서
C. 해외에서 일을 모색하기가 어려워서
D. 중국인의 '타향에서 고향으로 돌아간다'라는 사상 때문에

46 다음 보기 중 해외 유학파 창업 자금의 주요 루트에 속하는 것은?
A. 부모의 지원
B. 친구에게 돈을 빌려서
C. 민간투자
D. 은행 대출

看待 kàndài 동 대우하다, 취급하다	海归 hǎiguī 외국에서 돌아오다	门槛 ménkǎn 명 문지방, 문턱	垫高 diàngāo 돋우다
跨越 kuàyuè 뛰어넘다, 건너뛰다	寻根 xúngēn 뿌리를 캐다, 근원을 밝히다	与生俱来 yǔ shēng jù lái 자연적으로 생기다
淡化 dànhuà 경감하다, 약해지다	偏离 piānlí 빗나가다, 벗어나다	相悖 xiāngbèi 어긋나다, 위배하다	尴尬 gāngà 형 입장이 난처하다
犀利 xīlì (언어나 비평이) 신랄하다, 예리하다	探索 tànsuǒ 동 탐색하다, 찾다	硬伤 yìngshāng 명 외부에서 입은 상처나 파손	隐痛 yǐntòng 명 말 못할 고통, 괴로움	杯水车薪 bēi shuǐ chē xīn 성 아무런 도움이 되지 않다	调研 diàoyán 동 조사 연구하다	探讨 tàntǎo 동 탐구하다, 조사하다	难以为继 nán yǐ wéi jì 성 계속하기 어렵다

---

43 D 세부 문제 '海待'는 '海归'와 함께 등장한 것으로, '海归'는 유학을 갔다가 귀국한 사람들을 지칭하는데, 여기에서 '海待'가 해외에서 돌아온 사람들이지만 오히려 집에서 취업을 기다리는 사람인 것을 분석해 낼 수 있다.

44 B 세부 문제 두 번째 단락에서 지아다그룹 회장이 해외 모델을 기계적으로 모방하고, 중국의 실정과 결합하지 못하는 것이 창업 과정에서 해외 유학파들의 착오라고 날카롭게 지적했다.

45 D 세부 문제 첫 번째 단락에서 해외 유학파 출신 회장인 두전닝은 중국인의 '뿌리를 찾자'라는 어느 정도 태생적인 측면의 사상이 해외 휴학파가 돌아와서 창업을 하려는 이유라고 말했다.

46 C 세부 문제 이 문제의 키워드는 '资金'이다. 네 번째, 다섯 번째 단락은 모두 자금 문제에 대해 말하고 있다. 이 두 단락의 내용에 근거하여 소거법을 취하면 정답은 C이다. 기타 3개의 보기는 이 글에서 언급되지 않았다.

47~50

一天，学生和一位教授一起散步。他们在小道上看到了一双旧鞋子。**47**估计这双鞋是属于在附近田间劳作的一个穷人。

学生转向教授说："让我们给那人来个恶作剧吧——把他的鞋藏起来，然后躲到树丛后面，这样就可以等着看他找不到鞋子时的困惑表情。"

"我年轻的朋友，"教授回答道，"我们绝不能把自己的快乐建立在那个穷人的痛苦之上。如果你有钱，你或许可以通过那个穷人给自己带来更多的乐趣：在每个鞋子里放上一枚硬币，然后我们躲起来观察他发现这件事后的反应。"学生照做了，随后他们俩都躲进了旁边的树丛。

那个穷人不一会儿就干完了活，穿过田间回到了他放衣服和鞋子的小道上。他一边穿衣服，一边把脚伸进了一只鞋里，但感到鞋里有个硬邦邦的东西，他弯下腰去摸了一下，竟然发现了一枚硬币。他的脸看上去充满着惊讶和疑惑的表情。**48,49**他捧着硬币，翻来覆去地看，随后又望了望四周，没有发现任何人。于是他把钱放进了自己的口袋，继续去穿另一只鞋，他又一次惊喜地发现了另一枚硬币。

他激动地仰望着天空，大声地表达了炽热的感激之情，他的话语中谈及了生病和无助的妻子、没有面包吃的孩子，感谢那来自未知处的及时救助，这救助将他们一家人从困顿中拯救出来。

站在树木后的学生被深深地感动了，他的眼中充满了泪花。他对教授说道："我感觉到了以前我从来都不曾懂得的这句话的意味——**50**给予比接受更快乐。谢谢您。"

어느 날 학생과 교수가 함께 산책을 했다. 오솔길에서 낡은 신발 한 켤레를 본 그들은 **47**부근에서 농사를 짓는 가난한 이의 것이겠거니 생각했다.

학생이 교수에게 물었다. "우리 저 사람한테 짓궂은 장난 하나 치는 거 어때요. 신발 한 짝을 숨기고 나무 뒤에 숨어 있다가 그가 신발을 못 찾았을 때 당혹스러워하는 표정을 지켜보는 거예요."

교수는 "젊은 친구, 우리는 절대 자신의 즐거움을 가난한 이의 고통에서 찾으면 안 되네. 만약 자네에게 돈이 있다면, 가난한 사람을 통해 자네의 돈이 즐거움을 가져다 줄 걸세. 신발 안에 동전을 하나씩 넣고, 우리는 숨어서 그가 이것을 발견한 후의 반응을 살펴보자고." 학생은 교수의 말대로 했고, 둘은 나무 옆에 숨었다.

얼마 지나지 않아, 그 가난한 사람은 일을 마치고 논밭을 가로질러 자신의 옷과 신발이 있는 오솔길로 왔다. 그는 옷을 입으며 신발에 발 하나를 집어넣었다. 하지만 신발 안에 딱딱한 물건을 느끼고는 허리를 굽혀 만져보았다가 놀랍게도 동전이 있는 것을 발견했다. 그의 얼굴은 놀라움과 의문이 가득한 표정이었다. **48,49**그는 동전을 들고 이리저리 뒤집어 살펴보고 주위를 살핀 후, 아무도 없는 것을 발견하고는 돈을 자신의 주머니에 넣고 다른 신발을 마저 신었는데, 그 신발에도 동전이 있는 것을 발견하고 놀라움을 금치 못했다.

그는 흥분한 듯 하늘을 바라보며 큰 소리로 자신의 뜨거운 감정을 표현했는데, 그의 말 중에 그는 병든 것, 도움 안 되는 마누라, 먹을 빵이 없는 아이를 언급했다. 또, 어디에서 온지 모르는 시의적절한 도움에 감사했고, 이것이 그의 가족을 곤궁한 상황에서 구해줄 것이라고 했다.

나무 뒤에 서 있던 학생은 깊이 감동하여 눈물을 주룩주룩 흘리며 교수에게 말했다. "저는 이전에 전혀 이해 못 했던 말인 **50**'주는 것이 받는 것보다 즐겁다'가 무슨 뜻인지 드디어 깨달았어요. 감사합니다."

47 鞋子是谁的?

　　A. 学生
　　B. 教授
　　C. 穷人
　　D. 孩子

48 穷人发现第一枚硬币后，怎么了?

　　A. 把钱放进口袋里
　　B. 寻找硬币的主人
　　C. 感谢上帝的帮助
　　D. 回家给孩子吃的

47 신발은 누구의 것인가?

　　A. 학생
　　B. 교수
　　C. 가난한 사람
　　D. 아이

48 가난한 사람은 첫 번째 동전을 발견하고 어땠는가?

　　A. 돈을 호주머니에 넣었다
　　B. 동전의 주인을 찾았다
　　C. 하느님의 도움에 감사했다
　　D. 집에 돌아가서 아이에게 먹을 것을 줬다

49 根据上文，下列哪项正确？
  A. 穷人被学生做了捉弄
  B. 穷人的妻子在家做面包
  C. 穷人一共得到了2枚硬币
  D. 学生和教授在田间干活

50 这个故事想说明什么？
  A. 要帮助穷人
  B. 给予比接受快乐
  C. 一枚硬币也非常有用
  D. 不要把自己的快乐建立在穷人身上

49 윗글에 따르면 다음 중 정확한 것은?
  A. 가난한 사람은 학생에게 농락당했다
  B. 가난한 사람의 부인은 집에서 빵을 만들고 있다
  C. 가난한 사람은 2개의 동전을 얻었다
  D. 학생과 교수는 밭에서 일한다

50 이 이야기는 무엇을 설명하는가?
  A. 가난한 이를 도와라
  B. 주는 것이 받는 것보다 즐겁다
  C. 하나의 동전도 매우 유용하다
  D. 자신의 즐거움을 가난한 이에게서 찾지 말라

劳作 láozuò 동 노동하다, 일하다 | 恶作剧 èzuòjù 명 못된 장난, 짓궂은 장난 | 困惑 kùnhuò 형 당혹하다, 어리둥절하다 | 乐趣 lèqù 명 즐거움, 재미 | 硬邦邦 yìngbāngbāng 형 딱딱하다 | 弯腰 wānyāo 동 허리를 굽히다 | 疑惑 yíhuò 동 의심하다, 곤혹스럽게 만들다 | 捧 pěng 동 두 손으로 받쳐 들다 | 翻来覆去 fān lái fù qù 성 엎치락뒤치락하다, 이리저리 뒤척이다 | 仰望 yǎngwàng 동 머리를 들어 멀리 바라보다 | 炽热 chìrè 형 열렬하다, 뜨겁다 | 感激 gǎnjī 동 감격하다 | 谈及 tánjí 동 언급하다 | 困顿 kùndùn 형 (생계나 형편이) 곤궁하다 | 拯救 zhěngjiù 동 구출하다, 구해내다 | 泪花 lèihuā 명 눈에 맺힌 (어린) 눈물, 글썽거리는 눈물

---

47 C 세부 문제 문제가 주는 핵심 정보는 '鞋子'이다. 첫 단락에서 학생과 교수가 신발을 발견하고 가난한 사람의 것으로 추측한 부분을 찾아낼 수 있다.

48 A 세부 문제 '그는 동전을 들고 이리저리 뒤집어 살펴보고 주위를 살핀 후, 아무도 없는 것을 발견하고는 돈을 자신의 주머니에 넣고'에서 정답을 찾을 수 있다.

49 C 세부 문제 가난한 사람은 먼저 한 쪽 신발에서 동전 하나를 발견했고, 그 후 다른 한 쪽 신발에서도 하나를 더 발견해서 총 2개의 동전을 얻었다.

50 B 주제 문제 맨 마지막 단락에서 학생이 주는 것이 받는 것보다 즐겁다는 것이 무엇인지 드디어 깨달았다고 했는데, 이것이 바로 이 글의 주제이다.

2013년 汉办 新HSK 6급 필수어휘 수정리스트

新HSK에는 각 급수 별로 지정된 필수어휘 범위 안에서만 문제가 출제되지 않기 때문에 필수어휘만 학습해서는 고득점 하기 어려운 것이 사실입니다. 최근 汉办에서 발표한 필수어휘상에 약간의 변화가 있기는 하지만, 본사 교재에서는 새로 추가된 단어 대부분을 실전문제 등에서 충분히 다루고 있기 때문에 최신 시험 경향 파악에 전혀 무리가 없음을 알려 드립니다. 이번에 삭제된 단어 역시 출제 가능성이 높으므로 꼭 알아 두는 것이 좋습니다. 참고로 新HSK 6급 필수어휘(2013년 수정판) 전체 목록을 담은 엑셀 파일은 '다락원 홈페이지(www.darakwon.co.kr) ▶ 학습자료 ▶ 중국어 카테고리'에서 다운로드 받으실 수 있으며, 본 자료의 작성일 이후로 필수어휘상에 또 다른 수정사항이 발표되면 본 자료 역시 수정된 내용으로 다운로드 받으실 수 있습니다.

(작성일 : 2013년 6월 17일)

추가

哎	āi 갑 어! 야![놀람이나 반가움을 나타냄]	熬夜	áoyè 동 밤새다, 철야하다
百分之……	bǎifēnzhī…… 100분의 ~, ~퍼센트	斑	bān 명 얼룩, 반점 형 알록달록하다, 얼룩덜룩하다
报警	bàojǐng 동 경찰에 신고하다, 긴급 신호를 보내다	鄙视	bǐshì 동 경멸하다, 경시하다, 깔보다
冰激凌	bīngjīlíng 명 아이스크림	拨	bō 동 (손·발·막대기 등을 이용하여) 밀다, 나누어 주다, (방향을) 돌리다 양 무리, 조, 떼
波涛	bōtāo 명 파도	不但…… 而且……	búdàn……érqiě…… ~뿐만 아니라 ~이다
插座	chāzuò 명 콘센트, 소켓	巢穴	cháoxué 명 (새나 짐승의) 집, (도적 등의) 소굴, 은신처
衬托	chèntuō 동 부각하다, 돋보이게 하다, 받쳐 주다	成人	chéngrén 명 성인, 어른 동 어른이 되다
迟钝	chídùn 형 (생각·감각·반응 등이) 둔하다, 느리다	迟早	chízǎo 부 조만간, 머지않아
出示	chūshì 동 내보이다, 제시하다, 포고문을 붙이다	炊烟	chuīyān 명 밥 짓는 연기
慈善	císhàn 형 동정심이 많다, 남을 배려하다, 자선을 베풀다 명 자선	从容	cóngróng 형 침착하다, 조용하다, (시간이나 경제적으로) 넉넉하다, 여유가 있다
粗糙	cūcāo 형 (질감이) 거칠다, (일하는 데 있어) 서투르다	地点	dìdiǎn 명 지점, 장소, 위치
饭店	fàndiàn 명 호텔, 식당	方圆	fāngyuán 명 주변의 길이, 사각형과 원형
废寝忘食	fèi qǐn wàng shí 성 (어떤 일에) 전심전력하다, 매우 몰두하다	抚摸	fǔmō 동 어루만지다, 쓰다듬다
俯视	fǔshì 동 굽어보다, 내려다보다	钙	gài 명 칼슘(Ca)
赶	gǎn 동 뒤쫓다, (열차, 버스 따위의 시간에) 대다, 서두르다	感兴趣	gǎn xìngqù 흥미를 느끼다
刚	gāng 부 방금, 바로, 마침	恭喜	gōngxǐ 동 축하하다
国王	guówáng 명 국왕	后背	hòubèi 명 등
呼唤	hūhuàn 동 외치다, 소리치다, 부르다	花	huā 명 꽃
花蕾	huālěi 명 꽃봉오리, 꽃망울	划	huá 동 배를 젓다, 베다, 긋다 형 수지가 맞다 huà 동 (금을) 긋다, (금전이나 장부를) 건네주다, 계획하다
滑	huá 형 반들반들하다, 매끈매끈하다	黄河	Huánghé 고유 (지명) 황허
晃	huǎng 동 번개같이 스쳐 지나가다 형 밝게 빛나다, 눈부시다	荤	hūn 명 생선이나 육류로 만든 요리, 파·마늘 따위의 냄새 나는 채소 형 선정적인, 외설의
急诊	jízhěn 명 응급 진료(를 하다), 급진(하다)	剑	jiàn 명 (양쪽에 날이 있는) 큰 칼, 검
健身	jiànshēn 동 신체를 건강하게 하다, 튼튼하게 하다	将就	jiāngjiu 동 그런대로 ~할 만하다, 아쉬운 대로 ~할 만하다
侥幸	jiǎoxìng 뜻밖에 운이 좋다	节制	jiézhì 동 지휘 통솔하다, 통제 관리하다
截止	jiézhǐ 동 마감하다, 일단락짓다	戒	jiè 동 경계하다, 훈계하다, (좋지 못한 습관을) 끊다
锦上添花	jǐn shàng tiān huā 성 아름다운 비단 위에 꽃을 수놓다, 금상첨화	敬业	jìngyè 동 자기 일에 최선을 다하다, 직업의식이 투철하다
居民	jūmín 명 주민, 거주민	倔强	juéjiàng 형 (성격이) 강하고 고집이 세다
君子	jūnzǐ 명 학식과 덕망이 높은 사람, 지위가 높은 사람, 아내가 자기의 남편을 이르던 말	侃侃而谈	kǎnkǎn ér tán 성 당당하고 차분하게 말하다
砍伐	kǎnfá 동 (톱·도끼 등으로) 나무를 베다, 벌채하다, 벌목하다	靠	kào 동 기대다, (물건을) 기대어 두다, 접근하다
克制	kèzhì 동 억제하다, 자제하다, 억누르다	空	kōng 형 (속이) 텅 비다 부 공연히 kòng 동 비우다, (시간을) 내다 명 틈, 짬

漢字	拼音・品詞・意味	漢字	拼音・品詞・意味
扣	kòu 동 채우다, 걸다, 압류하다, (세금 따위를) 공제하다	枯萎	kūwěi 동 시들다, 마르다, 오그라들다
哭泣	kūqì 동 (작은 소리로) 흐느껴 울다, 훌쩍훌쩍 울다	苦涩	kǔsè 형 씁쓸하고 떫다, 괴롭다
夸张	kuāzhāng 동 과장하다 명 과장법	宽容	kuānróng 형 너그럽다, 포용력이 있다
矿产	kuàngchǎn 명 광산물	狼吞虎咽	láng tūn hǔ yàn 성 게걸스럽게 먹다, 마파람에 게눈 감추듯 하다
老婆	lǎopo 명 아내, 처, 집사람	类型	lèixíng 명 유형
冷落	lěngluò 형 쓸쓸하다, 조용하다 동 냉대하다, 푸대접하다	礼尚往来	lǐ shàng wǎnglái 성 예의상 오가는 것을 중시한다, 오는 정이 있으면 가는 정이 있다
力求	lìqiú 동 온갖 노력을 다하다, 몹시 애쓰다	连续	liánxù 동 연속하다, 계속하다
列车	lièchē 명 열차	旅行	lǚxíng 동 여행하다
啰唆	luōsuo 형 말이 많다, (일이) 자질구레하다 동 수다 떨다, 잔소리하다	蚂蚁	mǎyǐ 명 개미
冒犯	màofàn 동 (상대에게) 무례하다, 실례하다	没有	méiyǒu 동 없다 부 (아직) ~않다
瞄准	miáozhǔn 동 (사격 목표물을) 겨누다, 겨냥하다	蔑视	mièshì 동 경시하다, 얕보다, 깔보다
明智	míngzhì 형 총명하다, 현명하다	模特	mótè 명 모델
哪	nǎ 대 어느 것, 어디 부 어찌하여, 왜	哪儿	nǎr 대 어느 것, 어디
那	nà 대 그, 저, 그 사람, 그것	男	nán 명 남자
南辕北辙	nán yuán běi zhé 성 속으로는 남쪽으로 가려 하면서 수레는 도리어 북쪽으로 몰다, 하는 행동과 목적이 상반되다	内部	nèibù 명 내부
逆行	nìxíng 동 역행하다	女	nǚ 명 여자
偶像	ǒuxiàng 명 우상, 미신 등의 대상물	排练	páiliàn 동 무대 연습을 하다, 리허설을 하다
碰	pèng 동 부딪치다, 충돌하다, (우연히) 만나다	撇	piē 동 버리다 piě 동 던지다
拼音	pīnyīn 동 표음 문자(表音文字)로 표기하다	平安	píng'ān 형 평안하다, 편안하다, 무사하다
平庸	píngyōng 형 평범하다, 보통이다, 그저 그렇다	屏幕	píngmù 명 영사막, 스크린
启蒙	qǐméng 동 계몽하다	气质	qìzhì 명 기질, 성격, 품격
签	qiān 동 서명하다, 사인하다 명 꼬리표	窍门	qiàomén 명 (문제를 해결할) 방법, 비결
亲密	qīnmì 형 관계가 좋다, 사이가 좋다	轻易	qīngyì 형 제멋대로이다, 경솔하다, 쉽다, 간단하다
日子	rìzi 명 날, 날짜, 기간, 시절	儒家	Rújiā 고유 유가, 유학자
骚扰	sāorǎo 동 소란을 피우다, 교란하다	伤害	shānghài 동 상해하다, 손상하다, 해치다
商务	shāngwù 명 상업상의 용무	上进	shàngjìn 동 향상하다, 진보하다
尚且	shàngqiě 접 ~조차 ~한데, 그럼에도 불구하고	生肖	shēngxiào 명 사람의 띠
生意	shēngyi 명 장사, 영업	生长	shēngzhǎng 동 생장하다, 자라다
失事	shīshì 동 의외의 사고가 발생하다	视频	shìpín 명 영상 신호 주파수, 동영상
首	shǒu 명 시작, 최초, 우두머리, 지도자	首饰	shǒushi 명 머리 장식품, 장신구
疏远	shūyuǎn 형 소원하다 동 멀리하다	摔倒	shuāidǎo 동 쓰러지다, 넘어지다
瞬间	shùnjiān 명 순간, 눈 깜짝하는 사이	说	shuō 동 말하다
素食	sùshí 명동 소식(하다), 채식(하다)	虽然……但是……	suīrán……dànshì…… 비록 ~이지만 ~이다
索取	suǒqǔ 동 요구하다, 달라고 하다, 구하다	摊	tān 동 늘어놓다, 벌이다 명 노점 명 웅덩이, 무더기
陶醉	táozuì 동 도취하다	讨好	tǎohǎo 동 잘 보이다, 환심을 사다, 좋은 결과를 얻다[주로 부정문에 쓰임]
体裁	tǐcái 명 체재, 장르	天赋	tiānfù 동 천부적이다, 타고나다
停	tíng 동 정지하다, 서다, 멈추다	通缉	tōngjī 동 지명 수배하다
偷	tōu 동 훔치다 부 남몰래, 슬그머니 명 도둑	投入	tóurù 동 돌입하다, 투자하다 동 (열정적으로) 몰두하다
投诉	tóusù 동 호소하다, 하소연하다	透露	tòulù 동 누설하다, 내비치다, 암시하다
吞吞吐吐	tūn tūn tǔ tǔ 형 (말을) 얼버무리다, 우물쭈물하다	唾弃	tuòqì 동 혐오하다, 경멸하다, 싫어하다
外公	wàigōng 명 외조부, 외할아버지	喂	wèi 동 기르다, 사육하다, (음식이나 약을) 먹이다
蔚蓝	wèilán 형 짙푸른, 쪽빛의	文字	wénzì 명 문자, 글자
无辜	wúgū 형 무고하다, 죄가 없다 명 무고한 사람	无所谓	wúsuǒwèi 동 ~라고 할 수 없다, 개의치 않다, 상관없다

物业	wùyè	명 산업, 가옥 등의 부동산		陷阱	xiànjǐng	명 함정, 속임수
香肠	xiāngcháng	명 소시지		想象	xiǎngxiàng	동 상상(하다)
相声	xiàngsheng	명 만담, 재담		削	xiāo xuē	동 깎다, 줄이다, 빼앗다
潇洒	xiāosǎ	형 자연스럽고 품위가 있다, 멋스럽다		心甘情愿	xīngān qíngyuàn	성 내심 만족해하며 달가워하다, 기꺼이 원하다
汹涌	xiōngyǒng	형 물이 용솟음치다, 물이 세차게 일어나다		喧哗	xuānhuá	형 떠들썩하다, 시끌시끌하다 동 떠들다, 떠들어 대다
悬殊	xuánshū	형 차이가 크다, 큰 차가 있다		炫耀	xuànyào	동 눈부시게 빛나다, 자랑하다, 뽐내다
鸦雀无声	yā què wúshēng	성 까마귀와 참새 소리마저도 없다, 매우 고요하다		牙齿	yáchǐ	명 이, 치아
研究	yánjiū	동 연구하다		一点儿	yìdiǎnr	수량 조금
一下	yíxià	수량 한 번[동사 뒤에 쓰여 '좀 ~해보다'라는 뜻을 나타냄] 부 단시간에, 갑자기		因为……所以……	yīnwèi……suǒyǐ……	~때문에 ~하다
玉	yù	명 옥		员工	yuángōng	명 종업원
乐器	yuèqì	명 악기		岳母	yuèmǔ	명 장모
在于	zàiyú	동 ~에 있다, ~에 달려 있다		占	zhān zhàn	동 점치다, 점령하다, 차지하다
招标	zhāobiāo	동 입찰 공고하다		着火	zháohuǒ	동 불나다, 불붙다
照	zhào	동 비추다, 비치다, (사진, 영화를) 찍다 개 ~대로, ~에 따라		这	zhè	대 이것, 이
震撼	zhènhàn	동 진동시키다, 뒤흔들다		正宗	zhèngzōng	형 정통의, 진정한
挣	zhēng zhèng	동 발버둥치다, 발악하다 동 몸부림치며 속박에서 벗어나다, (돈이나 재산 등을) 노력하여 얻다		之际	zhījì	명 (일이 발생한) 때, 즈음
执着	zhízhuó	형 고집스럽다, 융통성이 없다		直径	zhíjìng	명 지름
侄子	zhízi	명 조카		只有……才……	zhǐyǒu……cái……	~해야만 ~이다
致力	zhìlì	동 힘쓰다, 진력하다		种类	zhǒnglèi	명 종류
种植	zhòngzhí	동 심다, 재배하다		重大	zhòngdà	형 중대하다, 무겁고 크다
主任	zhǔrèn	명 장, 주임		主义	zhǔyì	명 주의
抓	zhuā	동 꽉 쥐다, 할퀴다, 붙잡다, 체포하다		砖	zhuān	명 벽돌
转	zhuǎn zhuàn	동 (방향, 위치 등이) 바뀌다, (몸을) 돌리다, (중간에서) 전하다 동 돌다, 회전하다		庄稼	zhuāngjia	명 농작물
装修	zhuāngxiū	동 (가옥을) 장식하고 꾸미다, 설치하고 수리해 주다 명 내부 설비		追	zhuī	동 뒤쫓다, 추격하다, 추구하다, 구애하다
坠	zhuì	동 떨어지다, 추락하다, 매달리다		滋润	zīrùn	형 습윤하다, 편안하다, 입맛에 맞다 동 촉촉하게 적시다, 축이다
作家	zuòjiā	명 작가				

삭제

哎哟 | 安居乐业 | 把戏 | ……分之…… | 百分点 | 班主任 | 斑纹 | 本着 | 必定 | 必需 | 碧玉 | 飙升 | 并存 | 拨打 | 波涛汹涌 | 不必 | 不但 | 不好意思 | 才 | 猖狂 | 常年 | 常务 | 洞穴 | 乘务员 | 池子 | 重阳节 | 抽空 | 踌躇 | 出洋相 | 传递 | 从容不迫 | 但是 | 岛 | 点头 | 都市 | 断断续续 | 而且 | 发火 | 反倒 | 反动 | 饭馆 | 防疫 | 放手 | 匪徒 | 费用 | 俯仰 | 副作用 | 甘心 | 兴趣 | 刚刚 | 高考 | 更加 | 工夫 | 公婆 | 功课 | 孤单 | 古老 | 罐头 | 河 | 合乎 | 合身 | 红包 | 花园 | 划船 | 滑冰 | 慌忙 | 黄 | 黄瓜 | 机关 | 技能 | 继往开来 | 假使 | 健身房 | 揭发 | 解说员 | 戒烟 | 紧 | 紧密 | 锦绣前程 | 近视 | 劲头 | 敬爱 | 举世闻名 | 看来 | 颗粒 | 可笑 | 枯竭 | 狼 | 类 | 力图 | 利率 | 连续剧 | 霉 | 略微 | 罗唆 | 螺丝钉 | 没 | 没辙 | 门诊 | 蒙 | 迷失 | 民用 | 明信片 | 哪(儿) | 那(儿) | 男人 | 难看 | 女人 | 排球 | 碰见 | 品行 | 起义 | 签订 | 签字 | 亲身 | 勤恳 | 轻而易举 | 氢 | 请客 | 权益 | 腮 | 三角 | 上进心 | 摄取 | 神情 | 神色 | 时装 | 食品 | 世界观 | 数目 | 摔 | 思绪 | 素食主义 | 算 | 虽然 | 缩小 | 所谓 | 索赔 | 摊儿 | 糖葫芦 | 停止 | 铜矿 | 吞咽 | 唾沫 | 弯 | 为首 | 无从 | 无可奉告 | 无可奈何 | 务实 | 洗衣机 | 想像 | 小偷 | 鞋 | 信 | 兴趣 | 幸好 | 性情 | 修 | 研究生 | 眼下 | 摇晃 | 咬牙切齿 | 要不然 | 一路平安 | 依次 | 以后 | 抑制 | 所以 | 因为 | 荧屏 | 硬币 | 予以 | 预赛 | 岳父 | 赞同 | 赞扬 | 造反 | 增长 | 占有 | 招投标 | 照料 | 照应 | 这(儿) | 镇压 | 挣钱 | 制订 | 致力于 | 钟 | 终年 | 祝 | 专科 | 砖瓦 | 滋长 | 字典 | 做东 | 做生意

MEMO

MEMO

MEMO

MEMO

MEMO

다락원 홈페이지 접속

新 HSK 급소공략 – 6급 독해 해설서

지은이 강주영, 왕러
펴낸이 정규도
펴낸곳 (주)다락원

초판 1쇄 발행 2011년 6월 10일
초판 5쇄 발행 2020년 11월 23일

기획·편집 이상윤, 오혜령, 이진아
디자인 박나래, 김금주

다락원 경기도 파주시 문발로 211
전화 (02)736-2031(내선 250~252/내선 430~439)
팩스 (02)732-2037
출판등록 1977년 9월 16일 제406-2008-000007호

Copyright ⓒ 2011, 강주영, 왕러

저자 및 출판사의 허락 없이 이 책의 일부 또는 전부를 무단 복제·전재·발췌할 수 없습니다. 구입 후 철회는 회사 내규에 부합하는 경우에 가능하므로 구입처에 문의하시기 바랍니다. 분실·파손 등에 따른 소비자 피해에 대해서는 공정거래위원회에서 고시한 소비자 분쟁 해결 기준에 따라 보상 가능합니다. 잘못된 책은 바꿔 드립니다.

www.darakwon.co.kr
다락원 홈페이지를 방문하시면 상세한 출판 정보와 함께 동영상 강좌, MP3 자료 등 다양한 어학 정보를 얻으실 수 있습니다.

新 HSK
급소공략
6급 독해
해설서